Klaus Volk의

독일 형사소송법

김환수 문성도 박노섭 공역

傅 英 社

역자 서문

왜 지금 독일형사소송법인가? 라고 묻는 사람이 있을 것입니다.

우리는 광복 후 식민지 통치 수단이었던 악법적 요소를 제거하고 민주적인 형사소송법을 갖기 위하여 부단히 노력하여 왔습니다. 그 과정에서 전후 일본의 형사소송법 개정 작업과 미국 형사절차의 영향을 강하게 받아 온 것임은 주지의 사실입니다. 이러한 태생적인 문제 때문에 우리나라 형사소송법은 독일형사소송법과는 완전히 다른 것으로 여겨져 왔고, 종래 우리나라 형사소송법 학자들이 독일형사소송법 기본서 전부를 직접 소개하는 예가 없었다고 보여집니다.

그러나 2004년부터 2005년까지 우리나라에서는 형사소송법을 둘러싸고 전국민적인 격론이 일어났고, 그 논쟁의 중심은 우리 형사소송법의 뿌리가 어디인가, 우리 형사소송법이 지향하여 나아갈 바가 어디인가 하는 문제이었습니다. 그 과정에서 독일형사소송법이 중요한 테마로 등장하였습니다. 사실 우리 형사소송법의 외형은 직권주의를 취하고 있는 독일형사소송법을 많이 벗어난 듯 보이지만, 우리 근대 형사절차가 일제의 의용 형사소송법에 기초를 두고 출발을 한 까닭에 큰 줄기는 독일형사소송법과 밀접하게 관련되어 있습니다.

이에 역자들은 독일형사소송법의 정신이나 체계를 단편적이 아닌 전체 윤곽을 보여주는 교과서가 필요하다고 생각하였고, 이런 뜻을 모아 번역 작업을 시작하게 되었습니다.

이 번역서는 깊이 있는 연구서나 주석서가 아니고 개설서나 입문서로서 큰 부담 없이 독일형사소송절차를 일별하여 볼 수 있을 것입니다.

따라서 이 책은 형사소송법학에 입문하려고 하는 사람이나 깊은 연구가 되어 있는 사람 모두에게 도움이 되리라고 생각합니다.

외국서적을 번역하는 데 있어서 가장 큰 문제는 역시 우리나라에 없는 용어를 어떻게 표현할 것인가 하는 것인데, 그러한 용어 선택과 관련하여 역자들은 우선 국내 교과서나 논문에서 이미 번역하여 사용하고 있는 것을 채택하고, 혹시 역자들 생각에 부적절하다고 생각하는 것은 다른 표현을 사용하였습니다. 이러한 용어에 대하여는 따로 정리하여 두었습니다.

또한 원문에 있는 각주는 번역만 한 채 그대로 살려 두었고, 꼭 필요한 부분은 역주를 달았습니다.

단락번호를 표시하는 Rn.(Rand Nummer)은 적절한 표현이 없어 그대로 Rn. 이라고 하고, 원문의 위치에 그대로 표시하여 두었습니다.

마지막으로 한국어판 번역을 아무런 대가 없이 흔쾌히 허락하여 주신 Volk 교수님, 한국어판 출판을 허락한 C.H. Beck 출판사 관계자와 박영사 측에 감사의 마음을 전합니다.

이 번역서가 독일형사소송법을 이해하는 데 기여하고, 앞으로 우리나라 형사소송법학을 발전시키는 데 일조를 하였으면 하는 것이 역자들의 소망입니다.

이 책이 나오기까지 도와주신 안종만 회장님에게 감사의 뜻을 표합니다. 그리고 편집 및 교정에 노고를 아끼지 않으신 편집부 마찬옥 부장님과 강상희 씨 등 여러분의 노고에 대하여도 고맙다는 말씀을 드립니다.

2009. 11.

공 역 자

한국독자를 위한 서문

한국에서 저의 형사소송법 개론이 번역서로 출판된 것을 무한한 영광으로 생각합니다. 이러한 결과가 있기까지 번역작업에 심혈을 기울이신 김환수 판사님, 문성도 교수님 그리고 박노섭 교수님께 감사를 드립니다. 특히 이 일의 시작단계에서 애쓰신 박노섭 교수님께 진심으로 감사드립니다. 이 책은 대학생들을 위해 쓴 것입니다. 따라서 내용을 보다 쉽게 이해할 수 있도록 서술했습니다. 이 책에서는 형사소송의 기본개념을 정립하고, 소송법적인 카테고리 내에서 사고방식을 단련시키고자 하였습니다. 독일법은 실체법이 선도적인 역할을 담당하고, 절차법은 이를 보조하는 법률체계에 속합니다. 오래 전부터 저의 많은 논문들에서 위와 같은 전통적인 독일식 관점은 현실에 부합하지 않을 뿐만 아니라 절차에 관한 이론적 의미에도 부합되지 않는다는 주장을 하여 왔습니다.

소송법은 오랫동안 통설을 따르는 사람이 믿었던 것보다 실체법상의 해석에 더 많은 영향을 미치고 있습니다. 약 30년 전부터 형사소송법에 큰 변혁이 일어나고 있습니다(제가 그것에 일조했기를 바랍니다). 법이 어떻게 '타당한가' 그리고 '올바른가' 여부는 그것이 절차의 종착역을 지나고 나서야 비로소 가늠할 수가 있습니다. 그리고 형법은 소송절차 없이는 실현될 수 없는 유일한 법입니다. 이러한 사실만으로도 소송법의 중요성이 드러납니다. 직권주의적으로 절차를 구성할 것인가 혹은 당사자주의적으로 절차를 구성할 것인가 하는 문제는 실체법상 공범론을 다원설에 의할 것인가 아니면 일원설에 의할 것인가보다 법치국가의 이념, 자유 및 정의의 실현과 같은 기본적인 가치구현에 더 중요한 역할을 합니다.

독일형사소송법은 직권주의적 기본구조에서 발전해 왔으며 영미법계에 대응하는 가장 잘 정립된 모델 중 하나입니다. 저는 이것 또한 독일소송법의 여러 가지 장 · 단점과 함께 기술하고자 했습니다. 법률이 세계화한다는 것은 자국 법률 규정을 외국 법률과 비교하고 이를 통하여 개선하여 나간다는 것을 의미합니다. 법률개정은 따라야 할 모범과 그에 대한 수용과정이 필요합니다. 여기서 저는 독일형사소송법이 이상적이라고 주장하고 싶지는 않습니다. 독일형사소송법은 진실, 정의 그리고 법적 평화를 구현하기 위한 여러 가지 시도 중의 하나입니다. 독일의 일상적인 사법현실은 이제 막 이 모델을 무너뜨리면서 그 효력을 없애려고 하고 있습니다. 지금 문제는 이러한 현실에 과거 법률의 이념을 대립시킬 것인가 아니면 이러한 현실에 부합하도록 법률을 개정할 것인가 하는 것입니다. 여기에 대해서는 격렬한 논란이 진행 중입니다. 소송법상 합의(Konsens)가 어떤 역할을 하는가? 이것은 근본적인 물음입니다. 그 대답은 법률적인 카테고리 내에서만 찾을 수는 없습니다. 사회가 스스로를 어떻게 이해하고 있는가 그리고 어떻게 살아가기를 원하는가를 통해서 그 윤곽이 그려집니다. 이 책의 목적상 이러한 소송법상의 개혁에 대해서는 거의 다루지 않았습니다. 다시 말해서 개혁이 어떻게 이루어져야 한다는 측면이 아니라 소송절차가 어떻게 진행되고 있다는 것에 대해서 다루고 있습니다. 저는 현행법에 대한 비판을 억누르려고 하지 않았지만, 전면에 내세우려고도 하지 않았습니다. 이것이 이 책의 엄격한 한계입니다. 그러나 이러한 범위 내에서도 저는 다음 한 가지를 명확하게 하고자 했습니다. 범죄혐의라는 것은 어떤 사회의 질서혼란상황이고, 그 사회가 이 문제를 어떻게 다루고 또한 이러한 혼란상황을 어떻게 헤쳐 나가는가를 살펴봄으로써 그 사회의 많은 부분을 알 수 있다는 점이다.

그렇기 때문에 한국의 독자들은 독일과 전통적인 유럽의 법률적 사상을 알게 될 것입니다. 최근 형사소송법이 해결해야 할 문제는 전 세계적으로 동일합니다. 저는 이 책이 이러한 공통적인 문제에 대한 해답으로서 선택가능한 대안들에 관한 그림을 그리는 데 기여할 수 있기를 바랍니다. 여러 가지 가능한 해결책 중 독일의 경우를 제시할 수 있는 영광을 제가 얻은 것에 대하여 다시 한번 감사드립니다.

뮌헨, 2007년 2월
클라우스 폴크

서　　문

필자는 이 책을 집필하면서, 비록 형사소송법에 처음 입문하는 학생(물론 사법시험 2차 준비생도 포함하여)이라도 이 책만 탐독한다면 사법시험 2차까지 합격할 수 있다는 확신을 심어주고자 하였다. 학생들의 학습목표는 최소한의 지식으로 가능한 많은 문제를 해결할 수 있도록 하는 데 있다. 습득된 지식은 실제로 형사절차에서 어떻게 적용되고, 고려되며 그리고 판단되는지를 이해하는 경우에만 비로소 활용가능하다. 따라서 필자는 이 책을 통하여 무엇보다도 절차적으로 사고하는 능력을 배양하고자 하였다. 이러한 이유로 소송절차의 흐름에 초점을 맞추어 서술하였다.

보통 형사소송법 교과서를 쓸 때 소송절차의 흐름 또는 법원칙 중 어느 하나에 중점을 두는 서술원칙을 선택하게 되는데 한쪽에 치중하는 서술은 다른 쪽이 소홀하게 될 경우가 많기에 어느 것도 만족스럽지 않기는 마찬가지다. 즉, 소송절차의 흐름에 중점을 두고 책을 서술하게 된다면 법제도에 대한 설명이 부족할 수가 있으며, 반면에 소송제도나 원칙에 중점을 둔다면 소송절차의 흐름을 놓치기 쉽다. 따라서 모든 형사소송법 교과서는 그 사이에서 타협점을 찾고 있다. 여기서는 소송절차의 시간적 흐름에 그 중점을 두었다.

필자는 많은 예시와 짤막한 사례를 들면서 논거를 충실히 제시하고자 하였고, 원칙과 기본구조에 대한 이해를 돕기 위하여 꼭 필요한 경우에만 세밀한 부분까지 깊게 다루었다. 한편으로 이러한 접근방식으로 인하여 사법시험 2차 준비생들(Referendare)에게 이 책이 과연 유용할 수 있는가 하는 의문이 많이 제기되었으나, 필자는 강의를 통하여 이미 보여주었듯이 법조문 참조표를 부록으로 제시하고 있어 이를 보충하고 있다. 필자의 생각에는 이러한 것들이 이 책이 가지고 있는 장점이다.

이제 이 책에서 부족한 부분을 간단히 언급하고자 한다. 이 책은 문헌 인용을 거의 하지 않았다. 필자의 견해로는 기본교과서는 학문적인 논란을 그대로 옮겨놓는 장으로서는 적당하지 않다. 보다 심도 있는 논거 내지 반대견해에 관심을 가진 사람이 있다면 관련 주해를 참고하면 된다. 혹 많은 저자들이 이 책에 전혀 언급되지 않았다거나 그 저자들을 충분히 소화시켜내지 못했다고 해서 이를 나의 오만이나 무지로 몰아붙이지 않았으면 한다. 이러한 서술방식이 비학문적인 접근방식이라고 필자를 비난할 위험이 있다는 것을 잘 알고 있으나, 이를 기꺼이 감수할 각오가 되어 있다.

여타의 학술저서와 비교해보면 이 책은 주석서와 판례를 상대적으로 많이 참조하였다. 이는 실무를 항상 염두에 두는 저자의 성향과 관련이 있다. 그렇지만 통설도 충분히 언급될 수 있도록 고려하였다. 또한 본 저자가 통설에 동의하지 않더라도 통설에 따랐으며 극단적인 경우를 제외하고는 소수견해에 대한 지지를 표명하지 않았다. 왜냐하면 짧은 교과서에서 이에 대한 논거를 펼치기에는 너무 많은 지면을 할애하게 되며, 또한 그렇게 되면 논리의 흐름이 깨어질 수 있기 때문이다. 판례를 언급할 때에도 길게 인용하지 않았으나 최초의 기본사례 및 최신 중요판례를 언급하였다. 또한 상고절차(Revision)가 어떻게 작용하고 있는지 그리고 어떻게 진행되고 있는지에 관한 사례를 제시함으로써 상고제도를 많이 설명하였다. 필자가 생각하는 바로는 이렇게 하는 것이 독자에게 과도한 요구를 하는 것이라고 여겨지지 않으나 이 책의 구성을 상당부분 변화시켰다.

마지막으로 이 책의 저술에 크고 작은 도움을 주신 Stephan Beukelmann, Eva Bolkart, Britta Wolff 씨 특히, 컴퓨터 작업을 맡아준 Elisabeth Holzer씨에게 감사드리며 서문을 마친다.

München, im Februar 2007

Klaus Volk

차　　례

§8. 수사절차　41

§9. 피 의 자　49

§11. 변 호 인 126

§12. 검찰의 종결처분 148

§16. 중간절차(Zwischenverfahren) 208

§17. 공판절차의 개관 217

§18. 절차원칙(Prozessmaximen) 226

§26. 구두 증거 조사 원칙 314

§27. 증거조사의 직접성 319

§28. 증거금지(Beweisverbot) 340

§32. 재판의 확정력(Rechtskraft) 382

§33. 특별소송절차 387

§34. 상소절차 : 총칙 394

§37. 항고(Beschwerde) 431

§38. 재 심 436

§39. 피해자의 절차참여 444

§40. 소송비용 459

§ 1. 형사소송법에서 문제되는 사례

[사례 1] J. S.는 이웃집 뜰에서 이상한 행동을 하는 한 남자를 망원경으로 관찰하였다. 몹시 허둥대면서 여행을 준비하는 것처럼 보였는데, 이사를 준비하는 것처럼 보이기도 했다. 그 무렵 그의 아내는 갑자기 사라졌다. 그가 옮기고 있는 가방 중 하나는 시체를 넣어 운반할 만큼 충분히 큰 것이었다. J. S.는 극도로 짙은 의심이 들었다(히치콕 작품 '뜰로 난 창문'을 연상해보라). 그는 경찰에 전화했다. 1

경찰이 무언가 조치를 취해야 하는가?(아래 § 8 Rn. 6 참조)

경찰은 가택수색에 착수할 수 있는가?(아래 § 10 Rn. 54 참조)

[사례 2] J. S.의 여자 친구는 몰래 그 이웃의 거실로 들어가 그곳에서 여자용 결혼반지를 발견하였다. 그리고 나서 그것을 몰래 가지고 나왔다.
J. S.의 여자 친구는 이웃에 대한 살인사건의 소송에서 증인으로 신문받을 수 있는가?(아래 § 21 Rn. 3)

형사소송법(Strafprozessrecht)에서 문제되는 사례유형은 위에서 보는 바와 같다. 이 경우 실체법인 형법의 사례와는 다르게 접근해야 한다. 실체법에서의 사례는 '정적(statisch)'이다 : 사건내용(Sachverhalt)은 확정되어 있고 사례는 완전한 이야기를 갖추고 있다. 여기서 '사안(Geschichte)'이라고 하는 의미는 사례가 이미 과거의 사실이며 이를 최종적으로 평가할 수 있는 상태에 있다는 것이다. 이에 비하여 형사소송법상의 사례는 '역동적(dynamisch)'이다 : 사례는 계속하여 발전하고 미래를 포함하고 있다. 또한 최종적인 판단이 문제되는 것이 아니라, 바로 다음 단계를 어떻게 결정하는가가 문제된다. 소송법과 실체법이 2

유사하게 되는 것은 소송절차의 마지막 단계에서이다.

> [사례 3] 그 이웃은 살인죄로 유죄판결을 받았다. 법원은 위와 같이 절취된 반지를 그에게 불리한 증거방법(Beweismittel)으로 사용하였다.
> 이웃은 이 점을 근거로 상고를 제기할 수 있는가? 그리고 그 상고가 받아들여질 수 있는가?(아래 § 28 Rn. 35 참조)

상고법원(Revisionsgericht)은 이미 무르익은 형사실체법 사례를 다루는 것처럼 절차를 진행한다(그러나 이것은 상고법원에만 해당된다). 상고법원은 자신 앞에 올라온 이미 완결된 사안에 대하여 법률을 적용하는 것이다. 그 사안은 더 이상 변하지도 않을 뿐만 아니라 상고법원이 더 이상 변경시킬 수도 없다.

3 예시된 사례를 보면 형사소송법에는 '(사례에 대한)구조분석문제(Aufbau-probleme)'가 생기지 않는다는 것을 보여주고 있다. 사례를 어떻게 구성할 것인가를 유의해서 시험에 응하거나 도식(Schema)을 다소 엄격하게 유지하려는 수험생들은 좀더 생각해 볼 필요가 있다: 사법시험 1차에서 형사소송법(StPO)과 관련해서는 사례 1과 2의 유형과 마찬가지로 대부분 개별적인 문제만 출제된다. 여기에 대한 답안에는 도식(Schema)이 필요 없다. 상소부분에 관한 시험문제(사례 3)와 관련해서는 시험유형이 있기는 하나 이것은 별로 중요한 것이 아니어서 구성도식이라고 말하기 어렵다[절차법상 그 밖의 부분과 마찬가지로, 적법여부(Zulässigkeit)와 상고이유여부(Begründetheit)로 나뉘어 진다].

§ 2. 형사절차법과 형사실체법

Ⅰ. 형사법에서 실체법과 절차법은 빈틈없이 직접 경계를 맞대고 있다. 1
실체법이 아닌 것이 곧바로 절차법이고, 마찬가지로 절차법이 아닌 것이 실체법이다.

아래 표에서 형사절차법 영역을 음영으로 표시하였는데, 뒤에서는 실체법과 절차법 사이의 경계영역을 도표를 그려서 상세하게 설명하겠다(§ 14 Rn. 5 참조).

표 1 형사법의 구성

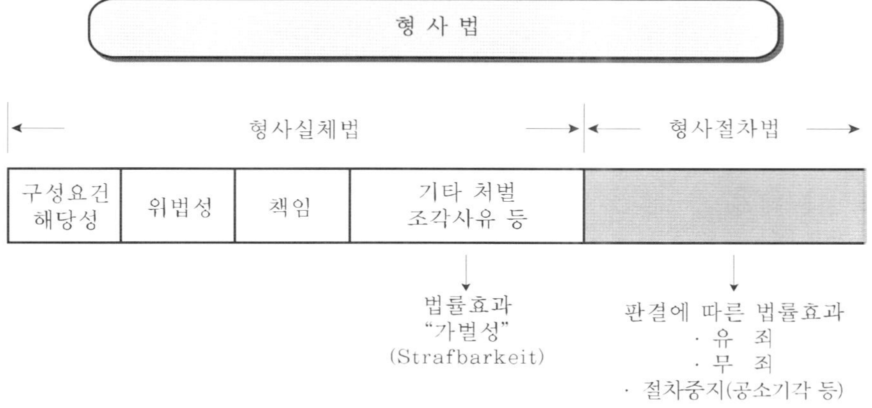

Ⅱ. 양 법률 영역은 모두 "형사법(Strafrecht)"으로 묶을 수 있고 양자가 기능적으로 상호 밀접하게 관련되어 있으며, 상호 의존적이다. 절차 없는 형사법은 존재하지 않는다. 예컨대, 앞서 든 사례 3에서 그 이웃이 수사과정에서 자신의 살인범죄를 자백하였다고 가정하여 보자. 이 경우 우리는 머릿속으로는 형사실체법을 적용하여 "그는 유죄이다"라고 말할 수 있다. 그러나 이것은 가정적인 것이고 곧바로 실질적인 법률효과가 발생하는 것이 아니다. 사건의 심리가 종결되고 판결에 대하여 불복할 수 없을 때에야(즉, 확정력이 발생하여야 한다. 상세하게는 아래 § 32 Rn. 1 이하 참조) 비로소 형사절차법상으로는 그러한 상황이 "사실이다"라고 말할 수 있고, "진실"이 확인되었다고 할 수 있다. 그 이전에는 그저 불확실성과 혐의만 존재할 뿐이다. 유죄판결이 확정되어야만 비로소 피고인이 "유죄(Schuldig)"가 되는 것이고, 그 이전 형사절차의 모든 단계에서 무죄로 취급받는다.

2 Ⅲ. 또한 국가의 "형벌권(Strafanspruch)"은 그것이 절차에서 실현되고 관철되기 전에는 그 자체로서는 특별한 의미가 없다.[1] 범죄행위 자체가 "형벌권"을 발생시키는 것이 아니다. 범죄자가 국가의 형벌급부청구에 대하여 자발적으로 이행하거나 그것에 대하여 거절할 수 있는 것이 아니다. 다른 법률영역에서는 실체법이 절차를 거치지 않고서 그 자체로서 효력을 발휘하고 기능을 하기도 한다. "약속은 지켜져야 한다"는 원리가 지배하는 사적 영역에는 대개는 계약이 자발적으로 이행되고, 혹시 당사자 사이에 다툼이 있는 경우에도 무조건 소송으로 오지는 않는다. 그러나 형사법에서는 모든 것이 소송으로 와야 한다. 국가가 형사사법권을 독점하고 그 기능이 유지되도록 하여야 하며 관련자들에게 "사법보장청구권(Justizgewährleistungsanspruch)"을 부여한다.

다시 한번 "형벌권"이라는 개념에 대하여 설명하면 이렇다. 민사법에서는 채무자에 대하여 "의무가 있다(schuldig)"고 말한다. 형사법에서는 범죄자에게 "유책하게(schuldhaft)" 행위를 하였다고 말한다. 그렇다고 그가 국가에 대하여 "의무"를 부담하게 되는 것은 아니다. 그리고 형사절차에서는 유죄라고 선고되지 않는 한 어떠한 책임이 있는 것도 아니다. 또한 형사절차에서는 단지 책임의 유무만이 문제되는 것이 아니다.

---

1) BVergGE 20, 45, 49.

§ 3. 형사절차의 목적

진실(Wahrheit) : 형사절차에서는 진실이 발견되어야 한다. 실체법적인 모든 상황이 증명되어야 한다. 1

정의(Gerechtigkeit) : 적법한 판결이란 공정하고 적법한 절차를 전제로 한다. 진실은 어떤 희생을 감수하고서라도 추구하여야 할 것은 아니다. 진실추구에는 장애가 되지만 법치국가에서는 보호되어야만 하는 이익이 존재한다.

예) 피의자의 진술거부권; 증인의 내밀한 영역

법적 평화(Rechtsfrieden) : 형사절차법은 사회적 혼란 상황을 치유하고 형사법규범의 실효성을 보장하며, 그렇게 함으로써 법적 평화를 달성한다. 판결은 사건을 최종적으로 마무리 지어야 한다. 한편으로는 이미 내려진 판결에 대하여 사후에 검열할 수 있게 하여야 하지만, 다른 한편으로는 그것에 대하여 끝없이 이의를 제기하는 것은 막아야 한다. 평화는 아니더라도 최소한 조용한 상태에는 이르러야 한다.

위와 같은 목적들 사이에는 최상이라 하더라도 불안정한 균형상태가 이루어지는 것이 고작이다.

판결에서는 위 균형이 쉽게 깨질 수 있다. 어쩔 수 없는 경우 판결에서 두 가지 요소만을 고려하는 것으로 충분할 수 있다. 즉, 간혹 그 중 하나가 양보되는 경우가 있다. 아래에서는 그렇게 한 가지 요소가 양보되는 상황을 나누어서 설명하고자 한다.

표 2 형사절차의 목적

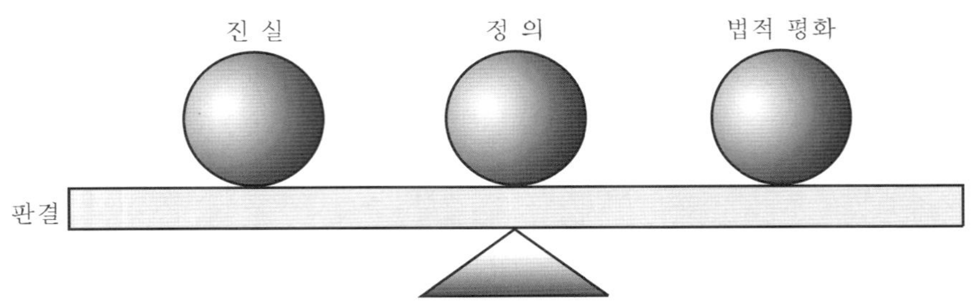

Ⅰ. "진실"이 양보되는 경우

2 소송관여자들 사이에 협상(Absprache)이 있는 경우 그 내용 그대로 판결을 하여야 하는 때가 있다(자세히는 아래 § 30 Rn. 1 이하 참조). 법원, 검찰, 변호인과 피고인이 하나의 "협약(Vergleich)"을 체결한다. 그리하면 대부분의 관여자들이 그로 인하여 이익을 얻는다. 대규모 경제사건에 대한 형사절차를 예로 들어 보자. 심리는 이미 6개월 동안 진행되었고 피고인은 2년 넘게 미결구금되어 있는 상태이다. 협상(deal) 없이 그대로 심리가 진행되고 변호인이 가능한 한 모든 수단을 사용한다면, 앞으로도 1년은 더 심리를 하여야 할 것으로 보인다. 그러나 만약 피고인이 자백을 하게 되면 3자 합의에 따라 4년의 자유형을 선고받을 수 있다. 사건을 다투면서 장기간 절차가 진행된다면 그는 그 보다 더 높은 형을 선고받을 수도 있다. 그러나 협상을 하게 되면 피고인에게는 더 빨리 자유의 몸이 된다는 점에서 이익이 된다. 형사절차가 피고인의 자백에 따라 신속하게 종결되므로 검찰도 만족스럽다. 법원 역시 장기간의 심리를 하는 부담에서 벗어나고 무엇보다도 판결에 대하여 불복하는 것을 염려하지 않아도 된다. 검찰과 법원은 이와 같은 대규모 경제사건을 처리하느라 미뤄두었던 다른 사건에 관심을 기울일 수 있게 된다. 협상을 함

으로써 공정한 절차를 거쳐 판결이 이루어졌다는 점에서 결과적으로 절차적 정의가 실현되었고, 법적 평화는 신속하게 달성되었다. 그러나 그것은 진실발견과는 좀 거리가 있다고 할 수 있다. 진실이 어떤 것이었나 하는 것을 끝까지 규명하는 것이 아니라, 협상을 함으로써 진실이 숨겨질 수도 있고 왜곡될 수도 있다. 그 결과, 순수하고 완전한 진실에 근거하지 않은 상태에서 절차적 정의는 실현되는 것이다.

Ⅱ. 정의가 양보되는 경우(Defizit Gerechtigkeit)

사례 2(위 §1 Rn. 1)에서 증거물인 결혼반지를 수집하는 과정에 위법이 있 3
었다. 그러나 그것은 어떻든 간에 존재하고 있고, 수집방법의 적법성이 의심스러운 것과는 상관없이 증거로서 가치가 있다. 이 사안에서 진실 발견의 이익은 정당한 절차의 이익보다 절대적으로 우월하다.

Ⅲ. 법적 평화가 양보되는 경우(Defizit Rechtsfrieden)

위 §1 Rn. 2의 사례 3에서 그 이웃주민이 유죄판결을 받았고 몇 년 후에 4
그의 무죄를 밝혀주는 새로운 사실이 발견되었다고 생각해보자. 판결의 기초사실이 흔들리고 있기 때문에 법적 평화가 지속되는 것에 대한 이익을 주장할 수 없을 수도 있다. 그 사건은 재심을 받아야 할 것이다(형사소송법 제359조 제5호).

다른 한편으로, 만일 이웃주민이 무죄로 석방되었고 몇 년 후에 그의 유죄를 입증하는 새로운 정황이 밝혀진 경우라면, 법적 평화 이념이 우위를 갖게 되고 진실발견의 이익은 후퇴되어야 할 것이다. 그가 무죄로 석방된 후 언젠가 범행을 자백한 경우에만 그 판결은 더 이상 유지될 수 없고 법적 평화를 희생하여 진실이 표면으로 드러나도록 하여야 할 것이다(형사소송법 제362조 제4호).

Ⅳ. 목적 달성의 방법

5 진실, 정의, 그리고 법적 평화의 실질적 가치들은 사법형성적 절차(justizförmig Verfahren)에서 균형이 이루어져야 한다. 소송(Prozess)은 절차(Prozedur)이다. 소송은 일정한 원칙에 따라 미리 정해진 형식으로 진행된다. 소송법 규정들은 단순히 형식에 그치는 것이 아니라 법치국가가 보호해야할 이익들을 위한 보호장치이다. 이러한 보호 장치들이 형사소추를 방해하는 일이 드물지 않지만, 그것들이 포기되어서는 안 된다. 형사사법의 효율성도 법치국가 원칙 아래에 있다.[1)]

진실에 대한 판단은 항상 오판의 위험을 안고 있다. 따라서 오판 위험이 있는 판단을 할 때는 늘 그러하듯이 정당한 방법을 사용하는 것이 중요하다. 소송법규정에 합치되는 공정한 절차는 그 자체로 가치가 있고 절차에 의한 정의, 즉 절차적 정의(prozedurale Gerechtigkeit)를 창조한다.[2)]

---

1) BVerfGE 33, 367, 383; 44, 353, 374; 474, 257, 262.

2) 다양한 진실개념과 진실의 논증적 요소에 대해서는 Volk, FS Sagler(1995), 411면 이하 참조.

§4. 형사절차 개관

표 3 형사절차 개관

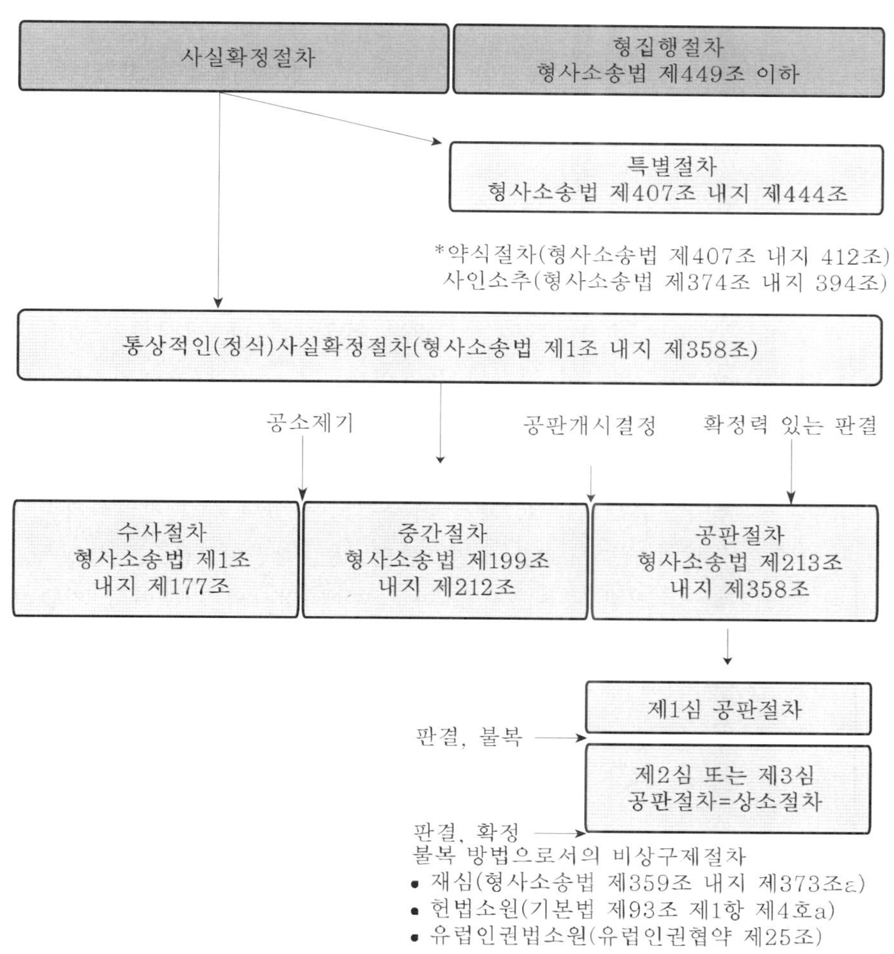

1 모든 형사절차는 혐의로 시작하여 재판으로 끝난다. 형사소송법은 정식 사실확정절차(Erkenntnissverfahren)[1]를 통상적인 경우로 하여 규정하고 있다. 사실확정절차는 수사절차(Vorverfahen), 중간절차(Zwischenverfahren)와 공판절차(Hauptverfahren)의 세 단계로 구분된다. 우선 그 특징을 중심으로 간단히 개관하고자 한다.

수사절차에서는 공소제기의 충분한 근거가 있는지 검사가 판단할 수 있을 정도로 사건관계가 규명된다(형사소송법 제170조 제1항). 이 단계에서 절차의 주도적 지위는 검사에게 있다. 대부분의 일은 경찰이 스스로 또는 검사의 지시에 따라 한다. 경찰은 자료들을 수집한다. 그러한 자료에 의하여 충분한 범죄혐의가 드러나지 않거나 또는 사건이 경미하거나 형사소추할 가치가 없는 것으로 판명된다면 검사가 불기소처분을 한다. 그렇지 않은 경우에는 공소를 제기한다.

그러면 사건은 법원으로 넘어오게 된다. 법원은 중간절차에서 검사가 주장하는 바와 같이 충분한 범죄혐의가 존재하는지를 심사하고 그러한 경우 공소사건에 대하여 공판심리(Hauptverhandlung)를 허가한다. 검사가 공소를 제기한다고 하여 곧바로 법원이 공판심리를 개시하는 것은 아니다. 이러한 공판심리를 개시할 것인지 여부는 법원이 판단할 문제이다. 그 이전에는 피의자(Beschuldigte)가 공판피고인(Angeklagter)으로 불리지 않는다(형사소송법 제157조 참조).

공판절차는 공판준비절차(형사소송법 제213조 내지 제225조a)와 공판기일심리절차(형사소송법 제226조 내지 제275조)로 구성되어 있다. 공판기일심리절차에서는 공판피고인의 진술(그가 원할 경우), 증인신문, 감정인신문, 문서 낭독, 검증 등이 행해진다. 이러한 증거조사를 마친 후에 검사와 변호인이 진술하고 피고인이 최후진술을 한다. 법원은 합의를 마치고 판결을 선고한다.

2 이것은 통상사건에 대한 형사소송법상 재판모델이다. 실무에서는 오히려 그것이 예외이다. 소수의 사건들만 법원 앞에 오게 되고 그 중에서 대부분의 사건들은 정식절차에 의하지 않고 약식절차(Strafbefehlsverfahren)에 의하여 처리된다.[2]

---

1) 역주: 사실인식절차라고 번역하기도 한다(신양균).

2) 이에 대한 것과 형사절차의 선택에 관하여는 Kaiser, Kriminologie, 141면의 깔때기모델(Trichtermodell) 참조.

그렇다고 이제 수사절차의 진행에 관하여 논의하는 것으로 곧바로 시작할 수 없다. 수사절차는 검사에 의하여 주도된다. 검사는 어떠한 기관인가? 이 질문은 법원조직을 설명하기 이전에는 답해질 수 없다. 절차 진행에서 정의의 대리인 역할을 하고 있는 이러한 양 기관의 개별적인 기능은 각 기관이 주요 역할을 하고 있는 절차 단계에서 설명할 것이다. 일단 기본구조만을 살펴본다.

§ 5. 법원 : 구성원리, 조직과 관할

Ⅰ. 법원구성에 관한 헌법규정(Das Verfassungsrecht)

일반 법원의 조직에 대해서는 기본법(Grundgesetz)이 원칙적인 내용을 규정하고 있고(동법 제92조 내지 제104조), 법원조직법(GVG)이 상세히 규정하고 있다.

1. 기본법 제92조

1 사법권(Die rechtsprechende Gewalt)은 법원에 속한다. 법원은 행정부와 분리되고 독립되어 있다. 법원은 법률에만 복종한다. 다시 말하면 법원은 본질적으로 입법작용에 기속되어 있다.

2. 기본법 제97조

2 법관(Richter)은 물적으로 그리고 인적으로 독립되어 있다(법원조직법 제 1 조, 법관법 제25조, 제45조 제 1 항도 참조). 그렇지 않다면 중립적이고 객관적인 판결은 생각할 수 없다. 독립성을 저해하는 위험요소는 여러 가지이다.

[사례 1] 구법원 판사(Amtrichter) X는 음주운전사건에 대한 공판을 진행해야 한다. 피고인은 그의 동거녀(Lebensgefährtin)이다.

형사소송법(StPO)은 이러한 소송관계인(Prozessbeteiligten) 때문에 독립성이 저해될 수 있다는 점을 고려하고 있다. X는 당연히 법관 직무에서 배제되지는 않는다(형사소송법 제22조의 제척사유 참조). 하지만, 불공평하다(befangen)는 이유로 기피될 수 있고(형사소송법 제24조) 이러한 이유를 판사가 스스로 고지하여 회피할 수 있다(형사소송법 제30조).

[사례 2] 판사 X는 군인들을 잠재적인 살인자라고 표현한 의사를 무죄로 석방하였다. 정부가 그 판결을 공공연히 비난하고 주 법무부장관이 직무수행능력이 없다고 하면서 그 판사를 퇴직시키려고 한다고 가정해 보자.

이와 같이 행정부가 법원의 독립성을 침해하는 것을 방지하기 위해서 기본법 제97조가 규정되어 있다.

[사례 3] 전술한 사건이 상고심 법원으로 올라왔다고 하자. 거기에서 재판장(Vorsitzende)이 보다 젊은 신임 재판부 구성원에게 그 사건 재판에 대한 지시적 권고의견(kollegiale Empfehlungen)을 제시한다.

이와 같이 사법부 내부에서 법관의 독립성을 침해하는 것에 대해서도 법관 독립 원칙을 적용하여야 한다.

[사례 4] 극우적 반유태주의자에 대해 미온적인 판결이 나온 후에 언론이 그 판결을 선고한 판사에 대해 격렬히 비난하고 있다.

이와 같이 제 4 의 권력이 법관의 독립성을 침해할 수 있지만, 이것은 비판과 자유로운 견해 표명이 보장되는 법치국가에서는 불가피할 뿐만 아니라 어느 정도까지는 허용된다. 그 허용의 헌법적 한계는 명백하지 않다. 독일에서 판사에 대한 과도한 비난행위를 형사처벌하는 조항은 없다. 이와 달리 영미법계에서는 법정모욕죄로 처벌한다.

[사례 5] 구법원 판사 X는 통설이나 연방통상법원 판례에 따르지 않고 독자적으로 판결하고자 한다.

X는 그렇게 할 수 있다. 법률에 따르기만 하면 되고, 통설뿐만 아니라 원칙적으로는 다른 상급법원의 법 해석에 따를 필요는 없다(예외 : 법원조직법 제121조 제 2 항, 제132조; 연방헌법재판소법 제31조; 형사소송법 제358조 제 1 항).

3. 기본법 제101조

3 '법률로 정한 법관에 의한 재판의 원칙(Das Prinzip des gesetzlichen Richters)'이란 '어느 법관이 (장래의) 형사사건을 담당할 것인가는 법률만이 정할 수 있고, 법률에 근거하여 미리 정해져 있어야 한다는 것'을 말한다.1) 다시 말해서 범죄사건 발생 후에 비로소 담당법관을 정하거나 행정작용 또는 사법행정만으로 담당법관을 정해서는 안 된다는 원칙이다. 법원운영위원회(Das Präsidium des Gerichts)는 법원조직법 수권규정에 따라 사무분담표(Geschäftsverteilungsplan)를 작성한다. 그에 따라 가령 내일 뮌헨에서 Klaus Volk씨가 범죄행위를 한다면 누가 그 사건을 담당할 법관일 것인가는 오늘 이미 확정되어 있다. 어떠한 것도 이것을 변경할 수 없다.

그러나 사건배당 기준은 항상 명확히 규정되는 것은 아니다. 적지 않은 사건들에서 사건배당 확정은 유동적이다(아래의 § 12 Rn. 42 참조). 사무분담과 관련하여 하자가 있다고 하여 모두 헌법위반인 것은 아니다. 법관으로부터 객관적으로 보아 자의적인 조치, 즉 사물논리적으로 정당화될 수 없는 조치를 받은 자는 그 사건을 담당하기로 법정된 법관이 아닌 다른 법관으로부터 재판을 받을 수 있다.2)

특별법원(Ausnahmegerichte)의 설치는 금지된다. 특별법원이란 사건 발생 후에야 비로소 특정한 사건을 심리하거나 특정한 사람을 재판하기 위해서 설치되는 법원이다.

전문법원(Sondergerichte. 기본법 제101조 제 2 항)은 특정한 분야에 대한 재판을 위하여 설치될 수 있지만, 추상적이고 일반적인 기준을 규정한 법률에 의해서만 설치될 수 있다.

예) 변호사징계법원(Berufsgerichte für Rechtsanwälte)

4 모든 법원에서 직업법관들이 업무를 수행한다. 적지 않은 법원에서 직업법관 옆에 시민법관(Laienrichter)들이 앉아 있다. 그들은 참심원(Schöffen)이라 불린다(법원조직법 제30조). 참심원에 대해서도 법률로 정한 법관에 의하여 재

---

1) BVerf 1997, 14G NJW97.

2) BVerfGE 30, 165; BGH 43, 53; 47, 116, 119 BG.

판을 받아야 한다는 규정이 똑같이 적용된다. 참심원도 직업상의 법관은 아니지만 물적으로 독립되어 있다.

법관은 법률에 따라 그 직무 수행에서 배제되거나(형사소송법 제22조, 제23조), 불공평한 재판을 할 염려가 있다고 하여 기피될 수 있다(동법 제24조 이하). 이러한 문제는 공판개시 시기에 비로소 제기되고 그 때에 논의된다(§ 19 Rn. 2 이하 참조).

Ⅱ. 법원의 조직

법원의 조직은 각 주의 권한이다. 법원조직법은 어떠한 법원이 있고 그 법원의 구성원을 어떻게 하며 어떠한 권한을 가질 것인가에 대해서 확정하고 있을 뿐이다. 각 주는 어디에 법원을 설치할 것인가, 어떠한 법원을 어떤 장소에 설치할 것인가, 얼마나 많은 법원을 설치할 것인가, 토지관할은 어떻게 나눌 것인가를 결정한다. 5

법원조직법시행법(EGGVG)은 각 주에 주최고법원(Oberstes Landesgericht)을 설치할 가능성을 열어두었다. 그러나 그를 적용하여 주최고법원을 설치한 주는 바이에른주 뿐이었으나(법원조직법시행법 제 9 조; 바이에른법원조직법 제 1 조), 2006. 6. 30. 폐지되었고, 그 역할을 바이에른주에 설치되어 있는 3개의 주 상급법원과 연방통상법원이 대체하고 있다.

Ⅲ. 제 1 심 법원의 관할

제 1 심법원의 관할은 법률로 정한 법관에 의하여 재판을 받아야 한다는 원칙을 구체적으로 보장하는 내용이라고 할 수 있다.

1. 개 관

사건의 제 1 심을 구법원(Amtgericht), 지방법원(Landgericht), 주 상급법원(Ober- 6 landesgericht) 중 어느 단계에서 시작할 것인지는 사물관할에 따라 확정된다. 연방의 유일한 형사법원인 연방통상법원(Bundesgerichtshof)은 제 1 심이 아니라 상고절차만을 담당한다. 구법원에는 제 1 심을 담당할 재판부로서 단독판사(Einzelrichter)와 참심법원(Schöffengericht)이 있다. 사건의 분배는 사물관할 문제에 해당한다. 사물관할 문제는 법원조직법에서 규율하고 있다.

7 그 외에도 어떤 법원이 장소적으로 심판권한을 가지는가를 법률로 미리 규정하고 있어야 한다. 이 문제는 형사소송법 제 7 조 이하에서 규정하고 있다(Rn. 16 이하 참조).

8 기능적 관할(funktionelle Zuständigkeit)은 기타 모든 유형의 관할을 포괄하는 집합개념이다. 그것은 법률에 규정된 관할이 아니고 기본법상 규율하지도 않는 개념이다. 여기에는 다음과 같은 문제들과 관련되어 있다.

- 가령 일반형사부와 경제범죄재판부(Wirtschaftkammer)와 같이 동급 형사재판부(Strafkammer)간 관할은 어떻게 정해지는가?
- 합의부 법원(Kollegialgericht)의 재판장이 언제 단독으로 재판할 수 있는가?
- 어떠한 경우에 형집행부(Strafvollstreckungskammer)가 재판하는가(법원조직법 제78조a, 제78조b)?

2. 구법원의 사물관할(sachliche Zuständigkeit)

9 어느 경우에 구법원에서 관할하는가? 또 어떤 경우에 형사단독판사(Strafrichter)가 담당하고 어떤 경우에 참심법원(Schöffengericht)이 담당하는가? 첫 번째 질문에 답하기 위해서 법원조직법은 '지방법원의 관할이 아니라면'이라고 하는 소극적 규정을 두고 있다(동법 제24조). 이에 반해 단독판사의 사물관할 문제는 적극적으로 규정하고 있다(동법 제25조). 규정 내용은 복잡하다. 왜냐하면 지방법원의 관할도 일부만 명확히 규정하고 있고, 다른 부분은 '구법원의 관할이 아닌 경우'라고 하여 서로 미루고 있기 때문이다(법원조직법 제74조 제 1 항 제 1 문). 하지만 결론은 비교적 명확하다.

구법원은 자유형 4년까지만 선고할 수 있다(법원조직법 제24조 제 2 항). 4년을 초과하는 자유형이 예상되는 사건은 지방법원의 관할에 속한다(동조 제 1 항 제 2 호). 그보다 경한 형벌이 예상되는 경우에도 일정한 범죄(중죄)로 기소된 사건에 대해서는 항상 지방법원이 재판한다(배심법원 —동법 제74조 제 2 ; 국가안보범죄재판부— 동법 제74조a).

나아가 검찰은 구법원의 관할에 속하는 사건 중 특히 중요한 사건에 대하여는 지방법원에 기소할 수 있다(동법 제24조 제 1 항 제 3 호, 제74조 제 1 항 제 2 문); 이러한 유동적인 관할(beweglichen Zuständigkeit)에 대해서는 후술하는 § 12 Rn. 42 참조.

가. 형사단독판사

형사단독판사(Strafrichter)는 사인소추 사건과 2년 이하의 자유형이 예상되 10
는 경죄사건을 재판한다(법원조직법 제25조). 형사단독판사는 구법원의 형사재판권을 가지고 있어서 4년 이하의 자유형을 선고할 수 있다.[3]

나. 참심법원

참심법원(Schöffengericht)은 중간정도 범죄사건을 재판한다. 참심법원의 관 11
할은 소극적으로 규정되어 있다(법원조직법 제28조). 참심법원은 한 명의 직업법관과 명예법관(참심원)인 두 명의 일반인으로 구성된다(동법 제29조 제 1 항). 대형사건에서는 검찰의 신청에 따라 직업법관이 한 명 더 관여할 수 있다(확대 참심법원, 동조 제 2 항).

3. 지방법원의 사물관할

제 1 심법원인 대형사부(Große Strafkammer)는 3명의 직업법관과 2명의 참 12
심원으로 구성된다(법원조직법 제76조 제 1 항 제 1 문). 1993년 사법업무경감법[4]에 따라 대형사부는 2명의 직업법관만으로 구성될 수 있게 되었다(법원조직법 제76조 제 2 항; 배심법원은 예외). 사건의 범위와 난이도에 대한 문제에서 법원은 어떠한 선택 재량도 없지만 판단여지는 넓다.[5]

예) 수백 건의 사기죄로 기소되었고 자백을 하려 하지 않는 4명의 피고인에 대한

3) BGH NStZ 1985, 470.
4) 이 법률의 유효기간은 2006년 12월 31일까지이었다.
5) BGH 44, 328.

대규모 경제범죄사건에서 검찰은 289명의 증인을 소환하였고, 100부가 넘는 증거철을 제출하였다. 형사부가 이 사건을 단 2명의 직업법관으로 심리하려고 한다면 그것은 판단재량을 수긍할 수 없을 정도로 넘어선 것이고, 객관적으로 본다면 자의적인 행위이다.6)

지방법원의 사물관할은 다음과 같다.

- 법원조직법 제74조 제2항에 열거된 중죄
- 4년을 초과하는 자유형이 예상되는 중·경죄(동조 제1항 제2문 전단)
- 검찰이 사건이 특별히 중요하다고 보아 지방법원에 기소한 중·경죄(동항 제2문 후단)

가. 특별 대형사부

13 일반 대형사부 이외에도 특별 대형사부가 있다.

배심법원(Schwurgericht)은 전통적인 이름을 유지하고 있지만, 대형사부와 다른 것이 아니다. 배심법원은 중대범죄(Kapitaldelikte)에 대한 재판을 한다(법원조직법 제74조 제2항).

경제범죄재판부(Wirtschaftsstrafkammer)는 법원조직법 제74조c 제1항 제1호 내지 제5호a에 명확히 규정된 사건들, 그리고 심리를 할 때 경제생활에 대한 특별한 지식이 필요한 사기, 배심, 폭리행위(Wucher), 부패사건(동항 제6호)을 관할한다.

국가안보범죄사건재판부(Staatsschutzkammer)는 법원조직법 제74조a 제1항에 나열한 사건을 관할한다. 연방검찰총장이 사건이 특별히 중요하다고 보아 그 사건에 대한 소추를 인수한 경우 그 사건에 대한 관할을 주 상급법원에 이송한다(동조 제2항; 유동적 관할의 두 번째 경우. 전술한 Rn. 9 참조). 국가안보범죄재판부는 또한 주거내 대화 감청(großen Lauschangriff)허부에 대해서도 재판한다(형사소송법 제100조d 제2항; 상세한 것은 후술하는 §10 Rn. 51 참조).

그 외에도 소년보호사건 재판부(Jugendschutzkammer)가 있을 수 있다(제74조b).

---

6) BGH NStZ 2004, 56.

나. 권한의 충돌

이러한 상이한 형사부간의 권한 충돌 문제는 법원조직법이 우선순위를 규율함으로써 해결 내지 회피하고 있다(동법 제74조e). 소년보호부와 일반형사부는 언급되지 않았다. 왜냐하면 소년법원이 항상 우선순위를 가지고 있고(소년법원법 제102조, 제103조 제 2 항 제 1 문, 제112조), 일반형사부는 결코 우선순위를 가지고 있지 않기 때문이다.

4. 주 상급법원의 사물관할

주 상급법원(Oberlandesgericht; 베를린에서는 Kammergericht라고 부른다)에서 14
는 합의부(Senate)가 재판한다. 합의부는 3명 내지 5명의 직업법관으로 구성된다(법원조직법 제122조 제 2 항). 주 상급법원 합의부들은 법원조직법 제120조 제 1 항에 규정된 국가안보범죄사건(Staatsschutzdelikte)과 동법 제74조a 제 1 항에 열거된 모든 범죄 사건, 그리고 일정한 모살범죄, 또는 독일의 존립과 안전 또는 조직에 대하여 공공의 위험을 초래하는 범죄(동법 제120조 제 2 항)로서 연방검찰총장이 사건의 특별한 의미를 이유로 소추를 인수한 사건을 관할한다.[7]

5. 시민법관

시민법관(Laienrichter)은 여전히 배심법원이라는 이름을 갖고 있는 대형사 15
부에서는 참심(Schöffen)이라고 불린다. 배심법관(Geschworene)은 1924년 이래 더 이상 존재하지 않는다. 시민법관이 범죄사실 인정문제에 대해 재판하고 직업법관이 양형에 대해 재판하는 고전적인 배심법원제도는 독일 학설상 더 이상 인정되지 않았다. 사실상 사실문제와 법률문제를 명확히 구분하는 것은 거의 불가능하다. 피고인이 범인인지 아닌지 사실인정만 결정할 것을 요구하지 않고, 예컨대 피고인이 강도적 공갈 행위(räuberische Erpressung)를 저질렀는지에 대한 법적 판단까지 할 것이 요구된다.

---

7) 이러한 연방의 형사재판권에 대해서는 Welp, NStZ 2002, 1; BGH 46, 238(극우범죄) BGH NStZ 2002, 447 참조.

참심원들은 명예법관으로서 직업법관과 동일한 투표권을 가지고 포괄적으로 판사의 직무를 수행한다(법원조직법 제30조, 제77조 제 1 항). 참심원들은 유무죄 판단문제와 양형 판단문제에 대해 공동으로 재판하고 법률문제와 사실문제를 똑같이 재판한다. 하지만 공판정 밖에서(außerhalb der Verhandlung) 재판하는 때에는 함께 재판하지 않는다(동법 제30조 제 2 항, 제76조 제 1 항 제 2 문). 공판정 밖에서 재판할 것인지 공판정 내에서 할 것인지는 법원이 마음대로 결정할 수 있는 것은 아니다. 부득이한 사유가 있는 경우에만 법원은 공판정 밖에서 재판할 수 있다.[8] 참심원은 공판심리만을 기초로 심증을 형성하여야 하고 따라서 법원 기록에 대한 열람권을 가지고 있지 않다. 이 때문에 공판심리를 따라가는 것이 매우 어려워진다(그 때문에 연방통상법원은 최근에 예외들을 인정하고 있다).[9]

법관석에 일반인이 앉게 된 것은 프랑스혁명의 산물이다.[10] 그 가치는 일반국민의 형사사법에 대한 이해를 증진하고 형사사법 정의에 대한 일반 국민의 신뢰를 확신시키며, 그리고 건전한 상식을 법정에 들여올 수 있다는 데에 있다. 하지만 전문화된 현대사회에서 기본적으로 그것은 19세기의 사회적 공상일 뿐이다.[11] 적지 않은 민주적 법치국가들에서는 판사직을 직업법관에 의해서만 행사하도록 하고 있다. 시민법관의 참여가 가치 있다는 점은 증명할 수 없다. 물론 그것이 유해한 것은 아니다.

6. 토지관할(örtliche Zuständigkeit)

가. 보통재판적(Ordentliche Gerichtsstände)

16 형사소송법은 범죄장소(제 7 조; 형법 제 9 조 참조), 주소 및 거소(형사소송법 제 8 조), 그리고 체포지(제 9 조, 국외 범죄의 경우 중요)를 보통재판적의 근거로 규정하고 있다. 이러한 토지관할이 있는 법원들 중 어느 한 법원에 기소할 것

8) BGH 43, 91 참조. 이와 달리 법원외 재판을 위해서는 공판심리가 중단되면 족하다는 견해가 있다(OLG Hamburg NJW 1998, 2988). 이에 대해 별다른 이의를 제기하지 않은 연방헌법재판소 결정(BVerfG NJW 1998, 2962); Foth, NStZ 1998, 421)이 있다.

9) BGH 43, 36, 39 참조.

10) Volk, JuS 1991, 871 참조.

11) Volk, FS Dünnebier, 373 참조.

인가는 검사의 재량에 속한다(그의 선택은 형사소송법 제16조의 범위 내에서만 심사할 수 있다). 토지관할을 가진 법원들에 중복하여 공소가 제기된 경우 선착수원칙(Prioritätsprinzip; 형사소송법 제12조 제 1 항)이 적용된다. 심리개시는 공판을 허가하거나(형사소송법 제203조; 후술하는 § 16 Rn. 10 이하 참조) 나중에 제기된 공소를 병합시키는(형사소송법 제266조 제 1 항; 후술하는 § 13 Rn. 9 참조) 법원의 결정에 의한다. 약식명령절차에서는 통상재판의 시작으로 심리가 개시된다(후술하는 § 33 참조).

나. 특별 재판적(Außerordentliche Gerichtsstände)

형사소송법 제13조 제 1 항(관련사건의 토지관할, Gerichtsstand des Zusammenhangs)은 관련된 형사사건들에 대하여 개별적으로 분리하여 고찰할 때 관할을 가진 모든 동급법원[12]에 관할권이 있다고 규정하고 있다(관련사건에 대해서는 후술하는 § 13 Rn. 10 참조). 수 개의 법원에 소송계속된 경우 관할권은 관련 법원들이 합의하거나(제13조 제 2 항 제 1 문), 또는 합의가 이루어질 수 없는 경우 공통 상급법원이 결정한다(동항 제 2 문).

형사소송법은 제 7 조 내지 제11조에 따른 토지관할이 존재하지 않는 경우(제13조a), 관할이 경합하는 경우(제14조), 또는 관할 법원이 재판진행에 방해를 받거나 공공의 안전에 대한 위험이 염려되는 경우[13](제15조)에 대해 법원의 지정에 의한 토지관할(Gerichtsstand der gerichtlichen Bestimmung)을 규정하고 있다.

Ⅳ. 상소사건의 관할(심급관할)

1. 지방법원(Landgericht)

가. 지방법원은 구법원(區法院, Amtsgericht, 단독판사 및 참심법원)의 판결에 17
대한 항소심 사건을 담당한다. 소형사부는 1명의 직업법관과 2명의 참심원으

12) 동급법원이 아닌 경우에는 사물관할이 문제된다, 형사소송법 제 4 조; BGH NStZ 2005, 464.

13) BGH JR 2002, 432(테러범의 공격 위험).

로 구성된다(법원조직법 제74조 제 3 항, 제76조 제 1 항).

나. 구법원 판사의 처분 또는 구법원의 결정에 대한 항고사건(형사소송법 제304조 이하, 아래 § 37)은 직업법관만으로 구성되는 대형사부가 담당한다(법원조직법 제309조 제 1 항, 제73조, 제76조 제 1 항).

2. 주 상급법원(Oberlandesgericht)

가. 상고사건

18 주 상급법원에서는 3명의 직업법관으로 구성된 합의부가 있다(법원조직법 제116조, 제122조 제 1 항). 주 상급법원은 구법원 판결에 대한 비약상고사건(Sprungrevision, 아래 § 36 Rn. 31)과 지방법원이 항소심인 사건의 상고사건을 담당하는데, 아주 드물게는 주법(Landrecht)위반사건에 대하여 지방법원이 제 1 심으로 판결한 사건의 상고사건을 담당한다(법원조직법 제121조 제 1 항 제 1 호).

나. 항고사건

주 상급법원은 지방법원의 결정에 대한 항고사건을 담당한다(법원조직법 제121조 제 1 항 제 2 호, 제 3 호).

3. 연방통상법원(Bundesgerichtshof, BGH)

19 5명의 법관으로 구성된 연방통상법원의 5개 형사부(4개는 칼스루에에, 1개는 라이프찌히에 있다)는 주 상급법원이 제 1 심으로 판결한 사건(국가안보에 관한 범죄사건)과 지방법원의 대형사부가 제 1 심으로 판결한 사건에 대한 상고사건을 담당하고(법원조직법 제130조, 제135조 제 1 항), 3명의 법관으로 구성된 재판부가 특정한 항고사건을 담당한다(법원조직법 제135조 제 2 항, 제139조 제 2 항).

어떤 형사부가 다른 형사부와 다른 견해를 가지고 있거나 매우 중대한 법률적 쟁점이 있는 경우에는 형사 전원재판부(Große Senate für Strafsachen)가 재판을 하는데, 형사 전원재판부는 연방통상법원장과 각 형사부에서 2명씩 선발된 법관으로 구성된다(법원조직법 제132조 제 2 항, 제 4 항, 제 5 항). 형사부와 민사부 사이에 견해차가 있을 때에는 연방통상법원 전원합의체(Vereinigten Großen Senate)가 재판한다(법원조직법 제132조, 제1항 제2문, 제2항, 제3항, 제5항 제2문).

V. 국제형사법원

1. 유럽인권법원(Europäische Gerichtshof für Menschenrechte, EGMR)[14)]

1950. 11. 4. 체결된 조약인 유럽인권협약(Europäische Menschenrechtskonven- 20
tion, EMRK)이 유럽의회의 관할 내에서 사법기본권(司法基本權, Justizgrundrechte)을 보장한다(유럽인권협약 제6조, 상세한 것은 아래 §18 Rn. 10 참조). 구체적으로는 유럽인권법원이 이를 보장한다. 유럽인권법원은 스트라스부르크에 있다. 현재는 44개 회원국에서 1명씩 법관을 파견하고 있다.

가. 절 차

유럽인권협약에서 규정하는 기본권이 침해된 경우에만 유럽인권법원에 제소할 수 있다. 회원국이 청구인이 되거나(국가 제소, 유럽인권협약 제33조), 자연인이나 법인이 청구인이 될 수 있는데(개인 제소, 유럽인권협약 제34조), 자국 내에서 헌법소원까지 모든 법적 구제수단을 다 취한 후에 제소가 가능하다. 그 후로부터의 제소기간은 6개월이다(유럽인권협약 제35조).

소송구조는 독일과 같은 직권주의적(inquisitorisch) 절차를 따르지 않고, 당사자주의적(adversatorisch, 아래 §11 Rn. 1 참조) 절차를 따른다. 공용어는 영어와 프랑스어이다.

나. 결정과 그 효과[15)]

유럽인권법원은 유럽인권협약을 위반하였는지를 확정하여 거기에 관련된 당사자에게 "정당한 회복(gerechte Entschädigung)"을 선언할 뿐(유럽인권협약 제

14) 자세히는 Ambos, NStZ 2002, 628, NStZ 2003, 14; Jung, ZStW 115(2003), 583 참조. 유럽 법원의 판결에 대한 국내법적 적용에 대하여는 Kühne, GA 2005, 195 이하 참조.
15) 자세히는 Kühne, Strafprozessrecht, Rn. 37 이하.

41조), 회원국 법원의 판결을 취소하지는 않는다. 다만 위와 같은 유럽인권법원의 결정을 근거로 독일형소법 제359조 제 6 호에 따른 재심을 청구할 수 있다. 회원국이 당사자가 된 경우 회원국은 유럽인권법원의 판결을 따라야 한다(유럽인권협약 제46조). 사건의 당사자가 아닌 회원국은 유럽인권법원의 판결에 대하여 법적으로 기속되는 것은 아니지만, 유사한 사안에서 그 스스로도 유책판결을 받을 것을 각오하여야 한다.[16] 최소한 유럽인권법원이 지속적으로 동일한 판결을 내린다면, 규범적으로 지도적 기능을 수행하게 된다.[17]

2. 유럽법원(Europäische Gerichtshof, EuGH)

룩셈부르크에 있는 유럽법원에서는 형사재판을 하지는 않는다(다만 독점금지법에 따른 과징금 사건은 담당한다). 그럼에도 특정한 법률문제에 관하여는 어떠한 견해를 내려야 할 때도 있다.

"EU협약(EU Vertrag)[18] 제35조에 따른 형사법에서의 경찰공조와 사법공조 영역의 선결절차(Vorabentscheidungsverfahren)로서 유럽법원에 제소하는 것에 관한 법률(EuGH-Gesetz—EuGHG, 1998. 8. 6. 공포, 1999년 5월 1일 시행, BGBl. Ⅰ 2035; 1999 Ⅰ 728) 제 1 조 제 2 항 및 제 1 항에 따르면, 국내에서의 불복이 불가능한 최종적인 결정을 내릴 지위에 있는 법원은 그 자신의 판결이나 결정을 하기 전에 형사사건의 사법공조 영역에서의 선결문제와 조약의 해석에 관한 유럽법원의 결정이 필요하다고 판단되는 경우, 유럽법원에 먼저 그 판단을 의뢰하여야 한다."[19]

3. 국제형사법원(Internationale Strafgerichtshof, IStGH)[20]

가. 절 차

제 2 차 세계대전 후 설치된 뉘른베르크와 도쿄의 전범재판소가 처음으로

16) Kühne, StV 2001, 73.
17) 연방행정법원 NVwZ 2002, 87.
18) 유럽법원법(EuGH-Gesetz)이라고도 한다(BGBl. Ⅰ 2035; 1999 Ⅰ 728)
19) BGH 47, 326, 333.
20) 개략적인 설명은 Ambos, JA 1998, 988 참조.

국제형사법(Völkerstrafrecht)을 적용하였다. 그로부터 한참 후에 구 유고슬라비아연방과 르완다에서의 전쟁범죄와 인권범죄를 징벌하기 위하여 유엔 안전보장이사회의 결의에 따라 평화유지 조치로 세워진 비상설법원(ad-hoc-Tribunal)으로서 ICTY와 ICTR이 있다(www.un.org/icty, www.ictr.org 참조).

이에 반하여 국제형사법원은 92개국이 비준상태에 있고, 47개국은 체약만 한 상태인 국제조약(로마협약)을 근거로 설치된 상설법원이다(www.icc-cpi.int 참조). 이 로마협약은 2003년 7월 1일 발효하였다. 이 조약에는 옛날 전통에 따라 한 개의 법전 안에 범죄에 관한 규정, 총칙[21]과 기초적인 절차법 규정을 포함하고 있다.[22]

국제형사법원은 헤이그에 위치한다. 법원은 공판 전 절차, 제 1 심 공판절차, 항소절차를 담당하는 3개 부서로 나뉘어져 있다. 아울러 수사권을 행사하는 검찰이 독립된 기관으로 설치되어 있다. 공소는 검사가 수행하기도 하지만, 체약국 자신이나 유엔 안전보장이사회가 주체가 되어 수행하기도 한다. 로마협약상 형사절차는 그 이전에 설치되었던 다른 법원이 채택한 당사자주의적 모델에 실체적 진실주의(아래 §18 Rn. 15 참조)와 같은 직권주의적 요소가 가미된 형태이다.

나. 재판권과 국제형법(Völkerstrafrecht)

국제형사법원은 로마협약이 규정하고 있는 인권범죄, 인종살해범죄, 전범 등과 같은 범죄를 재판한다. 그러나 이것은 체약국이 범죄혐의자에 대하여 법적 조치를 취하려 하지 않거나 취할 수 없는 상태에 있을 것을 요건으로 한다(보충성의 원칙[23], 로마협약 제17조).

독일은 로마협약에 맞추어 "국제형법(Völkerstrafrecht, VStGB, 2002. 7. 1. 시행; BGBl. 2002 I S. 2254)"을 제정하였다. 국제형법 제 1 조는 세계법주의를 선언하고 있고, 이에 따라 독일 검찰은 국제형법을 위반한 범죄에 대하여는 국내관련성 여부를 불문하고 우선적으로 국제형사법원에 제소할 의무가 있다.

---

21) 기본적인 것으로 Ambos, Der Allgemeine Teil des Völkerstrafrechts, 2002, 2. Aufl., 2004.

22) 이러한 입법 기술은 수백 년 동안 원칙적인 것이었다. 19세기에 이르러서야 입법과정이나 학문연구과정에서 각 분야를 구분하여 다루기 시작하였다.

23) 비상설법원에서는 이와는 다르게 '우선의 원칙(Vorrangprinzip)'이 적용된다; Eser, FS Trechsel, S. 223과 비교.

그리고 형사소송법 제153조 이하에는 형사절차를 중지하고 국제형사법원에 이송할 수 있다는 규정도 마련되어 있다. 독일 국민은 국제형사법원에 인도될 수 있다(기본법 제16조 제 2 항 제 2 문).

표 4 형사법원의 구성(성년형사사건)

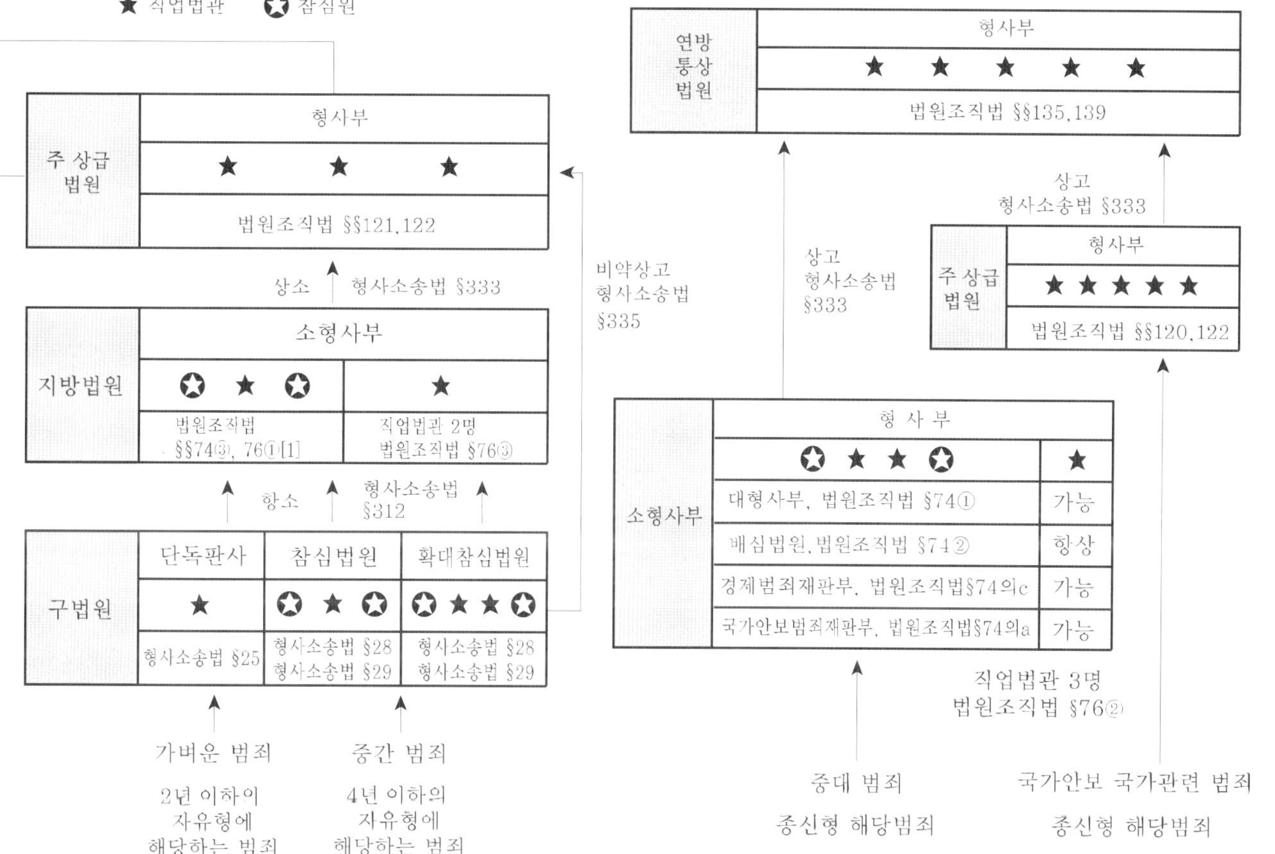

§ 6. 검찰제도 : 조직과 법적 지위

Ⅰ. 소송절차 과정상 검찰의 기능

1 검찰(Staatsanwaltschaft)은 수사절차에서 주도권을 행사하고 있다(자세한 것은 § 8 Rn. 1). 검찰은 공판절차(Hauptverfahren)에서 기소권을 행사한다. 공판검사는 기소내용을 낭독하고(형사소송법 제243조 제 3 항 제 1 문), 신문권(형사소송법 제240조 제 2 항) 및 증거신청권을 행사한다(형사소송법 제244조 이하). 또한 검찰은 최종의견진술권(변론, 형사소송법 제258조)을 가지며, 상소제도를 통하여 판결에 불복할 수 있다(형사소송법 제296조).

검찰은 종국적으로 재판집행권(형사소송법 제451조) ―이 책에서는 논의하지 않겠다― 즉, 법관에 의한 재판을 실행한다(형벌의 실현으로서의 형의 집행과는 구분된다).

Ⅱ. 검찰의 구조

2 검찰(청)은 지방법원(Landgericht)에 대응하여 설치되어 있다. X 주지방법원에 대응하는 검찰의 최고책임자(erster Beamter)는 그 최정점에 있는 지방검찰청 검사장(Leitender Oberstaatsanwalt)이다(기관장에 관한 규정, 법원조직법 제144조). 또한 주 상급법원(Oberlandesgericht)에 대응하는 검찰(청)이 설치되어 있다. 주 상급검찰청의 최고책임자는 검찰총장(Generalstaatsanwalt)이다. 검찰은 독자적인 권한을 행사한다(법원조직법 제142조). 그리고 구법원(Amtgericht)에 대응하는 검찰(청)은 없으나, 필요에 따라서 지방법원에 대응하는 지방검찰청의 하부조직

(Zweig) 또는 출장소(Aussenstelle)가 설치되어 있다. 형사단독판사의 관할에 속하는 사무에 관해서는 구검사(Amtanwalt)가 그 업무를 담당할 수 있다{예를 들어 법원조직법 및 연방절차법의 바이에른주 내 실행에 관한 법률(BayAGGVG) Art. 14 Abs. 1}.

검사(Staatsanwalt)는 독립적이지 않으며, 상관에게 소속되어 감독을 받는다(아래 Ⅲ.에서 부연설명). 검찰은 행정기관(Behörde)이다. 모든 검사는 궁극적으로 법무부장관의 감독을 받는다. 검찰은 동일체적(monokratisch) 조직체를 형성하고 있어 하나의 단일체(Einheit)를 구성하고 있다. 독일연방 내 검찰조직의 계층성은 최정점에까지 일원화되어 있다. 사법(Justiz)은 주(Land)의 사무이다.

물론 연방통상법원(BGH)에 대응하여 연방검찰총장을 최고 책임자로 하는 연방검찰이 있다. 연방검찰의 통상적인 권한은 연방통상법원에 제기되는 공소(Anklage)를 유지하는 것이다(상고사건). 그 밖에 연방검찰은 주 상급법원(OLG)이 제1심으로서 관할하는 특정한 사건에 대하여 특별권한을 행사한다(법원조직법 제142a). 그러나 연방검찰은 지방검찰의 상급관청이 아니다.

Ⅲ. 행정공무원으로서의 검사(Der Staatsanwalt als Beamter)

1. 계층구조(Der hierarchische Aufbau)

검사는 판사와는 달리 독립적이거나 법률에만 구속되는 지위에 있지 않다. 각 검찰청의 장이 검찰직무의 수행자이다. 그에게 속하는 검사들은 사실상 독자적으로 그리고 자신의 책임하에 업무를 수행하지만, 법률적으로는 관서의 장(Behördenleiter)의 대리인으로서 활동하는 것이다: 검찰(Staatsanwaltschaft)은 계층적(관료적)으로 조직되어 있다(법원조직법 제144조). 3

이러한 동일체적(monokratisch)이고 관료적인 조직구조는 지시권(Weisungsrecht), 직무이전권(Substitutionsrecht) 및 직무승계권(Devolutionsrecht)을 통하여 형성된다.

2. 지시권(Das Weisungsrecht)

4 법무부장관과 지방검찰청 및 주 상급검찰청의 장은 지시권(법원조직법 제146조)을 가진다(그 내용과 한계는 아래 § Rn. 11 참조).

표 5 지시권

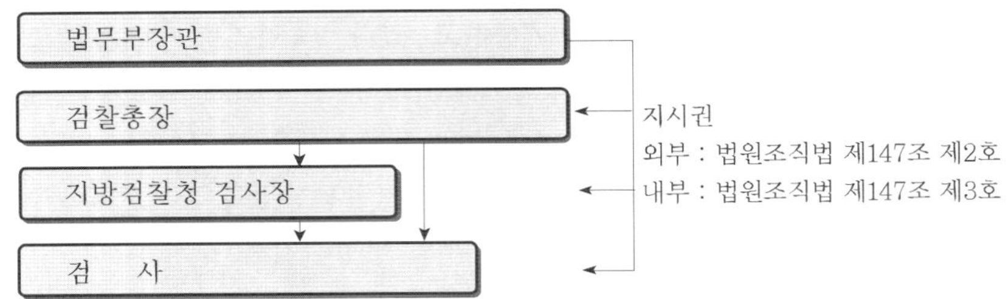

3. 직무이전권(Das Substitutionsrecht)

5 법무부장관과 각급 검찰청의 장은 또한 직무이전권을 행사한다. 직무이전권은 특정 검사에게 업무를 처리하게 하거나 특정업무를 그만두게 하고 다른 검사에게 업무를 이전할 수 있는 권한을 말한다.

예) - 뮌헨 I 지방검찰청 검사장은 뮌헨 배심법원(Schwurgericht)에서 진행되고 있는 피고인 X에 대한 공판심리 중 통상적으로 기소를 담당하던 검사 A 대신 검사 B로 하여금 공판을 담당할 것을 지시할 수 있다.
- 뮌헨 주 상급검찰청 검찰총장(Generalstaatsanwalt)은 트라운쉬타인(Traunstein) 지검의 검사로 하여금 이 업무를 담당하게 할 수 있다(또한 다른 지방검찰청으로 업무를 위임할 수 있다).[1]
- 법무부장관은 이 사건과 관련하여 밤베르크(Bamberg) 주 상급검찰청 관할 내의 검사를 뮌헨주 상급검찰청으로 발령할 수 있다.

1) BGH NStZ 1998, 309.

4. 직무승계권(Das Devolutionsrecht)

직무승계권은 지방검찰청 및 주 상급검찰청의 장에게 부여된 권한으로서, 6
원래 권한 있는 검사를 대신하여 전체사건 혹은 개별적인 직무를 직접 넘겨받는 권한을 의미한다.

예) 지방검찰청 검사장이 공판정에 방청객으로 참여하였다. 그는 검사 X의 공판진행방식에 동의할 수 없었다. 그래서 그 사건을 직접 넘겨받았다.

법무부장관은 검사가 아니다. 따라서 법무부장관에게는 직무승계권이 없다.

표 6 직무승계권

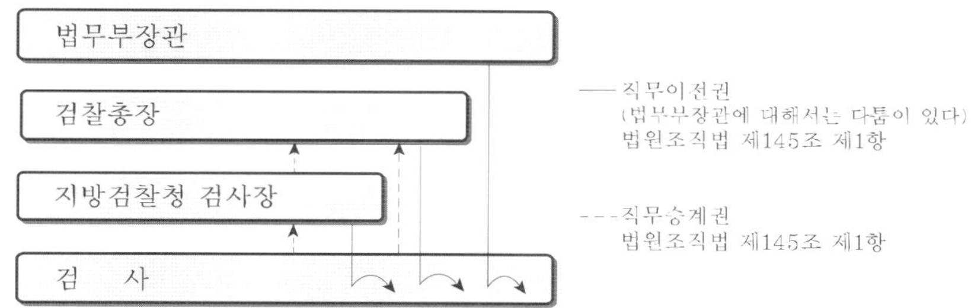

Ⅳ. 검사의 직무(Das Amt des Staatsanwalts)

여기서는 검사의 직무를 간략하게 살펴보기로 한다. 검사의 개별적인 기능들은 주요역할을 행하는 각 해당영역에서 좀 더 자세히 설명하겠다.

1. 원　　칙

독일 형사소송법상 기소권자와 재판권자는 분리되어 있다(최초수사부터 기 7
소 그리고 최종적으로 제기된 기소를 판단하는 업무까지 모두 판사에게 속한다면, 재판이란 항상 판결 전 판단을 확인하는 것일 뿐이다.—이러한 경향은 중세시대의 규문절차에서 존재했었다). 기소권자가 없는 곳에 재판권자도 없다. 또한 기소

없이는 소송도 없다(탄핵주의 원칙, 아래 § 18 Rn. 5 이하 참조).

8 검사(Staatsanwaltschaft)만이 기소권을 행사한다(예외: 사인소추, 아래 § 39 Rn. 3 이하). 이 기소독점에는 권력적인 요소가 작용하고 있다. 어떤 사건이 기소된다면 공판이 개시되나 기소가 이루어지지 않는다면 그 사건은 세상에서 사장되는 것이다. 힘의 균형을 위하여 기소의무가 부여된다. 충분한 범죄혐의가 있는 경우 검사는 기소하여야 한다(제170조 제 1 항). 이러한 기소의무를 기소법정주의(Legalitätsprinzip)라고 한다[아래 § 18 Rn. 7이하; 이 용어는 부적절하다. 왜냐하면 법치국가원칙(Rechtsstaatsprinzip)에 따라 법률을 준수해야하는 의무는 이 용어로 표현하기에는 부족하기 때문이다].

검사는 다만 예외적으로 합목적적인 견지에서 기소하지 않고 사건을 중지할 수 있다(기소편의주의원칙, 제153조 이하).

9 그러나 검사는 범죄혐의가 충분한 경우 기소해야하는 권한과 의무를 가지고 있을 뿐만 아니라 직권으로 범죄혐의를 조사하고 수사에 착수할 의무를 지고 있다(제160조 제 1 항). 형사소추는 전적으로 국가의 업무이다(국가소추주의; Offizialprinzip).

10 검사는 기소를 준비하고 또 나중에 법정에서 이를 대리한다. 그러나 검사는 무엇보다도 객관의무 즉, 피의자에게 유리한 수사도 하여야하는 의무를 지고 있다(제160조 제 2 항). 따라서 검사는 당사자가 아니다. 검사는 소송절차의 모든 단계에서 소송규정이 지켜질 수 있도록 주의하여야 한다. 그래서 검찰을 "세계에서 가장 객관적인 조직"으로 명명하고 "법률의 파수꾼(Wächterin des Gesetzes)"으로 표현하고 있다.

2. 검사의 재량(Freiraum)

11 기소 및 객관적 수사에 대한 의무가 있기 때문에 검사에게는 상급자(Vorgesetzter)에 거부할 수 있는 권한과 자유를 갖게된다. 이로써 상급검사의 지시권은 그 한계를 가지게 된다. 또한 상급검사의 위법한 지시는 허용되지 않는다. 위법한 지시가 내려진 경우 검사는 이의를 제기하여야 한다[연방공무원법(BBG) 제56조 제 2 항, 공무원권한범위에 관한 법(BRRG) 제38조 제 2 항]. 다시 말해 검사는 자신의 견해를 상급검사에게 전달하고 그 결정에 대하여 그 위의 상급검사

에게 조언을 구하여야 한다. 그럼에도 불구하고 상급검사가 지시를 고집한다면 검사는 자신에게 내려진 지시가 범법행위이거나 규정위반(Ordnungswidrigkeit) 혹은 인권을 침해할 수 있는 경우 상급검사의 지시를 거부할 수 있다. 상급검사의 위법한 지시는 구속력이 없다. 또한 지시에 대하여 다툼이 있고, 이 다툼이 검사 자신의 개인적인 확신을 근거로 할 때 상급검사는 검사에게 복종을 강요할 수 없다. 이 경우 상급검사는 직무승계권 내지 직무이전권을 행사하여야 한다. 바로 이러한 권한이 존재하기 때문에 사건의 "올바른 해결"에 관한 개인적인 확신과 관련하여 많은 재량을 검사에게 부여할 수가 있는 것이다.

예) 검사가 뇌물수수사건에 대한 소송과 관련하여 1년 6개월의 자유형을 구형할 것이고 집행유예판결에 대하여 항소를 제기하지 않을 것임을 상급검사에게 보고하였다. 이에 상급검사는 "내 생각에 뇌물수수사건은 결코 집행유예가 있을 수 없다"고 말하면서 최소한 2년형을 구형할 것을 지시하였다.

이 지시는 위법하다. 왜냐하면 상급검사(Vorgesetzter)의 지시는 하자 있는 재량행사에 의거하기 때문이다("… 뇌물수수사건은 결코"). 그 밖에 적정 구형량을 결정하기 위해서는 공판진행과정에서 직접적으로 받은 느낌이 요구되는데, 상급검사에게는 이러한 점이 결여되어 있다. 이러한 이유로 검사는 상급검사의 지시를 따를 필요가 없다. 그러나 이것은 통설에서 설명하는 바와 같이 공판심리가 특별하기 때문이 아니라, 오히려 위에서 언급한 검사의 재량과 자신의 개인적인 확신에 반하여 행동하지 않아도 될 권한에서 비롯되는 결과이다.

3. 판례에 대한 검사의 기속

또한 검사가 판례에 반하여 자신의 견해에 따라 "올바른 해결책"에 대한 12
확신을 유지할 수 있는지는 또 다른 문제이다. 여기에는 '법원이 법적인 이유(Rechtsgründe)로 무죄를 선고할 것임을 충분히 예상할 수 있음에도 불구하고 검사는 기소할 수 있는가', '무엇보다도 반대로 검사가 법적인 이유로 그 행위가 유죄가 아니라고 여기고 있으나 판례가 다른 입장을 취하고 있음을 알고 있는 경우에도 기소하여야 하는가'의 문제이다. 다시 말해 법원조직법(GVG) 제150조가 표명하고 있는 법원으로부터 검찰의 독립성의 범위가 논란이 되고 있다(자세한 것은 아래 § 12 Rn. 5).

V. 검사의 법적 지위(Rechtsstellung)

13 검찰은 행정권(Exekutiv)에 속한다. 그러나 사법권(Judikativ)과 밀접한 관계를 갖고 있다. 행정권에 속하는 검찰권(규정)은 다음과 같다.

- 관청으로서 계층적(hierarchisch)이고, 동일체적(monokratisch)인 조직구조
- 상급검사의 지시권, 직무승계권 및 직무이전권

(검찰의) 사법관련성은 아래의 권한과 의무에 근거하고 있다.

- 객관의무
- (불기소를 통한)사안에 대한 자기결정권
- 법률감시자로서의 역할
- 법관의 재판에 대한 준비 및 집행임무

검찰은 이러한 이중적 역할 때문에 "상대적으로 독립적인 사법기관(ein relativ eigenständiges Organ der Rechtspflege)"으로 불린다.

VI. 유럽검찰(Die europäische Staatsanwaltschaft)[2)]

14 유럽검찰은 아직 설립되지는 않았다. 그 전신으로서 각국 검찰간의 상호협력 구심체로서 유럽사법원(Eurojust)이 설치되어 있다. 유럽사법원은 유럽경찰(Europol)의 대응조직으로서 형사사건에 관하여 경찰과 사법기관의 상호협력을 의미하는 "제 3 의 기둥"(die dritte Säule der polizeilichen und Justitiellen Zusammenarbeit in Strafsachen)에 근거하고 있으며,[3)] 시간이 지나면서 최상위법 속에 반영되었다[유럽협약(EUV) 제31조 제 1 항 제 2 문].

---

2) Radtke, GA 2004, 1.

3) ABl. 2002, L 63, 1면

§ 7. 경　　찰

검사는 모든 종류의 수사를 직접 행하거나 경찰관청 및 경찰공무원으로 하여금 수행하게 할 수 있다(제161조 제 1 문).

수사의 개념 및 수사기관의 권한 등은 다음 장에서 논의하겠다. 여기서는 경찰조직, 검찰과의 관계 및 형사절차상 기본적인 임무에 관해서만 설명하겠다.

Ⅰ. 조직(Organisation)

1. 기본법(GG) 제30조는 경찰의 임무와 조직에 관한 법률제정권을 주(Land) 1
의 권한으로 규정하고 있다[예를 들어 바이에른주 경찰조직법(BayPOG)과 바이에른주 경찰관직무집행법(BayPAG)]. 경찰은 내무부(Innenministerium)에 속해 있다.

2. 연방은 제한된 권한범위 내에서 독자적인 경찰기관을 가지고 있다.

가. 연방수사국은 기본법 제73조 제10호, 제87조 제 1 항에 근거하여 '연 2
방수사국 설치에 관한 법률(Gesetz über die Einrichtung eines Bundeskriminalpolizeiamtes)'[1]에 의해 설치되었으며 그 임무는 다음과 같다.

- 인터폴(IKPO)의 국가중심기구로서의 업무수행[연방수사국법(BKrimAG) 제 1 조 제 2 항]
- 대범죄투쟁을 위한 정보 및 자료수집 · 평가, 범죄수사기법 연구실행, 분석 및 통계, 감정서작성(연방수사국법 제 2 조)
- 국제적 혹은 1개의 주를 넘어서 활동하는 범법자 검거

1) Satorius I Nr. 450.

그러나 다음의 경우를 제외하고는 대범죄투쟁에 대한 권한은 주(Land)에 속한다.

- 국제조직범죄(연방수사국법 제 5 조 제 2 항 제 1 호)
- 연방헌법기관에 대한 위해행위 및 연방수사국이 보호하는 외국국빈(연방수사국법 제 5 조 제 2 항 제 2 호)에 대한 위해행위[연방수사국법 제 9 조, "본(Bonn) 경호팀"]
- 연방검찰총장(Generalbundesanwalt)이 주도하는 수사(연방수사국법 제 5 조 제 3 항)

3 나. 연방헌법수호청(Bundesamt für Verfassungsschutz)도 마찬가지로 기본법 제73조 제10호, 제87조 제 1 항에 근거하여 '헌법수호임무에 대한 연방과 주의 협력에 관한 법률(Gesetz über die Zusammenarbeit des Bundes und der Länder in Angelegenheiten des Verfassungsschutzes)'[2]에 의해 설치되었으며, 헌법파괴행위를 방지하는 임무를 수행하고 있다. 그러나 이를 위해 첩보 및 정보를 수집 · 평가하는 임무만을 담당하고 있으며, 그 밖의 자료는 전달받는다(법 제 2 조). 연방헌법수호청은 경찰의 강제처분권(polizeiliche Eingriffbefugnisse)을 행사하지 않는다.

다. 연방경찰대(Bundespolizei)[3]는 국경 및 연방철도시설지역에서 경찰임무를 수행한다.

라. 세금추적부(Steuerfahnder)는 조세범죄 사건에서 검찰의 수사관으로서 사법경찰관의 권한[국세징수법(AO) 제404조]과 임무(국세징수법 제208조)를 수행한다. 재정부내 관세추적부(Zollfahndungsämter)는 사법경찰관으로서의 임무, 무엇보다도 국제적이고 조직적인 자금세탁범죄[관세법(ZollVG) 제12조a, b]뿐만 아니라 외국관련 경제범죄[국외경제법(AWG) 제37조, 통합시장조직시행에 관한 법률(MOG) 제37조]에 대한 조사 및 소추업무를 수행한다.

3. 국제조직

4 가. 인터폴은 수사경찰의 국제조직으로서 다음과 같이 표현되고 있다.

---

2) Sartorius I Nr. 80.

3) 연방경찰내 연방수비대의 명칭변경에 관한 법률이 2005년 6월 21일 통과되어 2005년 7월 1일부터 발효되었다.

인터폴은 국가간 경찰업무 협력을 증진시키기 위해 1923년에 창설된 이래 현재 181개 국가가 참가하는 세계 최대의 경찰기구이다. 인터폴의 주요임무는 언어, 문화 및 법률이 상이한 세계 각국의 경찰 및 법집행기관의 상호협력을 후원함으로써 범죄투쟁을 강화함에 있다. 인터폴은 국제적인 지위에 상응하는 공정한 역할을 수행해야하며, 정치적·군사적·종교적 혹은 인종차별적인 성격의 어떤 활동에 참여하는 것도 허용되지 않는다.

나. OLAF(Office européen de Lutte Anti-Fraude)[4]는 유럽의 재정적인 이익을 보호하고 유럽조직 내의 부정부패를 추방하는 임무를 수행하고 있다.

다. 수사경찰의 중심체인 유럽경찰(EUROPOL)은[5] 범죄자(Straftäter), 혐의자(Verdächtiger), 증인(Zeugen), 피해자(Opfer), 접선자 및 정보원(Kontakt- und Auskunftpersonen)에 관한 데이터를 통합한 정보시스템을 구축하고 있다. 각국의 국가기관은 이에 대한 정보접근권을 가진다. 유럽경찰은 유럽연합 소속국가에 대한 행정권은 아직 가지고 있지 않다.

Ⅱ. 경찰(Polizei)과 검찰(Staatsanwaltschaft)

검사는 수사를 스스로 행할 수 있다(제161조). 검사는 중범죄[모살(Mord) 및 고살(Totschlag) 등], 경제범죄를 직접 수사한다. 그러나 대부분의 경우 검찰수사는 경찰수사에 관여하는 방식으로 이루어진다.

1. 제161조 제2문에 의거하여 경찰은 검사가 제시한 기준(Vorgabe)에 따 5
라 활동할 의무를 진다. 검사는 두 가지 방법 중 하나를 선택할 수 있다.

검사는 촉탁(Ersuchen)을 통하여 경찰관서에 수사를 의뢰할 수 있다. 이 경우 경찰관서의 장은 어떤 경찰관이 사건수사를 담당하게 될지 결정하게 된다(소수설에 의하면 검사는 촉탁에 의해서 개별경찰관에게 직접 의뢰할 수 있다고 한다. 그러나 이 경우 권한 없는 경찰관에게 의뢰될 위험성을 감수해야한다. 따라서 통설과 같이 경찰관서의 독자성을 존중하여야 한다).

---

4) Kommissionsbeschluss v. 28. 4. 1999 ABl. L 136, 1999.

5) Konvention BGBL. 1988 Ⅱ, 2150면; K. Degenhardt, Europol und Strafprozess, 2003 참조; Tolmein, StV 1999, 108.

6 대부분의 경찰관은 동시에 검사의 수사관(Ermittlungsperson)이다(경장급(Hauptwachmeister 이상).[6] 검사는 위임(Auftrag)을 통하여 이들에게 직접적으로 사건을 의뢰할 수 있다(법원조직법 제152조 제 1 항, 다음 페이지 표 7 참조).

7 **2**. 그러나 경찰은 검사의 개입여부를 기다릴 필요가 없다. 경찰은 '초동조치권(Rechts des ersten Zugriffs)'을 가지고 있어 주도적으로 수사에 착수할 수 있다(제163조). 경찰은 범죄혐의가 있는 경우 수사에 착수할 의무가 있으며(수사법정주의원칙, Legalitätprinzip), 직권으로 행하여야 한다(국가소추주의, Offizialprinzip).

8 **3**. 경찰은 범죄행위를 규명하는 경우 진압적(Repressiv) 기능을 담당하게 된다. 경찰은 또한 범죄예방의 임무를 담당하고 있다. 이를 위하여 경찰은 주법인 경찰법 및 안전법(Sicherheitsgesetz)에 의거한 모든 권한을 행사한다. 경찰이 진압적인 임무를 수행하기 위해서는 형사소송법상 수권규정(Ermächtigungsgrundlagen)에 근거하여야 한다. 예방적인 활동을 통해 수집된 데이터는 원칙적으로 진압적인 목적에 사용해서는 안 된다. 그렇지 않을 경우 형사소송법에 의한 보호장치를 쉽게 우회할 수 있게 된다. 이 점은 가장 논란거리이면서 여전히 해결되지 않고 있다. 형사소송법 제161조 제 2 항 및 100조f 제 2 항의 특별한 경우가 법률적으로 규정되어 있다(아래 § Rn. 52). 반대로 경찰관서는 형사절차상 획득된 인적관련 정보를 경찰법상의 예방활동에 활용할 수 있다(형사소송법 제481조 제 1 항).

4. 진압과 예방은 종종 충돌하게 된다

예) 경찰순찰차의 바퀴가 찢어져 있었다. 그때 근처에 약 20여명의 청년들이 무리를 지어 모여 있었다. 범인은 그들 중 한 명일 가능성이 높았다. 경찰차 아래에는 칼이 놓여 있었다. 모든 사람의 신원을 확인하고 칼에 묻은 지문을 조사한다면 누가 범인인지 밝혀질 수 있는 상황이었다. 경찰은 이러한 조치를 취하지 않았다(경찰이 범죄의 혐의가 있음에도 개입하지 않을 경우 형법 제258조a에 위배될 위험성이 있다). 경찰이 그렇게 하지 않은 이유는 이 청년들과 어렵게 좋은 관계를 형성하여 왔으며 예방활동상 유익함을 깨뜨리고 싶지 않았기 때문이었다.

---

6) 검사의 수사관에 관한 주 정부 규정 참조; Bayern Ziegeler-Tremel Nr. 755. 수사관은 과거 검사의 협력공무원으로 불렀으나 사법현대화법(JuMoG)에 의해 개선되었다.

경찰에 대한 검찰의 지시권(Weisungsrecht)은 진압적인 기능에 한정되어 있 9
다. 경찰의 많은 개입활동(Einsätze)은 예방적이면서 동시에 진압적인 성격을 띠고 있다. 경찰의 상급자와 검사가 상반되는 지시를 내리는 경우가 발생할 수 있다(뮌헨의 은행인질 강도사건의 경우 총기의 사용에 대한 상반된 지시). 그럴 경우 업무의 중점(Schwerpunkt)이 어디에 있는가가 결정적이다. 그러나 이것이 모든 경우에 적용될 수는 없다(위에서는 상대적으로 문제성이 없는 사례가 제시되었다). 의심스러운 경우에는 활동하는 경찰에게 최종적인 결정권을 인정하여야 한다.[7]

7) 형사소송규칙 별칙 A(RiStBV Anl. A) 참조

표 7 경찰과 검찰(S. 29)

내무부장관

법무부장관

경찰관서

모든 경찰관

권 한

검사의 수사관으로서의 경찰관 추가권한

- 압 수 (§§98 I 111 e I 2)
- 수 색 (§105 I)
- 혈액채취 (§81a II)
- 참고인조사 (§81a V)
- 기술적 수단의 투입 (§100c I Nr. 2)
- 검문소 설치 (§111 II)
- 지명수배 (§163d II 1)
- 관 찰 (§163 f.)

– 가체포권한 (§§127 I 1, 127 II, 163b I 2)

– 감식 (§§81b, 163b I 3)

– 기술적 수단의 투입 (§100c I Nr. 1a/b)

– 신원확인 (§163b)

– 비밀수사관 투입 (§110b I 2, II 3, 4)

촉 탁

위 임

검 찰

§ 8. 수사절차

Ⅰ. 수사 권한

1. 절차의 주재자(Verfahrensherrschaft)

수사단계에서 절차의 주재자는 검찰이다. 경찰은 앞서 본 바와 같이 초동 1
조치권(Recht des ersten Zugriff)이 있지만 이러한 경우에도 수사절차의 주재자는 검찰이다(형사소송법 제163조 제2항 제1문). 경찰이 주도적으로 수사를 진행하고 내부관계에서는 독립적으로 업무를 수행하더라도, 외부관계에서 수사는 검찰에게 속한다.

판사는 검사의 신청이 있는 경우에만 수사에 관여한다(형사소송법 제162조). 그러나 예외적으로 지체의 위험이 있는 경우에는 임시검사(Notstaatsanwalt)로서 직권으로 수사를 개시할 수 있다(형사소송법 제165조).

2. 수사판사(Ermittlungsrichter)

수사판사는 구법원 소속이다(형사소송법 제162조 제 1 항 제 1 문). 2

가. 검사는 수사절차상 판사만이 명령할 수 있거나(구금영장, 형사소송법 제114조), 판사의 동의가 있어야만 하는(비밀수사관의 투입, 형사소송법 제110조b 제 2 항) 수사활동을 하기 위하여 판사가 관여하도록 하여야 한다.

나. 또한 검사는 필요에 따라 수사판사가 수사에 관여하도록 할 수 있다. 그런 범위 내에서는 법관의 독립이 제약된다고 보아야 한다. 수사판사는 자신

이 관여하는 것이 적법한지 여부만을 심리하여야 하고 관여하는 것이 합목적적이냐를 심리하여서는 아니 된다(형사소송법 제162조 제 3 항).[1] 그러한 합목적성은 검사가 고유권한으로 판단하고 수사판사는 여기에 기속된다.

예) 검사가 판사에게 증인신문을 신청한다. 판사는 검사가 증인을 독자적으로 신문할 수 있다는 것(형사소송법 제161조a)을 이유로 검사의 증인신청을 기각할 수 없다. 공판절차에서는 법관 면전에서 작성된 신문조서를 미리 준비하는 것이 합목적적일 때도 있다(형사소송법 제251조 제 2 항; 검사 면전에서의 신문조서 역시 법관 면전 조서가 아닌 기타의 조서로서, 법정에서 낭독되어 증거로 될 수 있는 요건이 더 까다롭다. 자세한 설명은 아래 § 27 Rn. 5 참조).

다. 공소가 제기된 후에는 수사판사가 절차에 관여하지 않는다. 그 이후에는 수소법원이 사건을 담당한다.[2]

Ⅱ. 범죄혐의(Der Verdacht)

3 범죄혐의가 있으면 검사와 경찰은 수사를 개시하여 사실관계를 규명할 의무가 있다(형사소송법 제160조 제 1 항, 제163조 제 1 항).

범죄혐의는 형사절차에서 중심개념이다. 확실성, 확증, 진실 등은 법원이 공판을 종료하여 사실관계에 대한 확신을 가지게 될 때에 비로소 존재하게 된다(형사소송법 제261조). 그 이전 단계에서는 범죄자 또는 범죄사실은 존재하지 아니하고, 오로지 범죄혐의와 피의자만 존재할 뿐이다.

이러한 범죄혐의에 근거하여 수사기관에 의한 침해행위와 강제처분이 행하여지는 것이다. 이러한 침해는 그 강도나 정도에 차이가 있기 때문에 입법자는 침해를 가할 수 있는 정도를 구분하기 위하여 범죄혐의의 개념에 대하여 등급을 매겨 두었다. 범죄혐의를 다양한 단계로 구획한 것이다(상세한 것은 해당 부분에서 설명하겠다).

1) 프라이부르크 지방법원, NStZ 1993, 146, 148.
2) BGH 27, 253.

표 8 범죄혐의

최초 혐의(Anfangsverdacht) : 범죄에 실질적으로 상당한 단서가 있다는 의미이다 아주 경미한 개연성이 있는 것으로 충분하다.

충분한 혐의(Hinreichende Tatverdacht) : 유죄판결이 내려질 개연성이 있을 정도의 혐의가 있어야 한다(무죄가 나올 개연성보다 높아야 한다). 이러한 혐의는 공소를 제기할 때(형사소송법 제170조 제 1 항)와 공판개시 결정을 할 때(형사소송법 제203조) 필요하다.

유력한 혐의(Dringender Verdacht)[3] : 피의자가 범죄를 범하였을 개연성이 많아 충분한 혐의보다 더 높은 경우이다. 이는 예컨대 공판개시 후 구금영장 발부단계에서 필요하다.

Ⅲ. 범죄혐의와 무죄추정(Unschuldsvermutung)

형사절차에서는 판결이 있을 때까지 이루어지는 모든 처분이 범죄혐의에 4
상응하는 것, 정확하게는 범죄혐의에 근거를 둔 것이어야 한다. 이러한 침해권한과 균형을 이루기 위하여 무죄추정의 원칙이 존재한다. "적법한 증거에 의하여 그 죄가 입증될 때까지는 기소된 피고인은 무죄로 추정된다."(유럽인권협약 제 6 조 제 2 항)

이러한 원칙은, 여러 가지 증거에 의하여 유죄로 추정되는 피고인에 대하여 심리적(心理的)인 면에서까지 무죄인 것으로 간주하여야 한다는 불가능한 요구를 하는 것이 아니다. 피고인이 유죄의 개연성이 있다는 생각까지 완전히 제거할 필요는 없다. 단지 피고인을 유죄의 개연성이 있는 사람인 것처럼 취급하여서는 안 된다는 것을 의미한다. 무죄추정의 원칙은 피의자에 대하여 가할 수 있는 불이익에 대한 규범적 한계를 설정한다. 즉, 이 원칙이 피의자에게 가할 수 있는 침해의 정도에 대한 척도를 정하는 것이다. 피의자는 범죄혐의를 받고 있기 때문에 어느 정도의 인권침해는 감수해야 한다. 그러나 그 침해는 나중에 그가 유죄가 아니라는 것이 밝혀진다 하더라도 그 이전에 그에게 가하여진 모든 처분이 적법하였다는 평가를 받을 수 있을 정도에 그쳐야 한다. 즉 피의자에 대한 모든 침해는 실제로는 무죄인 피의자도 감당할 수 있을

3) 번역자에 따라서는 "상당한 혐의"라고 번역하는 경우도 있다(역주).

그 정도까지만 가해져야 한다. 이것이 무죄추정 원칙의 규범적 의미이다. 그것은 비례의 원칙(Prinzip der Verhältnismäßigkeit)과 밀접하게 관련되어 있다.

> 예) A는 다른 사람과 싸우다가 살인을 저지른 혐의를 받고 있다. 음주, 약물, 마약 등이 살인과 관련되어 있다는 단서는 전혀 없지만, 수사기관은 사실을 조사하기 위하여 피의자에 대하여 혈액검사를 행할 수 있다(형사소송법 제81조a). 그러나 강제적인 소변채취는 지나친 것으로 볼 수 있다. 무죄일 수도 있는 사람에게 이러한 소변채취까지 감수하도록 요구할 수는 없다. 물론 A가 나중에 자신이 원래 다양한 약물을 복용하였다고 진술하고, 거기에다가 감정인의 감정결과 형법 제20조, 제21조(심신상실 또는 심신미약으로 인한 형면제 또는 감경)의 사유가 존재할 수도 있다. 진실은 어떤 값을 치르고서라도 추구되어야 하는 것은 아니다. 바로 이런 경우가 혹시 무죄일지도 모르는 사람이 치러야 할 값으로는 지나치게 높은 경우에 해당한다.

Ⅳ. 최초 혐의(Anfangsverdacht)

1. 개　　념

5 범죄혐의가 있는 경우에는 형사소추기관은 수사절차를 개시할 의무가 있다. 이때의 범죄혐의는 최초 혐의(Anfangsverdacht)이면 충분하다. 최초 혐의는 한계개념(Grenzbegriff)이다. 즉, 최초 혐의는 가장 낮은 단계의 혐의(die am wenigsten intensive Stufe des Verdacht)이다. 이 정도에 못 미치는 것은 아직 혐의라고 할 수 없다.

구체적 사실에 근거하지 않은 단순한 추측과 가능성은 혐의의 근거가 될 수 없다.

> [사례 1] 바이에른 주 W시의 세무서에서 남을 도와주기 좋아하는 세무공무원들이 친구와 지인들을 위하여 소득세 신고를 하여 주었는데, 그 신고에서 발생하지 않은 지출을 기입함으로써 부당하게 세금을 환급받게 하였다. 위와 같은 사례에 근거하여 이러한 업무 관행은 다른 세무서에도 있다고 추측할 수 있다.

이러한 가설은 충분히 설득력이 있다. 하지만, 이것은 단순한 가설이거나 단서에 근거하지 않은 순수한 추측일 뿐이다. 수사기관이 조치를 취할 스 있는 근거가 될 수 있는 최초 혐의는 존재하지 않는다.

[사례 2] F시에 있는 경찰서에 '세무공무원 X가 W시에 있는 세무공무원들과 같은 그런 사람'이라고 하는 익명의 투서가 배달되었다.

이러한 투서만으로 최초 혐의는 충분하다. 이제는 범죄가 발생했을 수 있다는 일반적이고 이론적인 가능성 이상의 그 무엇이 존재한다. 밀고(Denunziation)에 불과한 익명의 투서도 그 혐의를 확인하기 위하여 수사를 개시하여야 하는 최초 혐의의 근거가 될 수 있다.

[사례 3] 경찰은 X시 행정이 적법하지 않은 방법으로는 이루어진다는 것을 알게 되었다. 적지 않은 외국인들이 체류허가증을 가지고 있고 다른 외국인들은 가지고 있지 않았다. 여기에는 뇌물이 제공될 개연성이 있었다.

불특정인에 대한 범죄혐의로도 충분하다. 최초 혐의 개념은 범죄사실에 대한 충분한 사실적 근거가 있다는 것만을 의미하고 구체적인 행위자에 대해서는 아무 것도 알려져 있을 필요가 없다.4)

[사례 4] 피해자 A는 우선진행을 무시하고 운전한 상대방을 형법상 재물손괴(Sachbeschädigung)로 고발하였다.

여기에는 고의가 있었다고 주장하는 어떠한 것도 없다. 충분한 사실적 근거가 없기 때문에 형사소추기관들은 수사의 개시를 거부할 것이다.

[사례 5] A는 선서를 대신하는 확약을 허위로 함으로써 자신에게 죄를 뒤집어씌운 Z를 고발하였다. 아마 현재는 그것을 증명할 수 있을 것이다. 그 일은 6년 전 이야기이다.

이러한 범죄사실에 대하여는 구성요건에 해당한다 하더라도 이미 공소시효가 경과되어 더 이상 소추할 수 없을 것이다. 형사소추기관의 개입의무는 범죄성립요건과 소추요건이 충족된 행위에 대해서만 인정된다.

내사(Vorermittlungen)도 있다. 현재로서는 범죄성립요건이 충족되는지 여부 6
가 불분명한 경우에 경찰은 형사소송법 제152조 제 2 항에 따라 수사를 개시할

4) BGH StV 1988, 441.

것인지 결정하기 위하여 우선 조사하여야 할 것이다.

전술한 § 1 Rn. 1 사례 1에 대해서 : 이 사안에서 경찰은 수사절차가 개시될 수 있는지 여부를 결정할 수 있도록 우선 그러한 내사를 하여야 한다. 예컨대, 관련자의 주장을 재검토하거나 스스로 그 상황을 재구성해 보는 것이다.

검찰도 우선 보유한 단서들에 의하여 최초 혐의를 인정할 수 있는지 심사한다.

최초 혐의가 있다면 검찰과 경찰이 개입한다. 검찰과 경찰은 어떻게 범죄단서를 얻게 될까? 범죄 단서에는 고발, 고소, 기타 방법이 있다.

2. 범죄 혐의 단서 : 고발(Strafanzeige), 고소(Strafantrag), 기타

가. 형사소송법 제158조 제1항은 고발과 고소를 구별하고 있다.

7 '고발'은 범죄를 포함하고 있는 사실을 전달하는 행위, 즉 관념의 통지(Wissens-Erklärung)이다.[5)]

'고소'는 이러한 요소를 포함하고 있을 뿐만 아니라 형사소추기관들이 수사하고 공소제기할 것을 바라는 요구, 즉, 의사표시(Willens-Erklärung)도 포함하고 있다.

그러나 사람들은 고소와 고발을 명확하게 구별하지 않고 있다. 대부분 고소는 동시에 고발과 관련되어 있다. 법률가들도 고발을 상위개념(Oberbegriff)으로 사용하고 있다.

고발은 익명으로, 가명으로, 투서꾼에 의해, 또는 비밀리에 이루어질 수 있다. 고발이 있으면 최초 혐의가 인정되는지, 그에 따라 개입의무가 발생하는지 바로 심사되어야 한다.

5) 역주 : 독일과는 달리 우리나라의 고발은 고소권자 및 범인 이외의 제 3 자가 수사기관에 대하여 범죄사실을 신고하여 범인의 처벌을 희망하는 의사표시를 말한다. 고발의 방식이나 처리절차는 고소에 준한다(한국형사소송법 제257조). 고소사건과 같이 고발사건의 처리에 대해 검사는 통지할 의무가 있고(한국형사소송법 제258조, 제259조), 불기소처분에 대하여 검찰항고, 재정신청의 방법으로 불복할 수 있다.

나. 형사소송법 제158조 제 2 항에 의한 고소

대부분의 범죄는 직권범죄(Offizialdelikte)[6]이다. 직권범죄의 소추는 직권으로 이루어진다. 혐의가 직권범죄에 대한 것이라면 반드시 그에 대한 수사가 이루어져야 하고, 고발을 철회한다고 하여 형사절차의 진행이 제한받지 않는다. 8

친고죄(Antragsdelikten)에 대한 소추를 위해서는 피해자의 고소가 있어야 한다. 형사소송법은 피해자의 이익을 고려하여 피해자가 고소를 하지 않거나 또는 고소를 취소하여 형사소추를 제한할 수 있도록 허용하고 있다. 그 경우 검사는 공소를 제기할 목적으로 더 이상 수사를 해서는 안 된다. 왜냐하면 소송조건(Prozessvoraussetzung)이 흠결되어 있기 때문이다(상세한 것은 § 14 Rn. 9 참조). 검사는 그 절차를 중지하여야 한다. 말하자면, 형사소송법 제158조 제 2 항에 의한 고소는 제 1 항에 의한 고소와 다른 기능을 가지고 있다.

표 9 소송조건인 고소

9

소송조건인 고소에 관한 중요 질문과 답	
누가	피해자(형법 제77조). 피해자란 범죄에 의하여 직접적으로 침해된 법익의 주체를 말한다.[7] 법률로 규정한 경우 그 친족(형법 제77조 제 2 항)도 포함된다.
어디서	법원, 검찰, 기타 형사소추기관, 즉 경찰(형사소송법 제158조 제 2 항)
어떻게	고소장 제출이나 조서 기재의 방법으로(형사소송법 제158조 제 2 항)
언제부터	범죄 사실과 행위자를 안 때로부터(형법 제77조의 b 제 2 항)
언제까지	3개월(형법 제77조의 b 제1항)
몇 회	단 1회. 일단 고소를 취소하면 다시 고소할 수 없다(형법 제77조의d 제 1 항).

다. 직무상 범죄 인지

검사 또는 경찰이 직무 수행 중 또는 형사소추기관으로 활동하던 중에 최초 혐의의 근거가 되는 사정을 알게 된 경우에는 직접 개입하거나 아니면 권한 있는 공무원이 업무를 수행하도록 해야 한다. 10

6) 역주: 친고죄나 반의사불벌죄 등과는 달리 피해자의 의사와 상관없이 형사소추되는 범죄.
7) BGH 31, 207, 210.

예) 경제범죄부(Abteilung für Wirtschaftskriminalität)의 검사 S는 사기사건에 대한 수사과정에서 명백히 총기법(Waffengesetz)을 위반한 사실까지 인지하게 되었다. 검사 S는 이러한 인지 범죄사실을 직접 수사하거나 관할 부서에 인계하여야 한다. 경찰관 P는 저녁에 집에서 이웃으로부터 연락을 받았다. 그 이웃은 감정이 격앙되어 있었다. 그는 자신이 바로 뺑소니 사고의 피해자라고 말하고, P가 경찰관이므로 무엇인가 필요한 조치를 취하여 달라고 부탁하였다. P는 그렇게 하여야 한다. 그는 경찰관으로서 청구를 받은 것이다.

라. 사적 범죄 인지

11 [사례 6] 검사 S는 금요일 저녁에 사우나실에 앉아 있었다. 그때 사우나클럽회원 중 한 사람이 자금세탁 범죄와 관련된 일을 이야기하였다. 말한 그 사람은 그 일이 자금세탁과 관련된 일이라는 사실을 모르는 것이 분명하였다.

검사 S가 수사를 개시할 수 있다는 것은 당연하다(다른 사람이 고발도 할 수 있는 것과 마찬가지이다). 문제는 반드시 수사를 하여야 하는지, 하지 않는다면 형법 제258조의a(직무유기죄)에 의하여 형사처벌될 수 있는가 하는 점이다. 통설은 범죄 수법과 피해범위에 의하여 공중과 국민 전체의 이익이 특히 관련되어 있는 경우라면 그렇다고 긍정한다.[8] 이에 대해서는 결정적인 반대 논거가 두 가지 있다. 우선 그 공식이 너무 불명확하다는 것이다. 이러한 요건은 자금세탁의 경우 항상 충족되는가 아니면 총액에 따라 달라지는가? 그리고 정황상 경미한 자금세탁이라면 어떻게 되는 것인가? 무엇보다도 통설에 의하면 검사 또는 경찰관의 사생활이 지나치게 침해된다. 그들은 자신의 지인들에게 '유감이지만 나는 항상 직무 수행 중이야'라고 말해야 할 것이다. 통설과 달리 사적 인지에 의한 수사의무는 없다고 본다.[9]

---

8) LR/Rieß, § 160 Rn. 28; BGH NStZ 1993, 383.

9) 같은 견해: LR/Rieß, a.a.O., Rn. 29.

§9. 피 의 자

Ⅰ. 개념(Begriff), 신문(Vernehmung), 고지(Belehrung)

1. 피의자의 개념

[사례 1] 변사체가 발견되었다. 피해자는 살해된 것이 명백했다. 경찰은 혐의자 A를 신문하였다. 경찰은 그가 사건 당일 피해자와 접촉하였다는 의심을 품었다. 장시간의 신문을 받은 후 A는 시체를 봤다는 점은 시인하였다.1) 1

A는 신문의 시작시점부터 곧바로 피의자로 취급되어야 하는가?

수사개시가 요구되는 범죄행위에 대한 혐의는 (그 전후 시점에서) 대부분 잠정적인 범죄행위자 혹은 공범으로서의 혐의자(Verdächtiger)를 향하고 있다. 그러나 혐의자는 객관적인 지위(Lage)나 혐의의 정도에 있어서 아직 피의자에 이르지 않은 상태에 놓여있다. 피의자의 지위는 형사소추기관의 주관적인 결심, 즉 의사행위(Willensakt)를 통해 비로소 시작된다 : 피의자라 함은 피의자로서 취급하는 소송절차상 범죄혐의자를 말한다.2)

가. 시점(Zeitpunkt)

형사소추기관의 시점결정에는 재량의 여지가 있다. 그러나 재량의 범위를 2
벗어나서 변호인 선임권이나 묵비권 등 피의자의 권리가 침해된다면 그렇게

---

1) Vgl. BGH37, 48

2) BGH 10, 8, 12; 34, 138, 140.

획득된 증거를 사용할 수 없게 함으로써 제재를 가해야 한다(아래 Rn. 11 이하 참조).

사례 1 의 경우 A가 처음부터 피의자로서의 지위를 고지받거나 피의자로서 신문받아야 한다고는 말할 수 없다. 경찰은 범죄혐의가 구체화되고 짙어질 때까지 기다릴 수 있다. 그러나 경찰은 그 시점부터는 피의자임을 고지하여야 한다.

나. 명확성(Manifestation)

3 혐의자를 현 시점부터 피의자로 취급하겠다는 의사행위(Willensakt)는 반드시 형식을 갖추어 행해질 필요는 없으며 명시적으로 표현되면 충분하다.

사례 1 에 대한 설명 : A가 시체를 보았다고 시인한 후 경찰에 의해 체포되어 다음날 영장판사(Haftrichter)앞에 인치될 것이라는 설명을 듣는다면, 이로써 A는 피의자로서 취급받게 되는 것이다.

의사행위(Willensakt)는 의사표시(Willenserklärung)를 말하는 것은 아니다. 범죄 책임내용(Beschuldigung)은 명확해야하나 피의자에게 반드시 표명되어야 하는 것은 아니다. 피의자는 자신이 피의자라는 사실을 알지 못한 상태에 있을 수도 있다.

극단적인 사례(형사소송법 제163조a 제 1 항, 제170조 제 2 항 제 2 문) : 피의자가 신문받지 않은 상태에서 수사절차가 중지되었다. 그래서 피의자에게 통지할 필요가 없다.

수사절차는 단일적이며 분리될 수 없다 : 검사의 연장된 팔(verlängerter Arm)인[3] 경찰이 검사의 지시나 인지 없이 어떤 사람을 피의자로 취급하고 있다면, 검사도 이에 기속되어야 한다(그 반대의 경우도 마찬가지이다).[4]

2. 피의자와 참고인(증인)

4 수사의 대상이 되는 사람은 피의자이거나 참고인(증인)이다. 양자간의 전

3) BVerwGE 47, 255, 263.
4) BGH NStZ 2003, 671.

형적인 차이점은 아래와 같다.

표 10 피의자와 참고인

피의자는	증인(참고인)은
- 적극적으로 행동할 필요가 없으나, (소극적으로)수인할 의무가 있다. - 이유를 표명함이 없이 언제든지 침묵할 수 있다(형사소송법 제136조 제 2 항 제 2 문, 제243조 제 4 항 제 2 문). - 거짓진술을 해도 형사처벌대상이 되지 않는다(형법 제153조이하의 규정적용배제, 그러나 형법 제145조d, 제164조, 제258조 적용). - 자신의 진술에 대해 선서를 하지 않는다.	- 적극적으로 진술하여야 한다. - 예외적으로만 진술 전체 또는 일부에 대해 침묵할 수 있으며, 그 이유를 신빙성 있게 제시하여야 한다. - 진실만을 진술하여야 한다(형법 제153조 이하 규정 적용) - 원칙적으로 선서를 하여야 한다(형사소송법 제59조)
이에 상응하여 각각 규정된 고지의무도 차이가 있다. 제136조 제 1 항 제 2 문, 제243조 제 4 항 제 2 문, 제52조 제 3 항, 제55조 제 2 항, 제57조, 제63조	

3. 제 3 의 방법에 해당하는 진술인으로서의 혐의자는 존재하지 않는다. 5
혐의가 일정한 정도를 넘어설 경우 반드시 피의자로 취급하여야 한다. 그 이전에는 혐의가 짙은 참고인(증인)에 해당된다. 결론적으로 신문에는 피의자신문과 참고인(증인)신문만 있다.

물론 혐의자가 진술하는 모든 대화가 곧 신문인 것은 아니다. 경우에 따라서는 사전정보획득단계(Vorstadium)가 존재한다[수사절차 개시 이전 단계인 내사(Vorermittlungen)가 있을 수 있다 위 Rn. 6 참조].

4. 정보수집을 위한 질문(Informatorisches Befragen)

[사례 2] 가내공장 사장 A는 공장에서 도난사건이 일어난 것을 발견하였다. 그는 6
공장에서 일하는 종업원 7명 중 한 명이 절도행위를 한 것이 틀림없다고 보고 경찰에 신고했다.

종업원 모두에게 혐의가 있다. 그러나 그것만으로는 누구나 피의자인 것은 아니다. 경찰은 이 중 누군가를 참고인(증인) 혹은 피의자로 고지함이 없이 범죄혐의가 특정한 방향으로 구체화될 때까지 장시간 질문할 수 있다.5)

변형사례 : 마침내 단 3명의 종업원만이 절도행위자로 의심받게 되었다.

비록 절도행위는 단지 한사람에 의한 단독범행이라 할지라도 이들 모두는 피의자로 취급되어야 한다.

5. 즉흥적인 진술

7 [사례 3] 경찰 A는 B의 집 초인종을 누른 후 뺑소니사건으로 수사하고 있다는 사실을 B에게 알렸다. 경찰 A가 B의 권리를 고지하기도 전에 그는 진술하기 시작하여 사건 당일 온종일 어디에 있었는지에 대해 설명하였다.

그의 즉흥적인 진술은 신문이 아닌 시점에 행하여 졌다.6)

6. 피의자신문

8 피의자신문은 (수사절차가 중지되지 않는다면, 위 Rn. 3 참조) 수사절차를 종료하기 전에 반드시 행하여야 한다(형사소송법 제163조a 제 1 항).

가. 신문이란 신문자가 피의자(혹은 참고인)에 대하여 공적인 지위(amtlicher Eigenschaft)에 서 있고(예를 들어 경찰공무원, 세관, 검사 혹은 판사로서), 그 지위에서 피의자(참고인)로부터 정보를 요구하는 것을 말한다.7) 따라서 정보획득을 위한 질문(위 참조)은 넓은 의미(고지의무 없이)의 신문에 해당되나, 즉흥적인 진술(위 Rn. 7) 및 사인에게 행한 진술은, 비록 경찰이 피의자를 두고 의도적으로 시작했다 하더라도 신문에 해당되지 않는다.

나. 수사절차에서 신문할 권한이 있는 자는 다음과 같다.

- 경찰(die Polizei); 형사소송법 제163조a 제 4 항, 제136조
- 검사(die Staatsanwaltschaft); 형사소송법 제163조 a 제 3 항, 제136조

5) BGH NStZ 1983, 86.
6) BGH StV 1990, 194(Fetzer의 반대주석 포함).
7) BGH 40, 211, 213; BGH GrS 42, 139.

- 체포 또는 구금시 판사(아래 §10 Rn. 14 참조)
- 검사의 신청이 있는 경우 수사판사(위 §8 Rn. 2 참조)

피신문자(피의자 또는 참고인)는 판사와 검사의 소환에 응할 의무가 있으나, 경찰의 소환에는 응할 의무가 없다(제136조, 163조a 제3, 4항)

다. 신문은 인적 사항(zur Person)에 관한 내용부터 시작된다. 인적사항에 관한 신문은 피의자의 신원확인에 도움을 준다[질서위반법(OWiG) 제111조, 참조]. 그러나 인적 관계(persönliche Verhältnisse; 제136조 제3항), 예를 들어 직업, 가족 및 재산관계 등은 물적 사항(zur Sache)에 해당된다. 왜냐하면 이러한 인적 관계는 행위에 대한 판단과 양형(Rechtsfolgen)에 관한 것이기 때문이다.

라. 그 후 피의자에게는 어떤 범죄행위(어떤 범죄사실)에 대하여 그가 혐의를 받고 있는지를 알려준다. 그 밖에 판사 및 검사는 문제되고 있는 형사소송규정을 알려주어야 하나, 경찰은 그렇지 아니하다(제136조, 제163조a 제4항 제1문). 그 후 피의자에 대한 권리고지가 뒤따른다.

7. 고지의무(Belehrungspflichten)

가. 피의자는 피의내용 혹은 사안에 대한 진술여부가 법률에 의하여 전적으로 자신에게 달려있음을 고지받아야 한다(제136조 제1항 제2문 문언). 이러한 고지는 피의자 자신이 진술의 자유를 알고 있거나, 변호인의 참여하에 있다고 하더라도 생략될 수 없다.8) 9

"Nemo tenetur se ipsum accusare(자기부죄금지의 원칙)" ―누구든지 자기 자신을 형사소추하거나 혹은 형사소추에 적극적으로 협력해야할 의무는 지지 않는다. 진술의 자유는 불리한 진술을 강요받지 않도록 한다. 진술의 자유에 어느 정도까지 착오(Irrtum)로부터의 자유가 포함되어 있는지는 논란거리이다. 피의자는 자신이 신문자에게 진술과 답변을 하여야 한다고 믿지 않아야 한다.

고지의무는 이러한 착오를 방지한다.9) 따라서 피의자에게 자신의 신분을 숨기고 계략적으로 접근한 경우 고지의무는 발생하지 않는다(비밀요원, 정보원의 투입 등). 물론 여기서 이것이 금지된 속임수 혹은 고지의무를 회피함으로

8) BGH 38, 214, 220.
9) BGH GrS 42, 139, 147.

써 교묘하게 획득된(erschlichene) 진술에 증거사용금지원칙이 적용될지는 의문이 있다(아래 Rn. 19 참조).

10 나. 동시에 피의자는 자신이 선임한 변호인에게 질문할 수 있는 권리를 가지고 있음을 고지받아야 한다(형사소송법 제136조 제 1 항 제 2 문 법문언). 그러나 이 법문언(Wortlaut)만으로 권리가 보장되는 것은 아니다. 고지(Belehrung)는 피의자가 변호인과 상담할 권리를 행사하고 또한 그 권리를 효과적으로 행사할 수 있도록 보장하여야 한다.

[사례 4] 피의자는 적절한 시점에서 권리를 고지 받았다. 그 후 피의자는 진술할 의사가 있으나, 그 전에 변호인과 상의하고 싶다고 설명하였다. 그러나 신문경찰관은 그가 진술할지 여부는 스스로 알아서 해야 한다(wissen)는 이유를 들어 거절하였다. 그리고 난 후 피의자는 사건관계가 명확해질 때까지 오랫동안 조사를 받았다.[10)]

이것은 잘못되었다. 신문은 중지되어야 했다. 피의자는 진술여부를 변호인과 상의할 수 있어야 한다.

[사례 5] 함부르크 경찰관을 통해 한밤중에 법조문대로 변호인의 조력을 받을 권리를 고지 받은 피의자는 변호인과 상의할 수 있도록 해줄 것을 요구하였다. 그러나 피의자에게 당직변호사를 알려주는 대신에 함부르크변호인협회 명부를 교부하였다.[11)]

이 방법으로도 효과적인 권리행사를 수포로 돌아가게 할 수 있다. 그러나 피의자가 변호인을 선임해줄 것을 요구하는 의사를 표명하지 않았을 경우 이러한 고지(Hinweis)가 필요불가결한 것은 아니다. 수사절차에서 국선변호인(Pflichtverteidiger)이 선임되어야한다는 사실이 예견된다 하더라도(아래 § 11 Rn. 32 참조) 수사중단이 강제될 수는 없는 것이다.[12)]

8. 증거사용금지(Verwertungsverbote)

고지의무를 위반하여 획득한 진술에 대하여 증거사용을 허용할지 여부는

10) BGH 38, 372.
11) BGH 42, 15; 그 한계에 대해서는 BGH 42, 170.
12) BGH NStZ 2002, 380.

수사절차가 아니라 공판절차에 이르러서 문제된다.

가. 묵비권행사에 관한 고지의무위반

이 경우 진술을 증거로 사용할 수 없다.[13] 그렇지 않다면 수사절차상 첫 11
신문에서 곧바로 피의자는 인식하지 못한 채 스스로에게 불리한 진술을 하게 될 위험에 빠지게 되는 것이다.[14] 그러나 피의자의 진술은 다음과 같은 예외적인 경우에 증거로 사용할 수 있다.

- 피의자가 묵비권에 관해 알고 있는 것이 확실한 때,[15] 권리를 고지하였는지 여부가 의심스러울 경우 진술은 증거로 사용할 수 없다.[16] 피의자가 묵비권의 의미를 이해하였는지 의심스러울 경우에도 마찬가지이다.[17]
- 피의자의 변호인이 증거사용에 동의한 때 혹은 반대하지 않은 때
- 사후에 고지함으로써 나중에 치유되었을 때[18]

여기서 소수설은 나중에 고지가 이루어진 경우, 고지 후의 진술을 증거로 사용하기 위하여는 고지 전의 진술이 증거로 사용되지 않는다는 것을 묵비권을 고지할 때와 같은 법적 요건을 갖추어서 알려주어야 한다고 한다.

즉흥적인 진술에 대하여는 증거를 사용할 수 있다. 왜냐하면 즉흥적인 진술은 신문 외적으로 이루어졌기 때문이다(위 사례 2 참조). 또한 정보수집단계에서의 진술도 마찬가지이다. 왜냐하면 이 수사단계에서는 아직 고지의무가 발생하지 않았기 때문이다.[19]

나. 변호인의 조력을 받을 권리가 거부된 경우

피의자가 변호인과의 상담권에 관하여 고지받지 못하였거나 혹은 상담권 12
을 거부당하였을 때(사례 Rn. 10 참조), 피의자의 진술은 증거로 사용할 수 없다. 변호인과의 상담권에 대한 고지의무는 묵비권행사에 관한 고지의무보다 그 비중이 결코 낮은 것이 아니다. 피의자에게 부여되어 있는 양 권리는 상호

13) BGH 38, 372.
14) BGH 38, 214.
15) 왜냐하면 예를 들어 그가 법관이기 때문이다. BGH NStZ 2005, 192.
16) AA BGH 38, 214, 224.
17) 타당하다. BGH 39, 349: 이해력부족은 지식부족을 말한다.
18) BGH 22, 129, 134.
19) BGH StV 1990, 194; BGH 38, 214, 228.

밀접한 관계를 맺고 있다. 양 권리는 또 법체계 내에서 피의자보호를 보호하기 위하여 피의자에게 소송절차에 부합하는 지위를 근본적으로 보장하고 있다. 변호인과의 상담권은 피의자가 묵비권을 행사할 것인지에 관해 조언하는 데 기여한다.20)

Ⅱ. 금지된 신문방법

1. 형사소송법 제136조a21)의 구조

13 피의자는 자신이 진술을 할지, 진술한다면 무엇을 진술할지, 그리고 어느 정도까지 진술할지에 관하여 스스로 결정할 자유가 있어야 한다. 형사소송법 제136조a에 규정되어 있는 신문방법 뿐만 아니라 피의자의 의사결정과 의사표현의 자유를 무력화시키거나 회피하거나 침해하는 모든 방법이 금지된다. 개

---

20) BGH 47, 172.

21) 역주

§136a[Verbotene Vernehmungsmethoden] (1) Die Freiheit der Willensentschließung und der Willensbetätigung des Beschuldigten darf nicht beeinträchtigt werden durch Mißhandlung, durch Ermüdung, durch körperlichen Eingriff, durch Verabreichung von Mitteln, durch Quälerei, durch Täuschung oder durch Hypnose. Zwang darf nur angewandt werden, soweit das Strafverfahrensrecht dies zuläßt. Die Drohung mit einer nach seinen Vorschriften unzulässigen maßnahme und das Versprechen eines gesetzlich nicht vorgeschenen Vorteils sind verboten.

(2) Maßnahmen, die das Erinerungsvermögen oder die Einsichtsfähigkeit des Beschuldigten beeinträchtigen, sind nicht gestattet.

(3) Das Verboten der Absätze 1 und 2 gilt ohne Rücksicht auf die Einwilligung des Beschuldigten. Aussagen, die unter Verletzung dieses Verbots zustande gekommen sind, dürfen auch dann nicht verwertet werden, wenn der Beschuldigte der Verwertung zustimmen.

제136조a[금지된 신문방법]

제 1 항 가혹행위, 피로하게 만들기, 신체적 침해행위, 약물투여행위, 고문, 기망 또는 최면에 의하여 피의자의 의사결정 및 의사표현의 자유를 침해하여서는 안 된다. 강제처분은 형사소송법이 허용하는 경우에만 가능하다. 형사소송법이 허용하지 않는 처분을 하겠다고 피의자를 위협하거나 법률에 규정되지 않은 이익을 약속하는 것도 금지된다.

제 2 항 피의자의 기억력이나 판단능력을 침해하는 처분도 허용되지 않는다.

제 3 항 제 1 항과 제 2 항에서 행위는 피의자의 동의와 상관없이 금지된다. 이러한 금지에 위반되어 획득한 진술은 피의자가 동의한 경우에도 사용하여서는 아니 된다.

별사건에서 그와 같이 의사의 자유를 침해하는 결과가 있었다는 것을 입증할 필요 없이 신문방법 그 자체가 금지되어 있는 것이다(여기에서는 의심스러울 때는 피고인의 이익이라는 원칙[22]이 적용될 필요가 없다; 상세한 설명은 아래 § 18 Rn. 22 참조). 그러한 신문방법을 사용하였더라도 실제로는 피의자의 의사결정의 자유가 침해되지 않았을 수도 있다.[23] 이러한 규정은 참고인(증인)이나 감정인을 신문할 때(형사소송법 제69조 제 3 항, 제72조), 검사나 경찰이 신문할 때에도 적용된다(형사소송법 제161조a 제 1 항 제 2 문, 제163조a 제 3 항 제 2 문, 제 4 항 제 2 문, 제 5 항). 이 규정은 형사절차에서 진실은 어떤 값을 치르고서라도 추구하여야 할 것은 아니라는 일반원칙을 표현한 것이다.[24]

2. 사례 유형

제136조a는 거기에 열거된 종류의 행위만을 금지하는 것이 아니고, 상황 14
에 따라서는 형사소추기관이 실제로 그러한 신문방법을 사용하지는 않았으나 이미 그와 동일한 상태에 있는 피의자에 대한 신문도 금지된다. 아래에서는 각 항목을 나누어서 설명한다.

가혹행위(Misshandlung) : 신문자가 행하는 가혹행위, 즉 폭행, 소음, 지나치게 눈부신 조명을 가하는 것은 금지된다. 다만 이미 가혹행위를 당한 상태에 있었던 사람에 대한 신문은 금지되지 않는다(예컨대, 폭행 피해자가 여전히 그 폭행으로 인한 영향 아래 있을 때).

피로하게 만들기(Ermüdung) : 장시간 신문 그것 때문에 피로하게 되었는지가 중요한 것이 아니라,[25] 신문 당시에 피의자가 실제로 피로하였는지가 중요하다(신문하는 사람이 그 상황을 인식하였는지 여부는 상관없다).[26]

침해행위(Eingriffe) : 침해행위는 대부분 가혹행위, 약물투여 또는 고문으로 이루어져 있지만, 그 외에도 거의 고통이 없고 결과가 발생하지 않는 침해

22) BGH 16, 164; 절차상 이의를 이유로 한 항고권에 대하여는 BVerfG NStZ 2002, 487 참조.
23) BGH 34, 365, 369.
24) BVerfG NJW 1984, 428.
25) BGH 12, 332; 38, 291, 293.
26) BGH 1, 376, 379; 13, 60.

도 이러한 사례 유형에 포함된다.

약물의 투여(Verabreichung von Mitteln) : 약물(말을 하게 만드는 약)을 신문자가 투여했는지 여부는 중요하지 않고, 신문 당시에 약물의 영향 아래 있었는지가 중요하다.[27] 피의자가 스스로 알면서 복용했든지 모르고 복용했든지 불문한다.

고문(Quälerei) : 육체에 가하는 고문만이 금지되는 것이 아니다. 피의자는 굴욕적으로 취급을 받거나 불안한 상태에 있거나 공포 상태에 있어서는 안 된다. 피의자에게 피해자의 시체를 주시하도록 강요하는 것도 고문이 될 수 있다.[28]

보론 : 고문. 고문의 금지는 절대적이고 평가 불변이며 양도할 수 없는 것이다(법적 근거 : 기본법 제104조 제 1 항 제 2 문, 유럽인권협약 제 3 조, 제15조, 유엔고문금지조약). 이와 다른 것은 절대적으로 인정되어서는 안 된다.[29] 야콥 · 메츨러(Jakob v. Metzler) 사건[30]을 계기로 아주 예외적인 경우 그리고 단지 예방적 목적으로 하는 고문은 할 수 없는지에 관한 논의가 촉발되었다(납치행위를 자백한 범인으로부터 피해자를 숨겨둔 장소를 알아내기 위한 목적으로 가하는 고문과 같은 예이다). 이것은 생각해볼 가치도 없고 위와 같은 경우에 고문을 옹호하는 것은 논거가 약할 뿐 아니라 위험하다. 예외적인 경우라고 하지만, 그렇게 되면 열거된 모든 중대한 침해(예컨대, 사적 공간에 대한 도청)가 정당화되고, 그 범위가 확대될 것이다. 고문에 관하여 둑을 넘어뜨리려는 주장을 사람들은 특별히 진지하게 받아들이려 할 것이다. 형사소추의 진압적(사후적) 목적을 위한 고문이 엄격하게 금지되기만 한다면, 단지 예방적 목적으로 하는 고문은 허용되어야 한다는 말인가? 이것은 억지로 늘어놓은 궤변에 불과하다. 범죄자가 범죄를 자백하지 않고 있지만, 경찰이 그 사람을 범죄자로 보고 있는 경우에는 어떻게 하여야 하는가? 진압적 목적으로 고문을 하지 않는다면, 허용되는 예방적 목적의 고문으로 넘어갈 수 있도록 하기 위하여 피의자가 실토할 그때까지 고문하는 것이 허용되는가? 인명구조를 위하여 조준사격이 허용되고

---

27) LG Marburg StV 1993, 238.

28) BGH 15, 187.

29) 원문에는, 다른 모든 것은 악마의 부엌(Teufels Küche)으로 보내져야 한다고 되어 있다. 중세 때 지옥을 죄인을 화형시키는 악마의 부엌이라고 부른 데에서 연유한다(역주).

30) LG Frankfurt a. M. StV 2003, 325 이에 대한 평석은 Weigend, StV2003, 436; 그리고 Hamm, NJW 2003, 946; Miehe, NJW 2003, 1219 참조.

인명구조를 위하여 사람을 살해하는 것도 허용되는 마당에 약간의 고문은 감내하여야 한다는 주장이 있을 수 있다. 그러나 그것은 완전히 다른 상황이다. 야콥이 메츨러를 총살하는 것이 인질을 구출하는 데 도움이 되었을까? 위와 같은 극단적인 사건에서 어느 입장을 결정하는 것이 쉽지는 않다. 하지간, 우리가 고문은 어떠한 상황에서도 허용되어서는 안 된다는 입장을 견지한다면, 고문을 하지 않음으로써 발생하는 상황이 주는 어려움과 더불어 아마도 그 공포스런 결과까지도 감내하여야 한다. 고문하는 사람의 얼굴에 있는 악마에게 화해의 손을 내미는 것이 더 공포스러울 수 있기 때문이다. 법치국가는 그 영혼을 팔아서는 안 된다.

기망(Täuschung) : 기망은 금지되나 수사상 계략(List)은 허용된다. 그러나 15
둘 사이의 구분은 쉽지 않다. 신문자는 그가 알고 있는 것을 모두 말할 필요는 없다. 침묵하는 것은 기망이 아니다.[31] 그가 말하는 것은 진실이어야 하지만, 명확할 필요는 없다(모호한 설명이나 유도심문은 계략에 속한다). 피의자의 착각을 이용할 수는 있지만 그것을 유발해서는 안 된다. 그리고 진술의 자유에 대한 피의자의 착각을 이용하여서는 안 된다(형사소송법 제136조).

아래의 예는 의도적인 착오유발이 될 수 있다.

예)
- 피의자는 반드시 진실을 말하여야 한다고 말하는 것
- 증거가 너무나 많아서 거짓말을 하는 것이 무용할 것이라고 말하는 것
- 다른 공범이 이미 범행을 자백하였다고 말하는 것
- 행방불명인 물건을 찾았다고 말하는 것(사례 1의 Rn. 3 참조)

신문자가 의도하지 아니한 기망을 하였을 경우 피의자가 착오에 빠져있다는 것을 발견하는 즉시 그 상황에 대하여 설명할 의무가 있다(Ingerenz이론－선행행위 이론. 이에 대하여는 학설상 심한 다툼이 있다).[32]

최면(Hypnose)은 어떤 경우에도 금지된다.

강제력(Zwang)은 형사소송법이 허용하는 강제수단을 넘어서 행사되어서는 안 된다. 피의자가 그 자신이 강제상태(예컨대, 구금과 같은 상태)에 있다고 느낀다면 그에 대한 신문은 금지되고 그 진술은 증거로 사용할 수 없다.

31) BGH 33, 217; 35, 328; 39, 335, 348.
32) BGH 31, 395, 400; Achenbach, StV 1989, 516 참조.

절차법적으로 허용되지 않는 강제처분으로 하는 위협은 이미 지시나 권고 수준을 넘어선 것이다(예컨대, 그들의 침묵이 그들에게 전혀 이롭지 않다고 말하는 것). 그러나 허용되는 처분으로 하는 위협은 허용된다(예컨대, 그들이 계속 침묵하게 되면 우리는 광범위하고 포괄적인 수사를 벌이겠다고 말하는 것).

법규로 허용되어 있지 아니한 이익을 제공하겠다는 약속이란, 비록 반드시 지키겠다는 표현을 사용한다 하더라도, 기껏해야 단순히 예상할 수 있을 정도의 상황에서 이루어지는 약속을 말한다.

예)

- 검사와 경찰이 자백하게 되면 집행유예를 받을 것이라고 약속한다. 이것은 허용될 수 없다. 나중에 판사만이 그것을 결정할 수 있기 때문이다.
- 검사가 피고인에게 자백할 경우 3년형을, 자백하지 않을 경우 7년형을 구형하겠다고 말한다; 이것은 법규로 허용되지 아니한 이익을 제공하겠다는 약속이거나 책임에 부합하지 않은 형량을 이용한 협박에 해당한다.
- 검사는 자백하면 석방하여 주겠다고 약속한다. 이것은 자신이 석방을 청구하겠다는 취지일 때에만 허용된다(이때에도 자백함으로써 구속사유가 제거되는 경우, 즉 증거인멸의 우려를 구속사유로 삼았던 때에 해당되는 것이고, 도망의 염려를 구속사유로 삼았던 때에는 해당되지 않는다).
- 검사는 피의자가 새로운 범죄, 즉 그때까지 알려지지 않은 범죄에 대하여 사실대로 밝히면 형사소송법 제154조, 제154조a를 적용하여 그 범죄에 대하여는 절차를 중지하겠다고 약속한다.[33]

3. 금지의 적용범위

16 제136조a 제 1 항은 거짓말탐지기(폴리그래프)에는 그대로 적용되지 않는다. 그 장치에 적용되는 원리는 인간이 자신의 행동통제를 벗어나 스스로 무의식의 영역을 공개하게 된다는 것에 있다. 피의자가 무의식적으로 반응하는 것에 대하여 조사의 대상이 되겠다고 자유롭게 결정하였다면 제136조a의 상황과는 완전히 다른 것이다. 거짓말탐지기를 작동할 때 질문자는 범죄사실에 관한 목적 있는 질문과 중립적인 질문을 한다. 이러한 방법은 조사결과를 궁극적으로는 형사절차의 목적을 위하여 사용할 수 없게 하는 심리적 단순화에 그 근거를 두고 있다.[34] 그것은 적절하지 않은 증거방법이다. 따라서 피의자는 자

33) Volk, NJW 1996, 879 참조.

34) BGH 44, 308; Rill/Vossel, NStZ 1998, 481 이하 참조.

신의 무죄를 입증할 목적으로 그것을 증거로 채택하여 달라고 요구할 수도 없다.

4. 사인(私人)에 의한 신문

통설에 따르면, 제136조a는 스스로 또는 다른 사람의 위임을 받고 범죄를 규명하려고 하는 사인에게는 적용되지 않는다고 한다. 다만 과도하게 인간의 존엄을 해치는 것(고문)에 의하여 얻어진 증언이나 피의자의 진술은 사용할 수 없다. 17

예) 살해된 사람의 형제가 혐의자를 심하게 폭행하여 그의 자백을 받아낸 경우

강제력을 사용하는 사립탐정이 성공적일 수도 있다. 그러나 그것은 법치국가의 원칙이라는 유보조항 내에서 수행되는 국가의 형사소추 업무를 회피하는 결과를 가져오기 때문에 허용되어서는 안 된다(상세히는 §28 Rn. 35 참조).

5. 증거사용금지원칙(Verwertungsverbot)

가. 개 요

제136조a 제3항 제2문은 제136조a 제1항, 제2항을 위반하여 수집된 모든 진술에 대하여 그 사실 및 유책여부에 관계없이 증거조사를 부정하고 있다. 이 증거사용금지원칙(Beweisverwertungsverbot)은 증거금지이론(Lehre von den Beweisverboten)의 일반원칙으로 이미 자리잡고 있는 증거수집방법 금지원칙(Beweismethodenverbot)에서 유래하고 있다(§28 Rn. 4 이하 참조). 물론 이 원칙이 피고인이 증거로 사용함에 동의하는 경우에도 불구하고 그 증거사용을 직접적으로 부정하는 것은 아니다. 증거사용의 금지는 형소법 제136조 제3항 제2문의 법문에 따른 것이다. 18

나. 사 례

[사례 6] 구속상태에 있는 피고인은 최근까지 묵비권을 행사해왔다. 비밀경찰요원이 같은 처지에 있는 감방동료(Leidengenossen)로 위장하여 그가 구속되어 있는 감 19

방에 들어왔다. 그는 자칭 수감동료(Mithäftling)에게 범죄사실을 털어놓았다.

이러한 기만행위를 통해 획득된 진술은 증거로 사용할 수 없다.

20 [사례 7] 감방동료가 경찰로부터 특혜를 약속받고 사실상 경찰의 지시를 받은 진정한 수감동료(Mithäftling)이었다.

이 경우에도 위의 사례와 전혀 다르지 않다. 외관상 사적인 대화도 "의사결정(Willensentschließung)의 자유에 의도적인 영향"을 미친다.[35] 이러한 영향은 강요(또는 오해)를 통해 발생하는 것은 아니다.[36] 이 경우 피의자는 단지 앉아있도록 강요받는 것이지, 진술하도록 강요받는 것은 아니다. 중요한 것은 '신문 환경에 대한 기망(Täuschung)이 있었는가'이다. 위의 사례는 피의자의 진술을 도청한 경우(Hörfalle)에 해당한다.[37]

[사례 8] 경찰은 정보원 E로부터(정보원에 관해서는 아래 § 10 Rn. 4 참조) 피의자가 E와의 전화통화 중에 범죄사실을 자백했다는 것을 보고받았다. 경찰은 정보원 E로 하여금 피의자에게 전화를 걸게 하고 함께 엿들었다.

얼핏 보면 이 사례는 7번 사례와 유사하게 보인다. 그러나 연방통상법원의 형사전원재판부(Grosse Senat)는 판례에서 다르게 판시하였다.[38] 연방통상법원은 경찰에 의한 사실상 직접적인 행위라고 보지 않았다. 실제로 이것은 신문에 해당되지 않는다(이 개념에 대해서는 Rn. 8 참조).

그러나 제163조a, 제136조에 의한 고지의무가 다만 (수사기관이) 직무상 질문을 행하는 권위(Autorität)에 대응하여 힘의 균형(Gegengewicht)을 부여하고자 하는 데에 있다는 것을 지적하면서[39] 이러한 권위가 의도적으로 사적인 도구(Werkzeug) 뒤에 숨어 조정하는 경우로 볼 수 있는 때에는 신문과 유사한 환경을 활용한 것으로 보아 신문에 관한 규정을 적용하여야 한다는 주장이 있다. 그러나 연방통상법원은 법우회의 관점(Aspekt der Geseztesumgehung)과 마찬가지로 이와 같은 주장을 받아들이지 않는다. 또한 제136조a(기만)의 규정에 위반되지도

35) BGH 34, 362, 364
36) BGH 앞의 판결
37) KK/Boujong, § 136 a Rn. 6; Beulke, StV 1990, 184.
38) BGH 42, 139
39) BGH 앞의 판결 147.

않는다고 한다(사례 7과는 다름). 신문은 공개된 절차로 진행될 필요는 없다. 수사절차의 자유성원칙(der Grundsatz der freien Gestaltung des Ermittlungsverfahrens)은 비밀성(Heimlichkeit)을 내포하고 있다(여기에 관해서는 § 10. Rn. 1). 마지막으로 자기부죄금지의 원칙(nemo-tenntur-Grundsatz)도 침해되지 않는다고 한다. 왜냐하면 이 원칙은 강제성(Zwang)으로부터의 자유를 보장하는 것이지, 착오(Irrtum)로부터의 자유를 보장하는 것이 아니기 때문이다. 그러나 이와 같은 법리는 제136조, 제136조a에 저촉되고, 또한 수사기관이 허위신문(Pseudo-Vernehmung)을 연출할 우려를 불식시킬 수 없다. 연방통상법원은 이러한 논점을 고려하고 있으나, 이익형량의 관점에 그 중요성을 부여하고 있다. 또한 비례의 원칙(Verhältnismäßigkeitsprinzip)을 적용하여 기타 다른 방법으로 사실규명이 어려운 중요한 범죄행위인 경우 일반적인 인격권(Persönlichkeitsrecht), 법치국가의 원칙(Rechtsstaatsprinzip), 적정절차의 원칙(Grundsatz des fairen Verfahrens)을 후퇴시키고 있다.

물론 연방통상법원은 범죄사실 규명활동의 비밀성으로 인하여 피의자가 21
자신의 범죄행위에 대해 진술할 자유를 부가적으로 침해당할 수 있는 지속적인 상황이 나타날 경우, 범죄사실규명을 위해 사인을 투입하는 것은 한계[법치국가원칙(Rechtsstaatsprinzip), 공정한 절차의 원칙(faires Verfahren)]가 있음을 지적하고 있다.[40]

예) 소위 무속인사건(Wahrsagerin-Fall)은[41] 경찰과 함께 일했던 한 구금자가 다른 구금된 여자들에게 커피찌꺼기와 담뱃재로써 미래를 읽을 수 있다고 주장하면서 경찰, 검찰 그리고 법원에 자신의 초자연적인 힘으로 영향력을 미쳐서 경미한 판결 혹은 무죄를 이끌어 내어주겠다고 약속한 사건에 관한 것이다. 그런데, 무속인은 자신의 능력이 나타나기 위해서는 자유롭게 자백한 진술서가 필요하다고 했다. 기꺼이 자백하지 않는다면 알라(Allah)와 접촉에 어려움이 있다고 주장했다.

연방통상법원은 제136조a에 나열된 행위방법들은 금지된 증거방법획득에 대한 예시에 불과하고, 구금된 특수한 상황에 사인을 그 수단으로 투입하는 행위가 수사기관의 책임으로 되는지 혹은 구금상태에서의 강제성이 적용되는 방법에 결정적인 요인을 제공하고 있는지에 관해서는 판단의 여지가 있음을 지적하고 있다.

40) BGH 앞의 판결 154 이하.
41) BGH 44, 129.

22 [사례 9] 경찰은 피의자의 처에게 피의자가 곧 구속될 것이라고 거짓말을 하였다. 피의자는 이와 관련하여 그의 공범과 전화통화를 하면서, 범죄사실에 대하여 자신에게 불리한 내용을 담고 있는 대화를 나누었고, 그의 전화는 형소법 제100조a에 의거하여 감청되고 있었다.[42)]

이 경우 피의자의 진술내용(Angaben)을 증거로 사용할 수 있다. 피의자는 자신의 진술을 신문절차 내에서 행한 것이 아니었다. 그리고 경찰은 피의자를 다만 계략적으로 유도하였을 뿐 속이지는 않았으며, 감청시 그를 현혹시키지도 않았다.

23 [사례 10] 경찰은 협박자의 음성을 녹음하였다. 그러나 그것이 다른 사건으로 현재 구금중인 혐의자 A의 음성인지는 아직 밝혀내지 못했다. 경찰은 음성대조를 위해서 구치소장과의 협의 하에 혐의자 A가 알지 못한 상태에서 녹음할 목적으로 구치소장과의 면담을 계획하였다.

이러한 음성대조결과는 증거로 사용할 수 없다.[43)] 인격권을 침해한 행위를 형사처벌할 수 있는가 하는 문제는 중요하지 않다(형법 제201조의 법문상의 신뢰성). 오히려 음성대조사건(Stimmefall)은 형사절차상 피의자에 대한 협력강요의 금지가 기만을 통해 우회하지 말아야한다는 점에 그 중요성을 부여하고 있다.[44)] 아래 변형된 사례가 이를 잘 설명하고 있다.

24 [사례 11] 경찰은 피의자를 신문하면서 옆 방문을 열어두었다. 이는 범인의 얼굴은 알아볼 수 없었으나 그의 목소리는 확실히 구별해낼 수 있다고 주장하고 있는 성폭력 피해여성이 옆방에서 함께 듣게 하기 위함이었다.

이로써 획득된 피해자의 진술은 증거로 사용할 수 없다. 피의자는 비록 대질(Gegenüberstellung)을 수인할 의무가 있으나, 음향적인 대질을 위해서는 반드시 자유로운 협조가 보장되어야 한다. 이를 위해서 피의자는 강요받거나 기만을 통해서 자신의 의사에 반하여 자기에게 불리한 내용을 진술하도록 해서는 안 된다.[45)]

---

42) BGH 33, 217, 223.
43) BGH 34, 39.
44) BGH 앞의 판결, 46.
45) BGH 40, 66- 여기에 관하여 명확한 것은 아니다.

다. 범위, 지속효과(Fortwirkung) 및 원거리효과(Fernwirkung)

증거금지의 원칙(Beweisverbot)은 진술에 대하여 (좁은 의미에서) 간접적인 증거조사를 부정하고 있다. 즉, 그 진술이 25

- 피의자에게 (서증으로) 제시되지 않아야 하며(서증제시에 관해서는 §26 Rn. 3)
- 신문관 혹은 신문에 참여했던 다른 참고인을 신문함으로써 재구성되지 않아야 한다.

그러나 금지된 방법으로 획득된 진술만이 증거사용이 부정되는 것이며, 형소법 제136조a의 위반은 지속효과(Fortwirkung)를 가지지 않는다. 피의자가 새롭게 소송절차규정에 따라 신문받는다면, 즉, 더 이상 금지된 방법의 영향 아래 있지 않다면, 이렇게 획득된 두 번째 진술은 그 증거조사의 대상이 된다.[46] 26

또한 극히 논란이 되고 있는 판례에 의하더라도 증거금지원칙은 원거리효과(Fernwirkung)를 갖지 않는다.[47] 다만 획득된 진술만이 그 증거가치가 부정될 뿐이다. 획득된 진술이 다른 증거방법(Beweismittel)에 대한 암시(Hinweis)를 포함하고 있다면, 이것은 활용가능하다. 27

[사례 12] 피의자는 신체적인 고문을 받고난 후 그가 시체를 어디에 숨겼는지를 자백하였다. 부검 중에 피의자가 소지하고 있던 총에서 발사되었던 탄환을 발견하였다.

여기서 획득된 진술은 직접적으로 뿐만 아니라 간접적으로도 공판단계에 현출되어서는 안 된다(위 참조). 그러나 그 진술을 통해 획득된 다른 증거방법은 제136조a에 위반을 통해 오염된(kontaminiert) 것이 아니며, 그 증거조사의 대상이 된다. 28

미국의 형사소송원칙인 "독수과실의 이론(fruit of the poisonous tree)"은 반대의 입장에 서있다. 그러나 이 이론은 증거가 합법적인 방법으로도 획득될 수 있었더라면 증거조사의 대상이 될 수 있다는 규칙을 통하여 엄격하게 제약받고 있다(hypothetical clean path doctrine, 아래 §28 Rn. 14 참조). 사례 12번은 피

46) BGH 37, 48, 53; 고문과 협박에 대해서 다른 판결, BGH 15, 187; 17, 364; 그러한 경우 세밀한 고지에 관하여는 위 Rn. 11 참조; 이것을 요구하는 판결은 BGH StV 1994, 62, 293.

47) BGH 34, 362, 364

의자의 진술이 없었더라도 수색팀을 파견했더라면 그 시체를 찾을 수 있었을 경우 부검결과는 증거조사의 대상이 될 수 있음을 말해주고 있다.

Ⅲ. 피의자의 권리

29 수사절차상 피의자의 권리가 충분한 것은 아니다. 원칙적으로 연방헌법재판소 결정(NStZ 1983, 273)의 문언과 같이 다음과 같이 말할 수 있다. 피의자는 기본법상 법치국가에서 단순한 절차의 객체로 취급될 수 없고, 공정한 절차에 대한 청구권을 가지고 있으며, 그에 따라 자신의 권리를 지키기 위하여 형사절차의 과정 및 결과에 영향을 미칠 수 있는 능동적인 절차법적 권리를 보장받고 있다(BVerfGE 46, 202, 210; 57, 250, 275 참조). 이 때문에 형사소송에서 검사와 피의자간 절차법상 무기가 평등할 것이 요구된다.[48)]

1. 법적 청문 청구권(Der Anspruch auf rechtliches Gehör)

30 법적 청문 청구권은 법정에서의 절차적 기본권으로서 보장된다(기본법 제103조 제1항). 그 의미는 자신에 관한 비난에 대해 자신의 견해를 표명하고 신청을 하며 법적 문제와 사실문제에 대해 의견을 표명할 기회가 주어져야 한다는 것이다. 법원은 그것을 듣고 고려하여야 하지만,[49)] 법적 의견을 설시하여야 할 의무는 없다. 법적 청문은 사실(Tatsachen)과 입증결과(Beweisergbnisse)와 관련되어 있다.

이러한 청구권은 형사소송법에 의하여 헌법에 부합하도록 구체화되고 확장된다. 법원은 심판할 때 다음 사항을 이행하여야 한다.

중간절차에서,

- 공판전피고인(Angeschuldigten)에게 공소사실에 대한 자신의 의견을 표명할 것을 촉구한다(형사소송법 제201조).
- 공판전피고인에게 일정한 경우 변호인을 선임하여 준다(형사소송법 제

48) BVerfGE 38, 105, 111; 무기대등원칙에 대해서는 Safferling, NStZ 2004, 181 참조.
49) BVerfGE 64, 135, 144; 65, 306, 307.

140조 이하; § 11 Rn. 27 이하 참조). 이 단계에서는 이미 선임되어 있을 것이다.

공판절차에서,

- 공판피고인이 참석한 상태에서 심리한다(형사소송법 제230조, 예외: 제231조 이하, 제247조).
- 증거신청에 대하여 결정한다. 증거신청은 일정한 상황이 있는 경우에만 기각할 수 있다(형사소송법 제244조, 제245조).
- 모든 재판을 하기 이전에 소송관계인의 의견을 듣는다(형사소송법 제33조).
- 공판정 밖에서 검사의 의견을 듣고(형사소송법 제33조 제 2 항), 재판에 따라 불이익을 받게 될 다른 관계인의 의견을 듣거나(동조 제 3 항),
- 이러한 청구권이 침해된 경우 직권으로 또는 신청에 의하여 사후절차 밟는다(형사소송법 제33조a).[50)]

검찰과 경찰에 대한 관계에서는 법적 청문권이 보장되어 있지 않다. 판사도 수사절차에서는 청문을 보장하여야 할 어떠한 의무도 없다. 사전에 미리 고지하지 않고 이루어지는 처분들도 적법하다(형사소송법 제33조 제 4 항).

2. 변호인의 조력을 받을 권리(Das Recht auf Verteidigung)

피의자는 모든 절차 단계에서, 즉 처음부터 변호인의 조력을 받을 권리를 가진다(형사소송법 제137조 제 1 항). 또한 판결이 확정된 후에도 형 집행 31
과 재심절차에서도 그러하다. 많은 경우 피의자는 변호인을 선임하여 줄 것을 청구할 권리를 가진다(필요적 변호, 형사소송법 제140조; 후술하는 § 11 Rn. 7 이하 참조). 이러한 권리는 수사절차에서는 인정되지 않고 공소제기 후에야 비로소 인정된다(형사소송법 제141조 제 1 항, 제 3 항; 상세한 것은 § 11 Rn. 32 참조).

그 외에도 유럽인권협약 제 6 조 제 3 항e에 의하면 법정에서 사용되는 언어를 이해하지 못하는 피고인(피의자)은 그 경제적 능력과 상관없이 형사절차 전체와 그것을 준비하기 위하여 변호사와 상담할 때에도 무상으로 통역인을 제공할

50) BVerfGE 107, 395 결정은 청문법(AnhörungsG,)의 제정으로 이어졌다(2005. 1. 1 시행); 후술하는 § 36 Rn. 54a도 참조.

것을 청구할 권리를 가진다.51) 이것은 필요적 변호사건이 아니어도 마찬가지이다.

3. 증거신청권(Beweisanträge)

32 피의자는 검찰 또는 경찰의 신문을 받을 때 증거신청권이 보장된다는 고지를 받아야 한다(형사소송법 제136조 제1항 제3문, 제163조a 제 4 항 제 2 문). 하지만, 증거신청이 중요한 경우라는(형사소송법 제163조a 제 2 항), 불확정개념의 요건이 갖춰진 경우에만 증거조사청구권을 갖게 된다. 다른 견해에 의하면, 피의자는 검사에 대하여 의무합치적 재량범위 내에서 증거의 중요성을 판단하여 줄 것을 청구할 권리를 가질 뿐이다.52)

이러한 권리는 공판절차에 이르렀을 때에는 증거신청이 받아들여질 수 있는 단순한 기회가 아니라 명시된 권리로 된다. 왜냐하면 공판절차에서는 법원이 일정한 기각사유가 존재하는 경우에만 증거신청을 기각할 수 있기 때문이다(형사소송법 제244조, 제245조). 중간절차에서 법원은 신청에 대해 결정하여야 하지만, 이와 같이 열거된 기각사유에 제한받는 것은 아니다(형사소송법 제201조 제 2 항).

4. 질문권(Fragerecht)

33 피의자는 피고인으로서 공판정에 서 있을 때에만 질문권을 보유하게 된다(형사소송법 제240조 제 2 항).

5. 묵비권(Schweigerecht)

34 피의자는 자기 자신에게 죄책을 지우거나(nemo tenetur se ipsum accusare, 전술한 Rn. 9 참조),53) 자신에게 불리한 수사에 협력할 의무가 없다. 공판심리단계에서 법원은 피고인이 진술하지 않았다는 점에 근거하여 피고인에게 불리한

51) BGH 46, 178.
52) Meyer-Goßner, § 163a Rn. 15.
53) Fallgruppen bei Verrel, S. 119 ff.

결정을 내릴 수 없다(아래 § 29 Rn. 10 이하 참조; 그 곳에서 부분적인 또는 간헐적인 묵비권 행사의 문제에 대해서도 참조). 하지만, 수사절차에서 검찰과 경찰이 피의자의 묵비권 행사를 범죄혐의 있는 것으로 보고 계속해서 수사를 진행하지 못하게 되는 것은 아니다.

6. 참석권(Anwesenheitsrecht)

공판심리절차에서 피고인은 공판정에 참석할 권리와 의무를 가진다(형사 35
소송법 제230조 제1항). 이에 대해서는 예외가 있다(형사소송법 제231조 이하; §20 Rn.3 이하 참조). 수사절차에서는 수색과 같이 일정한 처분을 할 때 피의자는 참여할 수 있다. 하지만, 가령 전화감청, 관찰과 같이 다른 처분은 피의자가 알지 못한 채 이루어진다. 특히 중요한 문제는 제 3 자를 신문할 때 참여할 수 있는가 하는 문제이다. 다음의 표 참조. 이 표에서는 다른 소송절차관계인의 참석권도 표시되어 있다.

표 11 참 석 권

신문 \ 참석자	판사의 신문			검사의 신문			경찰 신문		
	피의자	공동 피의자	증인	피의자	공동 피의자	참고인 (증인)	피의자	공동 피의자	참고인 (증인)
피의자	×	없음 BGH 42,391	있음 §168c Ⅱ (Ⅲ!)	×	없음	없음 §161a §168c미준용	×	없음	없음
변호인	있음 §168c Ⅰ	없음 BGH 42, 391	있음 §168c Ⅱ	있음 §168a Ⅲ 2	없음	없음 (상동)	없음	없음	없음 (§163a Ⅲ 2 반대해석)
증인	없음	없음	×	없음	없음	×	없음	없음	×
검사	있음 §168c Ⅰ	있음 §168c Ⅰ	있음 §168c Ⅱ	×	×	×	있음	있음	있음
							이설 있음 §160, 161		

Ⅳ. 피의자의 의무

1. 출석의무(Die Pflicht zum Erscheinen)

36 가. 공판심리에서 피고인은 공판정에 출석하여야 할 뿐만 아니라 재정하여야 한다(형사소송법 제230조).

나. 수사절차에서 피의자는 소환받을 경우 수사판사(형사소송법 제133조)와 검사(형사소송법 제163조 제 3 항 제 1 문) 앞에 출석하여야 한다. 정당한 이유 없이 출석하지 않을 경우 강제로 구인될 수 있다(형사소송법 제133조 제 2 항, 제163조a 제 3 항 제 2 문). 하지만, 경찰이 소환한 경우에는 적용되지 않는다. 경찰에 출석할 필요가 없다(이설 있음. 형사소송법 제163조a 제 3 항 제 1 문).

사건에 대해서 진술하기를 원하지 않고 이것을 이미 사전에 통지한 피의자도 수사판사 내지 검사에게 출석하여야 한다. 소환의 목적에는 신문 이외에도 대질(Gegenüberstellung) 또는 피의자의 신체적 특징을 파악하고 수집한다는 정당한 이익도 있다.

2. 수인의무(Die Duldungspflicht)

37 피의자는 아무 것도 할 필요가 없고 그에 대한 수사를 수인하기만 하면 된다. 수인의무에는 피의자가 수사기관의 수사상 침해행위와 강제처분을 감수하여야 하는 것도 포함된다.

38 또한 피의자는 그의 기록이 다양한 자료(사건기록, 수법자료, 지명수배기록 등) 속에 저장되는 것을 수인하여야 한다. 형사절차개정법률은 제483조 내지 제491조에서 자료 저장의 목적에 관한 규정을 신설하였다. 자료를 조사할 권한은 거기에 규정되지 않았다. 입법자는 경찰의 위험예방을 위한 자료에 대한 엄격한 한계를 설정하지 않았다.

§ 10. 침해행위와 강제처분
(Eingriffe und Zwangsmaßnahmen)

Ⅰ. 자유로운 수사

1. 수사절차형성 자유의 원칙

원칙적으로 수사절차는 수사기관이 자유롭게 형성할 수 있다(형사소송법 제161조 제 1 항, 제163조 제 1 항). 1

검사와 경찰관은 수사전략에 따라 그 처분의 순서를 정하거나(예컨대, 피의자 신문을 수사초기에 할 것인지 아니면 맨 마지막에 할 것인지), 수사의 방법을 선택할 때 재량이 있다.

수사기관은 범죄행위를 규명할 때(형사소송법 제163조) 모든 종류의 수사기법을 사용할 수 있고 또 사용하여야 한다(형사소송법 제161조). 이 규정들은 수사기관의 책무를 규정하고 의무에 관한 준칙을 세우고 있는 것인데(진실규명의무), 1999년 형사소송법 개정에 따라 수사기관에 권한을 부여하는 규정도 되었다. 위 수사에 관한 일반조항은 침해행위에 해당하면서도 별도의 수권(아래 Rn. 5에서 설명이 되어 있다)이 필요할 정도로 강도가 높지 않는 모든 수사방법에 관한 근거가 되는 규정이다.

2. 침해행위의 한계선상에 있는 처분

가. 자료의 요청(Auskunftverlangen)

관공서는 검사에게 자료를 제출하여야 한다(형사소송법 제161조 제 1 항 제 2

1 문). 관공서가 아닌 기관이나 사인은 위와 같은 비정형적 참고인신문[1])에 반드시 응하여야 할 의무는 없지만, 나중에 수사기관이 법정요건을 갖춘 경우에는 신문이 강제되거나(형사소송법 제161조a), 수색을 받거나 또는 그 자료가 압수될 수 있다.

위와 같은 자료제출 요구는 비밀 유지의 이익과 대립할 수 있다.

우편과 전신 · 전화의 비밀(우체국은 관공서가 아니다)은 기본법 제10조, 우편법 제 5 조, 통신법 제85조에 규정되어 보장되는데, 일정한 경우 형사소송법 제99조에 따라 공개될 수 있다.

금융자료의 비밀에 관하여는 이를 보장하는 규정이 없다. 공법에 의하여 설립된 금융기관은 자료제출의무가 있고, 그 외의 금융기관은 자료가 압수당하는 것을 피하기 위하여 미리 제출할 수 있다.

과세자료는 어느 경우에도 제출되어야 한다(국세징수법 제30조, 특히 제 4 항).

사회보장자료(사회보장법 제 1 권 제35조)의 비밀은 관련자가 동의하거나 법률상 공개의무가 있는 경우(동법 제10권 제67조 내지 77조)에는 보장되지 않는다.

나. 관찰(Observation)

3 눈에 띄지 않게 단기간 감시하는 것은 전형적으로 강제력 없는 처분으로 여겨진다(Meyer-Goßner, § 161 Rn. 1).

다. 정보제공자와 정보원(Informanten und V-Leute)

4 좀 더 확실한 증거를 얻기 위하여 정보제공자와 정보원 같은 요원을 투입하는 것이 허용된다.

정보제공자는 개별 사건에서 형사소추기관의 비밀보장을 조건으로 정보를 제공하는 사람을 말한다.

정보원은 수사기관에 소속되어 있지는 않지만 범죄수사를 위하여 장기간 수사기관의 지원을 받고 그 신분이 원칙적으로 비밀로 되어 있는 사람을 말한다.[2])

정보제공자와 정보원의 신분은 비밀스럽게 관리되지만, 비밀수사관(이에

1) 자료의 요청을 참고인신문의 일종으로 본 것이다(역자 주).

2) RiStBV(Richtlinien für das Strafverfahren und das Bußgeldverfahren, 형사절차와 벌과금 부과절차에 대한 규칙) 별표 D2.

대하여는 아래 Rn. 59 참조)은 아니다. 정보원과 정보제공자는 아장쁘로보까뙤르(Agent Provocateur; 함정수사원)로서 범죄를 행하려는 생각이 없는 사람을 부추겨서 범죄에 나아가도록 하는 것은 허용되지 않지만,3) 범죄혐의를 시험하는 것, 즉 이미 존재하는 중대한 범죄혐의를 구체적으로 확증할 수 있도록 도와주는 것은 가능하다.4) "그 범죄혐의자가 받고 있는 혐의의 질이 그에 대하여 유발시킬 수 있는 범죄의 불법정도에 대한 허용한계를 결정한다."5) 이러한 한계를 넘어선 경우 공정한 절차의 원칙을 침해하게 되는 것이다(유럽인권협약 제6조 제1항 제1문, 아래 §18 Rn. 9 참조).

Ⅱ. 강제처분의 개관

아래 두 그림에서는 가능한 처분과 그 처분을 명할 수 있는 기관, 각 처 5
분이 가능한 혐의의 정도와 그 혐의의 특정 방법에 관하여 보여주고 있다. 이때 피의자의 기본권 침해와 제3자의 기본권 침해를 구분하여 설명하였다. 이것은 이해를 위하여 유형화시킨 것이다. 피의자에 대한 처분은 범죄혐의와 무관한 제3자가 관련될 수 있다(예컨대, 전화감청). 반면, 참고인(예컨대, 수색, 형사소송법 제103조), 혐의자(신원확인, 제163조b 제1항) 또는 보통사람(예컨대, Rasterfahndung, 전산자료의 투망식 조사)에 대한 모든 처분은 당연히 피의자에 대한 처분에도 관련되어 있다.

많은 처분이 예측할 수 없는 상황에서 또는(그리고) 비밀스럽게 이루어진다. 몇몇 처분은 사후에 고지된다(형사소송법 제101조).

아래 표를 보면, 오늘날 수사기관에게 권한이 부여되지 않은 침해행위를 거의 상상할 수 없다는 것을 알 수 있다. 그래서 심지어 특별한 수권에 관하여 규정하고 있는 각각의 개별 규정을 아래와 같은 하나의 일반조항(필자가 상상해 본 것이다)으로 대체할 수 있을 것이라는 견해도 가능할 것이다.

"(1) 수사기관은 진실규명을 위하여 비례의 원칙을 위반하지 않는 한 필

3) BGH NJW 1981, 1626.
4) BGH 32, 345; 상세하게는 BGH 45, 321.
5) BGH NStZ 2001, 553, 555.

요한 모든 처분을 할 수 있다.

(2) 이때 형사소송법 제136조a는 그대로 적용된다."[6]

이렇게 일반조항을 지나치게 포괄적으로 규정하게 되면, 각각의 강제처분에 대한 요건을 세분화하는 것이 완전히 무용지물이 될 수 있다. 물론 각 강제처분에 관한 규정에 포함되어 있는 요건 사이에 차이가 항상 큰 것은 아니다. 그러나 그렇게 각각의 강제처분에 관한 요건을 세분화함으로써 법치국가 원칙이 수호되는 것이다.

6) 현재 수사현장의 실무를 살펴보면 다음과 같은 사실상 준칙(Regel de facto)이 지배하고 있다는 언짢은 인상을 갖게 된다. 그 원칙은, "기술적으로 가능한 것은 또한 실제로 행하여진다(Was technisch möglich ist wird auch gemacht)"는 것이다.

표 12 피의자의 권리에 대한 침해행위

명령을 내리는 주체

최초혐의 / 충분한 혐의 / 유력한 혐의 / 확 증

경찰관	검 사	판 사			
		X		81	감정유치
X	X	X		81a	혈액검사
X[1]	X[1]	X		81b	감 식
X	X	X	98	94	압 수
	X	X	100b	100a	통신감청
X	X	X	100d	100c	기술적 수단
X	X	X	105	102	신체수색
X[2]			110b	110a	비밀수사관
		X	114	112, 112a 126a	미결구금/임시유치
				127 Abs.1	사인의 가체포-(다툼이 있다)
				127 Abs.2	경찰관, 검사에의한 긴급체포
X	X	X		131	체포장 발부
X	X			163b Abs.1	신원확인
	X	X		163e	경찰에 의한 관찰
X	X	X		163f	장기간 관찰

1. 지체의 위험이라는 요건 필요 없음
2. 검사와 수사판사의 동의 필요
3. 혐의자가 피의자일 필요는 없음

(음영) 혐의는 반드시 특정한 사실관계에 근거해야 함, '구체적 혐의'

제 3 자의 기본권에 대한 침해행위

명령을 내리는 주체

경찰관	검 사	판 사			최초혐의
X	X	X	81c	81c	신체검사
X	X		98b	98b	전산자료의 투망식 조사
X	X	X	105[1]	103	신체수색
X	X	X	111 Abs.2	111	검 문
X	X		163b Abs.1	163b[2] Abs.2	신원확인
X	X	X	163b	163c	신원확인을 위한 구류
X	X	X	163d Abs.2	163d	지명수배
X	X	X		131a	소재나 신원확인을 위한 탐지

1. 제103조 제 1 항 제 2 문의 경우 경찰관은 해당안됨
2. 제 1 항은 '혐의자'에 대한 것이다.

Ⅲ. 미결구금(Untersuchungshaft)

미결구금[7]은 아직 유죄판결이 확정되지 않았고 따라서 무죄추정원칙을 6
적용받는 피의자의 권리와 생활을 가장 중대하게 침해하는 자유박탈처분이다. 미결구금을 당하는 자는 일반인을 위하여 특별희생을 요구받고 있다.[8] 공공의 안녕이라는 이익이 특별희생보다 우월하고 불가피한 경우에만 그 특별희생은 적법하다.[9]

1. 목　　적

미결구금은 피의자가 도주하거나 증거를 조작하지 못하도록 하고(형사소송법 제112조), 유죄판결을 받은 자가 형집행을 면탈하지 못하도록 함으로써(형사소송법 제457조) 형사사법의 효율성을 확보하려는 것이다.

미결구금은 형벌의 가집행이어서는 안 된다. 하지만, 관련자들은 미결구금을 그렇게 느끼고 있고 형벌과 유사하게 집행될 뿐만 아니라 양형단계에서도 참작된다(형법 제51조 제 1 항).

미결구금은 굴복시키기 위한 구금(Beugehaft)이어서는 안 된다. 하지만, 미결구금이 그렇게 작용하여 피의자가 그의 묵비권행사를 중단하는 경우가 적지 않다.

2. 종　　류

여기에서는 형사소송법 제112조 이하의 미결구금에 대하여 설명한다. 그 이

---

7) 역주 : Haft(특히 Untersuchungshaft)는 구속, Haftbefehl은 구속영장, Haftprüfung은 구속심사 또는 구속적부심사라고 번역할 수도 있다. 하지만 Haft는 역사적으로 형벌인 구류를 지칭한 바도 있고, Haftprüfung은 우리나라의 구속적부심사와는 다른 점이 많이 있으며, 가령 'Schriftlichen Haftbefehl'과 같이 번역 내용상 'Haftbefehl'을 단순히 구속영장으로 번역하기 어려운 부분도 있으므로 Haft를 '구금,' Untersuchungshaft를 '미결구금,' Haftbefehl은 '구금명령,' Haftprüfung은 '구금심사'라고 번역한다. 신양균 교수도 Haftprüfung을 구금심사라고 번역한다(신양균, 형사소송법, 법문사, 2000, p. 179).

8) BGHZ 60, 302.

9) BVerfGE 35, 185.

외에도 집행구금(Vollstreckungshaft, 형사소송법 제457조 제 2 항),[10] 보전구금(Sicherungshaft, 형사소송법 제453조c),[11] 공판전구금(Hauptverhandlungshaft, 형사소송법 제127조b),[12] 공판불출석구금(Ungehorsamhaft, 형사소송법 제230조 제 2 항, 제236조, 제329조 제 4 항 제 1 문),[13] 범인인도구금(Auslieferungshaft, 국제형사사법공조법 제15조, 제45조, 제68조 제 2 항) 등이 있다.

형사소송법 제126조a에 따른 심신장애자에 대한 가수용(Die einstweiliche Unterbringung)은 형법 제63조, 제64조에 따라 치료감호처분이 예상될 수 있는 책임능력이 없거나 또는 한정책임능력자인 피의자에 대한 미결구금을 대체하는 것이다.

상이한 사건으로 수개의 구금명령이 있는 경우에 하나의 명령만 집행된다[이중구속(Doppelhaft)이 아니다]. 다른 구금명령이 있기 때문에 “다른 명령이 있음(Überhaft)”이라고 기재한다(이 경우 첫 번째 사건에 의한 미결구금이 종료된 이후에 집행이 이루어진다).

3. 요 건

미결구금명령은 다음 각호의 요건을 충족하는 경우에 명해질 수 있고(명해져야 하는 것은 아니다), 통상 명해진다.

- 유력한 범죄혐의(dringender Tatverdacht)가 있고,
- 구금 사유가 존재하고
- 미결구금이 사건의 경중과 예상되는 형벌 또는 보안처분에 비추어 균형을 잃지 않은 때(형사소송법 제112조 제 1 항)

---

10) 역주: 유죄판결을 받은 자가 형집행을 개시하기 위한 소환에 불응하거나 도주할 위험이 있는 경우 또는 기결수가 도주하거나 기타 방법으로 집행을 면탈한 경우 이루어지는 신체구속.

11) 역주: 집행유예를 취소하는 결정이 확정될 때까지 도주를 방지하거나 또는 유죄판결을 받은 자가 중대한 범죄를 범할 우려가 있다고 인정되는 경우 범죄를 예방하기 위하여 이루어지는 신체구속.

12) 역주: 체포후 1주일 이내에 공판이 이루어질 것으로 기대되는 경우 이루어지는 신체구속.

13) 역주: 공판피고인이 공판정에 출석하지 않은 경우 이루어지는 신체구속.

가. 유력한 범죄혐의(dringender Tatverdacht)

유력한 범죄혐의는 범죄혐의 정도로는 공소제기시에 요구되는 충분한 범죄혐의(hinreichende Tatverdacht)보다 더 강한 것이지만(§ 8 Rn. 3 참조), 대부분 잠정적인 수사 결과라는 비교적 충분하지 않은 것에 기초하고 있다. 따라서 공판절차가 개시될 수 있는 정도라고 말할 수 없는 상태에서도 구금명령이 발해지는 경우가 있을 수 있다.14) 7

나. 구금 사유(Haftgründe)

거의 대부분의 구금명령은 도주 위험이나 증거인멸의 위험을 이유로 명해진다. 그 외에 재범 위험(Wiederholungsgefahr)도 구금사유가 된다(형사소송법 제112조a). 그리고 일정한 중대범죄(Kapitaldelikte)를 범했다는 혐의가 있는 경우에는 구금이 명해질 수 있다(형사소송법 제112조 제 3 항).

(1) 도주 중이거나 도주의 위험이 있는 때(형사소송법 제112조 제 2 항 제 1 호, 제 2 호)

어떤 사람이 자신의 원래 주거를 버리고 다른 주거를 정하지 않고 있거나 또는 외국에 이주한다면 도주 중으로 본다. 어떤 사람이 형사절차를 면탈하기 위하여 어디로든 숨어버린다면 그는 자신을 은닉한 것이다. 검거된 사람은 더 이상 도주 중인 것은 아니지만, 도주 위험이 있다는 것이 명백하게 되었다고 할 수 있다. 8

도주 위험의 개념은 법률에 명시되어 있다(형사소송법 제112조 제 2 항 제 2 호). 도주의 위험을 판단할 때에는 도주 가능성의 존부에 대한 사정을 모든 고려하여야 하고 단순히 추측하는 것은 피해야 한다. 이 때 법원이 일정한 정황적 사실에 대해 진실이라고 확신할 필요까지는 없다. 그 사실은 유력한 범죄혐의에 상응하는 개연성 정도로 존재하면 된다.

예) (중략) 범죄의 경중과 피해의 심각성에 비추어 예상 형량이 매우 높은 경우에, 단지 사회적 유대가 긴밀하다는 것만으로는 도주하여 형사절차를 면탈하려는 유혹을 벗어나기 어렵다. 또한 피해를 입은 회사는 피의자를 더 이상 고용하지 않을 것이고, 피의자가 외국에서 지인과 접촉하거나 미국에 있는 집을 이용할 수 있다. 그

---

14) BGH NStZ 1981, 94 참조.

러나 이러한 논거들 중 하나(예컨대, 예상 형량)만으로는 충분하지 않을 것이다.

⑵ 증거인멸의 위험(Verdunkelungsgefahr, 형사소송법 제112조 제 2 항 제 3 호)

9 도주의 위험에서 보는 바와 같이 증거인멸의 위험이 인정되기 위해서는 피의자가 소송법을 위반하여 부정한 방법으로 인적 증거와 물적 증거에 영향을 주고 이에 따라 실체적 진실 발견이 위태로워질 것이라는 유력한 혐의를 일정한 사실에 근거하여 인정할 수 있어야 한다.

예) 소송법 위반행위란 서류 폐기행위, 증인을 협박하거나 일정한 진술을 하도록 협상하는 행위이다. 소송법상 적법한 행위란 증인과 의논하는 행위, 증언을 거부할 것을 부탁하는 행위, 범죄사실에 대해 다투는 행위, 묵비권 행사, 자백을 철회하는 행위이다.

⑶ 중대범죄(Kapitaldelikte, 형사소송법 제112조 제 3 항)

10 형사소송법 제112조 제 3 항의 문언에 의하면, 열거된 범죄에 대하여는 충분한 혐의만 있으면 되고, 제 2 항의 구속사유가 충족되어야 할 필요가 없다. 그러나 단지 범죄의 중대성만을 이유로 미결구금을 명하는 것은 비례원칙에 위반된다. 연방헌법재판소(BVerfGE 19, 342)는 헌법합치적 해석[예전에는 보충적 해석(Ergänzung), 우회적 해석(Umdeutung)이라고 함] 방법에 따라 경미하나마 도망 또는 증거인멸의 위험이 있어야 한다고 요구하였다. 물론 그 위험이 제 2 항과는 달리 구체적 사실에 근거하여 증명될 것을 필요로 한다고 한 것은 아니다. 그러나 열거된 그 범죄들을 범했다고 주장된 사실만으로 바로 행위자의 위험성이 있다고 할 수 없다는 점, 도주 또는 증거인멸의 위험을 쉽게 인정할 수 있도록 하는 것은 결론적으로 입증책임의 전환(Umkehrung der Beweislast)을 의미한다는 점, 그리고 나찌 시대와 유사하게 형사절차의 진행을 보장하려는 것이 아니라 국민의 분노(표어 '살인자들이 자유롭게 떠돌아 다닌다')만 회피하려 한다는 점에 비추어 볼 때 위 규정은 여전히 의문이다.

⑷ 재범의 위험(형사소송법 제112조a)

11 재범위험이라는 구속사유도 미결구금체계와는 관계가 먼 것이다. 보전구금(Sicherungshaft)은 형사절차의 진행을 위한 것이 아니라 예방경찰적인 처분으로서 위험한 범죄자의 제2의 범행으로부터 일반공중을 보호하기 위한 것이다.

다. 비례성(Verhältnismäßigkeit, 형사소송법 제112조 제 1 항 제 2 문)

비례성은 미결구금의 적극적 요건으로 열거되어 있지 않다. 비례원칙위반 12
은 구속을 배제하는 소극적 요건이다. 집행될 수 없는 단기자유형이나 재산형이 예상되는 경우에만 비례원칙 위반이 문제되는 것이 아니다(형사소송법 제113조 참조).

라. 사인소추절차(Privatklageverfahren)에서 구금명령은 허용되지 않는다

왜냐하면 형사소추에 대한 공공의 이익이 결여되어 있기 때문이다. 검사가 소추를 인수받은 경우에 비로소 공공의 이익이 인정된다(형사소송법 제376조, 제377조). 친고죄의 경우 고소권자가 고소를 하지 않았고 따라서 (잠정적인) 절차적 장애가 확정적인 것이 된다면 구금명령은 취소되어야 한다(상세한 것은 형사소송법 제130조).

4. 절 차

"미결구금은 서면에 의한 판사의 구금명령, 즉 판사의 영장에 의하여 이 13
루어져야 한다"(형사소송법 제114조 제 1 항 문언). 그 기재 내용에 대해 제 2 항이 규정하고 있다[현재 사법실무에서 보통의 사건에 대해서 사용하고 있는 서식(Formular)은 이 장 끝부분에 있다].

가. 구금명령의 발령

판사만이 구금명령 발령에 관한 권한을 가지고 있다(기본법 제104조 제 2 항 제 1 문). 이에 대해 상세한 것을 형사소송법 제125조가 규정하고 있다. 수사절차에서 검사는 구금명령의 발령을 수사판사에게 청구할 수 있다(전술한 § 8 Rn. 2 참조). 공소제기된 후에는 수소법원(판결이 상고심에서 파기 환송된 경우에는 원심법원)이 구금명령을 발한다. 수소법원은 검사의 의견을 들어야 한다(형사소송법 제33조). 하지만, 수소법원이 검사의 구금명령 신청을 기다릴 필요는 없다.

나. 구금명령장의 집행

구금명령을 집행하는 것은 검사의 일이다(형사소송법 제36조 제2항). 피의자가 검거되면 그는 구금된다.

다. 피의자 인치(Vorführung)

14 피의자는 지체 없이(unverzüglich) 구금명령을 발한 판사에게 인치되어야 한다(형사소송법 제115조, 제126조 제 1 항 제 1문. 절차적 상황에 따라 새로이 또다른 재판을 할 경우에는 다른 판사가 담당할 수 있다. 피의자가 법원내 구치감에 도착했을 때 피의자를 인치한 것으로 본다).

구금영장 판사(Haftrichter)는 늦어도 다음날까지 다음 사항을 행하여야 한다(형사소송법 제115조 제 2 항, 기본법 제104조 제 3 항).

- 피의자에게 구금명령의 내용을 고지하여야 한다(형사소송법 제114조a). 단, 집행 전에 법원의 판단 내용이 고지된 경우에는 그렇지 않다(형사소송법 제35조).
- 피의자의 친족(Angehörige) 또는 피의자가 신뢰하는 자에게 통지하여야 한다(형사소송법 제114조b). 피의자가 이를 포기하거나 이의를 제기하는 경우에도 역시 그러하다. 어느 누구도 홀연히 사라지게 해서는 안 된다.
- 피의자에게 고지하고 신문하여야 한다(형사소송법 제115조 제 2 항, 제 3 항). 그 신문이 제 1 회 피의자신문이라면, 제136조도 적용된다.
- 구금이 계속 유지되어야 할 것인지(유지되어야 한다면 그 다음에 형사소송법 제115조 제 2 항에 따라 고지한다), 아니면 구금의 집행을 정지할 것인지(제116조), 또는 구금을 취소할 것인지(제120조)를 재판하여야 한다.

라. 구금의 집행정지(조건부 석방)

15 미결구금의 목적이 미결구금의 집행보다 적은 침해처분으로 달성될 수 있다면, 미결구금의 집행 정지를 판사가 명령한다(형사소송법 제116조). 도망의 위험에 근거한 구금의 경우에는 위와 같은 요건이 있다면 집행정지는 필요적이다(제 1 항). 증거인멸의 위험에 근거한 경우에도 제 2 항 문언이 '할 수 있다(kann)'라고 규정하고 있지만, 비례원칙 때문에 결론적으로는 동일하다. 형사소

송법은 다음과 같이 더 가벼운 침해처분을 예시적으로 열거하고 있다.

- 신고의무 부과(형사소송법 제116조 제 1 항 제 1 호)
- 판사에 의한 주거제한(Aufenthaltsbeschränkungen, 제 2 호)과 선임감독인에 의한 주거제한(Hausarrest, 제 3 호): 요즘은 거의 통제할 수 없다(그러나 전자수갑에 의한 통제가능성에 관한 논의 참조).15)
- 담보제공(제 4 호). 보석금(Kaution)은 구금명령의 거부가 아니라 그 집행만을 제한하는 것이다. 그것도 도주의 위험의 경우에 대해서만 적용된다.

형사소송법 제112조 제 3 항에 의한 구금명령(중대범죄로 구속된 자)에 대해서는 제116조가 구속집행 정지를 고려하지 않고 있다. 하지만, 그러한 경우에도 비례원칙 때문에 구금집행정지(Haftverschonung)가 가능하여야 할 것이다.

나중에 피의자 또는 검사가 구금집행정지를 신청하거나 법원이 직권으로 구금집행을 정지하려 한다면 그에 대한 관할은 형사소송법 제126조에 따라 결정된다.

마. 구금의 취소

구금명령을 발하고 피의자를 인치받은 판사는 구금요건이 충족되지 않았 16
다고 판단한 경우에 구금명령을 취소할 수 있다(형사소송법 제115조, 제120조 제 1 항 제 1 문 제 1 단). 그 후에는 다음 각호의 경우에 구금명령이 취소된다(구금명령 취소의 관할에 대해서는 형사소송법 제126조 참조).

- 판사가 미결구금의 요건이 소멸되었거나 계속 구금하는 것이 비례원칙에 위반한다고 판단한 경우(형사소송법 제120조 제 1 항 제 1 문)
- 아직 확정되지는 않았지만 무죄판결이 선고되거나(제 2 항), 공판개시청구가 기각되거나(제204조), 최종적인 소송장애를 이유로 결정 또는 판결에 의하여 소송절차가 중지된 경우(제120조 제 1 항 제 2 문)
- 검사가 구금의 취소를 신청한 경우(제 3 항). 수사절차단계에서 판사는 이러한 검사의 신청결정에 기속된다(제162조 참조).
- 미결구금기간이 6개월 이상 지속된 경우(제121조 제 1 항). 단, 주 상급법원이 특별히 난해하고 광범위한 수사 때문에 아직 판결이 선고되지 않았고 미결구금의 지속이 정당화된다고 인정한 경우에는 그러하지 아니

15) Ostendorf, ZRP 1997, 473; Krahl, NStZ 1997, 457.

뮌헨구법원 80333
형사부 뮌헨시 에뜨스트라세 2
- 수사판사 - 뮌헨경찰청

사건번호(빈칸을 모두 기재하세요!)

ER Gs / 16)

구금명령

피의자 :
베르트람 보핑거,
생일 : 1953.04.28
주소 : 뮌헨시 헬라스트라세 4 80636
구속을 명한다.

그는 다음과 같은 범죄 혐의를 받고 있다.
2002. 09. 23. 뮌헨의 멀티마크트 슈퍼마켓 앞에서 트랜스베르트 회사의 현금수송차량 운전자를 권총으로 협박하여 차에서 내리게 하고, 약 40만€ 상당의 지폐를 실은 차량을 탈취함으로써 강도적 공갈죄를 범하였다.

이러한 행위는 다음 법조에 따라 형사처벌된다.
형법 제255조, 제253조, 제250조 제 1 항 제 1 호

그는 다음과 같은 이유로 이러한 범죄에 대한 유력한 혐의를 받고 있다.
차량 운전자인 칼 쿤즈씨가 2002년말까지 트랜스베르트 회사에서 같이 일하던 직장동료인 피의자를 확실히 알고 있다.

그에 대해서는 다음과 같은 이유로 형사소송법 제112조 제 2 항 제 1 호의 구속사유가 있다.
그는 범행 후 도주하였고 알려지지 않은 장소에서 숨어 있었다.

구법원 판사 O O O

16) 역주 : 사건번호.

하다(제 2 항). 엄밀히 새긴다 하더라도 예외적으로 미결구금의 지속을 정당화하기에 충분한 다른 중요한 사유들이 있을 수 있다. 예컨대, 변호사가 자주 교체되었고 기록 열람에 비교적 많은 시간이 소요되었기 때문에 절차가 지체된 경우가 그러하다.[17] 하지만 과중한 사법업무 부담은 중요한 사유가 아니다.[18] 신속재판 원칙의 관점에서 이 경우에는 장기간의 소송진행이 소송장애사유가 되는지 여부에 대한 문제의 경우보다 더 엄격한 기준이 적용된다(후술하는 § 14 Rn. 27 참조).

주 상급법원이 미결구금의 계속이 정당하다고 인정한 이후에는 직권으로 3개월마다 구금심사(Haftprüfung)를 하여야 한다(형사소송법 제122조 제 4 항 제 2 문). 구금 유지의 사유는 심사횟수를 거듭할수록 엄격하여진다.

5. 영장의 집행(Der Vollzug der U-Haft)

영장 집행에 관한 법률적인 규정은 형사소송법 제119조뿐이다. 그러나 이 규정만으로는 충분하다고 볼 수는 없다. 영장집행에 관한 규정(UVollzO 1953년 2월 12일)은 연방의 각주에서 통일적으로 업무를 처리하기 위한 행정업무지침에 불과하다. 형사소송법 제119조 제 3 항은 실무적으로 형의 집행과 영장의 집행을 명확히 구분하고 있지 않다. 17

예) 월 1회 1시간 방문, 연 3개의 소포, 신문 3부, 개인 옷가지, 라디오와 TV

6. 법률상 구제(Rechtsbehelfe)[19]

법률상 구제수단으로는 구금심사(Haftprüfung)와 구금항고(Haftbeschwerde)제도가 있다. 그러나 이 제도들의 상호관련성은 자세히 규정되어 있지 않다. 독 18

---

17) OLG Hamm StV 1996, 497.

18) BVerfG NStZ 1994, 93; BVerG NStZ 2000, 53; BGH 38, 43, 45 참조. 연방헌법재판소 판결 중에는 법원이 예상하지 않은 과중한 업무부담도 중요한 이유가 되지 않는다고 판시하였다(BVerfG NStZ 2004, 49). 2005년 연방헌법재판소는 이 문제를 더욱 상세히 다루었다(BVerfG NStZ 2005, 456 참조).

19) 법률상 불복 절차를 의미한다(역자주).

일에서 통상적 방식인 법률구제고지제도(Rechtsbehelfsbelehrung)를 통해 이 내용을 좀 더 자세히 연구할 수 있다(다음 페이지 참고). 이 제도를 살펴보면 다음과 같다.

19 형사소송법 제117조에 의거한 신청(Antrag)에 따른 구금심사는 담당판사가 구금명령(Haftbefehl)을 철회할 것인가 혹은 구금의 집행을 중지할 것인지를 심사함을 말한다. 구금심사를 두 번째(혹은 그 이상) 신청한 경우에는 최종 구두심리(Mündliche Verhandlung) 후 2개월이 경과하고, 또한 구금에 대한 최근 결정으로부터 3개월이 경과한 경우에만(형사소송법 제118조 제 3 항) 구두심리가 행해진다. 변호인을 선임하지 않은 피의자가 구금심사를 신청하지 않고 3개월이 경과하였을 때에는 직권으로 구금심사가 진행된다(형사소송법 제117조 제 5 항). 6개월이 경과한 이후부터는 주 상급법원이 직권으로 구금계속 여부에 대한 심사를 한다(형사소송법 제121조).

20 구금항고(Haftbeschwerde)는 다른 모든 항고(형사소송법 제304조)와 마찬가지로 판사의 결정에 대한 불복을 의미한다. 이것은 구금명령 그 자체에 대한 것일 수도 있고, 구금심사절차에서 내려지는 법원의 결정에 대한 것일 수도 있다(형사소송법 제117조 제 2 항 제 2 문). 항고가 제기된 결정을 내린 판사는 항고내용의 인용 즉, 결정을 변경하거나 혹은 이를 항고법원(Beschwerdegericht)에 송부하여야 한다(제306조). 구금항고절차는 구금심사신청과 병행하여 진행되지 않는다는 점에서 보충적인 지위에 놓여있다(제117조 제 2 항 제 1 문).

구금명령(Haftbefehl)에 대한 법률구제고지

1) 당신은 구금명령에 대해 항고를 할 수 있습니다.
2) 당신이 구금 중에 있는 동안에 당신은 항고를 대신하여 언제든지 구금명령의 철회 또는 그 집행의 중지여부에 관하여 판사의 심사를 신청할 수 있습니다(구금심사). 그러나 공소제기 후 구금명령이 내려졌을 경우에는 해당되지 않습니다. 왜냐하면 자유형, 소년형(Jugendstrafe) 혹은 감정유치(Unterbringung)등이 예견될 수 있기 때문입니다(제453조c). 이 경우 당신은 단지 항고만 할 수 있습니다.
3) 항고 또는 구금심사에 대한 신청은
   - 기소 이전에는 구금명령을 내린 당해 법원에 하며

- 기소 이후에는 사건을 담당하는 법원에 합니다.

4) 법원은 당신이 신청한 항고에 대하여 구두심리 없이 재판하게 됩니다.
이에 반하여 당신이 구금심사청구시 명시적으로 신청한다면 구두심리는 반드시 진행됩니다. 그러나 한번 구두심리가 진행되었다면, 구금이 최소 3개월이 경과하고 최종 구두심리일로 부터 최소 2개월이 지났을 경우에만 새로운 구두심리에 대한 요구를 할 수 있습니다. 그러나 공판이 진행되거나, 자유형 혹은 자유형에 갈음하는 보호처분 판결이 내려진 경우에는 구두심리를 요구할 수 없습니다.

5) 항고, 구금심사청구 및 구두심리신청은 아래 3번에 기재된 법원서식 혹은 서면으로 할 수 있습니다. 당신이 현재 자유로운 상태가 아닌 경우에는 당신은 현재 구금되어 있는 구치소가 속해있는 구법원 서기과에 비치된 서식을 이용할 수 있습니다.

서면은 반드시 독일어로 작성되어야 합니다.

7. 유럽구금명령(Europäische Haftbefehl)

유럽구금명령에 관하여는 새로이 법규정이 마련되어야 한다. 유럽구금명령법(Haftbefehlsgesetz)은[20] 유럽연합 회원국 사이의 이송절차에 관한 방침결의(Rahmenbeschluss)를[21] 헌법에 부합하도록 국내입법화하지 못했다. 따라서 이 법은 무효로 되었다.[22] 현재 절차상 번거로운 인도절차는 내용심사 없이 법원의 결정에 대한 상호승인(Gegenseitig Anerkennung)의 기본이념을 바탕으로 간단한 범인인도 방식으로 대체되고 있다. (유럽구금명령과 관련하여)현재 32개의 범죄에 대한 목록이 제시되어 있으나, 그 범위가 넓거나 모호한 내용을 포함하고 있다(사이버범죄가 포함되어 있으나 무엇이 사이버범죄인지는 모호하다).[23] 20a

20) 이 법은 2004년 8월 23일 발효되었으며, 형사사건에 대한 국제법률공조에 관한 법률(IRG)속에 제8장으로 규정되었다.

21) 대강결정(Rahmenbeschluss) 2002/584/JI des EU-Rates v. 13. 6. 2002(ABl. L 190 v. 18. 7. 2002).

22) BVerfG NJW 2005, 2289면 이하.

23) Heintschel-Heinegg/Rohlff, GA 2003, 105; Wehnert, StrafFo 2003, 356; 비판적인 견해 Schünemann, StraFo 2003, 344; Frankfurter Appel der Strafverteidiger, www. rav.de.

Ⅳ. 그 밖의 기본권제한 처분

법률 자체에 위와 같은 분류가 되어 있는 것은 아니다. 다음의 강제처분에 관한 설명은 개요설명(위 Rn. 5 참조)과 마찬가지로 법조문 순서에 따른 것이다.

1. 감정유치(Unterbringung)와 관찰(Beobachtung), 형사소송법 제81조

21 가. 법원은 수사절차가 개시되는 시점부터 전문 감정인과 변호인의 의견을 들은 후(형사소송법 제140조 제 1 항 제 6 호) 피의자를 최대한 6주 동안(제 5 항) 공공정신병원에 감정유치하여 관찰하게 할 수 있다. 이 처분은 피의자가 범행 당시 책임능력(schuldfähig)이 있었는지 여부(형법 제20조, 제21조)와 현 시점에서 변론능력(verhandlungsfähig)을 가지고 있었는지 여부를 규명함에 그 목적이 있다(정신상태와 신빙성, 고의, 동기 사이의 관련성 문제는 아님). 피의자는 신체의 자유박탈과 관찰(Beobachtung)을 수인하여야 한다. 그러나 피의자는 반드시 협력할 필요는 없으며 의사의 진단 혹은 정신감정에 응할 필요도 없다. 진단에 필요한 침해행위는 그 정당한 사유를 필요로 한다[예를 들어 승낙(Einwillig-ung), 형사소송법 제81조].

나. 감정유치를 명하는 결정에 대하여 즉시항고가 허용된다(형사소송법 제81조 제 4 항 제 1 문, 제311조) —이는 수소법원이 재판할 때, 즉 중간절차(Zwischen-verfahren)시점부터 적용되는 제305조의 법문언과는 반대되는 규정이다.

2. 피의자에 대한 신체검사(Körperliche Untersuchung), 형사소송법 제81조a

22 가. 피의자는 자신의 신체가 증거수집의 대상, 즉 검증대상이 됨을 수인하여야 한다(아래 § 21 Rn. 33). 피의자는 질문에 대답하거나 검사관에게 협력하거나 또는 검사약물을 삼키는 등의 행위를 할 필요는 없다. 피의자는 참고인이 대질방법으로 피의자를 확인하는 행위를 수인하여야 한다(신원확인을 위한 대

질). 통설에 의하면 그 법률상의 근거를 형사소송법 제81조a에서 찾고 있으며 또한 적지 않은 학자들이 그 근거를 제81조b에서 찾기도 한다. 그리고 형사소송법 제58조 제 2 항에서도 그 근거를 찾을 수 있다.[24)]

나. 신체의 상태와 그 기능은 간단한 신체검사(형사소송법 제81조a 제 1 항 제 1 문)방법으로 확인되어야 한다. 또한 구강, 항문 등에 대한 검사는 (법률적인 의미에서) 침해행위에 해당되지 않는다. 신체에서 증거방법을 찾는 행위는 형사소송법 제102조에 따른다(아래 Rn. 54).

다. 피의자는 혈액채취행위(형사소송법 제81조a 제 1 항 제 2 문), 즉 의사 앞에 강제 인치되는 행위를 수인하여야 한다. 피의자는 알콜농도측정(예: 입을 오므리고 부세요)에 협력할 의무는 없다.

라. 다른 신체침해행위(형사소송법 제81조a 제 1 항 제 2 문)는 간단한 신체검 23
사와는 달리 (경우에 따라서는 최소한이라도)신체의 손상과 관련되어 있다. 침해의 중대성과 위험성은 범죄행위 및 혐의의 중대성과 상응하여 판단하여야 한다. 여기에 따르면 X-Ray촬영, EKG, EEG, CT촬영 등은 허용되는 반면, 체액채취 및 체내물 채취행위 즉, 강제적으로 구토제나 설사제를 투여하는 것[25)]은 극히 예외적으로만 허용된다. 그러나 혈관조영(Angiographie), 강제배뇨행위는 금지된다.[26)]

마. 침해행위(Eingriff)에 관한 명령이 없었거나, 혹은 허용되지 않은 검사 24
가 실시되었을 경우 그 침해에 의하여 획득된 증거의 사용은 금지된다. 그러나 침해행위를 의사가 직접 행하지 않았다고 하더라도 이를 행한 사람의 부족한 전문지식이 검사결과에 영향을 미치지 않았다면 그 검사결과를 증거로 사용할 수 있다(병원조무사가 혈액을 채취한 경우, 아래 § 28 Rn. 27 참조).

3. 감식처분(Erkennungsdienstliche Behandlung), 형사소송법 제81조b

신원확인을 위한 감식처분은 피의자에 대해서 허용된다(어떤 사람이 단순 25

24) 비판적인 견해 Welp, JR 1994, 37: 법률상 흠결
25) Rogall, NStZ 1998, 66; Binder/Seckmann, NStZ 2002, 234.
26) 논란이 있음, BVerfG NStZ 1993, 482 참조.

히 범죄혐의를 받고 있는 경우에도 형사소송법 제163조b 제1항이 적용된다). 감식처분은 형사소추 혹은 감식활동(Erkennungsdienst)의 목적달성에 기여한다. 이중에서 감식활동은 경찰법에 규정되어 있으며 형사소송법에 규정되어있지 않다. 감식활동은 장래에 발생하게 될 사건에 대한 자료를 사전에 수집하려는 예방적인 목적으로 행해진다. 사진촬영(안면 뿐만 아니라 신체 전부, 문신 등), 지문채취 및 이에 상응하는 처분, 예를 들어 공개촬영(그 밖의 경우 형사소송법 제100조c)된 대질비디오 등은 허용된다.27) 통설에 의하면 형사소송법 제81조b는 감식처분의 준비 및 실행을 목적으로 한 직접적인 강제력의 행사, 예를 들어 화장을 지우거나, 머리카락을 자르거나 붙이는 행위 등을 합법화하고 있다(BVerfGE 47, 239는 이러한 행위를 형사소송법 제81조a에서 도출해내고 있다).

4. 피의자가 아닌 사람에 대한 검사, 형사소송법 제81조c

가. 형사소송법 제81조c 제 1 항

이 규정에 따르면 범죄행위에 대한 혐의가 없다 하더라도 범죄흔적이나 범죄의 결과와 관련있는 모든 사람은 그의 동의 없이도 검사의 대상이 된다. 이 간단한 규정은 다음 두 가지의 기본원칙을 가지고 설명할 수 있다.

26 **증인(참고인)에 관한 기본원칙**(Zeugengrundsatz) : 당해 사건에 증인(참고인)으로 인정되는 자는 검사를 수인해야할 의무가 있다. 증인(참고인)에게 범죄흔적과 범죄결과에 대한 구체적인 단서가 존재하기 때문이다. 증인(참고인)이 인지능력이 부족하거나(잠을 잤거나 혹은 의식을 잃은 피해자), 혹은 진술할 능력이 부족하여 진술할 수 없는 경우에도 그러하다(예를 들어, 갓난아기).

27 **범죄흔적에 관한 기본원칙**(Spurengrundsatz) : 신체에 남아 있는 범죄흔적 혹은 범죄행위결과에 대한 조사만 허용된다. 범죄흔적(Spuren)은 범죄행위자 혹은 범죄행위상황에 대한 추론을 가능하게 하는 외적 변화(Veränderungen)를 말한다(찔린 상처, 손톱 밑의 피부박피). 범죄행위결과(Tatfolgen)는 이러한 증명적인 의미가 없이 신체에 나타나는 다른 외적 변화를 말한다(푸른 멍).

증인으로 될 가능성이 있는 (잠재적인) 증인(참고인)은 형사소송법 제81조a 규정에 의한 피의자의 수인의무보다 다소 약한 수인의무를 진다. 증인(참고인)

27) BVerfG NStZ 1983, 84.

에게는 간단한 신체검사만 허용되고(위 Rn. 22 참조), 신체를 침해하는 행위는 허용되지 않는다(위 Rn. 23 참조).

나. 형사소송법 제81조c 제2항

피의자가 아닌 증인에 대한 검사에는 예외가 있다. 즉 혈액채취, 가계(家系)를 확인할 목적으로 행하는 검사 등에는 증인에 관한 기본원칙 혹은 범죄흔적에 관한 기본원칙에 의한 제한 없이 일반적인 사실규명에 관한 기본원칙(Aufklärungsgrundsatz)이 적용된다. 28

다. 형사소송법 제81조c는 제한규정을 포함하고 있다. 범죄혐의를 받고 있지 않는 자는 기타 다른 검사를 수인할 필요가 없다(예를 들어 지능검사 등).[28] 진술심리학은 진술의 신뢰성(Glaubhaftigkeit)을 평가하는 것이지, 그 사람의 진실성(Glaubwürdigkeit)을 평가하는 것은 아니다.[29] 증인이 감정내용에 동의하지 않는 경우 판사는 감정인을 출석시킨 가운데 그 증인을 신문하는 절차를 진행한다(제80조 제2항). 이때 감정인은 보충질문권을 가지며 또한 감정에 입각한 의견을 개진할 수 있다.[30] 29

5. DNA분석, 신원확인, 형사소송법 제81조e-g

DNA분석 후에 동일성이 인정되지 않는다는 결과가 나오면 범죄행위 관련성(Tatnachweis)이 확실하게 배제된다. 반면에 일치한다는 결과는 통계적으로만 증거가치를 가지는 것이지 그 자체만으로 유죄판결을 이끌어 낼 수 있는 것이 아니다.[31] 30

가. 분석시료의 채취는 형사소송법 제81조a, c에 따른다. 지체의 위험이 있는 경우 검사(Staatanwalt) 및 경찰도 채취를 할 수 있다(형사소송법 제81조a 제1항, 제81조c 제5항 제1문). 그러나 채취한 시료에 대한 검사는 2년 동안

28) BGH NStZ 1982, 432.
29) 이러한 요구에 기초되는 판결, BGH 45, 164(주해포함), Ziegler, NStZ 2000, 105.
30) BGH 23, 1(반대되는 주해 포함). Peters, JR 1970, 67.
31) BGH 37, 157.

가능하기 때문에 급할 이유가 없으며 따라서 항상 판사의 명령에 의해 진행된다(형사소송법 81조f 제 1 항 제 1 문).[32]

나. DNA분석은 형사소송법 제81조e 제 1 항 제 1 문에서 열거된 사실의 확인을 위한 목적에 한정된다. 다른 목적(남자 혹은 여자, 유럽인 혹은 아시아인지 여부)을 위한 분석은 허용되지 않는다(이 내용은 형사소송법 제81조e 제 1 항 제 3 문에서 확인된다). 분석의 전제조건은 분석시료가 피의자, 피해자 혹은 다른 제 3 자의 것인가 여부에 따라 달라지는 것은 아니다(형사소송법 제81조e 제 1 항 제 1 문, 제 2 문, 제 2 항 제 1 문). 분석결과는 현재 진행 중인 소송절차에만 사용할 수 있다(형사소송법 제81조e 제 1 항 제 2 문, 제81조a 제 3 문).

다. 일괄검사(단체테스트. 예컨대, 뮌헨에 있는 모든 포르쉐 운전자)는 모두가 자발적으로 응할 때 가능하다.[33] 누군가가 검사를 거부할 경우 잠재적인 증인이라고 해서 이를 강제할 수는 없다. 왜냐하면 증인에 관한 기본원칙은 구체적인 관련성(Anhaltspunkt)을 요구하고 있기 때문이다(위 Rn. 26). DNA검사에 참여할 것을 요구하는 것은 범죄혐의자를 대상으로 하는 것이 아니기 때문에 협력을 거부했다는 이유만으로 피의자가 될 수는 없다. 누구에게도 자신이 책임이 없다는 것을 증명하는 데 적극적으로 협력할 의무는 없다. 이때의 거부는 어떠한 증거법적인 의미도 가지지 못한다.[34] 그러나 추상적인 기준에 따르면 범죄혐의가 있는 특정그룹이 있고, 그 중 일부가 검사(타액검사)에 응하지 않았을 경우, 이는 범죄혐의를 강화시켜 주어 이들에게 강제검사를 명할 수도 있게 된다.[35]

라. 장래를 위한 DNA확인 샘플의 보관은 형사소송법 제81조g에 근거하여 허용된다[감식활동에 관한 규정은 형사소송법 제81조b와 같이 형사소송법에서 빠져 있었는데, DNA에 의한 신원확인법(DNA-IFG)이 이를 보충하고 있다]. DNA에 의한 신원확인데이터는 연방수사국(BKA)이 보관하고 있다. 새로 동일한 범죄를 범할 위험성(부정적인 진단)은 형의 확정판결 이전에는 인정되기 힘들다. DNA에 의한 신원확인법(DNA-IFG) 제 2 조는 형의 확정판결이 있는 경우에 이러한 조치를 허용하고 있다. 이러한 경우 과거의 사건은 15년 전에 있었던 것

32) 그 권한에 관하여 BGH 45, 376.

33) BVerfG NJW 1996, 3071.

34) BGH NStZ 2004, 392.

35) BGH 앞의 판결.

까지 소급한다(BZRG 제46조 제 1 항 제 3 호).

여기서 재범을 할 것이라는 부정적인 진단을 어떤 경우에 내릴 수 있는 것인가는 굉장히 어려운 문제이다. 연방헌법재판소는 극도로 높은 요건을 요구하여 제한하고 있다.[36)]

6. 보존(Sicherstellung), 압수, 형사소송법 제94조

이러한 처분에 앞서 대부분 수색(Durchsuchung)이 행해진다(아래 Rn. 54 이하 참조). 검사를 위한 증거방법으로서 중요한 대상물들은 보관되거나 기타 다른 방법으로 보존된다.

가. 대 상 물

대상에는 모든 종류의 동산(예를 들어, 자료이송장치), 부동산(토지, 가옥), 권리 등이 있다. 이 중 권리(Rechte) 자체는 증거로서의 가치가 부족하다. 권리는 다른 절차를 통해 보존된다(아래 Rn. 33 참조). 31

나. 대상물은 검사를 위한 증거방법으로서 중요한 의미를 지닐 가능성이 있어야 한다. 다만 잠재적인 증거가치로서의 중요성은 최초혐의(Anfangsverdacht)요건을 갖출 경우에 대체적으로 인정된다. 따라서 '범법행위를 추론하기 위해 그것이 필요할지는 아무도 모른다'는 의도에 따라 그 대상물에 접근하는 것은 허용된다. 그러나 탐구를 목적으로 한 압수는 허용되지 않는다(이 서류에서 혐의를 도출해 낼 수 있는지 한번 보자는 식의 의도). 32

다. 한계(Abgrenzung)

추징(Verfall; 형법 제73조, 74조d) 또는 몰수(Einziehung; 형법 제74조, 74조d)의 대상은 형사소송법 제111조b 이하 규정에 따라 보존되어야 한다. 이때 보존은 압수의 형태로만 진행된다(형사소송법 제111조b 제 2 항). 이 경우 재산관계 및 권리상태가 매우 중요한 문제가 된다. 33

운전면허증의 경우는 여기에 해당되지 않는다. 따라서 운전면허증은 몰수의 대상이 되지만(형법 제69조 제 3 항 제 2 문), 형사소송법 제111조b의 예외로

36) BVerfG StV 2001, 145.

서 제94조에 의거하여 —증거방법으로서가 아니라 위험예방의 이유로— 보존된다(형사소송법 제111조b 제3항). 지체의 위험이 있는 경우 경찰이 직접 행할 수 있다. 서류(Dokument)와 권리(Berechtigung)는 구분되어야 한다. 즉, 운전면허(Fahrerlaubnis) 자체는 판사만이 잠정적으로나마 박탈(Entziehen)할 수 있다.

라. 보존(Sicherstellung), 보관(Verwahrung), 압수(Beschlagnahme)

34 보존(상위개념)은 구금된 소유자가 자유의사로 제출하는 경우 형식에 구애없이 진행된다. 그렇지 않은 경우 압수의 방법으로 이루어진다(형사소송법 제94조 제2항). 보존이란 물건이 공적인 보관상태로 이관되거나(압수의 경우) 다른 방법으로 국가적인 보호 아래 두는 것을 말한다(예를 들어, 주거폐쇄). 이것 때문에 양도가 금지되는 것은 아니다. 그러나 형법 제133조 및 136조에 따라 관련자의 행위여지(Handlungsspielraum)는 제한된다.

35 마. 형사소송법 제95조에 따른 제출의무는 제94조에 열거된 종류의 증거대상을 소지하고 있는 모든 사람에게 부여된다. 그러나 협력할 의무가 없는 피의자는 그 대상에서 제외된다. 또한 제출은 법관에 의해 강제될 수 있다(형사소송법 제70조 및 형사소송법 제95조 제2문 규정). 그러나 증언거부권을 행사할 수 있는 자에게는 강제할 수 없다(형사소송법 제52조 이하). 형사소추기관은 자신이 찾고 있는 대상물을 특정인이 가지고 있는 것이 확실하지만 수색을 통해서도 찾을 수 없을 때 형사소송법 제95조를 활용할 수 있다.

또한 관공서는 원칙적으로 제출의무가 있다(공적의무기본법 제35조 제1항, 정보제공에 관해서는 위 Rn. 2 참조). 그러나 그 관공서의 최상급부서는 형사소송법 제96조의 전제 요건이 있는 경우 거부사유서(Sperrerklärung)를 제출할 수 있다. 그러나 이것이 만약 명백히 자의적이거나 혹은 법의 남용일 경우에는 압수의 대상이 될 수 있다.[37]

36 바. 형사소송법 제97조에 의한 압수금지규정은 수사기관이 서면에 기재된 내용을 지득함으로써 결과적으로 의사, 변호사 등의 증언거부권을 무력화하려는 의도를 방지함에 그 목적이 있다. 의사, 변호사들에게 털어놓은 비밀은 그 상태로 혹은 그들에게만 그대로 유지되어야 한다. 의사협회, 변호사협회 등 기관의 일반적인 신뢰가 유지되도록 하는 것은 의사나 변호사들의 이익에도 기

37) BGH 38, 237.

여한다(의사 혹은 변호인의 진술거부에 의한 피의자의 이익은 다만 그 부수효과로 나타난다). 따라서 대상물이 그들의 소유 하에 있는 경우에만 압수가 가능하다. 이에 반하여 피의자의 경우 모든 것이 압수될 수 있다(물론 변호인의 편지 혹은 변호관련서류 등은 제외된다, 아래 § 11 Rn. 14 참조).

형사소송법 제97조는 피의자와 증언거부권자 사이의 신뢰관계를 보호한다.

예) 피의자를 진료한 의사에게 있는 진료기록은 압수될 수 없다.

하나의 신뢰관계에서 출발해서 다른 신뢰관계로 발전된 제 3 의 비밀(Drittgeheimnisse)은 증언거부의 대상(또한 의무, 형법 제203조)이 되나 압수를 제한하지는 않는다.

예) 범죄행위자에 대한 소송절차가 진행되는 중 피해자를 치료한 의사의 진단서는 압수될 수 있다.

만약 증언거부권자가 피의자의 범죄행위에 관여하였고, 피의자의 비호(Begünstigung), 사법방해(Strafvereitelung) 혹은 은닉(Hehlerei)을 도모했다는 혐의를 받고 있다면, 그 신뢰관계는 더 이상 보호가치가 없는 것이 되어 압수금지의 원칙은 부정된다. 이 원칙은 범죄대상물에 대해서도 동일하게 적용된다(형사소송법 제97조 제 2 항 제 3 문). 이러한 대상물은 범죄의 준비단계에서(계획적인 사기사건에서 편지교환) 나오거나 혹은 범죄행위 이후 단계에서(고백편지) 나올 수도 있다. 변호인에게는 그 적용범위가 한정된 특별규정이 적용된다(아래 §11 Rn. 40).

사. 압수는 판사가 명하거나(형사소송법 제198조 제 1 항) 승인한다(형사소송 37
법 제198조 제 2 항). 형사소송법 제198조 제 2 항 제 2 문에 의한 법적 절차에 관한 규정은 시범적인 성격을 지니고 있다(아래 Rn. 75 참조). 법관의 명령은 6 개월이 경과한 후부터는 더 이상 집행되어서는 안 된다(아래 Rn. 56).

아. 우편물압수(Postbeschlagnahme)는 우편물에 대한 압수를 말하는 것이 아 38
니라 우편물취급회사에 대한 압수를 의미한다. 이 처분은 기본법 제10조에 규정된 침해행위에 해당되기 때문에 특별히 규정되었다. 그러나 경찰은 우편물을 압수할 수 없다(형사소송법 제100조 제 1 항은 형사소송법 제98조 제 1 항 제 1 문과 차이가 나며, 형사소송법 제98조 제 1 항 제 2 문은 기본법 제 5 조를 좀 더 깊이 고려하여 판사만 가능하도록 했다).

7. 전산자료의 투망식 조사(Rasterfahndung), 형사소송법 98조a

39 전산자료의 투망식 조사(Rasterfahdung)는 수배된 범죄자와 추정적으로 일치되는 특정표지(Merkmale)와 일정한 양의 데이터를 자동으로 비교하는 시스템을 말한다.[38]

예) 테러범들은 전기요금을 현금으로 지불했고 자동차를 전혀 다른 지역에 등록하였다. 이 경우 전기사업소와 자동차등록사업소의 데이터를 상호간 비교할 수 있다.

전산자료의 투망식 조사(Rasterfahdung)는 무혐의자를 배제하고(소극적인 조사, 위의 예), 혐의자의 프로필에 부합하는 자의 행적을 추적하거나 새로운 추적시스템에 기여한다. 그 요건으로 열거된 범죄에 대한 최초혐의 이상을 요구하지는 않는다(예를 들어, 충분한 사실적인 단서). 보충성의 원칙(형사소송법 제98조a 제 1 항 제 2 문)은 통신감청의 경우보다 더 관대하게 적용된다(아래 Rn. 41). 다른 방법이 비교적 더 성공적일 경우에만 전산자료의 투망식 조사는 보충의 원칙에 반한 것으로 본다.

8. 통신감청(형사소송법 제100조a, b)과 통신사실자료 확인 (형사소송법 제100조 g, h)

통신감청은 실무에서 'TÜ(Telefonüberwachung)'로 축약되어 불린다. 통신감청명령은 너무 빈번히 행해지고 있다(매년 10,000번 이상).

40 가. 형사소송법 제100조a는 우편(Post)과 전신비밀(Fernmeldegeheimnis; 기본법 제10조) 및 일반적인 인격권(기본법 제2조)에 대한 침해에 정당성을 부여하고 있다. 다시 말해, 통신(전화, 팩스, 핸드폰, 메일박스,[39] 이메일)[40]에 대한 감청과 녹음이 허용되는 것이다. 여기에는 어떤 통신중계소 지점에서 휴대전화가 사용되고 있는가에 대한 정보도 포함된다.[41] 이 규정은 제한적이면서도 좁

38) 자세한 내용 Wittig, JuS 1997, 961.

39) BGH NStZ 1997, 247.

40) 자세한 내용은 KK/Nack, Rn. 6 이하.

41) BGH NStZ 2001, 389— 이는 문제가 되고 있다. 왜냐하면 이는 통신의 내용에 관한 것이 아니라 궁극적으로 관찰 혹은 동영상(Bewegungsbild)에 관한 것이다; Demko, NStZ 2004, 57 이하.

게 해석되어야 한다. 이 이외에 '편지, 우편 및 전신의 비밀제한에 관한 법률(Art. 1 § 1 G 10)'이 있다. 이 법률에 의거하여 연방 및 각주의 헌법수호청과 연방정보국은 감청에 대한 권한을 부여받고 있다. 형사소송법 제100조a는 장차 진행될 대화 및 그 내용과 관련된다. 통신자료에 대한 조회는 형사소송법 제100조g, h에 근거하고 있다(아래 Rn. 47a). 그러나 일정한 장소에서 나누는 대화(Raumgespräch)를 감청하는 것은 허용되지 않는다.

예) X의 전화는 감청되고 있었다. 그는 전화를 한 후 수화기를 바로 놓지 않은 상태에서 그의 아내와 대화를 나누었다. 경찰은 그 내용을 엿들었다. 이것은 더 이상 전화통화(Fernsprechverkehr)가 아니다. 따라서 증거로서 사용할 수 없다.[42]

그러나 감청의 대상자가 자신의 자동차에서 휴대전화로 누군가와 전화통화를 한 후 메일박스를 열고 휴대전화덮개를 닫았으나, 메일박스가 작동되는 동안 다른 동승자와의 대화가 그대로 녹음된 경우에는 앞의 경우와 전혀 다르다. 이 시간 동안은 통신연결(Telekommunikationsverbindung)이 되어 있는 경우에 해당하는 것이다.[43]

이것은 위에서 언급한 사례(BGH31, 296)와는 달리 극도로 개인적인 생활영역과 연관되는 것은 아니다(연방통상법원은 주거를 의미하고 있는지는 의문이다). 의도적으로 대화내용을 엿들으려고 하지 않았기 때문에 기본권침해의 방향은 변하지 않았다. 심지어 그 전제조건(형사소송법 제100조c)들도 그대로 충족되어 있다(증거금지의 경우 가설상태 하에 진행되는 수사에 대한 논증, 아래 § 28 Rn. 14 참조).

누군가가 피의자에게 전화를 걸고 경찰로 하여금 통화내용을 엿듣게 하였다면, 형사소송법 100조a의 침해는 일어나지 않는다(위 § 9 Rn. 20 참조).[44]

나. 요건(형사소송법 제100조a 제 1 항 제 1 문)

⑴ 감청명령을 위해서는 구체적, 즉 특정 사실에 근거한 단순한 혐의(최초혐의)만으로 충분하다. 41

⑵ 감청은 법률에 열거되어 있는 범죄에 한정되어야 한다. 열거규정 중 포

42) BGH 31, 296.
43) BGH NStZ 2003, 668; 이에 반하여 Fezer, NStZ 2003, 625.
44) BGH 39, 335; Welp, NStZ 1994, 294.

괄적인 개념을 사용한 경우 제한적이나마 그 범위가 확장될 위험을 안고 있다.

[사례 1] 검찰은 수백만 유로의 사기사건을 저지른 범인 B의 행적을 추적하고 있다. 검찰은 증거수집상 곤경에 처해 감청을 하면서, 다른 방법으로 더 이상 사안을 규명할 수 없는 불가피하고 극히 예외적인 중범죄임을 근거로 내세웠다.

사기는 형사소송법 제100조a에 열거되어 있지 않다. 열거된 범죄는 형법 제34조를 넘어서 사건별로 확대되는 것을 허용하지 않고 있다.

[사례 2] A는 B가 운전하는 자동차에서 X를 향해 총을 발사하여 그를 죽이려고 하였다. B의 전화는 감청되고 있었다.

이 경우 감청은 허용된다. 공범이 파악되어 있었고 범죄행위의 착수만으로도 그 요건이 충족된다.

[사례 3] 이 자동차는 C가 훔친 차량이었다.

이 경우 C에 대한 감청이 허용된다. 절도는 감청대상범죄로 열거되어 있지 않지만, 위 사건에서 절도는 살인행위 예비의 목적으로 행해진 것(추정적으로)이었다.

[사례 4] 유흥음식점에서 해고당한 회계담당직원이 종업원들을 고발하였다. 누구도 봉사료에 대한 세금을 납부하지 않았다는 것이다.

조세횡령(조세법 제370조)은 열거된 범죄가 아니다. 그러나 종업원들이 범죄단체를 조직하고 있다고 주장할 수 있다(형법 제129조, 형사소송법 제100조a 제 1 항 제 1 호c). 따라서 전화감청은 가능하다. 최근 조세법 제370조a는 형법 제261조의 범죄(자금세탁)에 대한 감청이 가능하도록 그 길을 열어놓았다. 그러나 그 구성요건은 엄격하고도 헌법이 허용하고 있는 범위 내에서 해석되어야 한다는 한계를 갖고 있다. 즉, 형법 제296조 제 9 항 제 2 문의 우선적용조항(Vorrangklausel)에 따라 자금세탁에 대한 유죄판결이 내려질 가능성이 없다면 감청은 중지되어야 한다. 왜냐하면 그렇지 않을 경우 감청은 열거되어있지 않은 범죄행위에 대해서까지 행해질 수 있고, 또한 이것은 자금세탁을 탈법적으로 이용할 수 있기 때문이다.[45)]

45) BGH NStZ 2003, 499; Arloth, NStZ 2003, 609. 그러나 유감스럽게도 연방통상법원

(3) 이러한 조치의 불가피성(보충성의 원칙)은 한계를 가지고 있으나, 그렇게 엄격하게 적용되지 않는다.

[사례 5] W는 무기암거래상의 조직원으로 추정되었다. 경찰은 W에 대해 감청을 신청하였다. 그렇지 않을 경우 수주일 동안 밤낮으로 W를 미행해야한다는 것을 신청이유로 하였다.

관찰(Oberservation)은 많은 노력과 인력을 필요로 한다. 통설에 의하면 이러한 사유는 감청에 대한 근거로서 충분하다.

(4) 통설에 따르면 비례의 원칙은 감청의 2가지 요건 즉, 열거된 범죄일 것, 불가피할 것이 인정된다고 하여 곧바로 충족되는 것이 아니라 그 외 추가적으로 요구되는 것이다.

예) 사례1을 조금 변형한다. 열거된 범죄인 공갈죄의 경우로서 범죄사실 자체의 규명이 목적이 아니라 B의 소재를 확인하는 데 목적이 있다고 할 때를 상정한다.

감청의 목적은 체포에 있다. 따라서 감청은 단순한 혐의만으로는 부족하고 구금영장(형사소송법 제127조 제2항 참조)과 같이 유력한 범죄혐의가 있는 경우 내려진다.

다. 관련자, 형사소송법 제100조a 제 1 항 제 1 문

관련자들이 의식하든 하지 않든 간에 피의자가 관련자(친구, 회사, 단골주 42
점)들의 전화를 사용하고 있거나 혹은 그들이 피의자를 위해 정보를 빼내어 전달한다(정보전달자)는 혐의가 있는 경우, 피의자의 전화뿐만 아니라 범죄혐의가 없는 그 관련자들에 대해서도 감청이 허용된다. 이렇게 함으로써 범죄에 관련되지 않는 제 3 자에 대하여 감청하는 것을 피할 수 없으며 헌법적인 관점에서도 이의를 제기할 수 없는 부분이다.46)

형사소송법 제53조에 따라 증언거부권을 가지고 있는 자들이 직업상 획득한 비밀은 이들이 형사소송법 제97조 제 2 항 제 3 문에 열거된(유추적용되는) 범죄영역에 연루된 혐의가 있는 경우에만 침해될 수 있다. 형사소송법 제52조에 의한 특권(Privileg)만으로 감청을 당하지 않는 것은 아니다. 다만 변호인과

은 제129조를 넘어서는 우회로를 인정하지 않는 것이 아니라 그 길을 열어두고 있다.

46) BVerfGE 30, 22.

의 대화내용을 감청하는 행위는 형사소송법 제148조에 의해 금지된다(또한 공범자의 협의 등, 아래 §11 Rn. 41 참조)

라. 감청명령과 그 기간

43 감청명령은 판사에게 부여된 권한이다(형사소송법 제100조b 제1항 제1문). 감청처분은 최장 3개월로 제한된다. 그러나 반복해서 감청명령을 내릴 수 있다(형사소송법 제100조b 제2항 제4, 5문). 그 기간 계산은 감청명령시부터 시작되며 감청실행시부터가 아니다. 그렇지 않을 경우 수사기관은 언제 감청을 시작하고, 그래서 이 처분에 대하여 판사가 언제부터 통제를 개시하게 할 것인가를 스스로 결정할 수 있게 되기 때문이다.[47] 지체의 위험이 있는 경우 검사가 직접 감청을 명할 수 있다. 이 경우 검사는 3일 안에 판사로부터 승인을 얻어야 한다(형사소송법 제100조b 제1항 제2문, 제3문).

마. 증거의 사용

44 (1) 감청 등에 의하여 취득한 자료는 검증절차에서 녹음테이프를 재생하거나 그 속기록이나 녹취록을 낭독함으로써 증거조사가 행해진다(이러한 종류의 증거조사 방식에 관하여는 아래 §21 Rn. 33, 38 참조).

(2) 열거된 범죄혐의에 관하여 발하여진 감청명령이 적법하다면, 그 명령에 의한 수사과정에서 다른 범죄에 관한 자료를 얻었을 경우, 그 다른 범죄가 열거된 범죄에 해당되지 않는다 하더라도 그 자료를 그 범죄의 증거로 직접 사용할 수 있다. 그러나 그 다른 범죄는 감청명령에 기재된 범죄와 실체법적으로 상상적 경합관계에 있거나, 절차법적으로 단일성(Einheit, 형사소송법 제264조)이 인정되어야 한다.

예) 사례 4에서 탈세죄가 원래 혐의인 형법 제129조 범죄와 상상적 경합관계에 있기 때문에 그 대화내용을 탈세죄의 증거로 사용할 수 있다.

통설에 따르면, 공소가 그 다른 범죄(위 예에서 탈세죄)에 대하여만 제기되고, 열거된 범죄(형법 제129조)에 대하여는 제기되지 않은 경우에도 여전히 위

---

47) BGH 44, 233.

	열거된 범죄에 관하여 감청명령에 의해 취득한 자료	열거된 범죄와 상상적경합관계에 있는 열거되지 않은 범죄에 관하여 취득한 자료	열거된 범죄에 관하여 우연히 취득한 자료		열거되지 않은 범죄에 관하여 우연히 취득한 자료	
			피의자	제 3 자	피의자	제 3 자
적법한 명령	○	○	○	○ BGH 28, 122	× BGH 27, 35	× BGH 26, 298
위법한 명령	×	×	×		×	

※ ○로 표시된 부분은 증거로 직접 사용가능하고, ×표시된 부분은 직접 사용 불가

와 같은 원리가 동일하게 적용된다고 한다.[48] 그러나 그렇게 되면 열거된 범죄를 직접적으로 회피하는 방법으로 사용될 수 있기 때문에 통설에 대하여 반대한다(사례 4의 구조 참조).

⑶ 취득한 자료를 간접적으로 사용하는 것은 언제든지 가능하다(“간접적으로” 45
라는 표현의 다른 의미와 다른 증거방법에서의 설명은 앞서 본 § 9 Rn. 25, 27 참조).

예) 사례 3에서 C는 그 밖에도 아동포르노를 판매하였다(형법 제184조 제3항)는 이야기를 하였다. 경찰은 위와 같은 이야기를 직접증거로 사용할 수는 없지만 C의 주거를 수색할 수 있는 근거로 삼을 수 있다.

변형 예) 위와 같은 말을 한 사람이 대화의 상대방인 D인 경우에도 결과는 동일하다.

바. 증거사용이 금지되는 경우

증거사용이 금지되는 것은, ① 판사의 명령에 의하여 감청 등을 하여야 46
한다는 규정(형사소송법 제100조b 제 1 항)이 지켜지지 않은 경우[그러나 검사의 조치가 사후 승인을 받지 못하였다 하더라도(위 § 12 Rn. 43 참조) 최초 3일 이내의 기간 동안 녹음된 자료는 사용할 수 있다], ② 열거된 범죄의 혐의가 범죄를 구성하지 않는 경우,[49] ③ 보충성의 원칙이 침해된 경우(위 Rn. 41 참조), ④ 변호인과의 대화가 감청된 경우(위 Rn. 42 참조)이다.

침해가 적법한지 여부를 판단할 때 사람들은 오류를 범하기 쉽다. 왜냐하

48) BGH 28, 122.
49) BGH 31, 304, 309.

면 그 요건 중 명령을 발할 수 있는 권한이 누구에게 있는가 하는 것만이 명확하게 규정되어 있기 때문이다. 판례에 따르면 어떤 경우에나 증거사용이 금지되는 것은 아니고, 중대하고 객관적으로도 자의적인 위법이 있는 경우에만 증거사용금지 효과가 발생한다.50) 이때 침해행위의 중대성이라는 관점에서 정확하게 판단해서, 그러한 위법한 침해에 대하여 제재를 가할 수 있는 것이다.

> [사례 6] 변호인이 그 의뢰인과 통화하려 하였으나 통화를 못하고 의뢰인의 아내와 통화를 하게 되었는데, 그 아내와 의뢰인의 범죄 혐의 내용에 대하여 이야기를 하였다.

이러한 대화는 증거로 사용할 수 있다. 만약 변호인이 그의 의뢰인과 직접 통화를 하였다면 형사소송법 제148조에 따라 증거로 사용할 수 없다.

형사소송법 제100조a에는 제52조 이하의 규정이 언급되어 있지 않다. 형사소송법 제52조(증언거부권에 관한 조항－역주)의 보호목적은 진실의무와 피의자와의 개인적 유대 사이의 충돌을 방지하고자 하는 것이고, 통설에 따르면, 위 사례와 같은 대화를 녹음하여 이를 증거로 사용하는 것은 위 규정에 저촉되지 않는다고 한다.51) 형사소송법 제53조f 이하의 규정이 직업상 비밀의 보호를 위하여 형사소송법 제100조a를 제한적으로 해석하여야 하는 바로 그런 예이다(위 Rn. 42 참조).

47 사. 형사소송법 제108조에 따르면, 수색과정에서 우연히 발견된 물건은 항상 압수할 수 있지만, 형사소송법 제100조a에 따라 적법하게 감청하던 중 우연히 취득한 정보는 항상 직접적으로 증거로 사용할 수 있는 것은 아니다. 문제는 그것이 열거된 범죄와 관련되어 있는가 하는 것이다.52) 입법자는 판례에 의하여 발전된 해석체계를 형사소송법 제100조b 제 5 항을 신설함으로써 승인하였다.

그러나 위 요건을 충족하지 않더라도 간접적으로 사용하는 것은 가능하고(위 Rn. 45 참조) 형사소송법 제100조a를 위반하였다고 하여 원거리 효과(Fernwirkung—독수독과이론과 유사한 것으로 위법수집금지를 토대로 새롭게 취득한 증거를 사용할 수 없게 되는 효과—역주)가 발생하는 것은 아니다.53)

50) BGH 41, 30, 34.
51) BGH NStZ 1988, 562.
52) 최근의 BGH NStZ 1998, 426과 비교할 것.
53) BGH 32, 68, 70.

예) 경찰이 독자적으로 D의 절도 혐의(독일 형법 제242조)를 근거로 감청을 실시하였다(이것은 열거된 범죄에 관한 것이 아니고, 판사의 명령이 없기 때문에 형사소송법 제100조a를 위반한 것이다). 그렇게 하여 청취된 정보는 절도의 증거르 사용할 수 없다. D는 대화 도중 그 외에도 신용카드를 위조하였다는 이야기를 하였다(형법 제152조a, 이 역시 열거된 범죄가 아니다). 따라서 그 정보도 직접적으로 증거로 사용할 수 없다. 그러나 이를 근거로 경찰이 D의 주거를 수색하고 모든 위조품을 압수하는 것은 허용된다.

위와 같은 예가 침해행위의 요건에 관한 규정회피를 곧바로 유발시킬 수 있다는 것을 보여주는 것이다. 적어도 의도적으로 법률을 위반한 경우에는 원거리 효과에 따라 증거로 사용할 수 없다고 보아야 한다.

아. 특정한 통신사실 자료(그 개념정의에 관하여는 형사소송법 제100조g 제 3 47a
항 참조)는 그 이전에는 통신법에서 규정되다가 2002년 1월 1일부터 형사소송법에 규정되고 있는데, 범죄행위가 형사소송법 제100조a에 열거된 범죄와 밀접하게 관련되어 있지 않다 하더라도 상당한 중요성이 인정될 경우에는 그 자료제출을 요구할 수 있고(형사소송법 제100조g 제 1 항 제 1 문), 장래의 통신사실 자료에 대하여도 미리 제출을 요구할 수 있게 되어 있다(같은 항 제 3 문).[54] 이 때 그 자료제출의 대상이 되는 통신에 관하여 반드시 명확하게 특정할 필요는 없고, 시간적 · 장소적 한계만 설정하면 된다(형사소송법 제100조h 제 1 항 제 2 문).

원칙적으로 판사가 발부하게 되어 있는 통신자료제출영장에 대하여 발부 여부를 결정할 때에는 그 요건의 존부와 개별 사건에서의 침해 적절성에 대하여 심사하여야 한다(제 1 항 제 3 문, 제100조b 제 1 항).[55] 휴대전화를 일시적으로 압수하여 SIM카드[56]에 있는 정보를 해독하는 방법으로 위와 같은 법규상의 요건을 회피하는 것은 허용되지 않는다.[57]

자. 예컨대, 빌린 휴대전화인 경우이거나 칩카드를 바꿔 쓸 수 있는 경우 47b
라서 휴대전화의 번호를 알 수 없는 경우에는, 감청명령에 사용자를 특정할

54) 이 조문은 합헌이라는 결정이 있었고, 저널리스트들 사이의 통화도 감청이 허용된다; BVerfG NStZ 2003, 441.

55) BVerfG NStZ 2003, 441.

56) Subscriber Identification Module(가입자 인증 모듈) 카드, 이 카드 안에 가입자정보를 가지고 있어서 휴대전화 단말기에 이 카드를 꽂으면 다른 단말기를 자기 단말기처럼 사용할 수 있다— 역주.

57) BVerfG NStZ 2005, 137; 비판적 견해는 Günther, NStZ 2005, 485 이하 참조.

수 있는 다른 식별방법을 기재하여야 한다(제100조 제 1 항 제 2 문). 국제이동통신사용자식별법(IMSI, International Mobile Subscriber Identity)의 카드번호는 세계적으로 1회만 부여되고, 단지 네트워크 운영자만 알고 있다. 그러나 그것도 IMSI-Catcher를 가지고 기술적으로 취득할 수 있다. 이에 대하여는 형사소송법 제100조i가 허용하고 있다.58)

9. 기술적 수단의 사용(형사소송법 제100조c 이하)

가. 사진의 촬영 및 녹화(형사소송법 제100조c 제 1 항 제 1 호a)

48 제 1 호b와 함께 비교하여 보면, 이 규정은 수사상 관찰을 위하여 관련자들이 알지 못하게 촬영하는 것에 관한 규정임을 알 수 있다.59) 범죄장소에 대한 현장확인 및 보전조치는 침해행위가 아니고 따라서 자유로운 수사방법에 해당한다(위 Rn. 1 참조). 제 1 호a에 따른 촬영은 공개적인 장소에서 이루어지는 것이기 때문에 범죄행위에 관하여 다른 요건을 요구하고 있지 않다. 그러나 아래의 경우에는 그렇지 아니하다.

나. 기타 과학적 수사장비의 사용(제 1 항 제 1 호b)

49 사진에 한정한 것일 때에는 제 1 호a가 적용되지만, 대화까지 포함될 때에는 제 2 호가 적용된다. 즉, 예컨대 위치추적장치(Peilsender), GPS시스템,60) 움직임 보고장치(Bewegungsmelder) 등이 여기에 해당된다. 그것들을 사용할 때에는 그것이 중대한 범죄 수사를 위한 것이어야 한다는 불확정 개념이 요건으로 되어 있기는 하다. 그러나 이는 입법자가 경찰에게 너무나 많은 재량여지를 부여한 것이다. 무엇보다도 여러 관공서가 그 사이에 조정 없이 수사처분을 하게 되면 그 침해결과가 가중적이고, 기본권에 대한 침해 결과를 발생시킨다.61)

58) 문자전송(SMS)을 이용하여 비밀스럽게 위치를 추적하는 것이 실무상 확대되고 있으나, 이에 대한 법적 기초는 마련되어 있지 않다. Eisenberg/Singelnstein, NStZ 2005, 62 참조.
59) BGH 44, 13.
60) BGH 46, 266, 이에 대하여 Kühne, JZ 2001, 1144의 평석이 있다.
61) BVerfG NStZ 2005, 388.

다. 공개되지 않은 대화의 도청과 녹음— 소 도청 (kleiner Lauschangriff, 제 1 항 제 2 호)

종래 허용되지 않던 위와 같은 처분[62]이 1992년 조직범죄에 관한 법률 50
(OrgKG)에 의하여 허용되었다. 이것은 통신감청(형사소송법 제100조a)과 유사하고, 따라서 거기에 상응하여 규정되고 있으며, 보충성의 원칙(다른 방법으로는 자료를 취득할 가능성이 없거나 매우 어려워야 한다는 요건)이 적용된다. 제 1 호에 있는 보충성 규정(다른 방법으로는 자료를 취득할 가능성이 적거나 어려워야 한다는 요건)은 늘 그래왔듯이 특별히 의미가 없는 규정이다.

제 3 호와 구별되는 점은 도청이 가능한 영역으로서 "주거" 이외의 장소로 제한하고 있다는 점이다. 헌법적 전통에 따르면, "주거"는 누구나 출입하는 곳이 아닌 곳으로서, 거주장소와 인간의 활동이 이루어지는 장소, 즉 사무실, 영업소, 거래장소 등을 포함하는 것으로 이해된다.[63]

그것은 편안히 휴식할 수 있는 권리와 관련되어 있다.[64] 형벌집행기관이 방문할 수 있는 곳에서는 사람이 휴식을 누릴 수 없다.[65]

한편, 제 1 호와 같은 처분에 의하여 획득한 개인에 관한 정보는 그것이 열거된 범죄에 관련되고 적법한 도청명령(제100조d 제 5 항 제 1 문, 즉 제100조a에 열거되어 있다. 제100조c 제 1 항 제 2 호)이 있었던 경우에는 다른 형사절차에서도 증거로 사용될 수 있다. 기타 증거사용금지에 관하여는 제100조a의 규정에 관한 설명과 동일하다.

라. 공개되지 않은 대화의 도청과 녹음— 대도청 (Großer Lauschangriff, 형사소송법 제100조c)

기본법 제13조가 보장하고 있는 주거의 자유에 대한 이러한 침해는 1998 51
년 5월 4일 공포되고 동년 5월 9일 시행된 조직범죄투쟁강화법(Gesetz zur Verbesserung der Bekämpfung der organisierten Kriminalität)에 근거를 두고 있다. 이 법은 형사소송법 제100조a, 제100조f 제 2 항보다 더 제한적으로 대상 범죄를

62) BGH 34, 39, 50.
63) BGH 42, 372, 375.
64) BVerfGE 89, 1, 12.
65) BGH 44, 138.

열거하고 있다. 형사소송법 제53조에 의하여 직업상 증언거부권을 갖고 있는 사람은 그의 고객, 환자 등과의 신뢰관계가 훼손될 경우에 대화를 도청당해서는 안 된다(증거조사금지, 형사소송법 제100조c 제 6 항 제 1 문). 형사소송법 제100조c 제 6 항 제 3 문에 의하면 공범 또는 처벌방해죄(Strafvereitelung) 등의 혐의가 있는 경우에 주거내 도청이 허용되고(형사소송법 제97조 제 2 항 제 3 문과 일치), 그에 따라 전화도청에 관한 변호인의 특별권리가 침해된다(전술한 Rn. 42 참조).[66] 가까운 친족(형사소송법 제52조)과 업무상 증언거부권자의 조수(제53조a)도 주거내 도청을 당할 수 있다. 형사소송법 제100조d 제 3 항 제 3 문에 의하면 도청 내용을 증거로 사용할 수 있는지 여부는 비교형량을 하여 결정한다. 이 문제는 처분에 대한 명령 권한을 갖고 있는 법원, 즉 지방법원 국가안보범죄재판부(Staatschutzkammer)가 결정한다(형사소송법 제100조c 제 7 항, 제100조d 제 1 항).

연방헌법재판소는 이러한 규정의 일부를 위헌이라고 판시하고, 2005년 5월 30일까지 개정할 것을 요구하였다.[67] 연방헌법재판소는 특히 다음과 같은 점을 지적하였다.

- 사생활의 핵심영역은 절대적으로 보호되어야 한다.
- 이러한 핵심영역을 보호하기 위해서는 매우 가까운 친족, 신뢰관계인, 직업상 비밀 의무가 있는 사람과의 대화는 도청되어서는 안 되고, 도청은 즉시 중지되어야 한다.
- 상응한 증거사용금지 규정이 신설되어야 하고 또한 이 규정에는 독립한 기관이 도청결과의 사용 여부를 미리 심사할 것을 확실히 하여야 한다.
- 절대적으로 보호되는 핵심영역이 아닌 경우에도 비례원칙이 엄격하게 적용되어야 하기 때문에 열거된 범위를 좀 더 제한적으로 규정하여야 하고, 특히 중한 범죄의 경우로 제한되어야 한다.
- 혐의가 없는 제 3 자는 더 보호되어야 한다.
- '공공의 안전'이라는 일반조항을 근거로 통지의무를 축소해서는 안 된다.
- 상응하는 사법적 통제가 강화되어야 한다.
- 자료를 폐기한다고 하여도 관계인의 권리를 효율적으로 보호하는 것을 제한하지 않는다.

---

66) BGH 33, 347 이하 참조.
67) BVerfG NStZ 2004, 270.

입법자는 2005년 6월 14일의 형사소송법 개정법률 제100조c와 d에서 이러한 판시사항을 고려하였다. 사생활의 핵심영역 보호는 형사소송법 제100조c 제 5 호가 다루었다. 52

형사절차상 얻어진 결과는 예방목적을 위해서도 사용될 수 있다(형사소송법 제100조d 제 6 항 제 2 호). 역으로 경찰법에 따라 이루어진 주거내 도청에서 수집된 자료는 열거된 범죄의 규명을 위하여 형사절차에서도 사용될 수 있다(형사소송법 제100조d 제 6 항 제 3 호). 이곳에서 예방권한(präventiver Befugnisse)과 진압권한(repressiver Befufnisse)의 엄격한 구분은 포기하고 있다.68)

입법자는 증거사용금지에 있어서 형사소송법 제100조a의 모델을 고수하고 원거리효과(Fernwirkung)를 인정하지 않기 때문에, 우연히 알게 된 내용은 여기에서도 간접적인 증거로 사용할 수 있다(전술한 Rn. 47 참조). 하지만 연방헌법재판소는 불가침의 사생활 영역에 대해서만큼은 그 자료가 공판절차(Hauptsache-verfahren)에서 증거로 사용되어서도 안 될 뿐만 아니라 계속 수사를 하기 의한 단서가 되어서도 안 된다는 입장을 확고히 하였다.69)

마. 강제처분의 대상

이러한 처분은 주거내 도청을 제외하면 피의자(형사소송법 제100조c 제 3 항) 뿐만 아니라 강화된 요건 아래에서는 제 3 자에게도 행하여질 수 있다(형사소송법 제100조f 제 3 항 제 2 문, 제 3 문; 동법 제148조는 변호인에 대하여는 예외를 인정하고 있다). 이러한 강화된 요건은 피의자에 대한 처분이 먼저 이루어지고 그 과정에서 제 3 자(통행인, 대화상대방)가 부수적으로 불가피하게 관련된 경우에는 적용되지 아니한다(형사소송법 제100조f 제 4 항). 53

나아가 2005년 12월 8일 형사소송법 개정법률에 대해 추가로 언급하고자 한다. 이 개정법률에 의하여 제81조h가 삽입되었고 자유의사에 의한 DNA 집단검사(Reihengentest/Massenscreening)가 § 10 Rn. 30에서 기술한 바와 같이 가능하게 되었다.

68) BGH StV 1996, 185; Welp, NStZ 1995, 602; Schnarr, StraFo, 1998, 217 참조.
69) a.a.O., 271.

10. 수색(형사소송법 제102조 이하)

수색은 기본법 제 2 조와 제13조가 규정한 기본권을 침해한다. 혐의 없는 자(형사소송법 제103조)는 혐의 있는 자(동법 제102조)보다 적은 수인의무를 지는 데 그쳐야 한다. 수색은 수사 개시단계부터 판결 확정단계까지 이루어질 수 있다. 혐의 있는 자(Verdächtigen)라는 말은 공판피고인(Angeklagte) 또는 '유죄판결을 선고받은 자'(Verurteilte)보다 상위개념이다.

가. 혐의 있는 자에 대한 수색(형사소송법 제102조)

(1) 수색의 요건

54 통설에 의하면 범죄수사 경험(die kriminalistische Erfahrung)에 비추어 볼 때 수색이 효과가 있을 수 있다는 점이 인정되어야만 그것이 허용된다. 범죄수사 경험에 근거한 추측이면 충분하지만, 단순한 추측만으로는 부족하다. 그러한 추측은 소수설이 주장하는 최초혐의보다도 약한 것이다.[70] 혐의 있는 자가 피의자(Beschuldigte)일 필요는 없다. 혐의 있는 자가 신문을 받게 된다면, 그것은 정보를 얻어내기 위한 참고인(증인)신문의 방법으로 이루어질 것이다(전술한 § 9 Rn. 6 참조).

(2) 수색의 대상

- 피의자가 사용하고 있는 주거와 기타 공간. 피의자가 사용에 대한 권한이 있는가 여부, 단독으로 아니면 공동으로 사용하는가 여부는 중요하지 않다.
- 피의자의 신체 자체 또는 신체에 있는 증적(전술한 Rn. 22 참조)
- 피의자가 소유, 소지, 점유, 보관하는 동산. 수색 목적에 비추어 혐의 있는 자의 영역 내에 있는가 여부가 중요한 것이기 때문에 물건에 대한 소유권 유무는 중요하지 않다.

(3) 수색의 목적

수색의 목적은 증거의 발견, 혐의 있는 자의 체포에 있다. 그는 이미 유죄판결을 받은 자일 수도 있다(전술한 Rn. 54 앞부분 참조).

---

70) LR/Schäfer, Rn. 15 참조.

나. 제 3 자에 대한 수색(형사소송법 제103조 제 1 항 제 1 문)

(1) 수색의 요건

제 3 자에 대한 수색의 요건은 형사소송법 제102조의 혐의 있는 자에 대 55
한 수색의 요건보다 엄격하다. 일정한 사실이 존재하여야 하고, 추측만으로는 충분하지 않다. 제 3 자에는 법인과 관공서도 포함된다.

비례원칙에 따라, 정범도 공범도 아닌 제 3 자에 대하여는 수색하는 것보다 찾는 물건을 임의로 제출할 것을 우선 요청하여야 한다.

(2) 수색의 대상

수색대상은 형사소송법 제102조의 혐의 있는 자에 대한 수색과 동일하다. 신체는 법률에 명시되어 있지 않다 하더라도 수색대상이 될 수 있다. 왜냐하면 형사소송법 제81조c는 그 이상, 즉 신체검사를 허용하고 있기 때문이다.

(3) 수색의 목적

일정한 사실에 근거하여 일정한 증거, 피의자, 또는 범죄의 증적이 발견될 것이라는 결론을 내릴 수 있어야 한다. 형사소송법 제97조에 의하여 압수할 수 없는 대상은 처음부터 수색대상이어서는 안 된다.

다. 건물에 대한 수색(형사소송법 제103조 제 1 항 제 2 문)

테러범을 찾아서(정확하게 법조문 문언 참조) 주거를 수색하기 위해서는 테러범이 체류하고 있는 정확한 장소를 알 것까지는 없고, 단지 이 주택 안 어느 방엔가 있는 것이 틀림없을 것이라는 점을 인정할 수 있는 근거만 있으면 된다.

라. 기타 공간에 대한 수색(형사소송법 제103조 제 2 항)

피의자가 일정한 공간에 체류하였는데 그것이 가령 도피하다가 잠시 있었던 경우라 하더라도, 범죄 혐의 없는 소유자는 형사소송법 제103조 제 1 항 제 1 문의 제한을 원용할 수 없고, 혐의 있는 자에 대한 수색의 경우처럼 수색을 받아야 한다.

마. 수색 명령(형사소송법 제105조 제 1 항)

56 지체의 위험이 있는 경우 검사 또는 그의 수사관은 수색을 할 수 있다. 이러한 수색에 대해서는 사후에 판사의 승인을 받을 필요가 없다.[71] 이러한 권한은 엄격하게 해석되어야 한다.[72] 통상적인 경우에 판사의 명령이 있어야 한다.[73] 그 명령에는 처분의 목적과 목표가 정확히 표시되고 최소한 예시적으로 발견하려는 증거가 기재된다.[74] 제 3 자에 대한 수색명령의 경우에는(형사소송법 제103조) 수색명령에 충분히 개별화된 증거가 매우 구체적으로 기재되어 있어서 수색대상자나 수색을 집행하는 공무원이 수색 및 압수의 대상에 대해 어떠한 의문도 갖지 않을 정도이어야 한다.[75] 수색 명령을 판사에게 유보한 의미는 적법성에 대한 사전적 통제를 확보하고, 특히 침해의 비례성을 심사하려는 것이다. 이러한 의미는 수색 명령이 비교적 오랜 시간이 흐른 후에야 비로소 집행되는 경우에는 상실된다. 연방헌법재판소는 판사의 수색명령의 최장 유효기간은 6개월이라고 판시하였다.[76]

바. 수색의 절차

수색할 때 법관 또는 검사가 없는 경우에, 가능하다면 수색 입회인(Durchsuchungenzeugen)을 두어야 한다(형사소송법 제105조 제 2 항). 이것은 의무 사항이다. 이에 반하여 형사소송법 제106조는 단속규정(Ordnungsvorschrift)일 뿐이다(이설 있음). 야간 수색은 제한된다(형사소송법 제104조; 제 3 항에 규정된 야간의 정의는 일상 관행과 완전히 일치하지는 않는다). 평판이 좋지 않은 장소(verruffen Orten)[77]에 대해서는 야간수색 제한 규정이 적용되지 않는다(형사소송법 제104조 제 2 항). 기본법 제13조 제 2 항 때문에 형사소송법 제104조 제 2 항

71) 하지만, 압수의 경우에는 다르다(형사소송법 제98조 제 2 항 제 1 문).
72) BVerG NStZ 2001, 382.
73) 긴급한 경우에는 전화로도 가능하다(BGH NStZ 2005, 392).
74) BVerG NStZ 1992, 91.
75) BVerG NStZ 2002, 215.
76) BVerG NStZ NJW 1997, 2165.
77) 역주 : 전과자들의 숙소나 집결장소, 범죄를 통하여 얻어진 물건의 저장소, 도박이나 금지된 마약류 및 무기거래 또는 매춘을 위한 은신처 등을 가리키는 용어로 예전에 한 때 이처럼 사용되었다.

의 공간에는 주거가 포함되어서는 안 된다(이설 있음). 가령 매춘부 또는 장물아비의 집과 같은 주거는 제1항에 따라서만 들어갈 수 있다. 수색증서, 압수목록 또는 혐의자의 물건을 아무 것도 발견하지 못했다는 확인서에 대해서는 형사소송법 제107조를 참조하라. 관계인이 보관하고 있는 서류를 검열하는 것은 서류가 반환되어야 할 것인지 아니면 압수되어야 할 것인지를 확정하기 위해 필요하다. 검사는 그의 수사관에게 서류검열을 위임할 수 있다(사법현대화법 제110조). 디스켓, 하드 디스크 등도 서류에 해당한다.

사. 온라인 수색(Die Online-Durchsuchung)

전통적인 오프라인 수색의 경우에는 컴퓨터의 저장매체가 압수된다. 형사소추자는 그 방식 대신에 트로이목마[78]나 백도어[79] 프로그램을 작동시키고 사용하지 않고 범죄혐의 있는 자나 없는 자의 컴퓨터상에 또한 자료들을 비밀리에 조작해도 되는 것인지, 그렇더라도 형법 제202조a의 해커로 간주되지 않 56a

78) 역주: 자료삭제 · 정보탈취 등 사이버테러를 목적으로 사용되는 악성 프로그램이다. 해킹 기능을 가지고 있어 인터넷을 통해 감염된 컴퓨터의 정보를 외부로 유출하는 것이 특징이다. 그러나 바이러스처럼 다른 파일을 전염시키지 않으므로 해당 파일만 삭제하면 치료가 가능하다. 이것은 인터넷에서 다운로드 파일을 통해 전파되는데, 사용자가 누른 자판정보를 외부에 알려주기 때문에 신용카드번호나 비밀번호 등이 유출될 수 있다. 프로그램의 이름은 목마 속에서 나온 그리스 병사들이 트로이를 멸망시킨 것을 비유하여 이 프로그램이 상대편이 눈치채지 못하게 몰래 숨어든다는 의미에서 붙여졌다. 이것은 유용한 프로그램으로 가장하여 사용자가 그 프로그램을 실행하도록 속인다. 사용자가 의심하지 않고 그 프로그램을 실행하게 되면 실제 기대했던 기능을 수행한다. 실제 목적은 사용자의 합법적인 권한을 사용해 시스템의 방어체제에 침해하여 접근이 허락되지 않는 정보를 획득하는 것이다. 이 프로그램은 운영체계 또는 실행환경에 따라 도스 트로이목마와 윈도 트로이목마로 분류한다. MS-DOS에서 수행하는 트로이목마는 유틸리티로 위장하여 특정일자나 특정 조건에 사용자의 컴퓨터 속도를 저하시키거나 파일을 삭제한다. 윈도에서 실행되는 프로그램은 인터넷에 올려진 상대편의 정보를 불법적으로 취득하는 등의 악의적 해킹을 주목적으로 한다. Trojan.Win32.Bymer, Win-Trojan/Quz, Win-Trojan/ Wscanreg, Hot Keys Hook, Ecokys 등이 대표적인 프로그램이다

79) 역주: 백도어는 말 그대로 '뒷문'이라는 뜻으로, 시스템 접근에 대한 사용자 인증 등 정상적인 절차를 거치지 않고 응용 프로그램 또는 시스템에 접근할 수 있도록 하는 프로그램을 말한다. 원래는 프로그래머가 디버깅 등 시스템 유지보수를 위해 사용할 목적으로 운영체제나 응용프로그램에 넣은 특수 계정을 허용하는 코드이었다. 하지만, 최근에는 대부분 외부 공격자가 시스템 침입에 성공한 다음 이후의 침입 때에는 복잡한 과정 없이 관리자 권한을 얻을 수 있도록 하는 '뒷구멍'을 말한다. 즉, 백도어는 컴퓨터에 몰래 숨어들어가 컴퓨터 속의 정보를 빼내가거나 특정 작업을 하도록 제작된 프로그램이다. 백도어 프로그램으로는 백오리피스, 넷버스 등 수백종이 있다.

는 것인가? 이 문제에 대해서는 의견이 심하게 대립되어 있다.[80] 전기통신 감청에 관한 형사소송법 제100조a는 적용되지 않는다. 왜냐하면, 온라인 수색의 경우 국가가 먼저 접속하는 것이고 진행 중인 통신에 몰래 끼어드는 것이 아니기 때문이다. 주거내 비공개 대화 비밀 침해에 대한 형사소송법 제100조c도 적용되지 않는다. 소정의 과학기술장비들의 사용이 고려되지 않았기 때문이다(전술한 Rn. 48 이하 참조). 온라인 수색은 위장수사 형태로 진행되지만 비밀수사관(verdeckter Vermittler)의 권한으로 열거되어 있지 않다(형사소송법 제110조c). 온라인 수색에 찬성하는 입장에서는 형사소송법 제102조와 제103조, 그리고 '국가는 공개적으로 활동해야만 하는 것은 아니다'[81] —비밀은 그 자체가 불공정한 것은 아니다[82]— 는 원칙을 근거로 제시하고 있고, 그럼에도 이러한 비밀성 때문에 이러한 처분의 대상을 현저히 중요한 범죄에 대해 혐의에 있는 경우로 제한하려고 한다. 그러나 이렇게 형사소송법 제102조 이하를 유추적용하는 것은 기본권 침해를 정당화하지 못한다. 이때에도 하나의 법률 규정이 필요하다.

아. 여죄증거의 우연한 발견(Zufallsfunde, 형사소송법 제108조)

57 우연한 것과 의도적인 것은 구분된다. 수색영장에 적시되지 않은 대상물건을 찾기 위해 수색하는 것은 허용되지 않는다.[83] 또한 그러한 수색을 한 것에 대하여 구실을 만들어낼 목적으로 수색명령을 사용하는 것은 허용되지 않는다.[84] 우연히 발견된 것은 임시로 압수된다. 검사는 그 대상물건을 환부할 것인지 아니면 판사에게 압수를 신청할 것인지 결정하여야 한다(형사소송법 제94조, 제98조). 지체의 위험이 있는 경우에는 그러하지 아니하다. 형사소송법 제108조는 동법 제100조a 통신감청시 우연히 알게 된 내용에 대해서는 적용되지 않는다(전술한 Rn. 47 참조).

---

80) M. Hoffmann, NStZ 2005, 121면 이하 참조.
81) BGH 42, 139, 150; 전술한 § 9 Rn. 20 참조.
82) BVerfG 2004, 999, 1005(주거내 감청에 대한 결정).
83) LG Berlin StV 1997, 97.
84) OLG Karlsruhe StV 1986, 10.

자. 증거사용금지(Verwertungsverbot)

법적으로 흠이 있는 수색에 의하여 수집된 대상 물건이 증거능력이 있는가에 대해서는 의견 대립이 매우 심하다. 의도적으로 판사의 권한을 교묘히 침해한 경우에 대해서 그 증거능력이 수차 부인되었는데,[85] 그것은 정당하다. 연방통상법원[86]은 판사가 수색영장을 발부하였겠는가라는 가정적인 질문을 하고, 이것이 긍정된다면 일반적으로 증거능력이 있다고 한다. 수색에 관한 다른 규정(전술한 Rn. 56 참조)을 위반한 경우에는 증거능력을 제한하지 않는다. 연방헌법재판소는 정보자기결정권, 그리고 —변호사사무실에 대한 수색 및 압수의 경우— 직업상 비밀을 갖고 있는 자에 대한 신뢰관계의 효과적 보호라는 이익을 강조한 다음, 증거사용금지를 판단하고 있다. 58

"자료저장장치의 압수라는 수사목적으로 제한한 법규정을 계획적이고 체계적으로 무시함으로써 그 절차위반이 중대한 경우, 최소한 자료저장장치와 거기에 저장된 자료에 대한 흠 있는 수색 및 압수의 결과로서 증거사용이 금지된다."[87]

11. 비밀수사관(제110조a 이하)

가. 개 념

비밀수사관의 개념에 대하여는 제110조a 제2항에 정의되어 있는 바와 같이 그 비밀임무가 몇 가지 구체적으로 한정된 수사활동에만 해당되는 것이 아니고, 대부분의 많은 사람들이 경찰관의 진짜 신분을 알지 못하며, 그 경찰관의 신분이 장래 형사소송절차에서도 지속적으로 비밀에 부쳐져 있어야 한다는 것이 처음부터 확정되어 있는 경찰관을 말한다.[88] 59

따라서 다음의 경우에는 비밀수사관이 아니다.

(1) 가끔씩 비밀스럽게 임무를 수행하는 비공개수사관(nicht öffentlich ermittelnde Polizeibeamte; noeP). 그런데 비공개 수사관이 매수인으로 가장하 60

85) 논의 상황에 대해서는 Meyer-Goßner, §94 Rn. 21 참조.
86) NStZ 1989, 375.
87) BVerfG NJW 2005, 1917 이하.
88) BGH 41, 69 참조.

여[89] 범죄조직에 접촉할 때 3번 이상 접촉을 시도하게 되면 비밀수사관으로서의 요건을 갖추어야 한다(실무지침).[90]

⑵ 정보제공자와 정보원(위 Rn. 4 참조). 형사소송법 제100조a, b의 규정은 정보제공자와 정보원들에게는 적용되지 않고,[91] 그들의 활동이 일반규정(형사소송법 제161조, 제163조)에 의하여 규율된다는 것에 대하여는 의심의 여지가 없다.[92]

⑶ 구체적인 수사임무 없이 장기간 범죄현장에 잠입한 다음 외부의 통제 없이 활동하는 잠입요원(under-cover-agents). 이는 허용되지 않는다.

가장신분(Legende)은 제110조a 제 2 항 제 1 문에 설명되어 있다. 비밀수사관은 변경된 이름, 직업, 주소를 가지고서 계약을 체결하거나 소(訴)를 제기하기도 하고, 공부(公簿)에도 그렇게 기재된다(제110조a 제 2 항 제 2 문; 제 3 항도 참조). 비밀수사관으로 투입된 후에는 그 가장신분에 의하여 보호된다(제110조b 제 3 항).

나. 요　　건

61 제110조a 제1항에 열거된 범죄유형은 전산자료의 포괄적 조사(Rasterfahndung)에 열거된 범죄들과 유사하다. 그러나 전산자료의 포괄적 조사에서는 형사소송법 제98조a 제 1 항 제 3 호와 제 4 호에서 그 해당범죄를 구체적으로 열거하고 있는 반면 제110조a 제 1 항 제 2 문은 단지 "중범죄(Vergehen)"에 해당하는 경우로 규정함으로써 더 포괄적으로 규정하고 있는 셈이다. 한편, 비밀수사관의 투입의 요건으로서 '재범의 위험성'을 추가함으로써 그 적용에 제한을 가해보려고 하는 시도는 무의미하다. 왜냐하면 "그 외에" 다른 일반조항을 근거로 할 수 있기 때문이다(제 1 항 제 4 문). 보충성의 원칙(제 1 항 제 3 문)은 통신감청의 경우와 동일하게 적용된다.

다. 투입명령

62 비밀수사관의 투입여부는 경찰이 스스로 결정한다. 그러나 항상 심사를 받아야 하고, 때로는 판사의 동의도 받아야 한다(제110조b 제 1 항 제 1 문, 제 2 항 제 1 문). 지체의 위험이 있는 경우에는 경찰관이 우선 독자적으로 일을 처

89) BGH NStZ 1996, 450; Rogall이 이를 반대하는데 그것이 옳다.
90) 상세히는 H. Schneider, NStZ 2004, 359.
91) BGH 41, 42.
92) SK/Rudolphi, 제110조a Rn. 14.

리한다(제 1 항 제 2 문, 제 2 항 제 3 문). 그 이후 3일 이내에(제 1 항 제 2 문), 또는 지체 없이(제 2 항 제 3 문) 검사의 승인을 받아야 한다. 제 2 항에 해당하는 두 가지 경우에는 3일 동안 비밀수사관을 투입할 수 있고, 그 이후에 비로소 판사의 승인이 필요하다(제 4 문).

이때 판사는 비밀수사관 제도의 본질상 사전에 의견을 들을 수 없는 관련자(기본법 제19조 제 4 항 참조)의 이익을 고려하여야 한다.[93] 신청에 대하여 재판을 할 때에는 그 신청이 오로지 비밀요원에 대한 것일 경우에는 사법(Justiz)에 대한 외부 조종의 필요 또는 비밀 수사관의 자발적 수권을 방해하는 것이 있는지에 관하여 특히 주의 깊게 심사하여야 한다.[94]

라. 권한, 의무(제110조c)

[사례 7] 비밀수사관이 무기밀거래를 한다고 하는 H의 집에서 초인종을 눌러 자신을 베르켄이라는 소도시에서 온 어떤 사람이라고 소개하고 그 집에 들어갔다. 그는 그 집 화장실에서 시가 1만 유로 상당의 코카인 봉지를 발견하고 나왔다. 63

그가 그 자신을 위장신분으로 소개하였다면, 그는 H가정의 평화를 전혀 깨뜨리지 아니한 것이고(제 1 문), 그렇지 않았다면 평화를 깨뜨린 것이 된다(제 2 문). 보통의 경찰관이라면 수사법정주의원칙(Legalitätsprinzip)에 따라 즉시 범죄혐의를 수사하고, 코카인을 압수하여야 하였을 것이다. 그러나 비밀수사관인 그는 수사기법상(형사절차와 과태료 부과에 관한 규칙 별표 D Nr. 4. 4) 수사를 개시하지 않는 것이 허용되고, 따라서 형법 제258조a(직무상 처벌방해죄)에 의하여 처벌받지 않는다.

[사례 8] 비밀수사관이 마약범죄 조직에 침투하였다. 그는 그의 새로운 친구인 조직원 F에게서 외국으로부터 상당량의 마약을 가져올 것을 요구받았다. 그 기회를 타서 그는 그 조직에서 바로 윗단계의 조직원이 누구인지에 관하여 F와 대화를 나누었다. 그 때 옆방에서는 조직원 한 명이 마약을 빼돌려 판매하려 하였다는 이유로 포박당한 채 심한 폭행을 당하고 있었다. 위 비밀수사관은 경험 많은 G에게 마약을 운반하는 과정을 도와줄 것을 부탁한 다음 그와 함께 출발하였다.

원래 그는 경찰법상 범죄 예방의 권한과 의무가 있기 때문에(제 3 문, "다

93) BGH 42, 103, 104.
94) BGH 위 105.

른 법률에 정함이 있는 경우"에 해당) 옆방에서의 범죄행위에 대하여 개입하였어야 한다. 경찰관이 범죄가 벌어진 상황에 따라 그 권한의 행사 여부를 달리 판단할 수 있다는 규정은 존재하지 않는다. 또한 그의 마약법(BtMG) 제29조 제 1 항 제 1 호 위반(수입행위)죄는 기껏해야 형법 제34조(긴급피난 규정－역주)에 따라 정당화될 수 있다.

원래 범죄를 행할 의사가 있는 사람(G가 여기에 해당한다)에 대하여 범죄를 유발하는 것은 허용된다(위 Rn. 4 참조).[95]

F와의 대화는 이미 저질러진 어떤 범죄와 관련된 것이 아니기 때문에 어떤 경우에도 형사절차상 '피의자'를 신문하는 것에 해당한다고 할 수 없다. 따라서 그의 상급자에 관한 F의 진술은 증거로 사용할 수 있다(상세히는 아래 § 28 Rn. 33 참조).

12. 검색대에 의한 검문(제111조)

64 [사례 9] 경찰은 무장강도를 잡기 위하여 검색대를 설치하고 U의 자동차를 정차시켰는데, U는 얼핏 보아서는 범죄혐의가 있는 것으로 보이지는 않았다. U는 자신의 가방을 여는 것과 그의 아이들의 신분증을 제시하는 것을 거부하였다.

제111조 제 3 항에 따르면 제163조b도 이 상황에서 준용될 수 있는 규정이다. 비례성의 원칙(제163조b 제 2 항 제 2 문)에 따르면, 아이들의 신원을 확인하는 것은 금지된다. U의 동의 없이 그의 물건을 수색하여서도 안 된다(제163조b 제 2 항 제 2 문. 그러나 이에 대하여는 논란이 있다. 왜냐하면 제111조 제 1 항 제 2 문은 제163조b와 달리 혐의 있는 사람과 혐의 없는 사람을 구분하고 있지 않기 때문이다).

[사례 10] 경찰은 항구지역에서 암흑계 사람들이 집결한다는 이유로 그 지역 전체를 폐쇄하고 모든 사람들을 검문하였다.

65 위와 같이 예방목적의 일제검문(Razzia)을 하려면 그 경찰관이 일반적인 위험예방 권한을 가지고 있어야 한다. 이미 행하여진 범죄의 규명이 문제될 때 형사소송법상 허용규정으로 제163조b, 제94조, 제95조, 제102조, 제103조,

95) BGH NStZ 1992, 488 참조.

제111조, 제111조b가 있다. 이 규정들을 전체적으로 보면 일제검문(Razzia)과 유사한 처분을 허용하는 것이다.

13. 가체포(假逮捕, vorläufige Festnahme, 제127조 이하)

가. 범죄 중이거나 범행 직후에 있는 범죄자가 신분증을 제출할 수 없거나 그 제출을 거부함으로써 그의 신원을 즉석에서 증명할 수 없거나, 또는 그가 도망할 것이라는 추측이 정당할 경우(도망의 염려 – 구속영장 발부시에 요구되는 도망의 염려가 더 강력한 것이다)에는 누구든지 그를 임시로 체포할 수 있다. 66

이와 같은 정당화사유는 단지 자유의 박탈 및 상당한 신체침해(예컨대, 통증이 올 정도로 꽉 잡는 것)를 가져오거나 가져올 우려가 있는 신체적 강제력을 사용하는 것과 같은 강요행위를 할 수 있다는 것일 뿐 위협 정도를 넘어서 무기를 사용하거나 다른 범죄행위(예컨대, 난폭하게 추적하는 과정에서 형법 제315조c —교통방해죄— 를 범하는 것)를 허용하는 것이 아니다.

그리고 그 피체포자가 실제로 범죄를 행하였을 것을 요건으로 한다. 이에 대한 반대 견해는, 인식 가능한 여러 정황상 유력한 혐의가 있는 것으로 보이는 것으로 충분하고, 그 이유로서 체포가 공익에 부합한다고 하면서 귀책사유 없는 착오에 대한 위험을 그 체포자에게 부담시키는 것은 공정하지 못하기 때문이라고 주장한다.96) 더 나아가 형사소추절차상 처분은 항상 단지 혐의에 근거를 두고 이루어지고 있고, 경찰은 유력한 혐의만으로 체포권이 인정된다는 것(형사소송법 제127조 제2항)을 논거로 주장한다. 어떤 요건 아래에서 국가가 강제력을 독점하는 것에 대한 예외사유로서 사적(私的) 체포를 인정할 수 있을 것인가97) 하는 질문에 답하기 위하여 먼저 다음과 같은 점을 고려하여야 한다. 67

- 범죄혐의가 있다는 것만으로 사인의 체포가 정당화된다고 한다면, 그의 체포행위(형법 제32조에 해당)가 형사소송법 제127조에 의하여 덮어질 수 있기 때문에 혐의자는 체포를 감수하여야 한다. 그럼에도 혐의자가 체포를 거부한 경우, 그는 허용 구성요건에 착오가 있었다는 것을 납득시켜야 하는 부담을 안게 되는 것이다.

---

96) Roxin, §31 Rn. 4.

97) BGH 45, 378는 해석의 여지를 남겨 두었다.

- 실제로 범죄를 저지른 경우에만 체포가 정당화된다면, 원칙적으로 그 잘못 지목된 사람(단순한 혐의자)은 자신에 대한 체포를 거부할 수 있다(형법 제32조, 정당방위-역주). 착오에 대한 위험은 체포자가 부담한다. 그 위험은 큰 것이 아니다. 체포 당시 다른 모든 사람들도 그 피체포자가 범죄를 저질렀다고 생각하였다면 정당화사유의 요건에 대한 체포자의 착오는 비난가능성이 없고, 설령 비난가능성이 있다 하더라도 이러한 과실은 형법 제229조(과실치상)에 따라 처벌될 수 있을 뿐이다. 왜냐하면 처벌가능한 정당화요건의 착오에 있어서도 형법 제239조(체포・감금죄)와 제240조(강요죄)의 고의가 결여되어 있기 때문이다.

위와 같은 상반된 견해에 대하여 판단은 최종적으로는, 사인(私人)들로 하여금 혐의자에 대한 체포에 얼마나 나서게 할 것인가 하는 형사정책적 질문에 대한 대답에 달려 있다.

필자는 실제 범죄를 저지른 사람을 체포한 경우에만 그 체포가 정당화되고, 체포자가 착오에 대한 위험을 부담하여야 한다는 견해가 옳다고 본다.

68 나. 검사와 경찰은 형사소송법 제127조 제 1 항 제 1 문의 법문에 따라 일반인들과 동일하게 범인을 체포할 수 있다. 그러나 수사기관에게는 형사소송법 제163조b가 특별규정으로 우선 적용되기 때문에, 신원의 확인을 위하여 혐의자를 체포하는 것이 정당화되는 위 규정이 적용되지 않는다(아래 Rn. 71, 형사소송법 제127조 제 1 항 제 2 문 참조). 수사기관은 일반인들과 달리 현행범체포의 요건이 없더라도 구금명령의 발령을 기다릴 수 없는 긴급한 상황이 있으면 체포가 가능하다(형사소송법 제127조 제 2 항). 체포할 때 어떤 수단을 사용할 것인가는 각 주법(州法)으로서 "직접강제 사용에 관한 법(UZwG)"이 적용된다(연방법이 적용된다는 다른 견해도 있다).

다. 가체포와 신속절차를 위한 구금(형사소송법 제127조b)

69 이 규정은 신속절차(형사소송법 제417조 이하) 규정을 매력적으로 만들었다. 이 규정은 여행 중인 범죄자, 주거가 없는 사람, 외국인에 대한 새로운 체포사유로서, 도망이나 증거인멸의 우려가 없는 경우에도 일정기간 구금할 수 있도록 하고 있다.

이러한 새로운 미결구금 방식은,

- 첫째, 매우 회의적이다. 왜냐하면, 신속절차(상세히는 아래 § 33 Rn. 10 이하 참조)는 오로지 경미범죄나 중간범죄에만 해당되기 때문이다(최장 1년의 자유형, 형사소송법 제419조 제 2 항).
- 둘째, 무의미하다. 왜냐하면, 구금명령을 내릴 권한을 가진 검사와 판사는 1주일에 2회만 일을 하는 것이 아니기 때문에 언제든지 신속하게 결정을 내릴 수 있기 때문이다(형사소송법 제127조 제 3 항 참조).
- 역효과가 발생한다. 왜냐하면, 피의자가 구금심사를 청구하거나 구금항고를 제기함으로써 일정한 시간이 소요되는 중간절차가 개입된다면 오히려 신속성이 없어지기 때문이다.

라. 체포 이후의 절차에 관하여는 제128조에 규정되어 있다.

14. 수배(Fahndung)

구금명령이 있는 경우에 피의자에 대한 수배장[die Ausschreibung zur Fest- 70
nahme; 예전에는 Steckbrief(수배서)라고 하였음]이 발부될 수 있다(형사소송법 제131조 제 1 항). 이것은 구금명령이 발해질 것이 예상되지만 그것을 기다릴 수 없는 경우, 가령 유력한 범죄혐의를 가진 자가 최후의 체포 순간에 중앙역에서 도주한 경우에 동일하게 적용된다(제 2 항). 중대한 범죄에 대해서는 TV, 인터넷 등을 활용한 공개 수배가 이루어질 수 있다(제 3 항). 피의자나 증인의 소재 또는 신원을 알아내기만 하면 되는 경우에도 위와 같은 수배가 이루어질 수 있다(형사소송법 제131조a, 제131조b).

15. 신원 확인(형사소송법 제163조b, 제163조c)

가. 피의자에 대한 신원 확인은 '필요한 모든 처분에 의하여'(일반조항) 이 71
루어질 수 있다(형사소송법 제163조b 제 1 항 제 1 문).

범죄혐의 없는 자에 대하여도 마찬가지이다(제 2 항 제 1 문). 그에게는 수사하고자 하는 범죄가 무엇인지 고지하여야 한다(제 2 항 제 1 문: 형사소송법 제69조 제 1 항 제 2 문이 준용된다).

보다 엄격한 요건이 적용되는 3가지의 침해처분이 있다.

- 억류(Festhalten; 형사소송법 제163조b 제1항 제2문). 범죄혐의 없는 자에 대한 억류는 사건의 중요성에 비추어 비례원칙에 위반되지 않아야 한다는 별도의 요건이 필요하다(제2항 제2문 전단).
- 신체 및 소지품에 대한 수색
- 감식처분(erkennungsdienstliche Maßnahmen[98]; 형사소송법 제163조b 제1항 제2문). 범죄 혐의 없는 자의 의사에 반해서 수색과 감식처분이 이루어질 수 없다(동조 제2항 제2문 후단). 범죄혐의 없는 자에게 수색과 감식처분에 대한 거부권을 고지할 필요는 없지만, 범죄혐의 없는 자가 그에 대해 묵시적으로나마 승낙의 의사를 표시하여야 한다.

나. 신원확인을 위하여 체포된 자의 자유를 박탈하는 처분은 12시간을 초과할 수 없다(형사소송법 제163조c 제3항).

16. 전산망저장(Netzfahndung; 형사소송법 제163조d)

72 예인망입력(Schleppnetzfahndung)과 검문정보저장권(Kontrollfahndung)이라는 표현이 동의어로 사용된다.[99] 신원확인 등 자료 수집에 대한 규정(예: 형사소송법 제111조 제1항 제2문, 제163조b 제1항)은 인적 자료 정보의 저장과 처리를 위한 수권규정에 의하여 보완될 필요가 있었다.[100] 아직도 형사소송법은 이러한 문제를 포괄적으로 규율하는 것에 대해서 충분하다고 할 수 없다.

구별 개념: 소위 경계검문(Schleierfahndung)은 범죄혐의나 발생사건과는 무관하게 교차로 또는 공공시설에서 이루어지는 검문 처분으로서 폐지된 국경검문(예컨대 바이에른주경찰직무집행법 제13조 제1항 제5호)을 보완하기 위한 예방경찰적 처분이다.

---

98) 역주: 독일법은 지문채취, 사진촬영, 신체측정 등을 하나의 개념으로 통합하여 감식처분이라고 부르고 있다.

99) 역주: 독일형사소송법 제163조d가 규정하고 있는 Netzfahndung은 제111조에 따라 테러범죄, 교통방해, 살인, 중강도, 인질강도 등의 범죄에 대한 수사를 위하여 설치된 검문소에서 검문(신분 확인 수색) 과정에서 얻게 된 수사 정보를 컴퓨터에 저장할 수 있는 권한을 말한다. 이와 관련하여 Schleppnetzfahndung, Datenspeicherung이라고 소개되기도 하며 각각 전산망입력권(신동운, “독일의 수사구조 및 사법경찰제도,” 주요국가의 수사구조 및 사법경찰제도, 치안연구소, 1996, p. 134), ‘데이터의 저장’(법무부, 법무자료 제220집 독일형사소송법, 1998, p. 116)이라고 번역되어 있다.

100) BVerGE 65, 1[정보자기결정권에 대한 인구조사판결(Volkszählungsurteil)]

17. 경찰 관찰의 기록[101](Ausschreibung zur polizeilichen Beobachtung, 형사소송법 제163조e)

73 이것은 단기간의 관찰에 대한 것이 아니다(단기간 관찰에 대해서는 전술한 § 10 Rn. 3 참조). 형사소송법 제163조e 규정은 오히려 동영상을 촬영할 수 있도록 하는 것이다. 관찰을 기록하는 기관은 오랜 시간(1년, 형사소송법 제163조e 제 4 항 제 5 문; 3개월마다 수회에 걸쳐 연장될 수 있다, 제 6 문)에 걸쳐 정보를 수집하고 그 정보를 종합한다. 그 정보들이 형사절차에 도움 되는 경우는 많지 않다. 이러한 방법으로는 약한 간접증거 정도만 수집된다. 예컨대, 마약 운반책의 진행경로 또는 그의 생활태도와 같은 양형 관련 사실에 대한 것들이다.

범죄혐의 없는 동반자에 관한 인적 정보를 수집하는 권한(형사소송법 제163조e 제 3 항)은 형사소송상 정당한 목적과는 거리가 아주 멀다. 경찰 관찰(polizeiliche Beobachtung)이 형사소추처분, 즉 범죄사실의 규명과 범죄 혐의자의 검거와 어떠한 관련이 있는지는 명확한 것은 아니다.[102] 한편으로는 중요한 의미가 있는 범죄에 대한 사실상의 단서가 존재하는 것은 틀림없지만, 다른 한편으로 수사를 하지 말고 간섭하지 않아야 한다는 요청도 있다. 중요성 요건은 범죄 자체에는 거의 존재하지 않고 범죄의 배경과 그 배경의 규명에 있을 수 있다.

18. 장기 관찰(Längerfristige Observation: 형사소송법 제163조f)

74 중요 범죄에 대한 계획적인 감시 처분은 특별히 열거된 범죄로 제한되지 않는다. 피의자와 접촉하는 사람의 장기관찰도 허용된다(제 1 항 제 3 문). 그 접

101) 역주: 경찰의 관찰을 위한 수배라고 보는 견해도 있지만, 형사소송법 제163조e가 규정한 처분은 경찰관찰의 기록이라고 해석하는 것이 타당하다. 이것은 경찰이 신원확인을 할 수 있는 경찰 검문을 할 때 중대한 범죄에 대해 혐의를 받고 있는 특정한 피의자를 관찰하여 범죄사실 규명이나 범죄자의 거처 확인에 필요한 수사 정보를 기록하는 것을 말한다. 범죄자와 연락하고 있는 자에 대해서는 필요최소한도로 이러한 처분이 이루어질 수 있다. 수사정보에는 피의자가 이용하거나 운전한 차량의 번호, 차량 운전자 또는 동승자의 인적 정보도 포함된다. 경찰관찰기록에 의하여 경찰의 대인검문의 결과를 장기간 사용할 수 있게 되었다.

102) Krahl, NStZ 1998, 339 참조.

촉하는 사람이 형사소송법 제163조e에 따라 그 신원이 기록될 수 있는 동반자와 반드시 일치하는 것은 아니다(전술한 Rn. 73 참조).

V. 수사절차상 권리보호

75 수사절차의 개시와 실행 자체에 대한 권리 보호방법은 없다. 기본법 제19조 제4항은 즉각적인 것이 아니라 적절한 시점에서 권리보호를 보장하고 있는 것이다. 수사절차가 종결되어서야 비로소 적절한 시점이 도래한다. 수사절차상 처분에 대한 심사를 함으로써 피의자의 권리보호가 이루어질 수 있지만, 그보다 훨씬 더 광범위하고 충분한 권리보호는 대개 법원의 중간절차와 공판절차에서 이루어진다. 독립한 처분, 즉 침해(Eingriffe)에 대해서는 그것이 적용되지 않는다. 수사절차상 침해에 대한 권리보호는 입법상의 흠결이 많다.[103)]

1. 개 관

표 13 수사절차상 권리보호

	불복에 대한 법적 근거		
	판사의 명령	검사/경찰의 명령	실행의 종류와 방법
처분 계속 중	형사소송법 § 304	형사소송법 § 98②(2) (§ 23③ EGGVG 라는 견해 있음)	형사소송법 § 98②(2)
처분 종결 후	형사소송법 § 304 ※종전에는 기본법 제19조 제4항에 따라 판사에 대한 권리보호가 없었다.[104)] 법관에 의한 예방적 통제만이 효율적인 권리보호는 아니다.	형사소송법 § 98②(2)	형사소송법 § 98②(2)

103) Laser, NStZ 2001, 124 참조.

104) BVerfGE 49, 329. BVerfGE 96, 27에 의하여 폐기되었다.

2. 임박하거나 지속되는 침해에 대한 권리 보호

가. 판사가 처분한 경우에는 그에 대한 항고가 허용된다(형사소송법 제 304조). 76

나. 검사 또는 경찰이 처분한 경우에는 기본법 제19조 제4항에 의하여 그 명령에 대해 방어할 가능성이 열려 있어야 한다. 하지만, 이에 관한 법률 규정은 형사소송법 제98조 제2항 제2문, 제161조a 제3항 제1문뿐이다. 통설에 의하면 형사소송법 제98조 제2항 제2문을 유추함으로써 법의 흠결이 보충된다.105)

다. 처분 대상자가 그 명령 자체가 아니라 처분을 실행하는 종류와 방법에 대해 불복하고자 한다면, 전술한 가와 나의 두 경우, 그 명령을 담당하는 판사에게 항고하여야 한다. 왜냐하면, 판사가 그러한 명령의 한계를 정할 수 있고, 이러한 테두리 내에서 집행 태양을 규율할 법적 권한을 가지고 있기 때문이다.106)

3. 이미 종료된 처분에 대한 권리보호

가. 판사가 발한 명령의 경우 종전의 통설은 다음과 같은 이유로 어떠한 권리 보호도 인정하지 않았다. 즉, 판사는 이미 재판을 하였고, 사후적인 권리 보호는 형사소송법에 규정되어 있지 않으며, 기본법 제19조 제4항은 원칙적으로 판사의 처분에 권리보호를 보장하지 않고 있기 때문에 행정법원법 제113조 제1항 제4문 법원조직법시행법 제28조 제1항 제4문을 유추적용해서는 안 된다는 것이었다. 77

하지만, 그러한 재판은 이해관계인의 청문 없이 이루어졌다(형사소송법 제33조 제4항). 이해관계인은 사후적인 통제에 의하여 법적 청문과 효율적인 권리 보호를 받을 수 있어야 한다. 이에 따라 오늘날 연방헌법재판소는 형사소송법 제304조의 항고를 허용하였고, 항고 요건인 권리보호이익을 반복의 의험이 있거나 침해가 계속되는 경우로 제한하지 않고 있다.107) 그러면서도 연방

105) BGH StV 1988, 90; NStZ 1995, 48.
106) BGH 28, 206, 209.
107) BVerfGE 96, 27=JR 1997, 382. 평석에 대해서는 Amelung und Fezer, 상게서, 1062면 참조.

헌법재판소가 심각한 기본권 침해가 문제되어야 한다는 요건을 부가하고 있는 것은 의문이다(당시 재판 사건에서는 통상적인 수색과 압수가 문제되었다).

78 나. 검찰 또는 경찰이 처분을 명령한 경우에는 판사가 아직 개입한 것이 아니다. 형사소송법 제98조 제2항 제2문이 이 경우에도 다시 유추적용된다.[108] 원상회복과 손해배상의 이익은 항고에 필요한 권리보호이익이 아니라고 하는 종전의 제한은 위에서 인용한 판결에 의하여 극복되었다.

79 다. 처분의 집행 유형과 방법에 대해 불복이 있다면, 전술한 가와 나의 두 경우에 형사소송법 제98조 제2항 제2문을 유추적용하여 판사에게 항고하여야 할 것이다.[109]

이해관계인은 명령 자체에 불복할 것인지(통설에 의하면 형사소송법 제98조 제2항 제2문 유추적용), 아니면 집행의 유형과 방법에 대해 불복할 것인지(종래 통설에 의하면 법원조직법시행법 제23조 이하 적용) 더 이상 결정할 필요가 없다. 명령의 적법성 문제와 집행 방법의 문제를 구분하는 것은 매우 어렵기 때문에 이해관계인은 그 문제를 전혀 결정할 수 없는 경우가 종종 있었다.[110] 입법자도 법을 개정하여 사후적인 법관의 통제를 위하여 법원조직법시행법 제23조 이하에 따른 권리구제수단을 제외하였다(형사소송법 제100조d 제6항 참조).

4. 기 타

80 가. 예방목적의 감식처분은 경찰법상 처분이고, 따라서 행정법상 구제방법으로 불복할 수 있다(행정법원법 제40조). 형사소추처분이 문제되는 한에서는 다시 형사소송법 제98조 제2항 제2문이 유추적용될 수 있다(다른 견해에 의하면 법원조직법시행법 제23조 이하가 유추적용된다고 한다).[111]

나. 형사소송법 제96조에 따라 최고관청이 공문서를 공개하지 않겠다는 의사를 표시한 경우 그 관공서가 법무부 영역에 속하는 것인지 여부가 적지 않게 문제된다. 법무부 영역이라면 법원조직법시행법 제23조 이하에 따르게

108) BGH 28, 206; 44, 171.
109) BGH 44, 265; 45, 183.
110) BGH 44, 265.
111) BVerwGE 47, 255; Bottke, StV 1986, 122.

되고, 그렇지 않다면 행정법원법 제42조에 의하게 된다.[112] 첫 번째 경우, 즉 법무부 영역에 속하는 경우에도 그것이 고유한 형사사법 행위가 아니라면 여전히 행정법상 구제수단에 의하게 된다.[113]

입법자가 이러한 견해 대립을 명확히 입법적으로 해결하지 않는 것은 법치국가원리라는 측면에서 이해하기 어렵다.

112) Meyer-Goßner, §96 Rn. 14 참조.

113) BVerwG NJW 1984, 2233; NJW 1987, 202(이에 대한 판례평석은 Arloth, NStZ 1987, 520 참조); BGH NJW 1998, 3577(이에 대한 판례평석은 Katholnigg, NStZ 1999, 40).

§ 11. 변 호 인

"피의자는 형사소송절차의 모든 단계에서 변호인의 조력을 받을 수 있다(제137조 제 1 항 제 1 문)." 피의자에 대하여 최초의 수사가 진행될 때 피의자는 변호인의 조력을 받을 수 있게 된다. 피의자는 (최초)신문이 시작될 때 그 권리를 고지받는다(제136조 제 1 항 제 2 문). 피의자는 이러한 권리를 사용하는 것이 당연하다. 피의자에게는 자신의 문제와 일정한 거리를 두고 이를 해결할 수 있는 능력(Kompetenz)이 결여되어 있다. 스스로를 변호하는 자는 바보를 변호사로 선임한 것이고 그 의뢰인도 바보인 것이다(격언: Wer sich selbst verteidigt, hat einen Narren als Anwalt und einen Narren als Mandanten). 형사소송법(Strafverfahrensrecht)에는 책속의 법(law in books)과 실제에 있어서의 법(law in practice) 사이에 뚜렷한 차이가 있다. 이러한 차이는 규범준수의 결여(Defizit im Normvollzug)에서 생기는 것이 아니라, 소송절차상의 비공식적인 규율(informellen Code)에서 생기는 것이다.[1] 피의자는 이런 것을 모른다.

Ⅰ. 변호인의 역할

1 독일 형사소송절차는 규문주의적 소송절차가 아니다(기소권자가 재판관을 겸하고 있는 것이 규문주의이다. 위 § 6 Rn. 7 비교). 그러나 공판절차는 법원이 주도권을 가지고 소송을 진행하는 한 규문주의적 색채를 띠고 있다(이 소송원리에 관해서는 아래 § 18 Rn. 5). 법관은 공판활동을 이끌어 갈 뿐만 아니라 무엇보다도

1) 비공식적인 대화구조에 관하여는 Kühne, Strafprozessrecht, Rn. 743 이하

직권으로 진실을 규명할 임무를 부여받고 있다는 점에서 공판절차의 주인(Herr)이다. 대항적 소송모델(영미식 형사절차)에 의하면 판사는 한편으로는 형사소추기관이, 다른 한편으로는 변호인이 변론하는 두 가지 상반되는 사실주장 중에서 어느 하나가 진실인가를 판단할 뿐이다. 검사와 변호인이 상호 대립적인 입장에서(당사자주의 구조) 진실여부를 다투며, 그 진실을 재구성한다는 의미를 가진 당사자주의적 소송절차는 독일의 소송절차와는 다르다. 소송구조 비교를 통해 단순하게 말한다면, 대항적 소송모델은 적정절차에 부합하는 반면, 직권주의적 소송모델은 판결의 기초가 되는 진실발견에 더 부합한다. 당사자주의적 소송모델(전자)에 있어서 변호는 시스템에 내재되어 있는 구성원칙인 반면, 직권주의적 소송모델(후자)에 있어서 변호는 이론상으로는 불필요한 제도이다. 법원은 직권에 의한 진실발견에 관한 권한을 부여받고 있다. 또한 검사는 무죄를 증명하는 상황에 대해서도 수사를 해야 하는 의무를 부여받고 있으며 세상에서 가장 객관적인 기관임을 자부하고 있다. 따라서 변호의 불가피성은 일상적인 상황에서는 법원과 검사 양 기관의 객관성이 실제로 보장되지 않는다는 점에서 그 실질적인 근거를 찾아야 한다. 변호에 관한 규정을 과격하게 제한하려는 불순한 시도가 있었으며(나찌 시대), 따라서 형사사법(Strafrechtspflege)의 효율성을 방해한다는 가벼운 비난에 대해서도 방어해야 한다. 그러나 변호가 법치국가의 원칙과 적정절차의 원칙에 기여한다는 점[유럽인권협약(EMRK) 제 6 조 제 3 항c의 규정에 의한 보장 참조], 피의자의 법적인 지위를 소송절차상 (단순한 객체가 아닌)주체로 현실화하고 있다는 점과 아울러 형사소추기관의 필수불가결한 반대당사자(Widerpart)임을 표명하고 있다는 점은 원칙적으로 인정되고 있다. 그러나 어떻게 하더라도 형사소추기관에 의한 힘의 우위는 없어질 수 없다. 검사와 피의자간의 무기대등(위 § 9 Rn. 29)은 결코 현실적일 수 없을 뿐만 아니라 도달 가능한 목표도[2] 아니다(변호인이 전혀 갖고 있지 않은 수사절차상 침해권한을 생각하면 된다). 수사절차에는 직권주의적 원칙이 특히 강하게 나타난다. 수사절차는 구술에 의해서가 아니라 서면으로, 공개적이 아니라 비밀리에 진행된다. 따라서 변호인의 행동공간(Handlungsspielraum)은 상대적으로 줄어들게 된다.[3]

2) 단지 추구하고자 하는 목표이다. EGMR NJW 2000, 2883(Nicolova); 2001, 52(Aquilina) 참조.

3) 2004년 2월 당시 연합여당과 법무부장관이 제시했던 형사소송법 개정을 위한 토론초안(StV 2004, 228면 이하)은 수사절차상 변호권을 더욱 보강하기를 원했다.

Ⅱ. 변호인의 권리

1. 참여권(Anwesenheitsrecht)

2 가. 변호인은 수사절차상 판사가 피의자나 증인을 심문할 때나 검사가 피의자를 신문할 때 그 신문에 참여할 수 있다(자세한 것은 위 § 9 Rn. 35 표 참조).[4] 그러나 변호인은 경찰이 행하는 신문에 대하여는 허가를 받지 못한 경우에는 참여권을 주장할 수 없으며, 다만 의뢰인에게 경찰신문시 묵비권을 행사하게 하고, 검사에 의한 신문을 요구할 것을 충고할 수 있을 뿐이다.

(형사소송)법은 변호인의 참여권이 사실규명을 위험에 빠뜨릴 가능성이 있다는 점을 고려하고 있다(예를 들어, 변호인이 진술에 영향을 미칠 수 있다). 따라서 형사소송법은 변호인이 증거인멸행위를 하였다는 구체적인 근거가 있는 경우 변호인에게 신문날짜를 통보하지 않는 것을 허용하고 있다(제168조c 제 5 항 제 2 문). 그럼에도 불구하고 변호인이 참여한 경우(예를 들어, 변호인이 그의 의뢰인으로부터 신문이 언제 실시되는지를 알게 된 경우), 동일한 사유로 그를 신문에서 배제할 수는 없다.

통보의무(Benachrichtungspflicht)를 위반하면 증거로서 사용이 금지된다.[5] 따라서 그렇게 하여 획득된 진술은 피고인 혹은 변호인이 반대할 경우 공판절차에 제출될 수 없다(아래 § 28 Rn. 26).

나. 변호인은 심리에 항상 참여할 수 있다. 필요적 변호사건의 경우에는 참여의무가 생긴다(제145조 제 1 항 제 1 문).

3 **2.** 변호인이 직접적인 수사를 하는 것은 금지되어 있지 않다[이 권한은 제364조b 제 1 항 제 1 호(조사, Nachforschungen)에 근거하고 있다].[6] 그러나 변호인은 강제처분권을 가지고 있지 않다. 따라서 변호인은 증인, 공동피의자 및 감정인에게 질문하거나 사설탐정을 고용하는 것을 제외한 다른 활동은 할 수 없다.

---

4) 소송절차의 모든 단계에 변호인의 조력을 받을 수 있는 피의자의 권리라도 감정인의 현지답사에 변호인의 참여권을 보장하는 것은 아니다; BGH NStZ 2003, 101.

5) BGH 31, 140, 144

6) 자세한 내용은 Dahs, Handbuch des Strafverteidigers, Rz. 285 이하

3. 변호인은 피의자와 동일한 범위 내에서 증거신청권을 가진다

4. 변호인은 언제든지 대신 설명할 수 있는 권리가 있다

이 권한은 조력자로서의 역할(Funktion als Beistand)에서 나온다. 이러한 대신 설명할 수 있는 권리는 피의자의 진술이나 해명을 위해서가 아니라,7) 변호인의 고유한 권한으로서 행사된다(자세한 것은 아래 Rn. 21). 4

공판절차에서 변호인의 이러한 권한은 제240조, 제257조, 제258조에 의하여 보장받는다.

5. 기록열람권(Akteneinsicht, 제147조)

기록열람권은 수사절차상 변호인의 가장 중요한 권한인 동시에 수사절차가 종료될 때까지 거부될 수 있는 유일한 권한이다(제 2 항, 제 5 항).

가. 열람권자(Berechtigte)

기록열람권은 변호인에게 부여된 권한이며 피의자가 가지고 있는 것은 아니다. 스스로를 변호하는 피의자는 다만 유럽인권협약(EMRK) 제 6 조 제 1 항, 제 3 항에 의거하여 정보요구권(Informationsanspruch)만 행사할 수 있다.8) 피의자에게는 기록에 관한 정보 및 발췌복사본이 교부될 수 있다(제147조 제 7 항). 이에 반하여 변호인이 있는 피의자는 변호인을 통하여 포괄적인 정보를 전달받을 수 있다(완전한 기록복사본).9) 5

[사례 1] 수사기록에는 피의자가 이용했던 전화번호에 관한 수사경찰의 메모가 있었다. 이 메모가 현재 진행 중이거나 곧 시행될 전화 감청과 관련되어 있음을 쉽게 생각할 수 있다. 변호인은 수사기록에 있는 이 부분을 피의자로 하여금 보게 할 수 있을까?

---

7) BGH NStZ 1990, 447.
8) EGMR NStZ 1998, 429.
9) BGH 29, 99.

6 변호인이 수색 혹은 구금과 같은 갑작스러움(Überraschungseffekt)을 수반하는 처분에 대한 정보를 받을 수 있는가에 대한 물음은 큰 논란이 된다.10) 이 의문은 허용된 변호활동과 형사처벌대상인 처벌방해죄(Strafvereitelung)사이의 한계와 관련되어 있다(여기에 관해서는 아래 Rn. 26). 수사기록 내용에 관한 단순한 정보는 이것이 수사결과를 위험에 빠뜨릴 우려가 있다 하더라도 허용된다.11) 그러나 서류내용의 이 부분에 대한 숙독을 목적으로 교부하는 것은 검사(Staatsanwaltschaft)의 위험영역에 속한다. 검사는 열람을 못하게 할 수 있다(제147조 제 2 항).

[사례 2] 변호인은 의뢰인에게 수사기록의 이 부분에 대한 정보제공에 그치지 않고, 다른 연락처와 전화통화하도록 조언해주었다.

변호인에게 이러한 활동은 허용되지 않는다. 그러나 허용된 변호활동과 차이점은 크지 않다.

[사례 3] 의뢰인은 수사경찰이 작성한 메모내용을 읽고 변호인에게 전화하여 어떤 요건 아래에서 전화감청이 허용되는지를 물었다.

7 변호인은 의뢰인이 어떠한 결론을 이끌어 낼 것인지를 충분히 예상할 수 있더라도 언제든지 법적인 정보제공은 할 수 있다.

범죄행위의 피해자는 변호인을 통하여 기록열람을 할 수 있다(제406조e).12) 기록으로부터 정보취득과 공적 기관과 이해관계에 있는 개인의 기록열람권에 관하여는 제474조 이하에 규정되어 있다.

나. 수인의무자(Verpflichtete)

8 변호인의 기록열람 승인 여부에 관해서는 수사절차가 진행되는 동안에는 검사가, 공판절차가 진행되는 동안에는 법원이 결정한다(제 5 항, 거기서는 재판장). 물론 열람승인을 하려면 기록 자체가 있어야 한다. 그리고 기록열람은 특별한 사유가 있어야만 허용되는 경우도 있다(예를 들어, 추후에 생성된 기록, 변호인의 교체). 변호인은 소송절차가 종료된 후에도 재심청구 혹은 형집행에 대

10) Beulke, StV 1994, 575 참조.
11) Welp, FG Peters, 316 이하; 다른 견해 BGH 29, 99.
12) 자세한 것은 Riedel/Wallau, NStZ 2003, 393면 이하.

한 청구를 위하여 기록열람에 관한 이해관계가 있을 수 있다. 이 경우 변호인은 기록이 있는 장소에 열람신청을 할 수 있다. 만약 거부될 경우 변호인은 그의 신청에 대하여 결정해야할 법원에 신청한다(제 5 항 제 2 문 전단 유추).

다. 기간(Zeitraum)

기록열람은 위에서 언급하였듯이 소송절차 전반에 걸쳐 신청할 수 있다. 9
수사절차 종료 이전의 기록열람은 수사의 목적에 방해될 우려가 있는 경우, 전체 혹은 일부(Aktenstücke)에 대해 거부할 수 있다(제 2 항, 예외에 관해서는 아래 Rn. 12). 열람거부에 대해서는 구체적인 근거가 있어야 한다. 이에 반하여 통설은 수사기관의 범죄수사상 경험으로 족하다고 보고 있으며, 다만 애매하고 희박한 가능성 정도만으로는 거부할 수 없다고 보고 있다.

라. 범위(Umfang)

변호인은 기록을 열람하거나 가져갈 수 있으나(제 4 항), 증거물(Beweisstücke, 10
예를 들어 범행도구)은 관찰할 수만 있다. 영상녹화물은 기록의 일부에 해당된다(제58조a 제 2 항 제 2 문과 비교).13)

⑴ 제 3 항은 변호인에게는 수사절차 종료 이전이라도 반드시 허용되어야 하고, 제 2 항으로도 제약할 수 없는 열람기록의 종류를 열거하고 있다.

⑵ 그 밖에 변호인은 법원에 제출된 모든 기록을 열람할 수 있다(제 1 항).

[사례 4] 법원은 소송절차와 관계없다는 이유로 구속의 집행결정(우편검열, 방문허가 등)과 함께 기록에 대한 열람을 거부하였다.

이러한 종류의 검열(Zensur)은 있을 수 없다. 기록열람권을 통해 소송절차에서 생성되는 서류에 대하여 빠짐없는 정보제공이 가능해야 한다. 법원은 열람가능한 서류를 선택해서는 안 된다. 더구나 기록열람권은 변호인이 자신의 책임 하에서 어떤 기록이 변호에 중요한지를 평가할 수 있는 권한을 포함하고 있다.14)

⑶ 변호인은 공소가 제기되어 법원에 제출된 모든 기록을 열람할 권한을 가지고 있다(제 1 항, 제199조 제 2 항 제 2 문과 비교). 검사는 모든 기록, 즉 경찰

13) 다른 견해에 의하면 변호인에게 전달될 수 없는 증거방법에 관한 문제로 보고 있다; Trück, NStZ 2004, 129.

14) BGH 37, 204 이하.

이 송치한 관계서류(제163조 제 2 항 제 1 문)와 검사가 작성한 관계서류를 제시하여야 한다(제168조b와 비교). 여기에는 기록완전성의 원칙(Grundsatz der Aktenvollständigkeit)이 적용된다. 검사는 서류선택권을 가지지 않는다. 검사는 피의자의 입장에서 무의미한 것으로 간주되는 자료도 제시하여야 한다.15)

(4) 이것은 범죄추적에 관한 기록(Spurenakten)에도 적용된다.

11 [사례 5] 협박자를 추적하는 과정에서 경찰은 수백 개의 단서를 조사하였다. 그러나 경찰은 혐의가 짙은 범죄혐의자에 관한 기록만 검찰에 제출하였다. 변호인은 경찰이 혹 인식하지 못하였거나 배제했던 서류 중에서 피의자의 혐의를 벗게 할 서류를 찾을 목적으로 다른 서류도 열람하기를 원하였다.

변호인의 이러한 관심은 의심할 여지없이 합법적이다.16) 문제는 어떠한 방법으로 실행하는가이다. 통설은 범죄추적에 관한 기록은 소송자료(Prozessstoff) 뿐만 아니라 형식적인 의미의 기록(Akten)에도 해당되지 않는다고 보고 있다. 통설은 법원조직법시행법(EGGVG) 제23조 이하의 규정에 의한 법적절차에 의할 것을 조언하고 있다.17) 한편 반대견해는 검사가 무엇이 어떤 방법으로 중요할 수 있는가를 결정하는 것에 반대하고, 범죄추적에 관한 기록도 실질적인 의미에서 기록에 해당되며, 따라서 제147조에 의한 기록열람권의 대상이 되어야 한다고 보고 있다.18) 위와 같은 덜 복잡하고 개별사례의 상황에 관계없는 해결책이 타당하다.

12 (5) 다음의 경우에는 수사절차의 종료표시 이전에도 언제든지 열람이 가능해야 한다.

- 제 3 항에 열거된 서류
- 피의자에 대한 구속의 근거가 되는 자료. 왜냐하면 그렇지 않을 경우 피의자는 구속에 대한 반박을 할 수 없기 때문이다.19) 통설은 경우에 따라 열람권을 인정할 수 없다고 하고 구속에 대하여 효과적으로 변호할

15) 여기에 대해 논란이 있음; Meyer-Goßner, NStZ 1982, 356. 참조

16) BVerfG NJW 1983, 1043 참조.

17) BVerfG 앞의 판결; BGH 30, 131.

18) 논란을 제기하는 입장 Meyer-Goßner,§ 147 Rn. 18.

19) EGMR, Fall Lamy, StV 1993, 283 참조; EGMR StV 2001, 201(Lietzow); EGMR StV 2001, 203(Schöps); EGMR StV 2001, 205(Garcia Alva); 여기에 더하여 Kempf, StV 2001, 206 OLG Hamm NStZ 2003, 386 SK/Paeffgen § 114 Rn. 9.

수 없을 경우에만, 열람권을 보장하여야 한다고 하고 있다.[20]

마. 이의신청(Anfechtung)

검사가 기록열람에 대하여 거부할 경우에는 다음과 같은 경우에 지방법원 13
에 이의신청할 수 있다(제147조 제 5 항 제 2 문)

- 검사가 기록에 수사종료표시를 하였을 경우
- 제 3 항에 열거한 수사기록과 관련되었을 경우(위 Rn. 10 참조)
- 피의자가 불구속상태가 아닌 경우

판사가 거부한 경우에는 제305조와 충돌 없이 항고(Beschwerde)가 제기될 수 있다(제304조 제 1 항, 제 4 항 제 2 문 제 4 호).[21]

6. 피의자 접견교통권(제148조)

변호인은 의뢰인과의 자유로운 접견교통권 없이는 변호가 불가능하다. 의 14
뢰인과 아무런 제한 없이 접견할 수 있는 권한은 다음과 같은 사항을 금지함으로써 보호된다.

- 구금장소(청소년보호소, 정신병원)를 방문하는 것을 시간적으로 제한하는 행위
- (구금장소 내외에서의) 대화를 감청, 도청하는 행위. 이 규정을 위반하여 취득한 자료는 증거로 사용하는 것을 금지한다.
- 구금된 피의자와 변호인의 서신교환을 감시하는 행위
- 의뢰인에게 보낸 변호인의 편지 및 변호서류를 압수함으로써 효과적인 변호를 방해하는 행위[22]

이러한 서류는 변호인에게서도 압수할 수 없다는 것은 제97조를 통해 도출해 낼 수 있다(위 § 10 Rn. 36). 변호인은 제148조를 통해 공범혐의가 있음에도 불구하고 압수로부터 보호받는다(자세한 것은 아래 Rn. 40).

형법 제129조a의 범죄행위에 대한 혐의로 구금된 피의자의 변호인은 제 2 15

20) BVerfG NStZ 1994, 551; OLG Köln NStZ 2002, 659; 더 자세한 것은 J. Lange, NStZ 2003, 348.
21) 논란이 있음 OLG Frankfurt NStZ 1996, 238 참조.
22) BGH 44, 46.

항에 의한 제한과 심지어 접견제한조치를 당하여야 한다(법원조직법시행법 제31조 이하 규정, Schleyer 납치사건 이후 이틀만에 연방의회를 통과한 법률이며, 1977년 이후 더 이상 적용되지 않았으나 아직 폐지되지 않았다).

Ⅲ. 변호인의 의무

변호의 범위는 3가지 의무, 즉 이익옹호의 의무, 침묵의 의무 및 진실의무에 의하여 제한을 받는다.

1. 이익옹호의 의무(Fürsprachepflicht)

16 변호인은 피의자의 이익을 옹호할 책무(민법 제675조)를 지고 있다. 변호인의 의무는 객관적이 아니라, 일방적인 성격을 가지고 있다.

> [사례 6] 의뢰인은 변호인에게 범죄행위를 저질렀음을 자백했으나, 공판절차에서는 그 사실을 부인하였다. 법원은 피고인이 유죄라는 의심을 완전히 배제할 수 없다고 언급했다. 변호인은 단지 형량을 가볍게 해달라는 변호를 하였다.

변호인은 이것으로 이익옹호의 의무를 위반하였다. 만약 변호인이 이러한 상황에서 무죄를 변론하는 것이 자신의 직업의식과 양심에 위배되어 그렇게 변론할 수 없었으면, 사임하여야 한다.

2. 침묵의 의무(Verschweigenheitspflicht)

17 변호인이 의뢰인에게 유리한 내용만을 변론하여야 한다는 것은 이익옹호의 의무에서 도출된다. 일방적인 이익옹호(Interessewahrnehmung)는 침묵의 의무에 의하여 견고화되고 또한 확인된다(형법 제203조). 변호인은 의뢰인에게 불리한 상황을 의뢰인의 동의 없이 공개할 수 없다.

> [사례 7] 피고인이 살인혐의로 기소되었고, 그 증명이 있었다. 그의 변호인은 피고인이 두 번의 다른 살인행위를 저질렀다는 것을 알고 있었다. 변호인이 그 사실을

알리고 정신감정을 신청하면, 피고인이 고립된 행동시 그 스스로도 납득할 수 없는 행동을 하는 병적인 정신장애(형법 제20조, 제21조)가 있다는 감정결과를 얻을 수도 있다.

보호의무는 그러한 유리한 결과를 이끌어내는 것을 요구할 수도 있다. 반면 침묵의무는 이러한 방법의 사용을 제한하고 있다.

3. 진실의무

변호인은 의뢰인을 두둔하면서도 의뢰인의 비밀유지의 이익을 손상시키지 18
않도록 의견표명을 하여야 한다. 그러나 변호인은 진실에 상응하는 것만 진술하여야 한다. 의뢰인은 거짓진술을 할 수 있으나, 변호인은 그렇게 할 수 없다. 변호인은 진실의무를 가진다. 진실의무는 한편으로는 변호인에게 보호의무 혹은 침묵의무를 위반하는 것은 허용하지 않으나, 다른 한편으로는 진실을 희생시켜 피의자의 이익을 옹호하는 것 또한 금지하고 있다. 따라서 변호인은 진실한 것을 때때로 말하지 않을 수 있으나 일단 그가 말하는 것은 진실이어야 한다는 것을 항상 주의하여야 한다.

[사례 8] 변호인은 증인이 피고인에게 알리바이에 관한 허위증언을 할 것이라는 것을 알면서도 증인으로 내세웠다.

이것은 진실의무에 위반된다. 다음은 수정된 사례이다:

[사례 9] 법원에 의해 소환된 증인 중 한사람이 허위의 진술을 하였는데 그것은 변호인이 예상치 못했던 것이었다. 그는 피고인에게 알리바이를 제공하였다.

그것이 허위라는 것을 잘 아는 변호인은 진실을 위한다는 이유로 그 증언내용에 개입하여서는 안 된다. 왜냐하면 그에게는 침묵의 의무가 있기 때문이다.

[사례 10] 피고인은 변호인에게 그는 범죄현장에 있지 않았고 그 사실을 X가 증명할 수 있다고 주장하였다. 변호인은 이 이야기의 진실성에 의심을 가졌으나, 그럼에도 불구하고 피고인이 범인이 아닐 수 있다는 사실을 증명할 목적으로 X를 증인으로 내세웠다.

의심스럽다고 해서 변호인이 변론을 하지 않고 있어야 할 필요는 없다. 19

특히 변호인은 진실성을 검증할 권한을 가지고 있지 않기 때문에 의뢰인이 주장하는 내용의 진실성에 심각한 의심이 있다 하더라도 이를 증거로 내세우는 것에 제한을 받지 않는다.[23]

Ⅳ. 변호인의 법적 지위

1. 사법기관설(Organ der Rechtspflege)

통설은 변호인을 사법기관으로 보고 있다.[24] 사법기관으로서의 지위는 변호인의 자유와 제약의 범위를 정하고 있다.

20 가. 변호인은 법원 및 검찰로부터 독립되어 있다. 즉, 변호인은 법원의 통제 아래에 있지 않다.[25] 피의자의 이익을 옹호해야 하는 의무는 법치국가의 원칙과 사법정형적인 소송절차에 관한 공익에도 동시에 기여한다. 그러한 점에서 변호인은 법원과 검사와 함께 동등한 사법기관에 해당한다.

21 또한 변호인은 의뢰인으로부터 독립적이다. 변호인의 활동은 자신의 고유권에서 나온다. 변호인의 권한은 피의자로부터 기인하는 것이 아니기 때문에 변호인은 가장 적합한 변호를 위하여 의뢰인의 의사에 반하여 활동할 수 있다. 변호인은 의뢰인이 듣지 않으려는 설명을 할 수 있으며, 의뢰인이 신청하지 않으려는 증거를 신청할 수 있다(예를 들어, 정신감정). 또한 의뢰인의 요구에도 불구하고 항소를 제기하지 않을 수 있다(의뢰인의 뜻에 반할 때에만 상소를 제기할 수 없다). 변호인은 피의자의 조력자이지 대리인이 아니다(형사소송법 제234조의 예외적인 경우는 제외; 제329조 제 1 항, 제350조 제 2 항, 제387조 제 1 항, 제411조 제 2 항 제 1 문, 제434조 제 1 항 제 1 문, 제444조 제 2 항에 다른 특별규정이 있다). 변호인의 법적인 지위는 피의자의 법적 지위와는 분리되어 있다(따라서 피의자 신분의 변호인은 자신이 스스로 변호인이 될 수 없다).[26]

---

23) BGH NStZ 1993, 79.

24) RG JW 1926, 2756 이후; BVerfGE 38, 105, 119; 논점에 대해서는 KK/Laufhütte, vor §137 Rn. 5; 변호인의 법적 지위에 대한 최근 연방헌법재판소 판결, BVerfG NStZ 2004, 259(자금세탁 사건 판결).

25) BVerfGE 34, 293, 302.

26) BVerfG NStZ 1988, 363.

나. 사법기관으로서의 법적 지위는 제약 및 제한과 밀접한 연관관계가 있다. 변호인은 법적으로 허용되는 수단만 사용할 수 있으며, 국가법질서에 문란을 야기해서는 안 된다. 변호인의 처벌방해행위(Strafvereitelung)는 금지되며, 그 미수범도 처벌된다.[27] 이것은 법률(Gesetz)과 법(Recht)에 기속되어 있다는 것에 의하여 설명될 수 있다. 그러나 변호인의 진실의무라는 것은, 형사변호 자체를 공적 기능을 수행하는 것으로 여기고 사법절차에서 진실을 발견한다는 국가의 고유한 책무에 변호인이 참여한다는 것으로 볼 때 그것으로부터 도출되는 것이다. 22

2. 계약설(소수설)

계약설(Vertragstheorie)은 변호인을 공익을 위한 활동으로부터 해방시켜 오로지 계약상대방인 의뢰인의 요구에만 기속되어야 한다고 주장한다.[28] 이 견해는 변호에 관한 규정이 법치국가적인 형사소추를 보장하고자 하는 목적이 아니라 피의자의 자율권의 부족에 그 근거가 있음을 강조하고 있다. 그렇다고 이 견해가 변호인은 계약상대방의 이익만 대변하여야 하고, 의뢰인과 마찬가지로 거짓진술이 허용된다는 명제로 나아가는 것은 아니다.[29] 또한 이 이론이 궁극적으로 변호활동의 효율성제고에 기여하지 않는다. 23

3. 제한된 사법기관설(Organtheorie)

(위에서 언급한 변호인의) 이중지위는 진실의무에 관한 문제를 따로 떼어놓고 생각하게 되고 법적인 기초로부터 분리시킬 위험이 있다. 변호인에게는 사기, 허위진술, 문서위조 및 명예훼손의 행위뿐만 아니라 처벌방해행위도 금지되어 있다. 변호인은 허위주장에 대하여 단독정범 혹은 간접정범으로 그 책임을 질 수 있다. 의뢰인이 거짓진술을 하고 변호인이 관여한다면 이 행위는 정범(Täterschaft)이 되거나 혹은 의뢰인의 불가벌인 자기범죄비호(Selbstbegünstig- 24

27) BGH NStZ 1983, 503. 이에 대한 평석 포함(Beulke); 자세한 것은 아래 Rn. 24 이하 참조.
28) LR/Lüderssen, vor § 137 Rn. 33 이하.
29) Ostendorf, NJW 1978, 1349; AK/Stern, Vorbem. § 137 Rn. 75.

ung)에 처벌받지 않는 공범이 될 수 있다. 이 문제는 기본적인 문제이나 아직 충분한 설명이 되고 있지 않다.

25 또한 사법기관설은 형사변호가 법치국가에 부합하도록 마련된 절차에 관한 공익에 기여한다는 것을 확인하고 있다는 점에서 타당하다. 그러나 그 이론은 제한적으로 다루어져야 한다. 제한된 사법기관설은[30] 변호인의 핵심영역을 사법의 효율성보장 측면으로 축소하고 있다. 물론 그러한 경향에 대하여는 동의할 수 있다. 그러나 형사사법에서 법치국가의 구현을 위하여 사법의 효율성도 필요하나, 그것이 효율적 변호가 수행할 임무는 아니다.

Ⅴ. 변호의 한계

26 변호의 한계는 이미 언급된 바와 같이 무엇보다도 형법규정에서 나온다. 이 중에서 가장 중요한 규정은 형법 제258조이다. 형법 제258조는 의뢰인이 변호인으로부터 근본적으로 기대하는 것, 즉 처벌방해행위를 금하고 있다. 허용된 변호와 처벌받는 변호 사이의 경계설정은 어려운 문제이며, 항상 명확하게 규명될 수 있는 것은 아니다. 또한 이론적인(dogmatisch) 부분에서도(위 Rn. 24 참조) 아직 최종적으로 일치되지 않고 있다. 판례 및 학설에는 사례를 유형화시켜 나열하는 접근방법이 주류를 이루고 있다.

다음의 경우 변호인의 행위는 처벌방해행위에 해당된다.

- 피고인이 공판심리 중에 자백하려는 결심을 철회하도록 종용하는 행위
- 외국으로 도주할 것을 조언하는 행위(위 Rn. 6 사례 2, 3 비교)
- 증인을 사전에 연습시켜서 거짓진술을 유도하는 행위[31]
- 피고인이 유죄임을 알고도 명백하게 무죄를 입증할 증거가 있다고 하면서 변론하는 행위

다음의 경우에는 처벌방해행위에 해당되지 않는다.

- 공판심리 중에 묵비권행사가 유리함을 설명하는 행위
- 범죄인인도를 하지 않는 국가에 관한 법률적인 정보를 제공하는 행위

30) Beulke, Rn. 150(보충적인 논거 포함).
31) BGH 31, 10.

- 증인에게 어떤 내용을 진술할 것인가를 질문하고 증인으로서의 묵비권을 행사할 것을 조언하는 행위32)
- 피고인이 유죄임을 알고도 증거부족을 이유로 무죄를 변론하는 행위

원칙적으로 변호인은 소송절차상 허용되는 수단을 사용하는 경우 처벌받지 않는다. 즉, 형법 제258조는 형사소송법을 언급하고 있으나,33) 이 조항은 변호인의 허용된 활동이 어떤 것인지에 관한 규정을 포함하고 있지 않다. 이 조항은 변호인의 법적인 지위, 역할 및 기능을 재차 언급하고 있으나, 이것 자체가 논란의 대상이 되고 있다(앞 페이지 참조). 여기서도 불명확성은 여전히 나타나고 있다.

Ⅵ. 필요적 변호— 국선변호인(Pflichtverteidiger)

필요적 변호는 법치국가원칙을 구체화하는 제도이다.34) 효과적인 변호에 27
대한 공적인 관심은 변호인의 협력을 필요불가결한 것으로 인식시키고 있다. (변호인이 필요한)이러한 사건의 경우 피의자가 가난하든 부자이든 간에 변호인을 선임하지 않는다면 그 피의자에게 변호인을 배정하게 된다(국선변호인).

표 14 필요적 변호 —— 국선변호

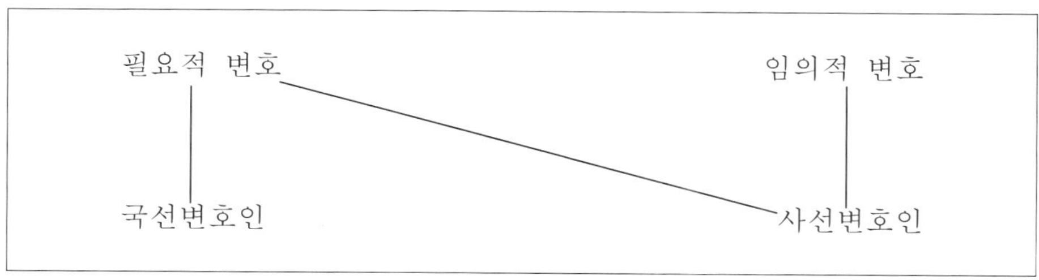

32) BGH 31, 10.
33) BGH 38, 345.
34) BVerGE 46, 202, 210.

1. 요 건

28 여기서는 형사소송법 제140조만 언급하고자 한다(다른 규정들은 실무적으로 덜 중요하다: 형사소송법 제117조 제 4 항, 제118조a 제 2 항, 제350조 제 3 항, 제364조a, b).

다음과 같이 제140조 제 1 항에 열거된 경우에는 무엇보다도 변호인의 참여가 필수적이다.

- 제 1 심 공판심리가 지방법원(LG) 혹은 주 상급법원(OLG)에서 열릴 경우(제 1 호)
- 피의자가 중죄로 기소되고(제 2 호), 그것이 기소단계에서 알려졌거나 제265조에 따른 고지 혹은 제266조에 따른 추가기소(Nachtragsanklage) 이후의 공판심리 중에 비로소 알려진 경우(아래 § 13 Rn. 9 참조)
- 피의자가 다음과 같은 사유로 3개월간 계속하여 수용시설에 감금되어 있는 경우(제 5 호), 예를 들어 미결구금 중이거나(외국에서의 구금도 동일), 이송목적 구금(Auslieferungshaft), 정신병원유치 등(형법 제63조, 제64조, 제66조)

형사소송법 제140조 제 1 항에 의하여 변호인의 참여가 반드시 필요한 경우 이 요건은 형사절차가 종결될 때까지 적용된다.

예) 피의자가 중죄로 기소되었다. 그러나 경죄로 유죄판결을 받았고 이에 대하여 항소를 제기하였다.[35)]

형사소송법 제140조 제 2 항 제 1 문의 일반조항은 제 1 항과는 달리 수소법원의 재판장에게 판단여지(Beurteilungsspielraum)를 부여하고 있다.[36)] 이 조문의 3가지 요건은 경죄를 제외하고 대부분의 형사사건을 그 대상으로 하고 있다.[37)]

29 첫째, 범죄행위의 중대성은 무엇보다도 선고형량에 따라 정해진다. 실무상

35) OLG Oldenburg StV 1995, 345.

36) BGH NJW 1963, 1114; 의무합치적 재량.

37) 형사소송법 제140조 제 2 항 제 1 문 : 기타의 경우, 행위의 중대성 또는 사실상황이나 법률상황의 어려움으로 인하여 변호인의 참여가 필요한 것으로 인정되거나 특히 제397조a, 제406조g 제 3 항과 제 4 항에 의해 변호할 수 없는 것이 분명한 때에는 재판장의 신청에 따라 또는 직권으로 변호인을 임명한다(역자 주).

으로는 대략 1년의 자유형이 예상될 때를 기준으로 한다.[38] 구법원에서 단독판사가 최고 2년의 자유형이 예상되는 경죄까지 담당할 수 있게 된 이래(법원조직법 제25조 제2호), 참심법원이 담당하는 사건에서는(법원조직법 제24조) 항상 변호인이 선임되고 있다.

요건 완화에 호의적인 소수설은 자유형에 직면한 사안이면 국선변호인을 선임할 요건이 충족된다고 보고 있다.[39] 형선고가 예상되는 경우 다른 중대한 불이익이 함께 고려되어야 한다. 즉, 직업운전자의 운전면허취소, 외국인이 직면하고 있는 추방,[40] 단기자유형에 있어서 직면하고 있는 집행유예취소 등이 그 예이다.

둘째, 사실상 또는 법률상의 어려움에는 다음과 같은 예가 해당된다. 30

- 간접증거가 감정전문가에 의하여 증명되어야 하는 경우[41]
- 검사가 무죄의 판결에 대하여 항소를 제기한 경우[42]
- 상고(Revision)가 특히 까다롭다는 사정을 알지 못하고 피고인이 상고를 제기하고자 하는 경우[43](그러나 판례는 단지 부가적인 조건 하에서만 인정한다)

셋째, 다음은 피의자가 스스로 변호할 수 없음이 분명한(ersichtlich) 경우 31
이다.

- 피해자가 변호인의 조력을 받고 있는 경우[법률문언(Gesetzswortlaut)과 규정예시(Regelbeispiel)참조]
- 외국인인 피고인이 의사소통에 어려움을 겪는 경우[44]
- 피고인이 비정상적으로 행동하고 스스로를 해할 우려가 있는 경우[45]
- 정신적인 측면에서 두드러진 행위를 보이는 경우[46]

여기서 '분명한(ersichtlich)'의 의미는 '명확함(manifest)'을 말하는 것이 아니라 '현저한 의심(erhebliche Zweifel)'이면 충분하다.

---

38) BayObLG NStZ 1990, 142 참조.
39) LR/Lüderssen, Rn. 64(보충논거 포함).
40) BayObLG StV 1993, 180.
41) OLG Hamm StV 1984, 66.
42) OLG Frankfurt StV 1990, 12.
43) Dahs, NStZ 1982, 345.
44) KG StV 1985, 448: BayObLG StV 1990, 103.
45) OLG Zweibrücken NStZ 1986, 135.
46) OLG Hamm StV 1984, 66.

2. 임명(Bestellung)

32 국선변호인의 임명은 중간절차에서 기소내용이 통보되는 즉시(제 1 항), 혹은 나중에 변호인이 필요하게 된 경우(제 2 항), 혹은 수사절차에서(제 3 항) 법원의 재판장에 의하여 이루어진다(형사소송법 제141조 제 4 항).

> 예) 수사판사(Ermittlungsrichter) 앞에 유죄를 증언할 수 있는 핵심증인이 아직 변호인을 선임하지 않은 피의자가 불출석한 가운데(형사소송법 제168조c 제 3 항) 신문받고 있다. 이런 경우 피의자에게는 변호인이 반드시 선임되어야 한다(유럽인권협약 제 5 조 제 3 항d).[47]

이 문제는 피의자가 변호인의 조력을 필요로 하는지 여부에 달려있다.[48] 이 규정에 위반하는 행위는 획득된 증거의 가치를 감소시킬 뿐만 아니라 그 증거의 사용도 금지시킨다.

피의자가 요구하였으나 신청까지는 하지 않은 변호인 선임이 거부될 경우 피의자은 항고를 제기할 수 있다(형사소송법 제304조). 이것은 공판심리에도 마찬가지로 적용된다. 이것은 제305조와 상충하지 않으며[49] 또한 제238조 제 2 항과 관계가 없다.[50]

3. 선정(Auswahl)

33 국선변호인의 선정은 재판장이 한다(형사소송법 제142조 제 1 항). 이때 피고인의 희망이 중요한 역할을 한다(제 1 항 제 2 문, 제 3 문). 피고인은 신뢰성 있는 변호인을 지정받을 수 있어야 한다.[51] 신뢰관계는 장소적 인접성보다 더 중요하다(제 1 항 제 1 문).[52] 선임된 변호사에 대하여 소위 '계약체결의 강제(Kontrahierungszwang)'원리가 적용된다(예를 들어, 해임은 중요한 이유가 있는 경우에만 허용

47) BGH 46, 93.
48) BGH 47, 172 이하.
49) 통설은 Meyer-Goßner, § 141 Rn. 10.
50) BGH 39, 310.
51) BVerG NStZ 2002, 99: 이익충돌에 대한 구체적 위험이 있는 경우 변호인을 거부할 수 있다. 예를 들어 변호인이 동일한 범행을 행한 다른 피의자에 대하여 그 이전에 변호를 한 경우가 이에 해당된다(순차적인 다수변호); BGH NStZ 2003, 378.
52) BGH 43, 153 참조.

된다[연방변호사법(BRAO) 제48조, 제49조]. 사선변호인이 예를 들어 피의자가 더 이상 선임료를 부담하지 못한다는 이유로 사임한 경우 그를 국선변호인으로 임명할 수 있다. 이것은 그 변호사가 그 사건을 담당하였고 여전히 피의자의 신뢰를 얻고 있는 경우 특별한 의미가 있다.[53]

4. 임명의 철회(Rücknahme)와 취소(Widerruf)

가. 임명의 철회는 형사소송법 제143조의 요건이 있으면 반드시 하여야 34
한다(예외는 아래 Rn. 36).[54]

나. 임명의 취소에 관하여는 명문의 규정이 없으나 통설에 의하면 중요한 35
이유가 있으면 허용된다고 한다.[55] 취소는 형사소송법 제138조a에서 기속요건으로 되어 있고, 열거적으로 되어 있는 변호인의 제척사유와 결과적으로 동일하다(여기에 관하여 아래 Rn. 39 이하). 국선 또는 사선변호인은 동일한 법적 지위를 가진다.[56] 따라서 "중요한 이유"를 해석할 때 국선변호인에게 사선변호인보다 불리하게 하여서는 안 된다. 다른 한편, 피의자는 자신의 사선변호인을 해임할 수 있으나, 국선변호인을 해임할 수는 없다. 이렇게 됨으로써 발생하는 문제점은 철회에 의하여 해결할 수 있다. 이성적이고 판단력이 있는 피의자[57]의 입장에서 보았을 때 지속적이고 제거할 수 없는 신뢰관계의 훼손이 있다고 보여지는 경우, 변호가 객관적으로 더 이상 적절하게 진행될 수 없다는 것을 이유로 하여 법원이 보호의무(Fürsorgepflicht)가 있기 때문에 국선변호인을 해임할 수 있다.[58] 이때 피의자 혹은 국선변호인에게 위와 같은 상황을 명확하게 고지하여야 한다.[59]

국선변호인의 무능이 취소사유가 되는지에 관한 문제는 쉽게 판단할 수 있는 것이 아니다. 피의자가 자신의 변호인이 전혀 지식이 없다고 생각한다면

53) OLG Frankfurt StV 1985, 315.

54) 형사소송법 제143조(임명철회): 임명 직후 다른 변호인이 선임되고 그 선택이 받아들여진 경우에는 그 임명을 철회하여야 한다(역자 주).

55) OLG Frankfurt StV 1995, 11.

56) 제138조a에 대하여 BGH 42, 94.

57) OLG Düsseldorf StV 1993, 6.

58) BGH 39, 310, 315; BGH NStZ 1997, 401.

59) BGH JR 1996, 124.

신뢰관계는 깨어지게 된다. 따라서 피의자는 국선변호인의 해임을 요청하게 된다. 만약 피의자가 그렇게 생각하지 않는다면 법원이 여기에 관여할 수 없다. 법원은 변호인을 통제할 의무나 권한이 없다. 그럼에도 불구하고 판례는 사정이 명백한 경우에는 국선변호인을 해임하는 것이 법원의 보호의무에 포함된다고 보고 있다.60)

5. 사선변호인과 함께 임명되는 국선변호인

36 이러한 상황은 원칙적으로 존재하지 않는다(형사소송법 제143조). 그러나 형사소송법은 제145조에서 사선변호인과 나란히 국선변호인을 선임할 수 있음을 규정하고 있다. 통설은 변호인이 원활한 공판심리의 진행에 필요한 조치를 취할 수 없거나 취하지 않으려고 할 위험이 존재하는 때 특별한 경우 이중임명을 허용하고 있다.61) 그러한 담보적 의미의 변호인(Sicherungsverteidiger)은 사선변호인이 공판심리가 지속되는 동안 매번 출석하는 것이 불가능하거나 피고인이 사선변호인을 해임시킴으로써 심리를 불가능하게 하려는 의도가 있을 경우 임명된다. 이러한 변호인은 피의자 혹은 사선변호인의 의사에 반하여서도 임명될 수 있다(강제변호인, Zwangsverteidiger). 임명된 변호인은 사선변호인이 불출석하는 경우에만 활동하는 일종의 보충변호인(Ergänzungsverteidiger)이 아니다(보충법관의 유추, 법원조직법 제192조 제 2 항). 오히려 그는 동일한 권한을 가지고 있다. 그러나 이것은 심각한 충돌을 일으킬 수 있다. 따라서 임무를 강제받은 국선변호인은 극단적인 경우에 예외적으로 임명하여야 한다.

Ⅶ. 다수변호(Mehrfachverteidigung)의 금지(형사소송법 제146조)

37 피의자는 최대 3인의 변호인을 선임할 수 있다(형사소송법 제137조 제 1 항 제 2 문). 그러나 변호인은 동일한 범죄행위의 경우에도 단지 1인의 피의자만

60) Hilgendorf, NStZ 1996, 4 참조.
61) BGH 15, 306, 309; 또한 BVerfGE 39, 246 참조.

변호할 수 있다. 다수변호의 금지는 이익의 충돌로부터 피의자를 보호하기 위함에 그 목적이 있다. 예를 들어 변호인이 2명의 공동 범죄행위자를 변호하는 경우가 여기에 해당된다. 법률은 그러한 충돌에 대한 추상적인 위험만으로도 충분하며, 피의자에게는 자신의 이익에 대한 처분을 할 수 있는 어떠한 여지도 부여하고 있지 않다.

1. 행위동일성(제 1 문)

소송법적인 의미에서 동일한 행위에 관한 것인 경우(형사소송법 제264조) 변호인은 동시에 수명의 피의자를 대리할 수 없다. 또한 이것은 피의자들 사이에 변론이 분리되어도 마찬가지이다.[62]

2. 소송절차동일성(제 2 문)

수 명의 피의자에 대한 소송절차가 병합되는 한, 변호인은 그들 중 1인에 대해서만 변호할 수 있다(소송절차가 동일성을 가지지 않는 형사소송법 제237조에 의하여 병합된 경우에는 이 원칙이 적용되지 않는다).[63] 소송절차동일성에 따른 다수변호금지원칙은 변론의 병합에 의하여 시작되고 변론이 분리됨으로써 종료된다.

3. 순차적인 다수변호

변호인은 피의자를 동시적으로는 불가능하나 순차적으로는 변호할 수 있 38
다.[64] 물론 이에 관해서는 이전의 소송절차 뿐만 아니라 선임관계도 법적으로 종결되어야 한다.

예) 변호사 R은 공범인 A와 B에 대한 소송에서 A에 대한 변호를 맡았다. A는 확정판결을 받아서 R에 대한 선임관계는 종료되었다. B는 항소를 제기하였고 그때

62) BGH 26, 291, 296.
63) BGH 36, 248, 논란이 되고 있다.
64) BGH NStZ 1994, 500.

부터 R로 하여금 변호하게 하였다. 이때에는 소송절차적으로는 어떠한 장애도 없다. 그러나 R은 A와 B 사이의 이해관계를 고려하여 쌍방대리금지 원칙(형법 제356조)을 위반하지 않는지 여부를 심사숙고하여야 한다.[65]

4. 금지규범을 위반한 다수변호의 법적효과(Rechtsfolgen)

피의자들이 동시에 변호인을 선임한 경우 모든 변호활동은 허용되지 않는 것으로서 취소(zurückweisen)되어야 한다(형사소송법 제146조a).[66] 1인의 피의자를 변호하던 변호인이 형사소송법 제146조를 위반하여 추후에 다른 피의자의 변호를 맡게 된 경우, 두 번째 변호행위만 허용되지 않는다.[67]

Ⅷ. 변호인의 직업활동에 대한 제한

1. 변호인의 배제(형사소송법 제138조a 이하)

39 이 규정은 강제적이며 열거적이다. 유추적용은 배제된다(기본법 제12조의 침해). 위 배제사유가 아닌 한 변호인이 그 지위에 반하거나 심지어 형사처벌의 대상이 된다고 할지라도 변호인을 배제할 수 없다. 배제절차는 주 상급법원(OLG)이 담당한다(형사소송법 제138조c).

40 제138조c 제3항 제1문은 배제사유의 발생과 그에 따른 차단효과(Sperrwirkung)를 규정하고 있다. 제147조와 제148조에 의한 변호인의 권리는 다른 일반규정에 의하여 침해될 수 없다. 형사소송법 제138조a 제1항 제3호의 제척사유는 제97조 제2항 제3문의 압수금지를 해제하는 조항에 상응한다(제138조a의 경우 단순한 혐의만으로는 충분하지 않다는 점에서 차이가 있다). 그러나 형사소송법 제147조와 제148조의 권리는 제138조c 제3항 제1문이 제시하는 바와 같은 혐의가 있는 경우 상실되는 것이 아니라, 주 상급법원의 명령이 있어야만 비로소 중지되는 것이다.

65) OLG Stuttgart NStZ 1990, 542.
66) OLG Celle StV 1986, 108.
67) BGH 26, 291, 297.

형사소송법 제100조a에 의한 전화감청에도 동일한 내용이 적용된다. 변호인과의 대화내용에 대한 감청은 제148조에 의해 금지된다. 또한 형사소송법 제138조c 제 3 항 제 1 문은 변호인이 피의자를 위해 처벌방해행위를 하였거나(제138조a 제 1 문 제 3 호) 그 계획에 참여하였다는(제138조a 제 1 항 제 1 호)[68] 의심을 받고 있는 경우에도 제148조는 우선 적용된다는 점을 확인시키고 있다. 41

2. 자금세탁의 혐의(Geldwäscheverdacht)

자금세탁의 예비행위 중 하나를 범한 혐의(형법 제261조)를 받고 있는 의뢰인을 변호하려는 변호인이 그로부터 수임료를 받는다면 그 스스로가 자금세탁행위를 범한다는 비난을 받게 된다. 그러나 의뢰를 거절하고 국선변호인을 선임할 것을 조언하는 것은 잘못되었을 뿐만 아니라 기본법에도 반한다. 연방헌법재판소는 이에 대하여 합리적인 한계를 제시하였다. 42

> 형법 제261조 제 2 항 제 1 호는 형사변호인에 대하여 기본법 제12조 제 1 항 제 1 문에 의하여 보장된 직업활동의 자유를 침해하는 의미를 갖고 있다. 사선변호에 있어서 수임료를 수수 내지 지급을 받은 경우 자금세탁으로 처벌할 수 있게 한다면 변호인이 적정한 범위 내에서 자신의 직업적인 수행능력을 경제적으로 사용할 수 있는 권리를 침해하게 된다(BVerfGE 110, 226=NJW 2004, 1305, 1307 f.). 형법 제261조 제 2 항 제 1 호의 형벌규범으로 변호인의 직업활동의 자유 —그리고 사선변호제도 자체를— 침해하는 것은 비례의 원칙 침해의 관점에서 볼 때 헌법에 합치되도록 제약할 필요가 있고, 따라서 그러한 침해는 변호인이 수임료의 수수 — 혹은 지급의— 시점에서 자신의 행위가 열거된 범죄행위에 해당된다는 것을 명백히 알고 있었던 경우에만 헌법적으로 정당하다(BVerfGE 110, 226=NJW 2004, 1305, 1311).[69]

이와 같이 과실 및 미필적 고의를 배제함으로써 변호인에 대한 최초혐의(예를 들어, 변호인의 사무실을 수색을 정당화하는 혐의)를 두기 위하여는 변호인이 악의적이었다는 것, 다시 말해서 확실히 알고 있었다는 데 대한 납득할 만한 단서가 있어야 한다.[70]

---

68) Welp, NStZ 1986, 294, 297 참조; 다른 견해 BGH 33, 347.
69) BVerfG NStZ 2005, 443f.
70) BVerfG a.a.O.

§ 12. 검찰의 종결처분

I. 개　　관

검찰은 수사를 계속할 것인지 또는 종결할 것인지 여부를 계속 심사하여야 한다. 수사절차의 종결에는 세 가지 방법이 있다.

1 형사소송법 제170조는 범죄혐의 없음을 이유로 절차를 중지하거나(후술하는 Rn. 4 참조), 기소하는(후술하는 Rn. 36 이하 참조) 권한에 대하여만 규정하고 있다. 이것은 기소법정주의에 따른 것이다(전술한 § 6 Rn. 8 참조). 형사소송법상 공소를 제기할 충분한 이유, 즉 충분한 범죄혐의가 있는 경우에(위 § 8 Rn. 3 참조) 검찰은 기소독점권을 사용할 의무를 지고 있고, 그렇지 않은 경우에는 범죄혐의 없음을 이유로 한 절차중지에 의하여 절차를 종결할 의무가 있다. 이 경우 검찰에게는 선택재량이 없다. 하지만, 검찰은 제 3 의 가능한 방법으로 수사절차를 종결할 수 있다. 말하자면, 검찰은 범죄혐의가 충분하다고 하여 항상 기소하여야 하는 것은 아니고, 다양한 이유로 목적에 합치되어 보이는 경우에 절차를 중지할 수 있다.

2 기소강제의 예외는 기소편의주의의 개념으로 요약된다(형사소송법 제153조 이하; 후술하는 Rn. 13 참조). 그러나 이러한 선택권(Optionen)도 '경미한 책임,' '공익'과 같은 법률개념으로 요건이 규정되어 있고 검찰이 마음대로 할 수 있게 되어 있는 것은 아니다. 하지만 판단여지가 지나치게 광범위한 경우가 자주 있다. 게다가 검찰이 법원의 동의를 항상 받아야 하는 것도 아니다(후술하는 Rn. 15 이하의 도표 참조). 피의자는 이러한 종류의 중지처분에 대해 방어할 수 없고, 자신의 무죄를 인정받기 위해 기소를 강제할 수 없다(후술하는 Rn. 10

참조). 결론적으로 허용된 범위 내에서 적정한 판단인지 여부와 재량 결정인지가 항상 명확히 구분되는 것은 아니다.

다음의 도표는 어떠한 단계에서 법적 관점이 심사되고 어떠한 결정을 할 수 있는지 보여준다. 3

표 15 검찰의 종결처분

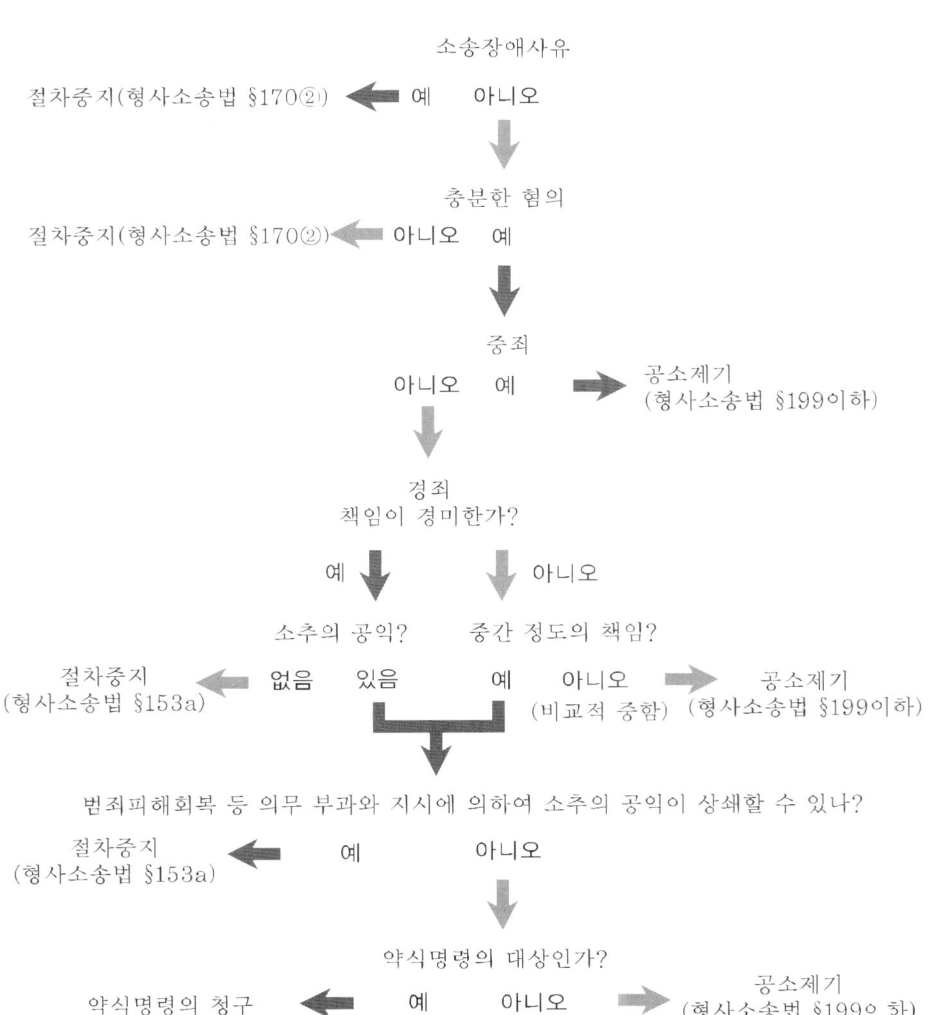

Ⅱ. 형사소송법 제170조 제 2 항에 따른 절차중지(Einstellung)

1. 절차중지의 요건

4 절차는 다음 중 하나에 해당하는 경우에 중지되어야 한다.

- 특정한 피의자에 대한 범죄혐의에 근거가 없거나 그에 대해 충분히 증명되지 않아 충분한 범죄혐의가 없는 경우, 또는 범죄자가 특정되지 않았기 때문에 충분한 범죄혐의가 없는 경우
- 수사 결과(예를 들어 과실 재물손괴와 같이) 범죄가 성립되지 않기 때문에 충분한 범죄혐의가 없는 경우
- 소송장애사유가 존재하는 경우(후술하는 § 14 Rn. 1 이하 참조).

첫 번째의 경우 사실적인 이유 뿐만 아니라 법적인 이유에 비추어도 공소를 제기할 충분한 요건이 없다.

무죄 보다는 유죄판결을 받을 개연성이 더 높다면 범죄혐의는 충분하다. 검찰은 법원의 입장에서 생각하여야 하고 그 결과를 예측하여야 한다. 그러나 검찰이 판례 입장을 근거로 판단해야 할 것인지에 대해서는 견해가 첨예하게 대립되어 있다(전술한 § 6 Rn. 12 참조).

2. 판례에 대한 검찰구속성

5 판례에 대한 검찰 구속성의 반대 논거로는 검찰과 법원의 독립성(법원조직법 제150조), 사법기관(Organ der Rechtspflege)으로서 객관적으로 진실과 정의를 추구하여야 할 검찰의 의무를 들 수 있다.

한편 이에 대한 찬성 논거로는, 범죄성립요건이 충족된 행위에 대하여는 형사소추하여야 할 의무(기소법정주의; 형사소송법 제152조 제 2 항), 권력분립원칙, 법원의 재판독점원칙(기본법 제92조) 등을 들 수 있다.

검찰이 기소의무의 요건인 특정 행위의 범죄성립 여부에 대해 독자적인 견해에 따라 판단해도 된다고 하면, 검찰은 법원 판례와는 달리 범죄성립이 된다고 보는 사건들에 대해 법원에 공소를 제기할 것이고, 그 결과 피의자는

공판정에 나갈 수밖에 없고, 다만 무죄판결을 기대해야 한다. 이것은 전술한 원칙들 중 어느 하나에도 저촉되는 것은 없다. 하지만, 검찰이 법원과 상이한 법적 견해에 따라 공소를 제기하지 않았다면 법원이 당연히 선고하였을 유죄판결도 검찰이 저지할 수 있게 된다. 따라서 검찰은 결과적으로 법관의 힘을 행사할 것이고, 소추자와 심판자의 분리원칙에 따라 검찰에게 부여된 역할을 넘어서게 된다. 그러므로 법원의 법적 견해가 통일되어 있거나 상급 법원에 의하여 지지받고 있을 경우, 검찰은 그 법원의 법적 견해에 구속되어야 한다.[1)]

3. 피의자에 대한 통지

피의자는 소송주체라는 지위를 가지고 있기 때문에 항상 통지를 받아야 6
할 것이지만, 법률이 모든 경우에 통지의무를 규정하고 있는 것은 아니다(형사소송법 제170조 제2항 제2문; 전술한 §9 Rn. 3 참조). 피의자가 무죄이거나 피의자에 대한 무혐의가 밝혀진 경우에 통지함이 타당하다(형사절차 및 질서의반절차 규칙 제88호).

4. 기 판 력

절차중지에는 기판력이 없다. 별다른 사실이 없다 하더라도 수사절차를 7
다시 진행할 수 있다.

5. 고소인에 대한 통지(형사소송법 제171조)

형사고발할 때 처벌의사를 명시적으로 밝힌 자[2)]는, 중지의 이유에 관하여 8
통지를 받게 된다(형사소송법 제171조 제1문).

고소인인 동시 피해자인 경우 고소인은 항고를 제기할 수 있다는 것을 함께 고지받게 된다(형사소송법 제171조 제2문).

---

1) BGH 15, 155; 비판적인 견해로는 LR/Graalmann-Scherer, §170 Rn. 26 참조.
2) 역주: 고소의 개념에 대해서는 전술한 §8 Rn. 7 참조.

Ⅲ. 기소강제절차(Das Klageerzwingungsverfahren; 형사소송법 제172조 이하)

1. 목적과 적용범위

9 기소강제절차는 청구되는 건수도 적고 인용되는 건수도 적지만, 이 절차에 의하여 피해자는 법원으로 하여금 검사가 기소하도록 강제하게 할 수 있다.[3] 이 절차는 검사의 기소독점이 적용되지 않고 피해자 자신이 사인소추자로서 검찰의 역할을 수행할 수 있는 범죄에 대해서는 적용되지 않는다(형사소송법 제374조 이하, 제172조 제2항 제3문).

10 기소강제절차의 목적은 기소법정주의의 보장이다. 검찰이 기소편의주의에 따라 절차중지 처분을 한 경우[4]에는 기소법정주의를 보장할 기회가 없다(형사소송법 제172조 제2항 제3문). 하지만, 피해자가 이것에 대하여 이의를 제기할 경우 어떻게 할 것인가?

> [사례 1] 검찰은 절도사건에 대한 절차를 진행하다가 형사소송법 제153조a에 따른 절차중지로 사건을 종결하였다. 피해자는 습격과 강도를 당했다고 말하고 있다.

형사소송법 제153조a에 근거한 절차중지는 중죄에 대해서는 할 수 없다. 기소강제절차에 의하여 검찰이 기소편의주의의 한계를 준수하였는지 여부가 통제될 수 있지만, 적용범위 내에서 어떻게 결정하였는가 하는 문제는 통제될 수 없다. 검사가 습격이 먼저 있었는지 심사하였으나 강도를 인정하지 않았다면, 기소강제절차 청구는 가능하다. 하지만, 그러한 주장이 검찰에게 새로운 것이라면, 검찰은 우선 수사를 재개할 기회를 가져야 한다.

2. 절 차

11 기소강제절차는 다음 세 단계로 진행된다.

3) Küper, Jura 1989, 281 이하 참조.
4) 역주: 기소유예처분을 한 경우.

가. 검찰은 형사소송법 제170조에 따라 수사절차를 중지하였고, 그 사실을 피해자인 고소인에게 공식적인 통지서로 통지한다.

나. 고소인은 지방검찰청 검사장(Leitender Oberstaatsanwalt)이 아니라 검찰총장(Generalstaatsanwalt)에게 항고장을 제출하고(전술한 § 6 Rn. 2 참조), 그 항고장에서 고소인은 직상급심에서 위반 행위를 다투려 한다는 점, 그리고 직무감독상 항고(Dienstaufsichtsbeschwerde)[5]만으로 위반 행위를 다투려는 것이 아니라는 점을 명시한다. 검찰이 항고를 받아들이지 않고 주 상급검찰청 검사장이 절차중지를 정당하다고 인정하는 경우에는 기각하고 그 결정을 통지한다(형사소송법 제172조 제 2 항).

다. 이제 피해자는 변호사를 통하여 주 상급법원에 법원의 재판을 신청한다(형사소송법 제172조 제 2 항 내지 제 4 항). 주 상급법원 형사부가 이에 대해 재판한다. 담당 법원은 신청을 기각하거나(형사소송법 제174조), 공소 제기를 결정한다(동법 제175조 제 1 문). 검찰은 이러한 재판에 구속을 받고 기소편의주의 원칙을 적용하여 법원의 재판을 무시할 수 없다. 주 상급법원은 검찰이 법률 착오로 수사를 중단하고 있다고 인정하는 경우에는 검찰에게 수사를 재기할 것을 지시할 수도 있다(전술한 사례 1 참조).[6]

3. 피 해 자

형사소송법상 상이한 여러 곳에서 사용되는 피해자의 개념을 파악하는 데 12
에는 규정의 규율 목적이 중요하다(제22조 제1호, 제61조 제2호, 제374조 제1항, 제403조 참조). 형사소송법 제172조의 피해자는 넓게 해석되어야 한다. 왜냐하면, 기소법정주의가 보장되어야 하고 검찰에 의한 기소법정주의 원칙의 변용이 통제되어야 하기 때문이다. 다른 측면에서 주의하여야 할 것은 형사소송법이 민중에 의한 기소강제절차(Popular-Klageerzwingungsverfahren)를 창설하려 한 것은 아니라는 점이다.[7]

피해자란 주장되는 범죄에 의하여 자신의 권리 또는 법적으로 보호되는

5) 역주: 가령 징계요구
6) KG NStZ 1990, 356; Rieß, NStZ 1990, 10 참조.
7) KK/Schmid, § 172 Rn. 18.

이익이 침해된 자이다.8) 이러한 정의는 규범의 보호목적이론에 의하여 구체화 될 수 있다.9) 그에 따르면 피해자의 예는 다음과 같다.

- 절도죄에서 소유자와 점유자
- 사기죄에서 물적 피해자와 피기망자
- 살해된 아이의 부모(형사소송법 제395조 제2항 제1호)
- 허위진술(위험범)에 의하여 소송 상황이 불리하게 된 경우 그 소송당사자10).

이에 대해 다음과 같은 경우는 피해자에 해당하지 않는다.

- 피해를 입은 유한책임회사의 이득 지분을 갖고 있는 지배인과 같이 간접적인 이해관계인11)
- 공범자12)
- 위반규범이 일반인을 보호하고자 하는 경우의 이해관계인. 예컨대, 공무상 배임(Untreue im öffentlichen Dienst)에 격분한 납세자13)
- 관공서. 예컨대, 자연환경보호법 위반의 경우에 자연보호청.14) 기소법정주의의 엄수 여부를 감시하는 것은 자연보호청의 일이 아니기 때문이다.
- 이익집단. 예컨대, 국민선동죄(Volksverhetzung)에 있어서 '신티와 로마의 집단'15)

Ⅳ. 제153조 이하 규정에 따른 절차중지

1. 기소편의주의(Opportunitätsprinzip)

13 '기소편의주의'라는 표현은 사람들에게 그렇게 좋은 느낌을 주지 않는다.

8) 통설; 예컨대 OLG Hamm NStZ 1986, 327 참조.
9) Frisch, JZ 1974, 7.
10) OLG Bremen NStZ 1988, 39.
11) BGH 1, 298.
12) OLG Hamburg NJW 1980, 848.
13) OLG Köln MDR, 1952, 568 참조.
14) OLG Celle MDR 1967, 515.
15) OLG Karlsruhe NJW 1986, 1276.

그러나 여기에서는 '기소법정주의(Legalitätsprinzip)'의 예외로서, 검사에게 합목적성을 이유로 사건을 마음대로 결정할 수 있는 재량을 허용하는 제도라는 측면을 말하려고 하는 것이 아니다. 국가자원이 한정되어 있기 때문에 검사는 범죄의 모든 혐의에 대하여 동일한 강도로 수사할 수 없다. 따라서 사건을 선택하여 집중하는 것은 정당하다. 거대한 규모의 경제범죄는 그 해결에 많은 시간과 인력을 요한다. 더구나 세상에 잘 알려진 사건들은 더욱 그렇다(부패범죄, 탈세사건 등). 기소편의주의는 검사로 하여금 중대한 사건에 집중할 수 있도록 법적 판단여지를 부여한다(위 Rn. 2 참조. 그렇다고 하여 국회가 사전에 수립하지도 않은 법정책을 독자적으로 추진하는 권한을 검사에게 부여한 것으로 오해하여서는 안 된다).

대체적으로 기소편의주의에 따라 절차를 중지(기소유예)하는 권한은 다음 14
의 4가지 기본적 사고에 기초하고 있다.

(1) 책임이 너무 경미하면 형벌이 부과되지 않는다(minima non curat praetor). 형사실체법은 단지 범죄성립요건의 충족여부만을 문제 삼고 있고, 실체적 범죄개념으로서는 그 가벌성 정도를 계량하지 않는다. 이러한 문제점을 수정하는 것은 절차법에 맡겨져 있다.

> 예) 증인은 자신이 교양 있는 사람으로 보이고 싶었다. 그래서 증언을 하면서 자신이 기차역의 가판대에서 "Welt am Sonntag"16)을 구입한 다음 거기서 이러 이러한 내용을 보았다고 진술하였다. 그러나 실제로 그가 구입한 신문은 "Bild am Sonntag"17)이었다.

위 예는 형법 제153조의 위증죄에 해당하지만 형사소송법 제153조에 따른 절차중지(기소유예) 사유가 될 수 있다.

(2) 형사실체법의 최저형량이 지나치게 높게 규정되어 있다. 한편으로는 절차를 중지시키는 것이 법적으로 불가능하지 않고, 다른 한편 재산형(그 이전에 부과된 형)이 지나치게 높게 부과된 경우가 있다. 이러한 시스템상의 흠을 형사소송법 제153조a가 메워 준다.

(3) 단지 몇 개의 범죄나 사건에 집중하는 것만으로도 정당한 형벌이 기대되기 때문에, 기소법정주의를 엄격하게 적용하여 처벌가능한 모든 행위나 다수의 범죄행위를 소추하는 것이 불필요한 경우도 있다(형사소송법 제154조, 제154조a).

16) 일요일에 발간되는 보통의 신문 중 하나(역주).
17) 일요일에 발간되는 선정적인 신문 중 하나(역주).

예) 피고인이 공사계약에서 허위의 약정을 한 횟수가 50회이든 70회이든 형량을 결정하는 데 큰 차이가 없는 경우가 있다. 피고인뿐만 아니라 국가 입장에서도 '비용-효과 계산' 측면에서 전체를 일괄하여 신속하게 절차를 종결하는 것을 선호하게 된다.

(4) 어떤 사건에서는 형사소추를 하는 것이 이익이 되기보다는 해로운 경우가 있다.

형사소송법 제154조c : 협박을 당하는 사람이 그 자신이 형사소추를 받을 것이라는 두려움 때문에 그 협박자를 신고하고 증언하는 데 어려움을 겪어서는 안 된다.

형사소송법 제153조d : 국가안보 관련 범죄에서 형사소추가 범죄사실 그 자체보다 더 손해를 초래할 수도 있다.

15 절차중지의 권한을 검사가 독자적으로 행사하지는 않는다. 공소제기 후에는 많은 경우 법원도 그 권한을 행사한다. 상세한 내용은 아래 표에 설명되어 있다. 아래 표를 보면 어떤 경우에 동의가 필요하고 누가 동의를 하여야 하는지를 알 수 있다. 그렇게 함으로써 법률은 상충하는 이익 사이의 견제와 균형을 달성하고 있다. 법원의 동의를 받도록 하는 것은 기소법정주의를 보장하려는 데 그 목적이 있다. 이에 비하여 피의자의 동의를 받도록 한 것은 절차중지보다 무죄판결을 선호하는 피의자의 뜻이 관철될 여지를 남겨두기 위한 것이다.

아래에서는 절차중지에 관하여서 중요한 몇몇 법규정에 대하여만 설명하고자 한다[형사특별법에는 그 외의 절차중지 규정이 포함되어 있다. 예컨대, 마약법 제31조a(소지한 마약이 극소량인 경우, 오로지 자신이 사용할 목적으로 소지한 경우), 제37조(형사소추보다 치료가 필요한 경우)가 그렇다].

표 16 절차의 중지

근거조문	절차중지			
	기소 전에 검사가 하는 경우		기소 후 법원이 하는 경우	
	피의자의 동의가 필요한지 여부	법원의 동의가 필요한지 여부	피고인의 동의가 필요한지 여부	검사의 동의가 필요한지 여부
형사소송법 153조		필요 예외 제1항 제2문	필요 예외 제2항 제2문	필요

153조a	필요	필요. 예외 제1항 제7문		필요
153조b	필요	필요	필요 (그러나 공판개시 이후에는 불필요)	필요 (그러나 공판개시 이후에는 불필요)
153조c	검사(연방검찰총장, 제4항)는 절차의 어떤 단계에서도 가능			
153조d	연방검찰총장이 절차의 어떤 단계에서도 가능			
153조e(연방검찰총장 관할)		필요 (주 상급법원의 동의)		필요 (연방검찰총장)
154				신청한 검사, 제2항
154조a				필요
154조b				신청한 검사, 제4항 제1문
154조c			불가능함	
154조d			불가능함	
154조e	하는 것이 상당함(soll)		필수적임 (muss, 일시적인 절차의 장애)	

2. 형사소송법 제153조

제 1 항 제 1 문에 의하면, 경죄(Vergehen)를 저지른 범죄자의 책임이 경미한 것으로 보이고, 형사소추를 해야 할 공익이 존재하지 않는 경우 절차는 중지된다[비록 법조문상으로는 "할 수 있다(kann)"고 되어 있지만, 이것은 재량행위가 아니다. 위 Rn. 2 참조].

가. 책임이 경미한지 여부는 확정적일 필요는 없고, 단지 그렇게 보이는 16
것으로 충분하다. 경미한 책임 그 자체가 아예 없는 것으로 보이면 '충분한 혐의'가 없는 것이고, 이 경우 형사소송법 제170조 제 2 항에 따라 절차가 종료된다. 한편 경미한 책임이 있을 개연성이 있는 경우에도 검사가 소추법정주의에 따라 반드시 수사를 계속 진행하여야 하는 것은 아니다. 그 사이에는 검사가 수사를 계속함으로써 충분한 혐의를 뒷받침할 증거를 수집할 여지가 있는 영역이 존재한다.

위 두 가지 경우 수사절차가 간략하게 진행되거나, 형사소송법 제153조에 따라 절차가 중지될 수 있다. 그러나 피의자에게는 자신의 혐의가 벗겨질 수 있도록 사건에 대한 조사를 계속하여 달라고 요구할 권리가 없다. 형사소송법 제170조 제 2 항에 따른 절차중지가 그 피의자에게는 실제로 더 명예로운 것이지만 법적 효과에서 더 유리할 것은 없다.

17 나. 절차중지를 할 수 없는 상황, 즉 형사소추를 해야 할 공익이 언제 존재한다고 할 수 있을 것인가 하는 문제도 명확하지 않다. 형벌을 가하는 것이 특별예방이나 일반예방의 목적에 기여하는 경우가 여기에 해당한다. 그 외에 범죄자의 인격성과 그의 법에 대한 태도를 근거로 판단을 하는 것(예컨대, 전과가 있는지, 국가의 권위를 무시하고 있는지 여부에 따라서)은 그러한 측면이 범죄자의 위험성을 인정할 정도가 아니라면, 대부분의 사건에서 성향형법(Gesinnungsstrafrecht)이라는 평가를 받게 된다.

일반 국민의 정당한 이익에는, 안전의 필요, 세인의 관심을 끈 범죄에 대한 사실규명 및 피해자에 대한 보호가 해당한다고 할 수 있다. 그러나 대량으로 발생하는 일상적인 범죄(예컨대, 무면허 운전이나 상점절도)에서 제153조를 적용하여 절차를 중지하는 것이 이성적인 대응인지 아니면 형벌권의 단순한 포기인지에 관한 논쟁이 현재 치열하게 진행중이다.[18]

18 다. 검사가 절차를 중지하려면(제 1 항), 그 범죄의 형량이 최저형량(형법 제38조, 제40조[19])에 해당되고, 범죄피해가 경미한(재산범죄에서 약 50유로까지) 경죄(Vergehen)가 아닌 한 법원의 동의를 필요로 한다. 그러나 피의자의 동의를 받을 필요는 없고, 그의 의견을 듣지 않아도 된다(법원의 동의는 단지 내부적인 절차 의사표시일 뿐 형사소송법 제33조 제 2 항에 규정된 바와 같은 '결정'이 아니다). 그러나 법원이 절차를 중지하는 경우에는 다르다(동조 제 2 항). 피고인은 동의를 거부하고 계속 무죄판결을 위하여 다툴 수 있다. 이 경우 피고인은 유죄판결의 위험을 감수하여야 한다.

19 라. 검사의 절차중지에 대하여 이를 법적으로 다툴 방법은 없다. 법원이 절차중지를 결정한 경우에도(제 2 항) 그 결정에 대해 실제로는 그것이 중죄(Verbrechen)에 해당하거나 검사나 피고인의 동의를 얻지 못한 경우가 아닌 한

---

18) KK/Schoreit, §153 Rn. 26.

19) 독일형법상 자유형으로는 1개월, 재산형으로는 5일의 일수벌금형이 최저형량이다(역주).

항고할 수 없다(제 2 항 제 4 문).

마. 검사가 절차중지를 하였다 하더라도 재기수사에 관한 실체적 근거가 20
있으면 사건을 다시 제기할 수 있다. 즉, 확정력이 인정되지 않는다.

제 2 항에 근거한 법원결정에 확정력 존부에 관한 법적 규정이 없기 때문에 21
심한 논란이 빚어지고 있다. 다만 확정력이 제한되어야 한다는 것은 명백하다.

다음의 경우에 중지되었던 소송이 다시 개시될 수 있다.

첫째, 새로운 사실관계나 증거가 밝혀진 경우(형사소송법 제211조를 유추적용한다고 하나, 이 견해에는 반대한다)

둘째, 경미한 책임 이상의 책임이 있거나, 형사소추를 해야 할 공익이 있다는 새로운 사실관계나 증거가 밝혀진 경우[20](이는 지나치게 확장한 것이나, 위의 경우보다 낫다)

셋째, 다른 법적 관점에서 더 높게 처벌할 수 있는 새로운 사실관계나 증거가 밝혀진 경우[21]

넷째, 중죄(Verbrechen)의 혐의를 인정할 수 있는 새로운 사실관계나 증거가 밝혀진 경우(형사소송법 제153조a 제 1 항 제 5 문의 유추적용)[22]

넷째의 경우에 대하여는, 형사소송법 제153조a의 적용으로 범죄자가 어쨌든 기꺼이 처벌을 받으려는 뜻을 표시하였고, 또한 급부를 이행하였기 때문에 고도의 보호를 받아야 한다는 견해가 있다.[23] 그러나 그 전에 아예 가벼운 제재도 받지 않은 경우, 즉 형사소송법 제153조에 따른 절차(기소유예)가 행하여졌던 경우라면 이 견해는 적용될 수 없다.

3. 제153조a

이 간편한 수사종결절차는 개정법(1974년)에 도입될 당시에는 형사소추를 22
해야 할 공익이 존재함에도 피의자가 급부를 이행함으로써 그 공익적 필요가 해소되고 제거될 수 있다는 것을 전제하고 있다는 그 점에서만 제153조의 절차중지와 차이가 있었다. 수많은 비판(예컨대, "절차를 매수하는 것이다", "백만장

20) Roxin, §14 Rn.29.
21) 이 견해에 대하여는 Meyer-Goßner, §153 Rn. 38 참조.
22) 기본판례로는 BGH NStZ 2004, 218 참조.
23) Beulke, Rn. 336; SK/Weßlau, §153 Rn. 57과 비교.

자를 위한 법조항이다")에도 불구하고 판례는 그 적용영역을 중간범죄까지 확장하였고, 입법자도 이를 승인하였다(1993년의 사법업무경감법). 이에 따라 이제 제153조a는 "책임이 중하지 않은 경우"에도 적용가능하게 되었다.

이 규정의 목적은 무엇보다도 절차를 신속하게 종결하는 데 있다. 특히 경제범죄에 있어서 절차의 복잡함을 피하는 데 큰 역할을 하고 있는데, 검사가 높은 금전 부담을 제안하고, 변호인이 이에 동의하면, 법원이 이를 수용하는 방식으로 이루어진다.

23 현재 이 규정의 역할은 비범죄화(Entkriminalisierung)에 있다. 부담(Auflagen; 제 1 호 내지 제 3 호, 형법 제56조b 제 1 항과 비교)과 지시(Weisungen, 제 4 호, 형법 제56조c 제 2 항, 제 5 호와 비교, 제 5 호[24]), 제 6 호[25]))는 비형벌적 제재이다. 제153조a에 따른 결정은 연방기록관리소에 등록되지 않는다. 이러한 점에서 형벌의 선고와 다르다. 연방기록관리법(BZRG)에는 90일 간의 일수벌금형과 3개월의 자유형이라는 절묘한 기준이 존재한다. 형벌이 선고된 경우 일단 연방기록관리소에 등재가 되지만 그 형이 위 기준보다 높지 않으면 신원증명(Führungszeugnis)에는 등재되지 않고, 피고인을 전과자로 표시하지 않는다(연방기록관리법 제32조 제 2 항 제 5 호; 관공서에 대하여 제공되는 정보의 제한에 관하여는 위 법 제41조에 규정되어 있다).

24 가. 이 규정의 요건은 제153조a도 단지 '경죄(Vergehen)'를 대상으로 한다는 점을 제외하고 제153조와 모든 점에서 차이가 있다.

범죄책임의 중대성에 반하지 않아야 한다(이 요건만 있으면 충분하다). 그 책임의 정도는 제153조와 마찬가지로 확정되어 있을 필요는 없지만, 제153조와는 달리 충분한 혐의가 있다는 것이 소명되어야 한다.

형사소추를 해야 할 공익이 존재할 경우 제153조는 적용이 배제되지만, 제153조a는 그 공익적 필요가 제 1 항 제 1 호 내지 제 5 호에 따른 급부에 의하여 배제될 수 있는 경우 적용될 수 있다. 그 급부라는 것은 실무상 대개 공익기관에 기부하는 것이다.

25 나. 피의자의 동의는 언제나 필요하다. 즉, 피의자가 승복하여야한다. 범

24) 가해자－피해자 조정(Täter-Opfer Ausgleich), 형사소송법 제155조a, b; 형법 제46조a는 피해자의 의사에 반하여 할 수 없다; 형사소송법 제155조a 제 1 항 제 3 문.

25) 재교육세미나(수강명령).

죄가 아주 경미한 경우(제 1 항 제 7 문, 이와 관련하여 제153조 제 1 항 제 2 문 참조)에만 법원의 동의를 받지 않아도 된다.

공소가 제기된 후에는 제 1 심 법원 또는 제 2 심 법원이 절차를 중지할 수 있다(제 2 항). 상고심 법원은 제153조와 달리 제153조a에 근거한 절차중지를 할 수 없다(왜냐하면, 상고심 법원은 "확정된 사실관계"를 심사하는 것이 불가능하기 때문이다. 제 2 항 제 1 문). 법원의 절차중지에는 피고인과 검사의 동의가 필요하다.

다. 제153조a의 절차중지는 2단계를 거쳐서 이루어진다. 우선 부담을 부 26
과하면서 그 이행을 위한 기간을 부여한 후 임시적으로 절차를 중지한다(제 1 항 제1 내지 3문[26]). 그 이후에 최종적인 절차중지처분이 내려진다. 그 절차중지처분은 검사가 행사하며, 법원의 '결정'으로 이루어진다.

라. 이러한 절차중지는 절차장애사유가 된다. 그 범죄사실에 대하여는 더 27
이상 형사소추절차가 진행되지 않는다(제 1 항 제 5 문). 이러한 제한된 확정력은 나중에 범죄사실이 중죄(Verbrechen)로 변경되는 경우에는 해당되지 않는다(사실관계나 증거관계 자체에서 전혀 변경이 없는 경우에도 그럴 수 있다).[27]

4. 형사소송법 제154조, 제154조a

이 규정은 형사소추의 일부를 포기함으로써 절차의 신속성에 기여하고자 28
하는 데 그 목적이 있다.

가. 형사소송법 제154조와 제154조a는 다음과 같은 요건에서 차이가 있다.

- 제154조는 절차법적 의미에서 다수의 범죄사실에 해당되는 경우이다(제264조, 상세히는 아래 §13 참조. 실체적 경합범).

예) 1997년과 1998년의 탈세

- 제154조a는 1개의 범죄사실을 분할할 수 있거나(예: 위증죄 사건에서 증인이 진술한 5개 항목 중 2개 항목), 절차적으로 1개의 범죄사실로서(형사소송법 제264조) 상상적 경합에 해당하는 경우이다(형법 제52조).

---

26) 가해자－피해자 조정(Täter-Opfer Ausgleich)에서는 그 성공이 중요한 것이 아니라 그것을 위하여 얼마나 노력하였는가가 결정적이다.

27) Meyer-Goßner, §153a Rn. 45 참조; 새로운 사실관계가 밝혀져야 한다고 한 제 3 판과 다르다.

상상적 경합의 예) 주거침입절도에 있어서 주거의 침입과 재물손괴(형법 제244조 제1항 제3호)

29 위 조항에서 공통적으로 규정된 요건은, 원칙적으로, 분리되어 불기소되는 복합범죄가 기소되는 다른 범죄사실(1개 범죄사실의 일부 또는 다른 구성요건)에 부과될 형량에 영향을 미치지 않을 정도로 경미하여야 한다는 것이다(제154조 제1항 제1호, 제154조a 제1항 제1문). 그러나 비록 법적 효과(=형벌)에 현저한 감소가 예상되는 경우에도 형사소추의 포기가 가능한 경우도 있다[제154조 제1항 제2호의 "그 외에도(darüber hinaus)" 이하 부분; 제154조a 제1항 제2문의 준용규정 참조]. 위 단서 규정은 형사판결이 바로 그 범죄사실 때문에 적절한 기간 내에 선고되지 않을 것으로 보여지고, 그 축소된 나머지 일부 범죄사실에 대한 형벌만으로도 형벌 목적 달성에 충분한 것으로 보여져야 한다는 것만을 요건으로 하고 있다.

30 절차의 축소(포기)는 취소할 수 있다. 이러한 취소의 요건은 여러 범죄사실(실체적 경합범) 중 하나의 범죄사실이 임시적으로 소추되지 않은 경우인지(형사소송법 제154조의 경우), 아니면 하나의 범죄사실 중 일부가 분리되는 경우인지(형사소송법 제154조a의 경우)에 따라 차이가 있고, 또한 그러한 결정을 검사가 하였는가 또는 법원이 하였는가에 따라 달라진다.

나. 제154조에 있어서 절차의 재개

31 (1) 검사는 1개의 범죄사실에 관한 소추를 포기할 수도 있고(제1항), 언제든지 이러한 결정을 번복하여 재심사할 수 있다. 제3항과 제4항의 규정은 검사에게는 하나의 지침에 불과할 뿐 그 권한을 제한하는 것은 아니다. 그러나 법원이 절차를 중지한 경우에는 그 권한은 제한된다.[28]

[사례 2] 검사는 사회보장기여금의 착복행위(형법 제266조a)와 근로소득세 횡령(국세징수법 제370조) 사건에 대한 수사를 마친 후 위 첫 번째의 죄에 대하여만 기소하였고, 두 번째의 죄에 대하여는 형사소송법 제154조를 적용하여 기소를 중지하였다. 이에 따라 피고인은 벌금형을 선고받았고, 항소를 제기하였다. 이에 검사는 피고인에게 근로소득세 횡령에 대하여는 더 이상 소추를 하지 아니하겠다는 언질

28) BGH 30, 165; NStZ 1986, 469.

을 주었다. 그러자 피고인은 항소를 취소하고, 제 1 심에서 선고된 벌금을 납입하였다. 4개월 후 검사는 위 피고인을 근로소득세 횡령죄로 기소하였다.

형사소송법 제154조 제 4 항에 기간 제한 규정이 있고, 또한 위와 같이 검사가 언질을 하였다 하더라도 나중에 검사가 기소하는 것은 그 자체로서는 잘못이 없다.

그러나 검사는 공정하게 처신한 것은 아니다. 공정성의 원칙(§ 18 Rn. 9 참조)을 위배한 것은 절차장애 사유가 되지 아니하지만(아래 § 14 Rn. 30 참조) 현저한 형벌감경 사유가 되어야 한다.[29]

제154조 제 1 항을 적용하여 절차를 중지할 때에는 검사가 법원의 동의를 얻을 필요가 없다. 또한 법원은 그 중지된 다른 범죄(위 사례에서 근로소득세 횡령)가 기소되지 않았기 때문에 이를 끌어와서 심리할 수 없다.

(2) 법원이 제 2 항에 근거한 검사의 신청에 따라 하나의 범죄에 대하여 절차중지를 하였다면 이것은 임시적인 것이 아니라 종국적인 것이다. 그렇게 함으로써 법원에의 계속은 종료되기 때문이다.[30] 법원이 절차를 재개하기 위하여는 소정 양식을 갖춘 '결정'을 하여야 한다(제 3 항 내지 제 5 항). 32

다. 형사소송법 제154조a에 따라 중지된 일부 범죄사실 또는 상상적 경합 범죄에 대한 절차재개

형사소송법 제154조a에 따른절차중지의 경우에도 전체 범죄사실은 기소상태를 유지하고 판결대상이 된다(제155조, 제264조). 검사가 범죄사실의 개념이나 범위를 마음대로 설정할 수 있는 것은 아니다. 그러나 법원은 중지된 범죄사실을 끌어와서 언제든지 심리를 시작하고(제 2 항) 이를 이미 기소된 사실에 포함시킬 수 있다(제 3 항). 33

라. 형사소송법 제154조와 제154조a에 따라 중지된 범죄사실을 형량을 가중시키는 사유로서 고려할 수 있는가 하는 문제에 대하여는 수긍하기 어려운 판례가 있다. 34

[사례 3] 검사는 피고인이 장소 A와 장소 B에서 저지른 2가지 강도죄에 대하여 공소를 제기하였다. 공판이 시작될 때부터 절차는 A에서 범한 첫 번째 범죄사실로

29) BGH 37, 10 참조.
30) BGH 30, 197; OLG Frankfurt NStZ 1988, 328, 이에 대한 평석은 Dörr/Taschke.

축소되었다(형사소송법 제154조 제 2 항). 피고인은 B에서의 범죄에 대하여도 자백하였다. 법원은 이러한 사정을 형벌가중 사유로 고려하였다.

연방통상법원은 피고인에게 그 축소된 범죄사실도 양형사유가 될 수 있다는 사실을 미리 알려주고, 그 범죄사실에 대하여 절차법에 따라 적법하게 사실인정이 되었다면 이를 형을 가중하는 사유로 삼을 수 있다고 한다.[31)]

실제로는 절차중지에 따라 형성된 신뢰의 기초는 그렇게 미리 알려줌으로써 동요되는 것이다(연방통상법원은 또한 피고인이 공판절차가 진행됨에 따라 양형사유로 고려되지 않을 것이라고 확신할 수 있게 된 경우에는 이를 양형사유로 삼아서는 안 된다고 하고 있다).[32)] 그러나 이에 대하여 국가가 한편으로는 그 스스로도 업무가 경감되지 않으면서, 또 다른 한편으로는 피고인에게 무거운 부담을 지우는 점에서 부당하다는 반대견해가 있다.[33)]

5. 공범 증인(Kronzeuge)

35 공범이 기소된 범죄[영국 형사절차에서 왕관(Krone)이라고 표현된다)]에 대하여 범죄사실을 인정하는 증언을 할 경우 그 증인에게는 공소를 제기하지 않거나 감형을 보장하는 경우가 있다. 이는 기소법정주의에 부합하지 않을 뿐 아니라, 형사정책적으로도 의문점이 많은 제도이다. 마약법 제31조[34)]의 규정이 여기에 해당된다; 공범 증인에 관한 기본 규정은 형법 제129조 제 6 항[35)]과 제261조 제10항[36)]이라 할 수 있다. 조직범죄에 있어서 공범 증인에 관한 규정은 1999년 12월 31일 실효되었으나 다시 발효되어야 한다는 요구가 있다.

형사소송법 제154조를 광범위하게 적용함으로써 "법률문언을 넘어서는 공

---

31) 제154조에 대하여는 BGH NStZ 1998, 511; 제154a에 대하여는 BGH 30, 165; 증거조사에 대하여는 BGH NStZ 1994, 195.

32) BGH NStZ 1996, 611; 그러나 오해의 위험, 즉 신뢰의 기초가 형성되어 있지 않으면 알려 줄 의무가 없다고 한다(BGH NStZ 2004, 277).

33) 상세하게는 AK/Schöch, § 154a Rn. 30 참조.

34) Kempf, StV 1996, 67 참조.

35) 범죄조직 구성죄에 있어서 그 범죄조직의 구성 및 활동을 저지하기 위하여 노력하는 행위에 대하여 형감면사유로 삼을 수 있다는 규정(역주).

36) 자금세탁죄 또는 불법이익 은닉죄에 있어서 범죄를 폭로한 경우 이를 형의 감면사유로 삼을 수 있다는 규정(역주).

범 증인(Kronzeugen praeter legem)"을 만들어 내려는 것은 법규의 제정목적에 더 이상 상응하는 것이 아니므로 검사는 이와 같은 시도에 반대하여야 한다.[37]

V. 공 소

1. 종 류

형사소송법 제170조 제1항에 의하면, 공소장을 제출함으로써 공소가 제기된다(공소장 양식 및 내용에 대하여는 형사소송법 제199조 제2항, 제200조에 규정되어 있다. 아래 Rn. 37 참조). 공소가 제기되어야만 판사가 사실관계를 심리하고 판단할 수 있다는 원칙에 의하여 특별절차, 예컨대 약식명령(형사소송법 제407조 제1항 제4문)과 신속절차(형사소송법 제417조)에는 특별한 공소제기 형식이 있다. 제178조 내지 197조에는 원래 법원의 예심절차(Voruntersuchung)에 관한 규정이 있었다. 사건이 법원에 오기 전 미리 검사의 수사를 심사하는 것과 같은 예심판사(Untersuchungsrichter)제도는 독일에서는 더 이상 존재하지 않는다. 그러나 다른 나라(예컨대, 이탈리아)는 이 제도가 피의자의 이익을 위하여 여전히 의미가 있다고 생각하고 있다. 36

2. 내 용

가장 간단한 공소장의 구성, 형식과 내용은 아래 표에 설명되어 있다. 공판절차에서는 공소장에 기재된 문장만이 낭독된다(제200조 제1항 제1문, 제243조 제3항 제1문). 참심원은 수사기록을 열람할 수 없다. 따라서 참심원은 검사의 관점이 전달될 수 있는 "수사결과의 요점" 부분에 의하여 영향을 받지 않는다(제200조 제2항 제1문). 37

37) Volk, NJW 1996, 879.

3. 기　　능

38 가. 공소장을 보게 됨으로써 피의자는 검사가 자신에 대하여 어떤 방향으로 수사를 하였고, 어떤 죄책을 묻고 있는지에 관하여 더 이상 의문을 가질 필요가 없게 된다. 공소장은 정보제공기능(Informationsfunktion)을 가지고 있다.

무엇보다도 공판전 피고인(형사소송법 제157조에 따라 이제부터는 이렇게 호칭된다)은 "주요 수사결과(wesentlichen Ermittlungsergebnis)"를 보게 된다.

39 나. 공소장은 피고인에게 부과된 "공소사실(Tat)"이 무엇인지를 설명한다(이에 대하여 상세하게는 아래 § 13 참조). 그렇게 함으로써 법원이 심리하여야 하고 또 판결을 내려야할 사실관계로서의 소송대상이 확정된다(제155조, 제264조). 이러한 범위한정기능(Umgrenzungsfunktion)이 공소의 본질에 해당한다.[38]

40 다. 유효한 공소제기는 소송조건이다(아래 § 14 Rn. 22 참조). 범위한정기능을 충족시키지 못하는 공소는 효력이 없다. 그럴 경우 법원은 공판의 개시를 기각하거나(제204조), 나중에 그 흠결을 발견하였다면 소송을 중지한다(제206조a). 다른 조건흠결(예컨대, 정보제공기능)은 법원에 의하여 치유될 수 있다.

41 라. 공소제기에 의하여 법원에 사건이 넘어오는 효과가 발생하지만 아직은 법률적인 의미에서 소송계속(rechtshängig)이라 할 수 없다.[39] 법원의 공판개시결정이 있기 전에는 검사가 공소장을 변경하거나 공소를 취소할 수 있다(제156조). 그 이후에는 공소장을 변경할 수 없다[이제는 거의 사용되지 않는 표현으로는 불가변성의 원칙(Immutabilitätsprinzip)]. 공판개시결정으로 비로소 절차의 주재권이 법원으로 최종적으로 넘어간다.

---

38) BGH 40, 390, 392.

39) 통설, 반대 견해 있음. Roxin, § 38 Rn. 9.

뮌헨 제 1 검찰청
사건 번호 :
구 속

공 소 장

피고인
보핑거 베어트람,
1953. 4. 28. 뮌헨 출생. 국적 독일, 미혼, 전직 트럭운전사, 현재 무직
주거 : 헬라스트라세 4번지, 80636 뮌헨
이 사건으로 뮌헨구법원에서 발부된 영장에 의하여 2002. 10. 1.부터 뮌헨 스타델하임에 있는 교도소에 구속중임(영장번호 : 0000 0000 0000)
변호인 : 변호사 마이클 마이어
람베어스트라세 14번지, 80123 뮌헨

뮌헨 제 1 검찰청은 피고인에 대한 수사결과 다음과 같은 사실관계에 대하여 공소를 제기합니다.
피고인 보핑거는 2002. 9. 23. 17:00경 함부르크스트라세 외곽 뮌헨 멀티마크트 수퍼마켓 사무실 출구 근처에서 하루 수입액을 트란스베르트 회사 소속 운송차량에 적재하는 것을 17:15까지 기다리다가 수송차량의 운전사인 칼 쿤쯔가 운전대에 앉자마자 그를 권총으로 위협하여 차량에서 내리게 하고, 현금 40만 유로가 적재된 차량을 직접 운전하여 그 슈퍼마켓을 벗어나 2km 떨어진 뮌헨 주변도시 행정청에 인접한 주차장에 정차하였다.
따라서 피고인은 다음과 같은 죄책을 집니다.
총기를 휴대한 채 사람에게 폭력을 가하여 위법하게 목적을 달성하려는 고의를 가지고 타인의 동산을 강탈하였으므로, 형법 제250조 제 1 항 제 1 호, 제249조에 의하여 중강도의 죄로 처벌받아야 합니다.

주요 수사결과:
금전 운송차량의 운전자인 칼 쿤쯔가 피고인을 명확하게 인식하고 있었고 2002. 9. 24. 참고인신문에서 그에 관한 모든 의문점을 해소하였습니다. 피고인은 2001년 초부터 2002년 6월말까지 트란스베르트 회사에 근무하였고, 참고인과 자주 함께 일하였습니다. 피고인은 체포 직후에는 범행을 부인하였으나 2002. 10. 9. 두 번째 피의자신문에서는 모든 혐의내용을 인정하였습니다. 또한 운송차량과 금고에서 피고인의 지문을 확보하였습니다. 또한 약탈한 돈 중 6,000유로를 피고인의 집에서 찾아내어 압류하였습니다.

법적 평가 :
금전강탈만을 범죄사실로 하였습니다. 금전수송차량은 피고인이 범행 직후 범행 장소로부터 멀리 떨어지지 않은 곳에 정차하여 쉽게 발견될 수 있었기 때문에 그것을 영득하려는 것은 아니었습니다. 자동차 부정사용(형법 제248조b)에 관하여는 형사소송법 제254조 제 1 항을 적용하여 공소를 제기하지 않습니다.

이 사건은 4년 이상의 자유형이 예상되므로 법원조직법 제24조, 제25조, 제74조 제 1 항에 따라 뮌헨 제 1 지방법원 형사부 관할사건입니다.

검사는 공소를 제기하면서 다음과 같은 청구를 합니다.
가. 뮌헨 제 1 지방법원 형사부에서의 공판
나. 공판기일의 지정
다. 계속 구속사유가 존재하므로 피고인에 대한 미결구금의 연장 명령

증거방법 :
1. 증인 : 칼 쿤쯔, 증인소환은 트란스베르트 회사로 하면 됨
2. 감정인 : 시그프리드, 쉬나이더
3. 서류 : 연방기록물관리소 송부 서류

첨부 : 수사기록 1권

뮌헨 제 1 지방법원장 귀하

뮌헨, 0000년 00월 00일
검사 : Ring 서명

4. 공소장의 수신자(공소장을 제출할 법원)

42 검사는 공소장에 공판이 열릴 법원을 명시하여야 한다(제200조 제 1 항 2문). 사건을 담당할 법관은 법률로 정하여져 있어야 한다는 원칙에 따라 검사에게는 법원을 선택할 권한이 없다. 그러나 원래는 구법원 관할사건인데 사건이 특별히 중요하다는 이유로 지방법원에 공소를 제기할 수 있다(법원조직법 제24조 제 1 항 제 3 호, 제74조 제 1 항 제 2 문). 그렇게 함으로써 동시에 그 사건에 대한 상소심 경로까지 결정하게 되는 것이다(이렇게 함으로써, 항소와 상고를 주 상급법원이 담당하거나 상고를 연방통상법원이 담당하게 된다).

특별히 중요한 사건이란 법률적 · 사실적 이유에서 평균적 사건보다 현저하게 부각되는 사건을 말한다.[40] 여기에는 범죄로 인한 법익침해가 크거나 범죄의 파장이 심대한 경우뿐만 아니라 피의자나 피해자가 유명인이거나, 대중매체가 그 사건에 지대한 관심을 가지고 있거나(예컨대, 그린피스가 원자력 쓰레기를 운반한 카스터 운송회사의 운송을 방해한 사건),[41] 또는 기본적인 법률문제에 관하여 다툼이 있어 연방통상법원이 이를 정리할 필요가 있는 사건(예컨대, 밀입국자에 대한 근로의 허용과 임금 문제)[42]이 해당된다.

지방법원 국가안보사건 재판부가 담당하는 사건(법원조직법 제74조a)은 연방검찰총장이 중요한 사건으로 평가하여 그 소추를 인수한 다음 주 상급법원을 제 1 심으로 하여 공소를 제기할 수 있다(법원조직법 제120조 제 2 항 제 1 호). 연방헌법재판소[43]가 위 개념을 재량영역으로부터 탈피하게 하여 법적 개념을 부여하였지만, 여전히 그 개념의 불명확성은 변하지 아니하였다.

그리고 지방법원이 검사의 결정을 시정하여 제209조 제 1 항에 따라 그 사건을 구법원으로 이송할 수 있다는 견해는 소위 '관할의 유동성'에 대한 의구심을 불러일으킬 수 있다. 왜냐하면 사건 담당 판사는 단적으로 법률에 의하여 정해지는 것이지, 판사가 그것을 정하는 것이 아니기 때문이다.

40) OLG Düsseldof StV 1997, 13.
41) BGH 44, 34.
42) BGH 43, 53.
43) BVerfGE 9, 223; 22, 254.

§ 13. 행　　위

Ⅰ. 행위개념 : 개요

1. 행위(Tat)와 범죄행위(Straftat)

1 소송법적인 의미의 행위개념은 실체법적 범죄행위 개념과 다르게 이해되며 또한 다른 목적에 기여한다. 실체법인 형법상 범죄행위는 특정한 불법이고 형벌요건의 함축적인 표지이다. 그러나 소송법상 행위는 구체적인 사건 즉, 역사적인 사실을 말한다. 행위는 피고인에 대하여 공소가 제기되는 사실관계(Sachverhalt)이다(위 § 12 Rn. 37 이하의 공소장에 관한 사례 참조). 범죄행위에 대한 개념정의에는 법률개념(Rechtsbegriff)이 사용된다("타인의 동산", "재산손해"). 행위에 대한 소송법적인 개념은 자연적인 관찰방법(natürliche Betrachtungsweise)에 의하여 구성된다. 따라서 행위의 개념(지금부터는 소송법상의 의미로 기술한다)은 그 범위가 실체법적인 범죄행위 개념보다 훨씬 넓다.[1)]

> [사례 1] 행위자는 운전면허가 없음에도 불구하고 1998. 1. 20. 아침에 여자친구의 자동차를 운전하여 칼스루에 인근을 출발하여 스위스로 갔다. 그는 스위스에 있는 한 은행에서 권총으로 은행원을 위협하여 수 천 스위스 프랑을 주머니에 넣은 다음 다시 자동차를 타고 저녁에 돌아왔다.[2)]

이 사실(Geschehen)은 '하나'의 행위(Tat)이다. 실체법은 계속범(무면허운전)을 염두에 두고는 있으나 대개 사실의 몇몇 측면만 가려내어 중요한 것으로

---

1) Volk, wistra 1998, 281.
2) BGH NStZ 1996, 41.

파악한다(예를 들어 행위자가 금전을 주머니에 넣었을 때 영득이 완료되었다는 것).

다른 예) 살인의 경우 행위자의 예비행위와 시체를 은닉하려는 노력이 하나의 행위에 속한다. 미수단계 이전과 기수 이후의 행위태양은 살인죄의 범죄행위 개념에서는 중요하지 않다.

2. 정의(Definition)

행위는, 자연적인 의미에서 단일한 역사적 사실진행이며 행위자의 총체적인 2
행동이다.[3] 이러한 '구체적인 사실(Vorkommnis)'은 특정됨으로써 다른 사건 또는 동일한 종류의 사건과 구별된다.

"예를 들어, 살인사건에 대한 혐의를 불러일으키는 상처가 있는 사체가 발견되었다면 행위는 충분하다. 왜냐하면 발생사실 그 전체로부터 처벌가능성이 있는 혐의의 근거가 되는 사실(Ereignis)이 도출되기 때문이다."[4]

여러 개의 사태(Vorgänge)가 관련되는 경우라도 내적인 연관성이 존재한다 3
면 이것은 하나의 행위를 구성한다. 따라서 이 행위들은 다른 소송절차에서 나누어 판결하는 것은 단일한 일상사실(Lebensvorgang)을 부자연스럽게 분리하는 것이다.[5] 이때 행위시간, 행위장소, 행위대상(Tatobjekt) 및 행위형상(Tatbild)에 주목할 필요가 있다.[6]

이러한 정의는 명확성과는 상당히 거리가 있다.[7] 행위는 전형적인 사건에 대한 설명을 통해서 비로소 구체적인 형상을 드러낸다(아래 Rn. 13 이하). 그러나 이것은 행위개념이 어떤 연관성 속에서 그 역할을 담당하는지를 우선적으로 명확히 할 것을 전제로 하고 있다.

---

3) BGH 13, 320; 32, 215; 35, 60.

4) BGH 22, 375, 385; 누군가가 크라카우의 게토관리인으로 유대인과 관련된 어떤 행위를 하였는가에 대한 물음에 관한 신문은 특정할 수 있는 범죄행위와 관련되어 있는 것이 아니어서 시효를 중지하지 않는다(형법 제78조c).

5) BVerGE 45, 434; BGH 41, 385.

6) BGH 36, 151.

7) BGH StV 1985, 181.

Ⅱ. 행위개념의 기능

행위개념은

- 소송절차의 대상을 결정한다(소송대상).
- 법원이 무엇에 대하여 판결할 수 있고 또한 판결해야 하는지를 규정한다.
- 형사사건의 공소장 변경의 한계를 정한다.
- 확정력의 범위를 규정한다.

1. 소송대상(Prozessgegenstand)

4 피의자에게 책임을 묻는 '행위(Tat)'가 소송대상이 된다. 이로 인해 소송대상은 객관적인 요소와 주관적인 요소를 내포하게 된다. 행위는 처벌가능한 행동(Handlung) 단서가 되는 일상사건(Lebenssachverhalt)이다. 이것은 소송대상의 객관적인 요소를 말한다. 한편 범죄혐의는 특정한 피의자에 대해 성립한다. 이것은 소송대상의 주관적 요소를 말한다.

1인의 피의자에게 여러 개의 행위가 부과될 수도 있다(자세한 것은 다음에 오는 Rn. 10 참조). 그러한 경우 소송절차는 여러 개의 행위를 그 대상으로 한다. 이것은 여러 명의 피의자가 하나의 행위로 기소되었을 때에도 적용된다(예를 들어, 공범의 경우). 또한 그 조합도 가능하다(여러 명의 피의자와 여러 개의 행위).

2. 법원의 판결권한(Aburteilungsbefugnis)

5 공소장에 기재된 행위만이 판결대상이다(형사소송법 제264조). 법원은 그 행위의 범위를 넘어서 판결을 하면 안 된다(형사소송법 제155조 제1항에 완전하게 규정되어 있다). 그렇지 않을 경우 탄핵주의원칙에 위배된다. 다시 말해서 기소라는 소송조건이 결여된다. 이러한 한계 내에서 법원은 직권으로 진실을 규명하여야 한다(제155조 제2항 직권탐지원칙= 직권심리원칙 = 직권주의). 따라서 법원의 판결권한은 '독립적인 것(selbstständig)'이며 (검사에 의해)제기된 청구에 구속되지 않는다(제155조 제2항). 그리고 이것은 법원판결의 범위가 기소된 사

실적인 소송물(Verfahrensstoff)의 범위에 구속되지만 검사의 법률적인 견해에는 구속되지 않음을 의미한다.

예) 사례 1에서 검사가 강도죄로 기소하였을 경우 법원은 강도적 공갈죄(räubische Erpressung)로 공판개시를 결정할 수 있다(제264조 제 2 항).

법원은 공판개시 결정에 있어서 강도죄의 기소를 허가하였다. 그러나 그 행위가 심리결과 다르게 증명될 경우 강도적 공갈죄로 유죄판결을 내릴 수 있다(제264조 제 1 항).

법원은 판결에서 소송대상을 최종적으로 결론지어야 하는데, 즉 유죄 혹은 무죄를 선고하거나 소송절차를 중지하여야 한다(제260조 자세한 것은 아래 § 31 Rn. 1)

3. 공소의 변경과 고지의무(Hinweispflicht)

공판심리 중에 새로운 사실이나 법률적인 측면이 발견될 수 있다. 법원은 이러한 측면을 고려하여 공소내용을 변경할 수 있다(형사소송법 제264조 제2항). 그러나 판결할 때 비로소 그 내용을 변경하여 피고인을 놀라게 하는 것은 공정하지 않다. 피고인은 법원의 새로운 평가에 관하여 고지받아야 한다. 또한 피고인은 특정한 요건 하에서(형사소송법 제265조 제 3 항) 공판심리를 갱신하여(형사소송법 제228조) 새롭게 공판심리를 시작할 것을 요구할 수 있다.[8] 법률에 의하면, 고지의무는 공소장의 적용법률을 변경한 경우에도 해당된다(형사소송법 제265조 제 1 항). 6

가. 공소변경은 동일한 사안에서 다른 법률적 판단을 한 경우에도 있을 수 있다(예를 들어, 강도죄 대신에 강도공갈죄로 변경한 사례).

나. 새로운 법률적인 측면은 새로 발견된 사실로부터 나타날 수 있다.

예) 절도혐의(형법 제242조)를 받고 있는 피고인이 무기를 소지하였다(형법 제244조)는 새로운 사실이 밝혀졌다.

위와 같은 고지의무는 공정성 원칙과 법관에 의한 배려의무를 법률적으로 7

8) BGH NStZ 2003, 444.

규정한 예에 해당하는데, 이는 피고인의 혼란을 방지하고 피고인의 방어권 행사에도 기여한다. 따라서 형사소송법 제265조는 피고인에게 유리한 확장해석뿐만 아니라 유추적용도 가능하다.

다. 더 가벼운 형벌도 위 법조문에서 말하는 다른 형벌규정에 해당된다.

예) 고의범이 아닌 과실범은 고의범과는 다른 변호활동을 필요로 한다. 마찬가지로 기수범이 아닌 미수범, 모살(Mord)이 아닌 고살(Totschlag) 등

라. 형벌규정이 동일하면 다른 행위행태를 인정하더라도 고지할 필요가 없다.

예) 부작위행위 대신에 작위행위 혹은 그 반대의 경우,[9] 형법 제142조(사고장소로부터의 무단이탈)의 경우 무단이탈 대신에 대기의무위반, 단독범행 대신에 공범,[10] 다른 살인양태.[11]

8 마. 또한 사안의 단순한 변경이 있는 경우에도 고지하여야 한다. 왜냐하면 피고인은 기소 혹은 공판개시 결정 단계에서 직면하지 않았던 새로운 사안 때문에 혼란스러워 해서는 안 되기 때문이다.[12]

4. 추가기소(Nachtraganklage: 형사소송법 제266조)

9 공소내용의 변경은 최초 기소된 행위의 범위 내에서만 가능하다. 그러나 일상적인 사건의 범위에 속하지 않는 새로운 사실이 나타날 경우(혹은 기소된 행위를 벗어난 사안을 기초로 한 법적인 측면이 나타날 경우), 형사소송법 제265조의 규정에 의한 고지의 대상이 되는 것은 아니다. 이러한 새로운 행위사실은 먼저 추가로 기소되어야 한다. 피고인이 동의하는 경우 기소는 신속하고 간단한 형태로 제기된다(제266조 제 2 항 제 1 문, 서면대신 구술로). 그렇게 되면 새로운 행위가 절차에 들어오게 된다(제266조 제 1 항).

---

9) BGH StV 1984, 367.
10) BGH 11, 18; StV 1996, 82.
11) BGH NStZ 1998, 529. NStZ 2005, 111.
12) 논란이 되고 있음. 연방통상법원의 판례도 일관되지 않음; BGH 19, 88(긍정); BGH NStZ 1984, 423(부정); BGH NStZ 1988, 190(유보): 엄격한 해석은 BGH NStZ 2003, 559(구체적인 사건).

예) 사례 1에서 피고인이 1월 22일 바덴바덴주의 인근에 있는 마을금고를 털었다는 사실이 새로 밝혀졌다.

Ⅲ. 공소의 병합(Verbindung)과 분리(Trennung)

피의자가 여러 개의 행위로 인해 기소되었다면, 이것은 여러 개의 소송대상과 관련된다(위 Rn. 4 참조). 이러한 행위들 사이에는 인적인 연관성(persönlicher Zusammenhang; 형사소송법 제 3 조)이 있다. 여러 개의 소송대상물 사이의 물적인 연관성(sachlicher Zusammenhang)은 하나의 행위에 여러 명의 행위자가 주범(Täter), 공범(Teilnehmer) 혹은 방조범(Begünstigung), 처벌방해 혹은 범죄비호 등으로 형사책임을 지게 되는 경우 존재한다. 10

예) A는 절도행위를 범했다. B는 장물범으로서 장물을 구입한 후 전매를 함으로써 사기죄를 범했다.

이러한 형사사건(Strafsachen)들은 서로 관련되어 있다. 이들 중 하나(혹은 여러 개)의 사건은 구법원의 관할에 속하고, 다른 사건은 지방법원의 관할에 속할 경우, 검사는 병합기소(gemeinsame Anklage)를 통하여 지방법원의 관할로 귀속하게 할 수 있다(형사소송법 제 2 조 제 1 항 제 1 문). 이것은 별도로 수사한 사건(isolierte Betrachtung)인 경우에도 동일한 법원의 관할인 경우라면 적용된다.[13] 사건이 법원으로 넘어온 경우 법원은 병합기소된 사건을 분리할 수 있다(제 2 조 제 2 항). 또한 분리 기소된 사건을 병합할 수 있으며(제 4 조), 항소심을 지방법원의 관할에 속하는 제 1 심 사건과 병합하여 심판할 수 있다(제 4 조 제 1 항 유추). 병합(Verbindung)은 두 소송절차의 통합을 통하여 전체적으로 제 1 심 사건으로 심리하는 결과를 가져온다.[14]

이러한 사건의 병합(Sachverbindung)은 심리의 병행(Verbindung zu gemeinsamer Verhandlung)과는 구분된다(제237조). 형사소송법 제 2 조 이하의 규정을 적용하여 병합함으로써 단일한 형사절차가 된다. 이에 따라 개별적인 사건은 11

13) 동일한 지방법원에서 동일한 피고인에 대한 몇 개의 다른 형사사건이 관련된 경우는 규정되어 있지 않다. 여기에 대해서는 Meyer-Goßner, NStZ 2004, 353.

14) BGH NStZ 1998, 628.

각자의 독자성을 상실하게 된다. 이것은 제237조에 의한 병행과 다르다. 즉, 심리의 병행은 단지 소송절차만을 가볍게 할 뿐이며 개별적인 사건은 상호 통합되는 것이 아니라 그 독자성을 유지하여 각자의 형벌법규의 결과를 따르게 된다.15)

예) 20명의 정육점 주인이 금지된 첨가물을 사용한 소시지를 제조한 혐의로 기소되었다. 1인의 식료품분석가가 감정인으로서 감정서를 발행할 예정으로 되어 있다. 이 경우에 제237조에 의한 소송의 병행이 이루어진다.

Ⅳ. 확정력(Rechtskraft)

12 법원이 하나의 행위에 대하여 판결을 선고하여, 그 판결이 확정력을 가지게 될 경우(자세한 것은 아래 Rn. 32), 동일한 행위로 유죄 또는 무죄를 선고받은 피고인에 대하여 두 번 다시 기소할 수 없게 된다. 피고인에 대하여 더 이상 유죄판결을 내릴 수 없게 된 때(기본법 제103조 제3항 문언) 동일한 사건에 대하여 새로운 소송절차를 진행하는 것이 금지된다. 확정력의 한계는 행위의 개념으로부터 도출될 수 있다. 행위의 모든 측면을 탐지하는 것은 검사 및 판사의 일이다(직권주의원칙). 실제 발생한 사실의 일부가 밝혀지지 않은 채 남아 있더라도 수사를 태만히 하였는가 혹은 의무에 합치되게 하였는가는 문제되지 않는다. 이러한 부족한 부분은 피의자가 부담할 위험영역에 속하지 않는다.

예) 사례 1에서 피고인은 1998년 1월 29일 범한 무면허운전으로 구법원에서 유죄확정판결을 받았다. 이것으로 피고인은 더 이상 은행강도사건으로 소추당하거나 처벌받을 수 없게 되었다. 법원이 사건의 일부를 전혀 알지 못하였거나 혹은 나중에 다른 재판부가 다른 소추절차에서 그것에 대하여 판결할 것이라고 믿고 있었던가는 중요하지 않다.16)

이러한 결과는 옳지 않음이 명백하다. 다음 장에서는 이러한 문제를 수정할 수 있는가에 관해 논하기로 한다.

15) BGH 19, 177, 182; 36, 348, 351.
16) BGH NStZ 1996, 41 참조.

V. 행위개념 : 정형성과 문제된 사례

13 법률적인 문제에서 자연적인 관찰방법(위 Rn. 2 참조)은 신뢰성에 의문이 가는 방법이다. 학설은 다양한 방법으로 규범적인 기준을 제시함으로써 이 문제점을 해결하려고 시도하였다.[17] 그러나 그 시도는 과거의 문제점을 제거하기보다는 오히려 더 많은 새로운 불확실성을 만들어 내고 말았다. 판례는 이러한 문제의식을 가지고 행위개념을 구체화하려고 시도하였다.

1. 행위와 행위단일성(상상적 경합)

14 소송법상의 행위개념은 실체법상 범죄행위와는 다르다(위 Rn. 1 참조). 따라서 경합범에 관한 실체법적 학설로부터 소송법상 행위의 범위가 당연히 추론되는 것이 아니다. 그러나 개념의 핵심은 실질적으로 일치하고 있다. 즉, 행위단일성(상상적 경합)의 사례에서는 오직 하나의 행위만 존재한다.[18] 이러한 원칙의 수정에 관하여서는 다음에 언급한다(아래 Rn. 16 이하).[19]

2. 행위와 다수의 행위(실체적 경합)

15 일반적으로 실체적 경합에 있어서는 다수의 독립적인 행위가 존재한다.[20] 여기에는 수많은 예외가 있다. 상상적 경합인지 아니면 실체적 경합인지에 관한 질문에서는 어떻게 정당한 형벌을 부과할 것인가가 중요한 반면, 소송행위개념에서는 어떠한 사건들을 하나의 절차로 판결을 내릴 수 있는가가 결정적인 요소가 된다. 따라서 실체적 경합범의 경우에도 다음 조건일 때 소송상 하나의 행위가 존재한다. 즉 "여러 범죄행위 사이에 밀접한 물적 관련성이 존재함으로써 피의사실 중 어떤 것도 그 하나만으로는 납득할만하게 취급될 수 없

17) 학설에 관해서는 Puppe, NStZ 1988, 456 참조; Roxin, JZ 1988, 260.
18) BGH 26, 284; 조직범죄의 경우는 다르다. BGH 46, 349.
19) 계속행위의 법적 특성을 벗어남으로써 나타나는 문제에 관해서는 Lacker/Kühl, StGB §52 Rn. 12 이하 참조.
20) BGH 35, 14, 19.

고, 또한 이들을 분리하여 평가하거나 판결하는 것이 단일한 일상사건을 부자연스럽게 분리하는 것으로 느껴지는 경우"가 여기에 해당한다."[21]

다음의 경우가 그 예이다.

- 음주운전사고 이후 곧바로 도주(Unfallflucht)한 경우 : 사고 이후 행위자는 새로운 상황에 놓이게 되고 새로운 결정을 하게 된다. 그리고 음주운전은 중단된다. 앞부분의 형법 제316조에 해당되는 행위는 형법 제142조(새로 규정된 제316조와 함께)와 실체적 경합관계에 놓이게 된다. 그럼에도 소송절차상으로 본다면 하나의 행위만 존재한다.[22]

- 상해와 유기행위(형법 제323조c) : 피고인은 음식점에서 피해자를 끌어낸 후 밖에서 폭행하여 의식불명상태로 만들고 피해자를 그대로 방치한 채 음식점으로 되돌아 왔다.[23] 이것으로 사실적인 사건경과는 종료되었다. 실체법적으로는 실체적 경합에 해당된다.

3. 범죄발생(Tatgeschehen)과 범죄성향(Angriffrichtung)

16 행위자가 상대적으로 경미한 범죄행위로 유죄판결을 받은 후 그 범죄행위의 시간적 범위 내에서 중범죄를 범했다는 사실이 밝혀진 경우 어떻게 해야 하는가에 관한 문제는 과거부터 논란이 되어 왔지만 여전히 해결되고 있지 않다. 이 문제는 무엇보다도 비교적 경미한 범죄에 있어서 계속범과 관련하여 나타난다(위 Rn. 1의 사례 1 참조).

> [사례 2] 피고인은 1986년 1월 권총을 불법으로 소지·휴대한 혐의로 총기법(Waffengesetz)에 따라 유죄판결을 받았다. 그러나 그 후에 그가 이미 오래 전부터 총기를 소지하고 다녔으며 1984년 12월 강도행위를 범했다는 사실이 밝혀졌다.[24]

총기소지와는 전혀 다른 행위동기에서 나온 새로운 의사결정(즉, 강도행위)은 대상에 대하여 본질적으로 강력한 범죄태도를 보이는 것이다.[25] 따라서 실

---

21) BGH 13, 21, 26.
22) BGH 21, 203; 23, 141, 147.
23) BGH 16, 200.
24) BGH 36, 151; 무기의 구입과 사용에 관해서는 BGH NStZ 2002, 328 참조
25) BGH 앞의 판결, 154.

체법적으로 말하면 강도행위 전후의 총기소지 사이에서 실체적 경합의 요건을 충족시킬 정도의 일정한 시간적 중단이 있었음을 말해주고 있다. 그러한 면에서 이 사례는 방금 위에서 언급한 사례인 교통사고로 중단되었던 계속적인 음주운전의 예와 비교할 수 있다. 그런데 연방통상법원은 이 경우에 소송법상 하나의 행위라고 보지 않는다. 강도와 총기법위반은 행위형상, 행위대상, 헝위시간, 행위장소에 따르면 완전히 서로로부터 벗어난 사건경과이며 자연적인 관찰방법에 의하면 상호 구분되어 있어서, 이들은 하나의 단일한 과거의 사실진행을 표현하고 있지 않다.[26] 결과적으로 이것은 옳다고 할 수 있다. 왜냐하면 무기소지죄는 무색의 행위형상을 가지고 있고 어떠한 활동성을 갖거나 지속적으로 새로운 행위결정을 요건으로 하는 것이 아니며, 다른 행위목적과 관련되고 또한 어떠한 구체적인 행위장소를 요구하지도 않기 때문이다. 사례 1에서는 그와는 다른 사실이 존재한다. 행위장소로 무면허로 운전한 행위는 은행강도를 목적으로 의도된 것이다.

학설이 잘 활용하고 있는 범죄성향성(Angriffrichtung)에 대한 규범적인 기준은 범죄에 의하여 침해되는 법익에 따라 정해지며(무기소지－강도시 사용), 행위개념을 와해시킬 위험성을 가지고 있다.[27]

판례는 자연적인 관찰방법을 유지하고 있으며 또한 예외에 대한 이유를 사실에 대한 관점, 즉 행위대상, 행위시간 및 행위장소에서 구성하고 있다. 다만 4번째 기준인 행위형상은 규범적인 표식(Einschlag)을 내포하고 있다. 이러한 판례의 해결방법은 우수하다. 왜냐하면 원칙적 기능에 적합한 행위개념은 몇몇의 극단적인 사례 때문에 근본적으로 다르게 바뀌어서는 안 되고 활용영역의 범위 내에서 수정되는 정도에 머물러야 하기 때문이다. 17

4. 선택적인 범죄관계(Alternative Begehungsweisen)

판례는 여러 행위사실(Handlungsvorgänge) 중 선택가능한 경우에 일정한 노선을 유지하고 있다. 여기에는 행위자가 절도범이거나 혹은 장물범일 수 있고, 또는 강도행위를 스스로 범하거나 그 행위자를 지원했거나 살인사건의 피해자 18

26) BGH 앞의 판결, 155.
27) 조심스러우나 최종적인 견해는 Beulke, Rn. 519.

를 직접 죽였거나 혹은 그 행위자를 도와 은닉시키는 등의 행위가 그 사례에 해당된다.

[사례 3] 피고인은 마을금고 S에서 은행강도사건으로 강취되었던 주식을 취득한 혐의로 기소되었다. 피고인은 장물취득으로 유죄의 선고를 받았다. 그 후 그가 직접 은행강도를 범했다는 사실이 밝혀짐으로써 검사는 새롭게 기소를 제기하였다.[28)]

이러한 범죄행위는 시간적 · 장소적으로 분리된 사실에 기초하고 있다. 첫 번째 공소에서 피고인이 하나 또는 다른 하나의 범죄행위를 범한 것으로 기소되었다면, 피고인은 더 이상 강도로서 유죄선고를 받을 수 없게 된다. 그렇게 된다면 두 가지 범죄 모두 형사절차의 대상이 되었던 것이며, 정확히 말한다면 소송법적인 의미에서 행위가 하나인지 여부는 중요하지 않게 된다. 그러나 최근에 와서는 그 행위가 하나인지 여부는 아주 중요하다.

과거의 판례는 범죄대상이 동일하면 하나의 행위에 해당한다는 단순한 논거를 가지고 사건들 중에서 선택할 수 없다고 하였다. 연방통상법원은 이러한 일의적인 해결방안에 대해 비판하면서 개별적인 사건을 평가하고,[29)] 각각에 대하여 다른 기준을 도출해낼 것을 요구하였는데, 이것이 옳다. 즉, 행위형상, 행위시간, 행위장소가 여기에 속한다.

이것들은 각각 사안에 따라 다른 비중을 가지게 된다. 구체적인 사례에서 아래와 같은 것이 결정적인 역할을 담당한다:

장물취득의 유죄판결에 기초가 된 일상 사실, 즉 주식을 신원 미상의 2인으로부터 12월 28일 취득하였다는 것은, 장소, 시간 및 행위상황과 침해된 법익(두 가지 측면을 가진 범죄로서의 강도)의 관점에서 보면, 현재 기소의 기초가 된 일상사실, 즉 12월 19일자 주식강취와 서로 확연히 구분되고, 따라서 자연적 관찰방법에 따를 때 하나의 사실경과로 보기 어렵다.[30)]

이러한 원칙에 따라 연방통상법원은 또한 절도와 범죄비호(Begünstigung) 중 선택 사건을 판단하였다.[31)] 여기에 행위자 행위의 범죄성향이 다르다는 점

28) BGH 35, 60.
29) BGH 앞의 판결, 63.
30) BGH 앞의 판결, 64.
31) BGH 35, 80.

이 추가적으로 부가되었다.[32] 즉 절도는 자신을 위한 측면이 있고, 범죄비호는 타인에게 유리하다는 점에서 차이가 있다는 것이다.

이러한 사례에서 행위대상이 동일함에도 두 개의 행위가 있는 것으로 보게 되면, 행위자는 동일한 약탈대상(사례 3에서 서류)으로 두 번의 유죄판결을 받게 된다. 여기에서 나타나는 부당함은 양형의 완화(이전에 선고된 형량의 고려)에 의하여 제거되어야 한다. 소송법적으로 결점 없는 이론적인 해결은 대부분 불가능하다.[33]

32) BGH 앞의 판결, 82.
33) 자세한 것은 Meyer/Goßner, FS-Salger, 345 참조.

§ 14. 소송조건(Prozessvoraussetzungen)

Ⅰ. 소송조건의 기능

1 범죄혐의는 사회적 혼란 상황(sozialer Störfall)이다. 형사절차의 목적은 진실의 발견, 정의로운 재판, 그리고 법적 평화의 회복이다. 그러한 목적은 사건을 규명하여 피의자에 대한 유 · 무죄판결(실체 판결)을 함으로써 실현될 수 있다. 하지만, 형사소추를 계속할 이유가 없는 경우도 있을 수 있다.

예) 정황상 범죄가 인정되지만, 그 범죄가 이미 시효가 경과하거나 이미 확정판결이 선고된 경우, 또는 독일법원이 그 사건에 대한 재판권이 없는 경우

그러한 경우 사건 실체에 대한 심리는 개시되지 않고, 형사절차는 중지에 의하여 종결된다[형식재판(Prozeßentscheidung), 판결(Urteil) 또는 결정(Beschluss)의 형태로 이루어진다; 형사소송법 제260조 제 3 항, 제206조a]. 형식재판에 의해서도 형사절차의 목적은 달성된다.

이러한 소송조건의 기능에 비추어 '소송조건은 법적 평화의 확보를 위한 요건을 유형화한 것이고, 그것이 흠결된 때에는 형법질서를 유지할 이유가 법적으로 존재하지 않는다'는 소송조건의 개념 요소를 추론해 볼 수 있다.[1] 통설은 이와 본질적으로는 다르지 않지만,[2] 여러 가지 관점에서 다소 부적절한 다른 개념을 사용하고 있다.

---

1) Volk, 1978, S.204; 절대소수설.

2) 많은 부분에서 동의하고 좀더 상세히 서술한 것으로는 Meyer-Goßner, NStZ 2003, 170면 이하 참조.

Ⅱ. 소송조건의 개념

1. 정 의

통설에 따르면 소송조건이란 그 존부에 따라 형사절차 전체의 적법성이 좌우될 정도로 중요한 사정들을 의미한다.3) 그것은 잘못 이해한 것이다. 시효 때문에 형사절차가 중지된다 하더라도, 그 전체가 부적법한 것은 아니다. 범죄에 대한 시효가 완성된 사실을 알게 된 경우 실체판결에 도달하기 위하여 계속해서 절차를 진행한다면 그때 비로소 적법하지 않게 되는 것이다. 소송조건의 개념 정의는 다음과 같이 개선되어야 한다. 즉, 실체 판결에 이를 수 있는 적법 조건으로 바뀌어야 한다.4) 2

2. 용어의 정의(Terminologie)

예컨대 친고죄에서 고소와 같이 실체판결에 도달하기 위하여 존재해야 하는 사정이 '소송조건'이다. 시효와 같이 존재해서는 안되는 사정은 '소송장애사유(Prozesshindernisse)'라고 한다. 이러한 개념은 결국 같은 의미이고, 서로 바꾸어 사용할 수 있다. 단지 선행조건문만이 다르다. 소송조건이 흠결되어 있다면, 소송장애사유가 존재하는 것이다. 3

3. 구 조

소송조건이 흠결되어 있다면, 그 절차는 바로 중지, 즉 확실히 중단된다. 따라서 소송조건은 명확한 윤곽을 제시하여야 하고, 가능한 한 단순하고 분명히 확정할 수 있는 간결한 표지에 의하여 표시되어야 한다.5) 4

---

3) BGH 32, 345, 350; 36, 294, 295; Beulke, Rn. 273.
4) 통설, Meyer-Goßner, Einl. Rn. 142만 참조.
5) Volk, 1978, 215면 이하 참조.

Ⅲ. 형법 · 형사소송법 체계상 소송조건

1. 체계적 지위

5 이제 형사실체법과 절차법의 두 영역에 대한 표(§ 2 Rn. 1 참조)는 다음과 같이 보다 구체화될 수 있다.

표 17

형사실체법	형사절차법	
기타 적극적 또는 소극적 범죄성립요건	소송조건 소송장애사유	절차 진행 규정
객관적 처벌조건 처벌소멸사유 처벌조각사유	예컨대, 시효, 특별사면, 고소, 확정 판결	예컨대, 형사소송법 제136조, 제243조 이하

이러한 소송조건들 중 몇 개는 바로 그 체계적 지위를 변경할 수 있다고 보는 견해도 있다. 예컨대 소송장애사유인 특별사면(Begnadigung)은 처벌소멸사유(Strafaufhebungsgrund)로도 파악되고(이 경우 무죄판결이 선고된다), 형법 제258조 제 6 항의 친족상도례(Angehörigen-Eigenschaft)라는 처벌조각사유(Strafausschließungsgrund)는 소송장애사유로도 파악된다(이렇게 새길 경우에는 형사절차가 중지되어야 할 것이다).

6 소송의 관점에서 볼 때 모든 실체법상 판결 요건은 유 · 무죄문제(Schuldfrage)와 양형문제(Straffrage)의 범주로 정리된다(형사소송법 제263조[6] 제 1 항). 소송상 의미의 유무죄문제에는 범죄체계 요소, 즉 구성요건해당성, 위법성, 책임과 기타 처벌조건과 처벌조각사유가 포함된다. 처벌을 가중하는 사정(형사소송법 제263조 제 2 항)에 구성요건상 가중사유가 포함된다는 점은 분명하다. 특히

6) 형사소송법 제263조(표결) ① 책임 문제 및 행위의 법적 효과에 관한 것으로서 공판 피고인에게 불리한 재판을 하기 위해서는 참여법관의 3분의 2의 다수의 찬성을 필요로 한다. ② 형법상 특별히 규정되어 가벌성을 배제하거나 경감하거나 또는 가중하는 사정도 책임문제에 포함된다. ③ 시효의 요건은 책임문제에 포함되지 않는다.

중한 사건에 대한 규정형식(Regelbeispiel)의 체계상 정확한 지위는 양형문제이지만 그것도 처벌을 가중하는 사정에 포함된다(형사소송법 제263조 제2항).

소송조건은 유무죄문제에 해당하지 않는다. 소송조건이론이 아직 형성되지 않던 때부터 형사소송법은 시효(형사소송법 제263조 제3항)만을 규정하고 있지만 소송조건이 소송법에 속한다는 사실을 분명히 하고 있다. 7

2. 직권조사

소송장애사유는 모든 절차 단계에서 직권으로 조사되어야 한다.[7] 이러한 원칙의 적용범위는 넓지 않다. 직권주의원칙에 따라 모든 실체법적·소송법적 실체판결 조건은 직권으로 심사되어야 한다. 그러나 이것은 사실심에 대하서만 적용된다. 상고심에서는 법률위반에 대해 불복한 경우만 판단대상이 된다. 소송조건들은 그에 대한 하나의 예외가 된다. 소송조건이 모든 절차 단계에서 직권으로 조사되어야 한다는 원칙은 상소절차(Rechtsmittelsverfahren)에서만 고유한 의미를 가진다(상세한 것은 후술하는 §23 Rn. 8, §36 Rn. 14 참조). 8

3. 자유로운 증명 절차에 의한 심사

통설에 의하면 소송조건의 직권조사는 자유로운 증명절차에 의하게 되어 있다. 즉 법관은 법률에 규정된 증거방법에 구속을 받지 않는다(후술하는 §23 Rn. 8 참조). 9

4. 의심스러울 때는 피고인의 이익으로(in dubio pro reo)

이러한 원칙은 대체적으로 소송법의 영역에서는 적용되지 않는다(상세한 것은 후술하는 §18 Rn. 22 참조). 소송조건에 대해서는 그에 대한 예외가 인정되어야 한다. 통설에 의하면, 소송조건이 절차 전체의 적법성이 좌우될 정도로 중요한 사정일 경우에 그 사정에 대한 의심은 피고인의 이익을 위하여 제거되어야 하고 절차는 중지되어야 한다. 연방통상법원은 보다 더 신중하게 개개의 10

7) 이 부분에서 Meyer-Goßner, Einl. Rn. 142는 내 견해를 오해하고 있다.

소송조건에 대한 의심을 개별적으로 평가하려고 한다.[8] 연방통상법원은 "각각의 요건을 심사한 후 가령 시효, 특별사면, 고소와 같은 몇몇 소송조건은 매우 실체법적 성격을 갖고 있지만, 다른 소송조건들은 절차적 흠결이고 이에 대해서는 '의심스러울 때에는 피고인의 이익으로'라는 원칙이 적용되지 않는다"고 보고 있다. 그럼에도 불구하고 법치국가의 근본적인 실체판결 조건인 소송조건의 존재에 대한 의심이 있는 경우 절차를 중지에 의하여 종결하는 것은 타당하다.[9]

Ⅳ. 소송조건/소송장애사유의 목록

그 목록은 핵심영역의 경우 확실히 규정되어 있다. 다툼이 있는 경우 '소송장애를 헌법에서 직접 도출해도 좋은가' 하는 것이 문제된다(후술하는 Rn. 24 이하 참조).

1. 재판권(Gerichtsbarkeit)

11 가. 형사사건에 관한 것이 아니라면(법원조직법 제13조), 절차는 중지된다.

나. 재판권은 외교면책특권을 향유하거나(법원조직법 제18조 내지 20조) 다른 특별한 지위를 가지고 있는 사람(나토규약 제 7 조)에 대해서 미치지 않는다.

다. 형법 제 3 조 이하에 따라 형법이 적용될 수 없다면 형사절차를 실행하는 것은 의미가 없다.[10]

2. 관할(Zuständigkeit)

12 가. 법원의 사물 관할(sachliche Zuständigkeit)은 소송조건이다(형사소송법 제 6 조). 사건에 대한 재판은 관할법원만이 할 수 있다. 관할 위반은 중간절차에

8) BGH 18, 274, 277은 시효에 대하여 이를 지지하고 있고; NStZ 1984, 520도 소송행위능력에 대해 동일하다.

9) BGH 46, 349.

10) BGH 34, 1.

서 형사소송법 제209조에 따라 보정된다. 공판절차에서는 관할위반하여 하급법원에서 관할할 사건이 상급법원에 계속된 경우에 형사소송법 제 6 조와는 달리 그대로 상급법원이 관할한다. 반면에 반대의 경우에는 중지되어 새로 기소되는 것이 아니라 편의상 관할법원으로 이송된다(형사소송법 제270조). 공판 개시 전에는 형사소송법 제225조a가 적용된다(BGH 44, 121).

나. 재판적(裁判籍; Gerichtsstand), 즉 제 1 심에서의 토지관할은 이의제기기간이 매우 짧은 소송조건이다. 즉, 공판절차 개시 전까지 직권으로 심사된다(형사소송법 제 6 조).

3. 불소추특권(Immunität)

독일 재판권은 연방의회 의원(기본법 제46조 제 2 항)과 각 주의회 의원(형사소송법 제152조a)에 대해 미치지만, 의회 의원은 형사소추를 당하지 아니한다. 국회는 보호받고 있다. 의회 구성원이나 그 기관에 대한 다른 공권력의 침해에 의하여 의회가 위기를 겪거나 변화되어서는 안 된다. 의회는 국회의원의 불소추특권을 박탈할 수 있다. 그 경우 국회의원의 소송장애사유는 소멸된다. 13

기본법 제46조 제 1 항의 형사면책특권(Indemnität)은 이와 반대로 실체법상 책임(Verantwortlichkeit)과 관련된 개념이다.

4. 형사미성년자(Strafmündigkeit)

14세 미만의 아이는 구체적 사건과 상관없이 책임능력이 없고, 따라서 형사미성년자이며(형법 제19조), 형법상 소추되어서는 안 된다. 14

5. 피의자의 사망

피의자의 사망 후에는 사건 실체에 대한 재판이 이루어지지 않는다. 유죄판결이든 무죄판결이든 사후에는 존재하지 않는다. 그러나 그 절차는 그 자체로 종료되지는 않고, 중지에 의하여 종결되어야 한다.[11] 15

11) BGH 45, 108은 잘못된 종전의 판결을 폐기하였다.

6. 소송행위무능력(Verhandlungsfähigkeit)

16 피의자가 일시적으로 뿐만 아니라 종국적으로도 소송행위능력이 없다면, 절차장애사유가 존재한다. 소송행위능력은 민사사건에서의 행위능력(Geschäftsfähigkeit)이나 소송능력과 동일한 것은 아니다.[12] 오히려 피고인은 공판 내외에서 자신의 이익을 이성적으로 지키고 분별 있고 이해할 수 있는 방법으로 방어하고, 소송상 의사를 표시하고 수용하는 능력을 가지고 있으면 충분하고 또한 필요하다.[13]

따라서 소송행위능력은 절차유형에 따라 달리 판단되어야 한다. 상고절차에서 상고를 제기하는 것에 관하여 책임 있게 판단할 수 있는 능력이 여기에 속한다.[14] 소송능력이 없는 자에 대해서 보안처분절차는 진행될 수 있다(형사소송법 제413조 이하).

7. 시효(Verjährung)

17 일정한 시간이 경과한 후에 책임 상쇄(Schuldausgleich)가 있게 되고, 일반예방과 특별예방이라는 형벌목적을 추구하는 것은 더 이상 의미가 없으며, 범죄사실의 규명과 증거의 발견이 어려운 것이 보통이다. 이러한 실체법적 절차법적 이유에서 형사처벌이 아니라 형사소추 자체를 포기하게 된다.[15]

8. 절차의 면제(Niederschlagung des Verfahren)

18 이러한 면소(免訴; Abolition)는 실체법적 근거들을 가지지만, 소송장애사유로 작용한다.[16] 특정한 범죄에 대해 일반사면(Amnestie)을 보장한 사면법(赦免法; Straffreiheitsgesetz)은 처벌소멸사유(Strafaufhebungsgrund)를 규정하고 있다. 처벌면제를 받게 되는 사람은 대부분 무죄 선고를 청구할 권리를 가지고 있지

12) Rath, GA 1997, 145 참조.
13) BGH NStZ 1996, 242.
14) BGH 41, 16, 19; Widmaier, NStZ 1995, 362 참조.
15) Lackner/Kühl, StGB, § 78 Rn. 1 참조.
16) BGH 24, 262, 265.

는 않고(일반사면법상 예외), 절차가 처음부터 진행되지 않거나 중단(중지)되지 않는 것을 감수하여야 한다. 특별사면(Begnadigung)은 행정부에 의한 형면제(Strafanlass)로서 개별사건에서 집행을 저지한다(형사소송법 제452조).

9. 고 소

형사고소(전술한 §8 Rn. 8, 9 참조)가 제기되지 않는다면, 소송장애사유가 존재하게 된다. 고소기간이 아직도 남아있는 한 그 소송장애는 일시적인 것이다. 형사고소가 더 이상 제기될 수 없거나 제기된 형사고소가 나름에 취소된 경우에는 그 소송장애는 종국적인 것이다. 관공서의 처벌요구(형법 제104조a) 또는 형사소추를 위한 권한 위임(예컨대, 동법 제90조 제4항, 제194조 제4항, 제353조a 제2항)은 이와 동일한 기능을 가진다. 몇몇 범죄의 경우 검찰이 형사소추에 대한 특별한 공공의 이익이 존재한다 주장함으로써 형사고소를 대신할 수 있다(예컨대, 형법 제230조, 제303조c). 19

10. 확정판결

형사기소와 그 사건에 대한 확정판결이 이미 있었던 경우, 피의자는 동일한 범죄사실로 다시 처벌받아서는 안 된다(기본법 제103조 제3항). 그 경우 이미 실체판결을 목표로 하는 절차 진행은 더 이상 의미가 없는 것이다. 절차중지에 의하여 종료된다. 기판력은 소송장애사유이다. 20

11. 다른 법원에의 소송계속

동일한 이유로 동일한 사건이 이미 다른 법원에 계속된 경우, 즉 공판개시결정이 있었던 경우 절차는 중지되어야 한다.[17] 선재성원칙(Prioritätsprinzip)에 따라 먼저 기소된 사건에 대한 재판을 속행하여야 한다. 21

---

17) BGH 22, 232; 전술한 § 12 Rn. 41 참조.

12. 기 소

22 유효한 기소는 소송조건이다. 심판범위 한정기능을 다하지 않은 기소는 무효이다(전술한 § 12 Rn. 40 참조).[18] 검찰이 기소를 추완할 것을 거부한다면 법원은 공판개시를 거부한다(형사소송법 제204조). 통설에 의하면 법원은 기소내용을 고지함으로써 정보제공기능의 흠결을 치유할 수 있다.[19]

13. 공판개시결정

23 가. 공판개시결정이 없는 경우, 그 절차는 소송장애사유로서 판결에 의해 중지되어야 한다(형사소송법 제260조 제 3 항). 하지만, 통설은 개시결정도 공판중에 추완될 수 있다고 한다.[20] 피고인과 변호인이 동의하고 공판개시에 대해 고지 받은 후 공판절차의 정지를 요구하지 않은 경우(형사소송법 제217조, 제218조), 그 절차는 계속 진행될 수 있다고 한다. 이에 대한 찬성 논거로서 필자가 지지하는 견해에 의하면, 절차중지를 하였다고 하여 검찰이 새로 기소하는 것을 방해받지 않는다는 점, 즉, 공판개시결정의 흠결이라는 소송장애사유는 제거될 수 있다는 점이다. 이에 대한 반대 논거로는 공판개시결정의 의미, 즉 수소법원이 단순히 공판기일의 지정(Tagesordnung der Hauptverhandlung)에 그치는 것이 아니라, 기소를 허가할 것인지를 심사하고 재판하여야 한다는 점을 들고 있다. 통설에 의할 경우 절차의 형식적 엄격성이라는 이러한 본질적 요소가 소송경제 때문에 희생되게 된다.

나. 공판개시결정에 흠결이 있는 경우에 그 흠결이 어디에 있는가 하는 점이 중요하다. 공판개시결정으로 기소가 허용되기 때문에, 이미 공소장에 존재하는 흠결이 문제된다. 공소장에 대한 설명에서 본 것처럼 한계확정기능과 정보제공기능에 따라 구분할 수 있다. 어떠한 범죄사실이 심리될 것인가 하는 점이 불분명한 경우, 즉 범위확정기능이 결여된 경우에만 공판개시결정이 무효이다.[21]

---

18) BGH 40, 44 이하.

19) BHG 40, 390 참조; Beulke, Rn. 285; 이와 다른 견해로는 예컨대 OLG Düssekldorf StV 1997, 10.

20) BGH 29, 224; StV 1998, 66; Meyer-Goßner, § 203 Rn. 4 m.w.N.

21) BGH NStZ 1985, 464.

정보제공기능의 흠결은 공판심리에서 치유될 수 있다. 중간절차에서 새로이 부가된 흠결도 있을 수 있다.

예) 판사의 서명이 누락되었다(무효인 공판개시결정).[22] 제척사유가 있는 판사가 재판에 참여하였다(형사소송법 제22조 제 2 호).[23]

사례문제에 대한 결론은 갈라져 있어 다수견해가 존재하지 않는다.

V. 소송조건, 절차의 흠결, 그리고 헌법

소송조건은 재판권, 관할 등의 전제요건, 아울러 불소추특권, 소송행의무 24
능력과 같은 피의자의 인적 사정, 확정판결과 같은 사건 자체의 사정에 대한 것이었다. 절차의 흠결이 있다고 하여 원칙적으로 반드시 그 절차가 중지에 의하여 종결되어야 하는 것은 아니다. 절차의 흠결은 당해 절차에서 보정되거나, 그렇지 않고 여전히 남아 있는 경우 그 판결에 대하여 절차상 흠결을 이유로 불복할 수 있다(상고). 특별히 중한 절차의 흠결이 있는 경우 절차가 무효로 될 수 있다는 예전 생각은 형사소송법 체계와 일치하지 않는다. 그러나 기소 또는 공판개시결정에 대한 소송조건을 상론하다보면, 오늘날에도 소송장애사유를 중대한 절차상 흠결에서 도출할 수 있다는 견해가 나타난다. 더 많은 사례들에서 많은 논쟁이 이루어진다. 소송장애사유를 형사소송법에 근거하지 않고 헌법에서 직접 도출할 수 있는지도 또한 문제이다.

이 문제를 해결하기 위한 두 가지 방향이 형사소송법 체계에서 추론된다.

(1) 소송조건에서 전형적인 것은 소송조건들이 절차를 조건 없이 종결한다 25
는 것이다. 소송조건들은 원칙적으로 비교형량(比較衡量; Abwägung)에 친숙하지 않다.[24] 통설은 이러한 사고를 '소송장애사유는 사실에 근거하여 특별한 가치 판단 없이도 확정할 수 있어야 한다'고 표현하였다.[25] 그것은 사실과 완

22) OLG Frankfurt JR 1992, 348.
23) BGH 29, 351에 의하면 중대한 흠결은 없다; 이에 대해 정당하게도 반대하는 견해로는 Nelles, NStZ 1982, 96, 102.
24) Volk, StV 1986, 36; 전술한 Rn. 4 참조.
25) BGH 24, 239; 32, 345, 351 이하.

전히 일치하는 것은 아니다. 예컨대 기판력, 무효인 기소와 같은 적지 않은 소송장애사유들은 가치 판단을 전제로 한다. 중요한 것은 단지 가치평가가 분명하고 명백하다는 것이다. 그것과 다음의 사실은 관련성이 있다.

26 (2) 소송조건은 그 때까지의 형사절차 과정에서 도출될 수 없다. 통설이 이 원칙을 명시적으로 인정하는 것은 아니다.

〈개별사건〉

1. 절차의 지연

27 형사절차는 신속하게 진행되어야 한다. 이러한 신속성의 요청은 헌법적 지위를 갖고 있다(기본법 제20조 제3항; 유럽인권협약 제6조 제1항 제1문). 그에 대한 위반이 절차장애사유이라는 점은 학설상 널리 지지된다.[26] 연방헌법재판소도 극단적인 경우에 대해 형사절차의 속행을 법치국가에서 더 이상 감내할 수 없는 것이라고 설시하였다.[27] 문제는 실체재판에 의하여 종결하여야 하는 것인지 형식재판에 의하여 종결하여야 하는 것인지 하는 점이다. 연방통상법원은 오랫동안 법적 효과의 측면에서, 즉 형의 면제, 형사소송법 제153조에 따른 절차중지, 보호관찰조건부 집행유예(Strafaussetzung zur Bewährung) 또는 처벌감경을 통하여 적절한 보상이 이루어져야 한다는 견해를 지지하여 왔다.[28] 피고인은 장기간의 절차를 통하여 이미 충분히 처벌을 받았다. 절차 속행을 중지시킬 것인가는 그 때까지의 절차에서 도출하지 말고, 범죄의 중대성, 수긍할 수 있는 수사 비용, 개별 사건에서의 절차지연 등을 고려하여 규명하여야 한다면, 절차장애사유를 보는 것은 소극적으로 된다. 연방통상법원[29]은 종합적으로 평가를 했을 때 위반에 대해 실체재판의 범위 내에서 적절히 배려하는 것이 가능하지 않고, 그렇게 배려하면 사실심 법관이 절차과정과 향후 예상되는 과정에 대한 모든 사실, 책임범위, 그리고 종합 평가를 설명할 의무

26) Roxin, Die Rechtsfolgen schwerwiegender Rechtsverstöße in der Strafrechtspflege, 2. Auflage 1995; Schroth, NJW 1990, 29.
27) NStZ 1984, 128; StV 1993, 352.
28) BGH 21, 81; 45, 308; BGH StV 1997, 408.
29) BGH 46, 159; BGH NStZ 2005, 445(모든 경미한 절차 지연이 법치국가원칙에 위반되는 지연은 아니다.).

를 지게 될 경우, 법치국가원칙에 반하여 비상식적으로 절차가 지연된 구체적인 사건에 대해서 절차장애사유를 인정하였다. 이것은 절차장애사유의 기본구조와 일치할 수 없는 것이다(전술한 Rn. 4 참조). 절차가 잘못되었다는 것이 명백하고, 즉 전술한 바와 같은 여러 사항을 고려를 할 필요가 없는 경우에 절차장애사유가 인정된다.[30]

2. 범죄유발 수사(Tatprovokation: 함정수사, agent provocateur)

범죄 경향이 있는 자에게 범죄 동기를 부여하는 것이 그 허용 한계를 넘 28
었고(전술한 § 10 Rn. 4 참조), 국가 자신이 그의 요원의 행위에 의하여 다른 사람의 유책한 행위에 대해 책임을 지는 경우, 그것은 절차중지에 의하여 형사절차를 종결할 근거가 안 된다.[31] 이러한 극단적인 해결은 의도한 일반예방효과를 가져서 처음부터 그러한 범죄유발 행위를 사용할 수 없는 효과가 발생할 수 있을 것이나, 본서의 기본 방향(전술한 Rn. 25 이하)과 일치하지 않는다. 소송장애사유는 하자있는 소송행위에 대한 제재가 아니다. 형벌청구의 박탈이라는 생각이 보다 훌륭하다. 하지만, 유발행위의 희생자는 영향을 받았다 하더라도 여전히 그 의사결정의 주도자로 남아있고, 그 행위에 대한 책임을 진다. 따라서 탄력적인 해결방안이 선호될 수 있다. 국가의 공동책임은 양형단계에서 고려되어야 한다.[32] 양형 참작 기준은 특별히 설시되어야 한다.[33]

3. 비례성원칙

연방헌법재판소[34]는 구동독을 위하여 스파이활동을 한 동독시민에 대한 29

30) 비례성 원칙의 관점에 따른 헌법재판소의 통제는 연방헌법재판소 결정(BVerfG NStZ 2004, 335)이 암시적으로 보여주듯이 전문법원(Fachgerichte)의 권한에 너무 깊이 관여하게 된다; 이 결정에 대한 Foth, NStZ 2004, 337면의 비판은 정당하다; BVerfG NStZ 2005, 456 결정은 보다 심한 통제를 가하고 있다; 이 결정에 대해 Foth는 부정적으로 평석을 하고 있다(NStZ 2005, 457).

31) 판례는 소송장애사유라는 것에 반대하고 있다(BGH 32, 345; 45, 321). 이에 대해 많은 학자들이 찬성하고 있고 그에 대한 문헌은 Lüderssen, Jura 1985, 113 참조.

32) BGH GS 33, 356; NStZ 1994, 289; 1995, 506.

33) BGH 45, 321.

34) BVerfGE 92, 277.

형사절차를 위하여 비례성원칙에서 소송장애사유를 도출하였다. 이 판결은 형사소송법이라고 하지만 정치적 행위로만 개념지울 수 있는 모든 것, 즉 법관이 입법자 대신에 일반사면을 공포하는 것에 반대하였다.[35]

4. 법치국가원리

30 모든 절차상 하자는 법치국가원리 위반이다. 단지 그 위반 정도만을 가지고 소송장애사유가 존재한다고 결론지울 수 없다. 절차 중지는 제재로 생각되지 않는다. 상고심은 하자가 새로운 공판심리에서 치유될 수 있다는 점을 고려한다. 가장 중대한 하자조차도 형사소송법 개념에 의하면 치유될 수는 있지만, 돌이킬 수는 없다. 따라서 다음과 같은 경우에 소송장애사유는 기능하지 않는다.

- 피의자가 사법기관의 잘못된 언론정책에 의하여 여론에 의한 유죄판결을 먼저 받은 경우[36]
- 검사가 피고인이 공판정에 나와 있는 사실을 그의 구치소 감방에 대한 위법한 수색의 기회로 사용한 경우[37]
- 수사기관이 증거를 조작한 경우[38]
- 검사가 소추하지 않겠다는 약속을 지키지 않은 경우[39]
- 검사가 피고인의 방어전략을 알게 된 경우[40]

31 피고인이 외국에서 자국법 위반으로 체포되고 범인인도법에 위반하여 독일로 송환된 경우 소송장애사유가 존재하는가 하는 문제는 복잡하고 다툼이 많은 것이다.[41]

---

35) Volk, NStZ 1995, 367; Bartlsperger, DVBl 1995, 345.
36) Hassemer, NJW 1985, 1927.
37) OLG Karlsruhe StV 1986, 10; Volk, StV 1986, 34.
38) A.A. LG Hannover StV 1985, 94.
39) BGH 37, 10.
40) BGH NStZ 1984, 419. 이에 대한 Gössel의 비판적 평석이 함께 실려 있다. 방어 수단은 피고인의 의사에 반하여 사용되어서는 안 된다(BGH NStZ 1998, 309 참조).
41) BVerfG NJW 1986, 1427; 3021; BGH NStZ 1984, 563.

§ 15. 소송행위(Prozesshandlung)

이 개념은 형사소송법이 제정될 당시부터 존재하였는데, 민법에서 사용되는 기초개념인 '법률관계', '의사표시' 등에 필적할 만한 추상적인 상위개념을 도입함으로써 소송법학의 학문성을 부각시키려는 의도를 가지고 있었다. 그러나 원칙적으로 형사소송법에서 '소송행위'라는 개념은 필요하지 않다. 소송행위 개념에 의하여 성립되는 일반원칙은 그 예외에 의하여 쉽게 깨뜨려지고, 오히려 그 예외가 원칙보다 중요한 경우가 있다.1) 1

예) "소송행위는 조건에 친하지 않다." 그러나 이 원칙은 증거신청(또는 다른 몇 가지 의사표시 행위)에는 적합하지 않다. 이러한 이른바 예외가 실무상으로는 본질적인 것일 뿐 아니라 원칙보다 더 중요한 경우가 있다.

소송행위 개념의 법적 모습은 오직 특정 규율영역에서만 나타나는 몇 가지 일반적인 문제와 관련되어 있다. 그 문제라는 것이 취소, 철회, 양식 또는 기간에 관한 것이다. 그러한 문제가 중요하게 여겨지는 규율영역은 무엇보다도 증거신청, 상소제기, 협상(Absprachen)이다. 이에 관하여는 해당 부분에 가서 다시 한번 구체적으로 설명하기로 하고 여기서는 기본적인 것만 설명한다.

I. 개념의 정의

거의 동어반복적인 통설적 개념정의에 따르면, 소송행위는 소송관계인의 2

1) 이러한 유형의 이론정립과정에 대하여는 Volk, Schüler-Springorum 기념논문집, 505쪽 참조.

소송에 연관된 모든 행위이다. 개념정의라는 것은 그것이 어느 정도 범위를 설정할 수 있을 때 그 기능이 있는 것이다. 순수하게 인식을 표시하는 행위, 즉 피의자나 증인, 감정인의 진술은 소송행위가 아니다(이것 또한 논란이 있기는 하다). 더욱이 증인과 감정인은 소송의 주체가 아니라 증거방법에 불과하기 때문에 소송관계인이 아니다.

3 그 외에 소송에서 행하여지는 모든 것은 모두 소송행위로 볼 수 있다. 결정, 의사표시, 신청, 사실행위2)가 그렇다.

Ⅱ. 요 건

4 소송행위를 하는 소송관계인은 행위능력(Handlungsfähigkeit)이 있어야 한다. 더 구체적인 것은 소송관계인의 소송에서의 역할에 따라 다르다. 피의자의 경우에는 소송행위능력(Verhandlungsfähigkeit. 위 § 14 Rn. 16. 참조)이 문제가 되고, 변호인과 검사에게는 변론능력(Prozessfähigkeit)이 문제된다.

Ⅲ. 흠결이 있는 경우

1. 착오(Irrtum)

5 소송행위는 의사표시의 내용에 착오가 있었다거나 그 동기에 착오가 있었다는 이유로 취소할 수 없다. 통설은 "소송의 공법적 성격상 그 의사표시는 조건과 상관없이 적용되어야 한다"고 한다.3)

그러나 이와 같은 종류의 당위론적인 논리는 항상 커다란 오해를 불러일으킨다. 소송에 관여하는 사람은 언제나 자신이 어디에 있는지를 알고 있어야 한다는 것은 옳은 말이다. 취소(민법 제142조)에 따른 소급효를 인정하는 것과 같은 것은 소송상태의 교체로 되어 소송이라는 절차와는 조화되기 어렵다.

6 그러나 "정의라는 명령은 상소제기 의사표시가 무조건적으로 그대로 적용

2) 예컨대, 서류의 제출행위, BGH 26, 384, 386.
3) RG 57, 83은 상소제기 의사표시에 관한 것이었다.

되어야 하고 의사흠결이 증명되어도 이를 무시하여야 한다는 원칙에 대하여 반드시 예외를 인정할 것을 요구하고 있다."[4)]

이와 관련하여 형사소송법 제136조a[5)]를 들면 쉽게 이해할 수 있다. 이 규정은 원래 진술의 증거사용에 관한 것이지만, 그것을 전혀 수정하지 않고서도 사람이 어떠한 소송행위에 기속되어야 하는가 라는 완전히 다른 문제에 전용(轉用)될 수 있다. 궁극적으로는 "의사 흠결의 종류가 무엇이고, '정의(Gerechtigkeit)'의 우월적 입장이 법적 안정성의 관점보다 반드시 우선되어야 하는가에 관한 동기(Entstehung)가 무엇인가"[6)]에 따라 판단하여야 할 것이다. 이것도 확고한 원칙을 제공하지는 못하고, 다만 어느 정도 방향을 지시하는 정도에 불과하다. 법원이 피고인을 착오에 빠뜨리게 하였다면 취소를 허용하여야 할 것이다.[7)] 변호인이 피고인에게 잘 못 알려주었고, 또한 법원이 배려의무를 위반하지 않았다면 착오에 대한 위험은 피고인의 영역에 속한다.[8)] 7

2. 위협과 강요(Drohung, Zwang)

국가 측의 협박이 있었다고 하여 그 것만으로는 항상 취소사유가 되는 것은 아니다. 8

예) 판결이 내려진 후 피고인이 곧바로 상소권을 포기하지는 않았는데, 검사가 적절하지 않은 구금명령을 신청하였고, 이에 피고인이 상소제기 의사를 표시하였다.[9)]

이러한 위협은 담당 판사가 그 구금명령 신청을 기각할 수도 있었기 때문에 피고인이 이를 견디어 낼 수 있는 위협이라고 볼 수도 있다.

다른 한편, 제 3 자에 의하여 행하여진 위협과 협박은 그것이 중대한 경우 취소할 수 있다고 하여야 한다.

---

4) BGH 17, 14, 18.
5) 금지되는 신문방법 및 증거사용금지에 관한 조항
6) BGH 17, 14, 18.
7) BGH 45, 51; 46, 257.
8) 실패한 협상에 대하여는 BGH StV 1988, 372; 아래 § 30 Rn. 6 참조
9) BGH 17, 14.

예) 범죄조직의 구성원인 피고인은 조직의 지시에 따라 거짓 진술을 하였는데, 그렇게 함으로써 다른 조직원을 은폐시키고 유죄판결을 받았다. 그러나 그는 자신이 책임을 져야 한다는 것을 알고서는 상소를 제기하였다. 그 이후 조직으로부터 살해 위협을 받고 다시 상소를 취소하였다. 이 경우 그 취소 의사표시는 취소할 수 있다.

3. 허용되지 않는 약속

9 허용되지 않는 약속이 있는 경우 특히 상소포기에 있어서 무효사유가 된다(아래 § 30 Rn. 5. 참조).[10]

Ⅳ. 법적 효과

1. 소송행위의 무효(Unwirksamkeit)

10 지금까지는 사법상 '의사표시' 이론을 유추하여 '취소'에 대하여 설명하였다. 정확하게 살펴보면, 소송행위시의 착오나 협박 또는 강요의 정도가 정의(Gerechtigkeit)의 관점에서 볼 때 심히 중대한 경우에는 그 소송행위는 무효이다.[11]

예) 사실심 판사가 피고인에게, 피고인이 만약 자백은 하지 않으면서 공판절차를 중지시킬 사유가 될 수 있는 증거신청을 하면 구금영장을 발부하겠다는 협박을 하였다.[12]

이러한 무효는 피고인이 주장할 수 있다. 또한 그러한 정황을 법원이 인지하게 되면 법원이 직권으로 인정할 수 있다.

그밖에는 법률에서 규정을 둔 경우에 소송행위의 효과가 발생하지 않을 뿐이다.

---

10) BGH 45, 51
11) BGH 46, 257.
12) BGH NStZ 2005, 279. 다른 예에 대한 판단에서도(BGH 17, 14, 위 Rn. 8) 동일하게 무효로 될 것이다.

예) 재판부의 구성이 피고인에게만 통지되고 제222조a 제 1 항 제 2 문[13]에 규정된 바와 같이 변호인에게는 통지되지 않았을 때

2. 재판의 당연 무효(Nichtigkeit)

법원의 판결, 결정 또는 처분이 일단 내려지면 무효로 되지 않고, 불복에 의하여 취소될 수 있을 뿐이다. 통설은 이것을 달리 보고 있다. 통설은 공법상 중대・명백설(Evidenztheorie, 행정소송법 제44조, 제46조 참조)을 법원의 재판에 적용하여, "법적 안정성과 법적 평화의 요구를 고려하더라도 정의의 관점에서 볼 때 국가가 행한 구속력 있는 법선언으로서의 '판결'이 승인되고 관철되도록 하는 것이 도저히 참을 수 없을 정도로 중대・명백한 흠결이 있는 경우"[14]에 판결이 당연무효로 된다고 한다. 11

그러나 형사소송의 실제에서는 위와 같은 사례를 발견할 수 없다. 법치국가에서는 그러한 예를 상상에 의존할 수밖에 없다. 판사가 태형을 선고한 경우, 잔뜩 화가 난 민간인이 특별법원을 만들어서 자기 마음대로 유죄선고를 한 경우가 그 예가 될 수 있다.

위 두 번째의 경우에는 판결이라는 것이 전혀 존재하지 않는다. 첫 번째 사안은 판결이 존재하기는 하지만 집행명령이 내려지지 않을 뿐 아니라(형사소송법 제458조), 항소심에서 파기될 것이다.

판결의 당연무효는 그 흠결이 사람의 '이마(auf die Stirn)'에 글씨로 써진 것처럼 명백한 경우에만 공식적으로 확정될 수 있다.[15] 이와 달리 그 흠결이 정식으로 확정되지 않은 상태에서 누구든지 법원의 재판이 당연무효인 것으로 무시할 수 있게 하는 것은 더 좋지 않은 해결방법이다. 뿐만 아니라 통설은 거의 극복할 수 없는 경계사례의 문제를 직면하게 된다. 12

예) 일사부재리의 원칙에 위배되게 동일한 사건을 두 차례 판결하였을 때 그 두 번째 판결이 무효인지에 관하여 다툼이 있다.[16] 이러한 흠결은 늘 그런 것처럼 공식적인 절차에서 이를 주장할 수 있다. 즉, 재심사유가 되고(제359조 제 5 호, 첫

13) 피고인에 대하여 통지하는 대신 변호인에게 통지할 수 있다는 규정(역주).
14) BGH 33, 126, 127.
15) 다른 견해 Roxin, §50 Rn. 28 이하.
16) 극단적인 사건에서 긍정하는 것으로 BGH NStZ 1984, 279.

번째 판결이 있다는 것을 알게 된 것을 새로운 사실관계를 발견한 것으로 볼 수 있다), 헌법소원이나 형사소송법 제458조를 근거로 형집행에 대한 이의를 제기할 수도 있다.

“명백한 위법”이 있다는 그것만으로는 “특별항고”를 제기할 사유가 되지는 않는다.[17]

V. 권리남용(Rechtsmissbrauch)과 실권(Verwirkung)

13 소송상 권리는 법적으로 허용되지 않는 목적을 위하여 사용되어서는 안 된다.[18] 비록 형사소송법에 명문으로 일반규정이 있는 것은 아니지만, 통설은 일반적인 권한남용금지를 긍정하고 있다.[19] 다만, 구체적으로 금지되는 것을 위반하였을 때에만 그러한 소송행위가 무효로 된다. 그 이외는 단지 위법할 뿐이다.

Ⅵ. 철 회

14 ‘소송행위를 철회할 수 있는가’라는 질문에 대해 때로는 법률이 그 답을 하기도 하고, 때로는 소송상 이미 도달된 상태를 뒤로 되돌려서 그 이전의 상태로 소급하는 것이 가능할 것인가에 대한 평가를 한 뒤 답이 나오기도 한다. 이 문제에 대한 일관된 원칙은 없고, 그 원칙을 적용하여 시험하는 것이 가능하지도 않다.[20]

1. 판결과 결정

15 판결과 약식명령(형사소송법 제410조 제 3 항 참조)은 철회할 수 없다.

---

17) BGH 45, 37.
18) Niemöller, StV 1996, 501.
19) BGH 38, 111; 다른 견해로는 R. Hamm, NJW 1993, 296; Kempf, StV 1996, 507; Kühne, StV 1996, 684; 아울러 Widmaier, NStZ 1992, 513; HK/Julius, § 244 Rn. 14 참조.
20) 개별적인 것에 대한 설명은 Meyer-Goßner, Einl. Rn. 112 이하.

결정에 대하여는 원칙적으로 보통항고가 가능하다(제304조). 보통항고는 기간의 제한이 없으나 항고제기로 인하여 집행이 정지되지도 않는다(형사소송법 제307조). 반면에 법원은 자신의 결정을 사정변경 등의 이유로 철회하거나 변경할 수 있다. 명문의 규정이 있는 몇 가지 경우에는 결정에 대하여 즉시항고만을 제기할 수 있는데, 즉시항고 기간은 1주일이다(형사소송법 제311조). 즉시항고로만 다툴 수 있는 결정은 불가변성이 있고, 따라서 철회할 수 없다.

2. 소송진행적 재판(Prozesstragende Entscheidungen)

소송진행적 재판을 철회할 수 있는지 여부를 판단하기 위하여 여러 가지 16
사정을 종합적으로 고려하여야 한다.

예) 공판개시 결정

이것은 소송을 종결시키는 효과가 있는 소송행위에도 동일하게 적용된다.

예) 고소의 취소(형법 제77조d), 상소취소(형사소송법 제302조) 및 상소의 포기[21]

3. 보통의 소송행위

위와 같은 소송적 효과가 발생하지 않는 보통의 소송행위는 철회할 수 있다. 17

예) 증거신청

위와 같은 소송행위에 대하여 이미 결정이 내려진 경우에는(예컨대, 증거결정) 소송행위를 철회하더라도 소송행위의 효력이 소멸되지 않는다.

Ⅶ. 형 식

공판 외에서의 의사표시는 서면으로 하지만, 공판정에서는 구두로 행하여 18
진다.

21) BGH NStZ 1997, 148.

예) 변호인이 증거신청을 하면서 그것을 기록에 서면으로 남겨두는 것으로는 충분하지 않다. 변호인은 반드시 구두로 신청하여야 한다(구두주의 원칙).

소송행위가 요식행위가 아니라면, 그것은 추정적 의사표시로도 가능하다.

예) 재판장이 피고인에 대하여 증인이 형사소송법 제61조 제5호에 따라 선서를 하지 않는 것을 동의하는지에 대하여 질문을 하였을 때 고개를 끄덕이는 것만으로도 충분하다.

19 형사소송법에는 상당히 많은 경우에 각각 서명을 요구하는 법규정이 따로 마련되어 있기 때문에(제172조 제3항 제2문, 제345조 제2항, 제366조 제2항, 제390조 제2항), 민법 제126조 제1항과는 달리 그 외의 일반적인 서면에는 서명이 요구되지 않는다. 서면이 다른 서류들로부터 분리된 경우에도 어떠한 의사표시를 하고자 하는지, 그리고 누가 의사표시를 하는지만 알 수 있으면 된다. 이러한 동일성 인식을 위하여는 팩시밀리로 전송된 기명 또는 변호사 사무실의 주소 등이 인쇄된 서식에 있는 기명만으로도 충분하다(또한 워드프로세서 파일에 스캔닝된 서명도 가능하다).[22)]

20 서명(Unterzeichnung)은 자신의 손으로 직접 하여야 한다.[23)] 이는 서면에 의한 의사표시로서 하는 팩시밀리 또는 소멸하여 버리는 의사전달 수단인 전신, 텔렉스 등에도 적용된다.

Ⅷ. 기간과 기일

1. 기 일

21 기일은 소송행위가 이루어지거나 시작되는 시간을 말한다.

예) "공판기일은 1999년 4월 29일 수요일 9시로 정하여졌습니다. 법정은 162호입니다."

---

22) Gms-OGB NJW 2000, 2340.

23) 대리는 허용되지 않는다. BayObLG NJW 1991, 2095.

2. 기 간

기간은 어떠한 것이 행하여지거나 행하여져서는 안 되는 시간적 간격을 말한다.[24) 22

기간은 법률로 정하여져 있거나[예 : 상소제기 기간(형사소송법 제314조 제1항, 제317조, 제341조 제1항, 제345조 제1항, 제346조 제2항 제1문)], 판사가 정한다(예 : 동법 제201조 제1항[25)]에 따른 의사표시 기간, 동법 제379조 제3항에 따라 사인소추인이 담보제공을 하여야 하는 기간).

기간 계산방법에 관하여는 제42조, 제43조에 규정되어 있다.[26)] 판사가 기간을 정한 경우, 신청 또는 직권으로 그 기간을 연장하거나, 기간 경과 후에는 새로운 기간을 부여할 수 있다. 법률로 정하여진 기간에 대하여는 추완이 가능하다.

3. 제척기간

소송행위는 제척기간이 경과하면 할 수 없다. 제척기간 경과 후에는 소송행위는 허용되지 않으며 다시 할 수 없다. 23

예) 특별한 형사재판부에서 사건을 담당하여야 한다고 주장하는 피고인의 이의는 공판절차에서 피고인에게 실체에 관한 신문을 시작하기 전에만 가능하다(형사소송법 제6조a 제3문, 나아가 제16조 제3문, 제25조, 제222조b 제1문, 제303조 제1문, 제388조 제1항, 제391조 제1항 제2문, 제439조 제2항 제2문).

---

24) LR/Wendisch, §42 Rn. 1 앞 부분.

25) 역주 : 제201조(공소장의 송달) 제1항 재판장은 공소장을 피고인에게 송달하여야 하며, 동시에 공판절차의 개시에 관한 재판 전에 개개의 증거조사의 신청의 여부 또는 공판절차의 개시에 대한 이의제기의 여부를 정해진 기간 내에 표명할 것을 최고하여야 한다.

26) 역주 : 제42조(일로 정한 기간) 일로 정하여진 기간의 산정에 있어서는 기간계산의 기준이 되는 시간 혹은 사건 당일은 산입하지 아니한다.

제43조(주 또는 월로 정한 기간) ① 주 또는 월로 정한 기간은 최종의 주 또는 월의 명칭 또는 숫자상 기간이 시작한 날에 해당하는 날로 만료하며, 최종의 월에 해당일이 없는 때에는 그 월의 말일로 만료한다.

② 기간의 말일이 일요일, 공휴일 또는 토요일인 경우에는 기간은 그 다음 평일로 만료한다.

Ⅸ. 소송행위의 추완(형사소송법 제44조 이하)

1. 추완청구권

추완청구는 상소가 아니다. 추완청구을 하였다고 하여 사건이 상급심으로 이심되는 것이 아니고(이심의 효력에 관하여는 아래 § 34 Rn. 1 참조), 그 결정 자체의 당부를 심리하는 것도 아니다. 이미 확정력이 발생하였더라도(예컨대, 상소기간의 해태) 추완청구를 할 수 있고, 확정력은 곧바로 제거될 수 있다.[27)]

2. 기　　간

24 추완의 대상이 되는 기간이란 형사소송법에 규정되어 있는 바와 같은 것을 말하고(위 Rn. 22 참조), 따라서 형법 제77조 제 1 항 제 1 문[28)]의 고소기간은 여기에 해당되지 않는다.[29)]

3. 기간의 경과(Fristversäumung)

25 정하여진 불복 기간을 알면서도 이를 이용하지 않고 다른 어떤 이유 때문에 기간을 전혀 지키려고 하지 않은 경우에는 기간을 단순히 경과하였다고 할 수 없다. 기간 내에 소송행위를 하였지만 법률에 정하여진 양식에 따르지 않은 경우에도 기간을 해태한 경우와 동일하게 취급한다.[30)]

예) 기소강제절차에서는 형사소송법 제172조 제 2 항에 따른 청구를 할 때 그 양식 규정은 중요하지 않다.

---

27) 추완에 관하여는 Saenger, Jus 1991, 842 참조.

28) 역주 : 고소에 의하여서만 소추될 수 있는 범죄는, 고소권자가 3월의 기간이 경과할 때까지 고소를 제기하지 아니한 경우에는 소추되지 아니한다.

29) BGH NJW 1994, 1165.

30) BGH 26, 235.

4. 귀책사유

가능하고 예상할 수 있는 주의의무를 다하였으나 귀책사유 없이 소송행위를 할 수 없었던 경우에만 추완이 가능하다. 기간은 충분히 활용할 수 있다. 따라서 기간의 마지막까지 가서 그 순간에 소송행위를 하였다고 하여 그것만으로 귀책사유가 있다고 할 수는 없다.[31] 26

제 3 자에게 귀책사유가 있는 것은 충분한 추완사유가 된다. 우편이 하루 이상 소요되지 않을 것이라는 것은 신뢰하여도 된다.[32] 사법기관의 잘못을 소송관련자의 책임으로 돌려서는 안 된다. 변호인의 귀책사유는 피의자의 귀책사유가 아니다.[33] 피의자는 변호인을 감독할 필요가 없다. 그러나 만약 피의자가 변호인이 신뢰할 수 없다는 것을 알고 있었다거나 변호인이 그 기간을 준수하지 않을 것이라는 것을 예측할 수 있었다면, 피의자에게도 공동으로 귀책사유가 있기 때문에 추완이 허용되지 않는다.[34] 27

그런데 통설에 따르면, 소송에서 소추에 대하여 방어적 입장에 있지 아니한 다른 절차관여자[예컨대, 사인소추인, 보조참가인(Nebenkläger)]의 경우에는 민사소송법 제85조 제 2 항에 규정된 소송의 일반원칙을 적용하여 대리인의 귀책사유를 그 관여자의 것으로 보아야 한다고 한다.[35] 법률사무소 직원의 귀책사유는 변호사가 그 직원을 선택하는 데 주의를 다하였고, 감독을 다하였다면 그 변호사의 귀책사유로 보지 않는다(따라서 대리행위의 경우에는 더욱 그러하다).

5. 청구절차

추완청구는 방해가 제거된 때로부터 1주일 이내에 원래 소송행위를 하였어야 할 법원에 도달되도록 하여야 한다(형사소송법 제45조 제 1 항 제 1 문). 상소기간을 해태한 경우라면 상소법원에도 청구할 수 있다(제 2 문, 제46조 제 1 28

31) BVerfGE 69, 381, 385.
32) BVerfGE 62, 334; BVerfGE NJW 1992, 1952; BGH GA 1994, 75; 팩스에 대하여는 BGH NJW 1996, 2857.
33) BGH 14, 306, 308; NStZ 1990, 25; KG NJW 1997, 1864.
34) BGH 25, 89, 93; NStZ 1997, 560.
35) BGH 30, 309; 이에 대한 적절한 반론은 LR/Wendisch, § 44 Rn. 61.

항). 그 청구서에는 어떠한 기간을 해태하였고, 언제 그러한 방해가 제거되었는지를 명시하여야 한다.36) 이러한 사실관계는 소명되어야 한다(제45조 제 1 항 제 1 문). 소명에 관하여 다른 방법이 없을 때에는 청구자의 설명만으로 충분하다.37)

예) 우편물이 적시에 송달되었는지를 증명할 수 있었던 편지봉투를 법원이 분실한 경우

29 소송행위를 그동안 하지 않았거나 형식에 부합되지 않게 한 경우에는 그 해태된 소송행위를 나중에 다시 할 수 있다(형사소송법 제45조 제 2 항 제 2 문). 소송행위의 기간이 늦었을 뿐인 경우에는 그것을 언급하는 것으로 충분하다.

추완은 그 청구가 기간 내에 제출되고 소명이 있으면 적법하다(위 Rn. 28 참조). 기간해태에 대하여 귀책사유가 없으면 그 청구는 이유가 있는 것으로 된다(위 Rn. 26 참조).

6. 법적 효과

30 이유가 있는 추완청구의 법적 효과는 마치 처음부터 기간이 준수되고 적정 시간 내에 소송행위가 행하여진 것처럼 소송이 속행되는 것이다.

예) 상소기간을 해태하여 판결이 확정되었다. 추완상소가 이유 있으면(형사소송법 제46조) 판결의 확정력은 소급적으로 소멸한다.

X. 보론 : 법원조직법시행법(EGGVG) 제23조 이하

31 소송행위는 원칙적으로 그 행위자뿐만 아니라 제 3 자에 의하여도 취소되지 않는다(위 Rn. 5 참조). 그것에 대하여 할 수 있는 법적 구제수단은 없는 셈이다. 사법행정행위(Justizverwaltungsakte)는 그 반대이다. 이에 대하여는 법원조직법시행법 제23조 이하의 구제수단이 마련되어 있다. 이것은 행정법원법(VwGO)의

36) BGH NStZ 1987, 217.
37) BVerfG NJW 1995, 2545.

일반규정과 달리 통상법원에 제기된다(법원조직법시행법 제23조, 제25조 : 주 상급법원에 제기한다). 그 구조는 행정법원법에서 그대로 따왔으나 중요한 차이점은,

- 법원조직법시행법 제23조에 의하면, 부담적 처분의 취소(동법 제23조 제1항), 의무이행 청구(동법 제23조 제2항)와 처분의 위법확인 청구(동법 제28조 제1항 제4문)만이 있다. 일반적인 급부청구나 일반적인 확인청구 및 예방적 부작위청구는 허용되지 않는다.
- "처분(Maßnahme)"의 개념은 행정행위의 정의와 정확하게 일치하는 것은 아니고, 외부적 효과를 발생시키는 단순한 행정행위도 포함한다.

예) 사실행위인 수색의 종류와 방법에 대하여 이의를 제기하는 것38)

법원조직법시행법 제23조는 입법자가 전혀 특별한 규정을 마련하지 않은 많은 경우를 위한 일반규정 역할을 한다. 이 규정은 기본법 제19조 제4항39)에 의한 보장의 요구에 간신히 부응하고 있다. 과거의 통설은 소송절차를 개시하고 진행하며 구성하는 데 관여하는 검사의 모든 처분은 그것이 소송행위라는 이유만으로 취소의 대상이 되지 않는다고 하였다. 이것은 기본권을 침해하는 경우에는 유지될 수 없는 견해이다. 그런데 연방헌법재판소는 수사절차에서 검사의 처분에 대하여 법적 대응을 할 수 없다는 것은 헌법적으로 문제가 되지 않는다고 한다.40) 32

그러나 이에 따르게 되면 관련자는 다음과 같은 것에 대하여 아무런 방어수단이 없게 된다.

- 수사절차의 시작과 진행, 예컨대 그 과정에서 검사가 증인(참고인)을 신문하거나 또는 하지 않는 것에 대하여41)
- 절차의 지체
- 절차의 중지42)

---

38) OLG Hamm NStZ 1984, 136.
39) 역주 : 공권력의 기본권 침해를 이유로 한 재판청구권 조항.
40) BVerfG NJW 1984, 1451; 1985, 1019.
41) OLG Karlsruhe NStZ 1982, 434. 이에 대하여는 Rieß의 평석이 있다.
42) OLG Hamm NStZ 1983, 38.

§ 16. 중간절차(Zwischenverfahren)

Ⅰ. 의 미

1 이 절차는 앞에서 이미 설명하였다(위 § 4 Rn. 1 참조). 법원은 검사의 기소가 있다고 해서 바로 공판을 개시하여 사건을 심리하고 판결을 내리는 것이 아니라, 우선적으로 피의사실에 대하여 충분한 혐의(hinreichende Tatverdacht)가 있는지 심사하여야 한다. 물론 이를 통하여 서류를 보게 되는 직업판사(참심원은 아님)는 사전에 심증을 형성하거나 혹은 일정한 방법으로 선입견을 가지게 된다. 그러나 이것이 공판준비절차를 폐지해야 할 이유가 되지 않는다. 공판심리에서 판사가 선입견에 의한 판결을 내리는지 감시를 받게 된다. 그럴 경우 판사는 편견을 이유로 기피될 수 있다(자세한 것은 아래 § 19 Rn. 12 이하). 다른 측면에서 별개의 공판개시결정법원을 구성할 것을 요구하는 견해는[1] 심정적으로 이해가 가나, 비현실적이다. 이것은 고비용을 필요로 하고, 또한 소송절차를 현저하게 지연시킬(주된 이유) 뿐만 아니라 판사들이 상호간에 그 소송절차에 대하여 언급하게 된다면 아무런 의미가 없다. 기소된 사건 중 공판개시가 되지 않는 사건은 1%가 채 되지 않는다. 이를 근거로 공판준비절차가 비효율적이라는 추론이 가능하나, 공판준비절차의 상징적인 가치는 높다. 또한 검사가 진행한 수사절차에서는 변호인측 입장과 법률적 견해를 공개하지 않아야 하는 반면, 중간절차에서는 법원이 초기에 이에 대비할 수 있도록 변호활동이 진행된다.

2 그러나 모든 기소가 중간절차로 이어지는 것은 아니다. 중간절차는 약식명

1) Roxin, § 40 Rn. 3.

령절차(Strafbefehlsverfahren, 형사소송법 제407조 제1항)와 신속처리절차(beschleunigten Verfahren 제417조 이하)에는 적용되지 않는다. 그 외에는 검사가 공소장을 제출하게 되면 중간절차가 개시된다(위 §12 Rn. 41 참조).

Ⅱ. 관 할

검사는 관할법원(형사소송법 제170조 제1항, 제200조 제1항 제2문), 즉 기소내용을 심사할 권한 있는 법원에 공소를 제기한다(위 §12 Rn. 41, 42). 법원은 검사의 법률적 견해에 구속되지 않으며(제206조), 무엇보다도 소위 '유동적인 관할(beweglichen Zuständigkeit)'에 관한 사건인 경우 더욱 그렇다. 법원은 우선 관할심사를 행한다. 3

1. 사물관할

공소제기를 받은 법원은 사물관할의 급이 낮은 법원(Gericht niederiger Ordnung)이 당해 사건의 관할권을 가졌다고 보는 경우 하급법원에서 공판절차를 개시하게 할 수 있다. 낮은 법원은 여기에 기속된다. 참심법원은 형사단독판사보다 우선적 관할권이 있으며, 또한 지방법원 형사합의부(Strafkammer)는 참심법원 또는 형사단독판사보다 우선적 관할권이 있다. 특정된 관할권을 가지고 있는 형사합의부의 순위에 대해서도 동일한 규정이 적용된다(제209조a, 위 §5 Rn. 13 참조). 그러나 관할에 관한 권한은 반대 방향, 즉 하위로부터 상위 방향일 경우에는 기속적인 효과를 가지지 않는다. 낮은 법원은 높은 법원(Gericht höherer Ordnung)의 결정에 필요한 자료를 제출하여야 한다(제209조 제2항). 4

2. 토지관할

법원은 검사가 기소한 사건에 대하여 장소적으로 관할이 아니라고 판단할 때 결정(Beschluss)으로 관할이 없음을 선언한다.[2] 그러나 형사소송법은 1심의 5

2) LR/Rieß, §204 Rn. 7; 다른 견해에 의하면 공판개시를 기각한다.

경우 사물관할과 같이 포기(Abgabe) 혹은 이송(Verweisung)에 관해 규정하고 있지 않다.

Ⅲ. 절차(Ablauf)

1. 공소장 송달 및 증거신청

6 재판장은 공판전 피고인(Angeschuldigten)에게 공소장을 송달하고, 동시에 공판개시결정 전 정해진 기일 내에 개별적인 증거조사를 신청할 계획이 있는지 또는 공판절차의 개시에 대한 이의를 제기할 것인지에 관한 의사를 표시할 것을 최고한다(제201조 제 1 항). 형사소송법은 피고인에게 중간절차 기간 동안 증거신청권을 부여하고 있다. 증거신청은 증거가 공판에서 다루어질 것이라는 이유로 기각될 수 없다. 한편 중간절차 중 법원은 형사소송법 제243조 제 3 항 및 제 4 항에 열거된 기각사유에 제약을 받지 않는다.[3] 공판준비절차 중 증거신청(Beweisanträge) 및 증거제시(Beweiserhebung)는 충분한 혐의(hinreichende Verdacht)를 탄핵하고자 하는 데 그 목적이 있다. 유죄판결이 내려질지 여부에 대한 의심이 있기는 하지만 무죄보다 개연성이 높은 경우에는 공판절차가 개시된다.

2. 국선변호인(Pflichterverteidiger)

7 재판장은 사건이 필요적 변호사건인지를 판단하고, 국선변호인을 선임할 것인지를 결정하여야 한다(형사소송법 제140조, 제141조, 위 § 11 Rn. 32 참조)

3. 법원의 결정권한 (Die Entscheidungsmöglichkeiten des Gerichts)

8 관할권 있는 법원은 다음 사항에 대하여 결정하여야 한다.

3) 논란이 되고 있다; 반대 견해는 LR/Rieß, § 201 Rn. 30.

- 공판개시결정(제203조)
- 공판개시의 기각(제204조)
- 잠정적인 절차중지(제205조)
- 종국적인 절차중지(제153조 이하)

이러한 결정은 공판의 밖, 즉 시민법관의 참여(법원조직법 제30조 제2항, 9
제76조 제1항)없이 그리고 비공개재판으로 행하여진다.

Ⅳ. 공판개시결정(형사소송법 제203조, 제207조)

1. 소송조건(형사소송법 제203조)

범죄행위에 대한 잠정적인 평가를 한 후 유죄의 개연성이 있을 때 공판절 10
차가 개시된다(범죄혐의의 정도에 관해서는 위 § 8 Rn. 3 참조).[4] 충분한 범죄혐의(hinreichende Verdacht)의 정도는 유력한 범죄혐의(dringende Verdacht)보다 낮은 단계이다(구금명령의 발부 때와는 달리 이 단계에서 법원은 판결의 기초자료로서 종결된 수사절차의 모든 결과물을 활용할 수 있다. 위 § 10 Rn. 7 참조). 따라서 법원은 유무죄(위 § 14 Rn. 6 참조)에 관한 모든 정황을 뒷받침하는 충분한 증거물이 존재하는지에 관하여 질문하게 된다. 개연성(Wahrscheinlichkeit)은 의심의 여지를 허용하고 있다. '의심스러울 때는 피고인 이익의 원칙(in dubio pro reo)'은 법원이 의심을 극복할 수 없다고 확신할 경우에만 중간절차에 적용된다. 그밖에 이 절차의 모든 단계에서 소송조건이 심사된다. 소송조건이 결여될 경우 공판절차가 개시되지 않는다.

2. 내 용

공판개시결정은 법원이 스스로 공소를 제기하는 것이 아니라 '공판심리를 11
위하여 공소를 허용하는 것'이다(형사소송법 제207조 제1항: 이러한 의미 차이는 언어적 유희에 불과한 것으로 간주되고 있다). 실무적으로 법원은 공소내용을 넘겨

4) BayObLG NStZ 1983, 123.

받는다(공소장 중 이 부분에 관해서는 위 § 12 Rn. 36, 37). 더 나아가 법원은 공판심리가 열리게 될 법원, 즉 당해법원 혹은 낮은 법원을 적시한다(제207조 제 1 항).

12 법원은 공판개시결정을 함으로써 즉시 수소법원(Erkennenden Gericht)이 된다.[5] 수소법원 법관(Erkennde Richter)은 공판심리에 참여하는 모든 법관을 말한다.[6]

13 당해법원은 공판개시결정을 하면서 공소내용을 제한된 범위에서 변경할 수 있다(제207조 제 2 항).

- 제 1 호 : 여러 개의 범죄행위로 기소된 경우 그 중에서 몇 개에 대해서 공판을 개시하고, 다른 행위에 대해서는 공판개시를 기각할 수 있다(제204조).
- 제 2 호 : 병합하여 기소하였으나 범죄행위의 일부분으로 한정하는 것에 검사가 동의할 수 있다(형사소송법 제154조a 제 2 항, 위 § 12 Rn. 28 이하 참조). 그 반대로 법원은 검사가 분리해서 기소한 사건을 병합할 수 있다(제 154조a 제 3 항). 여러 범죄행위로 기소되었고, 현재는 제154조에 의해 병합심리되는 사건은 제 1 호에 해당된다.
- 제 3 호 : 법원은 범죄행위에 대하여 검사와 다른 법적 평가를 할 수 있다(이러한 예시는 위 § 13 Rn. 5).
- 제 4 호 : 하나의 범죄행위 분리에 관한 제154조a의 두 번째 적용사례는 제 2 호에 규정되어 있다.

더 나아가 법원은 구속사건의 구금기간에 대하여 결정하여야 한다(제207조 제 4 항).

3. 불변효력(Bestandkraft)

14 법원은 공판개시결정에 기속되며 결정을 취소할 수 없다. 공판개시결정 이후 충분한 범죄혐의가 없거나 법원이 자신의 견해를 변경하는 경우에도 마찬가지다.[7] 기소 및 공판개시결정 이후에 피고인은 공판심리에서 무죄선고로

---

5) BGH NJW 1952, 234; OLG Köln NJW 1993, 608.

6) OLG Karlsruhe NJW 1975, 458.

7) 통설; Lüneburg, NStZ 1985, 140; 당시 민감했던 사건에 대한 Nürnberg-Fürth 지방법원의 잘못된 판결에 대한 비판으로서는 Meyer, JR 1983, 257.

명예가 회복되기를 바랄 수 있을 뿐이다. 다시 말해서 피고인은 공판개시결정에 항고할 수 없다(형사소송법 제210조 제 1 항, 위 § 15 Rn. 16). 또한 검사도 항고할 수 없다. 검사는 자신의 목적을 이미 달성했기 때문이다.

4. 사후결정(nachträgliche Entscheidung)

15 공판개시결정 이후 종국적인 소송장애가 발생할 경우 소송절차는 결정으로 중지된다(형사소송법 제206조a). 소송장애요인이 이미 존재하였으나 공판개시결정시 간과되었던 경우에도 마찬가지이다(위 Rn. 14에 대한 예외). 이 경우 판결로 공판절차를 중지하기 위해 공판심리를 개시하는 것은 무의미하다. 그러나 공판심리 도중에는 제206조a가 더 이상 적용되지 않는다. 여기에서는 제260조 제 3 항에 의한 판결이 선고되어야 한다.

16 형법 제 2 조 제 3 항에 의하여 범죄행위가 더 이상 형사처벌 가능성이 없음이 공판개시결정 이후 공판심리 이전에 밝혀진 경우 소송절차는 다르게 진행된다. 이 경우 소송절차는 제206조b에 따라 결정으로 중지된다. 그러나 이 규정은 체계적인 모순을 안고 있으며, 잘못 규정되어 있다. 왜냐하면 공판심리에서는 국가가 회피해서도 안 되고 또한 피고인에게 숨겨서도 안 되는 무죄판결을 선고해야 하기 때문이다.[8)]

5. 소송조건으로서의 공판개시결정

17 유효한 공판개시결정은 소송조건에 해당된다(자세한 것은 위 § 14 Rn. 23 이하 참조).

---

8) LR/Rieß, § 206b Rn. 3 이하.

V. 기각결정(Der Ablehnungsbeschluss, 형사소송법 제204조)

1. 요 건

18 다음의 경우 법원은 공판개시 기각결정을 한다.

- 소송장애요인이 있는 경우
- 사안이 구성요건을 충족시키지 못하거나 위법성조각사유, 책임조각사유 혹은 형벌면제사유 등 법률적인 근거를 이유로 유죄판결을 할 수 없는 경우
- 제시된 증거만으로는 충분한 범죄혐의에 대한 근거가 존재하지 않는 등 사실적인 이유로 유죄판결을 예견할 수 없는 경우

2. 내 용

19 기각결정은 새로운 형사소추활동에 대하여 제한적인 차단효과(sperrwirkung)를 가진다. 따라서 결정이유 안에서 무엇 때문에 공판개시가 기각되었는지를 명확히 확인할 수 있어야 한다.

3. 항 고

20 검사는 기각결정에 대하여 즉시항고를 제기할 수 있으나, 피고인은 불복할 수 없다(제210조). 항고기간이 경과하거나, 항고가 기각된 경우 결정에 대하여 더 이상 불복할 수 없다.

4. 확정력(Rechtskraft)

21 기각결정으로 제한된 차단효과가 나타난다. 공소는 새로운 사실 혹은 증거방법이 나타나는 경우에만 새롭게 제기될 수 있다. 새로운 사실 및 증거방법은 새로 발생한 경우뿐만 아니라, 당시(공판개시결정의 기각 당시) 이미 존재

하였으나, 법원에 알려지지 않았던 경우에도(법원이 인지할 수 있었음에도 불구하고) 해당된다.9) 여기에서는 이러한 것들이 기각결정의 기초를 흔들고 있는지가 중요하다. 이 경우 새로운 공소를 제기 받은 법원은 과거결정의 법률적 견해에 구속된다.10) 그러나 여기서 새로운(다른) 법률적 견해는 새로운 사실을 말하는 것이 아니다. 새로움(Nova) 때문에 장애효과가 제거된 경우 새로운 소송절차가 진행된다. 과거 소송절차는 종료된다. 즉, 이전의 기각결정을 취소할 필요가 없다.

Ⅵ. 소송절차의 잠정적 중단(형사소송법 제205조)

[사례] 법원은 피의자가 공판심리진행을 불가능하게 할 정도의 중한 정신장애를 겪고 있다는 사실을 보고받았다. 22

이때 어떻게 결정하여야 하는가는 소송절차가 어떠한 단계에 와 있는지 그리고 장애의 종류가 무엇인지에 달려있다. 행위 당시 이러한 장애가 존재하였고, 공판전 피고인의 책임능력이 없는 것이 명백하다면 법원은 공판개시를 (법률적 이유로) 기각하여야 한다. 공판개시결정이 이미 내려졌다면, 피고인에 대하여 공판심리에서 무죄가 선고되어야 한다. 그러나 이 경우 피고인은 책임무능력뿐만 아니라 소송행위 무능력이기 때문에 소송장애가 존재한다. 여기에서 공판개시 이후 소송절차는 형사소송법 제206조a에 따라 중지된다. 물론 소송장애가 종국적임을 그 요건으로 한다. 단지 일시적인 소송무능력인 경우에는 제205조에 의거하여 소송절차가 잠정적으로 중단된다.

소송절차의 잠정적 중단은 다른 일시적인 소송장애 그리고 기술적인 의미에서 소송장애에 해당되지 않는 사실적이고 법률적인 종류의 장애에도 동일하게 나타난다. 23

예) 피고인이 오랜 기간 동안 외국에 체류하고 있다.

---

9) BGH 7, 64, 66.
10) BGH 18, 225.

24 장애요인이 공판전피고인 개인에게 있는 것이 아니라 인적 증거(persönliche Beweismittel)에 관련되는 경우에도 형사소송법 제205조가 유추적용 될 수 있는가에 관하여서는 견해가 극명하게 나뉘어져 있다.11)

예) 중요 증인이 오랫동안 장애에 빠지거나 신문이 불가능한 상태에 있다.

피의자는 소송절차가 신속히 진행될 것을 요구할 권리를 가지고 있다. 이 경우 공판심리에서 증인신문을 포기하거나 그 이전의 진술을 낭독하여야 한다.12)

Ⅶ. 형사소송법 제153조 이하 규정에 의한 절차중지

25 형사소송법 제153조 이하의 규정에 의한 절차중지는 검사와 공판전피고인의 동의를 요건으로 공판준비절차에서도 대개 가능하다(여기에 대해서는 § 12 Rn. 15 표 참조).

11) Meyer-Goßner, § 205 Rn. 8.
12) BGH NStZ 1985, 230.

§ 17. 공판절차의 개관

공판절차는 공판 심리의 준비(형사소송법 제213조 내지 제225조a)로부터 시작된다. 그 다음 독일 형사절차 모델의 핵심인 공판 심리(제226조 이하)가 뒤따른다. 1

Ⅰ. 공판준비절차

형사소송법 제 5 장(제213조 내지 제225조a)에 공판준비를 위하여 할 수 있거나 하여야 하는 모든 명령(Anordnung)들이 규정되어 있는 것은 아니다.

예) 법원이 형사소송법 제205조에 따라 절차를 잠정적으로 중지하는 경우에도(전술한 § 16 Rn. 22 이하 참조), 재판장은 증거 자체를 조사하거나 또는 상응한 명령을 내릴 수 있다(제 2 문). 이러한 증거보전은 사후의 공판심리를 준비할 때 도움이 된다.

피고인이 공판정 출석의무를 면제해 달라고 신청한 경우(형사소송법 제233조 제 1 항), 피고인은 공판심리전에 판사의 신문을 받아야 한다(제 2 항).

1. 공판기일의 지정(형사소송법 제213조)

재판장은 공판 일시 및 장소를 결정한다. 대개 법원내 법정에서 이루어지지만, 범행장소, 구치소 또는 병원에서도 이루어질 수 있다. 기일의 지정은 재 2

판장의 재량에 속한다.[1] 소송관계인과 상의하는 것이 빈번한 일이기는 하지만 강제적인 것은 아니다. 기일 지정에 대한 항고는 원칙적으로 허용되지 않지만, 재판장이 그의 재량을 행사하지 않거나 또는 잘못 행사했다고 주장하는 경우에는 허용된다.[2]

2. 소환(형사소송법 제214조)

3 가. 소환명령은 재판장이 내린다(동조 제 1 항 제 1 문). 소환대상은 피고인(제216조), 변호인(제218조), 기타 소송관계인(사인소추인, 보조참가인), 증인, 그리고 감정인이다(제214조 제 2 항, 소환계획 참조). 검찰은 기일을 통지 받는다.

나. 법원은 소환대상인 검찰과 피고인에게 통지한다(제222조).

다. 기타 사람에 대한 직접 소환권을 검찰(제214조 제 3 항)과 피고인(제220조)이 가진다.

라. 피고인은 1주일의 소환기간이 있어야 한다고 주장할 수 있지만(제217조 제 1 항, 제 2 항), 그러한 권리를 포기할 수 있다(제 3 항). 그러한 소환기간이 부여되지 않는 경우 피고인은 공판심리를 시작할 때 피고인 신문을 하기 전에 공판 연기, 즉 그의 중단과 새로 시작할 것을 요구할 수 있다는 사실을 고지받아야 한다(제228조 제 3 항, 후술하는 § 18 Rn. 14 참조). 이러한 고지가 없다면, 변호인이 없는 피고인이 연기를 요구하지 않았다고 하여 그러한 권리를 묵시적으로 포기하였다고 인정할 수 없다.

3. 공판개시결정의 송달

4 공판개시결정은 피고인 또는 변호인(형사소송법 제145조a 제 1 항, 제 3 항)에게 늦어도 소환장과 함께 송달된다(제215조). 송달되지 않은 경우, 절차상 흠결은 그 결정을 공판심리에서 고지함으로써 치유될 수 있다. 가령 공판개시결정이 없을 때와 같은 소송장애는 발생하지 않는다(전술한 § 14 Rn. 23 참조).

---

1) OLG Frankfuhrt StV 1998, 13.
2) 논쟁 상황에 대해서는 Meyr-Goßner, § 213 Rn. 8.

4. 법원 구성의 통지(형사소송법 제222조a)

규정에 위반한 법원의 구성, 즉 '법률에 의한 법관의 원칙'의 위반은 절대 5
적인 상고이유가 된다(제338조 제1호). 그 흠결이 처음부터 존재하였고 인식할 수 있었던 경우라면, 상소로 판결을 취소시키기 위하여 판결이 있을 때까지 기다리게 할 필요가 없다. 따라서 형사소송법 제222조a와 b는 법원구성과 관련된 불복을 먼저 하도록 하고, 첫 번째 피고인신문 이후에는 그에 대한 이의신청을 하지 못하도록 하였다(불복의 제척).

5. 촉탁신문(형사소송법 제223조, 제224조)

가. 요 건

증거조사는 공판정에서 이루어진다(제244조 제1항). 장기간 또는 불확정 6
기간 증거인멸의 위험이 있는 경우 증인과 감정인에 대한 촉탁신문(kommissarische Vernehmung)에 의하여 공판심리의 일부가 사전에 이루어질 수 있다. 진술에 대해서는 조서가 작성된다(제224조 제1항 제2문). 그 조서는 공판정에서 낭독될 수 있다(제251조; 상세한 것은 후술하는 §27 Rn. 4 참조). 공판전 증거조사 및 사후 조서낭독의 요건은 다음과 같이 규정되어 있고 이에 대해서는 다른 견해가 없다.

- 질병 또는 노약
- 기타 제거될 수 없는 장애사유, 예컨대 장기간의 외국 여행, 형사소송법 제54조에 따라 공판정의 신문을 위한 증인이 될 수 없다는 공공기관의 설명(정보원, 비밀수사관),[3] 출석을 원하지 않거나 출석이 금지된 외국에 있는 증인
- 기대불가능성. 형사소송법이 규정하고 있는 '원거리'(제223조 제2항)는 더 이상 결정적인 기준은 아니다. 오지의 광산마을보다 멜버른에서 오는 것이 쉬울 수 있다. 거리와 교통사정은 진술의 증거가치에 대비하여 형량되어야 한다.[4]

3) BGH GS 32, 115, 126.
4) BGH StV 1989, 468.

나. 명　령

7 법원은 중간절차(형사소송법 제201조 이하) 또는 공판절차에서 명령을 내린다.

다. 신문기일의 통지(형사소송법 제224조)

8 신문기일을 통지하게 되면 조사의 목적을 달성하지 못할 위험이 있는 경우에는 통지를 생략할 수 있다(동조 제 1 항 제 2 문). 조사의 목적은 진술을 얻는 것이다. 신문기일의 통지함으로써 지체의 위험이 있어 증거를 인멸하게 될 경우에만 기일통지를 하지 않을 수 있다.

라. 촉탁신문의 실시

9 증인 또는 감정인은 수명법관(Der beauftragte Richter) 또는 수탁판사(Der besuchte Richter)의 신문을 받는다. 수명법관은 수소법원의 구성원이다. 형사부의 두 세 명의 직업법관도 수명법관이 될 수 있다.[5] 형사부 전원(즉, 참심법관도 함께)이 출장을 가게 되면, 형사부가 촉탁신문을 하는 것이 아니라 다른 장소에서 공판심리를 하는 것이다. 그것은 공판심리에서만 허용된다. 피고인과 변호인은 형사소송법 제224조 제 1 항에 따라 이러한 공판기일에 참여할 수 있어야 한다.[6]

10 촉탁판사는 구법원 소속이고, 사법공조(Rechtshilfe)의 일환으로 이루어진다(법원조직법 제157조).

마. 출　석

11 공판정에 검사(형사소송법 제226조), 피고인(제230조), 그리고 필요적 변호사건의 경우 변호인(제145조 제 1 항)이 출석하여야 한다. 촉탁신문의 경우 그들의 출석이 요구되는 것은 아니다(제224조 제 1 항 제 1 문). 하지만 그들은 통지를 받지 않은 경우에도 항상 출석할 권한을 가지고 있다. 다만, 구속 중인 피고인에게 변호인이 선임된 경우에는 그러하지 아니하다(제 2 항).

---

5) BGH NStZ 1983, 182.
6) BGH 31, 236.

6. 검증(형사소송법 제225조)

공판전 검증 또는 공판절차에서의 검증은 증거인멸의 위험이 없는 경우에도 수명법관 또는 수탁판사에게 촉탁될 수 있다. 그 규정의 체계적 지위는 통지의무와 구속된 피고인의 출석권 제한을 규율하는 이익에서 설명된다(제224조). 출석권에 관한 원칙은 형사소송법 제168조d에 규정되어 있다. 12

Ⅱ. 공판심리절차

1. 외적 진행과정

증거조사를 시작할 때까지의 단계에 대한 공판절차의 프로그램은 형사소송법 제243조에 규정되어 있다. 공판은 사건의 호명과 함께 시작된다(제 1항 제 1 문). 13

그 다음 출석 여부 확인이 이루어진다(제 2 문). 재판장은 피고인, 변호인, 경우에 따라서는 기타 절차관계인(보조참가인, 배상명령신청인. 상세한 것은 후술하는 § 20 Rn. 8 이하 참조)이 출석했는지 여부를 확인한다. 검사가 출석하는 것은 형사소송법상 공식절차(im Offzialverfahren)에서 자명한 것으로 받아들여진다. 또한 재판장은 공판심리개시를 위해 소환된 증인과 감정인을 호명하고, 증명대상물이 제출되어 있는지 점검한다(형사소송법 제214조 제 4 항, 제221조). 14

그 다음에 증인은 다시 법정 밖으로 나가야 한다(형사소송법 제243조 제 2 항 제 1 문). 증인신문은 피고인에 대한 신문 후에 비로소 시작되는 증거조사에 속한다(제244조 제 1 항). 또한 증인신문은 개별적으로, 나중에 신문을 받게 되는 증인이 참석하지 않은 상태에서 이루어진다(제58조 제 1 항). 증인에 대하여 출석확인이 이루어진 후에 증언에 대해 함께 고지를 받는 경우가 많다(제57조). 15

재판장은 피고인에게 그의 인적 사항을 신문한다(형사소송법 제243조 제 2 항 제 2 문). 이에 대해 피고인은 진술하여야 한다. 사건에 대해서는 진술하지 않아도 된다. 이러한 이유에서 인적 사항으로 이해될 수 있는 것은 다음과 같 16

은 사항들이다.

- 검찰과 경찰에서도 해야 하는 신원에 대한 진술(질서위반법 제111조 참조)
- 소송조건인 피고인의 소송행위무능력
- 필요적 변호사건이 아닌 경우 자기 자신을 방어할 수 있는 능력

17 그 밖의 인적 사항은 모두 사건에 관한 것이다. 왜냐하면, 그것들은 행위비난과 법적 효과에 대한 판단을 위하여 중요하기 때문이다. 예컨대, 인생경력, 교육, 직업, 가족관계, 경제적 상황, 전과(형사소송법 제 243조 제 4 항 제 2 문, 제 3 문 참조) 등이 그러하다. 그것에 대해 피고인은 아무 말도 할 필요가 없다.7) 피고인이 인적 사항에 대해서도 침묵한다면, 법원은 예외적으로 침묵에서 결론을 끌어낼 수 있고 자유로운 증명의 방법으로 필요한 신원확인을 할 수 있다.

18 이어서 검사는 공소사실, 즉 공소장의 일부를 낭독한다(형사소송법 제243조 제 3 항 제 1 문). 공소사실에는 범죄사실은 포함되지만, 중요한 수사결과는 포함되지 않는다(전술한 § 12 Rn. 37 참조).

19 그 다음에 재판장은 피고인에게 기소내용에 대해 자신의 견해를 표명하거나 사건에 대하여 진술하지 않을 자유가 있다는 점을 고지한다(형사소송법 제243조 제 4 조 제 1 문). 진술의 자유에 대한 고지는 피고인이 예컨대, 형사소송법 제115조 제 3 항, 제136조 제 1 항 제 2 문, 제163조a 제 2 항, 제 2 문, 제 4 항 제 2 문에 따라 이전 절차단계에서 이미 고지 받았다 하더라도 면제되지 않는다.

20 사건에 대한 피고인신문(형사소송법 제243조 제 4 항 제 2 문)은 항상 증거조사 이전에 행해진다. 피고인은 자신에게 유리하고 범죄혐의를 벗기는 모든 것을 함께 진술할 기회를 부여받아야 한다. 또한 피고인은 이후 계속되는 증거조사에서 이러한 주장들을 법원이 고려할 것을 기대할 수 있다.8)

21 전과는 빨라도 이러한 진술을 한 후에 확인될 수 있고 가능한 늦게 확인되어야 한다(형사소송법 제243조 제 4 항 제 3 문, 제 4 문).

22 피고인이 사건에 대해 자신의 견해를 표명하거나 묵비한 후에 증거조사가 이루어진다(형사소송법 제244조 내지 제257조).

23 증거조사가 종료된 경우, 최종변론이 이루어진다(형사소송법 제258조). 먼

7) BGH StV 1984, 190.
8) BGH NStZ 1986, 370.

저 검사가, 그 다음에 변호인이 변론한다(제 1 항, 제 3 항 참조). 검사는 답변할 수 있다. 최후 진술은 항상 피고인이 스스로 한다(제 2 항, 제 3 항). 법원은 그 후에 다시 증거조사를 할 수 있다. 이어서 법원은 다시 최종변론을 할 기회를 주어야 하고, 피고인에게 다시 최후진술을 할 수 있도록 허락하여야 한다.[9])

그 다음에 법원은 비공개로 판결에 대한 심의와 의결을 한다(법원조직법 24
제192조 이하; 법관법 제43조, 제45조). 재판장은 판결을 선고한다(형사소송법 제260조 제 1 항). 판결선고는 판결문의 낭독으로 하고, 재판장이 구두로 그 이유를 설시한다(형사소송법 제268조). 그 재판에 대하여 상소할 수 있는 자에게 상소권에 대하여 고지하여야 한다(형사소송법 제35조; 검찰에게는 적용될 수 없다). 형벌이 선고되고 집행이 유예된 경우(형사소송법 제260조 제 4 항 제 4 문), 필요한 결정이 선고된다(제268조a).

2. 공판조서(Das Verhandlungsprotokoll)

가. 형식(Form)

조서는 증명 목적에 이바지하는 문서이다(형사소송법 제274조 참조). 조서 25
는 공판기일마다 작성될 필요는 없다. 조서를 작성하는 법원사무관 등은 법관처럼 서명을 함으로써 조서가 온전하고 정확하다는 것에 대한 책임을 지게 된다(제271조 제 1 항 제 1 문). 조서는 서면으로 작성된다. 녹음테이프(Tonbandaufnahmen)는 그에 대한 보조수단일 뿐이다. 녹음테이프는 소송서류의 구성요소가 아니다.[10])

나. 내 용

필요한 조서 내용은 형사소송법 제272조, 제273조에 규정되어 있다. 제 26
273조 제 1 항 제 1 문의 '중요한 형식적 사항'(Wesentliche Förmlichkeiten)에는 예컨대 비공개, 재공개, 소송관계인의 출석(제226조), 필요적 변호사건의 경우(제140조) 변호인의 출석, 필요적 고지와 지시(예컨대, 제52조 제 3항, 제55조 제 2

9) 증거조사를 다시 하지 않고, 검사 또는 변호인이 한 번 더 의견진술을 한 경우에도 동일하게 적용된다. BGH NStZ 2003, 382.
10) BGH 29, 394.

항, 제265조), 상소에 대한 고지, 진술의 증거능력 인정에 대한 이의제기, 증인의 선서 여부, 증거조사 등에 대한 기재 내용이 해당된다. 가령 증인의 진술을 조서에 기재한다면, 통상적인 경우 "증인은 사건에 대하여 진술한다"라고만 기재하면 된다. 증인이 말한 내용은 형사소송법 제273조 제 2 항의 경우 간단하게만 기재되고, 제 3 항에 따라 문서로 다시 제출된다.

다. 증명력(Beweiskraft)

27 상고심법원은 절차의 형식적 사항이 준수되지 않았다는 점을 이유로 제기된 절차적 상고에 대해 증거를 조사할 필요가 없다. 따라서 형사소송법상의 증거원칙인 제274조는 공판조서의 배타적인 증명력을 규정하고 있다. 공판조서의 증명력은 다른 증거방법에 의하여 보완되거나 대체되거나 또는 뒤집어질 수 없다.[11] 공판조서에 기재된 것은 일어난 것으로 인정되고(적극적 증명력), 기재되지 않은 것은 일어나지 않은 것으로 인정된다(소극적 증명력). 예컨대, 공판조서에 재판을 비공개한 것이 기재되어 있지만 언제 다시 공개한 것이라고 기재되어 있지 않다면, 그것으로 여전히 비공개된 것으로 확정된다. 그것은 이러한 기재가 단지 깜박 잊은 것에 불과하고 실제 법정에 사람들이 가득 차서 입추의 여지가 없었다 하더라도 마찬가지이다. 공판조서가 검증결과에 대해서 침묵하고 있다면, 공판조서의 증명력 때문에 검증은 효과가 없었던 것으로 인정된다. 이러한 결론이 실제 사건 상황과 배치된다 하더라도, 그것은 형사소송법 제274조의 근저에 흐르는 입법자 결단의 결과로써 감수되어야 한다.[12] 이러한 배타적인 증명력은 중요한 형식적 사항에 대해서만 적용되고, 제273조 제 2 항과 제 3 항에 따른 공판조서의 진술 기재 내용에 대해서는 적용되지 않는다. 이러한 배타적 증명력은 공판조서가 명백한 결함, 불명확성, 또는 모순을 보여주는 경우에는 상실된다.[13] 배타적 증명력은 문서명의자(Urkundsperson), 즉 문서작성자 또는 판사가 그 내용을 사후에 부정확하다고 설명한 경우에 상실된다.[14]

---

11) BGH NStZ 1993, 51.
12) BGH NStZ 2002, 219.
13) BGH 31, 39; NStZ 2002, 270(Fezer의 평석 포함).
14) BGH 4, 364.

예) 증거신청을 기각한 결정이 공판조서에 기재되었지만, 그 신청 자체가 없었다. 이것은 명백한 결함이다.

라. 공판조서의 정정

공판조서가 부정확하다는 점에 대해 문서작성자와 판사의 의견이 일치하는 경우 그 사실은 시간적 제한을 받지 않고 정정될 수 있고 정정되어야 한다.[15] 이러한 방법으로 상고에 의한 불복(Revisionsrüge)의 근저가 뒤집힐 수는 없다.[16] 28

예) 조서작성자와 판사는 실제로 재공개된 사실을 공판조서에 기재하는 것을 실수로 잊어버렸다는 사실을 확인하였고 공판조서를 정정하였다. 하지만, 항고인이 이미 상고를 제기하였고, 형사소송법 제338조 제6호의 공개재판원칙을 위반한 사실이 있다고 적법하게 비난하였다. 그러한 주장 사실로 말미암아 항고인의 상고도 받아들여질 것이다.

15) BGH JZ 1952, 281.
16) BGH 34, 11, 12.

§ 18. 절차원칙(Prozessmaximen)

1 절차원칙들은 절차의 기본구조를 이해하는 실마리를 제공한다. 이 원칙들은 특정한 이익을 대변하기도 하고(예컨대, 공개주의), 다른 상반되는 이익을 위한 최대한의 공간을 마련하여 주기도 한다(예컨대, 사적 영역의 보호). 무엇보다도 원칙과 예외의 관계를 살펴보면, 각 절차원칙이 법치국가 원칙 내에서 차지하는 실질적인 위치를 알 수 있다. 절차원칙들은 전체 형사절차를 관통하여 적용되기도 하고, 부분적으로 적용되기도 한다(아래 표 참조). 다만 모든 사항이 엄밀하게 구분되는 것은 아니다. 그리고 다수의 원칙들은 공판에 가서야 비로소 그 본래적 의미가 구현된다.

표 18 절차원칙

절차원칙	수사절차	중간절차	공판절차
국가소추주의(Offizialprinzip)	제152조 제 1 항		
불고불리의 원칙(Akkusationprinzip)	제151조		
소추법정주의(Legalitätsprinzip)	제152조 제 2 항, 제170조 제 1 항		
소추편의주의(Opportunitätsprinzip)	제153조 내지 제154조e		
공정절차의 원칙(Fairnessgebot)	기본법 제20조 제 3 항 및 제 2 조 제 1 항, 유럽인권협약 제 6 조 제 1 항 제 1 호	법관의 후견의무 (Fürsorgepflicht)	
신속의 원칙(Beschleunigungsgebot)	기본법 제20조 제 3 항, 유럽인권협약 제6조 제 1 항 제 1 호		집중심리의 원칙 제228조, 제229조

조사, 수사, 심리에서의 직권주의 원칙 (Untersuchungsgrundsatz, Ermittlungsgrundsatz, Instruktionsprinzip)	제155조 제 2 항, 제160조 제 2 항, 제244조 제 2 항		
무죄추정의 원칙 (Unschuldsvermutung)	유럽인권협약 제 6 조 제 2 항		
의심스러울 때는 피고인의 이익으로(in dubio pro reo)			관습법
구두주의 원칙(Mündlichkeit)			제249조 제 1 항, 제261조
직접주의 원칙(Unmittelbarkeit)			제250조, 제251조
공개주의(Öffentlichkeit)			법원조직법 제169조 이하
자유심증주의(Freie richterliche Beweiswürdigung)			제261조

Ⅰ. 국가소추주의(Offizialprinzip)

국가소추주의는 광의로는 형사절차의 최초 개입에서부터 그 집행에 이르 2
기까지를 국가가 전적으로 담당한다는 의미이고, 협의로는 검찰이 직권으로(ex officio) 업무를 수행한다는 의미이다(형사소송법 제152조 제 1 항). 국가는 형사소추를 독점적으로 행한다. 국가는 원칙적으로 개인의 이해관계를 배제하고, 피해자 또는 다른 사람들의 소제기(quivis ex populo; 민중소송)를 기다리지 않으며, 개인의 결정과는 상관없이(따라서 처분권주의가 적용되지 않는다) 사건을 처리하고, 피해자의 이익에 관계되지 않거나, 나아가 거기에 반하더라도 형사절차를 수행한다. 그러나 항상 그렇다는 것은 아니다.

1. 친고죄(Antragsdelikte)

가. 절대적 친고죄에 있어서는 형사절차는 직권으로 개시할 수 있으나 피 3
해자의 고소 없이는 종국까지 나갈 수 없다. 피해자가 그 사건이 그냥 묻혀지기를 원하는 경우 형사소추를 진행하여야 할 공익이 존재하지 않는다고 할 수 있고(예컨대, 형법 제123조의 주거침입죄), 피해자가 처벌을 원하지 않거나 또는 피해자의 의사에 반하게 되면 이익이 되기보다는 오히려 해가 될 수 있는 경우가 있다(예컨대, 명예훼손죄를 친고죄로 한 형법 제194조; 친족상도례를 규정한 형법 제247조. 위 제247조의 규정은 제263조 제 4 항에 의하여 사기죄에도 준용된다). 이런 범죄에서는 고소가 없거나 고소가능성이 없으면 종국적 절차장애가 있어(위 § 14 Rn. 19 참조), 절차는 중지되어야 한다.

나. 상대적 친고죄에서는 다르다. 검찰은 형사소추에 대한 공익이 존재한다고 인정함으로써 고소의 흠결을 보충할 수 있다(예컨대, 형법 제182조 제3항, 제230조). 검찰은 또한 공소를 제기함으로써 그와 같은 뜻을 표명할 수 있다. 위와 같은 검사의 결정은 법원의 심사대상이 아니다.[1)]

다. 한편, 직권으로 형사소추가 가능하지만 정당한 고소권자가 이의를 제기하면 그 절차를 종결하여야 하는 특별한 경우도 있다(형법 제194조 제 1 항 제 2 문, 제 3 문, 제 2 항 제 3 문, "아우슈비츠 거짓말 사건").

2. 수권(授權)이 필요한 범죄

4 정치적 의미를 가지고 있는 몇몇 범죄를 형사소추하기 위하여 관공서, 연방정부, 연방대통령 또는 다른 정치적 기관의 기한제한 없는 수권이 필요하고(형법 제90조, 제90조b, 제97조, 제194조 제 4 항, 제353조a, b), 외국에 대한 범죄에 대하여는 그 국가의 처벌요구가 필요하다(형법 제104조a).

3. 사인소추범죄

사인소추범죄에서는 국가소추주의가 축소되는 정도가 아니라 그 원칙이 적용되지 않는 영역이다. 이러한 범죄(형사소송법 제374조에 열거되어 있다. 아래 § 39 Rn. 8 참조)에 대해서 피해자가 검사를 대신하여 스스로 형사소추를 행할 수 있다(형사소송법 제385조). 검찰은 그러한 소추를 막을 수는 없지만, 한편으로는 절차의 전 단계에 걸쳐 사인소추자의 의사에 반하여 절차를 인수할 수

1) BGH 16, 225, 230; 이에 대하여는 논란이 많다. Tröndle, § 230 Rn. 4. 참조.

있다(형사소송법 제377조 제 2 항). 만약 처음부터 검찰이 사건을 직권으로 수행하였다면(형사소송법 제376조) 사인소추를 제기할 여지가 없다.

Ⅱ. 불고불리의 원칙(Akkusationprinzip)

법원은 공소가 제기되어 형사사건이 넘어와야만 그 사건을 받아들여 조사 5
하고, 심리할 수 있다(형사소송법 제151조). 소제기자가 없는 곳에는 판사도 없다. 이 격언은 예외가 없다. 판사는 어떤 경우에도 규문관(Inquisitor)이 되어서는 안 된다. 따라서 판사는 기소자를 겸할 수 없다(위 § 6 Rn. 7 참조). 독일 형사절차는 규문주의적 절차가 아니다. 여기서 말하는 "규문주의적(inquisitorisch)" 절차는 비교절차법상 국제적으로 통용되는 대항적(kontradiktorIsch) 모델과는 구별되어야 한다(§ 11 Rn. 1 참조).

탄핵주의 원칙(Anklagegrundsatz)은 법원이 기소된 범죄사실의 범위 내에서 6
만 재판권한을 행사할 수 있도록 함으로써 구현된다(형사소송법 제155조, 위 § 13 Rn. 5 참조). 기소자와 판사의 역할은 극단적인 사건에서 매우 엄격하게 구분되어 있다. 범죄사실이 법정에서 법원의 눈앞에 현출되면 법원은 사실관계를 확인할 뿐, 그 이외의 것(즉, 기소)은 이를 담당하는 기관(즉, 검찰)에게 맡겨져 있고(법원조직법 제183조), 지체의 위험이 있는 경우 판사가 수사절차에서 "임시검사"로 업무를 담당하는 경우에도(형사소송법 제165조) 그 절차의 주재자는 여전히 검찰이다(형사소송법 제167조). 기소강제절차(위 § 12 Rn. 9 이하 참조)에서 법원이 검찰에 대하여 공소를 제기하도록 함으로써 검찰의 권한을 박탈하지만, 이것은 탄핵주의 원칙을 보장하고 확인하는 절차일 뿐이다.

Ⅲ. 소추법정주의(Legalitätsprinzip)

검찰은 최초혐의(Anfangsverdacht)가 있으면 수사를 개시하고, 충분한 혐의 7
(hinreichende Tatverdacht)가 있으면 공소를 제기할 의무가 있다(형사소송법 제152조 제 2 항, 제170조 제 1 항). 이러한 의무는 기소독점권의 반대 측면이라 할 수

있다(위 § 6 Rn. 8 참조). 그러나 소추법정주의가 표방하는 예외 없는 소추강제는 시대에 뒤떨어진 절대적 형벌론의 응보적 사고에 기인한 것이다. 소추법정주의는 형사정책적 합목적성과 형벌과의 관계에 관한 현대적인 이해에 대하여 고려를 하지 않은 것이다. 그러한 관점이 아니라도 소추법정주의는 실무적인 이유로 실현될 수 없는 것이다. 형사소추의 각 단계는 반드시 선별적으로 이루어지도록 되어있다. 법정소추주의의 헌법적 배경(법치국가에 있어서 권력분립, 평등)은 입법자에게 합리적인 형사정책적 개념을 도출하여야 할 의무를 부과하고 있다. 이 부분에서는 우리가 상당히 멀리 떨어져 있다.

Ⅳ. 소추편의주의(Opportunitätsprinzip)

8 이 원칙은 소추법정주의의 예외로 생각되었고 오랫동안 이론적으로 회의론이 많았으나, 실무적으로는 소추기관으로 하여금 중한 범죄에 대한 싸움에 중점을 둘 수 있는 여건을 만들어 주는 것으로, 이제는 포기할 수 없는 도구가 되었다(이에 대한 자세한 것은 위 § 12 Rn. 13 이하 참조).

Ⅴ. 공정한 절차의 원칙(Das Gebot eines fairen Strafverfahrens)

1. 독 일 법

9 모든 형사절차는 공정하게 이루어져야 한다. 이러한 원칙은 헌법에서 쉽게 도출되지만(기본법 제 1 조, 제20조, 제28조, 제103조 제 1 항), 그것을 구체화하기란 쉬운 일이 아니다. 형사소송법은 그 안에 이미 "견제와 균형(checks and balances)"을 위한 시스템을 갖추고 있다. 법적 청문에 관한 규정(형사소송법 제33조, 제33조a, 제136조, 제201조, 제243조 제 4 항, 제257조, 제258조 제 2 항, 제308조 제 1 항, 제311조a), 변호인 선임권, 피의자 진술의 자유보장, 상소기회의 부여 규정이 그것이고, 또한 증거금지 규정과 다수의 고지의무 규정이 있다. 공

정의 원칙이 그러한 규정을 넘어서 독자적인 의미를 가지고 있다면, 논란이 되는 상황에서 피의자의 이익을 관철시키고, 단지 사법(司法)의 효율성만을 위하여 피의자의 이익을 희생시키지 않으며(이것은 법치국가 원칙에도 해당되는 것이다), 절차가 공개적으로 진행되어야 한다는 원리가 도출된다는 데에서 그 의미를 찾을 수 있다. 그러나 그것은 구체적인 사건을 적용할 때 항상 논란이 될 수밖에 없는 지도적 원리일 뿐이다. 절차법은 정형화되어 있는 법이고, 절차라는 '의식(Ritual)'을 정형화하였다는 의미는 하나의 개괄적인 지도원리를 가지고 다른 다양한 원칙들을 슬쩍 무시해서는 안 된다는 좋은 근거가 된다. 따라서 연방통상법원은 공정한 절차 원칙을 다룰 때에 매우 신중하고,2) 그것을 위반하였다고 곧바로 절차장애사유가 된다고 보지 않는다.3) 절차의 기반을 완전히 무너뜨리게 하는 상황(완전히 무효로 만드는 상황)은 극히 예외적인 경우에만 생각할 수 있다.4) 그렇지 않은 경우 공정한 절차의 원칙은 조정규정으로서, 수사기관에 의하여 증거수집 기반이 억지로 축소된 경우에 주의 깊게 증거판단을 할 것과, '의심스러울 때에는 피고인의 이익으로'(이에 대하여는 아래 Rn. 22 참조)라는 원칙을 적용할 것을 요구하는 정도이다. "집행기관의 영향력으로부터 영향을 받지 않은 진실한 사실관계를 규명하는 것"5)이 더 이상 불가능하다고 판단되는 그때에 비로소 절차장애 여부가 검토된다.

예) 수사기관은 증인에게 접근하는 것을 차단하였는데 이로써 피고인측의 방어권을 제한하였을뿐 아니라 법원이 사실을 파악하는 것도 막았다.
또한 증거 수집범위를 부당하게 확대한 예도 있다. 구금된 피고인이 공판정에서 재판을 받고 있는 동안에 검찰이 그 피고인의 구치소 내 감방을 수색하였다. 그것은 불공정하지만 절차를 중지시킬 사유는 아니다.6) 검찰이 위법한 압수를 하여 피의자로부터 향후 절차상 어떤 방어계획이 있는지를 알아냈다. 그것은 당시 명백하게 불공정하지만, 절차장애사유는 되지 않는다(증거사용금지에 관하여는 위 § 14 Rn. 30 참조).7)

공정의 원칙은 "정하여진 방식으로(formalistisch)"만 사건을 처리하지 않고

2) BGH 40, 211, 217; 43, 212.
3) BGH 42, 191, 193; 이에 대하여는 Beulke/Satzger, Jus 1997, 1074 참조.
4) BGH 46, 159, 171.
5) BGH NStZ 2004, 343, 345.
6) OLG Karlsruhe StV 1986, 10; Volk, StV 1986, 36.
7) BGH NStZ 1984, 419.

법률 문언으로부터 한 발짝 물러나도록 요구하는 것이다. 이것은 공판절차에서 특히 명확하다. 판사에게 적용된 공정의 원칙은 법원의 후견의무(gerichtlichen Fürsorgepflicht)에 의하여 나타난다.

예) 변호인이 없는 피의자에 대하여는 법률에 명문으로 규정된 고지의무 이외에도 그의 권리와 오류에 대하여 알려주어야 할 의무가 있다. 만약 그가 요건(아래 § 25 Rn. 2 참조)을 갖추지 못한 증거신청을 한 경우 법원은 그가 무엇을 원하고 있는지를 질문하여야 한다.

법원의 후견의무는 더 나아가 절차흠결을 치유하여 줄 것을 요구한다. 그것은 전체적으로는 공정의 원칙과 동일하게 절차관여자의 이익과 효율적인 절차를 통한 실체진실 발견의 이익 사이를 조정하는 데 기여한다.[8)]

2. 유 럽 법

10 유럽인권협약 제 6 조는 제 1 항과 제 3 항에서 유럽인권법원(EGMR)이 공정한 절차(제 1 항)를 위한 포괄적인 권리를 구체화한 것으로 보고 있는 15개의 사법기본권을 규정하고 있다.[9)] 유럽인권협약은 국제조약으로서 독일법에 편입되어 있고, 따라서 완전한 법률로서의 지위를 갖고 있다. 독일법상 기본권과 내용적 충돌이 있는 경우에는[10)] 그 기본권 보장규정이 조약에 합치되도록 해석되어야 하고, 따라서 실제에 있어서는 유럽인권협약이 관철되며, 독일인의 권리를 만들어 내고 있다.[11)]

Ⅵ. 신속성의 원칙

1. 소송기간(Verfahrensdauer)

11 가. 형사소송절차에서는 실체적 진실이 규명되어야 한다. 이것은 오래 걸

8) Maiwald, in: FS Lange, 745.
9) Satzger, JA 2002, 838 참조.
10) BVerG 74, 358; BGH 46, 93, 97.
11) Weigend, StV 2000, 384.

릴 수 있다. 그러나 형사소송절차는 역사학적인 연구프로젝트가 아니다. 진실은 제한된 수단(엄격한 증명절차, § 23 Rn. 7 참조)과 비용으로, 그리고 무엇보다도 가능한 신속하게 규명되어야 한다. 형사소송절차는 피의자에게 부담이 되고 또한 그의 권리를 심각하게 침해할 수 있다. 피의자는 적정한 기간 내에 청문 및 사실규명이 이루어질 것을 요구할 수 있다(유럽인권협약 제 6 조 제 1 항 제 1 문, 법치주의원칙, 기본법 제20조 제 3 항). 또한 증거는 시간이 흐름에 따라 희미하게 된다. 게다가 형벌이 범죄행위 후 늦게 선고되면 될수록 점점 그 (예방적인)의미는 작아진다. 신속성의 원칙을 위반했을 경우 어떠한 효과가 발생하는가에 대해서는 격렬한 논란이 있다.

나. 통설에 의하면 소송기간이 지나치게 길다는 것만으로는 소송절차를 종 12
결해야할 소송 장애사유가 되지 않는다고 한다(자세한 것은 위 § 14 Rn. 27 참조).

2. 집중심리의 원칙(Die Konzentrationsmaxime)

신속성에 관한 일반원칙은 공판심리에서 집중심리의 원칙에 의하여 그 의 13
미가 강화된다. 형사소송법은 '며칠 내에 다음 심리가 열려야 하는가?'에 관하여 명시적인 규정을 두고 있다. 형사소송법은 절차갱신(Aussetzung)과 일시중단(Unterbrechung)을 구분하고 있다(제228조, 제229조).

절차갱신은 '공판심리가 나중에 처음부터 새롭게 열려야 한다는 것'을 의 14
미한다(형사소송법 제229조 제 4 항). 일시중단(Unterbrechung)의 경우에는 공판심리가 속개된다. 일시중단과 관련해서 법원(경우에 따라서 재판장, 제228조 제 1 항)의 의도는 중요하지 않다. 오로지 다음 심리까지의 기간이 중요하다. 절차중단기간이 3주를 넘어서지 않는다면 일시중단에 해당되고, 그 밖의 경우는 절차갱신 사유가 된다.[12] 정식공판절차(Grossverfahren)는 특별규정의 적용을 받는다(제229조 제 2 항). 만약 피고인 혹은 판사(사법현대화법에 의하여 새로 도입)

12) 사법현대화법 이전에는 10일이었다. 개혁안은 그러한 갱신을 피하기 위하여 10일째에 형식적으로 지정되는 연장을 위한 기일(Schiebetermine)을 불필요하게 하려고 하였다. 종래 그 연장을 위한 기일은 단 몇 분 정도밖에 진행되지 않았는데 예컨대, 군서만 낭독하고 종결되기도 하였다. 그러나 그러한 입법의도가 드러나는 표현은 없다. 반대 의견: 개정법에 따르면 3주씩 여러 번에 걸쳐 속행할 수 있게 되었다. 그러나 이것은 집중심리원칙에 부합하지 않는다. 처벌방해죄의 기수(형법 제258조)는 10일 동안 일부러 절차를 지연시킨 경우에도 성립한다는 것을 기억하라.

가 질병에 걸렸다면 기한(Frist)은 제한된다(형사소송법 제229조 제 3 항). 공판심리는 인상(Eindruck)이 신선하고 기억이 희미해지지 않도록 신속하고 집중적으로 진행되어야 한다.

Ⅶ. 직권탐지주의(Untersuchungsgrundsatz)

15 검찰 및 법원은 직권으로(von Amts wegen) 사실관계를 조사할 의무가 있다(형사소송법 제155조 제 2 항, 제160조 제 2 항, 제244조 제 2 항). 이 경우 검찰과 법원은 관계인의 주도에 따라야 하거나 그 청구에 구속되지 않는다. 이 원칙은 실질적인 내용의 변화 없이 여러 가지 명칭으로 불리워 지고 있다. 즉, 형사소추기관은 당해 사건을 조사할 권한과 의무를 지고 있다(직권탐지주의). 또한 스스로 심리하고(Instruktionsprinzip) 규문적으로 소송을 진행한다(직권주의, Inquisitionsprinzip; 이 표현에 대해서는 위 Rn. 5). 이 때문에 변론주의가 주도하는 민사소송과 차이가 명확해진다. 형사절차에서는 소송물과 증거절차가 관계인의 처분에 좌우되지 않는다. 그리고 판사는 자백에 구속되지 않는다(민사소송법 제288조와 비교). 당사자라고 할 수 있는 검사와 피고인은 증거를 제시할 필요가 없으며(민사소송법 제282조와 비교) 또한 일치된 진술을 한다고 하여 다툼 없는 사실로 정리할 수도 없다.

이러한 형식적인 진실(formelle Wahrheit)은 형사소송에서는 존재하지 않는다. 형사소송의 목적은 '사실이 실제로 어떻게 존재하고 있는가'를 밝혀내는 것이기 때문이다(실체적 진실주의, 자세한 것은 아래 § 29 Rn. 1 이하, § 30 Rn. 4 참조).

Ⅷ. 자유심증주의(Der Grundsatz der freien richterlichen Beweiswürdigung)

16 법원은 진실규명시 증명절차에 관하여 정해진 규정에 구속되지만, 그 증거채택의 결과에 대해서는 심리 전반을 통하여 형성된 확신에 따라 자유롭게

판단한다(형사소송법 제261조). 이 규정은 역사적인 관점에서 보면 규문주의적 소송으로부터의 탈피를 선언한 것이었다. 19세기까지 소송절차는 서면주의이었고, 비밀주의이었다. 판사는 이미 정하여진 증거법칙(Beweisregel)에 구속되었다. 신빙성 있는 자백 혹은 두 명의 유력한 증인이 일치되게 진술한 내용은 법률에 의하여 진실(Wahr)로 간주되었다. 정황증거(Indizienbeweis)는 허용되지 않았다. 사실관계 확정에 제한된 임무만 부여받은 판사는 서류를 재판부(Spruch-kollegium)에 송부하고 그곳으로부터 판결을 받아왔다. 그러나 재판부는 피고인에 대한 개인적인 인상을 얻을 수 없었으며, 다만 서류를 읽을 수 있을 뿐이었다[기록에 존재하지 않는 것은 세상에서도 존재하지 않는다("quod non est in actis non est in mundo")]. 프랑스 혁명은 법원의 문을 열었고, 시민을 법관석에 앉혔으며('국민의 이름으로'), 서면에 의한 간접적인 판결절차에 종식을 고했다.[13] 소송절차는 구술과 직접주의로 진행되었다. 시민법관을 증거평가에 있어 법적으로 고정된 규칙에 구속되게 할 수 없었다. 공동으로 진행한 심리로부터 전체적으로 형성된 내적인 확신(intime conviction)이 진실의 기준이 되었다. 그러나 이러한 법관의 자유가 임의적이어서는 안 된다는 한계가 요구된다. 판결은 객관적이고 검증 가능한 사실적 근거를 필요로 한다(자세한 것은 아래 § 29). 그럼에도 불구하고 자유심증주의는 폭넓은 판단여지를 허용한다. 판사는 두 명의 다른 증인이 반대되는 진술을 하여도 한 증인을 신뢰할 수 있다. 그리고 판사는 피고인의 진술이 증언에 의하여 의심스럽게 된 경우에도 피고인의 진술을 신뢰성 있는 것으로 여길 수 있다. 또한 판사는 피고인이 서면 작성 당시 자신이 거짓내용을 기록했다(혹은 반대로)고 주장하여도 서면에 기재된 내용을 진실로 간주할 수 있다. 또한 자유심증주의는 수사절차 및 중간절차에도 적용된다. 이 단계에서는 마찬가지로 증거법에 구속되지 않는다. 그러나 이 단계에서는 아직 사실확정이 이루어지는 것이 아니라는 것을 명확하게 인식하고 있어야 한다. 검사는 충분한 혐의 존재 여부에 대해서만 규명할 의무를 지며, 중간절차에서 법원의 임무는 이를 심사하는 것이다.

13) Volk, JuS 1991, 281 참조.

Ⅸ. 무죄추정의 법리(의심스러울 때는 피고인의 이익으로, Der Grundsatz "in dubio pro reo")

17 법원은 피고인의 유죄를 확신하는 경우에만 유죄를 선고한다(위 Rn. 16 참조). 법원이 의심(Zweifel)을 극복할 수 없는 경우에는 무죄를 선고하여야 한다. 이것이 in dubio pro reo 문장의 의미이다. 이 원칙은 독일 법률에는 규정되어 있지 않다. 유럽인권협약(EMRK) 제 6 조 제 2 항은 무죄추정(Unschuldsvermutung)을 규정하고 있으며 "누구도 그의 유죄에 대한 법률적인 증명 없이는 유죄선고를 받아서는 안 된다"는 것을 그 내용으로 하고있다. 이러한 증명은 법원이 유죄에 대해 확신하는 경우에만 입증된다(제261조). in dubio pro reo의 적용은 자유심증주의원칙이 적용된 이후로 관습법적으로 보장되어 왔다.

1. 기능(Funktion)

18 모든 종류의 소송에서는 증명되어야 할 사실을 증명할 수 없는 경우를 위한 규범(Norm)이 있어야 한다. 형사소송법에서는 in dubio pro reo가 그 역할을 대신한다. 구조적으로 보면 이는 입증부담의 원칙(Beweislastregel)에 관한 것이다. 통설은 이러한 표현을 피하고 있다. 왜냐하면 무죄선고가 국가에 대한 부담이 아니기 때문이다. 이것 이외에는 형사사법시스템에는 입증부담 분배의 원칙이 존재하지 않는다. 형벌의 근거가 되는 사실관계를 포함하는 '구성요건적 증거(Anschuldigungsbeweis)'와 모든 반대근거(정당화사유, 면책사유 및 형 면제사유)를 포섭하는 '면책증거' 간의 차이는 형사소송법이 유효한 이후부터는 극복되었다. 입증부담은 항상 국가에 있다. 또한 증거조사부담이란 존재하지 않는다. 정당화사유를 심사하거나 이를 배제하는 것은 법원의 일이다(직권조사의 원칙; Ermittlungsgrundsatz).

19 다시 말해서 입증부담이라는 관념형식(Denkform)은 형사소송법의 관계에는 적합하지 않으나, 다음 두 가지 근본적인 착오방지를 위해서 적합하다. 첫째로 in dubio pro reo는 의심이 생기면 어떻게 하여야 하는가에 관한 것이지

언제 의심하여야 하는가에 관한 원칙은 아니라는 것이다. 이 규정은 법원이 의심을 가질 때에만 적용될 수 있다. 합리적으로 의심하는 것이 타당하다는 이유로 법원의 확신이 잘못되었다고 공격하는 근거로 이 원칙을 주장할 수 없다. 둘째로 in dubio pro reo원칙은 증거평가에 관한 원칙이 아니라는 점이다. 법원은 의심스럽다고 하여 유리한 사실을 선택하여, 그것을 진실로 간주해서는 안 된다.[14] 이 원칙은 다만 불리한 법효과를 선언하는 것을 방지할 뿐이다.

> 예) 피고인은 자신이 현장에 없었고, 20km 떨어진 'Zum wilden Mann'이라는 상호의 음식점에 있었기 때문에 방화범이 될 수 없다고 주장하였으나, 증거를 제시하지 못했다. 이때 법원이 피고인이 범행현장에 있었던 것에 대하여 의심을 갖게 된 경우 그를 위하여 그가 그 음식점에 있었다는 것을 규명하여야 하는 것이 아니다. 오히려 법원은 피고인이 현장에 있었고 그 행위를 범했다는 데 의심을 가지게 된 경우, 피고인을 무죄로 석방하여야 한다.

연방통상법원은 초기에는 알리바이증거에 in dubio pro reo원칙을 적용하지 않으려고 하였으나,[15] 이 결정은 재조명되어 수정되었다.[16] 20

2. 적용범위

가. 소송단계

법원이 공판심리 끝에 유죄 또는 무죄에 대한 확신을 형성해야 한다면 이 규정이 문제된다. 수사절차 및 중간절차상 (충분한)혐의는 기소와 공판개시 결정의 근거를 제공한다. 또한 혐의는 항상 의심과 밀접한 관계에 있다. 물론 검찰은 이러한 의심이 극복될 수 없는 것으로 예상될 경우 유죄의 개연성이 있다는 것을 부정하고 공소를 제기하지 않을 것이다. 21

나. 유무죄 및 형벌문제

이 문제는 in dubio pro reo원칙의 전형적이고 확실한 적용영역에 해당된다.

---

14) 또한 BGH NStZ 2001, 609.
15) BGH 25, 285; 여기에 Volk, JuS 1975, 25.
16) BGH NStZ 1983, 422. Volk의 평석이 있다. 앞의 논문.

다. 소송조건

in dubio pro reo원칙은 모든 소송조건에 적용되어야 한다는 견해가 타당하다(자세한 것은 위 § 14 Rn. 10).

라. 그 밖의 소송법 조건

22 in dubio pro reo원칙을 책임원칙의 소송법적 효과로 이해하고 있는 통설에 의하면 이 원칙은 소송법 조건에 의심(Zweifel)이 있는 경우에는 적용될 수 없다.

예) 피의자가 심문을 받으면서 가혹행위를 당하였는지 명확히 규명되지 않았다(형사소송법 제136조a). 그 위반행위가 증명된 경우에만 증거사용이 금지된다.[17]

이러한 경우 기본적으로 실체 결정을 위한 규정으로서 무죄추정원칙은 그 적용범위를 넘어선 것이다. 소송법은 의문이 있는 문제에서 무엇이 피고인에게 유리한 판단인지에 관하여 말해주고 있지 않다.

예) 재판장은 증인에 대한 검사의 질문을 부당하다는 이유로 금지시켰다(형사소송법 제241조 제 2 항).

여기서 무엇이 '피고인의 이익(pro reo)'인가?

형사소송의 엄격성 원칙이 지켜지지 않았을 때 '어떻게 하여야 하는가'에 관한 문제에 대하여는, 법치국가원칙과 소송법 규정을 종합적으로 고려하여 각각 위반행위의 유형에 따라 답을 하여야 한다. 예를 들어 제136조a는 의심이 있는 경우 증거사용을 금지하여야 한다고 한다.

비밀서류에 법원만이 접근 가능한 소위 '비밀소송절차(in camera 소송절차)'는 형사절차에서 존재하지 않는다. 한편 행정부의 비밀유지이익으로 인하여 in dubio pro reo원칙에 영향을 미친다.[18] 사건을 담당하는 판사는 공공기관의 조치로 인해 중요증거의 조사가 무산된다면 그로 인하여 자신의 인지가능성이 제약된다는 것과 피고인의 변호권이 제한되었다는 것을 충분히 고려하여야 한다. 또한 판결이유 중 증거평가 부분에서 그 내용을 설시하여야 한다. 그렇지 않을 경우 그 증거평가는 흠을 가짐으로써, 공정하고 법치국가적인 소송절차

17) BGH 16, 164; 위 § 9 Rn. 13 참조.
18) BGH NStZ 2000, 265.

를 요구할 수 있는 피고인의 청구권이 침해된다(기본법 제2조 제1항 및 제20조 제3항, 유럽인권협약 제6조 제1항). 그러나 이 경우 너무 신중하게 증거평가를 할 뿐만 아니라 의심의 원칙(Zweifelssatz)을 적용하는 것은 법원의 인지가능성을 저하시킨다는 것을 고려하여야 한다(El Motassadeq 사건).19)

마. 재심에 대한 적용가능성은 아래 §38 Rn. 19, 20 참조. 정황증거(Indizien)에 대해서는 아래 §23 Rn. 4 참조. 23

바. 법률문제는 결정되어야 하며 의심이 남아 있어서는 안 된다. 24

Ⅹ. 구두주의

범죄사실은 (과거 소송절차에서와 같이, 위 Rn. 16)밀폐된 공간에서 서류심사를 통해서가 아니라, 모든 소송관계자가 참여한 가운데 그리고 공개된 장소에서 재구성되어야 한다. 그 기소내용(Vorwurf)은 구두로 심리되어야 한다. 언어로 전달될 수 있는 것만이 판결에 포함되어야 한다(형사소송법 제261조 참조). 피고인은 기록열람을 요구할 수 없기 때문에 기소된 내용 모두를 들을 수 있어야만 그에 대해 반박할 수 있다. 시민법관(마찬가지로 기록에 대한 접근권을 가지고 있지 못하다. 위 §5 Rn. 15 참조)은 상호 이야기할 수 있어야 하고, 사안에 대하여 접근할 수 있어야 한다. 구두주의원칙에 따르면 문서(Urkunde)의 내용을 언급하는 것만으로는 부족하고, 낭독되어야 한다(형사소송법 제249조 제1항). 자세한 사항 및 예외는 증거법에서 설명하겠다(아래 §27 Rn. 1 이하). 25

Ⅺ. 직접주의

사실규명에 대한 독점적인 권한은 법원이 갖는다. 법원은 가능한 사안에 가깝게 접근하도록 노력하여야 하며, 따라서 직접적인 증거를 조사하여야 한다. 그러나 형사소송법은 사실에 가장 가까운 증거방법이 사용되어야 한다는 내용을 어디에도 규정하고 있지 않다. 간접적인 정황증거(mittelbaren Indizien) 26

19) BGH NStZ 2004, 343.

도 증인보다 더 신뢰성이 있을 수 있다. 인적 증거(Personalbeweis)가 물적 증거(Sachbeweis)보다 우선권을 가지고 있으나, 인적 증거는 그것을 조사할 수 있을 때에는 서증에 의하여 대체될 수 없다는 규정이 있을 뿐이다(형사소송법 제250조, 자세한 내용 및 예외에 대해서는 아래 § 27 Rn. 1 이하 참조). 이러한 우선권은 독일법이 영미법계 국가의 법과는 달리 전문증인도 허용하고 있기 때문에 증거방법의 질적 가치와는 아무런 상관관계가 없다. 증인이 그가 들은 것을 진술하는 한 이것은 직접주의원칙에 위배되지 않는다. 그러나 그가 현장에 없었다면 그러한 증언이 물적 증거 혹은 서증보다 항상 더 뛰어나다고는 말할 수 없다. 종합적으로 증거절차의 질적 가치는 직접주의보다 오히려 법원의 진실규명의무에 의하여 담보된다(형사소송법 제244조 제 2 항). 직접주의원칙은 나아가 구두주의원칙과 연결되어 있다(자세한 것은 § 26 Rn. 1 이하 참조).

XII. 공개주의

1. 원칙의 기능

27 수소법원의 심리는 판결과 결정의 선고를 포함하여 공개된다(법원조직법 제169조 제 1 문). 재판 공개의 역사적 논거는 자의적인 비밀재판으로부터의 보호, 그리고 사건과 관계없는 외압(어용사법)으로부터의 보호이다. 오늘날 정보에 대한 공공의 이익이 중요시된다. 매체를 매개로 한 간접 공개는 공중의 직접 방청보다 큰 효과를 가진다. 법치국가의 요소로서 헌법적 지위를 갖고 있는 공개주의는 피고인, 증인 기타 소송절차관계인의 인격적 기본권 보장을 위하여 제한될 수 있다.

2. 공개의 의미

28 공개주의는 모든 사람이 계층이나 인적 특성과 상관없이 법원의 재판에 방청객으로서 참석할 수 있을 것을 요구한다.[20] 하나의 자리만 있는 경우에

20) BGH 28, 341, 343.

이러한 일반 공중의 방청 기회(Zugangschance)는 존재하지 않는다. 즉, 단 한 명의 방청객은 일반 공중의 대표자라고 인정할 수 없다.[21] 이와 달리 모든 좌석이 가득 차서 밖에서 기다리는 일반 공중은 법원에 대하여 더 큰 법정으로 옮길 것을 요구할 수 없다. 한 학급이 법정을 채워버린 경우에도 예컨대, 친족이라는 이유로 우선순위를 가졌다고 주장할 수 없다. 이러한 평등원칙에 대한 예외가 언론에 대해 인정 된다[기본법 제 5 조(언론 공개)]. 언론에 대해서는 좌석이 예약될 수 있다.

방청의 기회는 공판심리가 어디에서 이루어지는가를 아는 경우에만 존재한다. 공판이 병실에서 열린다면, 법정에 어느 병원 어느 병실에서 공판이 이루어지는지 공고되어야 한다.[22]

3. 공개의 확대

법원은 공판을 더 큰 법정으로 옮길 수 있지만, 극장 또는 시청 강당으로 29
옮길 수는 없다. 옛 격언과는 반대로 법정은 무대가 되어서는 안 된다(후술하는 § 36 Rn. 19 참조).

4. 공개의 제한

가. 공개의 개념은 내재적인 한계를 가지고 있다. 공개를 하는 것이 사실 30
상 불가능할 수 있다. 예컨대, 소송관계인이 겨우 들어갈 수 있을 정도로 좁은 공간에서 검증을 실시하는 경우가 그러하다. 법적 한계도 있다. 즉, 공판이 열리는 주택의 소유자가 그 주거권을 원용하면서 일반 공중이 들어오는 것을 거부하는 경우가 그러하다.[23]

나. 신분증 검사, 무기 검색 등 때문에 방청객들이 겁을 먹고 방청을 포기 31
하게 되어 결국 공개를 제한하는 결과가 될 수 있다. 그러하지 않고는 질서 있는 공판심리가 확보될 수 없다면, 그러한 예방적 조치들은 허용된다.[24]

21) OLG Köln NStZ 1984, 282.
22) BGH NStZ 1981, 311.
23) BGH 40, 191. 이에 대한 반대 입장으로는 Lilie, NStZ 1993, 121이 있는데, 이는 정당하다.
24) BGH 27, 13, 15; 29, 258; BGH NJW 1995, 3196.

32 다. 또한 몇몇 사람들을 방청하지 못하도록 배제함으로써 공개의 제한이 이루어진다. 법원을 사회공동체 내의 기관으로 인정하는 것(법원조직법 제175조 '법원의 가치')이 침해되거나 침해될 위험이 있는 경우에 처음부터 입장하는 것이 거부될 수 있다. 미성년자, 즉 아직 18세 미만이고 진지하게 참관하기에는 미성숙하다는 것이 명백한 사람의 경우, 또는 음주소란자 등의 경우가 그러하다. 공판 도중에 질서유지를 위해 재판장이 발한 명령(법원조직법 제176조)을 따르지 않은 자는 퇴장당할 수 있다. 소송관계인이 아닌 경우에는 재판장이, 그렇지 않은 경우에는 법원이 퇴장명령을 발할 수 있다(법원조직법 제177조). 법원조직법 제177조 제 1 항에는 배석판사, 참심원, 검찰, 변호인, 그리고 사인소추인, 보조참가인 또는 기타 관계인(Nebenbeteiligten)의 보조인이거나 대리인인 변호사가 규정되어 있지 않다. 그들은 훈계를 받을 수 있고 정숙하라는 명령을 받을 수도 있지만(법원조직법 제178조), 퇴장당할 수는 없다. 또한 그들에 대해서는 법원조직법 제178조의 법정모욕으로 과태료(Ordnungsmittel)를 과할 수도 없다.

33 법률 문언의 범위를 넘어서서 수사절차에서 공범 또는 관련범죄(Anschluß-straftaten)로 수사를 받고 있는 자(잠재적인 행위자)의 공판 방청을 금지할 수 있다. 그 이유는 공판이 상위 절차라는 관점에서 찾을 수 있다.[25] 형사소송법 제58조 제 1 항에 따라 방청객은 증인으로 고려될 수 있는 가능성이 인정되는 즉시 법정에서 퇴정하도록 요구받을 수 있다.[26] 그것은 구체적이고 개별적인 단서를 전제요건으로 한다. 통틀어서 집단 표지만으로 정해진 방청제한은 위법하다.[27] 예컨대, '모든 아르메니아인들은 법정을 떠나야 한다'는 것이 그런 경우이다.

34 방청 금지가 위법하게 이루어진 경우에 공개주의 위반인 것이고, 그것은 형사소송법 제338조 제 6 호의 절대적 상고이유가 된다. 공판은 항상 공개되지만, 법정 경찰 권한의 남용을 제재할 다른 가능성은 없다.

5. 공개(전체 공개)의 배제

35 공개의 배제는 법원조직법 제171조a와 b, 제172조에서 확정적으로 규정하

25) BGH 3, 386.
26) BGH 3, 386; BGH NStZ 2001, 163.
27) BGH NStZ 2004, 453.

고 있다.

[법원조직법 제172조에 대한 예] 제 1 호 정보원의 타락("공공질서의 위험") 제 1 호 a 증인 보호. 피고인이 공판이 비공개된 경우에만 자백을 하려는 경우, 공개 배제 사유가 아니다(제 1 호의 경우도 여기에 해당하지 않는다).[28] 증인이 언론의 후위 보도를 두려워하는 경우, 공개 배제 사유가 아니다.[29]

몇몇 사람, 예컨대 언론기자에게만 방청이 허용될 수 있다(법원조직법 제175조 제 2 항). 국가 안전에 대한 위험이 있는 경우에 형사소송법 제174조 제 2 항에 의하여 공개금지가 적용된다. 그 밖의 경우에 법원은 비밀유지의무를 지울 수 있다(제 3 항). 36

6. 녹화, 라디오 및 TV 중계

위와 같은 행위가 공판심리와 판결 선고 중에는 금지된다(법원조직법 제169조 제 2 문). 휴정 중에 그러한 조치는 재판장이 허용할 수 있다.[30] 판례에 의하면 현대사로 기록될만한 사람의 경우에 언론매체들은 휴정 시간에 법정에서 TV 보도를 할 것을 청구할 수도 있다고 한다.[31] 이 결정은 문제가 있고 그 결정으로 법정 TV로 가는 첫 걸음을 내디뎠다고 할 수 없다. 공판 공개의 거대한 확장인 '법정에서의 TV 중계'는 절차관계인의 행동을 변화시키고 진실 발견을 위태롭게 할 수 있다. 물론 미국의 연구에 의하면 그 효과가 걱정할 정도는 아니라고 한다.[32] 37

사진촬영은 법원조직법 제169조 제 2 문에 포섭되지 않지만, 법관이 통상 제176조에 의하여 사진촬영을 금지하고 있는 것은 정당하다. 스케치하고 기재하는 것은 항상 가능하다. 38

공판심리의 녹음은 형사소송에서 일반적인 것은 아니다. 하지만, 재판장은 그것은 명할 수 있다(형사소송법 제168조a 제 2 항 참조).

---

28) BGH 9, 280.
29) BGH 30, 193, 195.
30) BGH 23, 123, 125.
31) Honecker 사건(BverfGE 91, 125).
32) n-tv 재판(BVerfGE 103, 44).

§ 19. 공판절차와 법원

Ⅰ. 법률에 의한 법관의 원칙(der Grundsatz des gesetzlichen Richters)

1 법률에 의한 법관의 원칙과 구두주의 원칙으로부터 심리단일의 원칙(der Grundsatz der Verhandlungseinheit, 형사소송법 제226조)이 도출된다. 법관(시민법관을 포함하여)은 법률적으로 정해진 수만큼 관여할 수 있으며(법원조직법 제192조 제 1 항), 교체될 수 없다[보충법관(Ergänzungsrichter)에 관해서는 법원조직법 제192조 제 2 항 참조]. 법률에 의한 법관의 원칙은 제 3 자적 지위에서 사건과 일정한 거리를 두며, 소송절차의 결론을 개인적인 이해관계 없이 판단할 수 있도록 편견 없는 법관에 의한 재판을 청구할 수 있는 권한을 보장하고 있다.

Ⅱ. 제척(Ausschließung)과 기피(Ablehnung)

2 형사소송법은 불공정성의 위험성이 있는 몇 가지 사례를 유형화하고 있다. 이러한 조건에 해당되면 법관은 배제된다(제22조, 제23조). 법관은 법률에 의하여 또는 직권으로 배제되며, 또한 불공정성을 이유로 한 청구(Befangenheitsantrag)가 있으면 배제될 수 있다(제24조 제 1 항). 이 규정은 열거적인데, 편견의 우려가 나타나는 모든 경우를 포섭하지는 못한다. 법관에게 편견이 있다는 주장은 기피신청(Ablehnung)으로 할 수 있다(제24조). 기피신청은 특별한 절차로

심리한다(제26조 이하; 아래 Rn. 17 이하 참조).

제척 및 기피에 관한 규정은 법률에 의한 법관의 원칙과 마찬가지로 소송 전반에 걸쳐 적용된다. 이 규정은 헌법에서 보장하고 있는 범위를 넘어서 법원직원(Gerichtsperson), 즉 법원사무관(Urkundsbeamte der Geschäftsstelle) 및 조서작성자(Protokollführer)를 포함하고 있다(형사소송법 제31조). 검사에 대한 제척 및 기피는 규정되어 있지 않다(여기에 대해서는 아래 § 20 Rn. 6 이하). 3

1. 제척(Ausschließung)

법률에 의하여 제척사유로 규정된 경우에는, 법관 스스로 불공정성의 우려가 없다고 자부하거나 소송관계인이 그에 대하여 아무런 문제가 없다고 여긴다 하더라도 불공정성에 대한 추상적 위험이 배제되지 않는다.

제척사유를 무시하거나 혹은 간과한 경우 이는 절대적 상고이유가 된다(형사소송법 제338조 제 2 호). 세부적으로 살펴보면 아래와 같다.

표 19 제척(형사소송법 제22조, 제23조)

제22조 제 1 호 : 법관이 피해자인 경우 4

법관이 소송의 대상이 되는 범죄행위에 의하여 피해를 입은 경우, 즉 법관 자신의 권리와 직접적인 관련이 있는 경우(제172조와 동일하나 제61조 제 2 호보다 제한적이다. 아래 § 21 Rn. 7 참조)

[예] 법관이 사기행위에 있어서 기망의 대상이었으나 피해를 입지 아니하였다면 제22조 제 1 호의 피해자에 해당되지 않는다. 시민법관이 피해를 입은 유한회사의 이사이기는 하지만 자신이 직접적으로 피해를 입지는 않은 경우 법률에 의해 제척되지 않는다(그러나 편견의 가능성이 존재한다, 제24조 제 2 항).

제22조 제 2 호 및 제 3 호 5

제 2 호 : 법관이 피의자나 피해자의 배우자, 후견인 또는 보호자이거나 그러한 관계에 있었던 경우

제 3 호 : 법관이 피의자나 피해자와 직계 혈족 또는 인척이거나 3촌까지의 방계 혈족 또는 2촌까지의 인척이거나 그러한 관계에 있었던 경우

법관이 피해자 또는 피고인과 이와 같은 밀접한 관계에 있는 경우 제척사유에 해당되나 그 밖의 경우에는[예를 들어 동거(Lebensgemeinschaft)] 기피사유에 해당된다.

6 제22조 제 4 호 : 법관이 사건에 있어 검찰공무원, 경찰공무원, 피해자의 변호사 또는 변호인으로 종사하였던 경우

이전에 피의자를 위하거나 혹은 반대하여 업무를 행한 자는 더 이상 재판에 참여하지 말아야 한다. 편파성(Parteilichkeit)에 대한 혐의가 처음부터 명백하게 나타나는 것은 피하여야 한다.1) 이 개념은 확장해석될 수 있으며, 당해 사건에 한정되지 않는다. 법관이 이전에 검사로 일했다면, 수사절차가 당시 불상의 피의자에 대해 행하여졌고 단지 형식적이고 중요하지 않은 처분을 한 것 정도에 불과하더라도 이 요건에 해당된다.2)

7 제22조 제 5 호 : 법관이 증인 또는 감정인으로서 사건에 대하여 신문을 받은 경우

여기에서는 소송이 동일한 것인지가 중요한 것이 아니라 사건이 동일한 것인지가 중요하다.

[예] 법관 R은 X에 대한 소송에 있어서 증인으로 신문을 받았다. R은 현재 X의 범행에 대한 방조혐의로 기소된 Y에 대하여 심리를 담당하는 형사부의 법관이다. 이것은 소송은 다르지만 동일한 사건이다.

법관이 실제로 신문을 받은 경우에만 제척사유가 되며, 증인으로 채택되었다는 것만으로는 제척되지 않는다(그렇지 않을 경우 증거신청을 함으로써 재판부 구성에 영향을 미칠 수 있기 때문이다).

8 제23조 제 1 항 : 불복의 대상이 된 재판에 관여한 법관은 상급심재판에 관여할 수 없다.

법관은 자신이 한 재판을 상급심에 가서 심사할 수 없다.

[예] 법관 R은 구법원에서 단독판사로서 유죄를 선고하였다. 피고인은 항소를 제기하였다. 그 항소사건은 지방법원 소형사부가 관할하는데, 그 사이에 법관 R이 지방법원 소형사부의 구성원이 되었다.

9 제23조 제 2 항 : 재심이 청구된 재판에 관여한 법관은 법률에 의해 재심재판에서 제척된다.

재심재판에서는 동일한 사물관할권을 가지는 다른 법원이 결정한다(법원조직법 제140조 제 1 항). 여기에서는 동일한 심급이라 하더라도 재심대상 사건에 관여한 법관이 재심에 관여할 수 없게 한 것이다.

[예] 지방법원의 형사 제 1 부의 재판장으로 사건을 담당했던 판사 R은 현재 재심재판을 담당하고 있는 형사 제 3 부의 재판장으로 있다(법원조직법 제140조a 제 2 항).

10 그 밖에 법률은 판결전 결정에 법관이 관여한 경우에 대하여는 따로 제척사유로 규정하고 있지 않다.

[예] - 법관 R은 그가 재판장으로 있는 형사부에 현재 피고인으로 된 피고인에 대하여 수사판사로 신문한 적이 있었다.

1) BGH 9, 193; 31, 358.

2) BGH NStZ 1982, 78.

- 법관 R은 형사 2 부의 재판장이었는데 중간절차에서 공판개시결정을 하였다. 그 사건은 현재 병합되어 법관 R이 그 후 보직이 변경되어 속해 있는 형사 제 4 부에 배당되었다.

[사례] 법관 R은 주 상급법원의 상고심 판사로서 판결을 파기하여 구법원으로 환송하였다(형사소송법 제354조 제 2 항). 그 후 법관 R은 구법원장 겸 참심법원의 재판장으로서 위 사건을 재판하게 되었다. 이는 제척사유가 아니다. 반대로 법관 R이 구법원에서 상고법원으로 전보되었다면 제척사유가 된다. 한편, 첫째의 경우 불공정성의 우려가 있다는 이유로 기피될 수 있는가? 11

2. 기피(Ablehnung: 형사소송법 제24조)

가. 법관은 불공정성의 우려를 이유로 기피될 수 있으나, 법원은 그렇지 않다('형사부', '뮌헨 지방법원'). 그러나 기피사유는 동일한 방법으로 합의부(Kollegialgericht)의 모든 법관에게 적용될 수 있다. 12

나. 불공정성의 우려가 있다는 것은 기피사유가 된다. 그것은 법관의 공평성에 대한 불신에 상당한 이유가 있을 때를 의미한다(형사소송법 제24조 제 2 항). 여기에서 다음과 같은 해석이 도출된다. 첫째, 법관이 실제로 선입관을 가지고 있을 필요는 없다. 다시 말해 선입관을 가지고 있다는 추정만으로 충분하다. 둘째, 법관이 자신의 내적 심정을 어떻게 견지하고 있는가는 중요하지 않으며, 타인의 견해가 결정적이다. 다른 한편 타인의 개인적인 감수성이 결정할 수 있는 것도 아니다. 기피신청한 자(형사소송법 제24조 제 3 항)의 입장에서 그에게 알려진 모든 정황을 이성적으로 평가하고, 또한 기피신청자가 불공정한 재판을 우려하고 있는지를 질문하여야 한다. 이것이 증명되거나 모든 제 3 자에게 명확해야 할 필요는 없다.[3] 13

3) 그러나 통설은 이것을 요구하고 있다; 반대 견해 Arzt, Der befangene Strafrichter, 1969.

예)
- 항소심절차에서 판사가 "피고인은 항소를 제기하는 것 보다는 차라리 피해자에게 사과하는 것이 나을 뻔했다"고 말했다.[4]
- 마약을 수입한 혐의로 기소된 피고인은 재판장으로부터 자백을 강요받았으며, 또한 "이 정도의 범죄라면 말레이시아에서는 약 40년간 감옥생활을 해야 하고 미국의 경우에는 사형선고가 내려질 것"이라는 말을 들었다.[5]
- 법관이 증인에게 "미안하지만 진실을 말하지 않으려면 차라리 입다물고 있는 게 낫겠다"라고 말함으로써 증인의 진실성을 믿지 않고 있다는 것을 신문 도중에 드러내었다.[6]
- 유죄협상과정에서 법원이 지나치게 일찍 사실확정을 했다(아래 § 30 Rn. 4 이하).[7]
- 법관은 새롭게 단서가 될 기록(Spurenakten)이 발견되었음에도 증거조사(Beweisaufnahme)를 종결하였다. 그리고 '변호인이 진범을 밝혀내지 못하는 한 종신형에 처해질 것'이라고 고지하였다.[8]

다음은 불공정성의 우려가 없는 경우에 해당된다.
- 법관이 피고인의 소송행위의 결과를 지적하는 경우, 예컨대 법관이 "당신은 자신의 부인행위가 어떤 결과를 가져올지 곧 보게 될 겁니다"라고 말하는 경우,
- 법관이 임신중절반대협회의 의장으로서 임신중절 반대운동을 하고 있는 경우. 법관은 궁극적으로 정치적 견해, 종교적인 확신 등을 가질 수 있다. 그러나 그것으로 판결에 있어서 편견을 형성할 것이라는 의심을 받아서는 안 된다.
- 법관(참심)이 특정 은행의 감독심의회의 위원인데, 그 은행 이사회 임원에 대한 폭력행위에 관한 형사절차가 진행되고 있는 경우.[9]

다. 사례군(Fallgruppen)

14 법원과 피의자의 관계는 불공정성을 이유로 하는 기피의 전형적인 원천이다. 피고인이 어떤 행위를 함으로써 법관의 불공정성을 유도해 내는 것은 허용되지 않는다(예를 들어, 모욕). 자극이 어떤 것이었는가가 중요한 것이 아니라, 이에 대한 반응이 불공정성의 우려로 나타날 수 있다.

---

4) OLG Köln, StV 1988, 287.
5) BGH NStZ 1991, 226.
6) BGH NJW 1984, 1907 이하.
7) BGH 45, 312.
8) BGH NStZ 2003, 666.
9) BGH 43, 16 참조.

예) 피고인이 법관에게: 이 XX야! 법관은 이에 대하여: 이 강도놈아![10]라고 한 경우

변호인은 독립적인 기피권을 가지고 있지 않다(형사소송법 제24조 제3항 참조). 따라서 법원과 변호인 사이의 마찰은 기피사유에 해당되지 않는다. 그러나 변호인은 간접적으로 법관과 피고인의 관계에 영향력을 미칠 수 있으며, 그럼으로써 변호인과의 관계는 피고인에 대하여 불공정성의 우려가 있는 경우로 될 수 있다. 15

예) 법관이 피고인의 신뢰를 받는 국선변호인의 선임을 철회하였다.[11]

법관은 변호인을 무시하는 발언을 하였다: "변호인 당신에게 묻겠는데, 어디서 법을 배운겁니까?"[12]

또한 증인에게는 기피에 대한 권한이 없다. 그러나 증인에 대한 법관의 행동은 (간접적인 것도 마찬가지로)피고인으로 하여금 법관의 공정성에 대한 의심을 불러일으킬 수 있다(위 다항 사례 참조).

판결 전 결정(Vorentscheidungen)에 법관이 관여하는 것은 그 자체 제척사유 16
가 아니며(위 Rn. 8 이하 참조), 또한 그것만으로 곧바로 기피사유가 된다고 할 수 없다. 일반적인 반대논거가 제시되지 않는 한 그것만으로 불공정성의 우려가 있다고 볼 수 없다.[13] 이때 내려지는 범죄에 대한 잠정적인 평가와 공판심리 이후 사건에 대한 판결상 평가는 구별되어야 한다. 수사절차와 중간절차에서 결정을 할 때(구금명령, 공판개시결정) 혐의의 유무만을 심사한다. 이와 같은 사전심리는 우리 소송구조의 일부를 형성한다. 그러나 법관이 동일한 사안에 대하여 한 번 최종적인 판결을 내렸던 경우에는 다르다. 형사소송법은 이것을 제척사유로 규정하고 있지는 않지만, 구체적인 경우에 따라 평가할 여지를 남겨두고 있다. 피고인이 다시 동일한 법관의 심판을 받게 되고, 또한 그 법관이 피고인에 대하여 갖고 있던 과거의 인상을 지워버리려는 능력에 대하여 의심을 가질 만한 합리적인 이유가 있다는 것만으로는 충분하지 않다고 한다.[14] 그러

10) AG Oldenburg, StV 1990, 259.
11) BGH NStZ 1988, 510 참조.
12) LG Frankfurt StV 1990, 258.
13) 그러나 판례는 반대, Meyer-Goßner, §24 Rn. 12 참조.
14) 다른 견해; Beulke, Rn. 74.

나 위와 같은 상황에서는 불공정성의 우려에 대한 일반적인 불안감을 증대시킬 수 있는 부가적인 요소만 있으면 그것이 경미하다 하더라도 요건을 충족하게 된다. 이때에는 법관의 공평성에 대한 불신을 갖게 되었다는 것에 대하여 소명하여야 할 필요성이 현저하게 감소한다.

[답] 그러한 부가적인 측면이 없다면 기피신청은 허용되지 않고 기각된다.

3. 절차(das Verfahren)

가. 신 청

17 기피는 법관이 소속한 법원에 신청한다(형사소송법 제26조 제 1 항). 법원은 예를 들어 지방법원의 형사제 2 부와 같이 재판부이다. 기피는 적법한 기한 내에, 인적사항에 관한 (여러 명인 경우 최초)피고인신문 전까지 신청하여야 한다(제25조 제 1 항 제 1 문; 제243조 제 2 항 제 2 문 참조). 이 시점을 넘어선 경우 그 때까지 발생하였고 기피신청자에게 알려져 있던 기피사유는 실효된다. 기피사유가 나중에 발생하였거나 혹은 나중에 알려진 경우에는 지체 없이 기피신청하여야 한다(제25조 제 2 항).[15] 변호인 선임이 늦어진 경우는 신청지연에 대한 귀책사유가 없다.[16]

18 신청자는 기피사유와 제25조 제 2 항이 규정하고 있는 신청기한을 준수하였다는 것을 소명하여야 한다(제26조 제 2 항). 기피신청자의 주장내용은 법원이 추가조사를 하지 않아도 개연성이 있다고 인정될 정도로 소명되어야 한다.[17] 이때 증인의 진술서(증인으로 채택되는 것만으로는 충분하지 않다) 또는 변호인의 보증서면이 요구된다. 또한 기피당한 법관이 반드시 제출하도록 되어 있는 직무상 의견서(제26조 제 2 항 제 3 문, 제 3 항)를 요구할 수 있다. 그러나 여기에는 in dubio pro reo원칙이 적용되지 않는다. 왜냐하면 개연성이란 의심에 대한 여지를 항상 남겨두고 있는 것이고, 법원으로서는 의심스러울 때에 개연성이 있다고 인정할 의무가 없기 때문이다.

15) BGH NStZ 1996, 47.
16) BGH NStZ 1984, 371; NStZ 1992, 211.
17) BGH 21, 334, 347.

나. 적법성(Zulässigkeit)

법원은 우선 제기된 신청이 적법한지를 심사한다. 이 판단에는 기피당한 법관이 관여한다(형사소송법 제26조a 제2항 제1문). 단독판사는 스스로 판단할 수 있다(제26조a 제2항 제3문). 기피신청은 위에 언급된 요건을 갖추고 권리 남용에 해당되지 않아야 적법하다(제26조a 제1항 제1 내지 3호). 19

다. 기피신청이유의 유무(Begründheit)

이 단계에서는 다른 법관으로 구성된 재판부에서 판단한다. 기피당한 법관은 관여하지 못 한다(형사소송법 제27조 제1항). 이 경우 공판심리에 대한 판단을 내려서는 안 되고, 공판은 중단되어야 한다(경우에 따라서는 나중에, 제29조 제2항 제1문). 그리고 심리는 공판절차 이외에서 이루어지기 때문에 참심 없이 진행된다(형사소송법 제27조 제2항과 법원조직법 제76조 제1항 제2문). 기피당한 법관은 형사부의 다른 법관 혹은 대리법관(Vertreter)으로 교체된다. 구법원의 경우 항상 다른 법관이 판단한다(제27조 제3항 제1문). 20

라. 결정(Beschluss)

재판(Entscheidung)은 결정(Beschluss)으로 한다(제28조 제1항). 기피신청이 이유 없다고 기각될 경우 소송은 기피신청 이전의 상태로 돌아간다. 법원은 신청이 이유 있다고 인정하는 그 시점부터 당해 법관을 심리에서 배제한다(소급효가 적용되지 않는다).[18] 21

마. 불복(Anfechtung)

기피가 이유 있는 것으로 받아들여진 경우 이 결정에 대해서 불복할 수 없다(형사소송법 제28조 제1항; 또한 상고도 허용되지 않는다, 제336조 제2문). 기피신청이 부적법하다고 각하하거나, 이유 없다고 기각한 결정에 대하여는 즉시항고(제28조 제2항 제1문, 제311조)가 허용된다. 수소법원의 구성원에 대한 기피신청이 기각된다면(공판개시결정 이후의 법관), 소송절차는 중지되지 않는다. 그 결정에 대하여는 판결(Urteil)을 요구하는 것으로써만 불복할 수 있다. 22

18) OLG Koblenz NStZ 1983, 471.

즉, 이에 대한 항소 또는 상고만이 가능하다(제28조 제 2 항 제 2 문).

Ⅲ. 소송지휘(Verhandlungsleitung; 형사소송법 제238조)

1. 재판장의 명령(제238조 제 1 항)

23 소송지휘는 재판장의 권한에 속한다. 재판장은 심리를 이끌고, 피고인을 신문하고 증거조사절차를 진행한다(제238조 제1항). 공판심리 동안 내려지는 단지 몇 안 되는 판단만이 법원의 결정으로 이루어진다[예를 들어 병합과 분리, 제 4 조; 기피신청, 제27조 제 1 항; 갱신(Aussetzung), 제228조 제 1 항 제 1문; 증거신청의 기각, 제244조 제 6 항; 추가기소, 제266조 제 1 항].

2. 불복권한(das Beanstandungsrecht; 제238조 제 2 항)

24 가. 재판장의 모든 처분에 대해 불복할 수 있다. 이전의 통설은 실질지휘(Sachleitung; 제 2 항)의 개념을 소송지휘(Verhandlungsleitung; 제 1 항)의 개념보다 좁게 이해했었다. 그리고 형식적인 심리지휘의 영역에 대하여는 불복할 수 없다고 생각했다. 그러나 그러한 구별은 불가능하다.[19] 전적으로 공판의 형성과 관련되는 명령은 존재하지 않으며 또한 최종판단에 영향을 미치지 않는 명령도 존재하지 않는다.

예) "창문을 한번 열어보세요"라는 외견상 해롭지 않은 명령도 피고인이 알레르기를 앓고 있고, 밖에 꽃이 만개한 자작나무가 있다면 피고인의 권리를 침해할 수 있다.

25 나. 제238조 제 2 항은 항고의 특수한 형태이다. 이 규정은 "공판심리 중 재판장이 내린 명령과 처분의 적법성에 대하여 합의부가 검증하도록 함으로써 신속하게 당해심급에서 구제받을 수 있는 방법을 열어놓은 것이다.[20] 그 불복의 적법요건은 이익의 침해가 있어야 한다는 것이다. 그것은 권리가 침해되었다고 주장하는 것을 말한다. 그러나 재판장의 처분이 합목적성을 결여하였다고

19) 다른 견해 Roxin, § 42 Rn. 12 이하.
20) Erker, 133면.

하는 것은 불복사유가 될 수 없다. 소송법적인 권한을 가진 모든 사람(소송관계인—여기에 대해서는 아래 §20— 그리고 특별한 소송역할을 담당하는 다른 소송관계인, 예를 들어 증인, 감정인)은 제238조 제2항의 중간불복(Zwischenrechtsbehelf)을 할 수 있다. 또한 단독판사의 소송지휘에 대하여도 불복할 수 있다. 이에 대하여는 제238조 제2항에 규정된 결정의 형식으로 재판한다.

다. 상 고

재판장(혹은 단독판사)의 처분에 대해 불복하지 않는, 즉 즉시 중간불복을 하지 않았던 피고인은 재판장이 소송지휘에 있어 흠이 있었고 이것 때문에 그의 방어권이 제약당했다는 것을 나중에 상고이유로서 주장할 수 없다(형사소송법 제338조 제8호). 판례는 이 규정을 근거로 제238조 제2항에 보장된 권한을 행사하지 않았다면 상고절차에서 절차상 흠결을 주장할 수 있는 모든 가능성을 상실하게 된다는 일반적인 법원칙을 도출해내고 있다. 그럴 경우 제337조에 의한 상고는 불가능하다.[21] 그러나 이것은 지나치게 폭넓은 해석이다. 피고인은 제338조 제8호에 의해 보호받는 방어권을 가지고 있을 뿐만 아니라 절차가 법률에 부합되게 진행되도록 요구할 권리도 가지고 있다. 피고인이 불복할 수 있는 권리가 불복을 하여야 한다는 부담으로 작용해서는 안 된다.[22] 피고인이나 변호인은 소송절차가 완벽한 절차가 되도록 책임지고 법원을 드와줄 임무를 부담하고 있는 것이 아니다. 따라서 침묵을 불성실한 것으로 간주해서는 안되고, 실효의 효과가 발생하게 하여서도 안 된다. 어쨌든 침묵은 포기를 의미하지 않는다.

또한 판례에 의하면, 명령에 대하여 침묵하는 것을 묵시적 추인으로 보는 것은 강행규정 혹은 처분이 허용되지 않는 규정에서는 적용되지 않는 한계를 가진다.[23] 변호인이 없는 피고인에게 불복권을 고지해야 주어야 하는 법원의 보호의무가 부여되는 경우는 예외적일 뿐이다. 게다가 판례의 견해는 실제적인 한계에 부딪힌다. 왜냐하면 재판장의 부작위에 대하여 항고를 제기하는 것이 불가능하기 때문이다(그 결과 이러한 경우에는 제238조 제2항 때문에 제337조

21) BGH NStZ 1992: 상고는 허용되지 않는다.
22) Erker, 151면.
23) BGH 42, 73.

에 의한 상고가 불가능하게 되지 않는다).[24]

통설이 만들어야 하는 이러한 예외에 비추어 보면, 도대체 원칙에는 아무 것도 남아 있지 않게 된다.

종합하면, 형사소송법이 재판장의 명령에 대하여 조기에 명확하게 불복을 제기할 것을 요구하고 있다는 점과 불복이 제기되지 않거나 너무 늦게 제기될 경우 이의제기를 허용하지 않는 것으로 보아야 한다는 점은 적절하다(재판부 구성에 대한 이의는 위 § 17 Rn. 5 참조; 기피신청에 대하여는 위 Rn. 17 참조). 그러나 처분에 이의를 제기하지 않았던 사람은 포기 가능한 권리를 상실한다는 일반적인 원칙을 제238조로부터 도출하는 것은 옳지 않다(아래 § 36 Rn. 27 이하 참조).

24) BGH 38, 260, 261 참조.

§ 20. 소송관계인(Prozessbeteiligten)

소송관계인은 소송상 권리를 행사하거나 재판에 간접적으로 관련이 있는 사람이다.[1] 법원은 소송관계인에 속하지 않는다. —법원은 이해관계 없는 자로서 행동해야 한다.[2] 소송관계인에게 법적 청문을 보장할 의무가 법원에게 있다(형사소송법 제33조). 1

소송관계인은 특히 피고인, 변호인, 검찰, 보조참가인(Nebenkläger), 사인소추인(Privatkläger) 등이다. 그 외에도 예컨대, 피해자와 같은 기타관계인이 있다. 소송절차에서 증인과 감정인(증거방법으로서의 그들의 역할에 대해서는 후술하는 § 21 Rn. 3 이하 참조), 그리고 소송절차에서 간접적인 업무 또는 보조기능만을 담당하는 기타의 자, 예컨대 형사소송법 제226조의 경찰공무원과 제271조의 법원 사무관(Prototokollführer) 등은 이러한 의미에서 소송관계인이 아니다. 2

Ⅰ. 출석할 권리와 의무

1. 주요관계인(Hauptbeteiligten)

가. 피 고 인

피고인은 공판정에 출석하여야 한다(형사소송법 제230조 제 1 항). 만일 형사소송법 제243조 제 1 항 제 1 문에 따라 사건 호명시 피고인이 공판정에 없다 3

1) BVerfGE 13, 132, 140 참조.
2) BVerGE 21, 139, 145.

면, 제230조에 따라 공판정에 출석하지 않은 것인지, 아니면 제276조의 부재자(Abwesende)인 것인지가 중요하게 된다. 개정된 형사소송법은 개정전(제277조 내지 제284조 삭제)과는 달리 궐석절차(Versäumnisverfahren)를 규정하지 않고 있다. 부재자에 대해서는 증거보전절차(286조 내지 제294조)가 진행 될 수 있다. 피고인이 부재자인 것이 아니라 단지 출두하지 않은 것이라면, 제230조 제 2 항에 따라 피고인은 구인된다. 이러한 경우 구금명령이 내려질 수 있다.

4 출석의무에 대해서는 형사소송법 제231조 제 2 항, 제231조a 내지 c, 제232조, 제233조, 제247조의 예외가 있다[상소절차에서는 제329조 제 2 항, 제350조 제 2 항; 사인소추절차에서는 제387조 제 1 항; 약식명령(Strafbefehl)에 대해 불복한 후에는 제411조 제 2 항 제 1 문]. 형사소송법 제232조는 경미한 형사사건에 적용된다. 그러한 경우 피고인은 출석의무를 면제받을 수 있다(제233조). 피고인은 항상 출석할 권리를 가진다.3)

나. 변 호 인

5 필요적 변호사건에서 변호인은 출석하여야 한다(제145조 제 1 항 제 1 문). 피고인이 출석하지 않더라도 공판절차를 진행할 수 있다면(제231조 제 2 항, 제231조a와 b, 제232조, 제233조), 변호인은 보조인이라는 통상적인 역할에 제한되지 않고(전술한 § 11 Rn. 21 참조), 대리권(Vollmacht)을 가지고 있다면 예외적으로 대리인으로서 행동할 수 있다(제234조).

다. 검 사

6 공판절차에서 검사는 항상 출석하여야 한다(형사소송법 제226조, 제227조). 형사절차 전반에 걸쳐서 그러한 의무가 있는 것은 아니다. 공판절차에서도 마찬가지다. 검사는 교체될 수 있다(전술한 § 5 Rn. 5, 6 참조). 문제는 어떠한 상황에서 반드시 검사가 교체되어야 하는가 하는 점이다. 편파적인 검사가 절차를 수행하는 경우에 그 문제가 제기된다. 형사소송법은 그에 대해 어떠한 규정도 하고 있지 않고, 판사에 대한 제척사유(제22조 이하)와 같은 것을 규정한 적이 없다. 수사를 수행하였기 때문에 사건을 제일 잘 아는 검사를 공판절차에 내보내는 것이 합리적이다. 다른 측면에서 검사는 이러한 수사 경험 때문

---

3) BGH 19, 144, 147.

에 항상 선입견을 가진 것으로 여겨질 우려도 있다. 유죄의 증거를 찾고 공소장에 피고인을 공격하는 근거를 제시하는 것은 검사의 임무이다. 이러한 제도상 편면성(Einseitigkeit)에 의하여 검사의 직무와 판사의 직무는 구별된다. 검사에게 중립적인 제3자의 간격을 유지할 것을 기대할 수는 없지만, 검사에게 법치국가원칙과 공정성 요청에서 유래하는 한계를 넘어서지 않을 것을 기대할 수 있다. 검사가 수행하거나 또는 대리하고 있는 수사결과와 공판절차에서 증명 상황을 객관적으로 평가하려 하지 않거나 할 수 없다는 점을 검사가 스스로 인정한다면, 검사장(Vorgesetzte)은 그의 직무이전권(Substitutionsrecht)을 행사하여야 한다. 피고인이 그에 대한 청구권을 갖는지 그리고 법원이 이러한 직무이전을 강제하거나 통제할 수 있는지는 그 다음의 문제이다. 우선 검사의 편파성에 대한 지침을 어떻게 구체화할 것인가 하는 점이 문제된다. 형사소송법 제22조 제1호 내지 제3호의 상황에서 검사는 그 사건에 일반적으로 너무 근접해 있어서 그 사건을 객관성의 최소기준을 갖고도 판단할 수 없을 것이라는 점은 명백하다. 이러한 경우에 검사장이 개입하여야 한다. 제4호의 경우에는 그 점이 자명하지는 않다. 예전의 형사소추자로서의 활동은 형사사법제도 내에서의 직무수행활동일 뿐이고, 예전의 변호인으로서의 활동은 오히려 검사가 상대방 입장을 훨씬 잘 이해하도록 한다. 그 밖에 언제 검사가 특히 공판절차에서 자신의 행동으로 편면성을 넘어서서 편파성을 띠게 되는지에 대하서는 명확하지 않다.[4] 그것은 소추 열의가 어느 정도 격렬한 때에 비로소 그렇게 되고 그런 경우는 많지 않다. 검사가 두 번째의 역할, 즉, 증인으로서 진술하여야만 해서 검사 본연의 임무를 더 이상 수행할 수 없는 경우가 더 빈번히 발생한다(후술하는 §21 Rn. 22 참조).

이에 따라 검사가 활동을 계속해서는 안 된다는 점이 드러난 경우에, 강제로 교체할 수 있는지가 문제된다. 통설에 의하면 소송관계인은 기피권을 갖고 있지 않고,[5] 판결이 법치국가원칙에 위반되고 불공정한 검사의 절차방법에 의하여 영향을 받았다는 이유로 상고할 수 있다. 법원은 기피를 요구할 수 있 7

4) 상세한 것은 Schairer, Der befangene Staatsanwalt, 1983; Tolksdorf, Mitwirkungsverbot für den befangenen Staatsanwalt, 1989; Frisch, FS Bruns, S. 398; Pawlik, NStZ 1995, 309, 313. 연방통상법원의 매우 유보적인 태도에 대해서는 BGH NJW 1980, 845; NStZ 1984, 419; NStZ 1989, 583 참조.

5) 유력한 반대설이 있다. Meyer-Goßner, vor §22 Rn. 5 참조.

고, 법원에 후견의무가 요구되는 경우에는 그렇게 하여야 한다.[6] 하지만 법원이 검사장의 판단을 수정할 수는 없다(법원조직법 제150조 참조). 법원조직법시행법 제23조 이하에 관한 방법(상세한 것은 전술한 § 15 Rn. 31 이하 참조)은 불가능하다. 왜냐하면 개인 권리에 대한 직접적인 침해라는 요건이 결여되어 있고, 이와 같이 어렵고 오랜 시일이 필요한 절차는 형사소송법 제26조 이하에 규정된 이익, 불공정성에 관한 중간 다툼을 신속히 종결하려는 이익과 일치할 수 없기 때문이다.

라. 보조참가인(Nebenkläger)

8 보조참가인은 공소에 개입한다(형사소송법 제395조 이하; 상세한 것은 § 39 Rn. 18 이하 참조). 보조참가인은 자신이 당한 불법에 대한 개인적 배상과 피의자가 형사처벌 받는 것을 보기를 원한다.[7] 그러나 보조참가인에게는 출석의무가 없다.

마. 사인소추인

9 사인소추인은 보조참가인과 동일한 이익을 추구하지만, 검찰을 대신하여 소추할 수 있다(전술한 § 18 Rn. 4 참조). 사인소추인은 명령을 받지 않은 경우 직접 출석할 의무는 없지만(형사소송법 제387조 제 3 항), 변호사로 하여금 자신을 대리하게 할 수 있다. 사인소추인 또는 그의 변호인이 출석하지 않은 경우에 법률상 소 취하 간주의 법적 효과가 인정될 수 있다(제391조 제 2 항).

2. 기타 관계인

10 기타 관계인은 공공의 이익 또는 자신의 이익을 위하여 소송절차에 참여하는 사람들이다.

가. 피 해 자

11 피해자보호법(1986. 12. 18)에 의하여 피해자는 소송관계인이 되었다(형사소송법 제406조d 이하; 상세한 것은 후술하는 § 39 Rn. 40 이하 참조). 그러므로 피해

6) LG München-Gladbach JR 1987, 303.
7) BVerfGE 26, 66.

자는 자신의 이익을 대변하고 예컨대, 자신에게 책임이 전가되는 것을 막을 수 있다. 피해자는 이를 위하여 보조참가인으로 가입할 필요는 없다. 물론 그렇게 하면 피해자는 부가적인 권리를 갖게 된다.

나. 관 공 서

매우 중요한 사건들, 예컨대 조세범처벌절차(Steuerstrafverfahren)에 재무행 12
정기관이 참여한다(국세징수법 제385조 내지 제408조). 질서위반절차에는 행정기관이 참여한다(질서위반법 제42조, 제63조, 제76조).

다. 범죄이득과 범행도구의 몰수(Verfall und Einziehung)

몰수를 당하는 자는 법적 청문의 기회를 가져야 하며, 절차에 참여한다(형 13
사소송법 제431조 제 1 항 제 1 문, 제442조 제 2 항).

라. 단 체

법인과 사단에 대해 범죄 또는 질서위반행위의 부가형으로서 질서위반금 14
이 선고될 수 있다(질서위반법 제30조). 종래 질서위반금은 단체와 기업에 대한 유일한 제재방식이다. 이러한 절차에 단체의 참여가 이루어져야 하나(형사소송법 제444조 제 1 항), 공판심리절차에 출석할 필요는 없다(형사소송법 제444조 제 2 항 제 1 문)

Ⅱ. 질 문 권

1. 직접질문권

재판장은 배석판사, 참심원, 검찰, 피고인, 변호인에게 직접질문권을 보장 15
하여야 한다(형사소송법 제240조 제 1 항, 제 2 항 제 1 문).[8] 직접질문이란, 먼저 재판장에게 질문을 건네고 그 다음에 재판장이 질문을 하는 방식으로 진행할 필

8) 보조참가 권한이 있는 피해자(Nebenklageberechtigten Verletzten)의 보조자인 변호사에게 재판장은 소송지휘권(Sachleitungsbefugnis)의 범위 내에서 개별 질문을 할 수 있도록 허용할 수 있다; BGH NStZ 2005, 222 m. Anm. Ventzke 396.

요가 없다는 것을 의미한다. 이러한 권리는 형사소송법 제240조의 문언을 넘어서서 모든 소송관계인이 갖고 있다. 피고인은 유죄의 증언을 하는 증인에게 질문하거나 질문하게 할 권리를 가진다. 그러한 권리는 유럽인권협약 제 6 조 제 3 항에 따른 최소한의 권리이다.[9] 피고인이 공동피고인에게 직접 질문할 수 없다는 것(형사소송법 제240조 제 2 항 제 2 문)에 대해서는 헌법상 이의가 제기될 수 없다.[10] 질문(Befragung)은 신문(Vernehmung)과 같은 것이 아니다. 질문자는 개개의 논점들을 잡아서 질문을 정확하게 하여야 한다. 가령 '도대체 어떻게 된 것인지 설명해보세요'와 같이 사실관계 전체 내용에 대한 종합보고를 요구해서는 안 된다.

2. 질문의 취소(형사소송법 제241조 제 2 항)

16 형사소송법 제241조 제 2 항에 따라 직업법관이 질문할 때 재판장이 개입해서는 안 된다(이 조항은 제240조 제 1 항에 대해서는 적용하지 않고 있다). 기타의 경우 재판장은 질문이 부적절한 경우, 즉 진실 발견에 전혀 도움이 되지 않거나 법적인 이유로 금지되어 있다면 질문을 취소하여야 한다.

예) 형사소송법 제68조 제 2 항의 위험에 처한 증인에게 주거에 대한 질문을 하는 경우

17 답을 암시하거나 책략이 들어있는 유도신문도 여기에 속한다. 범죄 및 예상되는 형벌과 간접적으로도 전혀 관련이 없는 질문들은 사안에 관한 질문이 아니다.

예) 증인이 경찰공무원이고, 비번날 대형 매장의 탐정으로 일하고 있다. 변호인이 증인에게 그에 대한 부업 인가(Nebentätigkeitsgenehmigung)를 받았는지 질문한다.

증인의 신빙성은 항상 중요하다. 재판장은 상응한 질문이 사소한 것이라 판단하더라도 개입해서는 안 된다. 그것은 대답을 듣기도 전에 증거에 대한 평가를 먼저 행하는 결과가 되는데, 그것은 금지되어 있다.[11]

9) BGH 46, 93에서 상세히 설명되어 있다.
10) BVerfG NJW 1996, 3408.
11) BGH NStZ 1985, 183; StV 1987, 229.

3. 질문권의 박탈

질문권의 박탈은 모두 허용되지 않는다. 지속적이고 참기 힘든 질문권 남용의 경우에도 재판장은 질문을 취소하는 방법을 사용하는 인내를 발휘해야 한다(이설 있음).

4. 법률상의 구제

법원은 이의신청이 제기된 경우에 비로소 재판하는 것이 아니라(형사소송 18
법 제238조 제 2 항), 질문의 허용여부에 대한 의문을 표시한 경우에 재판한다 (제242조).

§ 21. 증거방법(Beweismittel)

1 형사소송법은 증거방법으로 오로지 증인, 감정인, 서류증거 및 검증만을 인정하고 있다. 증인과 감정인은 진술을 하게 되고, 이를 인증(人證)이라고 한다. 물증(物證)인 서류증거는 법정에서 낭독함으로써 증거조사를 하고(형사소송법 제94조, 제102조), 서류증거가 아닌 물증은 검증의 방법으로 증거조사를 하게 된다. 이러한 증거들 사이에는 수많은 조합이 가능하다.

> 예) 범죄수사국의 직원이 범죄현장에서 발자국을 채취하였다면, 그 채취된 것을 증거로 사용하기도 하고, 그 직원이 감정인으로서 진술할 수도 있다.

2 피의자를 증거방법으로 할 수는 없다. 피의자가 증인이 될 수 없는 이유는 피의자에게 진술거부권이 있기 때문이다. 그러나 피의자가 진술을 하게 되면 스스로 증거방법이 된 것이므로, 그의 진술이 증거로 사용되고 평가를 받는 것을 감수하여야 한다(상세한 것은 아래 § 29 Rn. 11 참조).

Ⅰ. 증인(형사소송법 제48조 이하, 제85조)

1. 절차에서의 역할

3 가. 증인은 그가 인식한 것에 대하여 진술하게 된다. 이 부분에서 감정인이 하는 일과 교차된다(표로 종합적으로 정리한 아래 Rn. 37 참조). 우연히 사실을 알게 되었는지, 특별히 파견되었다가 알게 되었는지(예컨대, 경찰의 지시를

받은 정보원), 아니면 어떤 것을 관찰하여야 할 직무를 수행하던 중 알게 되었는지 등등의 사정이 달라도 증인의 역할에는 차이가 없다.

나. 누구나 증인이 될 수 있다. 특별한 전문지식이 필요한 것이 아니다. 또한 증인이 특별한 전문지식을 갖추고 있다고 하여 그것만으로 감정인이 되는 것도 아니다(형사소송법 제85조 참조). 제한적이나마 사물을 인식할 수 있고, 그것을 표현할 수 있기만 하다면 누구도 미리부터 증인으로서 부적격하다고 할 수 없다(따라서 아주 어린 아이의 증언만을 배제할 수 있을 뿐이다).

다. 증인에게 요구되는 것은 사실관계를 진술하는 것이다. 법률적 문제나 4
경험칙, 추측, 다른 사건에 대한 결론 등은 증언의 대상이 아니다. 그 인식이라는 것은 대부분은 과거의 사실에 대한 것이나, 형사소송법 제85조의 법문언과는 어긋나지만 현재에 관한 것일 수도 있다(예컨대, 피해자에게 "오늘 기분 어때요?"라고 질문하는 것). 진술이 반드시 어떤 질문에 대하여 "긍정적(positiv)"일 필요는 없다. 증인이 어떤 특정 단어에 해당하지 않는다고 말하였다면, 그가 인식한 것은 바로 "부정적 사실관계(negative Tatsache)"인 것이다. 나아가 증언은 과거든 현재든 증인이 스스로 경험한 내적 사실관계일 수도 있다. 그러나 타인의 심리적 상태는 스스로 인식한 것이라 할 수 없다.

> 예) "나는 무엇이 그가 잠재적인 폭력성을 갖도록 만들었는지를 알고 있다"라는 진술은 여러 가지 점에서 증인의 역할을 벗어난 것이다. 이 진술은 결론을 도출하고 있고, 해석과 경험칙 및 그의 인식에서 벗어난 상황을 포함하고 있다.

실제로 발생하지 않은 것에 대하여는 증인에게 질문할 수 없다. 그러나 가정적 · 심리적 경과에 대하여는 약간 다르다.

> 예) "피고인이 그 차가 그 이전에 사고를 당한 적이 있는 사고차량이었다는 것을 증인에게 미리 고지하였다면 그래도 증인은 그 차를 구입하였을까요?"

이러한 질문은 허용된다. 왜냐하면 이것은 착오와 처분 사이의 심리적 인과관계에 관한 사실증거에 대한 질문이기 때문이다.

다른 사람이 말한 것도 사실에 관한 진술이 될 수 있다(전문증언[1]), 위 § 18 Rn. 26 참조). 가치평가(Werturteile)는 사실관계진술과 반대되는 개념이다. 그 구

---

1) Detter, NStZ 2003, 1 이하에서 이 문제 및 BGH의 판결에 대한 개괄적인 설명을 하고 있다.

분은 잘 알려져 있다(형법 제263조의 기망행위에 대한 해석 참조). 여기서 중요한 것은 가치평가가 사실관계에 기반을 두고 증인이 그것에 대하여 어떤 것을 말할 자격이나 능력이 있느냐 하는 것이고, 그렇지 않다면 증인의 평가진술은 의미 없는 의견에 불과할 뿐이다. 인물평(Leumund)에 관한 진술을 할 때에는 그러한 점이 중요하다.

사람들이 신뢰하는 일상적인 가치평가는 누구나 동일한 척도를 가지고 있기 때문에 사실에 관한 진술과 동일하게 평가될 수 있다.

> 예) 사람이 정신을 잃을 정도로 만취상태에 있었는지 여부 또는 운전자가 과속으로 운전하였는지 여부[2]

그러나 그러한 진술을 하였다고 하여 아무런 심사를 하지 않고 그대로 받아들여야 한다고 하는 것은 옳다고 할 수 없다. "정신을 잃을 정도로 만취상태"에 있었다는 진술에서 이러한 증인의 종합적인 의견이 흥미를 끄는 것이 아니고, 그 증인이 사람의 행동에 관하여 말할 수 있는 상황이었는가 하는 것이 중요하다. 또한 제한시속 30km 지점에서 "과속으로 운전하였다"는 진술에서 증인이 당시 시속 80km 이상의 속도이었다는 인식을 하고 있었으면 그 진술은 사실관계에 관한 진술로서 사용할 수 있지만, 시속 40km 정도의 속도이었다고 인식하였다면 그 진술은 사용할 수 없다.

2. 의 무

5 증인은 출석하여 진실을 말하고 예외적인 경우 선서하여야 할 의무가 있다(아래 Rn. 6의 앞부분부터 Rn. 7 참조). 이러한 3가지 주요의무 이외에도 부수적 의무가 있다(아래 Rn. 8 참조). 증인의 의무는 국민의 의무로서 형사소송법 규정 보다 앞선 것이다.[3] 그것은 모든 독일국민과 독일에 거주하는 모든 사람들에게 해당된다(치외법권을 가진 사람에 대하여는 예외가 인정된다. 기본법 제18조 이하). 피고인을 공법상으로 말했을 때 "질서의 교란자(Störer)"라고 표현할 수 있다면, 그런 교란자가 아닌 증인에 대하여 더 과중한 책무를 부과하게 되는 것이다.

---

2) RG 37, 371, Beulke, Rn. 181에서 인용되고 있다.
3) BVerfGE 66, 39 이하.

가. 출석의무

출석의무는 판사의 소환(형사소송법 제48조, 제51조)과, 수사절차상 검찰의 소환에 의하여 발생한다(형사소송법 제161조a 제 1 항 제 1 문). 이에 응하지 않는 증인은 그로 인한 비용을 부담하고 과태료가 부과되며, 최장 6주간의 감치처분을 받을 수도 있다(형사소송법 제51조; 형법시행법 제 6 조 제 2 항). 다만 그러한 감치처분은 판사만이 내릴 수 있다(형사소송법 제161조a 제 2 항 제 2 문).

나. 진실에 부합하는 진술을 하여야 할 의무

증인이 거짓 진술을 하면 처벌받는다(형법 제153조 이하). 법률상 정당한 사유 없이 증언을 거부하게 되면 그로 인한 비용을 부담하고, 과태료가 부과되며(형사소송법 제70조 제 1 항) 최장 6개월까지 강제구금에 처하여질 수 있다(형사소송법 제70조 제 2 항).

진술의무는 공직자의 비밀준수의무를 이유로 면제될 수 있다(형사소송법 6
제54조). 공직자가 진술을 할 수 있다는 승인을 얻지 못하는 한 그를 증인으로 신문하는 것은 금지 된다(증거조사금지, 아래 §28 Rn. 1-3 참조). 이러한 승인은 행정행위이다.[4] 그러한 승인을 하지 않는 것이 위법하다면[연방공무원법(BBG) 제62조 제 1 항, 공무원법 통일을 위한 기본법(BRRG) 제39조 제 3 항 제 1 문)], 소송관계인이 의무이행소송을 제기할 수 있고, 증인 자신이나 법원은 그 소송을 제기할 수 없다. 그러나 법원은 배려의무를 부담하고 있기 때문에 법원 스스로 그러한 승인이 내려질 수 있도록 노력하여야 한다.[5] 한편으로는 비밀을 유지하여야 할 이익과 다른 한편으로는 범죄에 가장 가까이 있던 직접증인을 신문함으로써 진실을 발견하여야 한다는 이익 사이에서 충돌이 일어나는 대표적인 예가 비밀로 활동하는 경찰공무원을 신문할 때라고 할 수 있다(수사를 위하여 가짜로 매수하려고 시도한 경찰관, 비밀수사관 등등, 아래 §27 Rn. 31 이하 참조).

---

4) BVerwGE 66, 39 이하.
5) BGH 32, 115, 125 이하; NStZ 1981, 70.

다. 선서의무

7 예전에 증인은 원칙적으로 선서를 하여야 하는 것으로 규정되어 있었으나 실무상으로는 오히려 예외적이었다(왜냐하면, 선서를 한다고 하여 진술이 더 진실에 가까워지는 것은 아니기 때문이다). 이러한 상황에 맞도록 사법근대화법(JuMoG)은 원칙과 예외를 바꾸어 놓았다(형사소송법 제59조).

법원(형사소송법 제238조)이 증인의 선서가 증거평가에서 "저울추(Zünglein an der Waage)" 역할을 하거나 혹은 다른 증거자료에 접근할 수 없다든가 하는 이유로 선서를 "결정적인 것(ausschlaggebend)"으로 여길 때에만 선서하도록 하고 있다. 증인이 거짓 진술을 하거나 또는 형법 제153조에 규정된 허위진술죄를 범하였다면 진술의 저울추로서 선서가 필요하지 않다. 증인이 선서강제 아래에서만 어떤 중요한 것(결정적인 것을 말하는 것이 아니다)을 증언할 것이라고 판단할 수 있는 구체적인 사실관계가 있을 수 있다. 선서는 진술 후에 행하여진다[형사소송법 제59조 제 2 항 제 1 문; 사후선서원칙(Nacheid)].

수사절차는 더 나아가서 증거멸실의 우려가 있거나(지체의 위험), 증인이 공판절차에 출석하는 것이 방해받을 것이라는 것이 예측되는 경우에만 선서가 허용된다(형사소송법 제62조). 검찰은 선서를 받을 권한이 없다(형사소송법 제161조a 제 1 항 제 3 문). 당연히 경찰도 그렇다.

미성년자(형사소송법 제60조 제 1 호 전단)나 선서무능력자(제60조 제 1 호 후단)의 선서는 금지된다.

'범죄'를 저질렀거나 범죄에 관여한 혐의를 받고 있는 사람의 선서도 금지된다(형사소송법 제60조 제 2 호). 이 규정의 모든 문언은 넓게 해석되어야 한다. '범죄'는 역사적 과정(절차적인 범죄개념)을 의미한다. 범죄에 관여하였다는 것은 형법 제25조 이하에 규정된 의미를 넘어서 범죄과정에 피의자와 동일하게 범죄에 해당되는 방법으로 관여하는 것을 말한다.

예) 마약을 구입한 사람을 피고인으로 하는 형사절차에서 그 마약을 판매한 사람[6]; 장물범을 피고인으로 하는 사건에서 절도범[7]. 그러나 경찰의 첩보원은 범죄

---

6) BayObLG MDR 1983, 778.

7) BGH 4, 255; 368; 6, 382.

에 해당되는 방법으로 협력한 것이 아니기 때문에 여기에 해당되지 않는다.[8)]

범죄비호나 처벌방해죄(형사소송법 제60조 제 2 호)를 범한 사람은 그것이 공판 이전에 행하여진 경우에만 선서할 수 없다. 공판에서의 진술에 의하여 비로소 증인이 위와 동일한 범죄에 대한 혐의를 받게 되는 경우라면 그는 선서를 할 수 있는 것이다.[9)] 그가 공판 전에 피고인에게 거짓 증언을 한 경우라면 그것은 처벌방해죄의 예비에 해당하여 범죄를 구성하지 않고, 따라서 선서할 수 있다.[10)]

증언을 할 필요가 없는 사람은 자신이 말하는 것에 대하여 선서할 필요도 없다(선서거부권, 제61조). 선서형식에 관하여는 제64조 이하 참조. 선서하고 싶지 않은 사람(기본법 제 4 조 제 1 항)은 단지 "예"라고 하면 된다.

라. 부수의무

증인은 그의 신빙성(형사소송법 제68조 제 4 항)에 대하여 질문을 하거나 감정을 함으로써 테스트하는 것을 감수하여야 한다(위 § 10 Rn. 29 참조). 증인은 신체검사를 감수하여야 하고(형사소송법 제81조c, 위 § 10 Rn. 26 참조), 대질신문에 협조하여야 하며(형사소송법 제58조 제 2 항), 그 진술을 녹음 · 녹화하는 것(형사소송법 제58조a)을 받아들여야 한다. 중대한 의미가 있는 범죄의 경우에는 증인을 공개적으로 수배할 수 있다(형사소송법 제131조a 제 3 항). 8

3. 증언거부권(형사소송법 제52조 이하)

증언거부권은 증인과 피의자 사이의 신분적 또는 직업적 관계 때문에 진술(증언)을 완전히 거부할 수 있도록 하는 것이다. 이러한 증언거부권은, 진술의무는 있지만 그 진술에 따라 자신 또는 그 친인척이 피의자로 될 수 있다는 이유로 개별적 사실관계에 대한 답변을 거부할 수 있도록 하는 것과는 구별된다(제55조, 아래 Rn. 14 이하).

8) BGH NStZ 1990, 193.
9) BGH NStZ 1981, 268; 309.
10) 이에 대하여는 매우 논란이 있다. BGH 31, 10; 34, 68.

가. 신분관계(형사소송법 제52조)

9 형사소송법 제52조는 증인이 처한 난감한 상황을 고려하는 것이다. 즉, 이 규정은 문제가 되는 진술에 직면한 피고인을 보호하고자 하는 데 그 목적이 있는 것이 아니다.[11)]

약혼자(형사소송법 제52조 제 1 항) : 혼인약속은 진지하게 판단해야 한다. 민법상으로 유효한지 여부는 형사절차에서는 중요하지 않다. 법률상으로는 유효하게 이혼이 성립되지 않은 사람도 형사절차에서는 새롭게 다른 사람과 약혼을 하였다고 주장할 수 있다.[12)] 약혼상태는 범죄 당시에는 성립되어 있지 않았다 하더라도 증언할 당시에 성립하고 있어야 한다. 의심스러운 경우 법원이 소명자료를 요구할 수 있다(형사소송법 제56조).

예) 포주가 손님을 폭행하였다고 하는 피고사건이다. 외견상으로도 금방 폭행을 당한 것으로 보이는 매춘부가 어제부터 피고인과 약혼하였다는 이유로 증언을 거부한다.

배우자(제52조 제 1 항 제 2 호) : 증언거부권은 혼인 중 또는 그 후에도 존재하고 가장혼인(假裝婚姻)인 경우에도 존재한다.[13)] 혼인이 범죄 후에 비로소 성립하였는지 또는 증언 전에 이혼하였는지, 당연무효인지 아니면 취소되었는지는 증언거부권을 인정하는 데 아무런 차이가 없다. "유사혼인(eheähnliche)" 동거관계에 대하여는 통설은 증언거부권을 인정하지 않는다.[14)] 그러나 등록한 동반자관계(Lebenspartnern)는 다르다.

10 **친인척**(제52조 제 1 항 제 3 호) : 민법 제1589조, 제1590조 참조.

증언거부권은 피의자의 친인척(제 1 호 내지 제 3 호)에게 인정된다. 1개의 형사절차에 여러 명의 피의자가 있을 때 그 증언거부권은 어디에까지 미치는가 하는 문제가 있다. 증인은 동일한 내용으로만 증언할 수 있다. 따라서 "하나의 형사절차에서 여러 명의 피의자에 대한 절차가 진행되고, 증인이 그 중 1인에 대하여서

11) BGH 11, 213, 215.

12) 이에 대하여는 매우 논란이 된다. 다른 견해로는 BGH NStZ 1983, 564; BGH NStZ 1986, 206은 의문이다.

13) BayObLG NStZ 1990, 187.

14) Meyer-Goßner, § 52 Rn. 5.

만 제52조에 따른 친인척관계에 있을 경우 그 증언하고자 하는 사실관계가 그 친인척에도 해당되는 경우에는 모든 피의자에 대한 증언거부권이 인정된다."[15)]

논란이 되고 있는 것은 언제 "하나의 절차(einheitliches Verfahren)"라는 요건을 충족하게 되는가 하는 것이다. 판례는 언제 피의자의 신분을 갖게 되는가 하는 문제에 관하여 주관적 기준에 의하여 결정하여야 한다고 하고 있는데 (의사행위설, 위 § 9 Rn. 1 참조), 이 원칙은 여기에도 적용된다 : 절차적 단일성은 여러 사건이 함께 수사되어 동시에 병렬적으로 진행된다고 해서 생기는 것이 아니라, 검사가 사건들을 결합시키려는 형식을 갖춘 결정을 함으로써 비로소 생기는 것이다(논거는 법률적 명확성을 기하려고 하는 데 있다).[16)] 11

다음으로 논란이 되는 것은 이러한 절차적 공동성이 성립한 이후로 피고인의 친인척이 얼마나 오랫동안 증언거부권을 행사할 수 있는가 하는 것이다. 이에 대한 대답은 그 예전 절차에서는 단순하다. 즉 항상 가능하다. 그러나 그 사이 사정이 변경된 경우가 문제이다. 증언거부권은 그 친인척 관계에 있는 피고인에 대하여 절차가 분리되고 중단되는 경우에도 존속한다.[17)] 그러나 그 소송이 확정력 있는 판결에 의하여 종료되거나 그 친인척이 사망한 경우에는 인정되지 않는다.[18)] 이러한 경우 현재의 피고인과 그 친인척 사이를 결합시키는 관계가 약화되었고, 따라서 실체적 진실 발견의 이익이 가족의 평화라는 이익보다 더 중하게 되었기 때문이라고 한다.[19)] 12

나. 직무상 비밀(형사소송법 제53조, 제53조a)

형사소송법 제53조에 열거된 직무상 비밀 보유자와 그의 보조인(형사소송법 제53조a, 형법 제203조 제 3 항 참조)은 그의 직업 수행 과정에서 듣거나 알게 된 것에 관하여 증언하는 것을 거부할 수 있다. 그리고 이러한 증언거부권은 분할할 수 없다(위 § 10 참조).[20)] 그것은 제도상의 신뢰를 보호하기 위한 것이 13

15) BGH 34, 215, 216; BGH NStZ 1998, 583.
16) BGH a.a.O.; 반대 견해로는 Rengier, StV 1988, 465; Fezer, JZ 1996, 603.
17) BGH StV 1988, 89; NStZ 1988, 18; 절차 분리 후 계속되는 압수의 금지에 관하여는 BGH NStZ 1998, 471.
18) BGH 38, 96; NJW 1992, 1118.
19) BGH 38, 96, 101; 이에 대한 비판은 Dahs/Langkeit, StV 1992, 492; 알기 쉬운 설명은 Widmaier, StV 1992, 1; NJW 1993, 2326.
20) BGH 43, 300.

다(의료제도, 변호제도 등). 열거된 구체적인 신뢰관계(의사와 환자, 변호사와 의뢰인 등등)는 하나의 예시에 불과하다. 따라서 수많은 직업군이 열거되지 않았다(예컨대, 심리학자, 기업의 노조대의원, 자문업을 하는 단체나 법인의 직원 등). 통설은 확장 해석을 할 수 없다고 하는데, 이 견해는 연방헌법재판소의 불명료한 판결에 논거를 두고 있다. 그 판결에 의하면, 예외적이고 아주 특별한 상황에서 기본법 제 1 조, 제 2 조로부터 증언의무가 제한될 수 있다고 한다.21)

2002년 2월 15일 개정된 형사소송법에 의하면, 언론인의 증언거부권이 인정되는 범위를 제 3 자에 관한 것을 알려주는 것뿐 아니라 스스로 조사하여 밝혀낸 자료나 직무상 알아낸 것까지 확대하였다(형사소송법 제53조 제 1 항 제 1문 제 5 호, 제 2 문, 제 3 문; 제 2 항 제 2 문, 제 3 문). 이러한 과도하게 복잡하고 비실용적인 원칙과 예외, 그리고 그 예외에 대한 예외에 의하여 입법자는 판단의 모호성을 극단으로 몰고 갔고, 고유의 정보와 외부로부터 획득한 정보 사이의 간격을 연결시키는 것을 불가능하도록 만들었다.22)

4. 제55조에 따른 답변거부권(Auskunftsverweigerungsrecht)

14 [사례 1] 피고인 A는 주택에 발화물을 투척한 혐의로 기소되어 있다. 그는 이 혐의에 대하여 침묵하였다. 실제로 그 범죄를 저지른 것은 증인으로 채택된 C의 형제인 B였다. C는 A와 B를 범행현장까지 태워다 주었다. 증인신문 과정에서 C는 범행현장에 갔었느냐는 질문을 받았다(질문 1). 만약 "예"라고 대답을 하면 그 스스로 범죄혐의를 받게 될 것이고, 만약 "아니오"라고 말하게 되면 위증을 하게 되는 것이다. 다음으로 그는 B가 범행현장에 있었던 것이 맞나 라는 질문을 받을 수 있다(질문 2). 사실대로 이야기를 하게 되면 A의 혐의는 벗겨지지만, B가 혐의를 받을 우려가 있다.

[사례 변형] C가 범행현장에 있었다는 것은 이미 밝혀져 있다. 이에 C는 그 현장에서 A가 발화물을 투척하는 것을 보았는가 라는 질문을 받았다(질문 3).

피고인이라면 원칙적으로 그 어떤 것도 말할 필요가 없고, 피고인의 친인

21) BVerfG NJW 1996, 1587; 성폭행당한 여성을 위한 상담을 하여 준 여성심리학자: LG Freiburg NJW 1997, 813.

22) 이에 대한 개관은 Kunert, NStZ 2002, 169.

척은 증언을 거부할 수 있다. 증인은 또한 진실의무의 압력 때문에 그 스스로 범죄혐의를 받거나 친인척이 범죄혐의를 받게 되는 것으로부터도 보호받아야 한다. 형사소송법 제55조는 이러한 목적을 위한 규정이다. 이 조문은 각각 개별적인 질문뿐만 아니라 답변 자체를 거부할 수 있다는 것까지 규정하고 있다. 이 때 증인이 그의 대답으로 인하여 자백을 한 결과에 이를 정도까지 요구되지는 않는다. 증인이 어떤 사실관계를 진술하게 되면 범죄 혐의에 관하여 간접적으로나마 단서를 제공하게 되거나, 증거라는 건물을 이루는 하나의 벽돌을 놓는 것이 된다는 것만으로도 충분하다.[23]

따라서 사례 1에서 C는 질문 3에 대한 답변도 거부할 수 있다(만약 그가 사실대로 "아니오"라고 대답한다면, 그 다음에는 "그럼 누가 거기에 있었나"라는 질문을 피할 수 없을 것이다).

이 법조문은 위험에 처한 증인이 위증하지 못하도록 함으로써 피고인을 15
보호하려는 데 그 목적이 있는 것이 아니다.[24] 사례 1의 상황에서 본 것처럼 그 질문이 피고인에게 유리한가 아니면 불리한가 하는 것은 문제가 되지 않는다. 오로지 문제가 되는 것은 그 답변으로 인하여 증인 자신 또는 증인의 친인척이 불리하게 될 수 있는가 하는 것이다.

답변거부권은 원칙적으로 개개 질문에 대하여 항목별로 인정된다. 그러나 질문 항목 모두가 불리한 것이 될 경우에는 결과적으로 증언거부권과 동일하게 된다.

증인은 혹시 불리하게 될 수 있는 사실관계 자체에 대하여 단지 침묵하는 것에 그쳐서는 안 되고 그 진술을 거부한다는 뜻을 분명히 하여야 한다. 그때까지 그가 진술한 것은 증거로 쓸 수 있다.[25] 그가 그 이전에, 예컨대 경찰에서 그 문제된 사안에 대하여 진술을 하였다면 그 당시의 경찰관이 그것에 대하여 증언을 할 수 있다(형사소송법 제252조는 제55조에 적용되지 않는다. 아래 §27 Rn. 14 참조).

증인에게는 위와 같은 답변거부권을 고지하여 주어야 한다(형사소송법 제 16

23) BGH STV 1987, 328. 증인이 이미 확정판결을 받았거나 기소절차가 중지된 경우(형사소송법 제153조a)에는 위와 같은 위험은 존재하지 않게 된다. 판결의 일부 확정에 대하여는 BGH NStZ 2005, 524 이하 참조.

24) 통설, 반대 견해로는 예컨대 Roxin, §24 Rn. 36.

25) BGH NStZ 1998, 46 Reniger의 평석이 있다.

55조 제 2 항, 그것도 가능한 한 일찍 고지하여야 하고, 임박해서 고지하여서는 안 된다). 그리고 이러한 고지 역시 답변거부권과 마찬가지로 증인만을 보호하고자 하는 것이다. 따라서 이러한 고지가 행하여지지 않은 경우 피고인은 그것을 상고이유로 삼을 수 없다[왜냐하면 그의 "권리영역(Rechtskreis)"이 침해되지 않았기 때문이다;[26] 상세하게는 아래 § 28 Rn. 9 참조. 강력한 반대설이 있다]. 나중에 혹시 증인에 대하여 형사절차가 개시된다면 그 증인에 대하여는 위 진술을 증거로 사용하지 못하게 함으로써 그 증인만이 보호되는 것이다(아래 § 28 Rn. 23 참조).

5. 증인의 보호

증인은 고유의 주관적 권리를 가지고 있는 소송관계인이 아니다(위 § 20 Rn. 1, 2 참조). 증인은 인적 증거이고 공익을 위하여 답변을 요구받는 입장에 있으며(위 Rn. 5 참조), 따라서 이에 맞도록 상당하게 취급받고 특별한 상황에서는 보호를 받아야 한다.

가. 증인의 보조인

17 증인은 신문을 받을 때 그의 변호인과 함께 출석할 수 있는 권리가 있고, 그 변호인은 증인이 법적으로 보호받는 이익과 거부권이 보장되도록 도와준다. 이것은 형사소송의 공정한 구성 원칙으로부터 유래하는 것이다.[27] 이러한 증인의 보조인은 증인의 권리를 넘어서지 못하고, 변호인과 같은 독자적인 권리를 갖지 못한다(통설). 그러나 최소한 부분적 기록열람권은 보장되어야 한다. 왜냐하면 기록열람권이 보장되지 않으면 실제로 의미 있는 활동을 할 수 없기 때문이다.[28]

입법자는 증인보호법(ZSchG; 1998. 4. 30.자)에서 증언보조기관만을 인정하였고, 그밖에 모든 논쟁이 되거나 의문이 있는 문제에 관하여는 아무런 규정을 두고 있지 않다. 형사소송법 제68조b는 몇몇 일반적으로 한정된 상황에서

---

26) BGH 11, 213.

27) BVerfGE 38, 105.

28) 같은 견해 KK/Senge, § 68b Rn. 9.

국가의 비용으로 변호인선임을 가능하게 하고(제1문), 중요한 경우에 그 신청을 요건으로 하고 있다(제2문). 증인으로 되는 피해자(피해자 증인)의 보조인도 증인의 보조인 그 이상은 아니다(형사소송법 제496조f; 아래 §39 Rn. 41 참조).

나. 절차에서의 배려

증인신문을 할 때 증인의 보호를 위하여,

- 공개의 원칙이 배제될 수 있다(법원조직법 제171조b, 제172조 제1호a).
- 피고인의 퇴정을 명할 수 있다(형사소송법 제247조).
- 증인이 신상에 관한 증언을 거부할 수 있다(아래 Rn. 18 참조).
- 증인을 모욕하는 질문은 금지된다(아래 Rn. 19 참조).
- 신문과정을 비디오로 녹화할 수 있다(아래 Rn. 20 참조).

6. 증인신문

가. 형사소송법 제58조 제1항 : 증인은 피고인 또는 다른 증인이 진술하는 것을 들어서는 안 된다. 18

나. 증인은 우선 증언거부권(형사소송법 제52조 제3항) 그리고 모든 경우 또는 늦어도 어떤 계기가 발생하기 전까지는 답변거부권(제57조 제2항)이 있다는 것을 고지받아야 한다(제57조).

다. 그 후 인정신문이 행하여진다(형사소송법 제68조). 증인은 그의 성경과 부르는 이름(異名, 예명 등), 연령, 직업[(과거의 법조문에는 “지위와 직업(Stand oder Gewerbe)”이라고 되어 있었다], 주소를 말하여야 한다(제1항).

혐의를 받고 있는 증인은 이러한 진술의 일부를 거부할 수 있고(제2항), 특별한 경우 그의 신분을 완전히 비밀로 할 수 있다(제3항; 비밀수사관의 경우가 여기에 해당된다. 형사소송법 제110조b 제3항).

라. 실체에 대한 신문(형사소송법 제69조)은 순서에 따라 행하여져야 하고 (제1항) 경청(Verhör)하여야 한다(제2항). 이는 검사가 신문할 때나(제161조a 제1항 제2문) 경찰이 신문할 때도 해당된다(왜냐하면 검사나 경찰 모두 형사소송법의 원칙 규정을 준수하여야 하기 때문이다). 19

증인은 무엇보다도 증언을 할 때 방해받지 않고 전후 사정을 말할 수 있어야 하고, 이러한 자유가 보장되어야 한다.[29] 법원은 질문을 하거나 지시를 함으로써 증언을 어떤 방향으로 이끌어가려고 하여서는 안 되고, 증언이 주제에서 벗어날 경우에만 부드럽게 안내하여야 한다. 이 법조문의 역사적인 배경은 중세시대의 규문주의적 형사소송의 "마녀심문(artikulierten Verhör)"에서 찾을 수 있다 : 당시 심문은 항목(Artikel)으로 구성되어 있었다. 피고인은 어떤 의도를 가진 질문(유도심문)에 "예" 아니면 "아니오"로 대답하여야 하였다(이러한 방법은 그것을 극단적으로 사용하면 모든 사람을 마녀인 것으로 몰아갈 수 있는 것이었다). 다른 규정에서도 항상 이러한 모델을 우선적으로 적용하였고, 전체적인 진술을 통하여 증인이 무심코 불리한 진술을 하거나 스스로 자백을 할 수도 있었다.

신문을 할 때(제 2 항)에는 질문을 하되, 대답의 모순을 피하고 내용의 흠결을 메우며 정확한 진술을 할 수 있도록 증인에게 그 이전에 자신이 한 진술을 들려준다.

신문은 판사가 행하고(형사소송법 제238조) 인도한다(제240조). 또한 검사 또는 피고인측에 각자 신청한 증인을 신문하도록 허용할 수 있다. 교호신문(제239조)은 독일의 경우 아무런 역할을 수행하지 않고 있다. 교호신문이 독일에서는 구조적으로 적합하지 않고 당사자주의적 소송모델에 속한다는 일반적인 논거는 지나치게 단순하게 파악한 것이다. 영미 형사소송에서 교호신문은 본질적인 것이다. 왜냐하면 그렇게 함으로써 대면권(face to face)을 보장할 수 있고, 전문증언을 배제할 수 있기 때문이다.

허용되지 않는 신문방법에 의한 신문은 금지된다(제 3 항). 실체 진실발견을 위하여 불가피한 경우에만 증인의 명예와 프라이버시 보호가 후퇴할 수 있다(제68조a). 이러한 의미에서 질문이 불가피한 경우가 아닌 한 그와 같은 질문은 부적합한 것으로 취소된다(제241조 제 2 항; 위 § 20 Rn. 16 참조).

20 마. 선서에 관한 문제(선서에 대하여 상세하게는 위 Rn. 7 참조)는 진술 후에 판사가 결정한다(형사소송법 제238조 제 1 항).

바. 증언에 대한 영상 녹화는 증인에 대하여 공판정에서 신문하는 것이 불가능할 것으로 예상되는 경우에 수사절차에서는 항상 허용되고 또 하여야 하는 것("soll")으로 되어 있다(형사소송법 제58조a 제 1 항 제 2 문). 수사판사가

29) BVerfGE 38, 105, 117.

하는 증인신문에서의 비디오 녹화에 관하여는 아래 §26 Rn. 7 참조, 공판에서의 영상녹화에 관하여는 아래 §26 Rn. 8 이하 참조.

사. 법원 또는 검사가 소환한 증인에 대하여는 국고에서 그 비용을 지급하여야 한다(형사소송법 제71조).

7. 소송관계인의 증인적격

법관, 검사와 변호인이 당해 사건에서 증언을 한 경우에도 법관, 검사, 또는 변호인으로서 계속 활동할 수 있는지, 그리고 피고인이 증인이 될 수 있는지 문제된다.

가. 법관의 증인적격

[사례 2] 법관 R는 당일의 공판심리를 마치고, 이틀 후에 공판심리를 계속하기로 결정하였다. 증인 Z가 그의 사무실에 방문하여 '방금 전에 있었던 그녀에 대한 증인신문과정에서 진실을 말하지 않았는데, 사실은 범인은 피고인이 아니라 그녀의 아버지'라고 말하였다. R는 즉시 Z와의 대화를 중단하고, 그 일을 소송서류 비고에 기재하고, Z를 다음 공판기일에 새로이 증인으로 소환하였다. Z는 출석하지 않았다. 변호인은 그 법관에 대한 증인신문을 신청하였다. 21

법관이 당해 사건에서 증인으로 신문을 받은 경우에는 형사소송법에 따라 제척된다(동법 제22조 제5호). 물론 증인으로 지목되었다는 사실만으로 제척되는 것은 아니다. 사례에서 그는 이 소송절차의 법관의 고유한 직무권한에 따라 직무를 수행 중에 이러한 사실을 알게 되었다. 따라서 법관은 그렇게 알게 된 것을 직무상 설명을 통하여 공판심리에 제출할 수 있다.[30] 변호인의 증인신청은 기각된다. 왜냐하면, 부적법한 증거조사를 해달라고 신청한 것이기 때문이다(형사소송법 제244조 제3항 제1문; 상세한 것은 §25 Rn. 18 참조). 이와 달리 소송절차 외에서 이루어진 일의 경우에는 이와 다를 것이다. 법관이 그에 대해 아무 것도 모른다고 직무상 설명을 한 경우에만, 그에 대한 증인신문이 이루어지지 않을 수 있다.

---

30) BGH 39, 239, 240; 44, 44.

나. 검사의 증인적격

22 [사례 3] 피고인은 그의 사무실에 대한 수색에서 수사하는 경찰공무원 K가 확인서명을 그에게 요구하였고 처음에 그가 거부하자 K가 “그렇다면 우리는 당신을 연행해서 당신의 사업을 닫게 만들겠습니다”라고 말하였다고 주장하였다. K는 이를 부인하였다. 그 당시 현장에 있었고 지금은 공소유지를 하고 있는 검사 S가 증인신문을 받게 되었다. S는 그의 최종논고에서 이 사건에서 나타나듯이 피고인이 여러 번 거짓말을 하였다는 점을 강조하였다.

검사는 객관의무를 지고 있고, 따라서 자신의 진술을 평가해서는 안 된다. 검사의 소속검찰청 검사장은 이러한 부분적 편파성을 이유로 다른 검사로 교체할 필요는 없지만, 그를 이은 다른 검사가 논고에서 그 전 검사의 진술을 평가하지 않도록 주의하여야 한다.31)

다. 변호인의 증인적격

23 [사례 4] 전술한 사례에서 변호인 V는 당시 신문시에도 거기에 있는데, V는 증인으로서 피고인이 말한 바와 같은 일이 있었다는 점에 대한 신문을 받았다.

변호인은 객관의무가 아니라, 진실의무를 지고 있다. 따라서 그의 변론에서 그 자신의 진술에 대한 입장을 취할 수 있다. 변호인에 대한 제척사유는 존재하지 않는다(형사소송법 제138조a). 소송상황이 문제되는 것은 다른 곳에 있다. 즉 그가 증언하는 동안 V는 더 이상 변호인이 아니라는 점이다. 그 사건이 필요적 변호사건이라면, 또 다른 사선변호인이 나오거나 국선변호인이 선임되어야 한다.

라. 공동피고인의 증인적격

24 피고인은 자신의 사건에서 증인이 될 수 없다. 공동피고인은 동일한 절차에서 다른 피고인과 나란히 피고인석에 앉아 있기 때문에 타인의 사건이 자신의 사건이 되는 한, 공동피고인은 타인의 사건에서 증인이 될 수 없다. 이러한

31) BGH 21, 85, 89; NStZ 1994, 194; NJW 1996, 2239, 2241; 완전히 제척하는 것에 대해 훌륭한 논거를 가지고 찬성하는 견해로는 Hanack, JZ 1971, 91; 1972, 81 참조.

점까지는 의견이 일치되어 있다. 즉, 공동피고인으로서의 형식적인 역할이 중요하다는 점에 대해서는 일치된다. 문제는 그 소송절차가 (일시적이라 하더라도) 분리되어서 공동피고인이 증인의 지위를 형식적으로 가지게 되고, 다른 피고인에 대한 절차에서 증언을 하여야 하는 경우에도 이러한 형식적 관점이 여전히 중요한가 하는 점이다. 판례는 이러한 원칙을 따르고 있다.[32)]

학설상으로 두 가지의 반대입장이 있다. 첫째 반대입장은 순수한 실질적 피고인 개념을 따르고 있다. 즉 형식적 소송상 역할을 묻지 않고, 범죄 혐의를 받고 있는 자가 사건성질상 피고인이고 따라서 증인이 될 수 없다는 것이다.[33)] 이 견해와는 달리 형사소송법은 범죄혐의가 있는 사람을 증인으로 취급하고 있다(제60조 제 2 호). 형사소추기관에 의하여 피고인으로 취급된 자만이 피고인이라는 형식주의적 개념이 중요하다. 그 점을 둘째 반대 학설도 고려하고 있다. 이 견해는 범죄혐의를 두는 이러한 행위를 소위 되돌이킬 수 없는 것으로 보고 피고인은 사건 성질상 그 절차가 종료될 때까지 피고인이고, 피고인의 형식적 역할 변경에 의하여 이러한 지위를 잃어버리지 않는다는 견해를 피력하고 있다(형식 · 실질적 피고인 개념설)[34)]

판례도 형식주의적 입장을 제한 없이 일관하는 것은 아니다. '공동피고인을 증인으로 만들 목적으로 이루어지는 소송절차 분리는 양자에게 동일 범죄의 책임을 지우는 것이라면 위법하고 만일 그 경우에는 공동피고인은 자신의 사건에 대한 증인이 될 것이다'라고 설시하고 있다.[35)] 그러나 공동피고인이 그 자신에게 형사책임을 묻는 것이 아닌 범죄에 대해 진술하도록 한다면, 소송절차 분리는 적법하다고 한다.[36)] 판례와 형식 · 실질적 피고인 개념설 사이의 견해 대립은 이러한 사례유형으로 축소된다.

공동피고인의 진술이 어떤 방식으로든 그 자신의 절차에서 의미를 가질 수 있다면, 그는 위험 상황에 처하게 된다.[37)] 특히 공동피고인은 소송절차분리가 일시적일뿐이고 그 절차가 그의 증언 후에 다시 병합된다는 사실을 고려하

32) BGH 27, 139, 141; StV 1984, 361.
33) Prittwitz, Der Mitbeschuldigte im Strafprozess, 1984, S. 153 ff; Roxin, §26 Rn. 5.
34) Beulke, Rn. 185; Schlüchter, Rn. 478 ff.
35) BGH StV 1984, 186.
36) BGH 10, 8, 11; 38, 96, 98.
37) LG Frankfuhrt StV 1986, 470에서 이 문제가 논의되었고, 그 경우라면 소송절차분리가 허용되지 않는다.

여야만 할 것이다. 다른 한편으로 형사소송법 제55조는 이러한 위험 상황을 고려하였다. 형사소송법 제55조를 원용하는 것은 마찬가지로 위험하지 않은 것이 아니다. 요컨대, 일반사람들은 사건을 규명할 수 있는 기회를 확보하려고 노력하고 있는 판례에 동의할 것이고, 공동피고인에게 형사소송법 제55조와 관련된 잔존위험을 부담할 것을 요구하게 된다.

8. 감정증인(형사소송법 제85조)

25 형사소송법은 전문지식을 가지고 있다는 것만으로 감정인이 되지 않는다는 점을 명확히 하고 있다. 따라서 전문지식을 갖고 있고 다른 사람들에게 감추어져 있는 사정을 인지하고 있는 자가 감정증인이 된다.

- 고전적인 예 : 사고장소에 있었던 의사

그 의사는 감정인이 아니다. 왜냐하면, 그는 한편으로는 법원의 촉탁을 받고 행위한 것이 아니고, 다른 한편으로 다른 전문가로 대체될 수 없기 때문이다(후술하는 Rn. 37의 표 참조)

[사례 5] 이 의사는 사고 30분 후에 우연히 지나다가 머무르게 되었다. 이 의사는 피해자가 즉시 도움을 받았다면 생존하였을 것인가라는 질문을 받았다.

이것은 더 이상 단순히 피해자의 상태에 대하여 묘사하는 것이 아니고, 감정인의 임무에 속하는 예측에 해당한다. 그러나 그 한계는 절대적으로 구분할 수 있도록 분명히 그어지는 것이 아니기 때문에, 중점이 증인의 역할에 있기만 한다면, 한번이라도 그 경계는 넘어설 수 있다.[38)]

Ⅱ. 감 정 인

1. 감정인의 역할과 임무

26 감정인은 자신의 특별한 전문지식에 근거하여,

38) BGH NStZ 1984, 465 참조.

- 일정한 자격이 있어야 인식할 수 있는 사실에 대해 진술한다.

예) 혈중 알콜농도의 규명. 의복에 있는 잔류 섬유의 분석. 뇌신경계 질병에 대한 진단. 범죄행위자와 범죄혐의자의 초상을 비교, 형태학적으로 분석하고 인류학적 동일성을 감정해 내는 것.39)

- 경험칙을 알려준다.

예) 목재보호제의 효과에 대한 규칙, 설비 피로도에 대한 경험적 평가, 기업의 실질가치의 계산 방법

- 감정을 한다. 즉, 자신의 경험적 지식을 일정한 사실관계에 적용한다.

감정인과 증인의 구별기준은 전문지식에만 있는 것이 아니고 감정인이 경험칙을 알려주고 적용하여 가치판단과 예측을 한다는 점에도 있다. 무엇보다도 감정인은 법원의 촉탁에 따라 활동하고 타인이 대신할 수 있다는 데 특징이 있다(후술하는 Rn. 37 표 참조).

법관은 감정인의 활동을 주도하여야 하고(형사소송법 제78조), 감정결과를 27
단순히 받아들여서는 안 되며, 증거 평가의 범위 내에서 그 결과를 비판적으로 검증하여야 하고, 법관이 감정인의 의견을 따를 경우 그 근거를 설득력 있게 밝혀야 한다. 그것에는 많은 것이 요구된다. 법원이 전문지식을 가졌다면, 감정인을 불러올 필요가 없다(물론 형사소송법 제87조 제1항, 제231조a 제3항 제1문, 제246조a, 제415조 제2항, 제454조 제2항 등 몇몇 경우에는 의무적으로 감정인의 협조를 받아야 한다). 형사소송법은 감정인이 우월한 전문성을 가지고 절차를 사실상 주도하는 것[문자 그대로 "백의의 법관(Richter in Weiß)"]을 억제하려고 한다. 따라서 '감정인은 법관의 보조자'라고 칭함으로써 소송상 인적 증거에 불과한 감정인의 역할이 너무 높게 되는 것을 막으려 한다.40)

2. 감정인의 선발과 임명

가. 형사소송법 제73조에 의하면 감정인의 선발과 임명은 항상 법원이 한 28
다. 선발에서는 감정인의 전문성이 중시된다. 증언의 신빙성에 대한 판단은 통

39) 이것에 대해 확립된 학문의 지위는 없다. BGH NStZ 2005, 458.
40) BGH 3, 27, 28; 11, 211, 213; 13, 1, 4; Detter, NStZ 1998, 57 ff.

상적으로 심리학자에 맡긴다.[41] 통상적인 심리학적 문제가 아니라 책임능력의 경우와 같이 정신병리학적 문제이라면 정신과의사가 필요할 것이다.[42] 법원은 판단이 어려운 한계 사례뿐만 아니라 항상 감정인에게 위탁할 수 있다.

나. 통설에 의하면 수사절차에서 검찰은 감정인을 선발할 권한이 있다. 통설은 형사소송법 제73조를 공판절차에 대한 규정으로 간주하고, 제161조a 제 1 항 제 1 문에 있는 준용규정에서 그 근거를 찾고 있다.

다. 피고인은 법원의 감정인 선발에 대해 항고할 권리가 없다(검찰에 의한 선발의 경우에도 같다). 피고인은 법관의 기피사유에 근거하여 감정인을 기피할 수 있다. 형사소송법 제22조 제 1 호 내지 제 4 호의 제척사유는 감정인에게 준용되기는 하지만 동법 제24조 제 1 항과 제 3 항에 의하여 제척되지는 않는다. 이 경우 피고인은 감정인을 기피하여야 한다.

29 피고인은 감정인을 직접 소환할 권리를 행사할 수 있다(형사소송법 제220조). 검찰 또는 법원에 의하여 이미 임명된 감정인에 대응하여 균형을 맞추려는 이러한 시도는 비용이 많이 들뿐만 아니라 많은 장애요인을 안고 있다. 소환되어 출석한 감정인에 대하여는 상응한 증거신청이 있는 경우 공판심리절차에서 심문할 기회를 얻어야 하고(형사소송법 제245조 제 2 항), 그 이상의 감정인 요건이 충족되지 않는다는 이유로 퇴정시켜서는 안 된다(제244조 제 3 항 제 2 문, 제245조 제 2 항 제 3 문; 후술하는 § 25 Rn. 28 참조). 감정인은 기록열람권, 구속된 피고인과의 접견교통권, 준비기간을 얻기 위해 절차의 갱신(Aussetzung) 또는 일시중단(Unterbrechung)를 청구할 권리가 없다.[43]이 경우 공정한 재판의 원칙은 무기대등(Waffengleichheit)으로 구체화되지 않는다.

3. 연결사실(Anknüpfungstatsachen), 감정사실(Befundtatsachen), 추가사실(Zusatztatsachen)

30 [사례 6] 정신감정전문가 A는 자신의 감정서에서 사건 진행과정을 묘사하였다. 그리고 그는 피고인에 대한 관찰결과를 보고하면서 가족내력을 기재하였다. 그 외에

41) BGH 23, 8, 14; StV 1995, 115. 상세한 것은 Detter, NStZ 1998, 57 참조.

42) BGH NStZ 1997, 199. BGH 34, 355가 재량 여지를 너무 넓게 새기는 것은 문제가 있다.

43) Detter, FS Salger, 1995, S. 231 ff.

도 그는 피고인이 자신에게 범죄사실을 자백한 것을 기록하였다.

감정의 기초가 되는 사실관계를 연결사실(Anknüpfungstatsachen)이라고 부른다.[44] 연결사실은 다양한 자료로부터 도출된다. 감정인은 대개 감정명령을 받으면서 기록까지 넘겨받게 된다(형사소송법 제80조 제2항; 법률은 여전히 신청과 허가에 관한 규정을 두고 있다). 법원은 이러한 방법으로 연결사실의 일부에 대해 감정인으로 하여금 접근하게 한다. 그 후 감정인으로서 업무수행 중 발견한 것(즉, 확장된 연결사실)은 '감정사실(Befundtatsachen)'에 해당된다(사례 6에서 관찰결과). 가끔씩 감정인은 감정활동을 하면서 특별한 전문지식 없이도 일정한 사실을 알게 된다. 이것들은 원칙적으로 법원이 스스로 확인할 수도 있었던 것에 해당된다. 사례 6에서 피고인의 자백이 여기에 해당된다. 이것들은 감정사실이 아니라 '추가사실(Zusatztatsache)'이다. 감정인이 만약 이 사실을 감정서에 기록한다면 자신의 위임업무를 넘어서는 것이다. 이 경우 감정인은 증인으로 신문을 받아야 한다. 감정인은 이때 비로소 이 사실을 현출할 수 있고, 이것을 증거로 사용할 수 있게 된다.[45] 감정대상자(Proband)는 그 사실을 법관의 보조인(Gehilfen des Richters, 위 Rn. 27 참조)에게 진술하였던 것이지 의사로서의 감정인에게 사실을 진술한 것이 아니기 때문이다. 따라서 그는 감정인의 증언거부(제53조)를 기대할 수 없게 된다.[46] 만약 감정인이 피고인을 전문적으로 관찰하여 가족내력을 알게 되었다면 이는 감정사실에 해당된다. 감정인은 드물지 않게 피고인의 친척과 접촉하고, 그들과의 대화 내용을 기록하게 된다. 그러나 이것은 허용되지 않는다. 감정인은 신문에 대한 권한을 가지고 있지 않다. 감정인이 그러한 진술이 필요한 경우 법관(혹은 검사)에게 신문을 신청하고 그 신문에 참여하여 질문을 할 수 있는 허가를 받아야 한다(제80조 제2항).

4. 감정인의 의무

감정인은 증인에게 적용되는 동일한 규정을 적용받는다(형사소송법 제72 31

44) 위 Rn. 26의 예를 가지고 설명하면, 신원확인감정에서 감시카메라에 찍힌 사진.
45) BGH NJW 1998, 1223; NStZ 1993, 245 참조.
46) BGH 38, 369.

조). 다시 말해서 감정인은 검찰 및 법정에 출석할 의무가 있고 사실에 부합하게 진술하며, 감정서를 제출하고 법원이 특별한 사유가 있다고 인정할 경우 선서하여야 한다.[47] 또한 감정인은 통상적인 변호를 받을 수 있고, 선서를 거부할 수 있다(제79조 제3항). 증인으로서 신문을 받아야 하는 시민으로서의 의무를 대신하여 감정인으로 지명된 자는 그 지명에 응해야 한다. 그러나 이 의무가 모든 감정인에게 적용되는 것은 아니다(제75조 참조).

증인은 사람만이 될 수 있는데 비하여, 감정인은 기관도 될 수 있다[제83조 제 3 항, 제91조 제 1 항, 제92조 제 2 항 제 2 문, 제256조; 그러나 자동차검사소(TÜV)와 같은 민간기관에는 이 규정이 적용될 수 없다]. 감정을 거부할 권리는 증언거부권과 같은 요건이 그대로 적용된다(제76조 제 1 항은 제52조, 제53조, 제53조a를 준용한다; 제72조는 제55조와 관련되어 있다). 감정인은 이중적인 역할(Doppelrolle)을 담당할 수 없다. 그가 감정인으로서 역할을 담당하는 동안에는 보고할 의무가 있으며, 예를 들어 그가 의사로 활동하였다는 이유로 이를 거부할 수 없다. 감정을 받는 자는 감정대상자이지 환자가 아니다.

32 소송관계인들에게는 위와 같은 상황이 불분명한 경우가 있다. 따라서 감정인은 감정대상자에게 감정에 협력할 의무가 없음(자기부죄금지의 원칙)을 고지하여야 한다. 판례는 형사소송법 제136조의 유추적용과 이에 따른 고지의무를 부정하고 있다.[48] 또한 증인(예를 들어, 피의자의 친척)은 자신의 증언거부권에 대하여 고지받아야 한다(제81조c 제 2 항 제 2 문, 제 3 항). 고지의무는 신문에 대한 권리를 가진 자, 즉 감정인이 아니라 검사 혹은 법원에 부과된 것이다.[49] 또한 확실한 것은, 허용되지 않는 신문방법(제136조a)은 감정인도 해서는 안 된다는 것이다.[50]

감정인은 공판절차에서 자신의 감정내용을 구술로서 진술하여야 한다(제82조, 구두주의).

47) BGH 21, 227.
48) BGH JZ 1969, 437.
49) BGH NJW 1966, 206.
50) BGH 11, 211, 212 - 그러한 면에서 법관의 보조인으로 명명된 것은 의미가 있다.

Ⅲ. 검증(Augenschein)

1. 개 념

검증은 모든 감각기관에 의한 인지를 말한다. 시각, 청각, 후각, 촉각 및 33
미각을 의미하는 5관의 작용을 말한다.[51] 그러나 증인, 감정인 및 서면증거의 경우 그가 무엇을 들었는지가 중요하기 때문에 검증의 개념은 제한적이어야 한다. 엄격한 증명방법으로 법률에 따로 규정된 것이 아닌 증명방법은 모두 검증에 해당한다고 할 수 있다.

2. 대 상

가. 복사물, 영상물, 비디오

이것들은 형사처벌될 수 있는 내용을 독자적으로 증명할 수 있거나(예를 들어, 폭력포르노물), 다른 범죄행위에 대한 증거를 제공할 수 있다(은행 감시카메라 녹화물).

나. 음반 및 녹음테이프

음반 및 녹음테이프를 틀어서 그 녹음된 내용을 알아낼 수 있다면, 마찬가지로 검증의 대상이 된다.[52]

다. 스케치 및 소묘

스케치와 소묘는 그 자체가 존재한다는 사실을 증명하기 위해서만 검증의 대상이 된다. 만약 이것들이 문자적인 내용을 설명, 즉 관념적인 내용을 포함하고 있다면, 그 기록자는 증인으로 신문을 받거나(제250조 제 2 문) 혹은 서면증거(Urkundenbeweis)로서 제출되어야 한다.

---

51) BGH 18, 51, 53.
52) BGH 14, 339, 341.

라. 문서(Urkunden)

문서는 그 내용을 확인하기 위하여 낭독된다(서면증거, 아래 Rn. 38 이하). 그러나 문서는 그 구입과정이 중요하거나 낭독이 불가능한 경우 검증의 대상이 된다. 증명표시(Beweiszeichen, 예를 들어 자동차검사확인증)와 기술적인 확인서(예를 들어, 자동금전등록기의 확인표지).

마. 사 람

사람을 검증하는 것은 일반적으로 감정인의 임무이다(형사소송법 제81조a, c). 만약 증인이 진술하는 동안에 반복적으로 붉어졌다 창백해졌다는 사실이 판결이유에 설시되어 있다면, 이것은 증거방법으로서의 검증에 기초한 것이 아니라 확인할 수 없는 인지(nicht aufgesuchte Wahrnehmung)에 기초한 것이다.[53)]

바. 사건경과 및 실험

예를 들어, 운전테스트(Fahrversuche) 혹은 사건경과의 재구성과 같이 증인의 진술 혹은 감정인의 감정서에 들어있지 아니한 것을 재현하는 것은 검증에 해당된다.

3. 법관과 검증보조(Augenscheingehilfen)

34 검증에 의한 증명은 공판심리 내외에서 오직 법관에 의해서만 수행된다(제162조, 165조, 202조 제 1 문, 제225조; 소송관계인의 참여권에 대해서는 제168조d, 제225조 참조). 다른 사람(검찰, 경찰)이 관찰하였다면, 증인으로서 신문을 받아야 한다.

검증증명(Augenscheinbeweis)은 증인에 의한 증거(제250조)와는 달리 직접적으로 수행될 필요는 없다. 이것은 다음 두 가지 결과를 가져온다.

35 가. 검증에 의한 증거방법은 다른 증거방법에 의하여 대체될 수 있다.

예) 법원은 범죄현장을 직접 관찰하지 않고 현장사진만을 관찰할 수 있다. 녹음테

---

53) BGH 27, 135.

이프를 재생하는 대신에 그 내용의 녹취록을 낭독할 수 있다.[54]

대체가능성의 한계는 진실규명의무로부터 도출된다(제244조 제 2 항, 자세한 것을 아래 § 24 Rn. 1 이하).

나. 법원은 검증을 검증보조인에게 위탁할 수 있다. 그러나 사실적(또는 36
법률적, 제81조d) 장애사유가 존재하지 않거나 법원 스스로 검증을 수행하는 것이 적절하다고 판단되면 법원이 직접 검증을 할 수 있다.

예) 건축용 비계의 상태가 매우 높은 위치에 놓여 있는 경우; 사기목적으로 침몰시킨 배의 갈라진 곳을 확인하는 잠수부

검증보조인의 투입에 대해서는 감정인에 관한 규정이 적용된다(제73조, 제74조, 제75조). 그러나 이들이 인지한 내용은 증인으로서 진술하게 된다.

표 20

	증인	감정인	감정증인	검증보조	37
사실에 대한 보고(인지)	예	예	예	예	
경험법칙 적용	아니오	예	예	아니오	
예측(Prognosen)	아니오	예	아니오	아니오	
가치평가	아니오	예	아니오	아니오	
대체가능성	아니오	예	아니오	예	
법원의 위탁에 의한 활동	아니오	예	아니오	예	

Ⅳ. 서면증거(Urkundenbeweis)

서면과 기타 증거방법이 되는 서류는 공판심리 중에 낭독된다(형사소송법 제249조 제 1 항 제 1 문).

1. 서면의 개념

서면은 형법 제247조(문서위조죄)의 문서와는 다르게 이해해야 한다. 서면 38

54) BHG 27, 135.

과 다른 서류(형사소송법 제249조 제 1 항 제 1 문)사이에는 차이가 없다. 중요한 것은 문서(Schriftstück)의 낭독가능성과 문서의 관념적인 내용이 증거가 되는지 여부이다.55) 여기에서는 증거결정 여부, 진정성립 여부, 그리고 작성자가 누구인지는 중요하지 않다.

암호화되어 있는 문서인 경우 감정인을 활용하며, 외국어로 기록된 문서는 법원이 번역할 수 없을 경우 감정인을 활용한다(법원조직법 제185조). 원본과 동일하다는 것을 알 수 있는 필사본, 복사본 등은 원본 대신에 낭독할 수 있다.56)

2. 서면증거의 조사방법

39 가. 원칙적인 조사방법은 낭독이다(형사소송법 제249조 제 1 항).

나. 각자 읽는 절차(제 2 항)는 소송절차의 간이화에 도움이 된다.

예) 공소장은 800페이지 분량의 책자가 포르노그라피라는 내용이다(형법 제184조 제 1 항); 변호인은 사상적인 내용과 예술적인 형상이라고 변호했다. 이 두꺼운 책자는 만약 각자 읽는 절차가 없었다면 며칠 동안 낭독되어야 할 것이다.

이 절차로 인해 서면증거에 대한 구두주의원칙이 배제된다. 법원57)이 읽었고 또한 다른 관계인이 읽을 수 있었던 서면의 내용은 구술로서 표현되지 않더라도 판결에 사용된다.

3. 서면증거의 필요성

40 제249조는 서면증거가 어떻게 진행되는가에 대해서만 규정하고 있을 뿐이며, 언제 그것이 현출되어야 하는가에 대해서는 언급하지 않고 있다. 여기에 대해서는 법원의 진실규명의무 및 증거조사의 직접성원칙을 적용하여 판단하여야 한다(제244조 제 2 항, 자세한 것은 아래 § 27 Rn. 2).

---

55) BGH 27, 135, 136.
56) BGH NStZ 1986, 519.
57) 참심원을 포함한다. BGH NStZ 2005, 160.

§ 22. 증거법의 기본개념

어떤 것을 증명하려고 하면 언제 어디서나 동일한 문제가 제기된다. 두엇을 증명하려고 하는가(증명의 목적)? 어떻게 증명이 되어야 하는가(증명절차)? 무엇으로 이러한 증거조사 절차를 뒷받침하려고 하는가(증거방법)?하는 것이다. 형사소송에서는 위와 같은 모든 문제에 대하여 법률이 규정하고 있다. 다만, 무엇이 가능한가에 관해서는 규정되어있지 않다.

1 증명의 목적은 절차 중 어느 단계에 있는가 그리고 어떤 결정을 내려야 하는가에 따라 달라진다. 공판절차에서 유죄를 선고하려면 판결의 근거가 되는 모든 사실관계가 증명되어야 한다. 법원이 그 사안의 발생경과와 다른 가능성의 배제에 대해 합리적 의심을 갖지 않게 될 때, 즉 범죄경과와 피고인이 유죄라는 것에 대하여 확신을 가지는 때 증명이 되었다고 말한다. 그 때 비로소 실체진실을 확정하는 목적에 도달하게 된다.

그러나 법원이, 예컨대 기피신청의 이유여부(위 § 19 Rn. 18 참조)에 대하여 결정하려고 할 때 사실관계가 믿을 수 있을 정도로 소명되는 것, 즉 개연성이 존재하는 것만으로도 충분하다.

수사절차에서의 모든 판단은 '혐의'에 근거한다. 검찰은 공소를 제기할 때 공소사실에 관하여 '충분한 혐의(hinreichenden Tatverdacht)'가 있다면 증명된 것이다.

판단의 종류에 따라, 그리고 절차의 단계에 따라 증명의 정도가 구분된다(실체진실 – 개연성 – 혐의).

증명절차에서도 위와 동일한 방식으로 구분된다. 공판절차에서는 모든 실체법상 중요한 사실관계에 대해 엄격한 증명(Strengbeweis) 원칙이 적용된다. 우선 이것은 증거방법이 엄격하게 규정되어 있다는 것을 의미한다. 즉, 오로지 증인, 감정인, 문서증거와 검증만이 허용된다. 또한 더 나아가 증거조사절차, 즉 위와 같은 증거방법을 어떻게 취급할 것인가 하는 문제가 엄격하게 규정되어 있다는 것을 의미한다.

자유로운 증명(Freibeweis) 절차에서는 증거방법을 엄격하게 제한하는 원칙뿐만 아니라 그 사용에 관한 엄격한 규정도 없다. 이것은 수사절차, 공판절차 중 오로지 소송에만 관련된 사실관계 확정절차(예컨대, 피고인의 변론능력을 판단할 때) 및 상고절차에도 마찬가지이다(상세한 것은 아래 § 23 Rn. 7. 이하, § 36 Rn. 14, 24, 41 참조).

증거방법은 증거조사를 위하여 절차에 들어오게 된다. 이것은 증명결과의 도출을 목적으로 한다. 증거방법을 통해 얻어내려고 하는 것은 사실관계에 관한 자료이다(예컨대, 증인이 말하는 것, 문서에 포함된 것, 세면기로부터 알아 낼 수 있는 것 등등).

각각 개별적인 증명결과 그 자체만으로 결정을 내리는 데 필요한 사실관계에 관한 증거가 되는 것은 아니다. 그것은 다른 증거조사결과와 연관시켜서 평가되어야 한다. 항상 이러한 증거평가가 이루어진다. 검사는 기소절차에서는 충분한 혐의를 인정할 만한 증거를 구비하였는지 숙고하여야 하고, 구금영장을 청구할 때에는 유력한 혐의(dringenden Tatverdacht)를 인정할 만한 증거가 있는지를 숙고하여야 한다. 법원은 증거조사절차를 진행하면서 끊임없이 증명상황에 대한 그림을 그려야 한다. 그러나 법원은 공판절차에서 원칙적으로 증거평가에 대한 선입견을 가져서는 안 된다. 공판이 종료되고 이를 총괄적으로(형사소송법 제261조) 평가한 뒤에 비로소 유죄 또는 무죄의 판결을 내릴 수 있다. 이러한 평가를 할 때 증거평가에 관한 법규정에 구애받지 않는다. 여기에 자유심증의 원칙이 적용된다(상세한 설명과 그 예외에 관하여는 아래 § 29 Rn. 1 이하 참조).

그러는 과정에서 법원이 증명 결과를 무시하여야만 하는 경우가 드물지 않다. 여기에는 증거금지가 고려된다(자세하게는 아래 § 28 Rn. 1 이하 참조).

§ 23. 입증과 증명절차

판결의 근거가 되는 모든 범죄사실들은 증명되어야 한다(전술한 §22. 참조). 이 기본법칙은 세 가지 개념을 포함하고 있고, 그것은 앞으로 상세히 설명될 것이다. 즉, 다양한 범죄사실, 재판, 그리고 증명절차가 있다.

Ⅰ. 범죄사실

재판의 사실적 근거는 공판심리에서 드러나야 한다. 법률은 이미 법원이 1
알고 있다. 법규정은 증명의 대상이 아니다. 정확히 알지 못하고 있다면 법원이 직권으로 조사하여야 한다.

예) 경제범처벌절차(Wirtschaftsstrafverfahren)에서는 대외무역법과 관세법(Zollrecht) 등 복잡한 법적 문제가 제기된다.

이것은 국내법에 대해서만 엄격히 적용된다. 외국법과 국내 관습법에 대해서는 자유로운 증명 절차[1] 또는 감정인의 감정에 의하여 증명이 이루어질 수 있다.

1. 주요사실, 간접사실, 보조사실

주요사실은 범죄구성요건요소(또는 범죄구성요건단계로부터 도출되는 그른 2

1) BGH NJW 1994, 3364.

요소)에 의하여 정의되는 사실을 말한다. 즉, 이러한 요소의 존재 여부에 대한 문제에서 직접적으로 언급되는 사실을 말한다.

예) 피고인은 사기행위를 '고의로' 범하였다. 왜냐하면, 피고인은 그의 계산에 포함되어 있는 급부를 이행하지 않았다는 '사실을 알고 있었기' 때문이다.

피고인은 방화죄를 '정범으로' 행하였다. 왜냐하면, 그가 '직접 자신의 손으로' 불을 놓았기 때문이다.

3 간접사실(Indizien)은 범죄구성요건요소와 직접적 관련이 없는 사실이다. 간접사실은 간접적으로만 의미가 있다. 간접사실(징표)에 의하여 주요사실을 이끌어내게 된다.

예) 피고인은 계산서에 포함되어 있는 정당한 급부를 이행하지 않았다는 사실을 알고 있었다. 왜냐하면, 피고인은 물품인도증서보다 계산서에 높은 숫자를 기입하였고, 증인 X에게 피고인이 그의 고객으로부터 지금 돈을 받을 것이고, 큰 돈을 벌 것이라고 말하였다.

피고인은 불을 직접 놓았다. 왜냐하면, 그는 범행 당일에 그의 친구인 증인 X와 Y에게 '오늘 저녁에 그의 집을 따뜻하게 수리하겠다'고 말했고, '문제된 시간에 범행장소가 아니라 20㎞ 떨어진 여관에 있었다'는 그의 주장은 앞뒤가 맞지 않기 때문이다.

간접사실에서 주요사실을 추론하는 것은 경험법칙에 의하여 가능하다(후술하는 Rn. 6 참조). 간접사실이 얼마나 증명력이 있는가는 이 경험칙의 강도에 달려있다.

간접사실들은 꼬리에 꼬리를 물고 논리적으로 연결된다(간접사실의 사슬). 다양한 방향에서 서로 무관한 몇몇 간접사실들부터 중요 사실이 추론되는 일들이 비교적 자주 있다[간접사실들 집합체(Indizienreihe)[2]; 더 나은 표현은 간접사실 다발(Indizienbündel)].

간접증명에 있어서 증명사실은 간접사실이고 증명 목표(Beweisziel)는 간접사실로부터 끌어낼 수 있는 사실이다.[3]

4 간접사실은 확실하여야 한다. 즉, 법원이 확신을 가질 수 있도록 존재하여

2) Meyer-Goßner, § 261 Rn. 29.
3) BGH 39, 251, 253 f. 참조.

야 한다.[4] 통설에 따르면, 피고인을 불리하게 하기 위해서는 단지 입증된 것만 고려될 수 있다는 원칙이 사유법칙으로부터 당연히 도출된다고 한다.[5] 실제로는 우리 법문화의 규범적 전제조건이 중요하다.[6] 중세시대에 독일법이 인정하였고 오늘날에는 정통성을 의심받는 정부가 인정하는 혐의형(Verdachtsstrafe)은 비논리적인 것이 아니라 정당하지 않은 것이다. 간접사실 자체가 의심스러운 상태로 남아있다면, 추론은 가능할지라도 무의미한 것이다. 구조적으로 간접사실 A로부터 주요사실 B를 추론하는 것은 몇몇 필연적인 것을 제외하고는 개연성 판단이다. 추론 단서가 되는 사실이 존재한다는 것이 확실하다는 것이 아니라 개연성이 있을 뿐이라면, 추론의 전체적 개연성은 사용할 수 있는 한계를 벗어난 것이다. 그러한 '멀리 떨어진' 개연성을 가지고는 아무 것도 시작할 수 없다.

보조사실은 마찬가지고 간접적으로만 의미를 가진다. 보조사실은 간접사실에 유사하지만, 주요사실을 추론하는 것에 인용되지 않는다. 추론 도출의 증명력에 관련된 것에만 인용된다. 5

예) 진술의 신빙성, 문서의 진정성 등에 대한 간접사실.

2. 경험칙(Erfahrungssätze)

경험칙은 경험적으로 사실과 일치할 때 존재하는 법칙이다. 6

예) 1월 중순 뮌헨은 날씨가 좋은 때이면 대략 17시경에 어두워진다. 살인행위가 상세하게 계획되었다면, 통상 격정범이 아니다.

이 법칙은 실제에 대한 통계적 진술에 대부분 근거하고 있고, 개연성 있는 진술을 제시할 뿐이다. 한계적인 사례에서 이 법칙을 실제로 확실한 것으로 취급하여 필연적 결론을 도출한다. 그것은 결국 반드시 그러하여야 하는 결론을 내리게 하거나(예 : 지문, 전파탐지 등), 절대로 그러할 수 없다는 결론을 내리게 한다(예 : 알리바이증명, DNA분석).

4) BGH NStZ 1981, 33; 1999, 205.
5) Meyer-Goßner, § 261 Rn. 29.
6) Volk, NStZ 1983, 423.

Ⅱ. 증명절차(Beweisverfahren)

7 판결의 근거가 되는 모든 사실은 증명되어야 한다. 이러한 원칙은 무엇을 증명하여야 하는지에 관하여만 말할 뿐, 어떻게 그것이 이루어져야 하는지는 말하고 있지 않다. 엄격한 증명(Strengbeweis)과 자유로운 증명(Freibeweis)사이의 원칙적으로 구별은 이미 설명하였다(전술한 § 22 Rn. 2 참조).

1. 엄격한 증명(Strengbeweis)

범죄성립 여부와 형사제재의 종류와 정도에 대한 실체재판을 위하여 필요한 사실의 증명은 법적으로 규율되는 절차에서 허용된 증거만으로 이루어져야 한다.

2. 자유로운 증명(Freibeweis)

8 기타 증거조사 전부에 대해서는 법률상 규율되지 않는 자유로운 증명 절차가 적용된다.[7]

가. 적용범위

자유로운 증명은 통설에 의하면 다음과 같은 경우에 적용된다.

- 공판심리절차 밖에서 이루어지는 모든 증거조사
- 공판심리절차 중에 소송조건과 소송상 중요 사실의 확정. 예컨대, 증거사용금지(특히 형사소송법 제136조a), 증거신청의 기각 등의 요건이 되는 사실
- 상고절차

나. 법적 규율(Rechtsregeln)

9 법원의 규명의무와 법적 청문의 원칙이 변함없이 유지된다는 점, 그리고 증거금지와 증언거부권은 피고인의 선서금지와 진술의 자유만큼 존중되어야 한다는 점은 어느 정도 관습법적으로 정착되어 있다. 구두주의, 직접주의와 공개주의는 적용할 수 없다. 법원은 말하자면, 법원이 접근가능한 모든 정보원

7) 이에 대한 비판으로는 Volk, 1978, 78 ff; Roxin, § 21 Rn. 22, § 24 Rn. 3.

(情報源)을 활용할 수 있다. 예컨대, 서면 정보 또는 전화 내용을 받아볼 수 있다.[8] 또한 법원은 문서를 낭독할 필요가 없고, 그리고 증거신청을 단지 제안 정도로만 취급할 수 있다.[9] 자유로운 증명으로 얻어진 결론을 구두변론의 대상으로 할 것인지는 명확하게 정리되어 있지 않다. 단지 증거 평가에 대해서는 특수성이 적용되지 않는다.[10]

통설은 이중적 중요성을 갖는 사실, 즉 유무죄문제(Schuldfrage)뿐만 아니 10
라 형식재판에 대해서도 중요한 사실은 원칙적으로 엄격한 증명으로 확정되어야 한다는 점을 인정하고는 있지만, 궁극적으로 이 점을 불명확한 상태로 놓아두고 있다.

> 예) 공소장에 기재된 것과는 달리 그 범죄가 범해졌는지가 공판심리에서 의심스럽다. 한편으로는 그 범죄가 이미 공소시효가 완성되었을 수도 있고, 다른 한편으로는 피고인이 이와 같이 문제된 날에 그 범죄를 실행할 수 없었을 것이라는 것도 가능하다. 이것이 공소시효에 관한 문제이기 때문에 자유로운 증명의 대상인가? 아니면 피고인의 정범성에 대해 심리되어야 하기 때문에 엄격한 증명이 있어야 하는가?

Ⅲ. 증명의 필요성

마지막으로 다시 한번 말하면, 판결이 기초로 삼는 모든 사실은 증명이 11
되어야 한다. 그러나 항상 모든 것이 증명이 되어야 하는 것은 아니다. 증명의 필요성이 없는 경우가 '공지의(offenkundigen)' 사실이다. 그것은 일반적으로 알려져 있는 사실관계라고 말할 수 있다. 통상의 이해력을 가진 사람이라면 대개 알고 있거나 특별히 전문적 지식이 없어도 신뢰할 수 있는 근거에 기하여 명확하게 알 수 있는 것을 말한다.[11]

> 예) 뮌헨-잘쯔부르크 사이의 고속도로에는 홀쯔키르헨으로 나가는 진출로가 있다는 사실은 반드시 현장검증을 하거나 증언에 의하여 증명할 필요 없이 알 수 있다.

8) BGH NStZ 1984, 134.
9) BGH 16, 164, 166.
10) 이에 대해 오해하는 것으로는 Beulke, Rn. 180.
11) BGH 26, 56, 59.

‘법원에 현저한(gerichtskundigen)’ 사실도 공지의 사실이라 할 수 있다. 법원이 그 직무 수행 중(사적으로 알게 되는 것은 제외한다) 신뢰할 수 있는 사실을 알게 되었을 때 그러한 것은 증명할 필요가 없다.12)

예) 증인 X의 신빙성을 판단하기 위하여 그가 사기죄로 처벌받은 전력이 있는지가 문제되었을 때 수소법원이 그 전의 사건에서 피고인에게 유죄판결을 내린 적이 있다면 그 사실은 증명할 필요가 없다.

12 그 외 모든 사실은 증명이 되어야 한다.

이러한 증명은 증거조사 절차를 통하여 이루어진다(형사소송법 제244조 제1항). 피고인이 자백을 하였다고 하여 증거조사가 허용되지 않는 것은 아니지만, 때때로 불필요한 경우가 있다. 피고인은 진술거부권이 있기 때문에 증거방법이 아니다(또한 형사소송법 제244조 앞에 있는 제243조 제4항 제2문의 소송법상 체계 참조). 그러나 피고인이 진술을 하게 되면 이를 증거로 사용할 수 있다. 이렇게 함으로써 피고인 스스로 증거방법이 되는 것이다. 피고인의 자백이 있더라도 그 신빙성에 대하여 검증할 필요가 없거나, 양형문제(Straffrage)에 관하여 증명할 것이 아무 것도 없을 때에만 증거조사가 행하여지지 않는다.

12) 그 한계에 관하여는 BGH 45, 354.

§ 24. 형사소송법 제244조 제 2 항의 진실규명의무

Ⅰ. 목 적

진실에 기초하고 정당하며 평화를 달성하는 판결이 형사소송의 최종 목적 이다. 법원은 진실을 직권으로 규명하여야 한다(직권탐지주의; Untersuchungsgrundsatz). "사실관계가 이러 이러하다"고 하는 법관의 주관적 확신은 객관적인 기초를 필요로 한다. 법원은 확신을 갖기 전에 사건을 포괄적으로, 그리고 모든 방향에서 살핀 후 이를 규명하여야 한다. 그런 후에 사실의 전개과정이 객관적인 것으로서 매우 개연성이 높을 때, 법관에게는 합리적인 의심이 남아 있지 않게 되고, 진실이 확정되었다고 말할 수 있게 된다. 1

Ⅱ. 범 위

소송법적 문제에 대한 판단을 내리거나 실체에 관한 판결에 있어서 모든 중요한 사실관계는 규명되어야 한다. 여기서 유무죄 문제나 양형문제에 관한 중요한 사실관계의 범위확정은 소송법상 행위개념(Tatbegriff)이 역할을 수행한다. 행위개념의 경계를 넘어서는 것은 비록 흥미로울지라도 중요하다고 할 수 없다. 2

예) U라는 기업의 정당기부금 사건을 심리하는 사건에서 기소된 범죄사실 즉, 탈세를 하였는지 여부에 대한 판단을 하기 위하여 충분한 심리가 이루어졌다. 그런데 재판장이 연방 전체의 정당기부금 사건을 더 추궁하기 위하여 증거조사를 계속하려고 한다.

일반 공중은 그러한 것을 요구할 권리가 없다. 형사소송은 현대사의 역사적 비평을 위한 토론장이 아니다. 과도한 진실규명은 형사소송의 목적을 벗어난 것이다.[1)]

3 판단에 없어서는 안 되는 것만이 중요한 것이다.

예) 법원은 피고인의 책임능력에 대하여 매우 강한 의심을 가지고 있었고, 그래서 그에 대하여 무죄선고를 하려고 한다. 피고인은 자신이 범죄를 저지르지 않았다고 다툰다. 법원은 그것에 대하여는 더 이상 심리하려 하지 않는다.

이 사건에서 피고인이 실제로 범죄를 저질렀는가 하는 문제는 판결을 할 때 있어서 중요한 것이 아니다. 무죄를 선고할 것이라는 것은 이미 확정되어 있다. 법원은 절차를 종료하고, 감정을 명할 필요가 없다. 한편, 피고인이 주장하는 이익은 이해할만하고 또한 정당하다. 그러나 그는 자신의 무죄를 증명하기 위하여 소송을 계속 진행하여 달라고 요구할 수 없다.[2)] 그렇지만 다른 이의가 없고 절차를 현저하게 지연시키지 않고서 그것을 쉽게 할 수 있다면, 법원의 후견의무에 비추어 피고인의 사회복귀 이익을 고려할 필요가 있는 경우가 있다.

Ⅲ. 규명의무의 부담자

4 법원이 증거조사의 범위를 결정한다. 이때 소송관계인의 이해관계나 의사에 구속되지 않는다.

예) 법원은 책임능력 여부를 판단하기 위하여 감정이 필요하다고 판단하였다. 피고인은 이를 거부하고, 책임능력이 없다는 선고를 받느니 차라리 유죄판결을 받겠다고 하고, 정신병원에 가느니 차라리 교도소에 가겠다고 한다. 이러한 피고인의 주장은 전혀 쓸모없는 것이다.

---

1) BGH NStZ 1994, 247; Widmaier의 평석이 있다.
2) BGH 10, 88, 93.

5 진실규명은 법원이 하여야 하는 것이고, 피고인이 하는 것은 아니다. 따라서 피고인의 죄책을 면제시키는 사정을 밝히는 것도 당연히 법원의 일이다(진술을 거부하는 피고인이 그와 같은 사정에 대하여 아무것도 진술하지 아니하더라도 마찬가지이다). "책임을 가중시키는 증명"과 "책임을 감면시키는 증명"이라는 예전의 구분법은 오래 전에 극복되었다(그러나 다른 법체계, 예컨대 미국의 경우에는 여전히 존재한다). 독일에서는 피고인은 아무리 사소한 것이라도 증명책임을 부담하지 않는다 : 어떠한 주관적인 거증책임 또는 입증의 부담도 없다.

증명은 피고인이 할 필요가 없고, 법원이 한다.

Ⅳ. 내 용

6 법원은 항상 될 수 있는 대로 좋은 증거를 얻도록 노력하여야 한다. 이러한 원칙은 금지된 증거나 간접적인 증거까지 끌어내어야 한다는 것까지 포함하는 것은 아니다.[3]

법원이 수사기록이나 신청, 청구 또는 그밖에 소송과정에서 어떤 증거방법이 존재하고 이를 사용할 수 있다는 것을 시사하는 사실관계에 관하여 알게 되었다면, 법원은 그러한 증거를 조사하여야 한다.[4] 그리고 지금까지 얻은 사건에 관한 입장이 변경될 가능성이 거의 없다는 정도에 이르렀을 때에야 비로소 진실규명의무를 다한 것이 된다.[5] 최근 연방통상법원은 위와 같은 견해는 통상의 사건에서는 지나치게 그 범위를 넓힌 것이라는 의견을 표명하면서(위 Rn. 2 참조),[6] 진실발견을 위한 증거조사의 의미는 신속재판의 원칙과 비교형량이 이루어져야 한다는 것을 강조하였다.[7] 증거조사의 결과가 명확할수록 추가적인 증가조사를 하여야 할 동기도 약해진다. 반대도 마찬가지이다.[8]

그렇다고 모든 생각할 여지가 있는 다른 가능성이 배제되는 정도에까지

---

3) BVerfGE 57, 250, 277; BGH NJW 1993, 803, 804.
4) BGH 30, 131, 140.
5) BGH 23, 176, 188; NStZ 1983, 210.
6) 또한 Widmaier, 위 평석 참조.
7) BGH NStZ 1994, 247.
8) BGH StV 1996, 249.

이르러야 하는 것은 아니다 : "추상적 · 이론적" 의심은 항상 존재한다.

예) 피고인은 맑은 날씨에 인적이 드문 시골길을 그의 차를 운전하여 가면서, 오른쪽으로 휘어져 있는 길에서 길을 따라 회전하지 않고 직진하여 논으로 진행함으로써 농부에게 상해를 입혔다. 그의 자동차는 전혀 고장이 없는 상태였고, 모든 정황이 운전과실이 존재한다는 것뿐이다. 피고인은 운전 당시에 파리가 눈으로 들어갔거나, 토끼가 찻길로 뛰어 들었다는 것에 관하여 법원이 조사를 하지 않은 것에 대하여 이의를 제기하였다.

7 모든 증거방법은 증거조사를 통하여 밝히려고 하는 사실과 구체적인 연결점이 있어야 한다. 그리고 증거방법을 조사함으로써 일어나거나 혹은 제거될 수 있는 의심 역시 구체적이어야 한다.

예) 의사인 X가 밤늦게 운전하던 중 린덴거리의 교통 검문소에서 혈중 알콜농도 0.14%의 음주운전을 한 것으로 체포되었는데, 그가 특별히 언급하지 않는다면 위와 같은 단순한 음주운전의 배경까지 조사하겠다고 나설 필요가 없다. 그러나 만약 그가 의사로서 긴급상황이 있어서 운전 중이었다고 말한다면 상황은 다르다.

위 예를 보면, 한편으로는 정당화사유를 조사하는 것이 법원의 일이긴 하지만(피고인의 입증부담은 어떤 경우에도 존재하지 않는다. 위 참조), 다른 한편, 종종 그에 상응한 법원의 진실규명의무를 현실화시키거나 소멸시키는 것은 피고인에게 달려 있다는 것을 알 수 있다.

§ 25. 증거신청권

Ⅰ. 서 언

1 소송관계인은 증거신청권을 가진다. 이러한 권한을 가짐으로써 소송관계인은 법치국가에서 포기할 수 없는 기회, 즉 증거조사에 영향을 주고, 직권주의 소송구조에서 주도적인 역할을 하고 있는 법원의 권한을 통제하고 균형을 유지할 수 있는 기회를 갖게 된다. 증거신청은 그 한계가 명확한 일정 요건이 충족되는 경우에만 기각될 수 있다. 법원은 증거신청에 대하여 결정으로 판단을 내려야 한다.[1] 기각이유가 잘못 적용된 경우에 그것은 언제든지 절차상 흠결이 되고(형사소송법 제337조), 그 흠결은 확정될 경우 대부분의 사건에서 판결 파기 사유가 된다. 상고심에서 법원이 진실규명의무(Aufklärungspflicht)를 위반하였다고 주장하는 것은 더욱 어렵고 받아들여질 가능성이 적다.

Ⅱ. 개 념

1. 증거신청, 직권조사신청, 증명촉구

2 증거신청(Beweisanträge)은 증명촉구(Beweisanregungen)와 직권조사신청(Beweisermittlungsanträgen)과 구별된다. 증거신청은 다음과 같은 세 가지를 요건으로 한다.

1) 판례에 대해서는 Herdegen, NStZ 1998, 444 참조.

표 21 증거신청

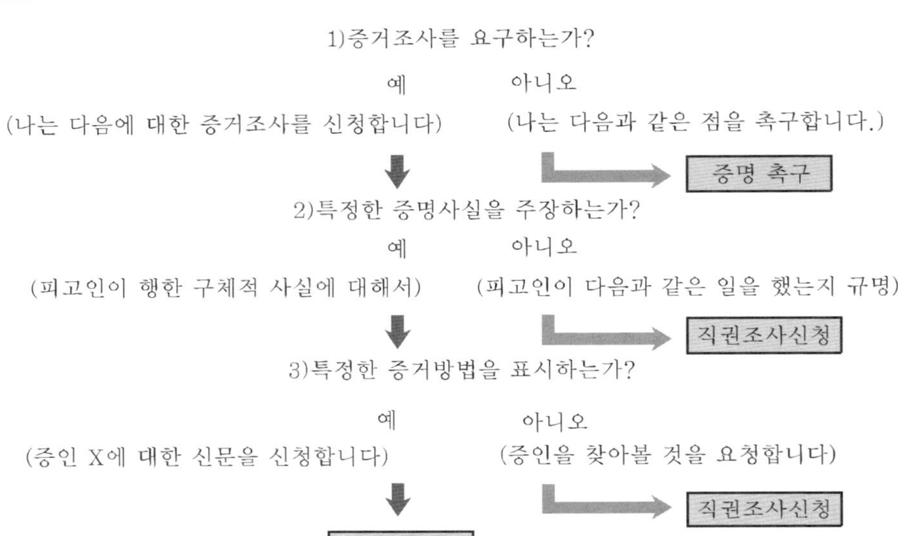

가. 증거신청

3 증거조사에 대한 신청, 즉 요구가 있어야 한다. 증거조사가 법원의 재량에 맡겨두는 것으로는 안 된다.

나. 증명사실

4 증거신청에는 증명하겠다고 주장하는 특정 사실, 즉 증명 사실이 표시되어야 한다.

예) 변호인은 피고인이 그 범죄를 본질적으로 타인의 결정에 따라 실행하였다는 점을 증명하기 위하여 수사관에 대한 신문을 신청하였다.

그것은 사실의 주장이 아니라 포괄적인 증거평가를 요청하는 것이다. 하지만, 가치판단은 증명될 수 있는 것이 아니다. 변호인은 그 범죄가 타인의 결정에 의하여 실행되었다는 결론을 도출할 근거가 되는 사실관계를 제시하였어야 하였다.[2)]

2) BGH NStZ 1991, 54; BGH 37, 162.

증거신청은 증명사실을 포함하고 있어야 한다. 입증목표, 즉 증명사실에 의하여 밝히고자 하는 결론을 제시하는 것으로는 불충분하다(전술한 § 23 Rn. 3 참조).3) 5

증거신청인은 특정한 주장을 제기하여야 한다. 이것이 증거신청인이 진실을 확신하고 있어야 한다는 것을 의미하는 것은 아니다. 증거신청인은 가능성만 있다고 판단되는 사실에 관한 증명도 신청할 수 있다.4) 증거신청인이 그 사실을 추측할 뿐인 경우에도 충분하다. 극단적인 경우에 대해서는 허풍일 뿐인 추측이어서는 안 된다는 제한이 적용된다. 6

예) 법원은 피고인에게 불리한 중요 증언을 한 여성 H의 신빙성을 상세한 증거조사에서 주의 깊게 심사하였다. H는 선서를 한 후 소송상 일 때문에 프랑크푸르트 지방경찰청장의 선물을 받았다는 것을 부인하였다. 변호인은 프랑크푸르트 지방경찰청장을 H에게 선물을 준 사실에 대한 증인으로 신문할 것을 신청하였다. 연방통상법원은 그러한 증거신청을 무의미하다고 보았다. 사실 주장을 한 것처럼 보일 뿐인 근거 없는 추측에 해당되는지가 문제이다.5)

근거 없는 추측에 기하여 주장을 한 것인가 여부를 판단하기 위하여는 신청인이 분별력과 판단능력이 있다는 전제를 하고 심사하여야 한다.6)

그 주장이 적절하지 않다는 것을 적극적으로 인식하는 경우에만, 증거신청권이 부정된다는 보다 엄격한 견해가 옳다.7)

다. 증거방법

증거방법은 구체적으로 표시되어 있어서 법원이 식별할 수 있어야 한다. 7

예) "뮌헨에 거주하는 증인 빌리 뮐러" : 당연히 충분하지 않다. 이 경우 어떻게 그를 찾아내어 소환할 것인지에 대해 지시하는 바가 결여되어 있다. "1998년 2월 17일 Y병원 X병동 407호에 입원한 환자" : 그것은 충분하다.8)

그 외에도 증명사실과 증거방법 사이에 어떠한 연관이 있는지를 인식할 8

3) Widmaier, NStZ 1993, 602.
4) BGH 21, 118, 125; StV 1989, 237.
5) BGH NStZ 1992, 397.
6) BGH NStZ 2003, 497.
7) KK/Herdegen, § 244 Rn. 44.
8) BGH NStZ 1994, 247.

수 있어야 한다.[9] 무엇 때문에 독립증거방법이 주장을 직접 증명하는 데 적절한 것인지 분명해야 한다. 이 점에 관한 한 단순히 증명목표를 제시하는 것만으로는 충분하지 않다.[10]

2. 예비적 증거신청(Eventualbeweisantrag), 보조적 증거신청(Hilfsbeweisantrag)

증거신청은 조건부로도 이루어질 수 있다. 소송행위는 조건과 친하지 않다는 무용한 법칙(전술한 § 15 Rn. 1 참조)은 여기에서 가장 중요한 예외인 소송내적 조건(innerprozessuale Bedingungen)을 가지게 된다. 여기에는 두 가지 형식이 있다.

가. 예비적 증거신청

9 예비적 증거신청은 특정한 소송상황이 발생하는 것을 조건으로 하여 이루어진다.[11]

예) 다음과 같은 경우에 대한 증거신청
- 증인 X가 믿을만하다는 것
- 법원이 검사의 특정한 증거신청을 받아들인 경우

나. 보조적 증거신청

10 보조적 증거신청은 특정한 종국재판(Abschlussentscheidung)의 경우를 대비하기 위하여 이루어진다.

예) 다음과 같은 경우에 대한 증거신청
- 법원이 유죄판결을 하는 경우
- 법원이 무죄판결을 하는 경우
- 그 유죄판결이 형사소송법 제212조가 아니라 제211조에 의한 경우
- 법원이 고의범을 인정하는 경우

9) Widmaier, NStZ 1993, 602.
10) BGH NStZ 1998, 97; BGH 43, 321.
11) Meyer-Goßner, § 244 Rn. 22b.

Ⅲ. 증거신청의 형식 및 기간

증거신청은 공판절차에서 구두로 이루어져야 한다(형사소송법 제257조a 참조). 증거신청을 서면으로 하고 낭독하며, 그리고 기록에 남겨두는 경우가 많고 이렇게 하는 것이 합목적적이다. 11

증거신청은 판결 선고 시작 전까지 가능하다.12) 피고인은 그의 무죄를 증명하기 위하여 어떠한 것도 신청할 필요가 없고, 따라서 늦게 이루어지는 증거신청의 시점(후술하는 Rn. 24 참조)을 피고인에게 불리한 사정으로 평가하여서는 안 된다.13) 증거신청할 수 있는 최후의 순간은 법원이 판결을 선고하기 위하여 법정에 나온 시점이다.14) 그 후에 새로운 증거를 제출한 것에 대해서는 더 이상 증거신청에 관한 법칙이 적용되는 것이 아니라 진실규명의무(Aufklärungspflicht)에 관한 원칙이 적용된다.15) 공판심리 전에 이루어진 증거신청은 그 자체만으로는 유효하지 않고, 공판심리절차에서 다시 이루어져야 한다.

진실규명의무에 따라 법원은 증거신청이 불명료할 경우 재차 질문하여야 하고, 증명촉구(Beweisanregung) 또는 직권조사신청(Beweisermittlungsantrag) 형식을 가진 신청이 있는 경우 해당하는 내용을 가르쳐 주어야 한다. 후견의무(Fürsorgepflicht)로부터 진실규명의무가 나온다. 12

Ⅳ. 증거신청의 기각

1. 개 관

재판장은 증명촉구(Beweisanregungen)와 증거조사신청에 대하여 결정한다(형사소송법 제238조 제 1 항). 증거신청은 법원의 결정에 의해서만 기각될 수 있다(제244조 제 6 항). 13

12) BGH 16, 389, 391.
13) BGH NStZ 2002, 161.
14) BGH NStZ 1992, 346.
15) BGH NStZ 1986, 182.

14 증거채부 결정을 할 때에는 그것이 법정에 현재하는 증거방법에 관한 것인지가 중요한 요소로 작용한다. 증인과 감정인이 소환에 응하여 출석한 경우 감정인이 법정에 현재한 경우에 해당된다. 소환을 법원이 아니라 소송관계인들이 요구한 경우(§ 38 참조) 증인이나 감정인을 신문하기 위해서는 증거신청을 하는 것이 전제되어야 한다(제245조 제 2 항). 위와 같이 법정에 현재한 증거방법에 대한 증거신청은 증인과 감정인을 소환해 달라고 하는 증거신청의 경우보다 더 엄격한 요건 하에서만 기각될 수 있다. 이와 유사한 구분은 그 밖의 증거방법, 즉 서류 및 검증대상에 대해서도 적용된다. 만일 법원 또는 검찰이 이러한 증거방법을 제출하였을 경우 증거조사는 이들에 대해서까지 실시되어야 한다(제245조 제 1 항). 그러나 다른 소송관계인이 증거방법을 법정에 현재하도록 만들었다면, 이에 대하여는 증거신청이 필요하다(제245조 제 1 항 제 1 문).

15 법정에 현재하지 않아서 제출되어야 하는 증거방법에 관하여는 제244조 제 3 항이 기각사유를 열거하고 있다. 이 기각사유는 제244조 제 4 항 및 제 5 항에 의하여 감정인 신문과 검증처분 및 외국인 증인신문을 그 목적으로 하는 증거신청까지 확장 적용되고 있다. 전체적으로 보면, 제244조는 법정에 현재하지 않는 증거방법에 대한 증거신청을 기각할 수 있는 사유를 한정적으로 열거하고 있고, 제245조는 법정에 현재하는 증거방법에 관한 것을 한정적으로 열거하고 있다. 법관이 이 사유를 확장할 수 없다.[16]

16 법원이 증거방법을 교체할 수 있는가에 관한 문제는 매우 심하게 논란이 되고 있다. 신청서에 지정된 감정인을 출석시키지 않고 다른 감정인을 출석시킬 수 있다는 것은 감정인의 대체가능성 및 감정인을 지정할 수 있는 법원의 권한에 비추어 옳다. 또한 법원은 검증절차를 재량에 따라 진행할 수 있다. 그러나 증인이 자신의 경험을 진술해야 할 경우 증인을 교체하는 것은 허용되지 않는다. 증인이 자신의 인지 내용이나 능력과 관계없는 정보를 제공할 경우에는 그 교체가 허용된다. 낭독이 신청된 문서 대신에 다른 문서가 낭독될 수도 있다. 판례는 법원이 가치가 보다 높거나 동일한 증거방법을 사용할 권한을 가지고 있다고 한다.[17]

17 증거신청의 기각에 대하여 원칙적으로 '증거예단의 금지(das Verbot der

16) 증거신청권에 대한 심각한 남용사례에 대하여 BGH NStZ 1986, 371 참조.
17) BGH 22, 347.

Beweisantizipation)' 원칙이 적용된다. 증거가치는 사전평가(Vorwegnahme)되어서는 안 된다(아래 § 29 Rn. 5 참조). 그것은 증거방법이나 증명사실에 대한 판단에서 적용된다. 법원은 처음부터 증거사실이 증명될 수 없거나 이미 부정되었다는 점에서 출발해서는 안 되며, 또한 그 증거방법이 원하는 증명결과를 이끌어 내지 못할 것이라고 가정해서도 안 된다.[18]

2. 기각사유(제244조 제 3 항)

가. 증거조사가 위법하다면(제 1 항), 증거신청은 기각되어야 한다. 형사소송법에 규정되어 있지 않는 증거방법 또는 소송절차 규정에 부합하지 않는 증명주제에 대한 조사는 위법하다. 18

> 예) 피고인의 증인선서; 다른 법원의 양형실무에 관한 증거조사;[19] 진행 중인 공판절차에서 법관을 증인으로 조사하는 것(위 § 21 Rn. 21 참조); 증인이 진술한 내용 또는 어떻게 그것을 이해할 것인가에 관한 증거조사[20]; 유죄판결 확정 후 양형심리를 하고 있는 중에 책임능력에 관한 증거를 신청하는 것(아래 § 34 Rn. 21 참조)[21]

제244조 제 3 항의 사례의 경우 증거신청이 기각될 수 있다.

나. 증명사실이 공지되어 있는 경우 이 규정이 적용되지 않는다. 왜냐하면 공지사실은 처음부터 증거조사가 불필요하기 때문이다(위 § 23 Rn. 11 참조). 19

다. 증거사실이 법률적 이유에서든 사실적 이유에서든 판단에 영향을 미치지 않는 경우에는 그 증명사실은 재판에 의미가 없다고 평가한다. 만약 이미 증명된 다른 사정 때문에 유죄판결을 할 수 없을 정도에 이른 경우, 증명하고자 하는 사실은 의미가 없는 경우에 해당한다. 20

> 예) 법원은 심리결과 공소사실이 미수가 아니라 예비행위라고 판단하고 있다. 이 경우 자의에 의한 중지미수(Rücktritt)라는 것을 증명하기 위해 증거신청하는 것은 의미가 없다.

다음과 같은 것은 사실적인 이유에서 의미가 없는 경우에 해당된다

18) BGH NStZ 1983, 468; StV 1993, 621.
19) BGH 25, 207.
20) 그것은 판결이유에 설시된다; BGH NStZ 2004, 631. 논란이 되고 있는 판례이다.
21) BGH 44, 119.

- 증명하고자 하는 사실이 기소사실과 아무런 연관성이 없을 때
- 법원이 전혀 알 필요가 없다고 생각하는 결과를 증명하고자 하는 것일 때[22]

예) 과거 게슈타포 간부가 저지른 살인행위에 대한 사건에서 게슈타포가 신문하고 고문을 하였던 감옥에서 한번은 시신이 실려 나갔다는 사실을 증명할 목적으로 증인신문이 신청되었다. 법원은 그 사실이 증명된다 하더라도 피고인의 행위와 책임을 연관지을 수 있는 어떤 것도 추론해낼 수 없다는 이유로 그 증거신청을 기각하였다.[23]

법원이 사실적인 상황을 이유로 증거신청을 기각할 경우, 신청자가 기각에 대하여 대처할 수 있도록 그 이유를 고지하여야 한다.[24]

21 라. 법원이 지금까지의 증거조사결과를 가지고 범죄사실에 대해 확신을 가지게 되었다면 (피고인에게 유리하거나 불리한)범죄사실은 이미 증명된 것이다. 그러한 범위 내에서는 증거가치에 대한 사전평가가 허용된다. 그러나 이것은 다른 방향에서는 금지된다. 즉, 법원은 반대사실이 이미 증명되었다는 이유로 증거신청을 기각하여서는 안 된다(이것이 감정증거신청에 해당되는 경우 허용된다, 제244조 제 4 항 제 2 문, 그러나 다른 경우에는 마찬가지로 허용되지 않는다).

예) 피고인은 세금신고서를 제출하였다. 그러나 수입액에 관해 들어보기 위하여 세무사를 신문하여 달라는 증거신청은 기각되었다.

22 마. 지금까지의 증거조사결과를 고려하지 않더라도, 신청한 증거방법으로서는 의도한 결과가 도출될 수 없다고 확실히 말할 수 있는 경우에만, 그 신청된 증거방법이 완전히 부적절하다고 평가할 수 있다.[25]

예) 열차사고가 피고인의 실수가 아니라 운명에 기인하였다는 사실을 증명하기 위하여 그 열차사고를 미리 알았다고 주장하는 예언자에 대한 신문을 신청하였다.[26]

그러나 증거방법이 그 가치가 사소하거나 의문점이 있어도 사용되어야 한

22) BGH NJW 1988, 501; NStZ 1982, 126; 1988, 211; StV 1992, 259; StV 1994, 62.
23) BGH NStZ 1985, 516.
24) BGH StV 1990, 246; 1993, 3.
25) BGH NStZ 1993, 295.
26) 심령학에 대해서는 BGH NJW 1978, 1207 참조.

다. 그렇지 않은 경우 증거가치에 대하여 위법하게 사전평가한 것이다.27)

예) 성폭행으로 기소된 사건의 피해자인 증인은 피고인이 조수석 의자를 뒤로 젖혔다고 진술하였다. 그러나 피고인은 문제된 사건 이전의 사고로 인해 그것이 불가능하다고 주장하면서 그 증명을 위해 감정인의 감정을 신청하였다.28)

이 경우 감정은 완전히 부적절한 증거방법이 아니다. 왜냐하면 감정인은 가능한 방법으로 현재의 시점에서 행위시점을 역추론해 낼 수 있기 때문이다.

바. 법원이 증거를 조사하기 위하여 가능한 모든 노력을 다하였음에도 수 23
포로 돌아갔거나 조만간 그렇게 될 가능성이 있는 경우 그 증거방법은 도달 불가능한(Unerreichbar) 것으로 된다. 여기서 도달가능한지 여부를 판단하기 위하여 신속한 소송의 이익을 고려하고 사실관계와 증거방법의 중요성(의미)을 살펴보아야 한다.29)

예) 주말이어서 만나지 못했다거나 증인의 이웃이 증인이 이사 간 이유를 알지 못하고 있다는 이유만으로 증인에게 연락 불가능했다고 볼 수 없다.30)

외국에 체류하고 있는 증인은 원칙적으로 도달 가능하다[확실한 소환에 관해서는 유럽체포자인도에 관한 협약(EuRHÜbk) 제12조 참조, 그러나 형사소송법 제244조 제5항 제2문은 다른 내용을 규정하고 있다]. 형사소송법 제247조a에 따른 화상신문은 그 도달을 가능하게 한다.31) 그러나 달리 도달 불가능한 외국체류 증인에 대한 이러한 화상신문은 법정에서의 개인적인 인상이 중요한 역할을 할 경우에는 완전히 부적절한 증거방법이 될 수 있다.32) 경찰정보원(V-Leute)은 수사기관이 그 이름과 주소를 공개하지 않는 경우 도달 불가능한 경우에 해당된다.33) 증언거부권을 행사하는 증인의 경우 증인이 도달 불가능한 것인지 혹은 완전히 부적절한 것인지 혹은 증거조사가 허용되지 않는 것인지에 대하여 논란이 있다.34)

27) BGH NStZ-RR 1997, 304.
28) BGH NStZ 1995, 97.
29) BGH 19, 390; NStZ 1987, 218; BGH 32, 68, 73.
30) BGH StV 1984, 5.
31) BGH 45, 188.
32) BGH NStZ 2004, 347.
33) BGH 32, 125.
34) Meyer-Goßner, §244 Rn. 59 이하, 66 참조.

24 사. 증거신청이 너무 늦게 행해진 것만으로 소송지연을 목적으로 증거신청이 이루어졌다고 볼 수 없다(제246조 제 1 항).[35] 소송지연은 거기에다가 다음 3가지 요건이 추가된다.

- 증거조사가 소송절차의 종결을 현저히 지연시킬 수 있는 경우(객관적인 시적 요소).
- 증거신청이 사안과 관련된 것을 도출해낼 수 없는 것으로 보일 경우(법원의 예측).
- 신청자가 그 사실을 알고 있으며, 소송지연 이외에는 다른 것을 목적으로 하고 있지 않은 경우(의도).

이 때 증거가치의 사전평가가 허용된다.

예) 유죄를 증언하는 14명의 증인이 신문을 받았다. 피고인은 이들 중 누구에게도 질문을 하지 않았고, 변호인 또한 침묵을 지켰다. 6개월간의 공판심리가 끝나갈 무렵에 피고인은 현재 세계여행 중이고 두 달 뒤에나 돌아올 예정인 증인을 자기에게 유리한 증거방법으로서 신문할 것을 신청하였다. 여기서 모든 정황은 그 신청이 소송지연에 해당한다는 것을 보여주고 있다.[36]

25 아. 증거조사에서 피고인의 무죄가 증명되지 않았고 또한 증거조사를 더 하더라도 반대사실이 증명될 개연성이 없을 때에는 사실확정(Wahrunterstellung)을 이유로 기각할 수 있다. 사실확정은 법원이 자신의 진실규명의무를 충족시켰을 경우에만 허용된다. 그런 경우 법원은 (예외적으로)증거가치를 사전평가할 수 있으며 또한 공소사실(Tatsache)을 진실로 간주할 수 있다.

증명사실은 현저하여야 한다. 따라서 원칙적으로 의미가 없다는 정도(Bedeutungslosigkeit)로는 기각사유가 되지 못한다.

26 사실확정은 증명사실(Beweistatsache) 자체에 근거하고 있다.[37] 그것은 증거주장을 제한할 수 없다.

예) 피해자가 증인에게 자신의 아버지가 손찌검을 하였다는 것을 말하여 주었다는 주장은 피해자가 증인에게 성폭행 사실을 말하여 주었다는 사실이 확정되었다는

35) BGH 21, 118, 123. 극단적인 예로 수차례 계속된 절차지연으로 2년간 심리가 진행된 사건에서 연방통상법원은 더 이상의 증거신청에 대하여 기한을 설정할 수 있다고 하고 있고, 입법자에게 제척기간을 설정할 것을 촉구하고 있다. BGH NStZ 2005, 648 이하.

36) BGH NStZ 1990, 350 참조.

37) BGH NStZ 1989, 129; Volk의 평석이 있다.

것 때문에 간과되어서는 안 된다.[38]

진실이라고 확정한 사실은 판결이유에서 설시하여야 한다.[39] 어떤 경우에도 판결에서의 사실확정과 그 사실확정을 위한 증거평가는 모순이 없어야 한다.[40]

피고인의 죄책을 감경하는 사실관계에 대하여서만 진실인 것으로 미리 확정할 수 있다. 이것은 직접적으로 현저한 증거에 의하여 인정된 사실이거나 추론된 사실일 수 있다. 법원이 진실인 것으로 확정한 간접사실이 신청자에게 유리하고 적절한 결론을 이끌어낸다는 약속을 주는 것은 아니다. 단지 피고인에게 불리한 결론만 금지된다.[41] 그 외에는 진실로 확정된 간접사실은 증거평가의 영역에서는 다른 사실관계와 동일하게 취급된다.[42]

3. 형사소송법 제244조 제 4 항에 의한 감정신청의 기각

감정신청은 우선 제 3 항에 열거된 이유로 기각될 수 있다.

가. 법원은 법원이 이미 전문적인 자료를 갖고 있다는 이유로 더 이상의 감정신청을 기각할 수 있다(제 1 문). 27

예) 진술의 신빙성(여전히 관용적으로는 "증인의 신뢰성"이라는 표현을 사용하고 있으나 옳은 표현은 아니다) 판단을 위하여 감정신청을 한 경우를 들어 보자.[43] 특별한 사정이 있는 경우에는 신빙성이 인정되지 않는다.[44] 법원이 이미 감정을 한 결과 전문적인 지식을 갖고 있을 수도 있다.[45]

나. 추가적인 감정신청에 대하여는 그 이전에 행하여진 감정결과에 의할 때 신청인이 주장하고 있는 사실의 반대사실이 이미 증명되었다는 이유로 기각할 수 있다(동항 제 2 문). 이 경우에는 증거판단의 결과를 미리 표명하는 것이 허용된다. 다만 이때는 그 전에 행하여진 감정이 바로 동일한 증명대상에 28

38) BGH NStZ-RR 2005, 78.
39) BGH 판결(예를 들어 BGH 28, 310 참조)에 반대하는 견해 : Herdegen, NStZ 1984, 342.
40) BGH 32, 44, 47.
41) BGH 1, 137.
42) BGH NStZ 1982, 213; 1985, 206.
43) 논란이 되는 판례로는 BGH 8, 130; NStZ 1987, 182; BGH NStZ 2005, 394 참조.
44) BGH 1991, 405: 증인이 약물중독이었다.
45) BGH NStZ 1985, 421.

대하여 행하여졌다는 것을 근거로 하는 것이어야 하고, 모든 정황에 대한 총체적인 평가를 하였다는 것을 이유로 하여서는 안 된다.

예) 피고인의 티셔츠에 묻은 혈흔이 피해자의 것인지가 문제된 사안이다. 혈액형에 대한 감정결과에 의하면 그럴 가능성이 없다고 한다. 법원은 DNA 분석 방법으로 그 반대 사실을 증명하겠다는 감정신청을 기각할 수 있는데, 이는 정당하다.[46]

29 다음과 같은 경우에는 위 제2문의 사유로 감정신청을 기각하지 않는다.

- 그 이전 감정인의 전문성이 의심스러울 때
- 그 이전 감정이 관련성 없는 사실요건을 전제로 하였을 때
- 구두로 행하여진 감정진술이 그 자체 모순이 있거나,[47] 서면 감정결과와 중요한 부분에서 불일치가 있을 때[48]
- 추가적인 감정을 위하여 우월한 조사방법, 즉 개선된 장치나 수단을 사용할 수 있을 때. 감정인의 경험이 풍부하다거나 더 명성이 있다는 것 등은 여기서 말하는 우월한 조사방법이라 할 수 없다.[49]

4. 검증신청 및 외국 소재 증인신청의 기각 (형사소송법 제244조 제5항)

30 가. 검증을 요구하는 신청이 있을 경우 법원은 이를 행하는 것이 진실규명 의무에 부합하는지에 대하여만 심사하여야 한다(제1문).[50] 반드시 검증을 하여야만 하는 사정이 없을 경우에는 법원은 그 신청을 기각할 수 있고, 다른 증거방법을 이용할 수 있다(예컨대, 장소를 직접 방문하는 것 대신에 증언을 듣거나 사진을 제출하도록 하는 것 등; 위 § 21 Rn. 35 참조). 법원은 증거조사 결과 어떠한 증명결과가 기대되는지 그리고 그것을 어떻게 평가하여야 하는지에 관하여 심리한다. 즉 법원은 이 경우 증거평가를 미리 하게 되는 것이다.

31 나. 동일한 규정이 1993년 법률 개정으로 외국에 소재하는 증인에 대한

46) BGH 39, 49 참조.
47) BGH 23, 176, 185.
48) BGH NStZ 1991, 448.
49) BGH 34, 355, 358; 44, 26.
50) BGH NStZ 1988, 88.

증거신청에도 적용되고 있다(제 2 문). 그 증인에 대한 신문이 필요한 경우 그 증인에게 연락이 가능한가(형사소송법 제244조 제 3 항 제 2 문) 하는 문제가 우선 제기된다. 그것은 법원의 진실규명 의무에 의하여 결정된다(위 Rn. 30과 동일하다). 한편으로는 당해 형사사건의 중대성 및 그 동안 행하여진 증거조사에 비추어 본 그 증거방법의 가치와 의미를 평가하고, 다른 한편으로는 그 증인을 신문하기 위하여 지출하여야 하는 전체 조직의 비용과 절차의 지연 가능성을 비례의 원칙에 따라 판단하여야 한다.[51)]

> 예) 증인 K는 3월 22일에 W시에 있는 L이라는 거리에서 피고인을 만나 마약을 구입하고 운반하겠다는 약속을 하였다고 증언하였다. 피고인은 스페인에 있는 호텔의 계산서를 제시하면서, 자신이 3월 12일부터 22일까지 그 호텔에서 숙박하였다는 것을 증명하기 위하여, 그 호텔 프론트에서 일하면서 계산서를 발행한 M을 증인으로 신청하겠다고 한다. 법원은 증인 K의 증언을 신뢰한다는 이유로 그 증거신청을 기각하였다.[52)]

위와 같은 법원의 결정은 위법하다. 증인 M의 증언이 어떠한 경우에도 K의 증언을 무력화시킬 수 없다는 구체적인 근거는 전혀 없다. 증거평가는 미리 행하여질 수 있지만 세심한 배려 아래 납득할 수 있게 행하여져야 한다.

5. 현존증거방법(Präsente Beweismittel, 형사소송법 제245조)

여기서는 인적 증거인지 또는 물적 증거인지에 따라 증거채부에 관한 판단이 다르게 되고, 그 외에 누가 그 증거를 법정에 현출시켰는가에 따라 달라진다(위 Rn. 14의 표 참조). 32

가. 법원이 소환하여 출석한 증인과 감정인에 대하여는 반드시 신문하여야 한다(제 1 항 제 1 문). 왜냐하면 다른 소송관계인들이 법원이 소환하여 신문할 것이라고 믿고 자기 스스로는 증거신청이나 소환(형사소송법 제220조)을 하지 않을 수 있기 때문이다.

나. 형사소송법 제245조 제 1 항 제 1 문의 법문언에 따르면, 법원이나 검찰이 마련한(herbeischaffen) 모든 증거방법, 즉 문서나 검증 목적물에 대하여 반

51) BGH NStZ 2002, 653.
52) BGH 40, 60.

드시 증거조사가 행하여져야 한다. 그리고 기록에 있는 모든 증거자료에 대하여 증거조사를 행하여야 한다[제199조 제2항 제2문, 법원·검찰이 마련한(herbeischaffen) 것이 아니어도 조사가 행하여진다. 제214조 제4항]. 기록에 존재하고, 법원이 그것에 의하여 증명하겠다는 고지만 하면 법문언상 "현존"에 해당되게 되는 것이다.53)

33 다. 검찰(형사소송법 제214조 제3항) 또는 다른 소송관계인(제220조)이 소환하여 출석한 인적 증거는 제245조 제2항 제1문의 현존 요건에 해당한다. 그에 대한 신문은 신청이 있어야 한다. 이 신청에 대하여는 제244조 제3항 내지 제5항과 비교하여 볼 때 더 제한된 요건 아래에서만 기각할 수 있다. 연락될 가능성이 없다는 이유로는 기각할 수는 없다. 제244조 제3항의 "의미가 없음(Bedeutungslosigkeit)"이라는 요건은 증명사실과 공소사실 사이의 관련성이 결여된 경우로 축소된다. 현존하는 감정인에 대하여는 법원이 이미 전문자료를 갖고 있다는 것을 내세울 수 없고, 추가 감정신청에 대하여도 신청인이 주장하는 사실의 반대사실이 이미 증명되었다는 이유로 기각할 수 없다(제244조 제4항 제2문).

증거방법을 휴대(현출)하기만 한 경우에 이와 같은 규정이 모두 적용되는 것은 아니고, 소환되지 않은 인적 증거에 대하여만 위 규정이 모두 적용된다.

34 라. 현존하는 물적 증거방법(검증의 목적물)에 대하여도 적용되어야 한다. 제245조 제5항 제1문은 적용되지 않는다.

6. 기각결정(형사소송법 제244조 제6항)

35 직권조사 신청(Beweisermittlungsanträge) 또는 증명촉구(Beweisanregungen)에 대하여는 재판장이 진실규명 의무에 비추어 필요하지 않다고 판단되는 경우 기각한다.54) 증거신청에 대하여만 법원이 결정으로 기각한다. 신청인이 소송상황에 대하여 대처할 수 있도록 법원은 결정이유(형사소송법 제34조)에서 어떠한 법적·사실적 이유가 결정적이었는지에 관하여 설명하여야 한다. 이와 같은 결정 자체에 대하여는 따로 불복할 수 없다(제305조 제1문, 제336조 제1문).

53) BGH 37, 168.
54) BGH NStZ 1982, 296 — 모든 경우에 우선 제238조 제1항 참조.

보조적, 예비적 신청(Hilfs- und Eventualbeweisanträge, 위 Rn. 9, 10 참조)에 대하여는 법원이 최종판결과 함께 비로소 판단한다. 그 이유에 관하여는 과거의 통설은 신청인이 즉각적인 결정을 구할 권리를 포기하였다는 가설 아래 이론을 전개하였다.[55] 그러나 법원이 즉각적인 결정을 하게 된다면 신청인으로서는 미리 법원의 심증이 어떤 것인지를 알 수 있게 되어, 무조건적인 신청을 하였던 것과 같은 입장에 있을 수 있기 때문에 신청인은 법원에 대하여 즉각적인 결정을 요구할 수 없는 경우에 해당한다고 보는 것이 옳다.[56] 그러나 법원이 보조적, 예비적 신청을 절차지연을 이유로 기각하려고 한다면 증거신청인이 그에 대하여 이의제기를 할 수 있도록 그 이유를 공판정에서 미리 고지하여야 한다.[57] 36

55) BGH 32, 10, 13.
56) Widmaier, FS Salger, 431.
57) BGH NStZ 1998, 207; StV 1990, 394.

§ 26. 구두 증거 조사 원칙

1 공판심리절차에 적용되는 구두주의(전술한 § 18 Rn. 25 참조)는 증거조사절차에서 유죄판단문제와 양형문제에서 의미 있는 모든 사정들은 구술로 이루어져야 한다는 것을 의미한다. 구두변론이 이루어진 것만이 형사소송법상 "심리전체(Inbegriff der Verhandlung)"를 구성한다. 따라서 구두주의의 침해는 제337조의 상고이유인 법률위반이 되고, 이때 상고이유가 되는 위반 법률조항은 제261조가 된다.

예) 법원은 매우 기뻐하는 방청객인 두 여인의 행동을 증인의 증언을 평가하기 위하여 인용하였다. 이것은 잘못된 것이다. 법원은 관찰결과를 공판심리절차에 들어오게 하여 소송관계인에게 입장을 표명할 기회를 주지 않은 채 자신이 인식한 것을 사용하였다.[1)]

물론 직업법관은 소송기록을 읽었다. 이렇게 해서 알게 된 내용을 직업법관들이 전혀 언급하지 않고 사용해서는 안 된다.

Ⅰ. 문서 낭독

2 따라서 서류는 낭독되어야 한다(형사소송법 제249조).

예) 법원은 편지의 전체 내용에서 확신을 갖게 되었다. 편지는 공판심리절차에서 단지 일부만 낭독되었다.[2)]

---

1) BGH NStZ 1995, 609.
2) BGH NStZ 2004, 279 – 형사소송법 제261조 위반.

이러한 법칙은 '각자 읽는 절차'(Selbstleseverfahren)에 의하여 깨질 수 있다(전술한 §21 Rn. 39 참조). '각자 읽는 절차'에 의하여 구두주의가 제한된다.

Ⅱ. 종전 진술의 제시(Vorhalt)

증인 또는 감정인을 신문할 때 그 진술이 기록의 내용과 일치하지 않은 3
것을 인식한 직업법관은 이러한 인식내용을 밝히지 않은 채 이용해서는 안 된다. 법관은 증인에게 그 사실을 알리고 서류 내용을 제시하여야 한다. 그것은 법관이 해당 서류 부분을 읽어줌으로써 이루어질 수 있지만(서증), 또한 법관이 종전 진술을 들려줄 목적으로 서류를 인용하거나 그것을 전부 낭독함으로써도 가능하다.

종전 진술의 제시는 다음과 같은 점에서 서증과 구별된다.

- 형식에서 자유롭다. 즉, 조서가 작성되지 않는다(형사소송법 제273조 제1항, 제255조의 조서 낭독의 이유에 대해서도 확장 적용된다).
- 인적 증거에 있어서 신문의 보조수단일 뿐이다.

조서 낭독으로 문서내용을 확인하려는 증명목표는 달성된다. 문서의 제시 4
에 의하여 증인 또는 감정인이 진술을 하거나 정확히 하려는 증명목표가 추구된다.[3]

예) 증인은 특정한 시점을 기억할 수 없다. 법관은 다음과 같이 말하였다. "당신은 경찰 신문에서 그에 대한 진술을 하였어요. 나는 당신에게 그 당시 당신이 말한 것을 다시 들려주겠어요." 법관은 경찰신문조서를 읽어주었다. "이제 기억을 하시겠어요?"라고 물었다.

증인이 말한 것만 증거로 사용할 수 있다. 읽혀진 것이 아니다. 증인이 그 내용을 기억해 내지 못하고 있다면, 인적 증명의 가능성은 소멸되었다. 조서의 내용은 증거로 사용되어서는 안 된다. 왜냐하면, 조서내용은 서증의 방법으로 소송의 자료(Prozessstoff)가 되지 않았기 때문이다. 하지만, 다른 방법으로 소송의 자료가 되는 것은 가능하다(후술하는 §27 Rn. 18 참조). 이러한 궤변으로 보

3) BGH 14, 307; 34, 231, 235.

이는 구별을 비판하고 문서에 대한 모든 취급을 형사소송법 제255조 이하의 법규정에 맡길 것을 요구하는 견해가 있다.[4] 하지만, 이 학설은 소송에서 일상적으로 일어나는 문제에 대한 실용적인 필요를 충족시키지 못하고 있다.

Ⅲ. 화상신문

5 증인신문은 "직접 대면하여" 동일한 공간에서 이루어진다. 하지만, 다른 장소에서 "생중계를 통하여도" 이루어질 수 있다(화상신문). 이러한 유형의 신문은 동시녹화(형사소송법 제58조a), 녹화물의 상영(제255조a)의 문제와 똑같이 규율된다(제247조a). 영어 개념이 보여주듯이 화상신문(audiovisuelle Vernehmung)의 경우 기본적으로 전통적인 독일의 구두주의와 직접주의원칙이 침해되지 않는다. 모든 절차관계인들과 직접 대면할 뿐만 아니라 모두 말로 이루어지고, 또한 '생'중계라는 것은 직접적인 것이고 녹화물이 아니기 때문이다. 매체를 이용한 것이기는 하지만 소송관계인들이 직접 증인과 대면하게 되기 때문에, 시청각적 접촉에 의한 신문이 된다.[5] 녹화물이 나중에 다시 상영되는 경우에만, 전통적인 문제가 제기된다(이 문제는 아래의 § 27 vor Rn. 3 이하에서 다루어진다).

1. 동시 녹화(형사소송법 제58조a)

6 형사소송법 제58조a는 제 1 항 제 1 문에서 녹화에 대한 특별요건을 규정하지 않고 있다. 그 규정이 공판심리절차에 적용되지 않는다는 점은 형사소송법 제247조a로부터 도출된다. 수사절차에서 경찰, 검찰, 수사판사에 의한 모든 증인신문은 바로 녹화되어야 한다. 이러한 녹화는 제 2 문의 사례들, 즉 증인을 특별히 보호할 필요가 있는 경우에 이루어지거나(형사소송법 제55조a 제 1 항 제 1 호), 또는 증거 인멸의 위험이 있는 경우에 증거보전을 목적으로 이루어진다(제 2 호).

4) Eisenberg, Rn. 868 이하 참조.
5) BGH 45, 188.

고지 후에야 비로소 촬영이 이루어질 수 있다는 제한은 형사소송법 제52조로부터 도출될 수 있다.

예)[6] 피의자와 친족관계에 있는 피해자인 증인은 작동 중인 카메라 앞에서 증언을 거부한다고 말하였다. 그의 얼굴에 범죄 피해 흔적이 나타나 있다. 그 증인의 증언 거부에도 불구하고 검증에 의한 증명으로서 그것을 증거로 사용할 수 있을 것이다.

2. 수사판사에 의한 동시 화상신문(형사소송법 제168조e)

증인이 다른 방법으로 보호될 수 없다면, 즉 예외적인 경우에 수사판사는 7
단독으로 증인과 한 방에서 들어가서 신문하면서 그 신문 상황을 '영상과 음성을 동시에'(제 2 문) 참석권한이 있는 자들에게 보내도록 한다(제 1 문). 참석권한이 있는 자들은 마이크 또는 판사를 통하여 질문을 한다(이어폰; 제 4 문 및 형사소송법 제241조a). 그래서 증인은 피의자와의 대면접촉으로부터 보호받을 수 있다. 게다가 피의자는 형사소송법 제168조c에 따라 화상신문이 생중계되는 곳에 참여하는 것도 배제될 수 있다. 나아가 형사소송법 제168조 제 5 항은 비디오 신문에 대해서도 적용된다. 이러한 신문의 녹화는 항상 적법하고(형사소송법 제168조e 제 4 문 및 제581조a) 의미가 있다.

3. 비디오 신문과 공판심리절차상 비디오 신문의 녹화 (형사소송법 제247조a)

비디오신문과 그 녹화는 전혀 다른 두 가지 근거에 의하여 행해질 수 있다. 8

가. 비디오신문과 그 녹화가 증인보호에 이바지한다면(형사소송법 제247조a 제 1 문 제 1 단), 그 요건은 제168조와 같이 좁고 엄격하다. 보충성 조항은 증인이 법정에 있는 것이 가장 좋은 해결로 인정되어야 한다는 점을 보여주고 있다. 피고인(제247조)이 아니라 증인을 격리하고 시청각적으로 신문해야 할 피고인의 이익은 포기되어야 한다.[7]

나. 소송의 경제와 신속이 문제라면(형사소송법 제247조a 제 1 문 제 2 단), 9

6) KK/Senge, § 58a Rn. 8 이하 참조.
7) BGH NStZ 2001, 261; 2002, 608.

적용사건들이 지나치게 확장되지만(제251조 제1항 제2호 내지 제4호; 상세한 것은 § 27 Rn. 4 참조), 여기에서도 비디오신문의 경우에는 항상 그렇듯이 증인의 신문에 제한된다. 보충성 조항이 존재하지 않고, 그리고 '진실 규명을 위해 필요한'이라는 부가적 요건은 이전에 법관에 의하여 이의 없이 이루어진 신문의 조서가 낭독될 수 있고 이것으로 충분히 사실을 규명할 수 있는 사건을 배제할 것이다.[8] 이러한 이익형량에는 법률 문언에도 불구하고 방어의 이익도 포함되어야 한다.

10 다. 이러한 비디오 신문의 녹화는 수사절차만큼 그렇게 쉽게 할 수 있는 것이 아니라(형사소송법 제58조a), 심리와 판단을 필요로 한다(제247조a 제4문).

4. 영상물의 증거사용

11 영상물을 증거로 사용하는 것은 조서를 가지고 이루어지는 문서증명에 대해 적용되는 요건 하에서 검증에 의한 방법(비디오녹화물의 재생)의 방법으로 이루어진다. 상세한 것은 아래의 § 27 Rn. 26 이하 참조.

8) BGH 46, 73.

§ 27. 증거조사의 직접성

Ⅰ. 기본원칙

증인과 감정인이 인지한 내용은 그들을 신문함으로써 소송절차 안으로 들어오게 된다(형사소송법 제250조 제 1 문). 신문을 대신하여 그 이전에 작성한 조서를 낭독하는 것은 허용되지 않는다(제250조 제 2 문). 이와 같이 직접주의원칙(일반론에 관해서는 위 § 18 Rn. 26)은 물적 증거보다 인적 증거에 우선권을 부여한다[신속처리절차(제420조 제 1 항)와 약식명령에 대한 정식재판의 경우(제411조 제 2 항)에는 다르다]. 그러나 여기에서 항상 실체에 가장 근접한 증거방법을 사용해야 한다는 일반원칙이 도출되는 것은 아니다.[1] 그러나 이것은 직접적인 증거방법과 떨어져 있는 증거에 의존하지 말 것을 요구하는 진실규명의무를 도출한다.[2] 직접주의원칙은 그 한계(아래 Rn. 2)와 수많은 예외(아래 Rn. 3 이하)를 가지고 있다. 1

Ⅱ. 인적 증거와 서면증거

[사례 1] 기숙사에서 생활하고 있는 14세인 M은 피고인에게 성폭행을 당했다. 기숙사 사감은 그녀에게 사건의 경과를 편지로 작성할 것을 요구했다. 피해자 M은 공판심리에서 서면상의 내용과 다르게 사건에 대해 진술했다. 그러자 피고인의 변 2

1) 통설, LR/Gollwitzer, § 250 Rn. 22.
2) BGH NStZ 2004, 50.

호인은 사감에게 제출되었던 편지를 법정에서 낭독할 것을 신청하였다. 법원은 형사소송법 제250(증거조사의 직접성)를 근거로 들면서 신청을 기각했다.[3)]

신문은 낭독으로 대신할 수 없으나, 보충될 수 있다(제250조 제 2 문).[4)] 서면증거에 관한 법률규정은 어떤 경우에 사용될 수 있는지에 관하여 아무것도 규정하고 있지 않다. 그것은 법원의 진실규명의무에 따라 결정된다. 위 사안에서 진실규명의무는 사건의 경과와 증인진술의 신빙성을 명확하게 하기 위해 편지를 낭독하는 것을 허용하도록 하고 있다.

[사례 2] M은 자신의 여자친구에게 그 사건을 언급한 편지를 보냈다.

제250조 제 2 문에 의한 금지규정은 법률상 조서와 유사하게 증명의 목적으로 작성된 서면에만 적용된다(사례 1과 동일). 따라서 위 사례 2의 편지는 진술보충 여부와 상관없이 낭독할 수 있다.[5)]

또한 이 규정은 증인신문을 영상녹화한 것에 대한 보충적인(대체하는 것이 아닌) 조사에도 적용된다. '영상녹화물'은 서면조서와 동일한 지위를 가진다(아래 Rn. 26 참조).[6)]

Ⅲ. 조서의 낭독(형사소송법 제251조 이하)

예외적인 경우 인적 증거는 그 우선권을 상실한다.

1. 불출석한 경우 조서의 낭독(제251조)

증인, 감정인 또는 공동피고인이 특정한 사유로 신문받을 수 없을 경우 과거의 신문내용을 기록한 조서를 낭독할 수 있다.

3) BGH 20, 160.
4) 앞의 판례.
5) 통설, BGH NStZ 1982, 79.
6) BGH NStZ 2004, 348.

가. 적용범위

이 규정은 현재 소송상의 지위가 증인, 감정인 그리고 공동피고인인 사람에게 적용된다. 3

예) 경찰은 원래 B에 대하여 수사를 하고 그를 피의자로 신문하였다. 그러나 그에 대한 혐의가 벗겨지고 대신 A에 대하여 혐의가 짙어졌기 때문에 수사는 중지되었다. A에 대한 소송에서 현재 B는 증인의 신분이기 때문에 그 이전의 B에 대한 피의자신문조서는 낭독될 수 있다.[7]

현재 피고인인 사람에 대하여 과거에 작성된 신문조서의 낭독은 오로지 특별규정인 제254조의 적용을 받는다(제231조a 제1항 제2문, 제3항 제2문과 동일하다).

나. 요 건

이 규정은 사법현대화법에 의하여 전반적으로 개정되었다. 4

새 규정은 다음의 경우 신문 대신 증인, 감정인 및 공범이 서면으로 진술한 내용을 포함하고 있는 모든 종류의 조서 및 문서의 낭독을 허용하고 있다.

- 변호인 있는 피고인, 그 변호인, 그리고 검사가 이에 동의한 경우(제1항 제1문)
- 증인, 감정인 혹은 공범이 사망하거나 혹은 기타 다른 이유로 예정된 시간에 재판상 신문을 받을 수 없는 경우(제1항 제2호)

예컨대, 관계기관의 차단으로 증인에게 접근하는 것이 불가능한 경우도 포함한다(아래 Rn. 31 참조).[8]

그러나 법률적인 신문장애 사유는 해당되지 않는다. 예컨대, 증인이 공판정에서 제55조를 근거로 모든 질문에 대하여 답변거부권을 행사하고 아무 말도 하지 않았다. 이것은 형사소송법 제251조의 의미에서 장애사유가 아니다. 따라서 그 이전의 신문조서를 낭독할 수 없다.[9]

- 조서 혹은 문서가 재산상 손해의 여부 및 정도와 관련될 경우(제1항 제

7) BGH 10, 186.
8) BGH 32, 68.
9) BGH NStZ 1984, 342; 1996, 96.

3 호). 새로 도입된 이 규정은 문제점을 내포하고 있다. 왜냐하면 이 경우는 소송상의 상황이 아니라, 실체법상의 구성요건표지와 연결되어 있기 때문이다.

5 뿐만 아니라 판사의 신문에 조서는 위 조건과 제251조 제 2 항에 따라 다음의 경우 낭독될 수 있다.

- 질병, 노쇠 기타 제거할 수 없는 장애를 이유로 증인, 감정인 또는 공동피고인이 공판정에 출석하는 것이 장기간 또는 불확정 기간 동안 불가능한 경우(제 2 항 제 1 호)
- 증인 또는 감정인의 진술의 중요도 등을 고려해 볼 때 원거리로 인하여 공판정에 출석하도록 요구하는 것이 지나치다고 판단되는 경우(제 2 항 제 2 호; 제223조 제 2 항과 동일하다. 위 § 17 Rn. 6 참조)
- 검사, 변호인 및 피고인이 낭독에 동의한 경우

그러나 동의가 있다고 하여 법원의 진실규명의무가 면제되는 것은 아니며 제52조 제 3 항에 의한 고지의무위반에 따른 증거금지에서 벗어나는 것도 아니다.[10]

[사례 3] 현재 소재가 불명인 증인에 대하여 수사절차에서 수사판사가 신문한 적이 있다. 변호인에게는 실수로 기일통지를 하지 아니하였다(제168조c 제 2 항, 제 5 항 제문).

이 경우 조서를 낭독할 수 없다. 조서를 낭독하는 것은 증거금지원칙에 반한다.[11]

6 다른 조서가 관련되어 있는 경우에는 달리 취급하여야 한다. 법관면전 조서가 다른 조서(경찰조서 포함) 또는 서류와 연관되어 있으면, 그 조서나 서류도 함께 낭독할 수 있다. 그러나 피신문자의 조서가 타인의 조서와 연관되어 있는 경우 제 2 항에 의한 낭독은 불가하다. 하자있는 절차에 의하여 작성된 법관면전 조서는 제 2 항이 아니라 제 1 항을 근거로 낭독될 수 있을 뿐이고, 그 증거가치는 떨어진다(매우 논란이 되고 있다. 아래 § 28 Rn. 26 참조).

7 신문을 대체하는 낭독은 그 신문장애사유가 계속하여 존재할 것을 그 요건으로 하고 있다.

10) BGH NJW 1996, 2435 이하.
11) BGH NStZ 1989, 282; NStZ 1998, 312.

[사례 4] 증인은 몇 가지 사안에 대하여 진술을 하였으나 다른 부분에 대해서는 진술하지 않았다(제55조). 이전에 경찰관이 작성한 신문조서가 낭독될 수 있는가?

제251조 제2항에 따르면 이것은 허용되지 않는다. 다른 한편 증인의 신문은 낭독에 의해 대체되지는 않지만 보충될 수 있다. 연방통상법원은 형사소송법 제250조 제2문을 적용하여 낭독을 허용할 수 있는 것으로 보고 있다.12)

2. 공판정에서 증언거부권이 행사된 경우 그 이전 조서의 낭독 (형사소송법 제252조)13)

[사례 5] X에 대한 검찰14)의 수사절차에서 그의 형제인 B가 증인(참고인)으로 신문을 받았다. B는 증언거부권을 고지받고 사건에 대하여 진술을 하였는데 그 진술은 진술조서에 기재되었다. 나중에 수사판사도 B를 증인으로 소환하였는데, B는 그 때에도 적법하게 거부권을 고지받은 다음 경찰에서의 진술과 동일한 진술을 하였고 다만 조서에는 "B는 오늘의 신문에 대하여 경찰에서와 동일한 진술을 한다(관용적 방식이다. '인용 기재'라고 한다)"라고 기재하였다. B는 그의 형제 X에 대한 공판절차에서 형사소송법 제52조 제1항 제3호를 근거로 증언을 거부하고 있다. 8

위 사례가 제252조의 기본적 적용례라 할 수 있다. 이 사례에서 다음과 같은 질문을 할 수 있다. 첫째, B를 신문한 경찰이 B의 경찰에서의 진술에 관하여 증언할 수 있는가? 둘째, 그것에 관하여 수사판사를 신문할 수 있는가? 셋째, 증인의 그 이전에 그와 같은 진술을 하였다는 것을 보여주기 위하여(zum Zweck des Vorhalts) 진술조서를 낭독할 수 있는가? 하는 것이다. 제252조의 문언은 이 조서에 대하여는 서증조사방법으로 조사하여서는 안 된다는 것을 규정하고 있다.

---

12) BGH JR 1987, 522. Meyer는 여기에 대해 부정적인 견해인데 이 견해가 옳다; Dölling, NStZ 1988, 6 참조.

13) 역주－제252조 (허용되지 아니하는 조서낭독) 공판 전에 신문한 증인으로서 증언을 거부할 수 있는 그의 권리를 공판에서 비로소 행사하는 자의 진술은 낭독될 수 없다.

14) 역주－독일 실무상 검찰이 증인(참고인)을 소환하는 경우에도 검사가 경찰서로 출장을 가서 실제로는 경찰로 하여금 신문하게 하고 그 옆에서 보충 질문만 하는 경우가 있다고 한다. 위 사례는 여기에 해당된다.

가. 개 관

9 형사소송법 제252조는 우선 공판에서 증언거부권이 존재하는 것을 전제로 한다. 그 결과 법조문의 문언을 넘어서 증거금지가 적용된다(아래 Rn. 10). 증언거부권이 그 이전의 진술 단계에서 이미 존재하고 있어야 하는가 하는 문제에 대하여는 제52조 이하의 적용례에 따라 그 대답이 달라진다(아래 Rn. 12). 원칙적으로 제252조의 적용 영역에 관하여는 공판에서 증인의 절차적 역할이 무엇인가에 따라 다르기 때문에 그 진술을 하는 사람이 그 이전에 증인(참고인)이 아니었을 경우에도 적용된다(아래 Rn. 15). 제252조는 더 나아가 그 이전의 의사표현이 "진술(Aussage)"에 해당될 것을 요건으로 한다(아래 Rn. 16).

나. 증거금지

10 증인이 공판에서 비로소 증언거부권을 행사하기로 마음먹었다면 그가 그 이전에 증언거부권을 고지받은 다음 그 권리 행사를 포기하고 진술을 하였을 때 작성된 진술조서는 낭독할 수 없다. 제252조의 문언을 넘어서 증언거부권의 보호목적을 고려하여 그 이전의 진술을 사용하는 것도 완전히 금지하고 있는 것이다. 이러한 증거금지에 대하여는 학설이 완전히 일치된 견해를 보이고 있다.[15] 이것은 또한 신문을 한 사람을 증인으로 신문하는 것(전문증언)도 허용되지 않는다는 것을 의미한다. 판례는 판사가 행한 그 이전의 신문에 대하여는 예외를 인정하면서 그 근거에 대하여는 "법률이 매우 일반적인 고도의 신뢰를 부여하고 있고,[16] 무엇보다도 이익형량의 관점에서 볼 때, 소송법 규정에 의거하여 판사가 신문하는 특별한 상황에서 증언거부권을 고지받은 후 명시적으로 증언거부권을 포기한 경우에는 효율적인 형사사법이라는 공익이 증인의 이익에 비하여 더 중요하기 때문이다"[17]라고 설명한다. 판사를 증인으로 신문할 때에는 또한 그가 신문한 후 작성한 조서를 기억을 보조하는 수단으로서 제시하는 것이 허용되고(실무상으로는 낭독한다), 그 조서가 사례 5와 같이

---

15) Geppert, Jura 1988, 305 이하와 363 참조.
16) BGH 21, 218, 219.
17) BGH 45, 342.

경찰이나 검찰의 신문 내용을 그대로 인용한 경우에도 마찬가지이다. 판사의 신문을 녹화한 경우에는 그것은 증명목적으로는 조사할 수 없다. 형사소송법 제255조a 제1항의 문언은 질적으로 더 높은 가치를 가진 증거방법(영상물)의 사용을 명백하게 허용하고 있지 않다. 이러한 평가모순 상황은 판사를 증인으로 신문할 때 그 녹화물을 제시(vorhalten; 재생)하는 것은 허용한다는 점에서 더욱 두드러지게 나타난다.[18]

11

제252조의 법조문과 연방통상법원 판례 비교		
그 이전 증언에 대한 신문자에 따른 구분	제252조 법조 문언	연방통상법원 판례
판사가 신문한 경우	조서 낭독 금지	판사의 증언 허용, 조서의 제시(Vorhalt) 허용, 경찰·검찰 조서의 제시 허용
경찰 또는 검사가 신문한 경우	조서 낭독 금지	경찰, 검사의 증언 금지, 조서의 제시(Vorhalt)도 금지

다. 공판 중 증언거부권과 공판 전 증언거부권

제52조는 그 이전의 신문 이후에 새롭게 증언거부권이 발생한 경우(예컨대, 12
혼인에 의하여)도 요건이 충족된다. 중요한 것은, 피고인에게 불리한 진술이 다른 절차에서 유죄의 증거로 사용되는 것으로부터 증인을 보호하여 주어야만 할 것인가 여부이다. 이 경우에는 그 이전에 신문한 판사를 증인으로 신문하는 것도 허용되지 않는다. 이전의 진술의무가 있던 때의 증인진술에 접근할 수 있게 한다면 나중에 발생한 증언거부권의 보호목적이 달성될 수 없을 것이다.[19] 공판이 개시된 후 증인이 정신질환이 발생하거나[20] 또는 사망함으로써[21] 증언거부 의사를 표명하지 못할 상황에 이른 경우, 판례는 더 이상 증언거부권의 기본적 이념에 대하여 고려하지 않고 그 이전의 진술을 다른 방법으로 사용하는 것을 허

18) BGH NStZ 2004, 390.
19) BGH 27, 232.
20) RG 9, 88, 91.
21) BGH 22, 35.

용한다.[22]

또한 증언거부권자가 "절차를 불순하게 농단"한 경우에는, 공공의 보호를 위하여, 모든 가능한 증거방법을 사용하여 범죄를 조사하고 처벌을 요구하여야 하는 진실규명의 원칙이 우선되어야 한다고 한다.[23] 자신이 약혼한 사실을 숨긴 사람은 나중에 증언거부권을 고지받지 않았다고 주장하면서 증거사용 금지를 요구할 수 없다. 그렇지 않으면, 증인이 법원에 대하여 다른 것을 요구할 권리를 주면서 이와 함께 특정한 증거를 법원에 대하여 부당하게 감추는 것까지 허용하는 꼴이 된다.[24] 제53조, 제53조a는 다르다.

13 [사례 6] 나중에 기소된 X는 수사절차에서는 그의 주치의인 A박사의 진술을 허용하였다. A박사는 수사판사의 신문에 대하여 진술을 하였다. X는 공판절차에서는 A박사가 진술하는 것을 허용하였던 것을 번복하였고, 이에 따라 A박사는 증언을 거부하고 있다. 이 경우 A박사의 그 이전 진술을 증거로 사용할 수 있는가?

의사는 그 당시에는 진술할 의무가 있었지만, 이제는 거부할 권리가 있다(절차법적으로는 거부할 의무는 없다. 그러나 형법 제203조에 의하면 그렇지 않다). 그 이전의 진술을 사용한다고 하여 강제로 그를 형사소송법 제252조의 금지에 대한 반대효과를 발생시키는 상황에 빠지게 하는 것은 아니다.[25]

14 따라서 제53조, 제53조a에 의하여 나중에 비로소 증언거부권이 발생한 경우 그 이전의 진술을 사용하는 것이 금지되는 것은 아니다. 증거금지는 증언거부권이 그 이전부터 존재하고 있었지만 이를 행사하지 않은 경우에만 성립한다.

제55조의 답변거부권(Auskunftsverweigerungsrecht)은 제252조의 적용범위에 속하지 않는다.[26] 답변거부권은 증인과 피고인 사이의 이해관계 충돌이 문제되는 것이 아니라, 오로지 증인의 보호를 위한 것이다. 증인이 그 이전의 진술에서 답변거부권을 포기하여 그 스스로 위험 상황을 자초한 경우, 공판정에

22) 논란이 되고 있다. Geppert, a.a.O., 310.
23) BGH 45, 342, 348.
24) BGH NStZ 2003, 612.
25) BGH 18, 146, 150.
26) 불일치되는 판례로는 BGH 6, 209, 211과 NStZ 1998, 46이 있다. 반대되는 학설로는 예컨대, Geppert, a.a.O., 312; Hanack, JZ 1972, 238 참조.

와서 비로소 답변을 거부할 수는 있지만, 그렇다고 하여 그에 대하여 예비적으로 이미 시작된 수사의 진행을 중지시키거나 피고인에 대하여 그 이전의 진술이 사용되는 것을 막을 수 있는 것은 아니다.

라. 그 이전의 공동피의자의 진술

[사례 7] 부부인 F와 M을 공동피의자로 하여 수사를 하였다. F는 수사판사의 신문 15
에 대하여 사건에 대한 진술을 하였다. 그녀에 대한 절차가 분리되었다. M에 대한 공판절차에서 그녀는 증언거부권을 행사하였다.

그녀에 대한 그 이전의 신문조서는 형사소송법 제250조에 따라 낭독될 수 없다. 그 외에 제252조의 증거금지가 적용된다.

[사례 8] 그녀는 공판정에 출석하지 않았다. 그녀의 이전 신문조서를 낭독하는 것에 대하여 검사, 피고인, 변호인이 모두 동의하였다(제251조 제1항 제4호).

제251조 제1항 제1호가 이전의 공동피의자도 포함하고 있기 때문에 그 조서를 읽는 것이 허용된다고 해석할 여지도 있다. 그러나 그녀는 증인으로서 증언거부권을 행사할 수 있었다. 그녀는 실제로는 이러한 권리를 행사하지 않았다. 제252조에 의하면 낭독과 증거사용이 금지된다. "그렇지 않을 경우, 그가 이전까지 자기 방어의 관점에서만 진술을 하여 법률상 증언거부권이 있는 사람에게 불이익하게 사용될 수도 있는 진술을 이제 이후로는 증인으로서의 지위에서 거부할 수 있는 권리를 빼앗는 결과가 된다."[27)]

마찬가지 이유로 그 이전의 피의자를 신문한 판사에 대하여도 증인으로 신문할 수 없다(위 Rn. 10 참조).[28)]

마. 진술(Aussage)

제252조는 증인의 "진술"을 낭독하는 것과 사용하는 것을 금지하고 있 16
다. 여기에는 다른 형사절차의 진술이나 민사소송의 진술도 포함된다.[29)] 진술에는 정보 제공을 요구하는 질문에 대한 답변도 포함된다(위 §9 Rn. 6 참

27) BGH 10, 186, 190.
28) BGH 42, 391.
29) BGH 17, 324.

조).[30] 우연한 말(위 §9 Rn. 7 참조)은 여기에 해당되지 않는다.[31] 정보원(또한 목적을 가지고 잠입한 사람 포함)에게 한 말은 신문을 한 것이 아니기 때문에 "진술"이라 할 수 없다(§9 Rn. 20 참조).[32]

증인과 피고인의 변호인 사이의 대화에서 이루어진 변호인의 질문은 "신문"이 아니기 때문에 그때 증인이 말한 것은 "진술"이 아니다. 그러나 제252조의 유추적용이 가능하다. 연방통상법원은 그것을 긍정하였는데, 그 이유는 그렇지 않으면 변호인이 낭독 가능한 조서를 만들어내어 소송을 지배할 수 있기 때문이라고 한다.[33]

감정인에게 한 의사표시에 대하여는 신문상황에서의 진술인지 여부가 문제되지 않는다. 그러나 "감정인은 판사의 보조자이고, 따라서 어느 정도는 그에게 한 말이 법원에서 한 진술과 같이 다루어질 수 있다."[34] 제252조의 유추적용은 상황에 따라 다르다.

[사례 9] 감정인은 증인의 신빙성에 관한 감정을 하여야 한다. 증인은 판사로부터 제52조에 따른 증언거부권을 고지받았는데, 감정인에게는 공소사실에 대하여 몇 가지 사실을 이야기한 반면, 공판정에서는 증언거부권을 행사하였다.

여기에서는 제252조의 증거금지가 적용된다. 증인은 감정인에게 감정내용이 아닌 추가적인 사실을 알려 주었다(위 §21 Rn. 30 참조). 이것은 "진술"과 동일하다.[35] 그러나 판례에 따를 때 감정소견에 대한 그의 언급은 증거로 사용할 수 있다.[36]

17 **표 22 공판정에서 증언거부권이 행사된 경우의 그 이전 조서의 낭독**

공판 전 진술조서의 작성 당시	공판 중 신문할 때 증언거부권이 행사된 경우	제252조의 적용여부
증인으로서 신문한 경우	증언거부권 행사의 근거 조문	
증인이 제52조 해당 안됨	제52조	적용

30) BGH 29, 230.
31) BGH 36, 384, 389.
32) BGH 40, 211.
33) BGH 46, 1; 평석은 Volk, Jus 2001, 130.
34) BGH 11, 97, 99 이하.
35) BGH 13, 1; 46, 189, 193.
36) BGH 11, 97, 99; KK/Diemer, §252 Rn. 18.

증인이 제52조 해당	제52조	적용
증인이 제53조 해당 안됨	제53조	적용 안됨
증인이 제53조 해당	제53조	적용됨
증인이 제55조 해당	제55조	적용 안됨
정보를 요구하는 질문에 대하여 답변한 경우	제52조 이하에 따른 증언거부	적용됨
우연한 말	제52조 이하에 따른 증언거부	적용 안됨
공동 피의자의 진술	제52조 이하에 따른 증언거부	적용됨

3. 결함 있는 기억의 회복 및 모순진술반박을 위한 낭독 (형사소송법 제253조)

이 규정은 직접주의원칙을 완화시키고 있다. 이 규정은 공판절차에서 증인 또는 감정인의 기억을 회복하고 모순진술을 반박하기 위하여 서면증거사용을 허용하고 있다.[37] 결과적으로 제253조는 인적 증거와 서면 증거의 결합을 가져오고 있다. 소수설은 이 규정을 제시(Vorhalt)의 특별한 형식으로 보고 있다.[38] 이 규정에 따르면 증인이 기억하지 못하거나 모순된 진술을 하게 드면 우선 이전 진술을 상기시켜 준다. 만약 이것으로도 완전하고 일관성 있는 진술이 이루어지지 않는다면, 보충적으로 서면증거가 제시되는 것을 허용한다. 따라서 인적 증거에 우선권을 부여하기 위해 이전에 신문을 행한 자를 사전에 소환할 필요가 없게 된다(제 2 항; "공판심리의 중지 없이"라는 제 2 항 규정 참조). 18

4. 자백조서의 낭독(형사소송법 제254조)

가. 피고인의 자백

피고인의 자백은 범죄행위 일체를 포함할 필요는 없다. 개별적인 범죄사실에 대한 자백도 이 규정에서 말하는 자백에 해당된다. 19

37) 논란이 있음. BGH 3, 199, 201; NJW 1986, 2063.
38) Grünwald, JZ 1966, 493.

예) 피고인의 어떤 부분에서 침묵을 지키다가 다른 부분에 대해서는 "예, 하지만 …" 이라고 진술하였다.

이 사실은 직접적인 증거로 사용할 수도 있고 혹은 간접증거로만 사용될 수도 있다.

예) 피고인은 문제될 시간에 피해자를 만났다는 점은 시인하고 있으나, 자신이 범인인 점은 부인하고 있다.

이 규정은 서증을 허용하고 있으며, 아무것도 배제하지 않는다. 이 규정은 다른 증거방법을 사용하는 것을 금지하지 않는다.

나. 공동피고인의 자백

20 판례는 피고인의 범죄행위와 관련된 공동피고인의 자백을 낭독하는 것을 허용하고 있다.[39]

다. 법관조서

21 규정에 부합하게 작성된 법관의 조서만이 서면증거조사의 대상이 된다. 또한 다른 소송절차[40] 혹은 외국의 판사 앞에서 행한 자백도 낭독 가능하다.[41]

라. 사법경찰 및 검사작성 조서

22 이 조서는 그 내용에 관하여 증거조사를 위하여 낭독해서는 안 된다. 법률이 법관면전 조서로 한정한 것은 다른 조서에 대해서는 증거조사를 금지한다는 내용을 포함하고 있는 것이다. 그러나 신문자를 증인으로 신문하고 그에게 조서를 제시하는 것은 허용된다(위 Rn. 10 참조).[42]

[사례 10] 피고인은 자신이 경찰관 앞에서 했던 진술을 번복하고 묵비권을 행사했다. 당시 신문을 담당했던 경찰관이 증인으로 소환되었다. 그는 조서를 제시한 후에도 그 내용을 기억하지 못하였고, 다만 항상 올바르게 그리고 정확하게 조서를 작성했다고만 말했다.

39) BGH 22, 372; 그러나 록신은 다른 견해(§ 44 Rn. 11).
40) BGH NStZ 1996, 612는 민사재판 및 행정재판과 관한 것이나 이는 의문이다.
41) BGH NStZ 1994, 595.
42) BGH 3, 149, 150; 이에 반대하는 견해는 Dahs/Dahs, 301.

이것은 내용이 없으며 따라서 증거로 사용할 수 없다. 또한 제253조도 적용되지 않는다.43)

5. 감정서 및 공공기관 또는 의사의 의견 낭독(제256조)

가. 공공기관은 공적인 업무를 수행하고 공공법률에 따라 활동하는 국가기관을 말한다. 23

예) 대학 연구소, 주 수사국, 공립병원. 그러나 회사의 형태로 운영될 경우에는 해당되지 않는다.44)

공적으로 확인된 사실의 경우 관공서의 직원은 증인으로 신문받을 필요가 없다; 제256조는 서증을 허용하고 있다.

나. 중상해에 해당되지 않는 의사진단서(제 1 항 제 2 호)는 의사가 공판심리에 참석하는 것을 줄이기 위해 낭독이 허용된다. 그러나 소송이 상해가 아닌 다른 범죄행위를 대상으로 할 경우, 예를 들어 살인미수의 경우에는 적용되지 않는다.

다. 품행확인서, 즉 인격에 관한 판단서면은 누가 작성했는가에 관계없이 낭독해서는 안 된다.45)

사법현대화법은 직접주의 원칙의 예외와 관련하여 이와 같은 전통적인 경우 이외에 아래의 두 가지 경우를 추가하였는데 극도로 논란이 되고 있다.

라. 감정인의 감정서는 낭독 가능하다(제 1 항 제 1 호b). 감정인의 출석을 요구할 것인지 여부는 법원이 진실규명의무에 따라 결정한다. 이것으로 소송관계인의 질문권은 그 범위가 좁아진다. 24

마. 서류에 포함된 수사보고서와 같은 서류는 그것이 신문을 내용으로 하지 않는 한 낭독될 수 있다(제 1 항 제 5 호). 25

예)46) 절도 및 장물죄로 수사를 하던 중 수사관은 가택수색에 참여하였다. 그는

43) BGH 14, 310; NStZ 1995, 47.

44) BGH NStZ 1988, 19.

45) 법률은 좋지 않은 형식으로 되어 있다. 제 1 항 제 1 호c에서의 제한규정이 일반규정인 제 1 호에도 적용된다.

46) 연방법무부의 보도자료를 토대로 한 것이다. www.bmj.bund.de/enid/.

수색한 집안에서 확인된 일, 즉 발견된 대상물, 공간의 진열상태 등에 관하여 보고서를 작성하였다. 나중에 공판심리 중 증거조사와 사실규명을 하는 과정에서 그 세부적인 내용이 중요하게 되었다. 지금까지는 수사관을 증인으로 소환해야 했다. 그러나 지금은 그 대신에 그가 작성한 조서의 낭독이 허용된다.

이것은 현재상태보다 더 해가 없는 것으로 들린다. 원칙적으로 이것은 공판심리상 증거물의 제출을 대신하여 변호인이 참여권을 가지지 못했던 수사절차에서의 증명과정을 재현하는 것을 의미한다. 이것은 독일소송절차의 기본구조, 피의자와 변호인의 권리, 적정절차의 원칙 및 무기대등의 원칙과 일치하지 않는다.

6. 영상물 상영(제255조a)

26 제 1 항에서 영상물 상영의 요건은 조서의 낭독과 동일하다. 이 규정은 증인진술의 내용에 관한 검증을 허용하고 있다(위 § 21 Rn. 33 참조). 이것은 조서낭독에 관한 규정과 마찬가지로 증거보전과 소송의 촉진에 기여한다(위 § 26 Rn. 9). 영상물 상영은 제251조, 제253조에 의하여 조서의 낭독이 허용되는 경우에는 항상 허용된다. 낭독을 우선적으로 하여야 하는 것은 아니다. 조서를 문서증거의 방법으로 낭독함으로써 증인신문을 보충할 수 있다(위 Rn. 2 참조). 이 원칙은 또한 원본과 일치한다는 요건만 충족된다면 영상녹화물(Video-Protokoll)을 재생하는 것에 대하여도 적용될 수 있다.47)

27 어린이 증인의 보호를 위하여 제 2 항은 그 요건을 제 1 항과 달리 규정하고 있고, 또한 제251조 및 제253조의 규정을 준용하고 있지 않다. 녹화된 영상물에 의하여 진술의 내용이 직접 제시될 수 있다. 이때 신문을 대신한다.48) 이렇게 하여 직접주의원칙이 배제된다.

---

47) BGH NStZ 2005, 348.

48) 따라서 보충적 증인신문 신청에 대하여는 공판에서 이미 신문한 증인에 대하여 다시 신문을 신청하는 때와 동일한 기준으로 채부를 결정한다. BGH 48, 268; BGH NStZ 48, 268.

Ⅳ. 전문진술의 증인

직접주의원칙은 전문증인의 신문을 금하지 않는다(위 §18 Rn. 26 참조). 또한 적정절차의 원칙과도 상충하지 않는다.49) 제250조 이하의 규정들은 단지 언제 인적 증거가 서면증거에 의하여 보충되거나 대체되는가를 규정하고 있을 뿐이다. 그러나 이 규정들은 서류 낭독을 대신하여 간접적인 증인의 진술을 들을 수 있는가에 대해서는 전혀 언급하고 있지 않다. 또한 이 규정은 사실에 가까운 증인과 먼 증인 사이의 관계를 규정하고 있지도 않다. 이 두 가지의 질문에 대해서는 법원의 진실규명의무가 답변의 기초가 된다.50) 이 의무에 따르면 대부분의 경우 직접적인 증인의 진술을 듣도록 하고 있다.51) 무엇보다도 유럽인권협약 제 6 조 제 3 항d는 적정절차의 원칙에 따라 피고인에게는 불리한 증인을 대면하여 질문할 권리가 있다고 하고 있다. 그러나 만약 직접 증인신문하는 것이 불가능한 경우(예컨대, 소재불명, 사망 등) 위 조약 위반이 아니다. 그러나 절차가 전체적으로 적정했다고 하더라도 사법기관 또는 경찰의 책임 있는 사유로 그러한 장애 사유가 발생하였을 경우에는 조약위반이 된다.52) 간접적인 증인의 진술은 원칙적으로 증명력(Beweiswert)이 미약하다.53) 그 증명결과는 정황증거에 의해 보강되어야 한다.54) 28

비밀수사의 경우 직접증인에게 접근할 수 없다.

Ⅴ. 비밀수사(Verdeckte Ermittlung)

- 정보제공자(Informanten)와 정보원(V-Leute) : 위 §10 Rn. 4 참조
- 비밀수사관(Verdeckte Ermittler)과 비공개수사관(noeP) : 위 §10 Rn. 59,

49) BVerfG NStZ 1991, 445.
50) BGH 36, 159, 162; Geppert, Jura 1991, 538 참조.
51) BGH GrS 32, 115, 132.
52) BGH NStZ 2005, 224. 또한 유럽인권법원 판례 참조.
53) BGH 34, 15, 18.
54) BVerfG StV 1997; BGH 42, 15, 25;NstZ 2000, 265; NStZ 2002, 656.

60 참조
이들은 직접적인 증인으로 소환될 수 없는 경우가 종종 있다.

1. 형법적인 측면

29 정보원의 범죄유발행위(아장쁘로보까뙤르)의 처벌가능성에 관한 실체법적인 문제는 여기서 자세히 다루지 않겠다(위 §10 Rn. 4 참조).[55] 그들이 중요범죄행위의 실현을 원하지 않았다거나 혹은 법익에 대한 최종적이고 더 큰 손해를 막으려고 하였기 때문에 형사처벌 되지 않는다는 통상 주장되는 논거는 모든 경우에 특히 위험범(마약처벌에 관한 법률)의 영역에서는 적용될 수 있는 것은 아니다(BeMG). 그래서 이 문제는 위법성의 영역에서 다루어지며, 또한 그곳에서도 형법 제34조(긴급피난)가 소송법상 기본권침해의 권한이 부여되어 있지 않은 경우에 대하여도 적용규정이 될 수 있는지에 대하여는 논란이 있다.[56]

예)[57] 피고인과 우연히 알게 된 것처럼 보이는 A는 피고인을 위해 마약을 스페인에서 독일로 수송하는 것을 준비하였다. 그는 실제로는 독일연방수사국(BKA)을 위해 일하고 있었고, 마약거래를 막으려고 했다는 것을 입증함으로써 불법마약수입에 대한 처벌을 면할 수 있는가?

비밀수사관이 범죄현장에 접근하기 위하여는 자신에 대한 '진정성의 증명(Keuschheitsprobe)'을 위하여 범죄행위를 저질러야 한다. 이때 어느 정도의 중범죄까지 형법 제34조를 적용하여 위법성이 없다고 할 수 있을 것인가?

여기서는 범법행위의 가벌성에 대해서 더 이상 설명하지 않겠다(이에 대해서는 위 § 14 Rn. 28 참조).

2. 정보원(V-Leute), 정보제공자(Informanten), 비공개 수사관(noeP) 및 비밀수사관(Verdeckte Ermittler)

30 법률에는 비밀수사관의 소송법적인 보호와 투입요건만이 규정되어 있다

55) Lackner/Kühl, StGB § 26 Rn. 4.
56) 이에 대한 논쟁에 관하여는 Lackner/Kühl, StGB § 34 Rn. 14.
57) 연방법무부의 보도자료를 토대로 한 것이다. www.bmj.bund.de/enid/.

(제110조a, 위 §10 Rn. 59 이하 참조; 제110조b 제 3 항, 제110조e, 제68조). 비밀수사의 다른 형태는 별도의 법률 규정이 없기 때문에 정보의 자기결정권을 침해한다는 이유로 위법하게 보거나[58] 또는 일반규정을 근거로 허용할 수 있다고 보기도 한다. 판례도 이 방식을 취하고 있다. 판례에 따르면 이런 경우에 침해의 문턱은 넘어서지 않는다고 한다. 비밀수사관의 투입은 제163조에 따라 수사임무의 부여에 의하여 이루어진다.[59] 이것은 비밀수사관에게 적용되는 침해요건의 회피를 조장할 수 있다. 연방통상법원은 비밀수사관으로 활동하지 않지만 실제상 혹은 외관상 사적으로 행동하는 정보제공자를 장기간 투입하는 행위에 극단적인 제한을 가하고 있다. 또한 연방통상법원은 특히 위험하고 수사하기 어려운 범죄, 예를 들어 마약거래 혹은 조직범죄 등에 대한 투쟁을 그 목적으로만 비밀수사관을 투입할 것을 요구하고 있다.[60] 정보원(V-Leute), 정보제공자(Informanten) 그리고 비공개수사관의 정보는 불법적이지 않게 획득된다. 따라서 증거사용의 금지를 고려할 필요는 없다. 즉, 획득된 정보는 소송절차에 사용할 수 있게 된다. 이러한 입장은 비밀수사관의 투입에 관한 법률규정과 때때로 마찰은 있으나 대체로 일치하고 있다.

예) 경찰관이 비밀수사관으로서가 아니라 특별한 경우에만 가장구매자로서 활동한다. 판매자의 집에서 판매자와 접촉을 하고 거래를 성사시킨 후 판매자를 체포한다. 이 경우 통설에 의하면 제110조a 이하 규정은 직접적으로 뿐만 아니라 유추해서도 적용할 수 없다. 그렇게 되면 기본법 제 1 조의 침해를 정당화시키게 된다. 소추기관이 다른 형태의 수사방법을 선택하고 수사관을 비공개수사관(neoP)으로 투입하기 때문에 기본법에서 요구하는 법관의 동의가 불필요하게 되는가?[61]

판례를 따를 때 그런 접촉자의 정보를 어떤 방법으로 소송절차에 들어오게 할 것인가가 문제된다. 수사보조원은 증인이 된다.

3. 증인 보호를 위한 차단

비밀수사관(Verdeckter Ermittler)에 대해서 형사소송법 제110조b 제 3 항, 제 31

58) Lilie/Rudolph, NStZ 1995, 514; Fezer, JZ 1996, 609.
59) BGH 32, 115, 121 이하; 40, 211; 41, 42; NStZ 1996, 450.
60) BGH NStZ 1995, 513; 또한 BVerfG StV 1995, 561.
61) BGH NJW 1997, 1516에서는 견해가 유보되어 있다; Roxin, StV 1998, 43 참조.

110조e가 인정하고 있는 바와 같이 증인을 위험에 빠뜨리지 않고 그의 신원을 비밀로 유지하여야 할 납득할만한 이익이 있다면, 일반적으로 수사기관은 증언허가를 거부할 수 있을 뿐만 아니라(동법 제54조), 또한 증인의 이름과 주소를 알려주는 것조차 하지 않을 수 있다. 형사소송법 제96조를 준용하여 수사기관은 그러한 권한을 가지게 된다.[62] 물론 증인이 공개될 경우 틀림없이 생명이나 신체에 대한 위험을 염려해야 할 것이라는 점을 요건으로 한다. 증인을 그 이후에 다시 신분을 감추고 투입할 수 있다는 이익만으로는 충분하지 않다.[63] 하지만, 형사소송법 개정에 의하여 제110조b 제 3 항 제 3 문이 비밀수사관에 대해 이러한 이익을 합법화한 이후, 신분을 위장하고 수사를 보조하고 있는 다른 사람들에게 제96조를 여전히 유추적용할 수 없다고 할 것인지는 다툼이 있다.[64]

4. 단계설(Stufentheorie)

32 증인을 공판심리절차에서 진술하도록 하거나 증인차단에 의하여 증인을 완전히 은닉하고 비밀로 하는 두 가지 가능성만 있는 것이 아니다. 그것은 형사소송법의 태도와도 일치할 수 없다. 무조건적인 비밀 유지 약속은 장래의 사태 진행에 대한 아무런 고려 없이 어떤 경우에도 신뢰보호에 근거하여 법관의 신문을 받지 않도록 증인을 차단하는 것이고, 이 때문에 이러한 증인을 다른 증인보다 우선적으로 이용하여 할 것이다.[65] 비밀 유지의 이익은 직접 경험을 한 증인을 신문함으로써 진실을 발견할 수 있는 이익, 그리고 이러한 증인과 그의 진술의 신빙성에 대해 직접 심사할 수 있는 소송관계인의 권리와 비교형량되어야 한다. 이러한 공정한 법치국가 절차의 이익에 대한 의무를 수사기관도 부담하고 있다. 정의의 실현을 위한 법원의 진실 발견이라는 중요성과 피고인의 무죄 방면이라는 중대성에 비추어 오히려 권력분립원칙에 입각하여 행정부가 그 판단과정에서 이러한 중요성(Belange)을 함께 고려하여야 하고, 그러한 일에 대해 충분한 비중을 두어야 한다.[66] 행정부는 그의 이익을 증인

62) BGH 30, 34; 32, 115, 123; NStZ 1988, 563(Naucke의 평석 포함).
63) BGH 33, 83, 90 ff.
64) 부정설은 Meyer-Goßner § 96 Rn. 13; 긍정설은 Fezer, JZ 1996, 610.
65) BGH 33, 83, 91.
66) BGH GrS 32, 115, 124.

의 완전 차단이라는 방법에 의하여 관철하여서는 안 되고, 경미하면서도 충분한 다른 방법이 있는지를 검토하여야 한다. 연방통상법원 대형사부 판결에 따라 인정된 화상신문, 즉 음성을 변조하고 사람을 모자이크 처리할 수도 있는 한 화상신문의 방법도 여기에 해당한다.[67)]

가. 공판심리절차상 익명의 증인

증인의 주소(형사소송법 제68조 제2항), 그의 인적 사항(동조 제3항)을 구체적으로 거명할 필요가 없게 함으로써 증인이 보호된다(비밀수사관에 대해서는 제110조b 제3항 제3문 참조). 법원조직법 제172조 제1호a에 따라 재판은 공개되지 않을 수 있다. 피고인은 증인신문이 이루어지는 동안 퇴정당할 수 있다(형사소송법 제247조). 33

다른 장소에서 행하는 증인의 진술을 동시에 법정에서 중계하는 것도 가능하다(형사소송법 제247조a). 이 경우 피신문자가 누구인지 알아보지 못하도록 음성변조 내지 모자이크처리를 하는 것도 허용된다(전술한 §27 Rn. 32도 참조).[68)] 음성을 변조하거나 모자이크 처리하는 경우에도 신원이 노출될 위험이 있는 경우에야 비로소 엄격한 요건하에 따로 밀폐된 공간에서 진술이 이루어질 수 있다. 이 경우 신원이 노출될 위험이 위장수사관보다 사인인 정보원의 경우가 더 크다는 점에서 양자는 구별되어야 한다.[69)] 34

나. 촉탁신문(Kommissarische Vernehmung)

비밀유지의 다음 단계는 법정 밖의 촉탁신문에 의해서만 증인신문하는 것을 허가하는 방법이다(전술한 §17 Rn. 6 이하 참조). 공판심리절차에서 증인을 차단하는 것은 증언이라는 증거방법이 실현될 수 없다는 것을 의미한다(형사소송법 제244조 제3항). 제거될 수 없는 장애사유 때문에 증인이 법정에 출석하지 못한다(제223조 제1항). 증인신문조서는 제251조 제1항에 따라 낭독될 수 있다. 35

---

67) BGH NStZ 2003, 274; 2004, 345.

68) BGH NStZ 2003, 274 판결은 BGH GrS 32, 115 판결과 다르다. 왜냐하면, 법상황이 변경되었고, 증인신문이 조서 낭독에 의하여 대체될 수 있는 경우에야 비로소 음성 변조 내지 모자이크처리가 적법할 수 있기 때문이다.

69) BGH NStZ 2005, 43.

[사례 11] 내무부장관은 폭로 위험을 이유로 정보원의 이름과 주소를 알려주는 것을 거부하였고, 피고인과 그 변호인이 참석하지 않은 상태에서 비공개로 직업법관의 신문을 받는 것만 동의하였다. 형사부는 변호인의 이의제기에도 불구하고 피고인과 그 변호인이 참석하지 않은 상태에서 비공개로 정보원을 신문하도록 위임하였다.[70] 신문은 경찰청에서 이루어졌다.

촉탁신문은 적법하였다. 피고인은 촉탁신문에 대한 참석권을 가지고 있지 않다(형사소송법 제224조 제 2 항). 하지만, 그의 변호인은 참석하지 못하게 해서는 안 되는 것이었다. 시간의 지체에 의한 증거인멸 또는 증거은닉의 위험과 같은 변호인에게 통지하지 않을 사유가 존재하지 않았고, 변호인에게 통지할 필요가 없는 경우에도 변호인은 항상 참석권을 가지고 있다(전술한 § 17 Rn. 11 참조).[71] 조서는 이의제기가 있으면 낭독되어서는 안 된다.

다. 전문증인(傳聞證人)

36 [사례 12] 정보제공자는 검사의 신문을 받았다. 수사기관은 촉탁신문조차 동의하지 않았다. 신문한 검사는 증인으로 신문받아야 할 것인가?

이 경우 정보제공자는 증인이 될 수 없다. 그러한 증인의 경우 항상 그렇듯이 한편으로는 익명의 정보제공자로부터 직접적으로 개인적인 인상을 받을 수 없고, 다른 한편으로는 그의 신빙성에 대한 평가도 신문자로부터 넘겨받아서는 안 된다 할지라도, 법원은 신문한 검사를 전문증인으로 신문할 수 있을 것이다.[72] 그러한 약한 증거를 사용하여야 할 것인지는 진실규명의무에 따라 판단되는데, 즉 소송상 구체적인 증명상황에 따라 달라진다. 동일한 것이 형사소송법 제251조 제 2 항에 따른 신문조서의 낭독에 대해서 적용된다. 익명의 증거원은 달리 얻어진 증명결과를 완결하기 위해서만 인용될 수 있다.[73]

---

70) BGH Grs 32, 115, 116.
71) BGH Grs 32, 115, 129 ff.
72) BGH 36, 159, 164.
73) BGH NStZ 2000, 265.

라. 차단 의사표시에 대한 법원의 심사

[사례 13] 경찰청은 피고인이 참여하지 않는 것을 조건으로 공판심리절차에서 정보원 Dieter를 신문하는 것을 동의하였다. 법원은 그 조건을 준수하여 증인신문이 이루어지는 동안 피고인을 퇴정시켰다. 37

이것은 원칙적으로 가능하다. 증인이 신문받을 때 피고인의 면전에서는 진실을 말하지 않을 것이라고 우려할만한 합리적인 이유가 있는 상황(제247조 제1문)은 증인이 그렇지 않으면 전혀 진술을 하지 않을 상황(형사소송법 제96조, 제54조)과 같이 평가된다.[74] 하지만, 법원은 증인차단의 의사표시를 쉽게 받아들여서는 안 된다. 법원은 증인차단의 근거가 제시될 것을 요구하고, 이러한 근거들을 검토한 후, 그 근거들이 충분하지 않거나 설득력이 없다고 인정하는 경우에는 최상급관청에게 의견을 요구하여야 한다.[75] 이 사안에서 그러한 절차가가 이루어지지 않았다. 따라서 형사소송법 제247조를 적용할 수 있는 요건들 중 하나가 충족되지 않아서 제230조 위반이 될 것이다.

최상급관청의 결정은 법원이 취소할 수 없다. 법원은 그 결정이 의심스럽거나 잘못된 것으로 보일지라도 받아들여야 한다. 차단에 관한 의견이 자의적이거나 명백히 법적 흠결이 있는 경우, 증거대용품(가령 증언이 아닌 다른 증거)에 의존해서는 안 된다.[76] 위장수사에서 얻어진 정보는 소송절차에 들여와서는 안 된다.

74) BGH NStZ 1996, 608.
75) BGH NStZ 1996, 608.
76) BGH 36, 159, 163.

§ 28. 증거금지(Beweisverbot)

Ⅰ. 개 념

증거금지에는 증거조사금지(Beweiserhebungsverbot)와 증거사용금지(Beweisverwertungsverbot)가 있다.[1)]

1. 증거조사금지

이는 어떤 증거방법 또는 입증방법에 의하여 특정한 주제에 대한 증명을 하는 것을 금지하는 것이다.

가. 증명주제의 금지

1 이것은 특정한 사실을 규명하는 것을 금지하는 것이다.

예) 어떤 사실은 공지되었고 따라서 증명이 필요 없다; 어떤 사실은 이미 증명이 되었다(형사소송법 제244조 제 3 항 제 2 문).

법원의 합의(合議) 내용을 알아내기 위한 목적으로 행하여지는 증거신청은 위법하므로 기각되어야 한다(형사소송법 제244조 제 1 항 제 1 문, 위 § 25 Rn. 18 참조). 왜냐하면 합의의 비밀이 유지되어야 하고(법관법 제43조), 따라서 이러한 주제에 대한 증거조사는 위법하기 때문이다.

---

1) 일반론으로는 Rogall, ZStW 91[1979], 1 ff., 증거사용금지의 사례들로는 Rose/Witt, JA 1998, 400 참조.

말소된 전과기록은 조사 주제로 삼아서는 안 된다[연방중앙기록관리법(BZRG) 제51조 제 1 항].

나. 증거방법(Beweismittelverbot)의 금지

이것은 증거주제를 배제하는 것이 아니라, 어떤 특정 증거방법에 의한 규명을 배제하는 것이다. 2

예) 증인이 증언거부권을 행사하였을 때의 증인의 진술; 접근이 봉쇄된 서류에 대한 증거조사(형사소송법 제96조)

다. 입증방법의 금지(Beweismethodenverbote)

증거방법은 사용할 수는 있으나 특정한 방법으로는 안 된다. 3

중요한 예) 제136조a

위와 같이 증거조사금지를 구분하여 설명하는 것은 사안을 명백하게 만드는 장점이 있지만, 법해석학적으로는 차이가 없다.

2. 증거사용금지

이것은 증거조사 또는 기타 방법으로 얻은 정보를 사용하는 것을 금지하는 것이다.

가. 파생적인 증거사용금지

증거사용금지는 증거조사금지로부터 나온다. 몇 가지는 법률에 의하여 규율된다(형사소송법 제136조a 제3항). 그러나 대부분은 침해된 규범의 보호목적 또는 기본법적인 논거에 대한 고려와 개인의 권리를 보호하여야 한다는 이익과 진실을 가능한 포괄적으로 규명하여야 한다는 목적 사이의 비교형량에 의하여 도출된다(상세하게는 아래 Rn. 8 이하 참조). 이와 관련된 일반론은 존재하지 않는다.[2] 언제 증거조사금지로부터 증거사용금지의 결과가 발생하는가 하 4

2) Gössel, GA 1991, 483 이하; Schroth, Jus 1998, 969.

는 문제에 대하여는 사안에 따라 결정되어야 한다. 어떤 경우에도 침해된 규범이 어떤 것인가가 중요하지만, 구체적인 이해관계 역시 중요하다. 확실한 것은 모든 증거조사금지가 반드시 증거사용금지의 결과를 발생하게 한다는 것은 아니라는 점뿐이다.[3]

나. 독자적인 증거사용금지

5 독자적인 증거사용금지는 증거취득이 위법하지 않고 정보가 적법하게 취득된 경우에 증거사용금지가 발생하는 경우이다. 위와 같은 경우에도 그것을 사용하는 것이 금지될 수 있다.[4]

> 예) 전화 감청 명령이 적법하게 내려졌다. 피의자의 통화 상대방이 통화과정에서 자신이 범죄행위를 하였다는 것을 누설하였다. 그 범죄가 형사소송법 제100조a에 열거된 범죄에는 해당하지 않는다(위 § 10 Rn. 46 참조).

Ⅱ. 증거금지의 기능

6 법원은 진실을 규명하여야 한다. 이러한 공식은 실체법이 중요한 것으로 보고 있는 문제에 한정된다는 제한이 있다. 또한 적법한 증거방법을 형사소송법이 규정한 방법에 따라 사용하여야 한다(엄격한 증명). 따라서 이러한 진실은 역사적 또는 일상적인 것이 아니고, 법적인 의미에서 전체적으로 보았을 때 진실이다. 그것은 법원이 전체적으로 평가하여야 한다는 심리의 총체(Inbegriff)에 따른 결과이다. 아울러 증거금지에 의하여 그 한계가 설정된다는 것도 주의하여야 한다. 증거조사금지는 진실규명의무를 축소시킨다. 증거사용금지는 모든 존재하는 정보를 이용하는 것을 허용하지 않고, 판사는 그가 알고 있는 것을 전체적인 증거평가를 할 때 배제하여야 한다는 것이다. 증거금지(그 두 가지 측면 모두)는 진실의 흠결이 있는 상태에 있게 하고, 허구의 길을 따라가도록 하는 효과를 발생시킨다. 법은 감각에만 의존하여 무분별하게 일하는 것이 아니라 다른 이해관계와 규범적인 비용과 다른 가치의 현존하는 손실이나 손해를

3) BGH 19, 325, 331; 38, 372.
4) Küpper, JZ 1990, 416 참조.

고려한다. 진실은 모든 비용을 치르고서라도 규명되어야 하는 것은 아니다.[5]

이어서 어떤 이해관계가 증거금지에 의하여 보호되어야 하는가 하는 문제가 된다. 첫째, 정보를 사용함으로써 침해되는 법적 이해관계 즉, 개인의 권리가 해당된다. 그러나 증거금지는 또한 일반예방적 효과를 가지고 있다. 그것은 형사소추기관으로 무용한 증거조사를 금지하게 하는 효과가 있다. 그러나 통설은 그것을 목적으로 보지 아니하고 단순한 증거금지의 기대되는 부수효과일 뿐이라고 한다(영미법의 원칙과는 다르다). 모든 증거금지가 진실발견의 길을 방해하려는 것은 아니다. 그 중 몇 몇은 이와 정반대로 그것의 진실성이 의심스러운 것을 사용하는 것을 금지한다(예컨대, 강요된 자백과 같은 경우이다). 7

Ⅲ. 증거금지의 구조

학자들은 증거사용금지를 체계화하고 새로운 증거금지를 도입할 수 있는 지도원리로서 하나의 기본이념을 규명하려 하였지만, 오늘날까지 모든 면에서 수용할 수 있는 결론에 이르지 못하고 있다.[6] 그것은 다양한 이해관계를 고려하여야 한다는 것에서 출발한다(위 Rn. 6 참조). 그로부터 대부분 “예” 아니면 “아니오”라거나, 증거사용이 허용되거나 금지되거나 하는 결론을 이끌어 내야 한다. 우선 오염된 증거에 대하여는 제한된 증거가치를 부여하여야 한다는 것을 생각해 볼 수 있다(예컨대, 형사소송법 제251조 제 1 항 대신에 제 2 항에 따른 증거를 사용하는 것. 위 § 27 Rn. 5 참조). 그러나 위와 같은 “더 많이 혹은 더 적은” 것의 근거와 한계는 여전히 밝혀내지 못한다. 결론적으로 관련자들에게 처분권을 부여하고, 정보사용을 허용할 것인지 아니면 기본권이나 법치국가원칙이 그것을 배제할 것인지 하는 문제가 그것을 결정할 것이다(형사소송법 제136조a 제 3 항 제 2 문 참조). 이러한 다층적인 문제에 대하여 1차원적인 해결책을 제공하는 것은 불가능하다. 8

5) BGH 14, 358, 365; 31, 304, 308; 38, 214, 219.

6) Amelung, NJW 1991, 2533; Beulke, StV 1990, 184; Jäger, Beweisverwertung und Beweisverwertungsverbot im Strafprozess, 2003.

1. 권리영역설

9 이것은 연방통상법원이 발전시켰고 예전에 지지되었다. 이 견해는 이의를 제기하는 사람의 권리영역이 근본적으로 침해되었는가 아니면 그것이 단지 부수적이거나 아무런 의미가 없는 것인가 하는 것에 대하여만 중점을 둔다.[7] 이에 따르면 증인이 제55조에 따른 답변거부권을 고지받지 않고 증언을 하였다 하더라도 피고인의 권리가 침해된 것은 아니라고 한다. 그러나 피고인에게는 적법한 형사절차[8]를 요구하거나 더 나아가 증인에게 이익충돌이 없고 불리하지 않은 진술을 하여 줄 것을 요구할 수 있는 권리를 가지고 있지 않은가? 덧붙여서 연방통상법원은 상고절차법에 관하여, 피고인의 권리침해를 상고심에서 주장할 수 있는지 여부의 문제는 그러한 위반이 증거금지의 결과를 발생시키는지 여부에 대한 대답과는 반드시 일치할 필요가 없다고 한다. 상고절차는 증거금지를 위하여서가 아니라 다른 목적에 기여한다고 한다.

예) 재판의 공개가 위법하게 확대되었다는 이의신청은 가능하다(위 § 18 Rn. 29 참조). 그러나 그러한 위법한 절차에서 한 진술이 사용되어서는 안 된다는 것은 여전히 명확하지 않다.

연방통상법원은 그 동안 위 권리영역설과는 다른 입장을 취하게 되었다.[9]

2. 규범의 보호목적설

10 이 학설은 모든 경우에 일반적으로 적용되는 것이 아니라 규범이 존재하는 경우에만 적합하다. 파생적 증거금지의 영역에서 이 견해의 도움을 받게 되면, 증거조사금지가 증거사용금지의 결과를 도출하는지의 여부와, 언제 도출하는지의 근거를 적절하게 제시할 수 있다.[10] 이 견해의 약점은 보호목적이 항상 명확한 것은 아니라는 데 있다(예컨대, 단지 제55조의 사례 1, 위 § 21 Rn.

---

7) BGH GrS 11, 213, 215; 38, 214, 220.
8) Eser, Jus 1978, 325, 327 이하.
9) BGH 42, 73, 77.
10) Grünwald, Das Beweisrecht der Strafprozessordnung, 1993, 155 S.; Rudolphi, MDR 1970, 93; KMR/Paulus, § 244 Rn. 516 이하; Frisch, Rudolphi-Symposium, 182 f.

14 참조). 독자적 증거사용금지의 광범위한 영역에서는 다른 계기를 찾아야 한다. 위법한 행위에 의하여 절차규범이 침해된 것이 아니라 관련자들의 기본권이 침해된 경우이어야 하고, 그것 자체만으로는 필수적으로 증거사용금지라는 결론에 이르는 것은 아니다.

3. 이익형량설(Abwägungslehre)

이익형량설은 각 사안에 따라 결정되어야 한다는 것인데, 한편으로는 진실발견과 효과적인 형사작용에 대한 이익, 기소된 범죄행위와 그 비난의 중대성, 다른 한편으로는 침해된 이익의 중요성과 소송규정 위반의 중대성을 비교한다. 11

이것은 판례의 입장이며 다수설이다.[11] 이때 규범의 보호목적이 함께 고려되는데, 이것은 이익형량에 있어서 중요한 위치를 차지한다. 연방통상법원 판결(BGH 38, 214, 219)은 다음과 같이 설시하고 있다.

> "증거사용금지를 인정할지 인정하지 않을지는 포괄적인 이익형량을 기초로 결정된다.[12] 이 때 '실체적 진실발견은 어떠한 경우에도 추구되어야 하는 것은 아니다'라는 원칙과, 관련자가 보호받아야 할 사적 영역의 중요성 및 소송절차 위반의 중대성을 고려하여야 한다.[13] 다른 한편 증거사용금지는 진실발견을 방해할 수 있다는 것과[14] 또한 연방헌법재판소의 판례에 의하여 인정된 원칙, 즉 국가는 기능적이고 효율적인 형사사법을 보장해야 하고, 이것이 없다면 정의의 실현 역시 불가능하다는 것을 고려하여야 한다.[15] 침해된 소송절차규정이 피의자보호에 기여하거나 우선적으로 기여하는 규정이 아니라면 증거사용금지 효과를 발생시키지 않는다. 형사소송법 제55조 제2항에 위반하는 경우가 그 예에 해당한다.[16] 다른 한편 침해된 소송절차규정이 형사절차상 피의자 내지 피고인의 소송법상 지위를 본질적으로 보장하는 데 결정적일 경우 증거사용금지 효과가 발생한다."

11) 여기에 대해서는 Rogall, ZStW 91(1979), 31 참조.
12) BGH 19, 325, 329; 27, 355, 357; 31, 304, 307; 35, 32, 34; 37, 30, 32; Rogall, ZStW 91(1979), 31.
13) BGH 14, 358, 365; 31, 304, 309; 또한 BverfGE 34, 238, 247 및 BverfG StV 1990, 1, 2 참조.
14) BGH 28, 122, 128; 37, 30, 32.
15) BverfGE 44, 353, 374; 46, 214, 222; 51, 324, 344; 74, 257, 262; 또한 BverfGE 33, 367, 383; 34, 238, 248; 77, 65, 76 참조.
16) BGH 1, 39; 11, 213.

4. 정보지배권설(Die Lehre von Informations-beherrschungsanspruch)

12 증거사용금지의 문제는 수사기관이 획득한 정보의 사용여부를 결정하는 것이다. 만약 증거가 불법적으로 획득된 경우 항상 정보에 대한 자기결정권의 침해가 발생한다. 이것만으로는 관계인으로부터 처분권, 즉 정보지배권을 빼앗는 것이 아니다.[17] 관계인의 의지와 상관없는 절대적인 증거사용금지는 정보자기결정권에 대한 침해를 제거하는 것이 아니라 오히려 심화시키는 것이다.

예) 매우 내밀한 개인적 감정을 기록한 일기장이 압수되었다. 헌법상 세밀하게 단계화된 비교형량기준은 관련자의 의사를 전혀 고려하고 있지 않다(아래 Rn. 38 참조). 그러나 관계인이 범죄행위 이전의 상황을 증명하기 위하여 그것이 낭독되길 원한다면, 왜 이것이 허용되어서는 안 되는가?

많은 증거사용금지의 경우에 위 견해가 모호한 이익형량설보다 더 세밀한 논거제시에 도움을 준다. 그러나 이 견해는 제 3 자의 정보지배권이 침해된 경우에 관하여 설명하기 어렵다는 난점 때문에 증거사용금지에 관한 포괄적인 학설로 되기에는 부족한 점이 있다.

예) 피고인의 전화가 법률적인 요건이 충족되지 않은 상태에서 도청되었다. 녹음된 대화내용 중에는 피고인에게 불리한 증인이 피고인을 끝장낼 것이고 필요한 경우 위증이라도 할 것이라고 말하는 내용이 포함되어 있다. 피고인은 위 녹음테이프를 재생시켜주기를 원하겠지만, 이는 허용될 수 없다.[18]

5. 요 약

13 증거사용금지의 개념은 하나의 기본이념에서 도출되어 발전된 것이 아니며 또한 그렇게 정의될 수 있는 것도 아니다. 따라서 그 기준이 모든 경우에 부합한다고 할 수 없다. 하나 하나의 사례에서 증거사용금지원칙을 적용시켜 보고 그 개별 사례들을 비교한다면, 일정하게 유형화된 사례군을 발견할 수

---

17) 자세한 것은 Amelung, Informationsbeherrschungsrechte im Strafprozess, 1990

18) Hamm, StraFo, 1998, 361, 363에서 사례 인용; 이에 대한 비판은 Amelung, FS Bemmann, 1997, 505 참조.

있다. 개념의 표지는 다양한 것을 조합함으로써 만들어진다. 위에서 설명된 학설 중 어느 것이 주도적인가는 사건의 성격에 좌우된다. 증거사용금지에 영향을 미치는 이러한 표지와 관련하여 가정적인 수사진행(Der hypothetische Ermittlungsverlauf)에 대한 논쟁이 문제된다(위 §9 Rn. 28에서 언급하고 있다).

6. 가정적인 수사진행(Der hypothetische Ermittlungsverlauf)

예) 경찰은 긴급한 사유가 없음에도 압수·수색을 실시하였다. 경찰은 법원의 영 14
장을 신청할 수 있었으며 또한 즉각적으로 발부받을 수도 있었다.

위와 같은 상황에서 얻은 증거를 사용할 수 있게 한다면 법관의 권한이 쉽게 무시될 수 있을 것이다.[19] 그러나 다수견해가 대수롭지 않게 여기고 있는 증거사용금지의 일반예방적 기능(위 Rn. 7)은 몇몇 사례에서는 중요한 의미를 가진다. 그럼에도 불구하고 연방통상법원은 위법한 수색에 의하여 획득한 증거물에 대하여 사용할 수 있다고 한다. 왜냐하면 이러한 처분이 자의적인 것도 아니고, 특히 중대한 결함이 있는 것도 아니며 또한 가정적인 진행, 즉 영장청구를 하였을 때 영장발부를 방해하는 법적인 장애가 있었던 것도 아니기 때문이라고 한다.[20]

또 다른 상황에서는 증거결과를 법률상 합당한 방법으로도 획득할 수도 있었을 것이라는 주장은 원칙적으로 옳다. 적법한 다른 방법으로 증거를 얻는 것이 가능할 뿐만 아니라 개연성이 있었을 경우 증거금지는 배제된다.

예) 피의자가 경찰로부터 가혹행위를 당한 뒤(형사소송법 제136조a) 경찰에게 자신이 시신을 매장한 헛간의 위치를 가르쳐 주었다. 이 장소는 다음날 경찰이 경찰견과 탐지기를 동원하여 수색하려고 했던 곳이었다. 이 때 다른 취득방법은 매우 구체적이어야 한다. 만약 그곳을 수색하였다면 발견되었을 것이란 단순한 추측만으로는 충분하지 않다.

자세한 것은 아래 사례유형을 가지고 설명한다. 증거조사금지에 관한 설

19) 이에 대한 개관과 기본적인 비판은 Jahn/Dallmeyer, NStZ 2005, 297 이하 참조.
20) BGH NStZ 2004, 449.

명은 이미 다루었던 사례를 기초로 내용을 보충하거나 또는 새로운 사례를 가지고 할 것이다.

Ⅳ. 개별사례 : 파생적 증거사용금지

여기에서는 다음 사항을 다룬다.

- 과실로 증인의 권리를 고지하지 않은 경우의 효과 및 기타 증인보호를 위한 증거사용금지의 예(Rn. 15-21)
- 피의자 보호를 위한 규정을 위반한 경우(Rn. 22-26)
- 위법한 강제처분의 결과(Rn. 27-36)

1. 형사소송법 제52조 제 3 항에 관한 고지가 없는 상태에서의 증인진술

15 피고인의 친척은 증인으로 신문받기 이전에 증언거부권을 고지받아야 한다(제52조 제 3 항 제 1 문, 또한 검사 및 경찰의 신문의 경우에도 마찬가지이다. 제161조a 제 1 항 제 2 문, 제163조a 제 5 항). 만약 고지를 하지 않았을 경우 그 진술은 증거로 사용할 수 없게 되는데, 즉 낭독되거나 당시의 신문자를 증인신문하는 방법으로 재현하는 것이 금지된다. 이것은 증언거부권의 보호목적, 즉 친족의 유대관계를 배려하는 데에서 도출된다.[21] 그것은 증인의 사후(死後)에도 유지된다.[22] 그러나 증인이 자신의 권리를 이미 알고 있었다면 증거사용금지는 부정된다.[23]

그런 경우 상고심은 판결을 위법하다고 하지 않을 것이다. '증거금지'라는 용어에서 알 수 있듯이 고지가 이행된 경우에도 절차의 진행은 달라지지 않을 수도 있다.

---

21) BGH GrS 11, 213, 216.
22) BGH 22, 35.
23) BGH 38, 214, 225; 40, 336, 339.

2. 신뢰관계에 있는 자(Vertrauensperson, 제53조)가 묵비의 의무를 위반하였을 때(형법 제203조)

제53조, 제53조a에서 열거된 직업을 가진 사람은 증언거부권이 있다. 따라서 고지의무는 존재하지 않는다. 명백한 착오로 진술해야 한다고 믿고 있는 사람에게 법원이 보호의무에 위반하여 그에게 증언거부권이 있다는 것을 고지하지 않았을 경우 혹은 그가 묵비의무를 벗어나서 진술할 의무(형사소송법 제53조 제2항)가 있다고 객관적으로 잘못된 정보를 고지하였을 경우에만 법원의 위법이 인정된다. 이러한 위법이 있으면 증거사용금지의 효과가 발생한다.24) 16

증거사용금지는 의사, 변호사 등이 증언거부권을 행사하지 않고 진술하는 경우에는 해당되지 않는다.25) 소송절차상 그는 다만 증언을 거부할 권리만 가지고 있을 뿐이며 여기에 대한 의무는 존재하지 않는다. 그의 진술로 인하여 개인적으로 형사처벌 되거나 혹은 고객 및 환자 등의 신뢰를 현저하게 침해할 수 있으므로 증거사용금지가 적용되어야 한다는 견해도 있다. 그러나 이에 대한 반대견해가 더욱 설득력이 있다. 법원은 처벌가능성에 대하여 우선 자세하게 조사하여야 한다. 모든 신뢰관계에 있는 사실(형사소송법 제53조)이 동시에 비밀인 것은 아니다(형법 제203조). 또한 그것이 '권한 없이' 공개되었는가에 대한 질문은 답하기 어려울 수 있다. 증언거부권에 의하여 묵비에 관한 단체(의사협회, 변호사협회 등)의 일반적인 신뢰가 보호받게 된다. 대화 상대방의 묵비에 대한 구체적이고 개인적인 신뢰의 보호는 부수효과이고 이 규범의 주된 목적은 아니다. 17

3. 허가 없는 증인진술(제54조)

관공서의 직무상 비밀의무와 관련된 증거는 허가받지 않은 증인진술을 이용하여 조사하여서는 안 된다. 이 규정의 목적은 피고인을 보호하려는 것이 아니라 직무상 비밀을 유지함에 있다. 그럼에도 불구하고 증인이 증언하는 경우 이 목적은 달성할 수 없게 되며, 또한 증거사용을 금지하더라도 이러한 손 18

24) BGH MDR 1980, 815; BGH 42, 73, 76 m. Anm. Welp, JR 1997, 35
25) 통설, BGH 9, 59; 18, 146 이하; LR/Dahs, § 53 Rn.11; 반대 견해 Beulke, Rn. 462 m.w.N.

해를 더 이상 막을 수 없게 된다. 이 두 가지 이유로 통설은 증거사용금지를 인정하지 않고 있는데, 타당한 견해이다.[26]

4. 형사소송법 제55조 제 2 항의 고지 없이 이루어진 증언

19 이러한 상황에 대해 연방통상법원은 권리영역이론(Rechtskreistheorie)을 발전시켰고,[27] 그 규정은 증인이 피해를 보는 것을 방지하기 위한 것이라는 이유로 증거사용금지를 부정하였다(전술한 §21 Rn. 15 이하, §27 Rn. 1 참조). 피고인도 진실이라고 평가하기에는 의심스러운 진술로부터 보호되어야 하는 것은 옳지만, 공동피고인의 진술에 적지 않은 의문이 있음에도 형사소송법에 따라 증거로 사용할 수 있는 것처럼, 증거를 평가할 때에는 똑같이 평가되어야 한다.[28]

5. 형사소송법 제97조 압수금지 위반

20 증인의 이익을 위한 증거사용금지는 형사소송법 제97조 압수금지 규정을 위반하여 얻어진 증거자료를 사용하지 못하게 함으로써 보완된다(전술한 §10 Rn. 36 참조).[29]

6. 형사소송법 제252조 공판절차상 증언거부

21 이러한 증거사용금지는 이미 포괄적으로 언급하였다(전술한 §27 Rn. 8 이하 참조). 여기에서는 증인의 권리와 관련하여 상술되지만, 그것이 고지의무 위반 또는 기타 절차규정위반을 전제로 하지 않는 한 독립적인 증거사용금지에 속한다.

7. 피의자에 대한 하자 있는 고지

자기부죄금지원칙(Das nemo-tenetur-Prinzip)은 증거사용금지에 의하여 보호

---

26) BGH MDR 1951, 275; Grünwald, JZ 1966, 498. 논란이 되고 있다.
27) BGH Grs 11, 213.
28) 이에 대해 반대하는 소수설로는 Roxin, §24 Rn. 36 참조.
29) BGH 18, 227, 229.

된다(전술한 §9 Rn. 11 참조).

가. 예 외

변호인이 반대의사를 표시하지 않을 경우 증거로 사용할 수 있는지(전술 한 §9 Rn. 11 참조)[30]는 여러 가지 이유에서 의문이다. 정보자기결정권의 침해 때문에 피의자의 명시적 동의를 요구하는 것이 보다 합당한 것일 것이다. 나아가 변호인이 사법기관으로서 의무를 지는 것은 부당하다. 즉, 절차상 흠결을 치유하는 것은 법원의 일이다.[31] 게다가 판례 경향은 변호인의 잘못과 불출석을 피고인의 부담으로 전가하는 것을 싫어한다.[32] 22

나. 제 3 자에 대한 사용

[사례 1] A녀는 먼저 증인으로서 마약 구입에 관하여 신문을 받았고 그 후에 피의자로서 고지를 받지 않고 신문을 받았다. 그녀에 대한 소송절차가 중지되었다. B에 대한 공판심리절차에서 그녀가 증인으로 진술을 하여야 한다. 그녀는 가까운 장래에 신문을 받을 수 없다. 23

증거사용금지가 고지의 흠결에서 비롯된 것이 아니라면, 형사소송법 제251조 제2항에 따른 낭독은 허용된다. 판례의 견해에 의하면 이전에 피의자의 지위에 있었던 사람이 증인으로서 신문을 받게 되는 것으로부터 보호받는 것은 해당 피의자 자신(사례의 경우 A녀)뿐이고 다른 피의자(사례의 경우 B)는 아니다.[33]

[사례 2] A에 대한 형사절차는 진행되기는 하지만 B에 대한 형사절차와 분리되었다.

이러한 경우에도 A녀는 B에 대한 형사절차에서 증인의 지위를 가진다. 그녀가 B에 대한 공판심리절차에 출석하여 정보제공을 거부한다면(형사소송법 제55조), 그녀에 대한 이전의 신문조서는 낭독되어서는 안 된다. 왜냐하면, 사실상의 장애사유가 아니라 법적 장애사유가 존재하기 때문이다(전술한 §27 Rn.

30) BGH 38, 214, 220; 39, 349; 42, 15, 22 f.; NStZ 1997, 502.
31) SK/Rogall, vor §133 Rn. 178; Lesch, JA 1995, 162; Fezer, StV 1997, 57 참조.
32) Feign, Rudolphi-Symposium, 1995, 161.
33) BayObLG NStZ 1994, 250. 이에 대한 반대 견해로는 Dencker, StV 1995, 232; R. Hamm, NJW 1996, 2189.

6 참조).[34]

Roxin이 증거사용금지의 근거를 들기 위하여 제시한 '불합리한 상황'은 다음과 같은 소송상황에서만 도달할 수 있다.

[사례 3] 피의자 A는 B에 대한 형사절차에 출석하여 형사소송법 제55조에 따라 자신의 권리에 대해 고지를 받지 못한 상태에서 진술하였다.

그녀 자신의 소송절차에서 그녀에게 불리하게 이러한 진술이 증거로 사용되어서는 안 된다. 하지만 B는 A녀의 진술이 그에게 불리한 증거로 사용되는 것을 감수해야 한다. 형사소송법 제55조의 정상적인 상황이 중요하고, 이 규정이 피의자에게 유리하게 보호기능을 가진다고 인정되는 경우에만 다른 결론에 도달할 수 있다(통설과 다르다. 전술한 § 21 Rn. 15 참조).

8. 형사소송법 제136조a 제 3 항의 금지된 신문방법

24 금지된 신문방법에 의하여 신문을 받은 자는 이러한 증거사용금지(전술한 § 9 Rn. 18 이하 참조)를 마음대로 처분할 수 없다(형사소송법 제136조a 제 3 항 제 2 문). 그 진술이 허위이건 진실이건, 피고인에게 불리하거나 아니거나 상관없이 똑같이 적용된다는 점에 관한 한 그것에 대하여 의문이 제기될 수 있다.[35] 하지만, 일반예방의 근거에서 그것은 고수되어야 한다. 자기정보결정권이 있다고 하더라도 자신에게 유리한 진술만을 그것이 진실이거나 아니거나 증거로 사용하도록 내어놓을 수 있는 처분권한을 피고인에게 열어 놓지는 않아야 한다.

9. 위장 감방 동료 사건(Hörfalle)의 피의자

25 형사소송법 제136조 내지 제136조a를 유추적용 할 것인지의 문제는 이미 서술하였다(전술한 § 9 Rn. 19 참조).

34) BGH NJW 1984, 136; NStZ 1984, 211.
35) BGH 5, 290.

10. 형사소송법 제168조c 제 2 항, 제168조d 제 1 항 피의자의 참석권 침해

피의자를 참석시키지 않은 상태에서 이루어진 판사의 증인신문 또는 검증으로 얻어진 결과는 증거로 사용할 수 없다. 피의자에게는 법적 청문의 기회와 함께 절차 진행과 결론에 영향을 줄 수 있는 기회가 인정되어야 한다.36) 하자가 있는 법관의 조서가 형사소송법 제251조 제 2 항에 따라 낭독될 수 있는지(전술한 §27 Rn. 5 참조)에 대해서는 견해가 매우 대립되어 있다.37) 연방통상법원은 증거평가를 할 때에만 수집과정에 하자가 있는 증거방법을 구분하여 고려하는 경향이 있다.38) 26

11. 형사소송법 제81조a 신체검사

예) 혈액표본이 의사에 의해 추출되지 않았다.

그 증거는 사용할 수 있다. 그 하자에 의하여 증거의 가치가 감소되지 않는다. 그 규정의 요건은 침해의 건강상 위험을 제한하려 한 것이다. 그 요건을 준수하지 않은 경우 그 위반은 더 이상 회복할 수 없고 특히 증거사용금지에 의하더라도 회복할 수 없다.39) 경찰관이 피해자에게 '시술자가 의사'라고 하여 기망한 경우40)와 같이 처분명령이 의식적으로 위법한 것이었거나 또는 집행과정에서 위법한 수단이 사용되었다면, 증거사용금지가 적용된다는 점도 확실하다. 이러한 경우 그러한 법치국가원칙 위반행위는 제재를 받아야 한다.41) 27

다른 목적으로 추출되기는 했지만, 형사소송법 제81조a에 따라 추출할 수 있었던 혈액표본을 형사절차에 사용하기 위해 가정적인 수사과정이론에 근거할 수 있는가 하는 문제에 대해서는 견해가 매우 대립된다.42) 28

36) BGH 26, 332.
37) 부정설은 AK/Achenbach, §168c Rn. 18. 긍정설은 BGH StV 1997, 512(피고인이 조서의 다른 평가를 암시한 경우).
38) BGH 46, 93.
39) 통설. BGH 24, 125, 128.
40) OLG Hamm NJW 1965, 1089 참조.
41) BGH 24, 125, 131.
42) LG Celle NStZ 1989, 385; OLG Zweichbrücken NJW 1994, 810. 상세한 것은 Hein-

12. 형사소송법 제100조a 이하 전화감청

29 증거사용금지는 이미 서술하였다(전술한 § 10 Rn. 46 참조).

13. 비밀수사

가. 형사소송법 제110조a 이하 비밀수사관의 투입

30 비밀수사관의 투입의 요건은 전화감청의 경우와 유사하게 규율된다. 따라서 전화감청에서 증거사용금지에 대하여 발전된 원칙은 비밀수사에 준용된다.[43] 일정한 목적을 가지거나 의도적이거나 주거에서 이루어진 투입에 대해서는 지체의 위험이 있는 경우 법관의 동의를 3일 이내에 얻어내야 한다(형사소송법 제110조b 제 2 항 제 4 문). 법관의 동의를 얻지 못하거나 거부당한 경우에도 첫 3일 이내에 수집된 증거방법들은 여전히 증거로 사용할 수 있다.[44]

나. 정보제공자, 정보원, 그리고 비공개수사관의 투입

31 정보제공자, 정보원, 그리고 비공개수사관의 투입에 대해서는 법률로 규정된 것이 없다. 그러한 투입이 언제 부적법한 것인가 하는 점이 불명확하고 따라서 언제 증거사용금지가 되는 것인지도 불명확하다.[45] 연방통상법원은 경찰의 가짜 매수인이 피의자의 주거에 몰래 잠입하여 상세히 대화를 나누었지만 종국적으로는 자신의 신분을 밝힌 사건에서 이 문제를 다루게 되었지만 미해결된 상태이다.[46]

다. 제 3 자에 대한 수사결과

32 어떤 피의자를 목표로 투입된 비밀수사관(형사소송법 제110조b 제 2 항 제 1 호)이 그 피의자가 접촉하는 사람을 함께 자주 만나게 되었고 그의 범죄에 대

---

rich, Zur Operationsvorbereitung entnommene Blutproben als Beweismittel im Strafprozess, 1996; Roxin, § 24 Rn. 38 참조.

43) BGH 42, 103.

44) BGH 41, 64, 66. 평석은 Rogall, JZ 1996, 260 참조.

45) KK/Nack, § 110a Rn. 9 참조.

46) BGH StV 1997, 233. 평석은 Roxin, StV 1998, 43 참조.

해서 알게 되었다. 그것이 열거된 범죄에 관한 것이라면 그 내용은 증거로 사용할 수 있다(전화감청의 경우와 같다. 전술한 §10 Rn. 46 참조).47) 만일 비밀수사관이 과학기술장비를 사용하여 이러한 내용을 수집하게 되었다면 형사소송법 제110조e가 아니라 제100조d가 적용된다. 이렇게 구분해야 하는 이유는 형사소송법 제100조a에 열거된 범죄와 제110조a 제1항의 그것이 동일하지 않기 때문이다.

정보제공자, 정보원과 비공개수사관의 투입대상범죄에 대해서는 특별히 열거되어 있지 않고, 따라서 어떤 경우에 제3자에 대한 수사결과를 증거로 사용할 수 없는가라는 문제에 대한 해결 단서가 없다.

라. 고지의무

수사가 공개적으로 이루어지고 경찰공무원이 피의자 또는 증인을 신문하 33
는 경우 이러한 고지의무가 발생하게 된다. 비밀수사의 경우에는 고지를 하게 되면 그것은 비밀수사의 종료를 의미하게 될 것이다. 그것은 자명한 것이다. 다른 문제는 그렇게 수집된 수사결과를 증거로 사용할 수 있는가 하는 점이다. 입법자도 이 문제를 인식하면서도 새로운 법원판례에 맡기고 있다.48) 비밀수사관의 권한은 신분을 위장하고 행동하는 것을 제외하면 형사소송법을 근거로 하기 때문에(제110조c), 일반적인 규정이 적용된다. 따라서 우선 '신문'이 이러한 환경에서 무엇을 의미하는지를 설명하여야 한다. 비밀수사관이 듣고 경험한 것은 신문 결과가 아니다. 왜냐하면, 비밀수사관은 자신을 직무상 권한을 가진 사람(Verhörsperson)으로 나타내지 않았기 때문이다(전술한 §9 Rn. 20 참조).49) 게다가 피의자 등 상대방은 사적 대화를 이끌어가고 있다고 믿고 있고, 무엇을 말하고 말하지 않을 것인가는 모두 그의 자유로 맡겨져 있다고 알고 있다. 하지만, 비밀수사관이 신문과 유사한 대화를 유도하고 이미 발생한 범죄를 규명하려고 한다면 상황은 달라진다(전술한 §10 Rn. 63의 사례 8과 다르다). 지금이라도 고지의무를 이행한다 하더라도 의미가 없을 것이다. 의도적으로 신문관계 규정을 회피하려 했다면 증거로 사용할 수 없다. 비밀수사관 투입에 관한

47) BGH NStZ 1997, 294.
48) BGH 34, 362; 38, 213.
49) BGH Grs 42, 139, 145.

규정에 의하여 진술거부권과 공정한 절차를 법치국가적으로 보장하고 고지하지 않고 얻은 진술을 증거로 사용할 수 없도록 하는 원칙이 무력화되지 않게 된다.[50] 증언거부권자인 친족이 의도적으로 조사를 받은 경우에도 동일한 것이 적용된다. 형사소송법 제52조 제 3 항의 고지의무를 다하지 않으면, 제252조의 증거사용금지라는 통제장치를 풀 수 없을 것이다.[51] 이러한 법원칙은 정보원, 정보제공자, 비공개수사관 등에 의한 모든 비밀수사에 대해서도 적용된다.

마. 금지된 대화방법(형사소송법 제136조a)

34 비밀수사관은 그의 신분을 속일 수 있다. 하지만, 그 외에 형사소송법 제136조a가 금지한 어떠한 것도 해서는 안 된다. 정보원, 정보제공자과 비공개수사관에 대해서도 동일하게 적용된다.

14. 사인의 수사

35 형사소추활동을 하는 피해자[52]는 형사소송법의 수범자가 아니다.[53] 피해자는 증거조사금지에 매여있지 않다. 실체법이 행동반경의 한계가 된다. 형사소송법은 위법수집증거배제법칙을 규정하지 않고 있다. 위법하게 수집된 증거가 자동적으로 배제되는 것이 아니다.[54] 그렇다고 제한 없이 허용되는 것도 아니다. 일반원칙은 기껏해야 희귀한 한계 상황에 대해서나 적용된다. 즉, 사인이 중대하게 인권법을 위반하는 방법으로 얻어낸 증거는 증거로 사용할 수 없다. 이것이 학설상으로 통설이다.[55] 하지만, 왜 그 침해행위가 단순히 인권법위반인 경우 충분하지 않은가? 그리고 그것은 무엇을 말하는 것인가? 누구든지 자백할 때까지 강제로 구금하는 것은 인권법위반인가? 결정적인 것은 증거가 위법하게 수집되었는가 하는 점이 아니라 형사절차에서 그 증거를 사용하는 것 자체가 다시 법위반이 되는가 하는 점이다.

50) KK/Nack, § 110c Rn. 21 참조
51) BGH 40, 211, 216; Widmaier, StV 1995, 621 참조.
52) Hassemer/Matussek, 1996의 책의 제목이 그러하다.
53) Bockemühl, Private Ermittlungen im Strafprozeß, 1996도 참조.
54) BGH 27, 355, 357; 36, 167, 172.
55) Roxin, § 24 Rn. 48.

예) 협박 전화가 비밀리에 녹음되었다(형법 제201조 제1항 제1호, 제34조에 의하여 위법성 조각). 소송에서 증거로 사용하는 것은 형법 제201조 제1항 제4호에 의하여 결정된다. 정당화 상황이 여전히 존재한다면 증거사용은 적법하다.[56]

증거사용금지가 문제되는 경우에 중요한 것은 선행하는 법위반에서 유래된 파생적 증거사용금지가 아니라 독자적 증거사용금지이다. 사인이 위법하게 수집한 증거가 제출된 경우에 피고인은 대부분 증거사용이 인격권 또는 자기정보결정권을 침해하는 것이라고 주장할 수 있지만, 형사소추에 관한 우월한 공익을 위하여 증거사용이 정당화된다는 점에 대해 반박자료를 제출하여야 한다(연방헌법재판소 판례에 대해서는 후술하는 Rn. 38 참조).[57]

형사소추기관이 사인을 증거 수집과정에 투입한 경우라면 이와 다른 원칙 36
이 적용된다. 이 경우는 검찰 또는 경찰이 직접 행동하였다면 증거사용이 금지되었을 것인지 여부에 따라 결정된다. 위 수사기관은 그들의 침해권한의 한계를 잠탈하여서는 안 된다(전술한 §9 Rn. 21 참조).

V. 개별사례 : 독자적인 증거사용금지

이러한 사례군을 분류하는 기준은 처분 유형이나 처분 요건이 아니라, 처 37
분의 효과, 즉 기본권 침해 특히 일반적인 인격권 침해가 있는가 하는 점이다. 이러한 관점에서 모든 파생적 증거사용금지도 파악될 수 있다. 이 경우 증거사용금지는 위법한 처분이라는 상위개념에서 도출된다. 따라서 비독자적 증거사용금지는 다음과 같은 사안에서는 해당하지 않는다. 그렇지 않고 증거사용 자체가 권리침해를 구성하는 경우들이 존재한다. 증거방법들이 주거 내부를 비밀리에 촬영한 사진과 같이 증거가 위법하게 수집된 것인지 아니면 수색할 때 발견된 일기와 같이 적법하게 수집된 것인지가 결정적인 것은 아니다.

통설은 연방헌법재판소의 단계설에 따라 이러한 사례들을 판단하고 있다.[58] 38

56) LR/Hanack, §136a Rn. 10.
57) BGH 44, 129.
58) BVerfGE 34, 238, 245 ff.

그에 따르면 인격은 세 가지 영역으로 구분될 수 있다.

- 사회영역(공무소, 지하철 등에서의 생활)
- 순수한 사적 영역(여기서는 나는 사람이다. 여기서는 나는 사람일 수 있다)
- 내밀한 영역(침실)

위와 같이 인간의 생활영역은 동심원적으로 나누어서 묘사하는 것은 의문스러울 뿐만 아니라 기형적이다. 이러한 견해는 구체적인 사례에 적용하는 경우 많은 문제들을 내포하고 있다. 사회영역은 어느 정도 분명히 구분되지만, 둘째 영역이 끝나고 사생활의 불가침 핵심영역이 시작되는 곳에서는 대부분 다툼이 있다.[59] 그러나 이러한 구분은 결정적으로 중요한 의미가 있다. 첫째 영역은 개방되어 있다. 여기에서 증거사용금지는 없다. 셋째 영역에서는 이익형량이 확정되어 있다. 즉, 모든 권리침해행위가 증거사용금지의 결과에 이르게 된다. 둘째 영역(단순한 사적 영역)에서 침해행위가 있는 경우 통설에 따르면 한편으로는 죄질과 증거의 중요성을, 다른 한편으로는 구체적인 권리 침해의 정도를 형량하여 결정되어야 한다.[60]

1. 일기(Tagebücher)

39 연방통상법원이 밝힌 바와 같이 일기에 자신의 범죄행위를 기재하는 사람은 인격의 발전이 아니라 그 추락을 기록하는 것이다.[61] 그러나 그것도 사적인 일이다. 판례는 구체적인 사건에 따라 달리 판단한다. 피고인이 그의 조세포탈행위를 그의 일기에 기록하였다. 통설은 이것을 사적 생활 영역이 아니라 영업장부로 볼 것이다. 피고인이 위증을 하였다고 한다. 그의 일기는 그 범죄에 대하여 설명하고 있다.[62] 그 일기는 둘째 인격영역에 해당될 것이다[만일 조세포탈행위와 아울러 파산절차(Insolvenzverfahren)에서 행한 그에 관련된 허위진술을 기재하였다면 그것은 어떻게 될까?]. 정당한 형사사법이라는 이익과 인격권을

59) Hofmann, JuS 1992, 587 ff; Wolter, NStZ 1993, 1; Fezer, Grundfragen der Beweisverwertungsverbote, 1995, Amelung, GA 1996, 332.

60) BGH JR 1994, 430.

61) BGH 19, 325, 331.

62) BGH a.a.O.

비교형량하는 경우 일반적인 범죄 비난가능성이 아니라 구체적인 사건에서 고려되는 행위불법에서 출발해야 한다.63) 이익형량의 결과 이 경우 인격권이 우선적 지위를 향유하였다.64)

부녀자 연쇄살인범이 자신이 부녀자 교제 장애(Kontaktschwierigkeiten zu Frauen)가 있다는 사실을 일기에 기재하였다.65) 감정인은 그 장애를 기타 중증 비정상적인 정신상태라고 표현하였다. 연방통상법원은 이 경우를 둘째 인격영역으로 보고, 가장 중한 범죄 사건에 관한 것이 아니라고 하면서, 증거능력을 인정하였다.66) 중증 비정상적 정신상태로 고통받고 있다는 자백보다 더 내밀한 것은 없고, 이러한 가장 내밀한 사적 영역은 양도행위(Entäußerung)에 의하여 사실상 다른 영역으로 넘어가지 않는다.

판례는 불가침 핵심영역을 독립적으로 자체로부터 결정하는 것이 아니라 그 결과를 보고 해당되는지 여부를 결정한다는 인상을 불러일으키고 있다. 통설의 딜레마는 가장 중한 범죄가 바로 가장 내밀한 영역의 범죄인 경우가 자주 있다는 것이다.

2. 녹취물, 사진, 비디오테이프

가. 형사소추기관을 위하여 과학장비의 사용에 대해 규정되어 있다(형사소송법 제100조의 c와 d. 위법한 과학장비 사용처분에 의한 증거사용금지에 대해서는 전술한 §10 Rn. 51 참조). 그러나 다른 법적 근거에 의하여 적법한 고권적 처분으로부터 얻어진 결과를 증거로 사용할 수 있는가 하는 문제에 대해서는 해결되어 있지 않다. 40

예) 범죄가 발생할 우려가 있는 건물을 비디오로 감시하고 있다(예방 경찰 목적상 보호). 녹화비디오테이프는 건물 침입자의 유죄를 입증하는 데 유용한 것으로 밝혀졌다.

첫번째 문제는 그 처분이 형사소송법상 침해권한에 의하지 않고 경찰법에

63) BGH a.a.O., 334.
64) OLG Schleswig, NStZ-RR 2000, 112; 56 사건들에서 코카인 거래.
65) BGH 34, 397.
66) 찬성하는 입장으로 BVerfGE 80, 367 ff.(4대4); Geppertt, JR 1988, 471. 이에 반대하는 입장으로 SK/Wolter, vor §151 Rn. 31 ff.

근거하고 있다는 이유로 증거사용을 금지할 수 있는가 하는 점이다(전술한 § 10 Rn. 52 참조). 통설은 이를 부정하고 있고, 증거사용을 적법하다고 보고 있다.[67] 그 다음으로는 증거사용이 관련자들의 인격권과 충돌하는가 여부가 문제된다(전술한 예에서는 그러한 사건이 아니다).

41 나. 사적 정보저장매체에 대하여는 증거를 사용하는 상황이 중요하다. 사적 정보자료가 적법하게 수집되었다면 통상 그것은 증거로 사용될 수 있고, 그 반대로 위법하게 증거 수집하는 것만으로 곧바로 증거사용 금지결과를 가져오지 않는다는 점도 타당하다. 증거를 사용할 때 존재하는 인격권 침해행위가 정당화사유에 의하여 적법하게 되지 않는다 하더라도, 이익형량에 의하여 형사소추의 이익이 관철될 수 있다.

3. 피의자의 침묵

42 피의자의 침묵은 원칙적으로 증거조사 되어서는 안 된다. 왜냐하면 피의자가 자신에게 불리한 조사에 협조할 필요가 없는 권리가 무효화될 수 있기 때문이다(자기부죄강요금지의 원칙).

이러한 물음은 전통적으로 증거평가의 영역에서 다루어지고 있다(아래 § 29 Rn. 10ff 참조).

Ⅵ. 증거금지의 원거리효과(Die Fernwirking der Beweisverbot) - 독수독과(毒樹毒果)이론

43 이미 각각 개별적인 증거금지에 관한 설명에서 여러 차례 언급한 이 문제에 대하여는 아직 일반적인 해결책이 제시되어 있지 않다(위 § 9 Rn. 27 이하 및 § 10 Rn. 47 참조). 연방통상법원은 원칙적으로 원거리효과를 부인한다.[68] 학설은 수 차례에 걸쳐 이 미국법 원칙을 지지하고 있다.[69] 다른 견해는 침해된

67) BGH NStZ 1995, 601.

68) BGH 27, 355, 358; 32, 68, 71; 34, 362, 364. 다른 견해는 오로지 BGH 29, 244, 247 zu G10.

69) Roxin, § 24 Rn. 47.

절차법규범의 보호 영역으로 편입하려고 하고 있고,[70] 또 다른 견해는 각각 개별적인 사건에서 절차법 위반의 심각성과 범죄의 중대성을 비교형량하여야 한다고 주장한다.[71] 이 견해는 '독자적인 증거금지'의 근거에 관하여 보호영역설을 취하는 입장이라고 할 수 있다. 원거리효과를 제한하는 입장이나 혹은 연방통상법원처럼 완전히 부정하는 입장은, 형사절차의 효율성이 완전히 부정되거나 또는 과도하게 제한되어서는 안 된다는 것을 그 논거로 한다. 그러한 고려를 하는 것은 옳다. 그러나 한편, 수사절차상 수사기관이 할 수 있는 침해행위의 폭과 깊이는 꾸준하게 증가하여 왔다는 데 주목하여야 한다. 형사소추기관이 사용할 수 없는 수단은 거의 없다. 이와 같이 적법하게 증거를 만들어 낼 수 있는 권한도 충분하고, 게다가 대부분의 우연히 발견된 증거도 역시 동일하게 사용할 수 있다(형사소송법 제100조a 이하의 제한은 그렇게 대단한 것이 아니다).

이와 같이 새롭게 전개되는 상황의 관점에서 보면, 원거리효과를 옹호하는 논거가 확실히 더욱 더 설득력이 있다. 그런 이유로 이 원칙은 현재 원칙적으로, 그리고 대체적으로 받아들여지고 있다. 예외적으로는 적법한 수사를 하였더라도 조사할 수 있었을 것으로 보여지는 증거는 사용할 수 있다(이에 대하여는 위 Rn. 14 참조).

---

70) Beulke, ZStW 103[1991], 657 이하.

71) KK/Senge, § 48 Rn. 45 앞 부분; Maiwald, Jus 1978, 379, 384; Rogall, JZ 1997, 944, 948.

§ 29. 자유심증주의

법원은 심리에 따라 형성된 자유로운 확신에 따라 증거조사의 결과를 판단한다(형사소송법 제261조, 개략적인 설명은 위 § 18 Rn. 16 참조).

Ⅰ. 개념과 한계

1. 확신과 개연성

1 객관적으로만 보면, 모든 감각적 방법으로 행하여지는 증거절차를 거치게 되면 단지 개연성(Wahrscheinlichkeit)이 있을 것이라는 결론을 낼 수 있을 뿐이다. 한편 모든 형사판결은 진실(Wahrheit)에 기초하여야 한다. 이와 관련하여 보면, '진실'이란 실재하였을 것이라는 것에 대한 합의라고 할 수 있다. 어떤 일이 정말 어떻게 일어났는지는 아무도 정확하게 말할 수 없다. 객관적 진실과 단순한 개연성 사이의 간격은 경험적 방법(감각에 의존하는 것)에 의하여는 극복될 수 없다. 따라서 진실개념은 주관적(달리 말하면 비합리적인) 요소를 가지고 있다. 판사가 확신하는 거기에 진실이 있다.[1] 확신이라는 것은 주관적인 확정으로서, 합리적 의심 없이 진실이라고 여기는 것이다. 추상적 · 이론적 의심은 항상 존재하는 것이며, 그러한 의심 때문에 판사들에게 "의심스러울 때는 피고인의 이익으로"를 적용할 권한을 부여한 것은 아니다.

---

1) 이러한 기초적 설명에 대하여는 Volk, 1980; 다른 판단체계에 관하여는 Stein, Rudolphi-Symposium 1995, 233 참조.

2. 자유와 구속

이러한 의미의 확신을 갖는 것에 대하여 판사는 형사소송법 제261조를 근거로 자유롭다. 판사에게 어떠한 요건이 있으면 특정한 결론을 도출하여야 한다거나 특정한 확신을 갖도록 하는 것을 명하여서는 안 되듯이, 어떤 사실관계로부터 결론을 추론할 때 그 자체로서는 발생하였을 법하지만, 반드시 그렇게 발생하여야 하는 것은 아니라는 결론을 내리는 것을 막아서도 안 된다.2) 2

예) "진술 대 반대되는 진술"상황(예컨대, 아동성폭력 사건, 성폭력사건)에서 유일하게 진실인 진술이란 존재하지 않는다.

판사는 증거를 토대로 내린 전체적인 평가 범위 내에서는 틀에 박힌 것처럼 사건을 다루어서는 안 되고, 피해자가 피해자라는 이유만으로 피고인보다 신뢰성이 높다고 생각하여서도 안 된다.3) 3

그러나 이러한 자유는 한계를 가진 것이다. 판사는 이성적 논거를 갖춘 최소한의 표준을 유지하여야 한다. 판사는 논리칙에 구속된다. 그의 설시 내용은 그 자체로서는 모순이 없어야 하고, 존재하지도 않는 경험칙을 그가 내리는 결론의 근거로 삼아서는 안 된다.

예) 위와 같은 상황(그의 진술과 그녀의 진술이 다른 때)에서, 그녀의 진술이 매우 구체적인 상황에서 의도적으로 거짓을 포함하고 있음에도 판사가 그녀의 진술만을 믿으려고 한다면, 그 진술 이외에 판사의 판단이 정당하다는 것을 입증할 증거를 추가로 적시하여야 한다.4)

여자가 어떤 남자로부터 성폭력을 당했다고 거짓으로 모함하는 동기가 오로지 복수심에 있다는 경험칙은 존재하지 않는다.5)

무엇보다도 판사의 주관적인 확신은 객관적인 기초를 필요로 한다. 그 확신은 사태의 전개과정에 대한 높은 개연성으로부터만 근거를 가질 수 있다. 그렇지 않으면 누구도 진실이 확정되었다고 말할 수 없을 것이다. 이러한 요청은 다른 사람도 그 판결의 논리 추론을 그대로 따라갈 수 있을 때에만 충족 4

2) BGH 10, 210; NStZ 1984, 180.
3) BGH NStZ 2004, 635.
4) BGH 44, 164; 256; BGH NStZ 2003, 164.
5) BGH NStZ 1988, 236.

된다. 그렇지 않으면 상고심에서 그 판결을 심사하는 것이 불가능할 것이다.6) 판사의 사실확정은 이미 확인된 사실 상태와 너무나 동떨어져서 더 이상 범죄혐의(비록 그것이 아무리 중대할지라도)의 근거가 될 수 없다고 할 수 있는 단순한 추측이어서는 안 된다.7)

예) 피고인은 아이를 낳은 자신의 아내를 택시를 태워 병원에서 데리고 왔다. 그는 아이가 누워있는 보자기를 안고 택시를 탔는데 그의 집에서 내렸고, 그의 아내는 택시를 더 타고 갔다. 나중에 아이가 사라졌다는 것이 밝혀졌다. 법원은 피고인이 유죄라는 판결을 내렸는데, 그 이유는 그가 택시에서 아이를 살해하였거나, 그의 부인이 그의 동의 아래 택시 안에서 아이를 살해하였거나, 그가 나중에 혼자서 아이를 살해하였거나 또는 제 3 자에게 아이를 넘겨 살해하였을 수 있기 때문이라는 것이다.8)

모든 증거평가를 전체적으로 볼 때에만 판결의 근거가 객관적으로 높은 개연성이 있는지 또한 판사의 합리적 의심이 타당한지를 판정할 수 있다. 그러한 판정을 내리기 위하여 더 나아가 확신의 형성과정(그리고 판결의 이유)을 설시할 것을 요구하는 것이다.

3. 전체적인 증거평가

5 진실규명의무에 따라 판사는 모든 접근 가능한 관점을 추적하여야 하는데, 전체적인 증거평가를 하여야 한다는 것은 조사된 증거를 논증적으로 분석하여야 한다는 것을 의미한다. 판사는 피고인에게 유리하든 불리하든 모든 관점을 평가하여야 하고, 사실(또는 증거)로부터 도출될 수 있는 모든 결론을 숙고하여야 한다. 판사의 주관적인 확신뿐만 아니라 그의 합리적인 의심도 이성적인 논쟁에서 그 논거를 갖고 있어야 한다.9) 판결이유에서는 하나의 증거조사결과만이 고립적으로 평가되어서는 안 되고, 관련된 출발점을 주의 깊게 살핀 후 이러한 관점을 가지고 전체적 · 포괄적으로 평가를 하여야 한다.10)

---

6) Herdegen, NStZ 1987, 193과 StV 1992, 527 참조.
7) BGH NStZ 1981, 33.
8) BGH a.a.O.
9) BGH NStZ 1990, 402.
10) BGH NStZ 2001, 491, 492.

4. 확신과 자연과학적 지식

6 사실관계가 자연과학적 지식을 근거로 이미 확정되어 있는 때에는 판사의 확신 형성과정이 끼어들 여지가 없다.[11]

드물지만 아래와 같은 경우가 있다.

- 혈액형 감정결과 친아버지일 가능성이 전혀 없다.[12]
- DNA 분석결과 피고인이 정범일 가능성은 전혀 없다. 그러나 그 반대, 즉 피고인이 정범이라고 하는 것은 단지 통계적으로만 가치 있다.[13]
- 오류 없는 속도측정기가 과속운전 사실을 증명한다.[14]
- 지문이 범행목적물과 접촉했다는 것을 증명한다.
- 일정한 혈중 알코올농도는 운전이 불가능하다는 것을 증명한다.[15]

7 확실한 자연과학적 지식은 판사를 구속한다. 반대로 과학이 합법성을 증명할 수 없는 때 판사가 확신을 형성하는 것이 가능할까? 제조물책임에 관한 사건(가죽스프레이, 목재보호제)에서 연방통상법원은 긍정하였다. 그럴 듯한 다른 가능성을 배제할 수만 있다면, 인과법칙만으로도 증명하는 데 충분하다고 한다.[16]

II. 예 외

1. 증명규칙

8 다음과 같이 단지 두개의 증명규칙만이 존재한다.

- 다른 사람이 범죄를 저질렀다는 주장이 진실한가에 대하여 판단할 때 만약 동일한 사안에 대한 유죄판결이 있을 경우 판사는 그 판결과 다른

11) BGH 10, 209, 211.
12) BGH 6, 72.
13) BGH NStZ 1994, 554.
14) OLG Hamm NJW 1963, 505; BGH 39, 291.
15) BGH 21, 159; 37, 89－실제 이 사건에서는 실체법의 해석이 문제되었다; 이에 대한 비판은 Haffke, Jus 1972, 448 참조.
16) BGH 41, 206; 이에 대하여는 Volk, NStZ 1996, 105 참조.

결론을 내려서는 안 된다(형법 제190조).[17]

- 공판조서는 그 위조가 증명되거나 혹은 명백한 오류가 없는 한 그 형식적 기재 요건에 관하여 진실한 것으로 간주된다(형사소송법 제274조, 위 § 17 Rn. 27 참조).

2. 증거금지(Beweisverbote)

9 어떤 사실을 증거로 사용하는 것을 금지한다는 것은 증거평가를 할 때 그것을 배제하여야 한다는 것을 의미한다.

3. 피의자의 침묵

10 피의자가 사안에 관하여 아무것도 말하지 않을 경우 이것이 피의자에 대하여 유무죄 판단을 하거나 양형판단을 할 때 피고인에게 불리하게 작용하는 간접증거로 사용되어서는 안 된다(물론 대개 자백한 경우 형의 감경사유가 된다). 그렇지 않을 경우 피의자는 자신의 권리를 포기할 것을 강요당하게 된다.[18] 그 밖에 "침묵한 자는 유죄이다"라는 결론을 내려서는 안 된다. 말하지 않을 때에는 여러 가지 이유가 있다. 따라서 법원은 침묵의 동기를 조사해서는 안 되며 그로부터 어떠한 불이익한 결론도 도출해내어서는 안 된다.[19] 피고인이 단순히 "나는 그 행위를 범하지 않았다"고만 말한다면 이것은 침묵과 동일한 선상에 놓이게 된다.[20]

11 그러나 침묵으로부터 결론도출을 금지하는 것은 피의자가 사건 전체에 대하여 어떠한 진술도 하지 않은 경우에만 적용된다. 부분적으로 침묵하는 것, 즉 사안의 여러 부분에서 진술을 하다가 어떤 부분에서 침묵하는 것은 여기에 해당하지 않는다.[21] 이러한 부분적인 침묵에서 불리한 결론을 이끌어 내는 것

---

17) 역자주－명예훼손죄의 사실의 진실성 여부 판단 조항이다.
18) BGH 25, 365, 368.
19) BGH 45, 363.
20) BGH 34, 324, 326; 이전의 진술을 철회하는 것은 다르다. 이것은 사건에 대하여 진술한 것으로 취급된다. BGH NStZ 1998, 209.
21) BGH 20, 298, 300.

은 법원의 재량에 해당된다.[22] 그 밖에 피고인이 부분적인 면에서 적극적이었고 묵비권을 인지하였다는 것이 피고인에게 불리하게 작용돼서는 안 된다.[23]

부분적인 침묵에 대하여 불리한 결론을 도출할 수 있다는 위 예외를 적용 12
할 때는 아래의 두 가지 점을 분명하게 고려하여야 한다. 예외 사항은 기소된 행위에 한정된다. 피고인이 여러 행위로 기소되었고, 그 중에 하나의 범죄행위에 대해서만 진술한 경우는 부분적인 침묵에 관한 문제가 아니다.[24] 그 밖에 여러 차례의 신문은 모두 개별적으로 관찰되어야 한다. 피의자가 하나의 신문과정에서 진술을 했고(예를 들어, 경찰신문), 다른 신문과정(예를 들어, 공판심리)에서 아무것도 진술하지 않은 경우, 즉 시기에 따라 침묵하였다면 이것은 부분적인 침묵과는 동일하다고 할 수 없다.[25] 이와 같이 차이가 있는 진술에서 어떠한 불리한 결론도 도출해서는 안 된다.

이전에 행한 자백은, 그것이 법관 앞에서 행해졌을 경우, 서면증거방식으 13
로 그리고 그 밖에 다른 증거방법을 통해 제시될 수 있다(위 §27 Rn. 19 참조).

4. 증언거부

증언거부권을 가지고 있는 증인은 자신이 진술을 할지 혹은 언제 할지에 14
관하여 자유롭게 결정할 수 있다. 만약 증인이 나중에야 비로소 증언거부를 결심하였고[26] 그 전에 이미 진술한 경우,[27] 증인의 침묵으로부터 피고인에게 불리한 결론을 도출하게 된다면 증인으로부터 증언거부권을 빼앗는 결과가 된다.[28] 증인이 법적 근거(형사소송법 제52조, 제53조, 제53조a)없이 증언을 거부할 경우, 피고인에게 불리하게 사용될 수 있다.

그러나 제55조의 경우에는 다르다. 여기서 법은(통설에 의하면) 증인을 고 15

22) 이러한 재량은 한계를 가진다. 피고인이 어떤 부분에서 침묵한 경우 "그 상황에서 볼 때 진술을 기대할 수 있었고, 달리 침묵할 만한 원인을 찾을 수 없으며, 이미 진술한 내용이 명백하게 단편적이 아닐 경우에"만 그러한 침묵으로부터 불리한 결론을 이끌어 낼 수 있다; BGH NStZ 2001, 45.
23) BGH 45, 367; 반대판례 BGH 20, 300.
24) BGh 32, 140, 145. 여기에 대한 평석으로 Volk, NStZ 1984, 377.
25) BGH StV 1984, 143.
26) BGH 34, 324, 327.
27) BGH NStZ 1985, 327.
28) BGH 22, 113; BGH StV 1997, 171.

려하고 있으나 피고인에 대한 개인적인 혹은 직업적인 관계를 고려하고 있는 것이 아니다. 답변을 거부하려는 증인은 이것이 피고인에게 불리하게 작용할 수 있음을 고려하여야 한다. 그러나 답변여부를 결정할 때 증인 자신의 지위가 불리하게 되지 않는다는 전제가 필요하다. 또한 증인은 자신의 침묵이 그가 나중에 피의자가 된다면 자신에게 불리하게 사용되어서는 안 된다는 것을 확신하여야 한다(위 § 28 Rn. 23 사례 1－3 참조).[29]

29) BGH 38, 302. 이에 대한 평석으로 Dahs/Langkeit, NStZ 1993, 213.

§ 30. 협의에 의한 판결
— 형사절차상 협상

Ⅰ. 개　　관

대립하지 않고 협력하여 진행되는 형사절차 내에서는 검사, 법원 그리고 피고인측(Verteidigung) 간에 절차의 진행과 순서, 기일 등에 대하여 협의를 하게 된다. 그런데 이른바 거래(Deal)는 위와 완전히 다른 성질의 것이다. 일정한 급부와 반대급부의 교환에 대한 합의가 성립하고 그에 따라 소송절차를 종결짓는 것은 법률형성 이전에(praeter legem) —비판자들은 '법률에 반하여(contra legem)'라고 표현한다— 비공식적인 법제도로 발전하였다. 절차를 종결하는 협의(Absprachen)는 소송절차의 모든 단계에서 이루어진다. 수사절차에서 검찰과 피의자측은 형사소송법 제153조a —합의를 요건으로 하고 있는 규정— 에 따른 절차중지에 대하여 또는 약식명령으로 사건을 종결하는 것에 대하여 서로 합의한다. 중간절차, 공판심리시작 전후에 피고인이 자백할 수 있는지, 한다면 어느 범위에서 자백할 수 있는지, 그리고 그 경우 피고인이 어느 정도의 형벌을 받게 될 것이고, 그렇지 않을 경우 얼마나 소송절차가 지연될 것이며 법원이 이 사건에 대해 어느 정도의 형량을 예상할 수 있는지에 대하여 소송관계인과 법원(대부분 시민법관이 없는 법원)간 대화가 이루어진다. 1

합의에 의해 소송절차를 단축하고 종료하는 것에 대해서는 적지 않은 (적절하기도 한) 논거들이 있다. 대규모 경제범죄사건들은 광범위하고 복잡하여서 심리하기 매우 어려운 경우가 많다. 1년에 걸친 공판심리에 의하여 형사부의 2

기능은 마비되지만, 공판 개시결정단계에서 개략적으로 파악한 것보다 공판 종결단계에서 훨씬 많은 것이 밝혀지는 것도 아니다. 결론적으로 말해서 정의의 희생은 경미하다(전술한 §3 Rn. 2 참조). 다른 사건에서도 공판심리를 계속하는 것이 유용하지 않은 경우가 자주 있다.

예) 조세범처벌절차에서 피고인은 3년 6개월의 자유형을 선고받았다. 연방통상법원은 상고심에서 그 판결을 파기하였다. 왜냐하면 포탈총액에 대하여여만 유죄가 인정되었기 때문이다. 피고인이 침묵한다면 환송받은 법원은 다시 공판을 열어 광범위한 증거조사를 하여야 할 것이고 이 때 거의 30일 정도가 소용될 것이다. 그렇게 하여 얻어진 것은 집행유예가 더하여진 2년형 이상이 되지 않는다. 그렇게 될 개연성이 매우 높다.

3 하지만, 협상은 항상 위험하기도 하다. 피의자는 압박을 받을 수 있다. 피의자는 보다 중한 형벌의 위험을 회피하기 위하여 협상제안을 받아들임으로써 무죄 석방의 기회를 포기하고 그 의사에 반하는 자백을 하여야 할 것인가? 변호인이 피의자에게 자주 그러한 조언을 한다. 그리고 법원과 검찰도 이러한 제안을 하여 피의자가 이러한 상황에 처하기도 한다. 자백을 하도록 하는 이러한 압박은 형사소송법 제136조a의 금지된 신문방법의 정도에 이르지는 않는다. 하지만, 협상은 여러 형사소송법상 원칙의 적용을 저해할 위험을 가지고 있다.

Ⅱ. 실용주의(Pragmatismus)와 소송원칙

4 정당한 형사사법절차에서는 무죄추정의 원칙이 존중되어야 하고, 법원이 예단을 가져서는 안 되며(의심스러울 때는 피고인의 이익으로), 자기부죄금지원칙이 적용되어야 한다. 직권탐지의 원칙이 적용되고 법원에 진실규명의 의무가 있지만, 그렇다고 하여 사건을 모든 방향에서 완전히 규명하지는 않는다. 즉, 실체적 진실이라는 수준에는 이르지 못하는 경우가 종종 있다(그렇지만 유죄협상에 의하여 형식적인 진실에 만족하고 있다는 비판은 적절하지 않다).[1] 법원의 확신은 완벽하게 진행된 증거조사의 '총체(Inbegriff)'에 근거하는 것이 아니다. 검사가 유죄협상(Absprache)하는 것은 기소법정주의원칙에 대한 문제제기라

1) Volk, FS Salger, 411 참조.

고 할 수 있다. 협상을 함으로써 법원이 조사를 다 마친 후 내리게 될 형량보다 가벼운 형을 선고하게 되고 책임에 상응하는 형을 선고하지 않게 된다(형법 제36조). 유죄협상은 공판정에서 이루어지지 않는다. 이렇게 함으로써 공개주의와 구두주의원칙이 부딪히게 된다. 협상은 작은 방(im kleinen Kreis)에서 이루어지고 대부분 공개되지 않는다. 피의자와 시민법관 및 다른 소송관계인은 나중에야 그 사실을 알게 된다. 그들에게는 참석 및 관여권이 부분적으로만 부여되어 있다. 피의자가 유죄협상과정에서 자백의 의사를 표시하였으나 궁극적으로 협상이 이루어지지 않았을 경우 법관은 사건에 대한 편견을 가질 수 있다. 학설은 이것을 포함한 다른 우려들을 비판적으로 강조하고 있다.2) 반면 어떤 학자들은 유죄협상은 정당하고 제한된 범위 내에서는 합법적이라고 주장하고 있다.3)

Ⅲ. 연방통상법원의 지침

연방통상법원은 형사소송법상 추상적 원칙과 실무상 구체적인 소송방법 5
사이의 실질적인 조화를 창출해 내고, 새로운 원칙을 제시함으로써 이를 확실하게 하기 위해 노력하고 있다.4)

법원과 소송관계인은 공판심리 밖에서도 대화를 진행할 수 있다.5) 유죄협상결과는 공판심리에서 공개되어야 한다.6) 법원은 피의자가 자백을 한다고 하여, 그 자백의 신빙성을 조사하고 마음에 떠오르는 의심을 확인할 의무로부터

2) Hassemer, JuS 1989, 890; Lüderssen, StV 1990, 415; Schünemann, StV 1993, 657; Weigend, JZ 1990, 774 참조.

3) Böttcher/Dahs/Widmaier, NStZ 1993, 375; Dahs, NStZ 1988, 153; Hanack StV 1987, 500; Leipold, NJW-Spezial 2004, 183; Meyer-Goßner, ZRP 2004, 187 이하 참조.

4) BGH 43,195에 요약; Satzger, JA 1998, 98면 이하 참조.

5) BGH NStZ 1985, 36면 이하.

6) BGH 38, 102, 105. 그렇지 않을 경우 또는 조서에 기재되어 있지 않을 경우 절차의 흠결이 있는 것이 되어 협상이 무효로 되거나 불공정의 우려가 있는 것으로 될 수 있다. 그러나 형사소송법 제338조 제6호의 절대적 상고이유가 되지는 않는다. BGH NStZ 2005, 162. BVerfG NStZ 1987, 419. "절차를 종결시키는 협상 내용인 공동피고인의 자백을 근거로 유죄판결을 할 경우에는 상고법원이 사후심사가 가능하도록 자백의 신빙성을 평가하여야 한다. 특히 협상의 성립과정과 그 내용을 살펴보아야 한다"; BGH NStZ 2003, 383.

자유로워지는 것은 아니다.7) 형벌은 공판심리 외에서는 정확한 요소까지 확정되거나 확인되어서는 안 된다.8) 법원이 공판심리 종결 이전에, 즉 중간심리절차 혹은 법률적인 대화중에 무언가 궁극적으로 사실확정을 하게 된다면 편파성의 우려가 있는 것이다.9) 그러나 책임에 상응하는 형량의 상한을 언급하거나 이를 넘어서지 않을 것이라고 보증하는 것은 허용된다.10) 책임에 상응하는 형량의 하한에 못 미치는 형량을 이야기해서는 안 된다. 집행유예에 대한 결정, 작량감경 등은 사전에 협상될 수 있는 것이 아니다.11) 유죄협상에 대하여 모든 소송관계인[또한 공동피고인, 보조참가인(Nebenkläger) 등]이 의견을 표명할 수 있다(제33조).12) 판결이 선고되기 이전에는 확정적으로든, 조건적으로든 상소포기에 대한 합의를 할 수 없다.13) 한편 항소포기 없는 유죄협상은 아무런 법률적인 의미가 없다. 여기에 대하여 판례는 일관되지 않고 있다; 항소포기에 관하여 예측하기 어려워 불명료한 합의를 하더라도 아무런 문제가 없다고 한 예가 있고,14) 다른 한편으로는 포기에 영향을 미치는 어떠한 것도 문제가 된다고 한다.15)

연방통상법원의 합의부는 다음과 같이 판시하였다. "법원은 판결에 대한 협상과정에서 상소포기에 관한 논의에 관하여 협력하여서는 안 되고, 그러한 포기에 영향을 미쳐서도 안 된다."16) 만약 법원이 어떠한 영향을 미쳤다면 상소포기는 무효이다. 협상이 유효한지 여부가 항상 명백하거나 입증할 수 있는 것이 아니기 때문에 연방통상법원은 상소포기 무효의 결과는 판결협상이 성공한 모든 협상에도 영향을 미친다고 하고 있다.17) 그러나 만약 법원이 상소권

7) BVerG NStZ 1987, 419; 소송의 종료를 가져오는 유죄협상의 대상이 되는 공동피고인의 자백에 근거한 피고인의 유죄판결의 경우 이 자백에 상소법원에서 증명되는 방법으로 신빙성이 부여되어야 한다. 여기에 특히 유죄협상의 결과 및 내용이 포함된다; BGH NStZ 2003, 383.

8) BGH 42, 46, 48.

9) BGH 45, 312, 314.

10) BGH 43, 195.

11) BGH 40, 287, 290; NJW 1995, 2568.

12) BGH 37, 298, 304; 중간심리; BGH 38, 102, 105.

13) BGH 43, 195; 45, 227.

14) BGH NStZ 2002, 496.

15) BGH StV 2004, 4.

16) BGH GrS NStZ 2005, 389. 그러나 여전히 많은 문제들이 해결되지 않고 있다. Dahs NStZ 2005, 580 이하 참조.

17) BGH a.a.O.

자에게 상소권에 관하여 고지하면서 협상내용과는 무관하게 상소를 제기할 수 있다는 것을 분명하게 고지하였다면, 위와 같은 판시 내용은 법적 안정성의 관점에서 적용되지 않는다고 하여야 한다.

Ⅳ. 협상과 공정한 재판(Deal und fair-trial)

법원이, 자신의 실무예에 따를 때, 당해 사건과 같은 경우 자백을 하게 되면 이러 이러한 형이 선고될 수 있을 것이라고 말한 경우, 이것은 하나의 '관념의 통지(Wissenserklälung)'라고 할 수 있지만, '협상(Absprache)'의 요건으로서의 '의사표시(Willenserklärung)'라고 할 수는 없다.18) 또한 협상은 그 자체로서는 계약과 같은 구속력은 없다.19) 그러나 그것은 신뢰를 형성하는 근거를 만들어낸다. 위험을 감수하고 그와 같은 약속을 지킨 피고인과의 관계에서, 법원이 특별히 상당한 이유 없이 약속을 위반하는 것은 불공정하다.20) 위와 같은 상당한 이유가 있는 경우에도 처음부터 전혀 협상이 없었던 것처럼 피고인을 다루어서는 안 된다.21) 연방통상법원은 소송장애사유를 구성하는 경우와 마찬가지로(또한 국가가 신뢰를 주는 다른 행동을 하였을 상황과 동일하다. 위 §14 Rn. 27 이하 참조), 약속된 형벌을 넘어서까지 국가의 형벌권을 실현하는 것을 부정하고 있다. 6

그것은 상당한 형벌감경 사유가 있는 것으로 다루어진다.22) 위와 같은 협상과정에서도 다른 합의에서처럼 불일치가 있을 수 있다.

예) 피고인은 다른 범죄사실에 대하여는 더 이상 소추가 진행되지 않고, 수사과정에서 제기된 모든 피의사실을 포함하여 합의가 이루어졌다고 주장하고, 반면에 검사는 단지 기소된 사건에 한정되고 분리된 범죄사실(형사소송법 제154조)은 해당되지 않는다고 주장한다.23)

---

18) BGH 42, 46; 이에 대하여 Zschokkelt, NStZ 1996, 449.
19) BGH NJW 1994, 1293.
20) BGH StV 1997, 583, 587; NStZ 2005, 115.
21) Beulke/Satzger, Jus 1997, 1079 참조.
22) BGH 37, 10, 14.
23) BGH 42, 191, 194.

7 연방통상법원은 공정한 재판의 원칙을 이유로 위의 자백을 증거로 사용하는 것을 금지한다는 결론을 내리고 있다.24) 증명상황에 따라 피고인의 자백이 없더라도 유죄판결을 할 수 있는 경우에도 반드시 형벌을 감경하여야 한다. 불측의 결정은 허용되지 않는다. 법원이 협상결과를 받아들이지 않으려고 한다면, 공정성의 원칙에 따라 피고인에 대하여 이를 미리 고지하여야 한다.25)

특히 문제되는 경우는 위법한 법률적 근거로 사전이행을 한 경우라 할 수 있다. 법원이 피고인에게 부과될 형이 어떤 형을 넘지 않을 것이라는 약속을 하였고, 이를 믿고 피고인이 자백을 하였는데, 검찰은 이에 대하여 다른 의견을 주장하여 협상이 성립하지 않는 경우이다. 극단적인 상황에서 판사가 거부할 권한이 있다는 것26)은 일반적인 경우 잘못 이루어진 자백에 대하여 도움을 주지 못한다. 또한 피고인이 자백한 경우에 기망을 당하였다거나 유인을 당하였다고 말할 수도 없다.27) 28)

24) BGH a.a.O.

25) BGH 36, 210, 216.

26) BGH StV 2003, 481.

27) Schothauer, StV 2003, 481 참조; Kölbel, NStZ 2003, 232는 고의가 아닌 실패한 협상에서 침해의 결과는 자백을 고려하지 않음으로써 제거할 수 있다고 한다.

28) 역주 : 독일은 2009. 5. 20. 형사소송법 개정을 통하여 제257조c 규정을 추가함으로써 유죄협상제도(Absprache)를 명문화 하였다. 간략히 그 내용을 살펴보면, 법원은 소송결과와 진행과정에 관한 내용을 소송참여자와 협의할 수 있도록 하고 있고, 협의대상은 판결과 결정의 내용이 될 수 있는 법률효과 및 그 밖에 소송참여자의 절차행위 등 절차와 관련된 소송행위만으로 제한하고, 보안처분 혹은 책임문제는 협의의 대상에서 제외하였다. 또한 형사소송법 제44조 제 2 항의 실체적 진실규명의무는 그대로 유지하였다.

§ 31. 판　　결

Ⅰ. 개　　념

공판심리절차는 판결로 종료된다(형사소송법 제260조 제 1 항). 해당 심급에서의 절차는 그 판결로 종료된다. 중간판결은 존재하지 않는다. 판결은 소송대상을 빠짐없이 해결하여야 한다(상세한 것은 후술하는 Rn. 5 참조).[1] 일부판결(Teilurteile)은 존재하지 않는다(예외: 배상명령절차에서의 이유 존부 판결 또는 일부판결, 형사소송법 제406조 제 1 항 제 2 문; 이에 대해서는 후술하는 § 39 Rn. 35 참조). 실체판결(Sachurteil)의 내용은 유죄판결 또는 무죄판결이다(형사소송법 제267조 제 1 항, 제 5 항). 공판심리절차에서 소송장애사유가 발견되면 그 소송절차는 형식판결(Prozessurteil)에 의하여 중지된다(형사소송법 제260조 제 3 항). 1

Ⅱ. 형식판결

통설에 의하여 소송조건의 기능이라고 하는 것에 따라(전술한 § 14 Rn. 2 참조), 소송장애사유가 있으면 의무적으로 형식재판을 하여야 하고 사건 실체에 어떠한 재판도 불가능하다고 한다. 몇몇 상황에서는 무죄판결을 먼저 선고하여야 한다는 점에 대해서는 견해가 일치된다. 2

1) BGH NStZ 1984, 212.

1. 심리를 충분히 하여 재판할 수 있는 상태

3 증거조사를 어느 정도 진행하여 이미 피고인의 유죄를 입증할 수 없다는 것, 즉 무죄추정이 반증되지 않는다는 점이 확인된 상태에 이르러서 비로소 소송장애사유가 밝혀진 경우, 피고인은 위와 같은 상황이 무죄판결에 의하여 공시되고 형식재판에 의하여 은폐되지 않을 것을 기대할 수 있다.[2] 거의 무죄판결을 할 수 있는 상태, 즉 증거조사를 위하여 더이상 거의 노력할 필요가 없는 경우에도 동일하다.[3]

2. 상상적 경합(Konkurenz)

4 기소된 사건이 하나의 행위에 의하여 실현한 두 개 이상의 범죄들을 내용으로 하는 사건들이 문제된다. 공판심리 결과 하나의 죄는 공소시효의 경과와 같은 소송장애사유가 있고, 다른 죄는 증명할 수 없거나 무죄임이 증명되었다. 이때에는 하나의 판결만 하여야 하고 일부 절차중지, 일부 무죄라는 판결은 할 수 없다. 이 경우 판결 주문은 중한 범죄에 대한 결론에 따라 달라진다.

예) 중죄는 증명되지 않았고 경죄는 소송요건이 흠결되어 있는 경우–무죄판결
주거침입절도는 증거가 없고, 주거침입죄는 고소가 없는 경우–무죄판결

[사례] 피고인은 마약법(BtMG) 위반의 고의범으로 기소되었다(마약거래). 법원은 심리결과 피고인의 과실 행위만이 증명되었고 그 과실범은 형사시효가 경과되었다는 이유로 절차를 중지하였다(공소기각).

법원은 우선 피고인에 적용법률을 변경한다는 것을 미리 고지하였어야 했는데 하지 않았다(형사소송법 제265조, 전술한 § 13 Rn. 6 참조). 그리고 법원은 무죄판결을 우선 선고하였어야 하는데 잘못 판단한 것이다.[4]

2) BGH 20, 333.
3) BGH NStZ-RR 1996, 299 참조.
4) BGH 36, 340.

Ⅲ. 실체판결

판결은 공소사실을 넘어서서는 안 된다(전술한 §13 Rn. 5 참조). 그렇다고 공소사실에 못미쳐서 공소사실 일부만을 내용으로 해서도 안 된다. 소송대상이 빠짐없이 해결되었는지 여부는 공판개시결정에 나타난 공소사실과 사건의 범위와 관련된 판결 주문[5]을 비교하여 보면 알 수 있다(형사소송법 제264조 제1항). 공소사실의 법적 평가는 공판개시결정 등에 얽매이지 않고 법원이 자유롭게 할 수 있다(제2항). 5

1. 원칙 : 유죄판결 또는 무죄판결

1죄에 대하여는 하나의 판결이 선고된다.[6] 공판개시결정에서 상이한 범죄들간에 상상적 경합(형법 제52조)이 존재한다고 인정된다면, 피고인은 그 중 하나의 범죄로만 유죄판결을 받게 되고, 나머지 다른 범죄에 대해서는 판결주문에서 일부무죄판결이 선고되지 않는다. 이 경우 피고인에 대한 공소사실 중 일부는 유죄가 아니라는 점과 그 이유는 판결이유에서만 알 수 있다. 6

2. 예외 : 일부 무죄판결

소송법적 의미에서 모두 하나의 범죄라고 하더라도 몇몇 변형된 형태가 존재한다. 7

가. 실체법상으로 범죄들이 실체적 경합관계에 있다(전술한 §13 Rn. 15 참조). 그 중 1개의 범죄에 대하여 실제로 범죄를 행하지 않는 것이 증명되거나 범죄를 하였다는 것이 증명되지 않은 경우가 있다 이때에는 판결주문(후술하는 Rn. 13 참조)에 일부 무죄 선고를 하여야 한다("OO죄에 대해서는 피고인은 무죄").

나. 공소장과 공판개시결정에 의하면 실체적 경합관계에 있다고 하는 범죄사실이 나중에 엄격하게 법적 평가를 한 후 다른 범죄와 상상적 경합관계에 8

---

5) BGH NStZ 1993, 551.
6) BGH NStZ 1985, 15.

있다는 다른 의견을 법원이 갖게 되는 경우가 있다. 이때에도 법원은 일부무죄 판결을 선고하여야 한다.[7] 법원은 공판개시결정에서 허가된 공소사실을 중심으로 판결을 하여야 할 의무가 있고, 이것은 어느 정도 구속력을 발휘한다. 형사소송법 제264조 제 2 항의 자유 범위는 그리 넓지 않다.

9 다. 상상적 경합관계에 있다는 견해가 잘못되었고 수죄라는 것이 명백할 때 이러한 구속을 벗어나게 된다. 그 경우에는 피고인에 대하여 일부무죄판결을 선고하여야 한다.[8]

이러한 예외들은 행위와 1죄인지 여부에 대한 소송법적 의미와 일치할 수 없다. 그러나 이렇게 보는 것인 수 죄에 대한 사회적 의미(실체법적 의미)와 일치하기 때문에 옳은 해석이다.

Ⅳ. 합의(合議)와 표결

10 형사소송법 제260조 제 1 항에서 의무적인 것으로 규정되어 있는 합의(Beratung)는 공판심리의 일부가 아니다(이 점은 형사소송법 제273조에 대해 중요한 것이다). 합의는 비공개로 진행된다(법관법 제43조, 제45조 제 1 항 제 2 문). 합의 후에는 표결이 이루어진다(법원조직법 제192조 내지 제197조). 형사소송법은 누가 어떠한 순서에 따라 표결되는가에 대해서만 규정되어 있고, 무엇에 대해 어떻게 표결되는가에 대해서는 규정되어 있지 않다. 순리에 따라 우선 소송조건에 대해 단순히 다수결로 표결된다(형사소송법 제263조 제 3 항, 법원조직법 제196조 제 1 항). 그 다음에 유・무죄문제(Schuldfrage), 즉 법적 효과인 형벌에 대한 실체법상 요건의 총체에 대한 판단이 이루어진다. 구성요건해당성—위법성—책임 등 개별 쟁점별로 판단이 이루어지는 것은 아니다. 유죄판결을 위해서는 참여법관의 2/3를 초과하는 다수 의결이 필요하다(형사소송법 제263조 제 1 항, 제 2 항; 이에 대한 특별 규정은 법원조직법 제196조 제 1 항). 양형문제, 즉 법적 효과에 대한 선고에 대해서도 동일한 원칙이 적용된다. 그렇게 함으로써 유・무죄문제와 양형문제에서 제 1 심법원인 형사부의 참심원들은 직업법

7) BGH NStZ 1988, 212.
8) BGH NStZ 1992, 398; NStZ-RR 1996, 202, 203.

관의 의사에 반하여 자신의 주장을 관철시킬 수 없게 되는 것이다(법원조직법 제76조 제 1 항).

V. 판결의 선고

판결의 선고는 공판정에서 이루어진다. 따라서 형사소송법 제226조에 규정된 사람들, 피고인(형사소송법 제230조), 필요적 국선변호 사건에서의 변호인 등이 반드시 참석하여야 한다. 판사(재판장, 형사소송법 제238조 제1항)는 미리 서면으로 작성한 판결서(아래 Rn. 13 참조)를 낭독하고, 판결 이유(대개 선고시에는 최종서면으로 완성되어 있지는 않다)를 고지하고(제268조 제 2 항), 소송관계인(무죄선고시의 검찰은 해당되지 않는다)에게 상소를 제기할 수 있다는 것을 고지한다(형사소송법 제35조a). 선고가 끝나기 전, 즉 판결 이유의 마지막 단어를 말하기 전까지는 공판심리를 재개할 수 있다. 그러나 소송관계인은 판결이 선고되기 시작하면 공판심리의 재개신청을 할 수 없다.[9] 11

VI. 판결의 내용 및 구성

1. 판결의 모두(冒頭)부분(Urteilseingang)

이 부분[적색란(Rubrum), 예전에는 붉은 색으로 썼다]에는 '국민의 이름으로' 판결을 한다는 것이 표시되고(형사소송법 제268조 제 1 항), 피고인의 인적사항, 선고기일, 판사, 참여사무관, 참석하였던 변호인이 기재된다(형사소송법 제275조 제 3 항). 12

2. 판결주문(Urteilstenor, 형식, 내용)

판결주문에는 중지(공소기각), 유죄 또는 무죄의 결론이 표시된다. 주문은 13

9) BGH 15, 263, 264.

확정력의 범위와 유죄판결일 때 형집행의 범위를 정하는 데 결정적인 기능을 한다. 개별적인 것은 형사소송법 제260조 제 4 항에 규정되어 있다.

3. 적용법조

적용된 법조문을 구체적으로 기재하는 것(형사소송법 제260조 제 5 항)은 연방중앙기록관리소의 등록 여부를 결정하는 근거가 된다(연방중앙기록관리소법 제20조, 제 5 조 제 1 항 제 6 호).

4. 판결이유

가. 유죄판결의 경우(형사소송법 제267조 제 1 내지 3 항)

표 23 판결이유의 구성

14 판결이유에는 일정한 구조가 있는 것이 일반적인 관례이다(그렇다고 반드시 각각 제목이나 숫자를 붙여서 가독력을 높여야 한다는 것은 아니다).

- 피고인의 인적 관계
  ("X는 1963. 4. 10. 함부르크에서 출생하여 초등학교를 다녔고, …로서의 공부를 시작하였고")
- 범행경과, 이 때 증명된 사실관계가 범죄의 법적 구성요건에 포섭될 수 있도록 설시하여야 한다(제267조 제 1 항 제 1 문).
  ("1998. 6. 2. 10:00경 포크스은행을 침입하여 은행창구에 있던 직원 S에게 권총을 겨누고 …라고 요구하였다")
- 증거평가
  ("이 사실관계는 증인의 신빙성 있는 진술에 의하여 입증이 되고…")
- 법률적 평가
  ("이것은 …이기 때문에 강요적 공갈의 요건을 충족하고")
- 양형의 이유
  ("피고인이 동일한 범죄 전과가 있다는 것을 고려하여야 하고 그의 이익을 위하여 …이 중요하다")

15 제267조의 규정은 주 상급법원의 판례가 중요한 것으로 확장하여 놓은 것 중에서 최소한의 내용만 포함하고 있다. 서면으로 작성하는 판결이유는, 제267

조 제1항 제2문의 문언과 상관없이 증거평가에 대한 강화된 요구(위 §29 Rn. 4 이하 참조)에 부합하는 정도에 이르러야 한다.10)

나. 무죄판결의 경우(형사소송법 제267조 제5항 제1문)

판결 주문에는 무죄라고만 기재한다. 피고인이 무죄가 증명되어서 무죄인 16
지, 아니면 증거부족으로 무죄인지는 판결 이유를 보아야 알 수 있다. 유죄판결의 경우에서처럼 상고심에서 심사할 수 있도록 이유를 설시하여야 한다. 따라서 예컨대, 객관적 범죄요건에 관한 사실적시를 생략한 채 어찌되었든 그의가 없어서 무죄라고 하는 것은 허용되지 않는다.11)

다. 판결 이유를 간략하게 기재할 수 있는 경우

판결에 대하여 불복할 수 없으면 이유를 간략하게 작성할 수 있다. 므죄판결(제267조 제5항 제2문)뿐만 아니라 유죄판결의 경우에도 그렇다(제4항).

5. 서 명

판결에는 판사가 서명하여야 한다(제275조 제2항).

10) BGH NJW 1980, 2423.
11) BGH NJW 1991, 2094.

§ 32. 재판의 확정력(Rechtskraft)

I. 재판의 형식적 확정력(Formelle Rechtskraft)

1 재판에 대하여 소송관계인이 통상적인 불복수단에 의하여 이의를 제기할 수 없게 되었을 때 재판의 형식적 확정력이 생긴다. 그렇게 되면 그 재판을 더 이상 변경할 수 없게 된다.

1. 판결의 경우

2 판결은 다음과 같은 경우에 형식적 확정력이 발생한다.

- 상소기간이 도과한 경우
- 상소를 취하하거나 모든 상소권자가 상소를 포기한 경우(제302조)
- 상고심 법원이 실체에 대하여 자판을 한 경우(제354조 제1항)

3 소송관계인 중 1인이 불복할 수 있는 반면에 다른 소송관계인은 불복할 수 없게 되면 상대적인 확정력이 발생한다.

예) 피고인이 판결선고 후 상소를 포기하였으나 검찰이 어떠한 결정도 하지 않고 있는 경우

4 상대적 확정력은 상급심에서 원심의 판결이 누구의 이익 또는 불이익으로 변경될 수 있는가 하는 문제(아래 § 34 Rn. 25 참조)와 미결구금일수의 산정(형사소송법 제450조 제 1 항; 위의 예 참조)에 관하여서만 의미가 있다.

모든 소송관계인이 불복할 수 없는 절대적 확정력이 발생하여야만 판결을

집행할 수 있고(형사소송법 제449조), 실질적 확정력인 차단효과가 발생한다. 부분적 확정력에 관하여는 아래 § 34 Rn. 18 이하 참조하기 바란다.

2. 결 정

결정의 형식적 확정력은 즉시항고(제311조)만으로 불복할 수 있거나 전혀 불복할 수 없게 된 경우(예컨대, 제81조c 제 3 항 제 4 문; 제349조 제 2 항)에만 발생한다. 그 외 결정은 제기기간에 제한이 없는 보통항고에 의하여 불복할 수 있거나, 법원이 직권으로 변경할 수 있다. 따라서 그와 같은 결정은 형식적 확정력이 생기지 않는다고 할 수 있다. 5

Ⅱ. 판결의 실질적 확정력

1. 확정력의 기능

불복할 수 없고 변경될 수 없으며 또한 형식적으로 확정된 판결은 실질적으로도 확정력을 가진다 : 이것은 차단효과(Sperrwirkung)를 발생하게 한다. 실체에 대한 판결을 함으로써 형사소추권이 소멸한다. 유죄판결을 받은 자는 동일한 사건으로 다시 유죄판결을 받아서는 안 된다(ne bis in idem; 기본법 제103조 제 3 항). 따라서 그에 대하여 다시 소송이 개시되는 것은 위법하다(위 § 14 Rn. 20 참조).[1] 무죄선고에 대하여도 형사소추가 또다시 진행되어서도 안 된다. 한편 실질적인 확정력은 소송장애사유가 되는 데 그치는 것이 아니다. 그것의 두 번째 중요성은 실질적인 확정력이 주관적인 권리를 창설한다는 데에 있다.[2] 6

유죄판결이 선고되면 형벌의 집행이 가능하다(형사소송법 제449조, 집행효과). 또한 적지 않은 경우에 있어서 그것은 사실확정효과(Feststellungswirkung)를 발생시킨다(예를 들어 형법 제66조 제 1 항 제 1 호). 소송판결 역시 제거될 수 없는 소송장애 때문에 중지하는 경우라면 실질적 확정력을 발생시킨다.[3] 7

1) BVerGE 3, 248, 251; BGH 5, 323, 328.
2) BVerGE 23, 191, 203 이하.
3) 여기에 대해서는 논란이 있다. 다른 견해 Meyer-Goßner, Einl. Rn. 172; BGH 32,

2. 확정력의 범위

8 판결의 주문만이 확정력을 가진다. 판결이유는 차단효과를 발생시키나 구속력이 없다.[4] 다른 소송절차에서 그와 다른 판단이 가능하고 심지어 그것과 정면으로 반대되는 판단도 가능하다.

예) A는 절도에 대하여 무죄판결을 받았다. B는 그 절도에 대한 교사죄로 유죄판결을 받았다. 그 판결이유에는 A가 절도죄를 범했다는 것이 설시되어 있다. A는 절도로 유죄를 선고받았다. B는 A의 절도범행에 관한 증거가 부족하다는 이유로 A를 위한 절도방조죄에 대하여 무죄선고를 받았다. 여기에 대한 예외는 위 §29 Rn. 8을 참조하기 바란다.

3. 보충기소(Ergänzungsklage)

9 판결의 확정력이 발생한 이후에 비로소 사건을 완전하게 규명하지 못하였다거나 혹은 법률적인 관점을 간과하였다는 점이 밝혀진 경우가 있다. 보충기소는 허용되지 않는다. 그러한 상황이 나중에 발생하였기 때문에 그 당시에는 전혀 알 수 없었던 경우에도 마찬가지이다(예컨대, 상해 피해자가 판결 이후에 사망한 경우). 이러한 상황은 어쩔 수 없는 것이고, 이런 사례가 있다고 하여 확정력의 확고한 경계를 완화시킬 수는 없다.[5]

4. 확정력의 본질

10 이에 관한 논의는 단지 이론적으로 흥미가 있으나 실무적으로는 별 의미가 없다. 확정력에 흠이 있는 경우에는 새로운 실체적 법률관계를 창설하지 못하고(따라서 이것은 피의자에 대하여 형벌권의 근거가 되지 못한다) 또한 유죄라고 하는 법률적 상황을 형성하지 못한다. 확정력의 효과는 소송법적 측면에 한정된다(소송법상 확정력설). 오판의 집행은 소송법적으로 적법하나, 실체법적

209, 210 판결은 의문이다.

4) BVerfGE 36, 174, 184 이하.

5) BVerfGE 65, 377, 381; Achenbach, ZStW 87(1975), 74면 이하; 다른 견해는 Roxin, § 50 Rn. 17.

으로는 위법하다. 부당하게 유죄판결을 받아 형의 집행을 받은 자는 정당방위가 가능하나, 오직 필요하고 허용되는 방법(상소)으로만 방어하여야 한다.

5. 확정력의 실효(Wegfall)

이미 발생한 확정력은 다음의 경우 실효된다. 11

- 상소의 추완이 허용된 경우(위 § 15 Rn. 24)
- 재심청구가 인용된 경우(형사소송법 제359조 이하; 아래 §38 Rn.23 참조)
- 상고심법원이 당사자가 직접 상고하지 않은 판결을 직권으로 파기한 경우(제357조, 아래 § 36 Rn. 55 참조)
- 연방헌법재판소가 판결을 파기한 경우(예를 들어, 헌법소원을 받아들인 경우이다. 헌법재판소법 제79조 제 1 항, 제95조 제 2 항)

6. 선결문제영역(Vorfragekompetenz)

확정력이 발생한 형사판결이 다른 사건에 구속력을 발휘하는 경우는 드물다(형법 제190조 제 2 문). 확정력 있는 민사판결은 그것이 법적인 지위(Rechtslage)를 형성하거나(예컨대, 이혼판결) 혹은 그렇지 않으면 모든 사람에 이익이 되거나 불리한 형성적 효과를 가질 경우(민사소송법 제640조 이하, 친생부인 판결) 구속력이 있다. 그 외의 경우에는 형사법원이 스스로 민사법상의 선결문제에 대하여 결정한다(제262조). 행정행위는 이것이 법률형성행위(예를 들어, 공무원의 임용, 국적 부여)이거나 혹은 형사처벌의 요건인 경우 형사판사를 구속한다(환경법상의 권한 부여). 12

7. 판결의 국제법적인 효력(internationale Geltung)

원칙적으로 외국법원의 판결이 있더라도 독일에서 형사소추가 가능하다. 13
외국의 판결이 있더라도 형사소추권은 소멸되지 않는다.[6] 그러나 양국간의 합의에 의해서 만들어지는 예외가 매우 많고 또 중요하다. 쉥엥집행협약(Scheng-

6) BGH StV 1986, 292; 1988, 18; 양형문제.

ener Durchführungsabkommen, 1990. 6. 19. 체결)은 제54조에서 다른 협약국가에서 확정력 있는 유죄판결을 받은 자는 더 이상 소추 당해서는 안 된다고 규정하고 있다(만약 형벌이 이미 집행되었거나 혹은 막 집행되려고 할 경우, 그 제한에 관하여서는 제55조에 규정).[7] 또한 확정력 있는 무죄판결은 (각 국가의 법에 따라) 권한 있는 검사의 종국적인 결정과 마찬가지로 형사소추권[8]을 소멸시킨다.[9] 쉥엥집행협약은 독일, 프랑스, 베네룩스 3 국, 포르투갈, 스페인에 유효하게 적용된다. 그러나 그리스, 이탈리아, 오스트리아에서는 아직 그 협약이 발효되지 않고 있다. 헤이그에 위치한 국제형사법원에 관한 조약은 누구도 자신의 행위로 이미 국제형사법원에서 재판을 받았을 경우 각국의 법정에 서서는 안 된다는 규정을 포함하고 있다(위 조약 제10조).[10]

Ⅲ. 결정(Beschlüsse)의 실질적 확정력

14 형식적 확정력을 갖게 된 결정은(위 Rn. 5 참조) 또한 실질적으로도 확정력이 있다. 사건의 실체와 관련이 되고 또한 소송절차를 종결하는 효과가 있는 결정의 확정력 범위에 대하여는 여전히 논란이 되고 있다. 몇몇의 경우는 법률에 규정되어 있다. 이에 따르면 제한된 확정력이 인정된다. 법원이 기소강제절차에서 신청을 기각하였다면 소송절차의 중지는 제한적으로 확정력을 가진다. 검사는 동일한 사건에 대하여 새로운 사실관계 혹은 증거방법이 발견된 경우에만 공소를 제기할 수 있다(형사소송법 제174조 제 2 항). 동일한 범위 내에서 공판개시를 기각한 결정은 확정력이 있다(제211조). 이러한 규정으로부터 일반적인 근본원리를 도출하여 법률에 명시적 규정이 없는 사안에 대하여서도 적용 가능하며, 무엇보다도 제153조b 제 2 항, 제154조 제 2 항이 여기에 해당된다. 다른 한편, 제153조a의 경우 새로운 사실관계나 증거방법이 발견되지 아니하여도 중범죄의 경우에는 형사소추의 재개가 가능하다. 제153조와의 사건관련성 때문에 이러한 형태의 중지에 대하여는 다른 어떤 것도 적용되지 않는다(위 § 12 Rn. 21 참조).

7) BGH 45, 123 참조.
8) BGH 46, 307.
9) EuGH NStZ 2003, 333; Radtke/Busch, NStZ 2003, 281면 이하.
10) Ambos, ZRP 1996, 263참조

§ 33. 특별소송절차

Ⅰ. 약식명령절차(Strafbefehlsverfahren; 형사소송법 제407조 이하)

1. 의　　미

형사소송의 많은 부분이 약식명령절차로 종결된다. 이 간이절차에서는 공판심리 없이, 서면으로, 비공개적으로, 시민법관의 참여 없이, 필요적 변호 규정의 적용 없이 재판한다. 법관은 검사의 약식명령청구에 따를 필요는 없으나, 청구내용을 수정할 수는 없다(아래 Rn. 4, 5 참조). 약식명령을 수용하지 않고 정식재판을 청구한 피고인은 더 높은 형이 선고될 위험을 감수해야 한다. 1

2. 적용범위

약식명령은 경범죄로서 형사소송법 제407조 제 2 항에 나열된 형을 선고하는 경우에만 가능하다(1년 이하의 자유형에 대한 집행유예까지 가능). 구법원이 관할권을 가지며 단독판사가 담당한다. 법원조직법 제25조의 개정에 따라 단독판사는 예상형량 2년까지의 자유형을 선고하는 사건에 대해서도 심판할 수 있게 되었다. 따라서 형사소송법 제407조 제 1 항 제 1 문 2번째 구문(참심법원의 관할)이 적용되는 사건은 약식명령의 대상에서 제외되었다. 2

3. 절 차

가. 청 구

3 검사가 약식명령을 청구하게 된다(제407조 제 1 항). 판사는 여기에 서명만 하거나 약식명령을 기각하거나 또는 통상재판 회부결정을 할 수 있기 때문에 약식명령청구 때부터 제409조 제 1 항이 나열하고 있는 것이 그대로 적용된다 [고지(Belehrung)는 제외, 제 7 호]. 약식명령청구는 공소의 특수한 형태이다(제407조 제 1 항 제 4 문). 따라서 법관의 결정인 약식명령은 기소 없이는 불가능하다 (탄핵주의원칙). 그리고 피의자의 정식재판청구에 의하여 소송절차가 정식재판절차로 전환된다면 법정에서 낭독될 수 있는 공소장이 있어야 한다(제411조 제 1항 제 2 문, 제213조 이하, 제243조 제 3 항 제 1 문).

나. 심 판

3a 약식명령청구는 피고인이 불출석하거나 부재인 경우 공판개시결정 이후에 구법원에서 소송진행 중이라도 가능하다(위 §20 Rn.3 참조). 이 때 소송절차의 지체가 없고 절차의 전환이 큰 부담을 주지 않아야 한다는 요건이 충족되어야 한다(제408조a). 또한 청구를 구술로도 가능하게 함으로써 이러한 목적 달성에 기여하게 되었다(제 1 항 제 2 문, 사법현대화법에 의해 도입).

4 법관은 피고인에 대하여 충분한 혐의가 있다고 여겨지지 않을 때 청구를 기각한다(제408조 제 2 항 제 1 문). 이 규정을 근거로, 법관이 피고인의 유죄를 확신하는 정도에 이르지 않더라도, 충분한 혐의가 있다고 인정하면 약식명령을 할 수 있다는 반대해석을 하는 학자들이 있다.[1] 그러나 확정력 있는 약식명령은 판결과 동일한 효력이 있기 때문에(제410조 제 3 항), 이 견해를 따르게 되면 의심에 근거하여 판결을 선고하는 '혐의형(Verdachtsstrafe)'을 허용하는 것이 된다. 따라서 약식명령을 발할 때에도 법관의 확신은 필수불가결하다는 견해가 견지되어야 한다.[2] 그러나 법관이 약식명령을 발할 때에는 사건기록이라는 제한된 기초자료만을 활용할 수 있기 때문에 학설의 차이는 실무적으로 많이 상쇄되고, 입장의 차이는 크지 않다.

---

1) Meyer-Goßner, vor § 407 Rn. 1.
2) KK/Fischer, § 408 Rn. 15 자세한 내용 참조.

법관이 피고인이 유죄라는 확신을 갖고 있어도 약식절차로 판결하는 것이 5
적당하지 않다고 여길 수 있다.

예) 판사는 어떤 사건을 서면으로만 종결하기에는 너무나 중요하다고 보고 있다. 그는 피고인으로부터 직접 개인적인 인상을 얻고자 한다.

이런 경우 판사는 통상재판에 회부하여야 한다(제408조 제 3 항 제 2 문). 판사가 약식절차로 하는 것이 적절한 것으로 보면서도 적용법률 및 검사의 구형량(Rechtsfolgenantrag)에 동의하지 않을 수도 있다. 그럴 경우 법관은 검사와 협의를 시도한다. 검사가 청구를 변경하지 않는다면 통상재판에 회부하여야 한다. 검사와 판사 사이에 완전한 의견일치가 있는 경우에만 약식명령이 내려질 수 있다.[3)]

4. 약식명령에 대한 불복(Einspruch)

이러한 법률적인 구제수단(이것은 한 단계 높은 심급으로 사건이 이심되는 6
것이 아니기 때문에 항소에 해당되지 않는다, 아래 § 34 Rn. 1 참조)은 약식명령이 송달된 후 2주 안에 제기될 수 있다(제410조 제 1 항). 일부분에 한정하여 불복하는 것은 허용된다[예를 들어 형량(Strafausspruch); 더 자세한 것은 아래 § 34 Rn. 16 이하 참조]. 불복이 기간을 경과하였거나 형식적 요건을 흠결하였을 경우 결정으로 기각한다(제411조 제 1 항 제 1 문). 불복신청이 적법하면 당초의 약식명령은 공판개시 결정의 기능을 하게 되는 것이다.

5. 불복 이후의 정식재판

일반적인 규정(제411조 제 1 항 제 2 문)을 준용하도록 되어 있으므로 공판심 7
리가 통상적인 절차에 따라 진행되는 것처럼 보인다. 그러나 외관만으로 판단해서는 안 된다. 피고인은 출석할 필요가 없으며, 변호인으로 하여금 대리하게 할 수 있다(제411조 제 2 항 제 1 문). 직접주의원칙은 피고인, 변호인 및 검사가 동의하면 배제될 수 있다(제411조 제 2 항 제 2 문, 제420조 제 1 항, 제 2 항). 실무상 증거신청권은 폐지된 것이나 마찬가지다. 물론 당연히 증거신청을 할 수

3) LR/Gössel, § 408 Rn. 38.

있다. 그러나 법관이 증거신청을 기각할 때 제244조 제 3 항 내지 제 5 항에 열거된 기각사유에 구애받지 않고 기각할 수 있다(제411조 제 2 항 제 2 문, 제420조 제 4 항). 증거에 대한 예단금지원칙(das Verbot der Beweisantizipation)은 적용되지 않는다.[4] 법관은 진실규명의무의 한계 내에서는 자유롭게 심리할 수 있다. 자유형선고가 예상될 경우에만 변호인이 필수적이다(제408조b).

8 실체판결은 공소사실에 대하여 판단하는 것이지 약식명령 자체의 당부에 대하여 판단하는 것이 아니다. 다시 말해서 유죄 혹은 무죄판결을 선고하는 것이지, 약식명령을 취소(aufgehoben)하거나 유지결정(aufrechtshalten)을 하는 것은 아니다. 불이익변경금지는 상소절차와 달리 여기서는 적용되지 않는다(아래 § 34 Rn. 24 이하 참조).[5] 약식명령을 내릴 때에는 사건을 간이하게 조사하였다. 만약 약식명령의 형보다 중한 형이 선고될 것이라는 우려가 있을 경우 피고인이 판결선고 전까지 정식재판청구를 철회할 수 있다(제411조 제 3 항 제 1 문). 그러나 공판심리개시 이후에는 검사의 동의(Zustimmung)를 필요로 한다(제411조 제 3 항 제 2 문— 그 역도 마찬가지이다).[6]

만약 피고인이 일수벌금형의 일수에 대하여만 불복하였다면 법원은 피고인, 변호인 그리고 검사의 동의로 공판심리 없이 결정(Beschluss)으로 재판할 수 있다(제411조 제 1 항 제 3 문, 사법현대화법에 의해 도입되었다). 입법자는 위와 같은 상황에서만 불이익변경금지원칙을 적용하고 있다. 그러나 이는 큰 의미가 없다. 왜냐하면 피고인의 동의가 반드시 필요하고, 피고인으로서는 어떤 결과가 나올지를 알고 있을 때에만 동의할 것이기 때문이다.

6. 약식명령의 확정력

9 약식명령의 확정력은 과거의 통설처럼[7] 제한되지 않고 모든 범위에서 인정되지만(형사소송법 제410조 제 3 항), 쉽게 깨어질 수 있다. 제373조a는 제362조와는 달리, 약식명령이 내려진 범죄가 중죄(Verbrechen)라는 사실관계나 증거가 밝혀진 경우에는, 약식절차에서 약식으로 조사되었다는 것을 이유로 유·

4) Dahs, NJW 1995, 556.
5) LR-Gössel, § 410 Rn. 4.
6) Fahl, JuS 1997, 261 참조.
7) BGH 18, 141, 143.

무죄 선고를 받은 피고인에게 불리한 재심을 허용하고 있다(제153조a 제1항 제5문 규정 참조).

Ⅱ. 신속처리절차(das beschleunigte Verfahren, 제417조-제420조)

입법자는 대범죄투쟁법(Verbrechenbekämpfungsgesetz, 1994. 10. 28.)으로 신속처리절차를 개정함으로써 소송절차를 더 단축할 수 있게 되었다고 한다.[8] 또한 이렇게 되어 형사사법은 부담을 덜게 되고 범죄행위에 대한 처벌은 곧바로 이루어지게 된다고 한다. 10

1. 요건과 절차진행

신속처리절차는 구법원이 관할하는 범죄행위를 그 대상으로 한다. 사실관계(Sachverhalt)은 간단하여야 하고, 증거는 명확하여야 한다(제417조). 이런 경우 검사는 공판 시작전 신속처리절차 개시결정을 서면 또는 구두로 청구한다(제418조 제3항 제2문). 공소장은 중간절차와 마찬가지로 거의 작성하지 않으며 피의자는 극히 예외적으로만 소환된다(제418조 제2항). 또한 약식명령으로 전환이 가능하다(제418조 제3항 제3문; 사법현대화법에 의해 도입). 따라서 소송절차는 신속하게 진행될 수 있다; 피의자는 체포되어(제127조b) 법관 앞에 인치되고, 이 때 검사가 청구하면 그것으로 공판심리가 시작된다. 변호인은 6개월 이상의 자유형이 예견될 경우에만 필수적이다(제418조 제4항). 직접주의 원칙은 동의가 있는 경우 배제된다(제420조 제1항 내지 제3항). 증거신청을 기각할 경우 판사는 제243조 제3항 내지 제5항에 구애되지 않는다. 또한 증거에 대한 예단금지로부터 해방된다.[9] 이러한 증거조사에 대한 판사의 전권은 진실규명의무(제420조 제4항)에 따른 한계를 갖고 있다. 11

8) Loos/Radtke, NStZ 1995, 569; 1996, 7; Scheffler, NJW 1994, 2191; 상소심절차상의 문제에 관하여, Ranft, NStZ 2004, 424.

9) König/Seitz, NStZ 1995, 5

12 더 나아가 법정구속(Hauptverhandlungshaft, 여기에 대해서는 § 10 Rn. 69)이라는 의심스럽고 의미 없는 도구도 새롭게 도입되었다. 위 제도는 범죄추정을 받고 있을 뿐인 피고인을 위협하고, 의도적으로 그들에게 영향력을 행사하려는 위헌적 목적을 갖고 있다.[10)]

2. 비 판

13 경한 범죄 및 중간 정도의 범죄에 대해서는 신속히 진행되는 일반소송절차만으로도 상당히 효과적으로 투쟁할 수 있다. 마찬가지로 1년의 자유형에 처할 수 있는 약식명령은 신속하고 덜 낭비적이다. 간단한 사건 혹은 명확한 증거가 존재하는 경우 구법원에서의 일반소송절차에서 변호인을 선임할 필요가 없다(1년의 예상선고형이 그 한계. 위 § 11 Rn. 29). 신속처리절차에서는 6개월 이상의 자유형을 선고하려면 반드시 변호인을 선임하여야 한다. 구법원 판사는 일반소송절차에서 변호인의 선임 없이 더 신속히 진행될 수 없는지를 고려하게 된다.[11)] 제 1 심에서의 경미범죄(Bagatelldelikte)영역에서는 피의자가 처음부터 증거신청권을 관철시킬 수 있는 가능성은 없고, 다음 심급에서도 마찬가지이다. 왜냐하면 항소가 반드시 받아들여진다고 할 수 없기 때문이다(제313조). 제420조 제 3 항에 따른 동의를 하였을 때의 결과를 거의 예측할 수 없다.

[결론] 위 규정은 특별절차로 개선된 것이 아니라 오히려 훨씬 개악된 것으로서 형사사법의 정형성, 개별사건의 공정성 및 적법절차(Fairness)를 상실한 대가로 신속성을 추구하였으나 시간을 아낀 것만으로는 그 상실이 보상되지 못하고 있다.

Ⅲ. 보안처분절차(형사소송법 제413조 내지 제416조)

14 실체형법에는 형벌과 보안처분이라는 두 개의 궤도가 있다. 형사절차법의 제 2 의 궤도는 보안처분절차(Sicherungsverfahren)이다. 보안처분절차에서는 형벌과 보안처분 전부가 명해질 수 있지만 보호감호(Sicherungsverwahrung)를 제외

10) BT-Drs. 13/2576, 3.

11) Meyer-Goßner, vor § 417 Rn. 5.

한 다른 보안처분은 독립하여 명해질 수 있다(형법 제71조). 일반 형사절차에 관한 규정이 성질에 반하지 않는 경우에 준용된다(형사소송법 제414조). 따라서 장기간의 변론무능력이 있더라도 절차가 진행되고 형사소송법 제206조a, 제260조 제3항에 따라서 소송절차가 중지되지 않는다. 보안처분절차는 통상적인 형사절차로 이행될 수 있다(형사소송법 제416조).

보호감호명령은 판결로 유보되거나(형법 제66조a, 제260조 제4항 제4문, 14a
제267조 제6항 제1문) 나중에 이루어질 수도 있다(형법 제66조b).12) 그 절차는 형사소송법 제275조a에 의한다. 그와 같이 중대한 침해의 경우에는 공판심리절차의 형식을 갖추어야 한다.

Ⅳ. 부재자에 대한 절차(형사소송법 제276조 내지 제295조)

공판심리절차는 피고인이 출석하지 않은 경우 원칙적으로 진행되지 않는다(형사소송법 제230조. 예외에 대해서는 전술한 §20 Rn. 4 참조). 불출석(ausge- 15
blieben)과 피고인 부재 중인 사례(abwesend. 이에 대해 형사소송법 제276조에서 법률상 정의 내지 간주를 하고 있다)는 구별되어야 한다. 부재자에 대해서는 증거보전절차만 진행될 수 있다(동법 제285조 이하). 이미 공소가 제기되었고 부재자에 대한 구속영장이 발부된 경우에는 그의 국내재산 전부는 압수될 수 있다(제290조). 그것은 공고된다(제291조). 공고의 효과는 절대적인 처분금지이다(제292조). 이렇게 함으로써 피고인이 출석하도록 강제하는 제도이다. 피고인의 출석을 용이하게 하기 위하여 부재자에게 구금면제(sicheres Geleit)를 발할 수 있다(제295조). 구금면제는 미결구금으로부터 자유롭게 하지만(제2항), 자유형을 선고하는 판결이 선고된 경우 그 효력을 상실한다(제3항). 증인에 대해서는 이 규정이 적용되지 않는다. 외국에 있는 증인에 대해서는 유럽형사사법공조협약 제12조에 의하여 구금면제가 보장된다.

12) OLG Koblenz NStZ 2005, 97.

§ 34. 상소절차 : 총칙

Ⅰ. 법률상 구제절차와 상소절차

1. 개념과 분류

1 법률상 구제절차를 도표로 분류하면 다음과 같다.

표 24 법률상 구제절차

통상적인 법률구제 절차

상 소

	항소	상고	항고 보통항고	항고 즉시항고	이의신청 § 410
이심효	§ 316	§ 343	경정결정절차 § 306②	§ 311③	없음
정지효	§ 316	§ 343	§ 307	§ 311③	
기간	1주	1주	없음	1주	
형식	§ 314①	§ 341	§ 306①		2주§ 410②
불이익 변경금지	§ 331①	§ 358②S.1	적용되지 않음		적용되지 않음

(음영) 유효

특별 법률구제 절차

상소추완(제44조 이하) 재심(제259조 이하 제90조 이하) 헌법소원(연방헌법재판소법)

효과:기판력의 파기
유럽인권협약 제25조 이하에서는 적용되지 않음

이심효(Devolutiveffekt) : 상소 제기에 의하여 당해 절차는 상급법원으로 이심된다. 항고는 원심법원이 원결정에 대하여 경정을 하지 않은 경우에만 이러한 효과를 가진다.

정지효(Suspensiveffekt) : 항소와 상고는 소송기간 내에 제기된 경우 확정력 발생을 저지한다. 항고는 집행정지의 효력을 가지지 않는다.

이러한 공식적인 법률구제절차 이외에도 일정한 형식에 구속되지 않는 법률 2
구제절차도 있다. 기본법 제17조의 청원 제출 형식이 그것이다. 청원은 기간이나 형식에 구애받지 않는다. 직무감독관청에 대한 항고(Dienstaufsichtsbeschwerde)는 직무감독을 하는 상급관청에 공무원의 직무 행위(사건처리)에 대해 이의를 제기하는 절차이다.

이의신청(Gegenvorstellungen)에 의하여 법원이 스스로 취소할 수 있는 재판을 취소하거나 변경하여 줄 것을 법원에 청구할 수 있다.

2. 상소절차의 기능

가. 구법원의 제1심 판결에 대하여는 항소에 의하여 완전히 새롭게 심리 3
될 수 있다. 불복이 있는 범위뿐만 아니라 모든 사실문제와 법적 문제에 대한 재판이 새로이 이루어진다.

나. 상고는 지방법원과 주 상급법원의 제 1 심판결(형사소송법 제333조), 구 4
법원의 제 1 심판결(제335조. 항소심은 건너뛸 수 있다), 그리고 지방법원의 항소심판결(제333조)에 대해 이루어질 수 있다. 상고법원은 법률심일 뿐이고 상고이유가 된 위반만을 심사하도록 제한되어 있다. 상고이유는 실체법을 잘못 적용하였거나 또는 소송법 규정을 위반한 경우이다. 상고법원은 이 경우 유·무죄 및 양형문제에 관하여 확정된 사실에 구속된다. 소송절차 위반을 이유로 불복을 할 때에는 그 이유서에서 위반을 인정할 수 있는 사실을 적시하여야 한다(제344조 제 2 항 제 2 문). 상고법원은 이러한 사실을 심사한다(352조 제 1 항). 이러한 사실이 올바른 것인지는 공판조서를 근거로 추론하거나 또는 자유로운 증명의 방법으로 규명된다

다. 항고는 법원의 결정과 재판장의 처분에 대해 이루어진다(형사소송법 5
제304조 제1항; 상고절차에서는 허용되지 않는다). 불복 재판의 근거 사실뿐만 아

니라 법적용도 심사된다. 항고인은 새로운 사실을 제시할 수 있다.

Ⅱ. 상소의 적법 요건(Zulässigkeit)

1. 상소의 허용(Statthaftigkeit)

6 상소 자체가 적법한가 여부는 불복대상이 된 재판의 형태에 따라 달라진다. 그것은 구체적인 사건에 대해 법률로 규정되어 있어야 한다.

7 가. 표기 잘못(falsche Bezeichung)은 상소의 효력에 영향을 미치지 않는다(형사소송법 제300조).

예) 피고인은 배심법원의 판결에 대하여 "항소"를 제기하였다.

상소를 제기하는지가 전혀 표시되어 있지 않거나 불명확하게 표시되었고, 달리 해석할 여지가 있다면 명확한 해석을 함으로써 상소가 허용될 수 있는지 밝혀야 한다.

예) 구법원으로부터 유죄판결을 받은 자가 상소를 제기하였다. 그는 그 상소를 '상고'라고 표기하여 그가 고의로 행위하지 않았다고 주장하였다. 그는 항소 대신에 상고도 제기할 수 있었다(형사소송법 제335조). 하지만 그 원하는 것은 분명히 사실관계를 심사하여 달라는 것이다. 그의 상소는 항소로 취급되어야 한다.

8 나. 표기는 중요한 것이 아니라는 원칙(형사소송법 제300조)은 법원이 그 재판의 표기에서 행한 잘못에 대해서도 적용된다.

예) 지방법원 형사부가 공판심리절차에서 소송장애사유를 발견하고 증거조사를 중지시킨 후 소송관계인들의 의견을 듣고 합의를 거쳐서 절차를 중지한다는 "결정(Beschluss)"을 하였다(형사소송법 제206조a). 이 경우 법원은 판결을 선고하였어야 했다(제260조 제 3 항).

이 경우 피고인이 할 수 있는 상소는 상고이고 항고를 제기할 수 없다.[1] 피고인이 상소를 잘못 한 경우에도 법원의 잘못이 피고인의 부담으로 전가되어서는 안 된다. 피고인의 의사표시는 다시 해석되어야 한다(전술한 Rn. 7 참

1) BGH 8, 383, 384; 25, 242; StV 1982, 61 참조.

조). 피고인을 도와서 올바른 상소로 재판을 받을 수 있도록 하여야 한다. 하지만, 그렇다고 피고인에게 아무 것이나 선택하게 할 필요는 없다.[2)]

2. 상소권자(Aktivlegitimation)

상소권자는 다음과 같다. 9

- 피고인(형사소송법 제296조 제 1 항)
- 변호인. 피고인을 위하여 자신의 권한과 자신의 이름으로 상소할 수 있다. 하지만, 피고인의 의사에 반하여는 할 수 없다(제297조).
- 피고인의 법정대리인(제298조) 또는 변호인이 아닌 대표(통설). 피고인의 의사에 반해서도 할 수 있다.
- 피고인의 사후에 그의 친족은 상소할 수 없다. 왜냐하면, 그러한 지우는 상속되지 않고, 그와 같이 하여 판결이 확정되더라도 무죄추정의 원칙이 깨지는 것은 아니기 때문이다.[3)]
- 검찰. 검찰은 피고인의 이익을 위해서도 상소할 수 있다(동 296조).
- 기타 관계인(Nebenbeteiligten, 전술한 § 20 Rn. 10 참조).
- 사인소추인(Privatkläger, 제390조)
- 보조참가범죄(Nebenklagedelikt)로 공소에 참가한 보조참가인(Nebenkläger, 제400조 제 1 항; 후술하는 § 39 Rn. 25 이하 참조).

증인, 감정인과 같이 재판과 관련이 있는 그 밖의 자들은 상소로서 항고만을 할 수 있고 항소나 상고는 제기할 수 없다.

3. 상소의 이익(Beschwer) - 상소인에게 불리한 재판이 있을 것

상소의 이익은 상소가 이유 있는가 하는 것의 문제가 아니라 상소의 적법 10
요건에 속한다.[4)] 자신이 불이익을 당하고 있다는 것을 주장하는 것으로 충분

2) 이와 다른 견해로는 Beulke, Rn. 536.
3) BGH NStZ 1983, 179 참조. Schälzer의 평석 함께 수록.
4) BGH 16, 374.

하고 그 이상으로 특별히 권리를 보호할 필요가 있다고 주장할 필요는 없다.

11 가. 상소의 이익이 있는지 여부는 재판의 이유 부분이 아니라 주문에서 판단되어야 한다. 증거부족을 이유로 무죄판결이 선고된 경우 피고인이 그 판결로 불이익을 당하고 있다고 할 수 없다.[5] 피고인이 책임능력이 없다는 이유로 무죄판결이 선고되었기 때문에 공소사실의 위법성 여부나 구성요건해당성 여부가 명확하게 밝혀지지 않게 되었다고 하더라도 마찬가지이다.[6] 그런데 연방헌법재판소는 판결이유가 직접 기본권을 침해하는 사건에 대해 헌법소원심판청구를 허용하였다.[7]

12 나. 판결선고가 잘못되었다고 가정하였을 때 판결 선고에 의하여 직접 자신의 권리 또는 보호할 가치가 있는 이익이 침해당한 자는 불이익을 받고 있는 것이다. Rn. 14에서 후술하는 특별규정은 검찰에 대해 적용된다. 피고인은 구체적으로 내려진 피고인에게 불리한 재판에 의하여 또는 객관적으로 봐서 피고인에게 유리함에도 중단되어 선고되지 않은 재판에 의하여도 불이익을 당하게 된다.[8]

예) 변호인은 경한 재산형을 청구하였다. 법원은 형법 제59조에 의하여 형의 선고를 유예하였다. 위 판결로 인하여 변호인이 불이익을 당하고 있다고 할 수 있다.

법원이 치료를 위한 시설수용(형법 제64조)을 선고하지 않고 자유형을 선고한 경우 피고인이 불이익한 상태에 있는 것이다(형법 제67조 참조).

13 소송장애사유를 이유로 한 중지판결(공소기각)에 대하여는 그것에 대하여 무죄판결을 우선 선고하여야 한다는 특별한 사정이 없는 한 피고인이 불이익을 받고 있다고 할 수 없다(위 § 31 Rn. 3 참조).[9]

14 다. 법과 객관적 질서를 수호하여야 할 의무를 부담하고 있는 검찰은 부당한 재판에 대하여 불복할 수 있는 지위에 있다. 따라서 검찰은 예컨대 법원이 구형 이상의 형을 선고한 경우 피고인을 위하여 상소를 제기할 수 있다(형사소송법 제296조 제 2 항).[10]

---

5) BGH 7, 153.
6) BGH 16, 374.
7) BVerfGE 28, 151: 명예훼손.
8) BGH 28, 327, 330.
9) BGH 23, 257, 259.
10) OlG Düsseldorf NStZ 1990, 292 참조.

4. 상소의 형식과 기간

상소는 불복의 대상이 되는 재판을 한 그 법원에 적법한 기간 내에 상소장을 제출하거나 법원사무관 등에게 구두로 진술하는 방법으로 하여야 한다(표 24 참조). 상고를 제기할 때에는 반드시 상고이유서를 제출하여야 한다. 15

Ⅲ. 판결에 대한 일부 불복과 일부 확정

항소든 상고든 반드시 판결 전체에 대하여 불복하여야 하는 것은 아니고 그 일부로 한정할 수 있다(형사소송법 제318조, 제344조). 여기서 문제되는 것은 불복의 대상이 되는 것과 불복의 대상이 되지 않는 다른 부분이 분리되어 독립적으로 심사되고 판단받을 수 있는가 하는 것이다.[11] 위와 같은 분리가능성을 기준으로 상소심 법원이 일부상소의 유효여부를 심사하게 된다.[12] 16

상호모순이 발생하는 상황을 회피하기 위한 요건으로 어떤 것이 더 있는지 살펴보기로 한다. 판결에 대하여 불복하지 않는 부분과 상소심 법원의 판결 사이에는 상호 모순이 있어서는 안 된다.[13] 위와 같은 두 가지 요건이 성립되지 않으면 일부 상소는 허용되지 않고 전체 판결에 대하여 불복·심판하여야 한다(형사소송법 제318조 제2항; 이는 상고심에도 동일하게 적용된다). 17

일부 상소가 유효한 경우 불복하지 않는 나머지 부분은 확정력이 발생한다(일부 확정력). 피고인이 여러 명일 때 그 중 1명만이 상소를 제기한 경우 다른 피고인들에 대하여는 확정력이 발생한다(상대적 확정력, 위 §32 Rn. 3 참조; 상고심에서의 확정력 상실에 관하여는 제357조에 규정됨. 상세한 것은 아래 §36 Rn. 55 참조). 18

다음의 상황들은 피고인이 항소나 상고를 하면서 일부에 대하여 한정하여 불복할 수 있는 경우를 보여준다.

---

11) BGH 10, 100, 101; 29, 359, 364.

12) Wankel, JA 1998, 65 참조. 유죄판결 이유 자체에 대한 절대적 상고이유를 제출하였는데 상고법원이 양형문제 대하여 한정하여 판단하는 것은 원칙적으로 모순되지 않는다.

13) BGH 7, 283, 285; 27, 70, 72; OLG Düsseldorf NStZ 1988, 118.

1. 수죄(數罪)인 경우

19 이때에는 유죄판결을 받은 1개의 범죄(제264조)에 대하여 불복할 수 있다. 모순된 상황이 발생할 우려가 없다(예외: 범죄사실이 상호 선택적 상황에 있을 때)[14]. 불복하지 않은 범죄사실에 대한 유죄판결은 확정된다. 이는 수직적으로 일부 확정력이 발생하는 상황이라 할 수 있다.

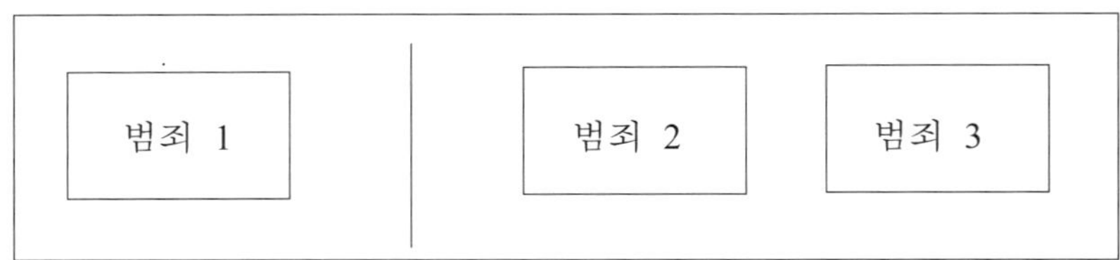

2. 1죄인 경우

20 가. 실체적 경합관계(형법 제53조)에 있기 때문에 수죄라고 할 수 있으나, 절차법적으로는 1개의 범죄를 구성하는 경우가 있다(위 § 13 Rn. 15 참조). 이 경우 항소나 상고를 이러한 실체법적으로 독립적인 범죄에 한정하는 것이 허용된다. 만약 그 사건이 파기되어 환송된다면 환송받는 판사는 당초 불복되지 않는 범죄가 확정되었다는 것에 기속된다.[15] 한편, 상급심 법원이 그 범죄사실 사이에 실체적 경합관계가 존재하지 않는다는 견해를 가지고 있으면 그와 같은 일부 불복은 유효하지 않다.[16]

예) 위 § 13 Rn. 15 예의 본 사건에서, 형법 제142조의 범죄가 없다면 실체적 경합관계는 존재하지 않는다.

21 나. 형량(법적 효과 부분)에 대하여만 불복하는 것은 원칙적으로 유효하다.[17] 이는 수평적으로 일부 확정력이 발생하는 경우라 할 수 있다.

실제에 있어서는 기속력의 효과가 문제된다. 확정력은 재판 자체에 대하여 생기는 것이고, 인정된 사실관계에 생기는 것이 아니다.

---

14) BGH 32, 146.
15) BGH 24, 185; 28, 119, 121; 심하게 논란이 되고 있다.
16) BGH 25, 27.
17) BGH 19, 46, 48; 33, 59.

법적 효과(형량)
책임
위법성
구성요건 해당성

상소심 절차에서 유무죄 판단과 관련된 정황이 밝혀진 경우에는 위와 같은 구속력은 발생하지 않는다.

예) 양형문제에 대하여만 항소한 사건에서 감정인은 피고인이 범행 당시 행위무능력 상태에 있을 수도 있다는 의견을 진술하였다. 이때에는 피고인이 오로지 양형에만 한정하여 항소하였다는 것은 유효하지 않은 것으로 취급되어야 한다.[18] 양형에 관하여 심리하는 과정에서 형 면제사유인 중지미수가 문제된다는 것이 밝혀졌다.[19]

다. 유무죄 판단에 대하여 제기된 상소절차에서는 항소 또는 상고의 심리 범위를 하나의 법적 관점으로 제한할 수 없다(예컨대, 금지의 착오가 있었는지 여부에 관한 문제). 대개의 경우 비교적 경미한 사건인가 아니면 특히 중한 사건인가 하는 요건은 동시에 유무죄 문제와 관련되고, 유무죄 확정이 없이는 독자적으로 판단될 수 없기 때문에 유무죄의 문제도 된다. 이것은 법해석학적으로 정확하게 분류하자면 법적 효과(형량) 측면에 속하는 규정의 경우에도 동일하게 적용된다.[20] 22

라. 법적 효과(형량) 영역에서 판결의 분리 가능한 부분에 한정하여 불복할 수 있다. 23

- 벌금형에서 일수벌금의 일수 또는 액수[21]
- 자유형에서 미결구금일수 산입(형법 제150조) 또는 집행유예 부분에 대하여[22]
- 운전금지의 선고에 대하여[23]
- 보안처분에 대하여

18) BGH 46, 257.
19) BGH NJW 1996, 2663.
20) OLG Schleswig JR 1980, 302 참조. Grünwald의 평석이 있다.
21) 논란이 있다. Lackner/Kühl, StGB, §40 Rn. 19.
22) BGH 24, 164.
23) 심하게 논란이 있다. BayObLG DAR 1985, 239.

Ⅳ. 불이익변경금지 원칙(Das Verbot der reformatio in peius)

24 불이익변경금지 원칙(Verschlechterungsverbot)은 항소심, 상고심, 재심절차에 적용된다(제373조 제2항). 그러나 그것이 법치국가 원칙으로부터 당연히 나오는 것은 아니다.[24] 이러한 법적 혜택(Rechtswohltat)은 피고인을 위한 것으로서 그렇게 함으로써 피고인이 상소제기 여부를 결정할 때 더 나빠질지 모른다는 염려를 하지 않아도 되게 하려는 데 목적이 있다.[25] 판결이 선고되면 비록 그것이 잘못되어 위법하게 피고인을 유리한 상황으로 만들었을지라도 그대로 두게 되는 것이다.

예) 참심법원이 시설수용을 명하였다. 참심법원에 관할이 없는 사건에서 참심법원이 무죄를 선고하였다(법원조직법 제24조 제 2 항).

25 불이익변경금지는 피고인만이 상소하거나, 검사 또는 피고인의 법정대리인이 피고인의 이익을 위하여 항소나 상고를 제기한 경우에만 적용된다. 그러나 그것은 형벌의 종류나 정도가 더 나빠지는 것으로부터 보호하기 위한 것이다. 따라서 유무죄에 관한 문제는 더 나빠질 수 있다.[26]

예) 피고인은 절도죄로 매일 30€씩 100일의 일수벌금형을 선고받았는데 항소법원은 강도를 이유로 동일한 형을 선고하였다.

피고인은 1개의 범죄에 대하여 유죄선고를 받고, 그와 실체적 경합관계에 있는 다른 범죄에 대하여는 무죄선고를 받았다(1개의 범죄사실에서 일부 무죄에 대하여 위 § 31 Rn. 7 이하 참조). 항소심 법원은 일부 무죄판결을 파기하고 양죄에 대하여 유죄를 인정하면서 2개를 상상적 경합관계로 보고 동일한 형을 선고하였다.[27]

26 유무죄 선고의 내용이 변경될 위험은 감수하여야 하는데, 피고인은 상소를 제기하면서 양형에 대하여만 한정하여 불복함으로써 그 위험을 피할 수 있다.

27 법적 효과 부분(양형 부분)에 불이익이 있는지는 원심에서의 형벌과 상급

24) BGH 9, 324, 332; BGHZ 85, 180, 185; Meyer-Goßner, FS Kleinknecht, S. 297.
25) BGH 11, 319, 323.
26) BGH 14, 5, 7; NStZ 1986, 209.
27) BGH 21, 256.

심 법원에서의 형벌을 전체적으로 비교한 뒤에 판정하여야 한다. 이러한 전체적인 비교방법을 사용할 때에는 정확하게 계산하여야 한다.[28]

예) 항소심 법원이 제1심에서 선고되지 않았던 운전금지를 선고하고(형법 제44조), 이와 함께 제1심에서 선고된 자유형 대신에 벌금형을 선고하였다.[29]

반대로 : 항소심 법원이 일수벌금형에서의 1일당 벌금액을 증액하고(일수벌금형의 일수를 증가시킨 것은 아니다. 그 일수는 환형유치기간이 된다는 점을 주목하기 바란다), 그 대신 운전금지 선고를 취소한 것을 계산하여 보면 경제적으로는 피고인에게 불리하게 된 것은 전혀 없다.[30]

28) BGH 24, 11; 29, 269, 270.
29) BayObLG MDR 1978, 422. 이에 대하여는 찬성할 수 없다.
30) BayObLG NJW 1980, 849.

§ 35. 항 소

I. 항소의 적법 요건(Zulässigkeit)

1. 항소의 대상(Statthaftigkeit)

1 형사단독판사 또는 참심법원의 판결에 대하여 항소가 허용된다(형사소송법 제312조).

2. 항소의 형식과 기간

2 항소는 서면 또는 법원사무과의 조서에 기재하는 방법으로 제기한다(형사소송법 제314조 제 1 항). 그 기간은 1주일이고 판결의 선고로부터 기산한다(산입방법에 대해서는 제43조 참조). 피고인이 판결선고시에 (계속하여) 부재 중이었다면, 항소기간은 이유가 포함된 판결 전문이 송달된 후에야 비로소 진행된다(제314조 제 2 항).

3. 항소와 추완(Wiedereinsetzung)

3 형사소송법 제232조에 따라 불출석 재판이 진행되었다면, 피고인은 이전 상태로 원상회복할 것을 신청하여 제 1 심 공판심리를 다시 할 수도 있지만, 항소를 제기하여 제 2 심 공판을 받을 수 있다. 이 법률적 구제의 경합에 대해서는 형사소송법 제315조가 규율하고 있다.

4. 항소이유의 제출(Begründung)

항소이유는 반드시 제출하여야 하는 것은 아니지만(형사소송법 제317조), 대개 항소이유를 제출하고 있고 적법하다. 제313조의 사건들에서는 항소이유의 제출이 실제로 불가피하다. 항소이유 제출의 기간은 법적으로 의미가 없다. 왜냐하면 항소법원은 나중에 제출된 것도 심리대상으로 삼아야 하기 때문이다 4

5. 불확정 상소

우선 상소라고만 기재하고 항소인지 아니면 상고(비상상고)인지 기재하지 않은 채 상고이유 제출 기간(형사소송법 제345조)이 경과할 때까지 이 표시를 보충할 수 있다.[1] 이러한 선택이 이루어지지 않는다면, 그 상소는 항소로 취급된다. 항고인(Beschwerdeführer)이 항소라고 표기한 경우, 항고인은 상고이유제출기간 내에 변경할 수 있고 상고심으로 건너뛸 수도 있다.[2] 5

6. 항소의 受理(Annahmeberufung)

경미사건(형사소송법 제313조에 구체적 내용 규정)의 경우 항소가 형식과 기간에 맞추어 제기되었다고 하여 바로 적법한 것은 아니다. 항소의 수리가 필요하다(제313조 제 1 항 제 1 문, 제322조). 항소의 이유가 없음이 명백한 경우 항소는 수리되지 않는다(제313조 제 2 항). 이것은 체계적으로 옳지 않다. 왜냐하면, 제1심법원의 절차와 그 결론에 대한 심리가 항소심법원에서도 바로 이루어지지 않기 때문이다(후술하는 Rn. 17 이하 참조).[3] 항소인이 새로운 사실이나 증거방법을 제출하겠다고 한 경우, 그러한 항소를 수리하지 않으려면 그때까지 확정된 사실만으로도 모든 합리적 의심을 제거할 수 있을 정도에 이르러야 한다.[4] 6

---

1) BGH 2, 63, 66.
2) BGH 5, 338, 340.
3) Fezer, NStZ 1995, 265.
4) BVerfG NJW 1996, 2785.

[사례] 참심법원은 항소법원의 견해에 따라 신중한 증거조사를 실시하였고 내부적으로 증거를 설득력 있게 평가하고 법상황을 제시하였다. 하지만, 최종변론기일 직전의 공판심리일에 마지막 10분 동안 실수로 공개재판원칙에 위배하여 재판을 공개하지 않았다.

이러한 흠은 상고의 이유가 된다(형사소송법 제338조 제 6 호). 그것은 종전에(1987년까지) 절차를 구법원으로 환송하는 사유이었다. 그러나 법개정 이후 항소법원이 새로이 심리할 것으로 신뢰하여 이를 폐지하였다. 따라서 항소의 수리를 거부할 수 있는 이유로 현재 남아있는 것은 원심판결의 사실인정이 적법하다는 것뿐이다.

7. 법적 효과

7 적법한 항소에 의하여 판결이 다투어지는 한 그 판결은 확정되지 않고(일부 불복에 대해서는 전술한 § 34 Rn. 16 이하 참조), 사건이 다른 심급으로 옮겨진다(정지효와 이심효).

Ⅱ. 항소심 재판절차 순서

1. 원심법원에서의 절차(iudex a quo)

8 항소가 제기된 제 1 심 법원은 항소 제기가 적시에 이루어졌는지 심사하고, 적시에 이루어지지 않았다면 그 항소를 부적법하다고 하여 기각한다(형사소송법 제319조). 그렇지 않은 경우 소송기록은 검찰을 거쳐서 항소법원에 송부된다(제320조, 제321조).

2. 적법요건(Zulässigkeit)의 심사

9 항소법원은 한번 더 항소기간의 준수를 심사하고(형사소송법 제322조), 기타 적법요건(형식, 상소의 이익)을 처음으로 심사하며, 형사소송법 제313조 사

건인 경우 그 수리 여부에 대해 재판한다(제322조a).

3. 공판준비절차(형사소송법 제323조)

피고인이 소환장으로 출석에 대해 고지를 받고도 불출석한 경우 그 효과 10
에 대해서는 형사소송법 제326조가 규율하고 있다.

4. 소송장애사유

소송절차 중 이 단계에서 소송장애사유가 존재하는 경우, 그 소송절차는 결 11
정으로 중지된다(형사소송법 제206조a). 구법원이 소송장애사유를 간과한 사실이 밝혀진 경우 통설에 의하면 절차중지결정을 하여야 한다.[5] 소송장애사유는 소송절차의 모든 단계에서 직권으로 살펴봐야 할 것이라는 이유는 이러한 행위를 정당화할 수 없다. 왜냐하면 위와 같은 이유만으로는 소송장애사유에 대해 어떻게 대응할 것인지에 대해 아무런 대답을 하고 있지 않기 때문이다. 제 1 심 판결에서 소송장애사유가 간과되었다면 항소법원이 그 판결을 파기하고 절차중지판결에 의하여 절차를 종료할 근거가 있게 된다(형사소송법 제260조 제 3 항).[6]

5. 공판심리절차

항소심 공판심리절차는 제 1 심 심리절차와 동일하게 진행된다. 그 절차는 12
형사소송법 제324조와 제325조의 특별규정이 있다.

6. 불출석재판(Versäumungsurteile, 형사소송법 제329조)

공판심리를 개시할 때 피고인이 정당한 이유 없이 출석하지 않았고 그 대 13
리인도 출석하지 않은 경우 피고인의 항소는 실체사건에 대한 심리 없이 기각된다(형사소송법 제329조 제 1 항 제 1 문). 대리가 허용되는 것은 당해 소송절차

5) BGH 24, 208, 212; 32, 275, 290.
6) Meyer-Goßner, § 206a Rn. 6 참조.

가 약식명령절차를 밟고 있는 경우일 뿐이다(제411조 제 2 항 제 1 문). 형사소송법은 태만한 피고인에게 공판심리절차에 대한 어떠한 이익을 주지 않고 상소를 포기한 것이라고 가정하고 있다.[7] 상고법원이 항소심판결을 파기환송한 경우에도 마찬가지이다(제354조, 제355조). 이러한 상황에서도 첫 번째 항소심판결에 흠이 있었다는 점은 명확하다. 첫 번째 항소심판결이 상고기각으로 유지되어서는 안 된다.

14 항소를 부적법하다고 각하하는 재판을 형사소송법 제329조 제 1 항 제 1 문에 의한 재판보다 먼저 하여야 한다(제322조 제 1 항 제 1 문). 통설에 의하면 형사소송법 제206조a에 따른 절차중지도 제329조 제1항에 의한 기각에 우선한다. 하지만, 이것은 소송장애사유가 제1심재판 후에 발생한 경우에만 타당하다(전술한 Rn. 11 참조).[8]

15 검사가 항소한 경우, 태만한 피고인이 출석하지 않은 상태에서 공판심리가 이루어진다(형사소송법 제329조 제 2 항 제 1 문). 피고인은 그 절차를 저지하거나 방해할 수 없을 것이다.[9]

7. 파기환송

16 제 1 심에서 토지관할 또는 사물관할이 없는 법원이 재판하였다면, (피고인이 출석한 경우) 제 1 심 판결이 파기되고 관할 법원으로 환송된다(형사소송법 제328조 제 2 항). 그 외에는 항소법원이 사건 실체에 대한 재판을 하여야 한다.

Ⅲ. 항소법원의 실체재판

1. 항소이유가 없다고 인정되는 경우

17 항소법원이 구법원과 같이 동일한 결론에 이른 경우에는 실체판결을 다시 한 번 하는 것이 아니다. 항소법원은 항소가 이유 없다고 기각한다. 항소심판

7) BGH 15, 287, 289. 이와 달리 권리박탈(Verwirkung)이라고 보는 견해가 있다.
8) Meyer-Goßner, § 329 Rn. 8. 이와 다른 견해로는 BGH 46, 230.
9) BGH 17, 391, 395.

결에 대하여 상고 제기기간이 경과한 후에는 제 1 심 판결이 확정된다.

2. 항소가 이유 있다고 인정되는 경우

항소법원이 구법원과 다른 결론에 이른 경우에는 항소법원은 구법원의 판 18
결을 파기하고, 사건 실체에 대한 재판을 한다(형사소송법 제328조 제 1 항). 이것은 항소가 이유 있는 "범위 내에서" 적용된다. 항소법원이 형량만이 잘못되었다고 보는 경우, 항소법원은 유죄판결을 유지하고 단지 양형선고만을 파기하여 그에 대해 새로이 재판한다.

항소법원의 사물관할이 제 1 심 단독판사의 사물관할보다 넓지 않다.[10] 항 19
소법원은 법원조직법 제24조 제 2 항에 따라 구법원이 선고할 수 없는 형벌을 선고하는 것이 적절하다고 인정하는 경우, 사건을 지방법원의 대형사부로 이송하여 그 대형사부로 하여금 형을 선고하게 하여야 한다.

10) BGH 31, 63, 66; 34, 159, 160.

§ 36. 상　　고

Ⅰ. 개　　요

1. 원　　칙

1 상고법원은 사건에 대하여 다시 심리를 하지 않는다. 상고는 순수하게 법률문제에 대한 불복이다. 상고인은 절차법적 상고이유(Verfahrensrüge)로서 사실심 법관에게 절차법적 위법이 있었다는 주장을 하거나, 실체법적 상고이유(Sachrüge)로서 원심 판결에서 실체법이 정당하게 적용되지 않았다는 주장을 할 수 있다.

원칙적으로 사실인정 자체에 대하여는 이의를 제기할 수 없다. 사실심 법관은 증거 평가에 있어서 재량을 가지고 있다. 사실관계를 적법하게 규명하는 것은 사실심 법관의 권한이자 책임이다. 상고심 법관은 이러한 자유를 침해하여서는 안 된다. 그러나 위와 같은 상고에 대한 대원칙은 그 사이에 변화가 있었다(아래 Rn. 6 참조).

원칙적으로 상고법원은 법률적인 흠을 심사하는 것으로만 그 권한을 제한한다. "법률문제(Rechtfrage)"만이 심사되고, "사실문제(Tatfrage)"는 사실심 법관에게 맡겨둔다. 이러한 법률통제는 원심판결의 전부 또는 일부를 파기한 후 사실심으로 하여금 전부 또는 특정한 쟁점에 한정하여 다시 심리하도록 사건을 환송하는 방법으로 행하여진다. 상고심에서는 유무죄 심리 또는 양형 심리를 위한 증거조사가 행하여지지 않는다. 상고법원은 실체에 대하여 자판하지 않는다(예외는 아래 Rn. 48 이하 참조). 상고법원은 그 권한 범위 내에서 책임을 지게 된다.

그러면 상고제도는 과연 어떤 목적을 갖고 있는가?

2. 목 적

가. 구체적 정당성

상소는 관련자에게 법적 보호를 제공하는 것이다. 상고심 역시 관련자의 정당한 판결에 대한 이익을 보장하는 데 기여한다. 그러나 이것은 상고심 절차라는 특수성 때문에 엄격한 한계를 갖고 있다. 2

상고심에서는 "이미 존재하는 것으로 확정된 사실에 대한 법률적 보호(realistischen Rechtsschutz)"를 기대하여야 한다. 정당한 결론에 대한 책임을 사실심 법원과 상고법원이 나눠서 부담하고 있기 때문이다(범죄행위시와 판결시 사이에 경과된 시간의 차이 때문에 그러는 것은 아니다. Roxin §53 Rn. 10 참조).

나. 법령해석의 통일

법률이 통일적으로 적용되도록 하는 상고법원의 과제는 상고의 범위를 법률적 문제로 한정함으로써 수행된다. 소송법의 규정은 동일한 형식으로 적용되어야 하고, 실체법 역시 어느 곳에서나 동일하게 적용되어야 한다. 상고법원 판결의 권위는 개별 사건을 초월하여서도 작용한다. 연방통상법원은 주 상급법원(법원조직법 제121조 제2항)의 판례와 연방통상법원 각 재판부의 판례를 일치시키는 임무도 수행한다(법원조직법 제132조 이하). 3

다. 법률의 형성(Rechtsfortbildung)

형법에 설정되어 있는 한계(유추해석 금지, 소급효 금지) 내에서 연방통상법원은 원칙적인 문제에 있어서 법률형성의 기능을 수행한다(법원조직법 제132조 제4항 참조). 4

라. 목적 사이의 충돌과 조화

상고의 목적이 무엇인가에 관한 격렬한 이론적 논쟁1)은 실무적으로는 거 5

1) Sarstedt/Hamm, Rn. 1 이하 참조.

의 중요하지 않다. 상고법원의 판결은 항상 개별 사건의 구체적 정당성과 법적 안정성을 보장하는 데 동시에 기여한다. 역사적으로 보면 실체법적 상고이유에서는 실체법의 통일적인 해석의 이익이 전면에 부각되고, 절차법적 상고이유에서는 상고인에게 적법한 절차를 보장함으로써 개별사건의 모든 특수한 사정이 반영될 수 있는 기회를 보장하려고 하는 점이 전면에 부각되었다.

그동안에 상고법원은 법률에 규정된 상고심 구조를 초과하여 사실심 법관을 더 강력하게 통제할 수 있는 장치를 만들어 냈다(아래 Rn. 6). 따라서 전체적으로는 상고법원이 그 스스로에게 더 무게 중심을 옮기고, 어떤 사건에서는 구체적 정당성 측면을 우선하고 있다고 말할 수 있다. 그러나 그것은 항상 동시에 법령의 통일적 해석에도 영향을 미친다.[2)]

3. 상고범위의 확대

6 판례는 위와 같은 원칙을 넘어서려는 경향을 보였고, 무엇보다도 증거평가에 대한 심사를 허용하는 원칙을 발전시켰다.[3)] 증거평가는 자유롭게 하여야 하지만 그것은 그 자체 완결적이어야 하고 공백이 없어야 하며 불명료하거나 모순이 있어서는 안 되고, 또한 단순한 추정 정도에 머물러서도 안 된다(위 § 29 Rn. 3 이하 참조). 법관이 확신을 갖게된 객관적 근거에 대하여는 다른 사람도 동일하게 납득할 수 있는 것이어야 한다.

사실심판결이 이러한 요건을 충족시킨다면, 상고법원은 그 실체법이 정당하게 적용되었는지 여부를 심사할 수 있게 된다. 만약 사실심 법관이 이러한 요건을 충족시키지 못하였다면 상고법원은 정당하게 실체법을 적용하였는지를 심사할 수 없다.

한편, 사실심 법관이 신중하게 사건을 심리하고 적절하게 재판하였을 수도 있다. 그러나 판결의 이유설시에 흠결이 있을 경우에는 상고법원은 결론(해석)의 사실적 기초가 납득할만한 것인지에 대하여 확신할 수 없게 된다. 따라서 이 경우에는 실체법이 정당하게 적용되지 않은 것이 된다(또는 정당하게 적

---

2) 상고의 목적에 관한 논의는 I.R/Hanack, § 333 Rn. 7 앞부분 참조.

3) 그 개요에 관하여는 Fezer, Die erweiterte Revision-Legitimierung der Rechtswirklichkeit?, 1974.

용되지 않았을 수도 있다). 그러므로 이때에는 실체법적인 상고이유가 있는 것이 된다. 이것은 판결이유의 설시에 흠결을 근거로 하고 있기 때문에 "이유불비(Darstellungsrüge)"라고 한다.

이렇게 함으로써 상고법원이 원심 법원의 사실인정에 구속되고 사실문제를 건드리지 않는다는 원칙이 폐기된 것은 아니지만, 그 원칙이 적용되지 않을 여지를 남겨 두게 되었다. 상고법원은 원심에서 인정된 사실관계에 구속될 것인지 여부 및 그 이유설시에 흠결이 있을 때 특별히 어떠한 것을 할 필요가 없는지를 판단한다.

Ⅱ. 상고이유

"상고는 판결이 법률위반에 의거하였을 때에만 제기할 수 있다(형사소송법 제337조 제 1 항)."[4] 상고의 대상이 되는 '법률문제'와 상고의 대상이 되지 않는 '사실문제'를 구분하는 것은 쉽지 않고 많은 논란이 있다. 다만, 어떤 경우에 "법률"을 위반하였다고 할 수 있는가 하는 것을 명확하게 함으로써 실무상 어느 정도 일치된 결론을 얻게 된다. 7

1. 법률위반

"법률"의 개념적 핵심은 명확하다고 할 수 있다. 즉 모든 법규범을 의미한다(형사소송법 제337조 제 2 항, 형사소송법시행법 제 7 조). 그러나 법규범이기는 하지만 제337조에서 규정한 범주에서 제외되고 위 법조문에서 말하는 "법률"에 해당되지 않는 경우가 있다. 8

가. 실 체 법

실체법적 상고이유로서, 인정된 사실에 적용되어야 할 법규가 적용되지 않았다거나 부당하게 적용된다거나 또는 법규가 아닌 규정을 적용하였다고 주장 9

4) "Die Revision kann nur darauf gestützt werden, dass das Urteil auf einer Verletzung des Gesetzes beruhe."

하는 것이다. 실체법에는 형사실체법뿐만 아니라 독일의 다른 모든 법률(민사법, 공법 등), 국제법(일반규정, 기본법 제25조), 외국법(선결문제가 된 경우, 예컨대 형법 제 7 조), 직접 적용되는 유럽법 및 정식법률로 편입된 조약 등이 모두 해당된다.

10 행정규칙(Verwaltungsanordnungen),[5] 복무지침(Dienstvorschriften), 사고방지지침(Unfallverhütungsvorschrift),[6] 보통거래약관(allgemeine Geschäftsbedingungen)은 법규범이 아니다.

11 사유법칙(Denkgesetze)이나 경험칙(Erfahrungssätze)도 법규범이 아니고 또한 "불문법(ungeschriebene)"도 법규범이 아니다. 다만 그 위반이 법률적용을 정당하지 않은 것으로 만들게 될 경우 실체법적 상고이유로 될 수 있다.[7]

12 "의심스러울 때는 피고인의 이익으로"라는 원칙에 대하여도 유사하게 이해할 수 있다.[8] 이 원칙은 구조론적으로 따지면 거증책임 원칙(위 § 18 Rn. 18 참조)의 문제이고, 그 범위 내에서는 소송법적인 문제라고 할 수 있다. 그러나 위 원칙을 위반하게 된다면, 단순한 유죄가능성만으로 처벌하여서는 안 된다는 실체법을 부당하게 적용하는 것이 된다. 무엇보다도 "의심스러울 때는 피고인의 이익으로" 원칙을 위반하였다는 것은 판결 이유 자체에서 곧바로 입증이 되기 때문에, 그것을 이유로 상고할 때에도 절차법적 상고이유와 같은 엄격한 형식과 조건(상세히는 아래 Rn. 23)에 따르도록 요구하는 것은 옳지 않다.

나. 소 송 법

13 절차법규범을 위반하였다는 것은 절차법적 상고이유로서 주장된다. 소송조건에 대하여는 특별한 규정이 적용된다(아래 Rn. 14). 여전히 존속하고 있고 광범위하게 적용되는 절차규정(위 § 14 Rn. 5 참조) 중에는 강행규정(ist, muss), 재량규정(kann, darf) 및 단속규정(Soll- und Ordnungsvorschriften)이 있다. 위 모든 규정은 법규범이라 할 수 있고, 제337조에서는 그 사이에 아무런 구별을 두지 않았다. 그럼에도 통설은 단속규정 위반에 대하여는 상고이유로 삼을 수 없다고 한다.

---

5) BGH NStZ 1982, 321; 위임된 내용을 보충하는 규정(blankettausfüllende Vorschriften)에 대하여는 논란이 있다. OLG Hamburg NStZ 1984, 273.
6) 논란이 있다. BayObLG MDR 1987, 80.
7) LR/Hanack, § 337 Rn. 11 참조.
8) 심하게 논란이 되고 있다. LR/Hanack, § 337 Rn. 14 참조.

예) 형사소송법 제257조 제1항에 따른 일반적인 법적 청문의 기회가 보장된 경우;[9] 증인에게 제57조에 규정된 고지를 하지 않은 경우;[10] 증인이 선서하지 않은 이유를 조서에 기재하지 않은 경우(제64조);[11] 압수물에 대한 식별표시를 하지 않은 경우(제109조) 등이 이에 해당된다.

소송법에 규정된 모든 형식적 요건이 "보호받는" 형식적 요건이라 할 수 없다. 문제는 그러한 형식적 요건 위반이 상고를 제기하는 사람의 권리를 침해하였는가 하는 것이다. 단속규정 위반이 동시에 진실규명의무를 준수하지 않는 것으로 평가될 수 있을 때가 위와 같은 경우에 해당할 것이다.[12] 이와 같이 보호목적에서 출발하는 것이 "의거성(Beruhens)" 여부의 문제로 넘기는 방법보다 더 뛰어나다.

다. 소송조건

소송조건은 직권으로 조사하여야 한다. 따라서 상고법원은 상고가 적법한 경우 사실심 법관이 소송장애사유를 간과하였는지 또는 위법하게 취득하였는지를 조사한다(사후에 발생한 소송장애사유에 대하여는 아래 Rn. 49 참조). 이와 관련하여서는 원심의 사실인정에 구속되지 않는다.[13] 어떻게 증거조사를 할지는 상고법원에 맡겨져 있다. 소송조건에 대한 조사를 할 때 사실심 법관에게 엄격한 증명절차에 관한 규정을 따를 것을 면제하여 주는 것에 대하여 의문이 제기되지 않는 것처럼, 다른 한편 사실심 법관과 같은 증거조사를 하지 않는 상고법원에게도 자유로운 증명절차에 따라 조사할 권한을 부여하는 것은 논란의 여지가 없다. 14

라. 증거평가(Beweiswürdigung)에 대한 규칙

상고법원은 직접 증거평가를 하지는 않는다. 그러나 상고법원은 사실심 판사가 증거평가에 있어서 재량의 한계를 일탈하지 않았는지를 심사한다(위 §29 15

9) BGH MDR 1967, 175. 논란이 있다.
10) BGH NStZ 1983, 354.
11) BGH NStZ 1989, 128.
12) LR/Hanack, §337 Rn. 18. 이하. 여기에는 더 많은 설명이 되어 있다.
13) BGH 5, 225; 유무죄 문제에도 관련되어 있는 사실관계는 예외이다. BGH MDR 1956, 272.

Rn. 3 이하 참조). 사실심 법관이 증거평가에 관한 이유 설시를 제대로 하지 않아서 그와 같은 심사가 불가능하다면 이는 판결에 위법이 있는 경우가 된다(이유불비의 실체법적 상고이유, 위 Rn. 6 참조). 이러한 상고 가능한 위법은 법률로서의 법규범(Rechtsnormen)이 아니라 상고법원이 스스로 만든 원칙이다(상고의 확대).

16 상고법원은 사실관계에 대하여 직접 판단할 수 있는 경우에도 사실심 판사가 할 일에 관여하지는 않는다. 모욕적인 내용의 편지 혹은 음란물이 기록 속에서 발견되었는데 알고 보니 그 편지는 법정에서 낭독되지 않았으며 또한 음란물은 검증대상으로 제시되지 않은 경우가 있을 수 있다.[14] 상고법원은 의사표시 등의 해석에 관한 원칙이 정당하게 적용되었는지 여부만을 심사한다.[15]

예) 피해자가 영구적인 흉터가 남는 중상해(형법 제226조 제 1 항 제 3 호)를 입었는지 여부는 '사실문제'라고 할 수 있다. 상고법원은 사실심 판사가 법률개념(Rechtsbegriff)을 잘못 해석하였을 경우에만 관여하고, 기록에서 사진이 발견되었다고 하더라도 그것에 대해 직접적으로 판단하는 것은 자제한다.

2. 의거성(Beruhen)요건

17 법률은 법률위반과 판결 사이에 인과관계가 있었을 것을 요구한다. 다시 말해 올바르게 법률이 적용되었다면 다른 판결이 내려졌을 것이라는 요건이 필요하다는 것이다. 그러나 상고인은 그것을 증명할 필요가 없다. 그리고 대부분의 경우 그것은 불가능하다. 예를 들어 증거신청이 부당하게 기각된 경우 동일하거나 다른 결과가 도출되었을 수도 있다. 그 정도면 충분한 것이다. 그러한 위법이 없었다면 그와 다른 결론이 났을 것이라는 것을 배제할 수 없다면 판결은 위법에 의거한 것이다.[16] 어떠한 관련성도 존재하지 않는다는 점에 대한 거증책임(Beweislast)은 상고법원이 진다.

14) BGH 29, 18, 22; KG JR 1980, 291. Volk의 평석이 있다.
15) BGH NStZ 1982, 27.
16) 논란이 되고 있는 판례; BGH 1, 350; NStZ 1983, 135.

가. 상대적 상고이유(제337조)

상고에 관한 일반규정은 통상적인 경우를 상정하고 있다. 위법과 판결 사이 18
의 관련성, 즉 의거성을 요구하기 때문에 '상대적' 상고이유라고 한다.

나. 절대적 상고이유(형사소송법 제338조)

여기에 규정된 소송법적 위법이 있으면 판결이 그것에 의거하였다는 것이 19
법률적으로 추정된다. 물론 이에 대하여 상고인은 아무것도 언급할 필요가 없다. 그렇게 보지 않는다면 이 규정의 상고이유도 다른 절차법적 상고이유와 마찬가지의 요건을 요구하는 것이 될 것이다. 아래 열거내용은 제한적이다.

표 25 절대적 상고이유(제338조)

- 제 1 호는 법률에 규정된 법관에 의하여 재판받을 권리를 보장하는 것이다.
- 제 2 호는 제22조, 제23조, 제31조 제 1 항, 제148조a 제 1 항 제 1 문 참조할 것.
- 제 3 호의 상고는 본질적으로는 즉시항고이다(제28조 제 2 항 제 2 호). 따라서 상고법원은 합목적성의 관점에서 판단을 하게 되고, 항고에 관한 결정에 적용되는 규정이 적용된다(또한 사실적인 관점에서 심사를 한다. 아래 §37 Rn. 11 참조).
- 제 4 호는 동일 심급법원의 특별관할 및 토지관할 그리고 사물관할과 관련된다(법원조직법 제74조 제 2 항, 제74조a, c); 동일법원의 재판부 사이의 사무분담에 관하여는 제 1 호가 적용된다.
- 제 5 호는 공판심리의 실질적인 부분에 불출석한 경우에만 적용된다;[17] 출석의무에 대해서는 위 §20 Rn. 3 이하 참조
- 제 6 호는 공개성원칙을 불법적으로 제한한 경우에만 적용되고, 제337조에 따른 진실규명의무 위반만을 주장할 수 있는 상고이유 확장의 경우는 여기에 해당하지 않는다. 연방통상법원은 여기에 더 나아가 법원에게 귀책사유가 있었을 것을 요구한다.[18]
- 제 7 호의 경우 판결이유 자체에 흠결이 있는 경우라면 일반적인 실체법적인 상고이유에 해당된다. 제329조 제 1 항 및 제412조에 의거한 소송판결의 경우 이것은 다르게 나타난다.
- 제 8 호의 경우 변호의 제한은 법원의 결정에 의하여 발생해야 하고(예를 들어 제238조 제 2 항), 판결을 할 때 일반적으로 근거로 삼게 되는 본질적인 점에 관련되어 변호권이 제한되어야 한다.[19] 이 때문에 판례는 이러한 상고이유를 절대적인 것으로 다루고 있지 않는다.[20] 20

17) Meyer-Goßner, §338 Rn. 35 이하 참조.
18) BGH 21, 72, 74; NStZ 1995, 143.
19) BGH 23, 244; 30, 131, 135.
20) 여기에 대해 비판적인 견해는 LR/Hanack, §338 Rn. 125 m.w.N.

3. 실체법적 상고이유(Sachrüge)

21 상고가 적법하기 위해서는 상고이유를 주장하여야 하는데, 상고이유에는 그 것이 실체법적 불복인지, 절차법적 불복인지 명확히 하여야 한다(제344조 제 2 항 제 1 문). 실체법적 불복에는 그 외에 다른 이유를 부가적으로 제시할 필요는 없다. "실체법적 위반에 대해 불복한다"라는 것만으로 충분하다. 이로써 상고법원이 판결문을 읽고 위법에 대하여 심사를 하게 된다. 그러한 심사시 기록을 활용하지 않을 뿐만 아니라 참조해서도 안 된다.21) 위법은 판결 그 자체에서 생길 수 있는 것이지 판결과 기록을 비교함으로써 생겨서는 안 된다. 따라서 '기록모순(Aktenwidrigkeit)'에 대한 단순한 불복은 여기에 해당되지 않는다.

22 여기에는 물론 특별한 경우가 있다.

[사례] 사건기록에서 법원이 판결근거로 삼았던 증인의 진술과 모순되는 내용을 포함하고 있는 문서가 발견되었다. 원심법원은 어떤 오류를 범했다고 할 수 있는가?

법원은 공판심리에서 이러한 모순을 제거하려고 시도하지 않음으로써 진실규명의무를 위반했거나 혹은 그러한 시도를 했다고 하더라도 포괄적인 증거평가를 하는 것, 즉 판결이유에 충분히 이 내용을 설시하는 것을 소홀히 했을 수도 있다. 고인이 이러한 기록 자체의 모순을 '선택적 · 절차적 상고이유(alternativen Verfahrensrüge)'로 주장한다면 상고법원은 그 선택에 대하여 판단할 수 있다.22)

4. 절차법적 상고이유(Verfahrensrüge)

가. 상고이유

23 법률적으로 규정된 행위가 이루어지지 않거나 흠결이 있는 경우 혹은 그 행위가 전적으로 허용되지 않는 것인 경우 절차법적으로 법률위반이 있는 경우에 해당된다.23) 절차 일반에 대한 상고는 허용되지 않는다. 그와 같은 절차

---

21) BGH 35, 238, 241.
22) Ziegert, StV 1996; BGH 43, 212; KK/Kuckein, § 337 Rn. 26a.
23) BGH MDR 1981, 157; LR/Hanack, § 337 Rn. 69.

일반에 대한 상고를 허용하게 되면, 상고법원이 원심의 소송절차 전체를 재구성하도록 강요하는 것이 된다. 이것은 가능하지도 않을 뿐만 아니라 상상할 수도 없다. 여기서 상고인은 소송절차에 대하여 불복하려면 구체적 사실관계를 적시하여야 한다(제344조 제 2 항 제 2 문).[24]

예) 증거신청이 부당하게 기각되었다는 불복은—기록을 인용하는 것에 그치지 말고— 증거신청, 법원의 결정 및 흠결이 있었던 이유를 구체적으로 적시하여야 한다.

다시 말해 절차법적 상고이유는 구체적인 근거가 제시되고, 그 자체로서 타당하여 상고법원이 상고이유만 보고도 상고인이 주장하는 사유가 진실일 경우 그 주장을 인용할 수 있다고 판단할 정도이어야 한다. 따라서 소송절차의 위법이 진실규명의무의 위반에 있다(제244조 제 2 항; 진실규명의무에 관한 불복)고 주장하는 자는 그에 따라 '어떤 증거방법이 알려져 있었고 또한 접근가능했는지', '어떤 구체적인 사실관계가 그것으로 규명될 수 있는지' 그리고 '두엇 때문에 그것이 유무죄 판단 및 양형에 중요한 것이었는지'에 대하여 구체적으로 설명하여야 한다.[25]

또한 "부정적인 사실(Negativtatsachen)"을 설명하여야만 절차법적 상고이유의 형식적 요건을 갖추게 되는 경우가 있다. 낭독되지 않았던 문서의 내용이 증거로 사용되었다고 주장하는 사람은 문서의 내용이 공판심리에서 소송법에 부합하는 다른 방법(예를 들어, 제시)으로 제출되지 않았다는 것을 추가로 주장하여야 한다.[26]

나. 증명(Beweis)

절차위반의 결과를 초래한 사실관계의 존재가 증명되었을 때에만 절차법적 상고이유가 받아들여진다. 증명은 조서(제273조, 제274조) 및 판결문(Urteilinhalt) 혹은 자유로운 증명절차에 의한 조사를 함으로써 가능하다. '조서내용에 어떤 것이 포함되어 있다든가 혹은 포함되어 있지 않다든가' 하는 조서내용 자체에 대한 이의제기를 상고이유로 할 수 없다. 왜냐하면 판결은 조서에 근 24

24) BGH StV 1996, 530.
25) 자세한 것은 Ziegert, Grundlagen der Strafverteidigung, 415면 이하.
26) 연방헌법재판소가 인정하였지만 논란이 되고 있는 연방통상법원의 판례, NStZ 2005, 522면 이하 참조.

거할 수 없기 때문이다. 조서는 위법을 증명만 할 수 있을 뿐이며 위법 그 자체를 구성하는 것이 아니기 때문이다.

25 소송절차에 위법이 있었는지가 증명되지 않으면 일단 법관이 규정에 적합하게 소송을 진행하였다고 추정되고, 이때 무죄추정의 원칙(in dubio pro reo)은 적용되지 않는다.[27]

예) 형사소송법 제136조a의 규정에 위반되었을지도 모르는 신문조서가 낭독되었다; 그 여부가 증명되지 않았다.

이 예는 무죄추정 원칙의 적용이 너무 강하게 부정되고 있음을 보여주고 있다. 기본적인 소송원칙을 준수하지 않았다는 의심이 존재하고, 그러한 의심을 완전히 해소할 수 없다는 충분한 이유가 있다면, 사법책임이라는 측면에서 볼 때 그 판결을 파기하는 것이 옳다.[28]

다. 절차법적 상고권의 상실

시간의 경과, 포기, 이의권의 불행사 혹은 권리의 박탈 등이 있으면 절차법적 상고권을 상실하게 된다. 그 문제점은 복잡하고 또한 논란의 대상이 되고 있다.

26 **시간의 경과**: 몇몇 절차법적 상고권은 소송절차 진행 중 적절한 시기에 제기되지 않았다면 소멸된다(제6조a 제 3 문, 제16조 제 2 문, 제25조, 제217조 제 2 항, 제218조 제 2 문, 제222조b 제 1 항 제 1 문, 제246조 제 2 문).

27 **포기**(Verzicht): 사실심 법관 앞에서 소송법 규정을 그대로 적용하지 않아도 된다는 의사를 표시한 경우에는 그 소송법 규정위반을 근거로 상고를 제기할 수 없다. 대부분의 소송규정은 법치국가원칙을 구성하고 있는 것이므로 소송관계인이 처분할 수 있는 것이 아니고, 따라서 포기할 수 없다. 이 원칙에 따르면 포기가 가능한 경우는 몇 가지밖에 되지 않는다: 상소고지(제35조a), 공소장 송달(제201조), 소환(제216조, 제218조), 통지(제224조), 최후진술의 포기(제258조 제 3 항). 포기는 권리에 대한 인식을 전제로 한다. 변호인을 선임하지 않은 피고인의 침묵은 포기로 해석하여서는 안 된다.

28 **이의권의 불행사**(unterlassene Beanstandung): 재판장의 명령에 대하여

27) BGH 16, 164, 167; 위 § 18 Rn. 22 참조.
28) 여기에 대한 내용; LR/Hanack, § 337 Rn. 76 m.w.N.

곧바로 이의를 제기하지 않고, 그 이후 법원의 판결이 내려졌다면, 재판장의 명령에 위법이 있다는 주장은 상고이유로 주장할 수 없다(제238조 제 2 항; 제338조 제 8 호 참조). 변호인을 선임하지 않은 피고인은 이러한 중간 권리구제 수단이 있는지 알 필요가 없다.

박탈(Verwirkung) : 소송절차를 규정에 적합하게 진행할 책임은 법원에게만 있는 것이지, 소송관계인에게 있는 것이 아니다. 소송관계인이 신의성실의 원칙(Treu und Glauben)을 위반하였다 하더라도 그것은 아무 의미가 없다. 왜냐하면 법원은 소송관계인이 충성스럽게 협력할 것이라고 기대하여서는 안 되기 때문이다. 기껏해야 악의적인 행동이 있으면 그에 대한 권리를 박탈시킬 것인지 여부가 문제될 뿐이다. 29

예) 변호인은 형사합의부에서 진행되는 공판심리 중 중요한 몇 분 동안 법정에서 나가 있으면서, 그 사이 소송이 진행되어 이 위반이 치유되지 않기를 희망하였다(그 해당 심리부분을 다시 진행하는 방법으로 치유가능). 그리고 나중에 이를 이유로 상고를 제기하였다(제338조 제 5 호, 제140조). 변호인이 위와 같이 하였다 하더라도 변호인이 악의적으로 상고이유를 작출해 내었으므로 상고권을 박탈하여야 한다고 곧바로 결론을 내릴 수는 없다. 여기서는 침해된 규정이 매우 중요하다.29) 또한 변호인의 악의성이 피고인에게 귀속되거나 불이익하게 작용되어서는 안 된다.30)

박탈에 의한 상고권상실은 소송관계인이 포기할 수 있는 규정에서만 고려되고, 또한 그러한 규정에는 원칙적으로 그러한 소멸사유가 따로 존재하기 때문에 권리박탈이라는 상실사유는 결과적으로는 특별한 의미가 없는 것이다.31)

Ⅲ. 상고의 적법 요건(Zulässigkeit)

1. 상고의 대상(Statthaftigkeit, 형사소송법 제333조, 제335조)

가. 형사부 판결에 대한 상고는 허용된다(형사소송법 제333조). 대형사부가 30

29) BGH 15, 306, 308; 다른 견해로서는 BGH NStZ 1997, 451; 1998, 209.
30) BGH 24, 280, 283.
31) 이에 대한 논란은 Meyer-Goßner, §337 Rn. 47. 특별한 사례에 관해서는 BGH NStZ 2005, 646이하.

제 1 심법원으로 재판한 경우, 주법만을 위반한 경우가 아니라면, 그에 대한 상고는 연방통상법원이 재판한다(법원조직법 제135조 제 1 항; 전술한 § 5 Rn. 18 참조). 주 상급법원의 제 1 심 판결에 대해서도 동일하게 적용된다(법원조직법 제120조 참조). 소형사부의 항소심판결에 대한 불복이 있는 경우 주 상급법원이 그 상고에 대해 재판한다(제121조 제 1 항 제 1 호).

31 나. 구법원의 판결은 먼저 항소를 제기하지 않고 상고로 불복할 수 있다(형사소송법 제335조 제 1 항). 주 상급법원이 그러한 상고에 대해 재판한다(동조 제 2 항).[35]

2. 상고제기의 형식과 기간(형사소송법 제341조)

32 상고는 불복하는 판결을 선고한 법원에 판결 선고 후 1주 이내에 법원사무과의 조서에 기재하게 하거나 상고장을 제출하는 방법으로 제기되어야 한다(제 1 항). 부재 중인 피고인에 대해 선고한 경우 그 기간은 송달시부터 기산한다(제 2 항). 구속된 피고인을 위하여 법원사무과에 상고를 제기하는 것에 대해서는 제299조 참조. 기간 내에 상고가 제기되면 집행 정지효가 발생한다(제343조 제 1 항).

3. 상고취지(형사소송법 제344조 제 1 항)

33 상고법원은 원판결에 대해 불복하는 범위 내에서만 그 판결을 심사한다(형사소송법 제352조 제 1 항). 상고인은 상고이유의 일부로써 판결 전체를 다투는 것인지 아니면 그 일부에 한정한 것인지에 관한 상고취지를 기재하여야 한다(이에 대해서는 전술한 § 34 Rn. 16 이하 참조). 또한 상고인은 어느 범위에서 판결이 파기되어야 할 것인지를 표시하여야 한다(이에 대해서는 후술하는 Rn. 46 참조).

---

35) 바이에른 주에서 2004. 12. 31까지 바이에른주 상급법원에 계속 중인 상고사건에 대해서는 바이에른주 상급법원이 관할한다.

4. 상고이유(형사소송법 제344조)

이러한 상고취지에 대하여 이유를 제출하여야 한다. 상고인이 실체법 적용의 흠을 주장하는 경우, 일반적인 실체법적 상고이유(Sachrüge)가 있다고 하는 것으로 족하다(전술한 Rn. 21 참조). 상고인이 절차상 흠을 이유로 상고한 경우, 상고인은 절차법적 상고이유(Verfahrensrüge)를 뒷받침하는 사실관계도 제시하여야 한다(전술한 Rn. 23 참조). 34

5. 상고이유서(형사소송법 제345조)

상고 취지 및 이유는 서면으로 제출되어야 한다. 상고법원은 근거 없이 무분별하고 비전문적인 상고장 때문에 수고하지 않도록 보호받아야 한다. 따라서 상고장은 변호인 또는 변호사가 서명날인하거나 법원사무과 서기가 기록하여야 한다(제 2 항). 상고이유제출기간은 1개월이다. 그 기간은 상고 기간의 경과 후에 기산되고, 판결 송달이 늦어진 경우에는 판결 송달과 함께 기산된다(제 1 항 제 1 문, 제 2 문). 35

Ⅳ. 상고 심리절차와 재판

1. 사실심법원에 의한 사전심사(형사소송법 제346조)

상고기간 또는 상고이유 제출기간을 경과하여 상고하거나 상고이유를 제출한 경우에 원심법원은 상고에 대한 부적법 각하결정을 한다(제341조, 제345조). 사실심 법관은 자신이 소송장애사유를 간과한 사실을 발견하였다 하더라도 그 소송절차를 중지해서는 안 된다.[36] 왜냐하면 이러한 방법으로 자신의 판결을 수정할 것이기 때문이다. 그것은 그의 권한에 속하지 않는다. 사실심 법관이 판결 선고 후에 발생한 소송장애사유를 발견한 경우 형사소송법 제206조a에 따라 절차가 진행될 것이다. 36

36) BGH 22, 213, 216.

37 상고기간 경과 후에 상소권 회복 신청과 함께 상고가 제기된 경우, 사실심 법관은 상고를 기각해서는 안 된다(형사소송법 제46조 제 1 항 참조).

형사소송법 제346조에 근거한 기각결정은 원심 판결의 확정에 대해 아무런 의미도 없다. 사후에 상고가 제기되었다면, 그 판결은 이미 확정된 것이다(제343조 제 1 항). 그렇지 않다면 제346조 제 2 항 제 2 문의 기간이 활용되지 않거나 상고법원이 재판을 한 경우에 확정력이 발생한다.

상고의 기간과 형식에 맞추어 상고가 제기된 경우 사실심 법관(재판장)은 상고장을 피상고인에게 송달하고, 피상고인의 답변을 답변서제출기간 동안 기다려서 검찰을 통하여 상고법원에 소송서류를 송부한다(제347조).

2. 상고법원의 결정 재판(형사소송법 제349조)

가. 부적법한 상고(제 1 항)

38 상고법원이 다시 상고기간과 형식을 심사하고 비로소 상고의 다른 적법요건(상고의 이익)도 심사한다. 상고취지의 제출에 관한 규정이 준수되지 않은 경우(예컨대, 순수하게 조서에 의하여 불복한 경우, 전술한 Rn. 24 참조)에는 상고는 부적법하다고 하여 기각된다. 상고기각은 결정(동조 제 1 항) 또는 판결(동조 제 5 항)에 의하여 이루어질 수 있다.

나. 명백히 이유가 없는 상고(제2항, 제3항)

39 상고법원은 어떠한 경우에도 공판심리를 하여야 하는 것이 아니다. 파기가능성이 없는 상고는 신속히 종결할 수 있다. 검찰의 신청이 있고 상고심 법관들이 전원 일치하여 인정할 경우 상고는 명백히 이유가 없다고 하여 기각될 수 있다. 상고사건 중 80%는 이와 같은 방식으로 종결된다. '명백히(offensichtlich)'라는 것은 '일견하여(auf den ersten Blick)'가 아니라 '분명히'라는 의미이다. 그러한 경우에는 어떠한 공판심리도 이루어지지 않는다.

다. 이유가 있는 상고(제 4 항)

40 피고인의 이익을 위하여 제기된 상고 중에서 이유가 있는 것이 확실한

사건에 대해서도 동일하게 적용된다. 법문언에 따를 때 상고이유가 명백하다는 것은 문제가 되지 않는다. 검찰의 신청도 필요하지 않다. 결정적인 기준은 재판부 법관 전원의 일치이다. 사실심 법관이 간과한 소송장애의 경우 형사소송법 제206조a가 아니라 제349조 제 4 항에 의하여 절차가 진행되어야 한다.[37]

3. 공판심리절차(형사소송법 제350조, 제351조)

그 밖의 경우 상고심 법원은 공판 심리를 한 후에 판결에 의하여 재판한 41
다(제349조 제 5 항). 공판심리는 법률적 변론으로 구성된다(제350조, 제351조). 증거조사에 관한 규정은 규정되어 있지 않다(자유로운 증명). 소송조건 또는 절차법적 상고이유에 대해 의미 있는 사정만 증명할 필요가 있다. 실체법적 상고이유의 범위 내에서도 경험칙 또는 외국법에 대해서는 증거조사가 이루어진다. 사실에 대한 증거조사는 배제된다.

공판심리는 상고심 법원이 심사해야 할 쟁점으로 국한된다(제352조 제 1 42
항). 그것은 어떠한 점에 대해 상고가 이루어졌는가 하는 점에 따라 결정된다(전술한 Rn. 33 참조). 상고법원은 모든 상고이유에 대해 재판할 필요는 없다. 하나의 절차법적 상고이유가 결정적이라면 다른 절차법적 상고이유는 심사할 필요가 없다. 실체법적 상고이유로 말미암아 판결이 사실 확정에 따라 전 범위에 걸쳐 파기되어야 한다면(제353조), 절차법적 상고이유는 판단하지 않을 수 있다.[38] 제153조에 의한 절차중지도 가능하다(제153조a에 의한 중지는 불가능. 제 2 항 제 1 문 참조).

4. 상고이유가 인정되지 않는 경우

심사한 결과, 사실심 법관이 소송장애사유도 간과하지 않았고 절차법상 · 43
실체법상 잘못을 하지 않은 경우, 상고법원은 판결로써 '이유 없다'고 하여 기각한다. 어떠한 잘못이 판결의 결과에 영향을 미치지 아니한 경우에도 동일하다. 상고가 이유 없는 경우의 재판 형식에 관하여는 법률상 명문 규정이 없다.

37) Meyer-Goßner, §349 Rn. 29.
38) BGH 17, 253.

5. 상고가 이유 있는 경우(형사소송법 제353조, 제354조)

44 상고가 이유 있는 경우 원심판결을 파기한다(제353조 제 1 항, 아래 Rn. 45). 그러나 이 경우 판결주문(Urteilspruch)만 파기되는 것이다. 원심판결의 사실인정은 자동적으로 파기되는 것이 아니고 그것에 위법이 있는 경우 그 범위 내에서만 파기된다(제353조 제 2 항, 아래 Rn. 46). 파기된 사건은 대부분 사실심으로 환송된다(제354조 제 2 항, 아래 Rn. 47). 예외적으로 상고법원이 자판할 수 있다(제354조 제 1 항, 아래 Rn. 48 이하).

가. 원심판결의 파기(제353조 제 1 항)

45 다음의 경우 판결의 일부분에 대해서만 파기한다.

- 상고인이 자신의 상고범위를 제한한 경우(예를 들어, 양형문제만으로 제한한 경우)
- 상고의 일부분만 이유가 있는 경우

예) 판결 전체에 대하여 불복하였다. 그러나 연방통상법원은 양형에 대해서만 위법이 있다고 하여 판결을 그 범위 내에서만 파기하고 나머지 부분에 대해서는 이유 없다고 상고를 기각하였다. 이것으로 유무죄판단 부분은 확정력을 가지게 되었다.

나. 판결의 사실인정부분 파기(제353조 제 2 항)

46 사실심 판사의 소송절차 위법은 (대부분)모든 사실인정과 관련된다.

예) 알리바이를 증명하려는 증인신문 신청을 기각한 결정이 위법한 경우

이것은 전체적인 증거체계와 관련된다. 이 때문에 모든 사실인정이 파기된다. 실체법적 상고에서는 이러한 효과가 항상 발생하는 것은 아니다. 오류가 사실의 내적인 측면과 관련된 경우 사실의 외적인 측면에 대한 인정은 그대로 유지된다.

예) 사실심 판사는 책임능력(형법 제20조)에 관한 심사를 하지 않았고,[39] 조건부 고의(die bedingten Vorsatz)에 대한 법률적 개념을 오해하였으며,[40] 범행동기를 잘

39) BGH 14, 30, 34.
40) BGH StV 1983, 360.

못 판단하였다.[41]

위 예에서 사실인정에 대하여는 확정력이 발생하지는 않으나 환송받아 판단하여야 하는 사실심 판사는 확인된 사실관계에 대하여 내부적으로 구속된다.[42]

다. 파기환송(제354조 제 2 항, 제 3 항)

47 사건은 파기된 판결을 내린 법원의 다른 파트(Abteilung; 독일 법원은 각각 담당업무의 종류에 따라 판사들의 소속을 Abteilung으로 구분하고 있다 : 역주) 혹은 다른 재판부(Kammer)에 환송된다. 구법원의 다른 파트는 동일하게 구성된 재판부, 즉 형사단독판사 혹은 참심법원을 말한다. 경제사건전담재판부(Wirtschaftsstrafkammer)의 판결이 파기된 경우 연방통상법원은 다른(그 판결을 하지 않은) 경제사건전담재판부에 환송한다.

라. 상고법원의 자판(제354조 제 1 항)

48 이 규정은 상고법원이 사건을 자판할 수 있는 극히 드문 가능성을 열어두고 있다. 이 규정은 상고법원이 법률을 형성할 목적으로 하는 판결을 하면서 여러 번 사용하고 있다. 그러나 절차법적 상고가 이유 있어서 사실관계가 확정되어 있지 않는 경우에는 자판이 불가능하다. 즉, 원칙적으로 자판은 포섭위반이 있을 때에만 행하여지지만, 절차장애를 간과하여 소송중지를 선고하여야 하는 경우에도 가능하다.

49 절차상 장애를 어떻게 다룰 것인가는 논란거리이다. 적법한 상고가 제기된 경우 상고법원은 사실심 판사가 절차장애를 무시하여 오판을 하였는지를 심사할 수 있다. 상고법원은 원심판결을 파기하고 절차를 중지한다(제354조 제 1 항). 위법한 상고에 대하여는 이러한 심사를 할 수 없기 때문에 제206조a에 따른 절차는 진행될 수 없다.[43] 이 규정은 소송장애가 1심판결 이후에 나타나는 경우만을 규정하고 있다.[44]

50 상고법원은 사실인정에 흠결이 없고 다시 심리를 하더라도 다른 사실인정

41) BGH GA 1980, 24.
42) BGH 30, 340.
43) A. A. BGH 16, 115, 117; 24, 208, 212; 32, 275, 290.
44) Meyer-Goßner, §206a Rn. 6.

이 될 가능성이 없는 경우 직접 무죄판결을 할 수 있다.[45)]

51 절대적 유일형이 무기징역형인 경우에 자판이 가능하다.[46)] 소송지위에 따라 형량의 종류와 범위에 대한 재량이 배제될 때 이러한 형식을 유추하여 적용함으로써 상고법원이 자판하는 경우가 있다.[47)]

52 또한 상고법원은 검사가 동의하는 경우 법정 하한형 또는 형의 면제를 선고하거나 형량을 적정하게 감경할 수 있다(제1항a 제2문, 사법현대화법에 의해 도입). 그 외에 상고법원은 원심판결의 양형기준에 대한 상고가 이유 있는 경우(위법한 경우)에도,[48)] 그 형량이 상고법원의 기준에 비추어 볼 때 적정하여 파기하지 않는 때에도 자판을 한다(제 1 항 제 1 문). 위와 같은 개정취지는 자원을 아끼고 소송절차를 촉진하기 위하여 새로운 사실확정 없이 "상고심에서 어렵지 않게 제거될 수 있는" 그러한 흠결 때문에 파기환송하는 것을 피하고자 한 것이다.[49)] 이러한 의미와 목적에서 연방통상법원은 유무죄판단에 대한 새로운 공판심리가 더 이상 필요하지 않을 경우 유무죄 판단 중에 양형상 중요한 흠결이 존재하는 경우에도 제354조 제 1 항a, b를 유추적용할 수 있다고 보고 있다.[50)]

53 또한 소송절차 단순화를 이유로 하여 제354조 제 1 항을 적용하여 유무죄 판단의 수정이 허용된다.[51)] 실체법적 상고에 관한 것으로서 심리를 다시하여도 다르게 사실인정이 될 수 없을 정도로 완전하고도 근거 있는 사실인정이 되어 있는 경우, 적용되어야 할 형법규정이 대체될 수 있고(예를 들어, 형법 제249조 대신 제255조), 혹은 양형에 대하여 영향을 미치지 않는 한 법조경합사건은 유죄판결에 대하여 자판할 수도 있다.

54 또한 극히 제한된 범위 내에서 형량 주문에 대한 수정이 허용된다.[52)]

---

45) BGH NJW 1993, 2451.

46) 그러나 악의적인 범행의 경우에 있어 초법적인 감형에 대하여 BGH GrS 30, 105.

47) BGH NStZ 1992, 78, 297; 집행유예에 대하여 BGH StV 1996, 265, 266.

48) 예 : 사실심 판사가 지나치게 오래 지속된 소송기간 혹은 구속을 부당하게 상쇄하고자 하였다.

49) BT-Drs. 15/3482, 60면; Knauer/Wolf, NJW 2004, 2932, 2936.

50) BGH NStZ 2005, 284, 285. 구체적인 사건(285면)에 있어 이것은 있을 수 있다(140건의 성범죄에 있어 몇몇 사건은 시효가 소멸하였으며 또한 경합범이 잘못 결정되었다). 이러한 경향은 위험하다.

51) BGH 32, 357, 361; NStZ 1985, 454; NJW 1993, 2188; 자세한 것은 Meyer-Goßner, § 354 Rn. 12 이하.

52) 자세한 것은 Meyer-Goßner, § 354 Rn. 24 이하.

6. 법적인 청문의 위반(제365조a)

청문불복(Anhörungsrüge)은 법적인 청문이 상고심에서 허용되지 않았을 때 제기될 수 있다. 그 신청은 보충적으로 적용되는 제33조a와는 달리 형식과 기간에 구속되고 또한 이유서를 제출하여야 하며, 경우에 따라서는 그 이유에 대한 소명이 요구된다. 54a

7. 공동피고인에 대한 상고확장(제357조)

가. 목　적

유죄판결을 받은 여러 명 중 한 명이 상고를 제기하여 상고법원이 실체법적인 흠결로 판결을 파기할 경우 다른 사람에 대한 유죄판결도 그 지지기반을 상실한다. 이러한 상황은 부당하다. 따라서 그들도 마찬가지로 상고를 제기한 것과 동일하게 간주되어야 한다(제357조 문언). 이미 발생한 법확정력은 소멸된다. 이것은 공범이 원하든 원하지 않든, 혹은 판결에 만족할 뿐만 아니라 새로운 절차에 대한 부담을 갖고서 더 좋은 결과를 가져오지 못한 것이라는 두려움을 갖고 있든 간에 "공범자의 의지를 넘어서(über den Kopf des Mittäters)"[53] 발생한다. 55

나. 요　건

파기효과는 상고를 제기하지 않았거나 제기를 했더라도 기간이 초과되거나 형식에 위배된 상고를 제기하였거나 혹은 절차법적 상고이유만 제출한 피고인에게도 확장되어 적용된다. 실체법 적용상의 흠결 및 공동피고인에게 중요하지만 간과되었던 소송절차장애(예를 들어, 시효소멸)를 이유로 판결이 파기된 경우이어야 한다.[54] 56

또한 동일한 범죄사실(제264조)에 대하여 동일한 판결이 선고된 경우이어야 한다. 57

---

53) BGH 20, 77, 80.
54) BGH 10, 137; NStZ 1987, 239 참조.

예) 구법원은 2명의 피고인에 대하여 유죄선고를 하였다. 그 중에 한 명은 항소를 제기하였으나 이유 없다고 기각되었다. 이에 대하여 상고를 제기하였는데 받아들여졌다. 상고법원의 판결효력은 다른 피고인에 대한 구법원의 판결에 확장되지 않는다.

즉 상고이유가 공통되어야 한다. 만약 다른 피고인이 상고를 제기하였더라도 그 피고인에 대한 판결도 파기되었을 것이라는 것이 충족되어야 한다.

§ 37. 항고(Beschwerde)

Ⅰ. 개 관

항고는 사실심 법원(제 1 심과 제 2 심)의 결정 또는 재판장, 수탁판사, 수명 법관의 처분에 대한 불복수단이다(형사소송법 제304조 제 1 항 참조). 통상항고는 기간의 제한이 없다. 이와 달리 즉시항고는 1주일 내에 제기하여야 하는데, 신속하게 종국적으로 법적 안정 상태를 만들어야 하는 경우를 위하여 법률로 특별히 규정하고 있다(형사소송법 제311조). 항고에 대한 결정에 대한 항고, 즉 재항고(weitere Beschwerde)는 원칙적으로 인정되지 않는다. 제310조에서 체포와 임시유치에 대하여 예외적으로 재항고를 인정하는 것은 한정적인 것으로 보아야 하고 엄격하게 해석하여야 한다.[1] 1

항고가 제기되면 원심법원이 그것에 대하여 경정(更正) 결정(형사소송법 제306조 제 2 항)을 하지 않는 한 상급심으로 이심된다(이심효력). 그러나 항고심이 그 집행의 정지를 명하지 않는 한, 그 집행이 정지되지는 않는다(형사소송법 제307조 제 1 항, 제 2 항). 항고에서는 불이익변경금지 원칙이 적용되지 않는다. 그러나 판례는 그 결정에 따른 법적 효과가 종국적인 것이고 확정력이 발생하는 경우에는 예외적으로 불이익변경금지 원칙의 적용을 인정하고 있다(형법 제57조a).[2] 2

1) BGH 25, 20.
2) OLG Hamm NStZ 994, 53.

Ⅱ. 통상항고(형사소송법 제304조)

1. 항고의 대상

3 통상항고는 결정과 처분에 대하여 제기하는 것이지만, 피고인에게 비용을 명하거나(제304조 제 1 항) 국고의 손실에 대한 보상의무[형사소추비용 보상에 관한 법률(Gesetz über die Entschädigung für Strafverfolgungsmaßnahmen, StrEG) 제 8 조 제 3 항 제 1 문]에 관한 내용이 포함되어 있을 경우에는 판결에 대하여도 가능하다. 연방통상법원의 결정이나 처분에 대하여는 항고를 제기할 수 없고, 주 상급법원 결정에 대하여는 형사소송법 제304조 제 4 항이 열거하고 있는 경우에만 항고를 제기할 수 있다(제304조 제 5 항의 예외 규정도 참조).[3]

4 법원(법관)이 법적으로 재판을 하여 주어야 할 의무가 있음에도 그러한 재판을 하지 않은 경우에는 이에 대하여도 항고를 제기할 수 있다.[4] 그 외에는 일반적인 부작위항고(Untätigkeitsbeschwerde)는 인정되지 않는다.

2. 항 고 인

5 실체법 또는 절차법에 정하여진 권리를 침해당한 사람은 누구든지 항고를 제기할 수 있다(형사소송법 제304조 제항, 제 2 항). 그 침해가 직접적인 것이든 간접적인 것이든 차이가 없다.[5]

예) 압수된 물건의 소유자; 피고인을 위하여 담보를 제공하여 준 사람(형사소송법 제24조 제 2 항 제 2 문)

3. 항고를 제기할 수 없는 경우

6 판결 전의 결정이나 처분으로서 판결의 결과와 직접적으로 관련되어 있는

3) BGH NStZ 2002, 274에 따르면 엄격하게 해석하고 있다.
4) BGH NJW 993, 1279.
5) BGH 27, 175.

수소법원(위 § 16 Rn. 12 참조)의 재판에 대하여는 항고를 제기할 수 없다(형사소송법 제305조 제 1 문; 제 2 문은 예외 규정). 공판이 신속하게 진행될 수 있도록 하기 위하여 위와 같은 재판에 대하여는 따로 불복할 수 없게 하고 판결과 함께 불복하도록 한 것이다(형사소송법 제336조).

예) 증거신청의 기각(제244조 제 6 항); 형사소송법 제 4 조를 적용한 사건의 병합

이와 관련하여 많은 경우에 논란이 되고 있는데, 그것은 제305조가 다른 관점에서 소송상 중요한 의미를 갖고 있는 재판을 모두 포함하지 못하고 있다는 것과 제 2 문이 그 사유를 한정적으로 규정하고 있지 않다는 것 때문이다.[6]

예) 필요적 국선변호인을 선정하지 않은 결정,[7] 보조참가신청(Nebenklage)을 기각한 결정

4. 관할법원

항고장은 언제나 당해 처분을 한 법원에 제출하여야 한다(형사소송법 제306조): 항고에 대하여는 지방법원(법원조직법 제73조 제 1 항, 제76조 제 1 항), 주 상급법원(법원조직법 제20조 제 3 항, 제121조 제 2 호) 또는 연방통상법원(법원조직법 제135조 제 2 항)의 대형사부가 결정한다. 7

5. 항고의 이익; 절차의 원상회복 가능성

그 처분이 존재하지 않았을 그 이전의 상태로 회복시킬 수 없을 때에는 그 처분에 대하여는 원칙적으로 불복할 수 없다. 소송이 진행되는 과정에서 원래의 재판이 수정되었을 때, 즉 항고의 대상이 소멸한 때에는 원칙적으로 불복할 수 없다(그러나 위 § 10 Rn. 77 참조).[8] 8

예) 수색영장의 집행이 이루어지고 그 이후 판결이 확정된 이후에 그 강제처분에 대하여 항고하는 경우

6) 각각 개별적인 논의에 대하여는 KK/Engelbart, § 305 Rn. 5 이하.
7) OLG Stuttgart StV 1998, 123 참조.
8) BVerfGE 49, 329.

6. 항고에 대한 재판

9 가. 항고장이 제출되면 우선 항고의 대상이 된 재판을 한 그 법원(법관)이 항고의 이유가 있는지 여부를 심사한다. 항고가 이유 있으면 그 재판을 경정하게 되는데(형사소송법 제306조 제 2 항, 제 3 항), 이러한 경정을 통하여 법적용의 잘못을 고치게 되는 것이다. 부적법한 항고는 단순한 이의제기(Gegenvorstellung, 위 § 34 Rn. 2)로 취급되고, 이에 대하여도 위와 유사한 심사를 한다. 경정할 사유가 없다고 판단되면 그 법원(법관)은 3일 내에 사건을 항고법원으로 송부한다(형사소송법 제306조 제 2 항).

10 나. 항고법원은 기록을 보고 서면심리한다(형사소송법 제309조 제 1 항). 적법요건(항고의 대상 해당 여부, 항고이익, 기간 등)이 흠결되어 있으면 결정으로 기각한다(일반원칙에 따른 것이고, 제309조는 명시적으로 규정하고 있지 않다).

11 항고가 적법하면, 항고법원은 대상이 된 재판을 할 때 근거가 되었던 모든 사실관계와 항고인이 항고심에서 비로소 주장한 것까지 포함하여 함께 심리한다.[9)]

항고법원은 심리 후 항고가 이유 없으면 기각하고, 이유 있으면 제 1 심 법원(법관)을 대신하여 자판을 하는데(제309조 제 2 항), 제 1 심에게 재량이 인정되는 사건에 대하여도 자판이 가능하다(이에 대하여는 논란이 있다). 그리고 제 1 심 법원의 절차적 흠결을 항고법원이 스스로 고칠 수 없는 경우에만 제 1 심 법원으로 환송한다(예컨대, 필요적인 것으로 규정된 진술의 청취).[10)]

Ⅲ. 즉시항고(형사소송법 제311조)

12 즉시항고는 항고의 제기기간이 정하여져 있다(제 2 항). 즉시항고가 제기된 경우 하급심 법원은 법적인 청문을 보장하지 않았던 경우에만 원래의 재판을 경정할 수 있다(제 3 항). 즉시항고는 법률에 명시적으로 규정되어 있는 경우에만 인정된다. 즉시항고에 대한 재항고는 인정되지 않는다.

---

9) BGH NJW 1964, 2119.

10) 상세하게는 Meyer-Goßner, § 309 Rn. 7 이하.

Ⅳ. 재항고(weitere Beschwerde, 형사소송법 제310조)

원칙적으로 재항고가 인정되지 않는다는 것(위 Rn. 1 참조)은, 예컨대, 항고 13
법원의 결정 자체에 새로운 항고사유가 생긴 경우에도 재항고할 수 없다는 것, 헌법위반을 이유로도 재항고할 수 없다는 것,[11] 패소한 항고의 상대방도 재항고할 수 없다는 것[12]을 의미한다. 그리고 제310조에 열거된 예외는 한정적인 것이다(제 2 항).

11) OLG Düsseldorf NJW 1991, 2434.
12) KG JR 1962, 311.

§ 38. 재　　심

Ⅰ. 서　　설

1. 목적의 충돌

1 진실, 정의와 법적 평화라는 형사소송 목적이 서로 충돌하는 상황에서, 확정판결의 기초가 흔들려 그것을 더 이상 유지할 수 없고 법적 평화를 더 이상 기대해서는 안 되는 경우라면, 확정판결에 의하여 만들어져 있는 법적 안정의 이익보다 진실과 정의의 이익이 우선한다. 재심절차에서는 종전 판결의 확정력을 파기하고 사건을 다시 심리할 것인지 여부가 문제된다. 재심절차는 직권으로 개시되지 않고 항상 청구에 의하여 개시된다.

2. 적용범위(형사소송법 제359조 이하)

2 확정력 있는 실체판결(절차중지판결은 확정력이 없다)이나 약식명령(형사소송법 제373조)에 의하여 종료된 그러한 절차만이 재심의 대상이 된다. 수평적 확정력(Horizontaler Rechtskraft)이 있는 경우 유죄 사실 인정 부분에 대해 재심절차를 청구하고 이와 동시에 양형 판단 부분에 대해 상소를 제기하는 것은 적법하지 않다.[1)]

---

1) 이와 다른 견해도 있다. BGH NStZ 1994, 25; Gössel, NStZ 1983, 291 참조.

3. 재심사유

형사소송법 제359조, 제362조, 제373조a에 규정된 재심사유는 제한적으로 열거된 것이다. 또 하나의 재심사유는 연방헌법재판소법 제79조 제 1 항에서 근거를 두고 있는데, 그것은 형사법 규정에 대하여 연방헌법재판소가 위헌이라고 결정한 경우이다.2) 3

4. 재심의 이익(Beschwer)

검사는 언제든지 재심을 청구할 수 있다(전술한 § 34 Rn. 14 참조). 유죄판결을 받은 자는 자신이 유죄판결주문(Schuldspruch)으로 인하여 불이익을 당하고 있을 때에만 재심을 청구할 수 있다. 무죄판결을 받았지만 그 판결이유로 말미암아 피고인이 불이익을 받게 되는 경우 재심을 청구할 수 없는 것처럼 양형판단에 대해서만 재심을 청구할 수 없을 것이다(형사소송법 제363조). 하지만, 이 규정이 부당한 유죄 판단만 제거하려는 재심청구를 금지하는 것은 아니다.3) 그러나, 형사소송법 제359조 제 5 호는 재심청구의 적법성 요건으로 보다 유리한 양형판단이 가능할 것을 추가적으로 요구하고 있다(후술하는 Rn. 15 참조). 4

5. 재심절차 개요

재심절차는 두 단계로 나뉜다. 형사소송법 제368조의 선행절차(Aditions-verfahren)에서는 주장된 재심사유가 존재한다고 가정하고 그 사유가 판결 확정을 흔들기에 적절한지 심사된다. 이러한 의미에서 제시된 재심사유가 의미 있는 경우 형사소송법 제369조, 제370조의 사전심사절차(Probationsverfahren)에서 이러한 주장된 재심사유에 대한 증거조사가 이루어진다. 이에 대한 증명이 충 5

2) BVerfGE 92, 1[연좌농성사건(Sitzblockadenentscheidung)] 참조.

3) 어떤 사람이 당해 판결에서 확정된 바와 같이 한 사건에서 22명, 다른 사건에서 7명을 살해한 것이 아니라, 단지 첫째 범죄행위만을 범하였다고 주장한다면, 두 번째 범죄행위가 떨어져나간다 하더라도 형량은 변화가 없을 것이다. 그러나 잔여 범죄 대문에 범죄자에게 더 유리한 형량을 기대할 수 없다고 하더라도 유죄판결을 받은 자에게 중한 책임을 묻는 부당한 유죄 판단을 바로 잡을 수 있어야 한다는 것이 정의의 요청이다. BGH NStZ 2003, 678.

분히 이루어진 경우 절차를 재개하고 새로이 심리하도록 하는 재심명령이 내려진다(동법 제370조 제 2 항). 재심(동법 제373조)에서 종전 판결에 구속되지 않고 사건에 대해 모든 관점에서 새로이 독자적으로 심리된다.[4] 그래서 재개된 심리를 재심절차의 제 3 단계로 구분하는 것은 아무런 의미가 없다.

Ⅱ. 유죄판결을 받은 자의 이익을 위한 재심 (형사소송법 제359조)

1. 재심사유(제 1 호 내지 제 4 호, 제 6 호)

표 26 형사소송법 제359조

6 제 1 호 : 문서의 개념은 형법 제267조에서 규정하는 바와 같다. 문서의 행사가 형사처벌될 필요는 없다. 문서가 제출되었고 소송절차에서 증거로 사용되었으면 충분하다.

7 제 2 호 : 허위진술 때문에 유죄판결을 받아야 한다(형사소송법 제364조). 증인이 허위진술을 강요받았고 형법 제35조에 의하여 유죄판결을 받을 수 없는 사정이 있는 사건의 경우 이것은 고려할만한 사정이다.[5] 형사소송법 제364조는 진술이 허위였다는 사실을 새로운 사실로 주장하는 것을 배제하지 않는다.

8 제 3 호 : 그러한 의무위반은 예컨대 형법 제239조, 제240조, 제257조, 제267조, 제331조, 제332조, 제336조, 제343조, 제344조의 범죄가 된다.

9 제 4 호 : 형사판결을 제외한 모든 판결, 예컨대, 행정법원의 판결도 여기에 포함된다.[6] 다만, 취소된 행정행위는 포함되지 않는다. 증거를 판단할 때 그러한 판결들을 사용하였거나 그 판결들이 재심대상 판결의 일부를 구성하는 판결일 경우에만, 그 판결들이 재심대상판결의 근거가 되었다는 요건이 충족된 것으로 본다.

10 제 6 호 : 입법자는 1998. 7. 9. 법률 개정을 통하여 법률에 규정된 재심사유를 준용하는 것이 불가능하다는 것에 대책을 마련하였고,[7] 유럽인권협약을 위반한 판결이 유럽인권법원의 재판에 따라 수정할 수 있다는 점을 고려하였다.

---

4) BGH 14, 64, 66.
5) KG JZ 1997, 629(Maxen의 평석 포함) 참조.
6) BGH 23, 86, 94. 이설 있음.
7) BVerfG StV 1987, 185(Trechsel의 평석 포함).

2. 새로운 사실 또는 증거(제 5 호)

가. 사실(Tatsachen)이란 판결이 근거하고 있는 증명가능한 사실(Fakten)을 말하고,[8] 법률이나 법적 견해의 변경과 같은 법적 사실(Rechtstatsachen)을 말하는 것이 아니다.[9] 11

나. 새로운(neu) 사실이란 사실이 공판심리 당시 제기되지 않았고 따라서 판결시에 어떠한 역할도 하지 않은 사실을 말한다.[10] 그러한 사실에 관하여 누군가(예컨대 피고인)가 알고 있었거나 알 수 있었는지는 중요하지 않다. 12

새로운 증거란 법원이 그 증거를 알지 못하였거나 알았지만 전혀 이용하지 않은 증거를 말한다.[11] 13

'사실'이나(oder) '증거'는 새로운 것이어야 한다. 종전의 사실, 즉, 예전에 이미 알려졌고 공판심리에서 제기된 사실에 대해서는 새로운 증거가 제시되어야 한다. 새로운 사실에 대해서는 새로운 증거뿐만 아니라 이전 증거도 원용될 수 있다. 14

다. 중요하다(erheblich)는 것은 이러한 사실 또는 증거가 무죄판결, 다른 감경적 형법규정에 의거하여 형을 감경하는 판결, 또는 보안처분에 대한 전혀 다른 판단을 이끌어내기에 적절한 경우를 말한다. 처벌만을 감경하는 것으로는 중요한 사실이 아니다(형사소송법 제363조 제 1 항).[12] 15

Ⅲ. 피고인에게 불리한 재심(형사소송법 제362조)

재심이 인정될 경우 피고인은 동일한 범죄로 말미암아 한번 더 형사소추를 받게 된다(형사소송법 제362조. 이는 기본법 제103조 제 3 항에 의한 금지의 예외에 해당한다). 형사소송법 제359조에 열거된 사유와 비교하여 보면, 새로운 사실 또는 증거는 피고인에게 불리한 재심의 근거가 되지 않는다는 점을 알 16

8) BGH 39, 75.
9) BVerfGE 12, 338, 340.
10) Meyer-Goßner, § 359 Rn. 30 참조.
11) LR/Gössel, § 359 Rn. 96 참조.
12) Marxen/Tiemann, StV 1992, 534 참조. 이와 반대되는 입장으로 BGH NStZ 2003, 678이 있고 이는 정당하다.

수 있다. 피고인에게 불리한 재심의 경우에도 다른 형사처벌(가중)을 받게 하는 것이 재심의 목표가 되지 않는다(형사소송법 제363조 제 1 항). 형사소송법 제362조 제 4 호는 가장 중요한 사유를 규정하고 있다. 무죄 판결을 받은 자가 행위의 외적 측면을 인정하면서 동시에 고의, 위법성 또는 책임을 인정하지 않는 경우에도 자백이 있다고 할 수 있다.

Ⅳ. 절차 : 적법성(제363조—제368조)

17 첫 번째 단계 즉, 선행절차에서는 우선 청구가 적법한 형식을 갖추고 있는지를 심사하게 된다(제366조 제 2 항). 더 나아가 재심의 이익(Beschwer)이 있는지도 심사한다(위 Rn. 4 참조). 그 후 재심에 대한 법률적인 이유 주장여부 및 적정한 증거방법 제시여부를 심사하게 된다(제368조 제 1 항; 제366조 제 1 항
18 문언). 다시 말해서 신청자는 소명의무(Darlegunglast)를 지게 된다. 제359조 제 5 호의 경우 사실 혹은 증거방법이 새롭고 또한 그 법조문의 요건에 적합한지(중요한지)에 대하여 심사하게 된다. 재심 청구인은 사실(Tatsachen)을 제시하고 증거방법을 설명하여야 한다. 예를 들어, 새로운 사실은 이전에 하였던 자백과 반대되는 것이어야 한다.[13]

청구인의 지금까지의 소송상태 및 소송진행 과정이[14] 청구인이 제시했던 사실 및 증거방법과 내적인 모순이 있는 경우 청구인은 자신의 모순되는 소송활동에 대한 이유를 제시하여야 한다.[15] 이렇게 하여 청구인은 확장된 소명의무를 지게 된다.[16] 증인이 자신이 행한 이전 진술과 모순되는 사실을 진술할 경우에도 동일하다.

19 소송절차의 이 단계에서는 주장 자체의 타당성여부심사(Schlüssigkeitprüfung)가 진행된다: 문제는 청구인이 제시한 주장이 타당한 것으로 가정할 때 대상판결의 근거가 흔들리고 재심의 목적이 도달될 개연성이[17] 있는지 여부이다.

13) 특히 유죄협상에서의 자백에 관해서는 Hellebrand, NStZ 2004, 413 참조.

14) BVerfG NJW 1994, 510.

15) BGH NJW 1977, 59; OLG Köln NStY 1991, 96.

16) 앞의 연방헌법재판소 판결.

17) BVerfG StV 2003, 225; BGH 39, 75, 85. 개연성에 요구되는 정도에 관하여는 논란

이 때 재심청구를 심사하는 법원은 자신의 역할을 대상판결을 한 그 법원의 것으로 전환시켜야 한다. 즉 그 법원의 법률적 견해와 증거구성에 기초하여 판단하여야 하다. 그렇게 함으로써 그 범위 내에서 증거평가를 사전에 하는 결과가 된다. 이 단계에서는 새로 제시된 주장에 대해 확신에 이르거나 사실이 확정될 필요가 없고, 예견적인 결정(Prognoseentscheidung)만 하는 것이기 때문에 무죄추정의 원칙(in dubio pro reo)은 적용되지 않는다.[18] 위와 같은 요건 중 하나라도 충족되지 않을 경우 청구는 부적법한 것으로 각하된다(제368조 제 1 항). 그렇지 않은 경우 사전심사절차(Probationsverfahren)가 진행된다.

V. 절차 : 이유의 존부(Begründetheit, 제369조 이하)

두 번째 단계에서는 재심청구 주장에 관한 증거가 조사된다(제369조 제 1 항). 증거조사는 "충분한 증명(genügende Bestätigung)"을 그 목적으로 한다(제370조; 제359조, 제362조 제 1 호 및 제 2 호는 다르다). 다시 말해서 완전한 증명(Voller Beweis)은 요구되지 않는다.[19] 새로운 공판심리에서 유죄선고를 받은 자에게 유리한 판단이 내려질 충분한 개연성이 있으면 족하다.[20] 첫 번째 단계와 구별되는 점은 주장이 옳다고 가정하는 것이 아니라 증거조사를 통해 검증을 받는다는 점이다. 여기서도 확실성이 아니라 개연성에 그 목적을 두고 있는 예견적인 결정이 행하여진다. 결과적으로 무죄추정의 원칙(in dubio pro reo)은 직접적으로 적용되지 않는다. 그러나 법원은 새로운 공판심리가 개시될 경우 무죄추정의 원칙에 따른 판단이 행하여 질 수 있을 것인지에 대하여서도 그 예견적 판단에서 고려하여야 한다.[21] 20

예) 책임능력에 관하여는 원래 소송절차에서는 언급되지 않았으나 재심청구에 의하여 비로소 그 의문이 제기되었다. 감정인은 범행시점에서 형법 제20조를 배제하

이 있다, KMR/Eschelbach, §359 Rn.206 이하 참조.

18) 여기에 대한 논란은 Schünemann, ZStW 84(1972), 870, 876면 이하.

19) BVerG NStZ 1990, 499.

20) OLG Frankfurt StV 1996, 138.

21) 논란이 되고 있는 견해로서는 KK/Schmidt, §370 Rn.4 이하.

기 어렵다는 의견을 냈다.[22] 새로운 공판심리가 그 이전의 판결과 동일한 결과를 가져올 것이라는 점도 예견가능하다.

21 새로운 사실(Tatsachen) 혹은 증거방법이 충분히 확인가능하고 또한 그러한 것들이 새로운 공판심리에서 유죄선고를 받은 자에게 유리한 결정을 가져올 개연성이 있다면[인과관계(Kausalität); 제359조, 제362조 제 1 호, 2 호에서는 반박될 수 있는 것으로 추정된다], 재심절차가 개시된다(제370조 제 2 항). 그렇지 않다면 재심청구는 이유 없는 것으로 기각된다(제370조 제 1 항).

22 재심개시 결정은 사망한 자의 명예회복을 위한 소송절차가 진행되는 경우 혹은 즉각적인 무죄선고를 가능하게 하는 충분한 증거가 있고 검사가 이에 동의하는 경우(제371조 제 2 항)에만 필요 없게 된다.

23 그 밖에 그러한 결정은 소송조건이 된다.[23] 이 결정으로 판결의 확정력을 제거하고, 소송절차를 판결이 있기 이전인 소송계속상태(Der Zustand der Rechtshängigkeit)로 회귀시킨다(이것은 제 1 심 판결의 경우라면 공판개시 결정 이후의 소송상태를 의미한다).[24] 판결의 집행력은 상실된다. 상실되었던 권리는 회복된다.[25] 그러나 판결의 존재가 곧바로 제거되지 않는다. 그것은 새로운 공판심리에 의해서만 이루어진다.

Ⅵ. 새로운 공판심리(제373조)

24 새로운 공판심리는 원래 판결이 내려진 심급의 관할법원에서 진행된다. 제364조a에 따라 재심절차를 위한 변호인이 선임되었을 경우 제140조에 의해 새로 결정되어야 한다. 새로운 공판심리에서는 원래의 판결에 대한 어떠한 구속도 없이 새로이 그리고 독립적으로 심리가 이루어진다.[26] 법원이 정확히 동일한 결론에 도달할 경우 원래의 판결은 유지된다(제 1 항). 법원이 원래의 판결과 다른 결론을 내리게 되면 이를 취소하고 대체하는 새로운 판결을 하여야

22) OLG Stuttgart StV 1990, 539 참조.
23) BGH 18, 339, 341.
24) BGH 14, 64, 66.
25) LR/Gössel, § 370 Rn. 37; z.B. die Fahrerlaubnis, BayObLG NJW 1992, 1120.
26) BGH 14, 64, 66.

한다. 재심절차가 유죄선고를 받은 피고인을 위해 진행되었다면 형벌의 종류와 형량에 있어 그에게 더 불리하게 변경해서는 안 된다(불이익변경금지원칙. 제 2 항)

Ⅶ. 배상(Entschädigung)

1971년 3월 8일 발효된 “형사소추비용보상에 관한 법률(StrEG)”은 재심에 25
서 유죄판결이 파기되거나 감경되었을 경우 형사소추에 대한 배상청구권을 보장하고 있다[위 법률 제 1 조; 청구인에게 귀책사유가 있는 경우(eigenem Verschulden) 혹은 허위의 방법으로 불리한 판결을 받은 경우에는 그 배상청구권을 배제한다(Selbstbelastung); 제 5 조, 제 6 조]. 재산상 손실과 비물질적 손해가 배상이 된다(배상에 관한 법률 제 7 조; 자유형에 대해서 포괄적으로 1일당 11유로). 무죄 혹은 필요적 절차중지의 경우 그 배상은 제 2 조 참조; 재량규정 혹은 과도한 형사소추에 따른 절차중지의 경우 배상은 제 3 조, 제 4 조의 상당성(Billigkeit)에 따른다.

§ 39. 피해자의 절차참여

Ⅰ. 개　　관

1 　이 장은 1986. 12. 18.자 피해자보호법에 의하여 폭넓게 개편되었다[선입견을 갖게 하는 표현인 "피해자(Opfer)"는 "범죄자(Täter)"가 존재한다는 판결이 확정되어야만 비로소 존재하게 되는 것이다].

피해자는 소송관계인이다(위 § 20 Rn. 11 참조).

피해자는,

- 사인소추를 제기할 수 있고(아래 Ⅱ),
- 보조참가자로서 소송에 참여할 수 있으며(아래 Ⅲ),
- 배상명령절차에서 재산적 청구권의 실현을 요구할 수 있고(아래 Ⅳ),
- 기타 권한, 예컨대 기록열람권을 갖고 있으며(아래 Ⅴ),
- 손해배상(Entschädigung)을 청구할 수 있다(Ⅵ).

2 　위와 같은 모든 권한을 부여하기 위하여 피해자의 개념은 형사소송법 제172조에 동일하게 정의되어 있다(위 § 12 Rn. 12 참조).

Ⅱ. 사인소추(Privatklage, 제374조 이하)

1. 의　　미

3 　피해자의 생활영역을 그렇게 중하지 않게 침해하고, 일반 공중에게는 거

의 영향이 없는 경죄(Vergehen; 형사소송법 제374조 제 1 항에 열거되어 있다)에 대하여, 형사소추를 제기하여야 할 공익이 존재하지 않는다고 판단될 경우, 검찰은 피해자로 하여금 사인소추를 제기하도록 넘겨준다(제376조). 그 중 드물게 사인소추가 제기되고(위와 같이 넘겨진 사건 중 10%에 해당), 그 중 유죄판결이 선고되는 경우는 더욱 드물다(사인소추 사건의 6%).[1] 역사적으로 보면 이와 같은 절차모델은 1532년의 카롤리나 형법전에 규정되었고, 현재의 독일 형법과 형사소송법이 제정되기 이전의 마지막 제국법전에 통상적인 것으로 편입되었던 것인데, 그 당시 이미 시대에 뒤떨어진 역사적 유물로 여겨졌던 것으로서, 현재까지 존재하고 있는 것이다.

4 사인소추도 당사자주의적 형사절차(Parteiverfahren)는 아니다. 그러나 사인소추인은 검찰과 달리 공소를 유지할 의무가 있거나 객관적이어야 할 의무가 없다. 사인소추인은 공판심리 중 피고인과 합의함으로써 소추를 철회할 수 있다. 즉, 소송물에 대한 처분권이 존재한다. 그러나 증거조사를 수행하여 직권으로 진실을 규명하는 것은 여전히 법원의 임무이다. 따라서 법원이 증거조사의 범위를 스스로 결정하고(형사소송법 제384조 제 3 항), 증거신청이 있는 경우 진실구명의무의 한계 내라면 재량으로 이를 기각할 수 있다. 법원이 피고인의 책임이 경미하다는 이유로 절차를 중지하려고 할 경우에는 반드시 사인소추인의 의견을 들어야 하나(제385조 제 1 항), 그의 동의를 받아야 하는 것은 아니다(제383조 제 2 항). 이 경우에는 대부분 사인소추인이 소송비용과 피고인이 지출한 필수비용을 부담하여야 한다(사인소추인은 소추를 제기하기 이전에 위와 같은 비용에 대한 담보를 제공하여야 한다. 제379조, 제379조a, 제471조 제 3 항 제 2 호).

요컨대, 사인소추절차는 소추인에게 위험하고 비싸며, 성공할 가능성이 적고, 범죄 자체보다 훨씬 스트레스를 주는 경우가 적지 않다.

2. 적용 영역

5 제374조에 규정되어 있다. 사인소추 범죄는 동시에 친고죄이다(예외는 형법 제241조). 사인소추가 고소기간 내에 제기된다면 사인소추를 제기하는 것이 고소를 하는 것과 동일한 효력이 있다. 그러나 타인이 사인소추를 제기하는

1) Rieß, 1984년 제55회 독일법률가대회 발표문 참조.

경우에는 그렇지 않다.[2)]

6 사인소추는 피해자만 제기할 수 있는 것은 아니다(제374조 제 2 항, 제 3 항).

예) 영업상 이익단체[부정경쟁방지법(UWG) 제22조, 제13조 제 2 항, 제 3 항)], 직무상 상관(형법 제194조 제 3 항).

7 사인소추 범죄이기는 하지만 범죄의 양상(형사소송법 제264조)이 공공의 범죄로서의 성격도 함께 가지고 있다면, 사인소추를 제기할 수 없고 검사만이 형사소추를 수행한다.

3. 사인소추인과 검찰의 관계

8 사인소추절차는 부수적인 절차가 아니다. 사인소추를 제기할 권한을 가진 사람은 검찰이 공소를 제기하는 것을 기다려야 하는 것은 아니다. 또한 사인소추를 제기하였다고 하여 공소가 배제되는 것은 아니다. 검찰이 사인소추 범죄에 처음부터 관여하여 공소를 제기할 수 있고(형사소송법 제376조), 또한 나중에 사인소추 절차를 인수할 수도 있다(형사소송법 제377조 제 2 항). 그렇게 되면 사인소추절차는 통상의 절차로 전이한다.[3)] 이때 사인소추인은 절차에서 배제된다[다만, 보조참가인(Nebenkläger)으로 참여할 권한이 있고, 그 권한을 행사할 때에는 그러하지 아니하다. 상세한 것은 아래 Rn. 19 참조].

4. 절　　차

9 가. 사인소추를 제기할 수 있는 피해자는 먼저 조정절차(Sühnversuch)를 거쳐야 한다(형사소송법 제380조; 제374조의 모든 범죄에 대하여 그런 것은 아니다). 조정기관은 바이에른과 바덴비텐베르크에서는 단체(Gemeinde)이고 기타 지역에서는 중재인 또는 중재기관이다(브레멘과 함부르크는 다르다). 사인소추(제381조)가 제기되면 이를 피고인에게 송달하여야 한다(제382조). 법원은 공판을 개시할 수 있는지 여부를 결정한다(제383조). 공판이 개시되면 공판정에서는 공소장을

2) 반대설이 있다. Rieß, NStZ 1989, 103 참조.

3) BGH 11, 56, 61.

낭독하는 것이 아니라 법원이 그 공판개시결정을 낭독한다(제384조 제 2 항). 사인소추인과 피고인은 모두 변호사를 변호인으로 선임할 수 있다(제378조, 제387조 제 1 항).

나. 피고인은 피해자를 상대로 반소를 제기할 수 있다(제388조 제 1 항). 이 10
때 반소의 상대방이 반드시 사인소추인이어야 하는 것은 아니다(제374조 제 2 항). 따라서 피고인은 이와 같이 사인소추인이 아닌 피해자를 상대로 반소를 제기함으로써 피해자를 소송에 끌어들일 수 있다(제388조 제 2 항).

5. 절차의 종료

가. 사인소추인은 언제든지 소추를 취하할 수 있다. 다만 공판이 개시되 11
고 피고인에 대하여 실체에 관한 신문을 하기 시작한 이후에는 피고인의 동의가 필요하다(제391조 제 1 항).

나. 위와 같은 범위 내에서는 처분권이 인정되기 때문에 당사자 사이의 12
화해도 절차의 종료사유가 된다. 법정 외에서 합의를 하였다면 그 화해 내용을 법원에 제출하여야 한다. 그렇게 되면 공판이 개시되지 않을 수도 있고, 사인소추는 취하되는 것으로 되거나(제383조 제 1 항) 중지결정으로 종료되기도 한다(제260조 제 3 항, 화해에는 제391조 제 1 항 제 1 문에 규정된 소추 취하의사가 포함되어 있다 할 것이고, 이는 소송조건 흠결의 효과를 발생시킨다). 법정 화해는 일정 기간 내에 그것이 취소될 수 있다는 것을 유보하고 이루어질 수 있다(예컨대, 상대방이 공개적으로 사과하거나 배상금을 지급하는 것으로 조건으로 하는 것). 여기에서도 소송행위는 조건에 친하지 않는다는 원칙이 적용되지 않는다. 화해가 있었다고 하여 직접적으로 그리고 그 자체로써 공판이 종료되는 것은 아니다. 여기에는 법원의 중지결정이 필요하다(제260조 제 3 항, 위 설명 참조).

다. 사인소추인이 사망하게 되면 그 상속인이 절차를 계속 진행하지 않는 13
한 소송은 중지된다(그러한 권한을 가진 사람의 범위에 관하여는 제393조 제 2 항, 제374조 제 2 항 참조).

라. 사인소추가 제기된 범죄가 공공의 범죄로서의 성격을 갖고 있다는 것 14
이 밝혀지면 절차는 정지되고 사건은 검찰에게로 넘겨진다(제389조).

마. 검찰이 사건을 인수하면 사인소추절차는 종료된다. 15

16 바. 사인소추절차에서 법원은 피고인의 책임이 경미하다는 것을 이유로 절차를 중지할 수 있다(제153조, 제383조 제 2 항 제 2 문; 제153조a의 기능은 화해가 수행한다).

사. 법원은 실체판결을 한다.

6. 상 소

17 사인소추인은 검찰과 동일한 상소권을 갖고 있지만, 피고인을 위하여 상소권을 행사할 수는 없다. 항소기간은 사인소추인이 판결 선고기일에 부재중이 아니었다면 판결선고일부터 기산한다(제401조 제 2 항 제 1 문에 동일한 규정이 있다).

Ⅲ. 보조참가(Nebenklage, 형사소송법 제395조 이하)

1. 이해관계의 존재

18 개인적인 보상을 추구하고[4] 피고인의 처벌과 보안처분의 선고를 주장하는 소송관계인인 보조참가인이 피고인에 대하여 대립관계에 서있다.[5] 보조참가인은 사인소추인과 달리 스스로 소송절차를 진행하는 것이 아니라 검찰이 수행하는 절차에 참가하는 것이다. 그렇다고 보조참가인이 검찰의 보조자는 아니다(피해자보호법에 의하여 개정되면서, 그 이전에 보조참가인에게 유추적용되던 사인소추인의 권한에 관한 제385조 중 "검찰의 권리"부분이 삭제되었다). 보조참가의 진정한 의의는 검찰을 통제할 수 있다는 데 있다(제395조 제 1 항 제 3 호).[6]

공소에 참가할 수 있는 권한은 고유한 권리를 만들어 낸다(제397조 제 1 항 참조). 그러한 권한은 피해자의 법률적 지위를 강화시켰지만, 동시에 피고인의 정당한 이익과의 균형을 위협하고 있고, 피고인의 재사회화 보다는 응보에 더 강조점을 두게 된다.

---

4) BGH 28, 272.
5) 보안처분 절차에서의 보조참가에 대하여는 BGH NStZ 2002, 275.
6) Fabricius, NStZ 1994, 257 이하.

2. 보조참가의 요건

참가권한을 가진 사람의 범위에 관하여는 형사소송법 제395조에 규정되어 있다. 피해자보호법은 그 범위를 사인소추인보다 훨씬 넓게 확대하였다.[7] 19

제 1 조 제 1 호의 "위법한 행위"에는 미수뿐만 아니라 모든 형태의 범죄관여 행위가 해당된다(형법 제30조는 제외).[8] 보조참가의 대상이 되는 범죄가 대상이 되지 않는 다른 범죄와 상상적 경합관계에 있거나, 그 보조참가 범죄가 법조경합 관계[9] 때문에 뒤로 숨겨져서 검찰이 공소장에서 언급하지도 않았다 하더라도 보조참가가 가능하다.[10]

한편, 과실치사죄에서는 보조참가를 위하여 "특별한 사유"가 요구되고(형사소송법 제395조 제 3 항), 모든 일상적인 교통사고범죄에 대하여 보조참가를 할 수 있는 것은 아니다.[11]

3. 참가절차

보조참가를 하고자 할 때에는 참가신청서를 제출하여야 한다(형사소송법 제396조 제 1 항 제 1문). 그러한 신청서는 수사절차의 초기 단계에서도 제출할 수는 있지만, 그 효력은 공소가 제기된 이후에야 발생한다(제396조 제 2 항; 약식명령에 대하여는 제 3 항 참조). 또한 나중에, 즉 판결선고 후에 항소를 제기하면서 참가신청서를 제출할 수도 있다(제395조 제 4 항 제 2 문). 20

법원은 보조참가를 하려고 하는 사람이 제395조에 열거된 경우에 해당하는지와 보조참가 대상 범죄가 유죄판결이 선고될 개연성이 있는지를 심사한다.[12] 그런 후에 허가결정을 한다(제396조 제 2 항). 그 결정은 선언적 의미밖에는 없다. 보조참가인의 지위는 참가신청서를 제출할 때 이미 발생하기 때문이다. 21

예) 법원으로부터 허가결정을 받기는 하였으나 실질적으로는 정당한 보조참가의

7) BGH NStZ 1992, 452 참조.
8) OLG Stuttgart NStZ 1990, 298.
9) BGH 13, 143; 33, 114, 115. 참조.
10) BGH 29, 216, 218.
11) Beulke, DAR 1988, 114. 참조.
12) BGH StV 1981, 535.

권한이 없는 사람은 보조참가인이라 할 수 없다; 판결에 대하여 확정력이 발생한 이후에 비로소 허가결정을 받았지만 그 이전의 적절한 시기에 참가신청을 하였다면 그 사람은 그때 보조참가인이 된 것이다.

22 제395조 제 3 항의 경우에만 허가결정이 실질적 의미를 갖는다.[13)]

23 보조참가 신청은 취하할 수 있으며 다시 신청할 수도 있다(제392조와는 다르다). 참가신청은 보조참가인의 사망으로 효력을 상실한다(제402조; 사인소추와 달리 상속인에게 상속되지 않는다.[14)] 위 Rn. 13 참조).

4. 보조참가인의 권리

24 보조참가인의 권리는 형사소송법 제397조에 한정적으로 나열되어 있다. 따라서 보조참가인은 예컨대, 감정인의 선서(제79조 제 2 항 제 2 문), 문서의 낭독과 그 이유의 조서 기재(제255조) 및 진술 전체의 조서 기재(제271조 제 3 항) 등을 청구할 수 없다.

그리고 검찰에 대하여 권한 행사 포기 또는 동의 여부의 의견을 물어야 하는 것으로 규정되어 있다고 하더라도 따로 보조참가인의 의견을 묻지는 않는다(왜냐하면, 보조참가인은 더 이상 "검찰의 권리"를 갖고 있지 않기 때문이다. 위 Rn. 18 참조).

보조참가인으로서의 권리는 보조참가인이 다른 소송상 지위를 갖게 되었을 때, 예컨대 공동피고인이 된 경우(자신이 피고인으로 기소되지 않은 다른 범죄에 대하여 이미 참가하고 있는 경우이다) 또는 증인이 되었을 때에도 여전히 행사할 수 있다(제397조 제 1 항 제 1 문 참조).[15)]

5. 상 소

가. 상소의 이익

25 보조참가인은 상소의 이익이 있을 때 상소를 제기할 수 있다(형사소송법 제400조 제 1 항 제 1 문, 제401조 제 1 항 제 1 문, 제395조 제 4 항 제 2 문). 보조참

13) OLG Düsseldorf NStZ 1994, 49.
14) BGH 44, 97.
15) BGH NJW 1978, 330.

가의 대상이 되지 않는 형법과 관련된 판결에 대하여는 상소의 이익이 없다(제400조 제 1 항).[16] 따라서 항소는 예외적으로 이유가 있고, 실체법적 사유로 상고를 제기할 때에는 그 이유를 상세하게 적시하여야 한다.[17]

상소심 법원은 보조참가의 대상이 된 범죄에 관한 법률규정이 정당하게 적용되었는지만을 심사한다.[18] 더 중한 형을 선고하게 하는 것이 참가의 목적이 될 수 있다. 따라서 그렇게 되지 않았을 때에는 실질적으로 보조참가인에게 상소의 이익이 발생한다고 할 수 있지만, 그럼에도 그것을 이유로 한 상소는 법률로 금지되어 있다(제400조 제 1 항). 또한 검찰(제296조 제 2 항)과는 달리 피고인을 위하여 상소를 제기할 수는 없다.

나. 참가권한

보조참가인이 상고를 제기한 경우 상고법원은 상고절차의 전제가 되는 보조참가인의 참가권이 있는지 여부를 직권으로 심사한다.[19] 피고인이 상고를 제기하였다면 보조참가인의 참가권이 결여되었다는 주장을 하여야 한다. 상고의 요건으로서, 보조참가에 의거하여(beruhen) 판결이 이루어졌다는 것을 요구할 것인지는 다툼이 있다.[20] 참가가 비록 위법하더라도 보조참가인이 협력함으로써 더 많이 그리고 제대로 사실을 규명할 수도 있었던 것이므로 '의거하여'라는 요건을 요구하여서는 안 된다는 주장은 타당하지 않다. 보조참가인은 진실발견의 절차를 왜곡시킬 수도 있는 것이다. 26

보조참가인이 상고를 제기하면서 원심이 보조참가를 허용하지 않은 것이 위법하다고 주장한 경우, 원판결이 그 위법에 의거하였다고 하기 위하여는, 만약 보조참가가 허용되었더라면 보조참가인이 근본적으로 중요한 사실관계나 증거방법을 제출할 수 있었을 것이라는 개연성이 인정되어야 한다.[21] 27

16) BGH NStZ 1987, 221.
17) BGH NStZ 1988, 565.
18) BGH 41, 140, 144; 43, 15.
19) BGH 29, 216, 217.
20) 부정하는 것으로는 BGH NStZ 1994, 26; 사안별로 달리 평가하여야 한다는 견해는 KK/Pelchen, §396 Rn. 14.
21) BGH NStZ 1997, 97.

다. 다른 관계인들의 항소와의 관계

28 보조참가인은 검찰과 상관없이 스스로 의사결정을 할 수 있다(제401조 제 1 항 제 1 문). 또한 보조참가인만이 상소를 제기한 경우 그에 관한 권한은 오로지 보조참가인에게 있다. 따라서 보조참가인은 상소의 취하(제303조)나 보조참가의 취하(제402조)에 의하여 상소절차를 종결시킬 수 있다. 검찰은 어떤 경우에도 절차에 관여하여야 한다. 보조참가인의 상소가 적법하면 보조참가인이 탈퇴한 경우에도 검찰은 독자적으로 절차를 계속 진행한다(제401조 제 4 항).

29 보조참가인만이 항소를 제기한 후에 그가 법정에 출석하지 않으면 그 항소를 각하한다(제401조 제 3 항; 제329조 제 1 항과 동일하다). 그러나 제329조 제 1 항 제 1 문에서의 상황과는 달리, 피고인에게 유리한 판결이 기대될 때에는 실체에 대하여 심리를 한다(제401조 제 3 항 참조; "제301조에는 영향을 미치지 않고" 부분). 다른 관계인들이 항소를 제기하였는데 보조참가인이 불출석한 경우에는 보조참가인 없는 상태에서 심리가 진행되고 판결도 이루어진다.

Ⅳ. 배상명령절차(형사소송법 제403조 이하)

1. 의 미

30 피해자는 형사소송에서 범죄자에게 민사상 청구권을 행사할 수 있다.[22] 그로 말미암아 피해자는 별도로 제2의 소송을 제기하는 것을 피할 수 있고, 좀더 경제적으로 자신의 권리를 실현할 수 있다(변호사를 반드시 선임할 필요도 없고, 그 밖에 보다 적은 비용을 지출하게 될 것이다). 배상명령절차로 인하여 변호사들이 할 일은 더 적어지지만, 형사법원은 익숙하지 않은 일을 더 많이 하게 된다. 이 절차는 가사상태에 있다. 1986년 개혁은 소송비용 보조를 인정하고 구법원의 소송가액 상한을 폐지하고 일부 판결과 원인판결(Grundurteile)[23]

---

22) Köckerbauer, NStZ 1994, 305.

23) BGH NStZ 2003, 46 참조.
역주 : 원인판결은 청구의 원인과 수액 두 가지가 쟁점이 되어 있는 경우에 청구의 원인이 있다고 하여 이를 정리해 두는 중간판결로써, 독일에서는 소송경제를 위하여 실

을 적법하다고 인정하였지만, 배상명령절차를 활성화하지 못하였다. 2004년 범죄피해자법 개정법률은 배상명령절차에 대하여 한번 더 세심한 노력을 기울여서 개선하였다. 청구에 대한 재판이 규정되었고(형사소송법 제406조 제 1 항 제 4 문, 제 6 문), 인낙과 화해가 가능하게 되었다(동 제405조, 제406조 제 2 항). 형사사법기관에 유보한 것은 유지되었고 이는 정당하다.24)

2. 적법요건

가. 요건(형사소송법 제403조)

피해자는 당해 형사소송절차의 소송관계인이 아닌 경우에도 배상명령을 신청할 수 있다. 다른 것과는 달리 간접적으로 권리가 침해된 경우이더라도 상관없다.25) 31

예) 임차인, 민법 제844조 제 2 항에 의한 피부양권자

상속인도 배상명령신청권자이지만, 개별적 권리승계인은 신청권자가 아니다. 파산관재인에 대해서는 견해가 나뉜다.26)

범죄에 의하여 발생하였지만, 아직 다른 방법으로 청구된 바 없고, 통상법원의 관할에 속하는 재산상 청구권이 있는 경우에만 배상명령신청이 가능하다(형사소송법 제403조 제 1 항). 32

예) 손해배상, 위자료,27) 반환 및 부작위 청구28)

나. 신청(형사소송법 제404조)

배상명령의 신청은 민사법원에 소를 제기한 것과 같은 효과, 즉 소송계속의 효과를 가진다(제 2 항; 송달이 된 후에야 비로소 그러한 효과를 갖는 것은 아니 33

무상 정착되어 있지만, 한국에서는 사문화되어 있다.

24) 개정에 대해 더 자세한 것은 AK/Schöch, § 403 참조. 형사소송상 사법적 이익에 대해서는 Sieber, FS Spendel, 757면 이하 참조.

25) Meyer-Goßner, § 403 Rn. 2.

26) Meyer-Goßner, § 403 Rn. 5 참조.

27) BGH NStZ 1994, 26; 이유에 관한 판결에 대해서는 BGH NStZ 2004, 46.

28) NGH NJW 1981, 2062.

다. 이에 대해서는 이설이 있다). 소송비용 구조도 신청할 수 있다(제 5 항; 민사소송법 제114조 이하).

3. 절 차

34 그 절차는 형사소송법 규정에 따른다.[29] 법원은 직권으로 사실을 규명한다(제244조 제 2 항). 법원은 자백에 구속되지 않는다(이 점은 민사소송법 제288조와 다르다). 그러나 피신청인은 인낙을 함으로써 그 청구를 처분할 수 있다(형사소송법 406조 제 2 항). 배상명령절차가 사건에 대한 형법적 평가와 얼마나 관계가 있는지는 명확하지 않다(제 1 항 제 1 문). 거증책임은 피신청인이 지지 않는다. 신청인도 아무 것도 제출할 필요도 증명할 필요도 없다. 배상명령절차에서는 거증책임전환에 관한 규정이 적용되지 않는다는 점에서 장점이 있는데, 해당되는 경우는 극히 드물다.

4. 재 판

35 법원은 판결을 하면서 배상명령신청을 전부 또는 일부 받아들인다(형사소송법 제406조); 원인판결도 일부판결(Teilurteil)일 수 있다(예컨대, 위자료에 관한 판결).[30] 기타의 경우에 법원은 재판을 거부한다(동법 제405조). 즉, 그 신청이 부적법하거나 이유 없다고 하여 각하하거나 기각하지 않는다.

가. 신청에 대한 재판을 거부하는 경우

36 다음과 같은 경우에는 신청에 대한 선고재판을 거부한다.

- 피고인이 유죄 판결을 받지 않고 보안처분도 선고되지 않은 경우 또는 배상신청 자체가 이유 없다고 인정되는 경우 등 실체법적 이유로(제406조 제 1 항 제 1 문)
- 그 배상명령신청이 형사절차에서 해결하기에는 적절하지 않아 보이거나 그로 인하여 형사절차가 현저히 지연될 경우 등 소송경제적 이유로(제 4

29) BGH 37, 260, 261.
30) BGH 44, 202.

문, 제 5 문— 위자료에 대해서는 더 엄격하다. 제 6 문).

- 배상명령신청이 부적법한 경우(제 3 문)

  재판을 하지 않는다고 기판력이 발생하지 않는다(제 3 문). 재판거부는 결정으로 한다(제 5 항).

나. 그렇지 않은 경우 배상명령신청을 받아들인다(제 1 항 제 1 문). 그것은 37
형사판결과 함께 이루어지지만, 민사소송에서의 판결과 동일한 효력을 가진다(제 3 항 제 1 문). 형사법원 사무과는 판결문에 집행문을 부여한다(민사소송법 제724조). 그 집행은 민사소송법에 따라 이루어진다(형사소송법 제406조b).

5. 불복절차(형사소송법 제406조a)

가. 재판 거부 결정에 대해서는 즉시항고를 할 수 있다. 하지만, 사실상 38
판결이 선행되어 즉시항고는 별 의미 없게 될 것이다(제 1 항 제 1 문).

나. 배상명령신청인은 판결의 민사부분에 대해서만 불복할 수 없다. 그의 신청이 받아들여졌거나 재판거부에 의하여 민사법원에 소를 제기할 수 있기 때문에, 배상명령신청인은 불복의 이익이 없다.

다. 피고인은 판결 전부에 대해 불복하거나 민사부분에 대해 불복할 수 39
있다. 피고인은 오로지 형사소송법 절차에 따른 불복만 할 수 있다.

[사례] 피고인은 유죄판결을 받으면서 위자료 지급에 대한 판단을 받았다. 피고인은 상고를 이 부분으로 제한하였다. 상고법원은 피고인의 주장을 옳다고 인정하려고 한다.

상고법원은 이러한 판단 부분을 파기할 것이다. 하지만, 파기된 부분을 사실심 판사에게 환송하여 새로이 심리하도록 하지 않고 형사소송법 제406조 제 1 항 제 3 문에 따라 그에 대한 재판을 거부할 것이다.[31]

V. 피해자의 기타 권한(형사소송법 제406조d 이하)

피해자는 자신의 권한에 대해 고지받아야 한다(형사소송법 제406조h)

31) BGH NStZ 1988, 237.

1. 참 여 권

가. 통지(형사소송법 제406조d)

40 피해자가 형사고발(Strafanzeige)만을 하였다면(제158조 제 1 항), 피해자에게는 단지 절차의 중지만 통지된다(제171조). 피해자가 법원의 절차 진행에 대한 정보를 제공할 것을 신청하였다면 더 많은 것을 알게 된다. 제공되는 정보의 내용은 공판절차의 비공개 여부, 형사소송법 제153조이하, 제206조a의 절차중지, 또는 판결이 확정된 경우 최종 판결일 수 있다. 그 통지를 어떻게 하여야 하는가에 대해서는 규정된 바가 없다. 단순히 재판의 등본을 보내는 것이 아니라 결론에 대해 납득할 수 있도록 설명한 내용을 보내는 것이다.[32] 피고인에 대해 자유를 박탈하는 처분이 선고된 경우 피해자는 신청에 따라 더 많은 것을 통지받을 수 있다(제406조d 제 2 항).

나. 변호인의 조력을 받을 권리(형사소송법 제406조f)

41 모든 피해자는 자신의 비용으로 변호사의 자문을 받고 대리하게 할 수 있다. 변호사의 권리는 자신의 의뢰인(피해자)의 신문과정에 참여하는 것에 제한된다. 그 외에도 피해자가 신뢰하는 자의 동석이 허용될 수 있다(제 3 항). 이것은 경찰 신문 과정에서도 인정된다(제 2 항과 구별된다).

다. 장래에 보조참가를 하기 위해 변호인의 조력을 받을 권리 (형사소송법 제406조g)

42 변호사는 보조참가인으로서 형사소송에 참가할 권한이 있는 피해자의 조력자로서 더 많은 권한을 가지고 있다(제 2 항). 비용은 보조참가비용과 같이 유죄판결을 받은 피고인이 부담한다(제472조 제 3 항 제 1 문, 제473조 제 1 항 제 2 문). 이 때 소송비용에 대한 구조가 이루어진다(제 3 항). 이러한 권리는 보조참가인으로서 참가의사를 실제로 표시하였는지 여부와 상관이 없다.

32) KK/Engelhardt, § 406d Rn. 1.

2. 기록열람권(제406e조)

가. 범 위

피해자는 수사 초기단계부터 변호사로 하여금 모든 기록을 열람하게 할 수 있다. 피해자는 자신이 보조참가인(Nebenkläger)이 될 자격이 없는 경우에도 정당한 이유를 소명하면 된다(제 1 항). 민사법적 청구권의 실행 또는 방어를 위한 목적만으로 그 이익이 있다고 본다.33) 피해자의 기록열람권은 제147조 제 2 항과는 달리 수사의 종료 이후에도 수사목적(Untersuchungszweck)의 위험성을 이유로 거부될 수 있다(제 2 항 제 2 문). 피해자는 일반적으로 증인으로서 진술하나 그것을 준비하는 것은 아니다. 피해자의 이익과 비교형량되어야 하는 반대이익에는 무죄추정의 원칙의 적용을 받는 피의자의 정보자기결정권(das Recht auf informationelle Selbstbestimmung)이 항상 중요한 요소로서 고려되어야 한다. 43

나. 결 정

수사절차에서는 검사가 기록열람 여부를 결정한다(제406조e 제 4 항 제 1문). 44
만약 검사가 거부할 경우 법원이 여부를 결정한다(제 2 문-제 4 문). 열람의 거부 혹은 허가에 관한 법원의 결정에 소송참여인(Verfahrensbeteiligte)은 불복할 수 없다(제 2 문).34) 검사가 피해자에게 기록열람을 허가한 경우 피의자는 이에 대응하는 방어권을 행사할 수 있다. 제161조a 제 3 항 제 2 문-제 4 문은 이러한 경우 적용될 수 있다.35)

Ⅵ. 피해회복(Entschädigung)

1. 폭력피해자(Opfer von Gewalttaten)

1985년 1월7일 발효된 '폭력피해자에대한배상법률(OEG)'은 고의 또는 위 45
법한 범죄행위 혹은 그에 대한 정당방위, 독약살포(Giftbeibringung) 혹은 공안

33) Sieber, FS- Spendel, 772면 참조; 더 자세한 것은 Otto, GA 1989, 301면 이하.
34) BGH NStZ 1991, 95면.
35) BGH 39, 112, 115면 이하; Otto, NStZ 1993, 352면.

을 해하는 수단에 의한 범죄에 의하여 건강상 침해를 입은 피해자에게 청구권을 보장하고 있다. 이 청구권은 연방구조법(Bundesversorgungsgesetz)에 따른 부조(재활 혹은 연금)도 포함하고 있다.[36)]

2. 피해원상회복(Schadenwiedergutmachung)

46 범죄인이 국가에 대한 책임을 우선적으로 이행하여야 할 경우 피해원상회복이 힘들 수 있다. 따라서 벌금형의 경우 범죄인에게 납입부담을 경감할 수 있다[제459조a 제 1 항 제 2 문; 범죄자－피해자 화해(Täter-Opfer-Ausgleich)의 경우 형의 면제에 관해서는 형법 제46조a].

3. 범죄피해회복보장(Zurückgewinnungshilfe)

47 피해자의 청구권행사가 불가능하게 될 위험성 있는 경우 불법적으로 증식된 재산을 환수하는 국고귀속(Verfall)을 명하지 말아야 한다(형법 제73조 제 1 항 제 2 문). 피해자의 이익을 위한 보증은 적법하게 남는다(제111조b 제 5 항).

4. 피해청구권보장법률(Opferanspruchsicherungsgesetz)

48 이 법률(1998년 3월 4일 발효)은 자신의 이야기를 대중매체에 판 피고인이 그 수익금으로 변호인 수임료 등을 지불할 경우 피해자의 보호를 위하여 그 수익금에 법률적인 우선권을 신설하였다.[37)]

---

36) 자세한 것은 Röhmel, JA 1977, 39, 87면.

37) Lüderssen, StV 1999, 65면 이하

§ 40. 소송비용

Ⅰ. 개　　념

소송절차를 종국적으로 종결하는 모든 판결, 약식명령 및 결정에는 소송비용 및 필요적 경비부담자에 대한 결정을 포함하여야 한다(제464조 제 1 항 및 제 2 항). 1

소송비용(Kosten des Verfahrens)은 국고(Staatskasse)에 대한 수수료(Gebühr) 와 경비(Auslage)를 말한다(제464조a 제1항 제1문 문언). 소송참여인의 필요적 경비는 여기에 속하지 않는다. 2

Ⅱ. 계산(Bemessung)

수수료는 포괄적으로 계산된다. 형사사건에 있어서 모든 심급에 대한 법원 수수료는 확정된 형벌에 따라 계산된다(법원비용법 제40조 제 1 항). 그 금액과 일수는 법원비용법 목록 1(KVGKG) Nr. 6110 이하에 규정되어 있다. 3

예) 그 금액은 벌금형일 경우 90일까지의 환형일수에는 41유로로, 그리고 2년 이상의 자유형일 경우에는 245유로로 계산한다.

경비(Auslage)는 실제 소비된 금액에 따라 정해지며 법원비용법목록(KVG-KG) Nr. 9000이하에 따라 계산된다. 4

예) 서류작성비용은 첫 50쪽까지는 0.5유로로, 그리고 관용차량운행비용은 1km당 0.27유로로 계산된다.

이러한 경비에는 증인 혹은 감정인(ZuSEG참조) 및 국선변호인(RVG참조)에게 지불되어야 할 보상금도 포함된다.

5 필요적 경비는 무엇보다도 변호업무를 위한 소요경비를 포함한다(제464조a 제 2 항 참조; 제 1 호는 보상금의 범위와 정도만을 규정하고 있다).

Ⅲ. 비용부담자(Kostenträger)

6 피고인은 그의 유죄가 확정되거나 혹은 보안처분을 받았을 경우 그 비용을 부담한다(제465조 제 1 항). 피고인은 구성요건에 부합하는 위법한 행위를 함으로써 형사소추를 유발하였다.[1] 이러한 통설적인 견해는 여러 가지 관점에서 논의가 더 필요하다. 직권으로 형사소추를 수행하는 것이 국가의 임무이다. 또한 유죄판결을 선고받은 자에게 부가적인 부담을 주는 것이 범법자의 재사회화나 피해자의 이익에도 기여하지 않는다.[2]

7 피고인이 무죄를 선고받거나 공판심리가 개시되지 않을 경우 그 비용과 필요적 경비는 국고(Staatskasse)에서 부담한다. 또한 소송장애로 인하거나 혹은 기소편의주의원칙에 따라 소송절차가 중지된 경우에도 동일하다(제467조 제 1 항).

8 여기에는 예외가 있다. 제153조a에 의한 절차중지시 그 비용은 국고에서 부담하나, 공판전 피고인(Angeschuldigten)의 필요적 경비는 부담하지 않는다(제467조 제 5 항). 또한 제 3 항 제 1 문의 규정(자수)은 강제적이다. 그 밖에 법원은 공판전 피고인이 진실에 반하고 모순되거나 흠결 있는 진술을 함으로써 스스로 기소를 유발하였을 경우(제 3 항 제 1 호), 죄책은 있으나 소송장애 때문에 유죄판결을 선고할 수 없는 경우 혹은 재량규정에 따라 절차가 중지되었을 경우(제 4 항, 제153조 이하) 필요적 경비를 부담할 것을 결정할 수 있다. 마지막의 경우 범죄혐의의 정도가 중요한 역할을 담당한다.[3]

---

1) BVerGE 18, 302, 304; BVerG EuGRZ 1986, 439.

2) 자세한 것은 Hassemer, ZStW 85(1973), 651면

3) EGMR 1988, 3257; 여기에 대한 반대견해, Kühl, NJW 1988, 3233면; Paulus의 반대견해를 포함한 BVerfG NStZ 1990, 598.

Ⅳ. 상소비용과 경비

상소가 기각된 경우, 상소를 제기한 자가 부담한다(제473조 제 1 항 제 1 문). 9
따라서 제 1 심에서 유죄판결을 받고 상소한 사람은 소송이 제 1 심에서 종결되지 않은 것에 대한 위험을 부담하게 된다.[4] 상소의 승소여부는 종국적인 사실심 재판에 달려 있다(예를 들어, 제354조 제 2 항에 따른 파기환송판결에서는 비용에 대해서는 전혀 결정되지 않는 부분 승소에 불과하다).

제한 없이 제기되고 전체적으로 승소한 상소의 경우는 단지 간접적으로만 10
규정되어 있다. 비용과 필요적 경비는 국가에서 부담한다(특별한 경우에 대해서는 제473조 제 2 항 제 2 문).

4) BGH 17, 376, 381.

부 록
독일법 조문

- Strafprozeßordnung(형사소송법)
- Gerichtsverfassungsgesetz(법원조직법)

Strafprozeßordnung (StPO)

In der Fassung der Bekanntmachung vom 7. April 1987 (BGBl. I S. 1074, 1319), zuletzt geändert durch Artikel 2 des Gesetzes vom 16. Juli 2007 (BGBl. I S. 1327)

Übersicht

Erstes Buch. Allgemeine Vorschriften

Erster Abschnitt. Sachliche Zuständigkeit der Gerichte

§ 1 [Sachliche Zuständigkeit] Die sachliche Zuständigkeit der Gerichte wird durch das Gesetz über die Gerichtsverfassung bestimmt.

§ 2 [Verbindung und Trennung zuasmmenhängender Sachen] (1)Zusammenhängende Strafsachen, die einzeln zur Zuständigkeit von Gerichten verschiedener Ordnung gehören würden, können verbunden bei dem Gericht anhängig gemacht werden, dem die höhere Zuständigkeit beiwohnt. 2Zusammenhängende Strafsachen, von denen einzelne zur Zuständigkeit besonderer Strafkammern nach § 74 Abs. 2 sowie den §§ 74a und 74c des Gerichtsverfassungsgesetzes gehören würden, können verbunden bei der Strafkammer anhängig gemacht werden, der nach § 74e des Gerichtsverfassungsgesetzes der Vorrang zukommt.

(2) Aus Gründen der Zweckmäßigkeit kann durch Beschluß dieses Gerichts die Trennung der verbundenen Strafsachen angeordnet werden.

§ 3 [Begriff des Zusammenhanges] Ein Zusammenhang ist vorhanden, wenn eine Person mehrerer Straftaten beschuldigt wird oder wenn bei einer Tat mehrere Personen als Täter, Teilnehmer oder der Begünstigung, Strafvereitelung oder Hehlerei beschuldigt werden.

§ 4 [Verbindung rechtshängiger Sachen] (1) Eine Verbindung zusammenhängender oder eine Trennung verbundener Strafsachen kann auch nach Eröffnung des Hauptverfahrens auf Antrag der Staatsanwaltschaft oder des Angeklagten oder von Amts wegen durch gerichtlichen Beschluß angeordnet werden.

(2) Zuständig für den Beschluß ist das Gericht höherer Ordnung, wenn die übrigen Gerichte zu seinem Bezirk gehören. Fehlt ein solches Gericht, so entscheidet das gemeinschaftliche obere Gericht.

§ 5 [Maßgebendes Verfahren] Für die Dauer der Verbindung ist der Straffall, der zur Zuständigkeit des Gerichts höherer Ordnung gehört, für das Verfahren maßgebend.

§ 6 [Prüfung von Amts wegen] Das Gericht hat seine sachliche Zuständigkeit in jeder Lage des Verfahrens von Amts wegen zu prüfen.

§ 6a [Zuständigkeit besonderer Strafkammern] Die Zuständigkeit besonderer Strafkammern nach den Vorschriften des Gerichtsverfassungsgesetzes (§ 74 Abs. 2, §§ 74a, 74c des Gerichtsverfassungsgesetzes) prüft das Gericht bis zur Eröffnung des Hauptverfahrens von Amts wegen. Danach darf es seine Unzuständigkeit nur auf Einwand des Angeklagten beachten. Der Angeklagte kann den Einwand nur bis zum Beginn seiner Vernehmung zur Sache in der Hauptverhandlung geltend machen.

Zweiter Abschnitt. Gerichtsstand

§ 7 [Gerichtsstand des Tatortes] (1) Der Gerichtsstand ist bei dem Gericht begründet, in dessen Bezirk die Straftat begangen ist.

(2) Wird die Straftat durch den Inhalt einer im Geltungsbereich dieses Bundesgesetzes erschienenen Druckschrift verwirklicht, so ist als das nach Absatz 1 zuständige Gericht nur das Gericht anzusehen, in dessen Bezirk die Druckschrift erschienen ist. Jedoch ist in den Fällen der Beleidigung, sofern die Verfolgung im Wege der Privatklage stattfindet, auch das Gericht, in dessen Bezirk die Druckschrift verbreitet worden ist, zuständig, wenn in diesem Bezirk die beleidigte Person ihren Wohnsitz oder gewöhnlichen Aufenthalt hat.

§ 8 [Gerichtsstand des Wohnsitzes oder Aufenthaltsortes] (1) Der Gerichtsstand ist auch bei dem Gericht begründet, in dessen Bezirk der Angeschuldigte zur Zeit der Erhebung der Klage seinen Wohnsitz hat.

(2) Hat der Angeschuldigte keinen Wohnsitz im Geltungsbereich dieses Bundesgesetzes, so wird der Gerichtsstand auch durch den gewöhnlichen Aufenthaltsort und, wenn ein solcher nicht bekannt ist, durch den letzten Wohnsitz bestimmt.

§ 9 [Gerichtsstand des Ergreifungsortes] Der Gerichtsstand ist auch bei dem Gericht begründet, in dessen Bezirk der Beschuldigte ergriffen worden ist.

§ 10 [Gerichtsstand bei Straftaten auf Schiffen oder Luftfahrzeugen] (1) Ist die Straftat auf einem Schiff, das berechtigt ist, die Bundesflagge zu führen, außerhalb des Geltungsbereichs dieses Gesetzes begangen, so ist das Gericht zuständig, in dessen Bezirk der Heimathafen oder der Hafen im Geltungsbereich dieses Gesetzes liegt, den das Schiff nach der Tat zuerst erreicht.

(2) Absatz 1 gilt entsprechend für Luftfahrzeuge, die berechtigt sind, das Staatszugehörigkeitszeichen der Bundesrepublik Deutschland zu führen.

§ 10a [Gerichtsstand bie Straftaten gegen die Umwelt] Ist für eine Straftat, die außerhalb des Geltungsbereichs dieses Gesetzes im Bereich des Meeres begangen wird, ein Gerichtsstand nicht begründet, so ist Hamburg Gerichtsstand; zuständiges Amtsgericht ist das Amtsgericht Hamburg.

§ 11 [Gerichtsstand für deutsche Beamte im Ausland] (1) Deutsche, die das Recht der Exterritorialität genießen, sowie die im Ausland angestellten Beamten des Bundes oder eines deutschen Landes behalten hinsichtlich des Gerichtsstandes den Wohnsitz, den sie im Inland hatten. Wenn sie einen solchen Wohnsitz nicht hatten, so gilt der Sitz der Bundesregierung als ihr Wohnsitz.

(2) Auf Wahlkonsuln sind diese Vorschriften nicht anzuwenden.

§ 12 [Zusammentreffen mehrerer Gerichtsstände] (1) Unter mehreren nach den Vorschriften der §§ 7 bis 11 zuständigen Gerichten gebührt dem der Vorzug, das die Untersuchung zuerst eröffnet hat.

(2) Jedoch kann die Untersuchung und Entscheidung einem anderen der zuständigen Gerichte durch das gemeinschaftliche obere Gericht übertragen werden.

§ 13 [Gerichtsstand des Zusammenhanges] (1) Für zusammenhängende Strafsachen, die einzeln nach den Vorschriften der §§ 7 bis 11 zur Zuständigkeit verschiedener Gerichte gehören würden, ist ein Gerichtsstand bei jedem Gericht begründet, das für eine der Strafsachen zuständig ist.

(2) Sind mehrere zusammenhängende Strafsachen bei verschiedenen Gerichten anhängig gemacht worden, so können sie sämtlich oder zum Teil durch eine den Anträgen der Staatsanwaltschaft entsprechende Vereinbarung dieser Gerichte bei einem unter ihnen verbunden werden. Kommt eine solche Vereinbarung nicht zustande, so entscheidet, wenn die Staatsanwaltschaft oder ein Angeschuldigter hierauf anträgt, das gemeinschaftliche obere Gericht darüber, ob und bei welchem Gericht die Verbindung einzutreten hat.

(3) In gleicher Weise kann die Verbindung wieder aufgehoben werden.

§ 13a [Zuständigkeitsbestimmung durch den BGH] Fehlt es im Geltungsbereich dieses Bundesgesetzes an einem zuständigen Gericht oder ist dieses nicht ermittelt, so bestimmt der Bundesgerichtshof das zuständige Gericht.

§ 14 [Bestimmung bei Zuständigkeitsstreit] Besteht zwischen mehreren Gerichten Streit über die Zuständigkeit, so bestimmt das gemeinschaftliche obere Gericht das Gericht, das sich der Untersuchung und Entscheidung zu unterziehen hat.

§ 15 [Verhinderung des zuständigen Gerichts] Ist das an sich zuständige Gericht in einem einzelnen Falle an der Ausübung des Richteramtes rechtlich oder tatsächlich verhindert oder ist von der Verhandlung vor diesem Gericht eine Gefährdung der öffentlichen Sicherheit zu besorgen, so hat das zunächst obere Gericht die Untersuchung und Entscheidung dem gleichstehenden Gericht eines anderen Bezirks zu übertragen.

§ 16 [Einwand der Unzuständigkeit] Das Gericht prüft seine örtliche Zuständigkeit bis zur Eröffnung des Hauptverfahrens von Amts wegen. Danach darf es seine Unzuständigkeit nur auf Einwand des Angeklagten aussprechen. Der Angeklagte kann den Einwand nur bis zum Beginn seiner Vernehmung zur Sache in der Hauptverhandlung geltend machen.

§§ 17 und 18 (weggefallen)

§ 19 [Bestimmung bei negativem Zuständigkeitsstreit] Haben mehrere Gerichte, von denen eines das zuständige ist, durch Entscheidungen, die nicht mehr anfechtbar sind, ihre Unzuständigkeit ausgesprochen, so bezeichnet das gemeinschaftliche obere Gericht das zuständige Gericht.

§ 20 [Handlungen eines unzuständigen Gerichts] Die einzelnen Untersuchungshandlungen eines unzuständigen Gerichts sind nicht schon dieser Unzuständigkeit wegen ungültig.

§ 21 [Befugnisse bei Gefahr im Verzug] Ein unzuständiges Gericht hat sich den innerhalb seines Bezirks vorzunehmenden Untersuchungshandlungen zu unterziehen, bei denen Gefahr im Verzug ist.

Dritter Abschnitt. Ausschließung und Ablehnung der Gerichtspersonen

§ 22 [Ausschließung eines Richters] Ein Richter ist von der Ausübung des Richteramtes kraft Gesetzes ausgeschlossen,

1. wenn er selbst durch die Straftat verletzt ist;
2. wenn er Ehegatte, Lebenspartner, Vormund oder Betreuer des Beschuldigten oder des Verletzten ist oder gewesen ist;
3. wenn er mit dem Beschuldigten oder mit dem Verletzten in gerader Linie verwandt oder verschwägert, in der Seitenlinie bis zum dritten Grad verwandt oder bis zum zweiten Grad verschwägert ist oder war;
4. wenn er in der Sache als Beamter der Staatsanwaltschaft, als Polizeibeamter, als Anwalt des Verletzten oder als Verteidiger tätig gewesen ist;
5. wenn er in der Sache als Zeuge oder Sachverständiger vernommen ist.

§ 23 [Ausschließung bei Mitwirkung in früheren Verfahren] (1) Ein Richter, der bei einer durch ein Rechtsmittel angefochtenen Entscheidung mitgewirkt hat, ist von der Mitwirkung bei der Entscheidung in einem höheren Rechtszug kraft Gesetzes ausgeschlossen.

(2) Ein Richter, der bei einer durch einen Antrag auf Wiederaufnahme des Verfahrens angefochtenen Entscheidung mitgewirkt hat, ist von der Mitwirkung bei Entscheidungen im Wiederaufnahmeverfahren kraft Gesetzes ausgeschlossen. Ist die angefochtene Entscheidung in einem höheren Rechtszug ergangen, so ist auch der Richter ausgeschlossen, der an der ihr zugrunde liegenden Entscheidung in einem unteren Rechtszug mitgewirkt hat. Die Sätze 1 und 2 gelten entsprechend für die Mitwirkung bei Entscheidungen zur Vorbereitung eines Wiederaufnahmeverfahrens.

§ 24 [Ablehnung eines Richters] (1) Ein Richter kann sowohl in den Fällen, in denen er von der Ausübung des Richteramtes kraft Gesetzes ausgeschlossen ist, als auch wegen Besorgnis der Befangenheit abgelehnt werden.

(2) Wegen Besorgnis der Befangenheit findet die Ablehnung statt, wenn ein Grund vorliegt, der geeignet ist, Mißtrauen gegen die Unparteilichkeit eines Richters zu rechtfertigen.

(3) Das Ablehnungsrecht steht der Staatsanwaltschaft, dem Privatkläger und dem Beschuldigten zu. Den zur Ablehnung Berechtigten sind auf Verlangen die zur Mitwirkung bei der Entscheidung berufenen Gerichtspersonen namhaft zu machen.

§ 25 [Letzter Ablehnungszeitpunkt] (1) Die Ablehnung eines erkennenden Richters wegen Besorgnis der Befangenheit ist bis zum Beginn der Vernehmung des ersten Angeklagten über seine persönlichen Verhältnisse, in der Hauptverhandlung über die Berufung oder die Revision bis zum Beginn des Vortrags des Berichterstatters, zulässig. Alle Ablehnungsgründe sind gleichzeitig vorzubringen.

(2) Nach diesem Zeitpunkt darf ein Richter nur abgelehnt werden, wenn

1. die Umstände, auf welche die Ablehnung gestützt wird, erst später eingetreten oder dem zur Ablehnung Berechtigten erst später bekanntgeworden sind und
2. die Ablehnung unverzüglich geltend gemacht wird.

Nach dem letzten Wort des Angeklagten ist die Ablehnung nicht mehr zulässig.

§ 26 [Ablehnungsverfahren] (1) Das Ablehnungsgesuch ist bei dem Gericht, dem der Richter angehört, anzubringen; es kann vor der Geschäftsstelle zu Protokoll erklärt werden. § 257a findet keine Anwendung.

(2) Der Ablehnungsgrund und in den Fällen des § 25 Abs. 2 die Voraussetzungen des rechtzeitigen Vorbringens sind glaubhaft zu machen. Der Eid ist als Mittel der Glaubhaftmachung ausgeschlossen. Zur Glaubhaftmachung kann auf das Zeugnis des abgelehnten Richters Bezug genommen werden.

(3) Der abgelehnte Richter hat sich über den Ablehnungsgrund dienstlich zu äußern.

§ 26a [Unzulässige Ablehnung] (1) Das Gericht verwirft die Ablehnung eines Richters als unzulässig, wenn

1. die Ablehnung verspätet ist,
2. ein Grund zur Ablehnung oder ein Mittel zur Glaubhaftmachung nicht angegeben wird oder
3. durch die Ablehnung offensichtlich das Verfahren nur verschleppt oder nur verfahrensfremde Zwecke verfolgt werden sollen.

(2) Das Gericht entscheidet über die Verwerfung nach Absatz 1, ohne daß der abgelehnte Richter ausscheidet. Im Falle des Absatzes 1 Nr. 3 bedarf es eines einstimmigen Beschlusses und der Angabe der Umstände, welche den Verwerfungsgrund ergeben. Wird ein beauftragter oder ein ersuchter Richter, ein Richter im vorbereitenden Verfahren oder ein Strafrichter abgelehnt, so entscheidet er selbst darüber, ob die Ablehnung als unzulässig zu verwerfen ist.

§ 27 [Entscheidung über die Ablehnung] (1) Wird die Ablehnung nicht als unzulässig verworfen, so entscheidet über das Ablehnungsgesuch das Gericht, dem der Abgelehnte angehört, ohne dessen Mitwirkung.

(2) Wird ein richterliches Mitglied der erkennenden Strafkammer abgelehnt, so entscheidet die Strafkammer in der für Entscheidungen außerhalb der Hauptverhandlung vorgeschriebenen Besetzung.

(3) Wird ein Richter beim Amtsgericht abgelehnt, so entscheidet ein anderer Richter dieses Gerichts. Einer Entscheidung bedarf es nicht, wenn der Abgelehnte das Ablehnungsgesuch für begründet hält.

(4) Wird das zur Entscheidung berufene Gericht durch Ausscheiden des abgelehnten Mitglieds beschlußunfähig, so entscheidet das zunächst obere Gericht.

§ 28 [Rechtsmittel] (1) Der Beschluß, durch den die Ablehnung für begründet erklärt wird, ist nicht anfechtbar.

(2) Gegen den Beschluß, durch den die Ablehnung als unzulässig verworfen oder als unbegründet zurückgewiesen wird, ist sofortige Beschwerde zulässig. Betrifft die Entscheidung einen erkennenden Richter, so kann sie nur zusammen mit dem Urteil angefochten werden.

§ 29 [Unaufschiebbare Amtshandlungen] (1) Ein abgelehnter Richter hat vor Erledigung des Ablehnungsgesuchs nur solche Handlungen vorzunehmen, die keinen Aufschub gestatten.

(2) Wird ein Richter während der Hauptverhandlung abgelehnt und würde die Entscheidung über die Ablehnung (§§ 26a, 27) eine Unterbrechung der Hauptverhandlung erfordern, so kann diese so lange fortgesetzt werden, bis eine Entscheidung über die Ablehnung ohne Verzögerung der Hauptverhandlung möglich ist; über die Ablehnung ist spätestens bis zum Beginn des übernächsten Verhandlungstages und stets vor Beginn der Schlußvorträge zu entscheiden. Wird die Ablehnung für begründet erklärt und muß die Haupt-

verhandlung nicht deshalb ausgesetzt werden, so ist ihr nach der Anbringung des Ablehnungsgesuchs liegender Teil zu wiederholen; dies gilt nicht für solche Handlungen, die keinen Aufschub gestatteten. Nach Anbringung des Ablehnungsgesuchs dürfen Entscheidungen, die auch außerhalb der Hauptverhandlung ergehen können, unter Mitwirkung des Abgelehnten nur getroffen werden, wenn sie keinen Aufschub gestatten.

§ 30 [Selbstablehnung; Ablehnung von Amts wegen] Das für die Erledigung eines Ablehnungsgesuchs zuständige Gericht hat auch dann zu entscheiden, wenn ein solches Gesuch nicht angebracht ist, ein Richter aber von einem Verhältnis Anzeige macht, das seine Ablehnung rechtfertigen könnte, oder wenn aus anderer Veranlassung Zweifel darüber entstehen, ob ein Richter kraft Gesetzes ausgeschlossen ist.

§ 31 [Schöffen, Urkundsbeamte] (1) Die Vorschriften dieses Abschnitts gelten für Schöffen sowie für Urkundsbeamte der Geschäftsstelle und andere als Protokollführer zugezogene Personen entsprechend.

(2) Die Entscheidung trifft der Vorsitzende. Bei der großen Strafkammer und beim Schwurgericht entscheiden die richterlichen Mitglieder. Ist der Protokollführer einem Richter beigegeben, so entscheidet dieser über die Ablehnung oder Ausschließung.

§ 32 (weggefallen)

Vierter Abschnitt. Gerichtliche Entscheidungen und Kommunikation zwischen den Beteiligten

§ 33 [Anhörung der Beteiligten] (1) Eine Entscheidung des Gerichts, die im Laufe einer Hauptverhandlung ergeht, wird nach Anhörung der Beteiligten erlassen.

(2) Eine Entscheidung des Gerichts, die außerhalb einer Hauptverhandlung ergeht, wird nach schriftlicher oder mündlicher Erklärung der Staatsanwaltschaft erlassen.

(3) Bei einer in Absatz 2 bezeichneten Entscheidung ist ein anderer Beteiligter zu hören, bevor zu seinem Nachteil Tatsachen oder Beweisergebnisse, zu denen er noch nicht gehört worden ist, verwertet werden.

(4) Bei Anordnung der Untersuchungshaft, der Beschlagnahme oder anderer Maßnahmen ist Absatz 3 nicht anzuwenden, wenn die vorherige Anhörung den Zweck der Anordnung gefährden würde. Vorschriften, welche die Anhörung der Beteiligten besonders regeln, werden durch Absatz 3 nicht berührt.

§ 33a [Wiedereinsetzung in den vorherigen Stand] Hat das Gericht in einem Beschluss den Anspruch eines Beteiligten auf rechtliches Gehör in entscheidungserheblicher Weise verletzt und steht ihm gegen den Beschluss keine Beschwerde und kein anderer Rechtsbehelf zu, versetzt es, sofern der Beteiligte dadurch noch beschwert ist, von Amts wegen oder auf Antrag insoweit das Verfahren durch Beschluss in die Lage zurück, die vor dem Erlass der Entscheidung bestand. § 47 gilt entsprechend.

§ 34 [Begründung] Die durch ein Rechtsmittel anfechtbaren Entscheidungen sowie die, durch welche ein Antrag abgelehnt wird, sind mit Gründen zu versehen.

§ 34a [Rechtskraft durch Beschluss] Führt nach rechtzeitiger Einlegung eines Rechtsmittels ein Beschluß unmittelbar die Rechtskraft der angefochtenen Entscheidung herbei, so gilt die Rechtskraft als mit Ablauf des Tages der Beschlußfassung eingetreten.

§ 35 [Bekanntmachung] (1) Entscheidungen, die in Anwesenheit der davon betroffenen Personen ergehen, werden ihr durch Verkündung bekanntgemacht. Auf Verlangen ist ihr eine Abschrift zu erteilen.

(2) Andere Entscheidungen werden durch Zustellung bekanntgemacht. Wird durch die Bekanntmachung der Entscheidung keine Frist in Lauf gesetzt, so genügt formlose Mitteilung.

(3) Dem nicht auf freiem Fuß Befindlichen ist das zugestellte Schriftstück auf Verlangen vorzulesen.

§ 35a [Rechtsmittelbelehrung] Bei der Bekanntmachung einer Entscheidung, die durch ein befristetes Rechtsmittel angefochten werden kann, ist der Betroffene über die Möglichkeiten der Anfechtung und die dafür vorgeschriebenen Fristen und Formen zu belehren. Ist gegen ein Urteil Berufung zulässig, so ist der Angeklagte auch über die Rechtsfolgen des § 40 Abs. 3 und der §§ 329, 330 zu belehren.

§ 36 [Zustellung und Vollstreckung] (1) Die Zustellung von Entscheidungen ordnet der Vorsitzende an. Die Geschäftsstelle sorgt dafür, daß die Zustellung bewirkt wird.

(2) Entscheidungen, die der Vollstreckung bedürfen, sind der Staatsanwaltschaft zu übergeben, die das Erforderliche veranlaßt. Dies gilt nicht für Entscheidungen, welche die Ordnung in den Sitzungen betreffen.

§ 37 [Verfahren bei Zustellungen] (1) Für das Verfahren bei Zustellungen gelten die Vorschriften der Zivilprozeßordnung entsprechend.

(2) Wird die für einen Beteiligten bestimmte Zustellung an mehrere Empfangsberechtigte bewirkt, so richtet sich die Berechnung einer Frist nach der zuletzt bewirkten Zustellung.

§ 38 [Unmittelbare Ladung] Die bei dem Strafverfahren beteiligten Personen, denen die Befugnis beigelegt ist, Zeugen und Sachverständige unmittelbar zu laden, haben mit der Zustellung der Ladung den Gerichtsvollzieher zu beauftragen.

§ 39 (weggefallen)

§ 40 [Öffentliche Zustellung] (1) Kann eine Zustellung an einen Beschuldigten, dem eine Ladung zur Hauptverhandlung noch nicht zugestellt war, nicht in der vorgeschriebenen Weise im Inland bewirkt werden und erscheint die Befolgung der für Zustellungen im Ausland bestehenden Vorschriften unausführbar oder voraussichtlich erfolglos, so ist die öffentliche Zustellung zulässig. Die Zustellung gilt als erfolgt, wenn seit dem Aushang der Benachrichtigung zwei Wochen vergangen sind.

(2) War die Ladung zur Hauptverhandlung dem Angeklagten schon vorher zugestellt, dann ist die öffentliche Zustellung an ihn zulässig, wenn sie nicht in der vorgeschriebenen Weise im Inland bewirkt werden kann.

(3) Die öffentliche Zustellung ist im Verfahren über eine vom Angeklagten eingelegte Berufung bereits zulässig, wenn eine Zustellung nicht unter einer Anschrift möglich ist, unter der letztmals zugestellt wurde oder die der Angeklagte zuletzt angegeben hat.

§ 41 [Zustellungen an die Staatsanwaltschaft] Zustellungen an die Staatsanwaltschaft erfolgen durch Vorlegung der Urschrift des zuzustellenden Schriftstücks. Wenn mit der Zustellung der Lauf einer Frist beginnt, so ist der Tag der Vorlegung von der Staatsanwaltschaft auf der Urschrift zu vermerken.

§ 41a [Elektronisches Dokument] (1) An das Gericht oder die Staatsanwaltschaft gerichtete Erklärungen, Anträge oder deren Begründung, die nach diesem Gesetz ausdrücklich schriftlich abzufassen oder zu unterzeichnen sind, können als elektronisches Dokument eingereicht werden, wenn dieses mit einer qualifizierten elektronischen Signatur nach dem Signaturgesetz versehen und für die Bearbeitung durch das

Gericht oder die Staatsanwaltschaft geeignet ist. In der Rechtsverordnung nach Absatz 2 kann neben der qualifizierten elektronischen Signatur auch ein anderes sicheres Verfahren zugelassen werden, das die Authentizität und die Integrität des übermittelten elektronischen Dokuments sicherstellt. Ein elektronisches Dokument ist eingegangen, sobald die für den Empfang bestimmte Einrichtung des Gerichts oder der Staatsanwaltschaft es aufgezeichnet hat. Ist ein übermitteltes elektronisches Dokument zur Bearbeitung nicht geeignet, ist dies dem Absender unter Angabe der geltenden technischen Rahmenbedingungen unverzüglich mitzuteilen. Von dem elektronischen Dokument ist unverzüglich ein Aktenausdruck zu fertigen.

(2) Die Bundesregierung und die Landesregierungen bestimmen für ihren Bereich durch Rechtsverordnung den Zeitpunkt, von dem an elektronische Dokumente bei den Gerichten und Staatsanwaltschaften eingereicht werden können, sowie die für die Bearbeitung der Dokumente geeignete Form. Die Landesregierungen können die Ermächtigung durch Rechtsverordnung auf die Landesjustizverwaltungen übertragen. Die Zulassung der elektronischen Form kann auf einzelne Gerichte oder Staatsanwaltschaften oder Verfahren beschränkt werden.

Fünfter Abschnitt. Fristen und Wiedereinsetzung in den vorigen Stand

§ 42 [Tagesfristen] Bei der Berechnung einer Frist, die nach Tagen bestimmt ist, wird der Tag nicht mitgerechnet, auf den der Zeitpunkt oder das Ereignis fällt, nach dem der Anfang der Frist sich richten soll.

§ 43 [Wochen- und Monatsfristen] (1) Eine Frist, die nach Wochen oder Monaten bestimmt ist, endet mit Ablauf des Tages der letzten Woche oder des letzten Monats, der durch seine Benennung oder Zahl dem Tag entspricht, an dem die Frist begonnen hat; fehlt dieser Tag in dem letzten Monat, so endet die Frist mit dem Ablauf des letzten Tages dieses Monats.

(2) Fällt das Ende einer Frist auf einen Sonntag, einen allgemeinen Feiertag oder einen Sonnabend, so endet die Frist mit Ablauf des nächsten Werktages.

§ 44 [Wiedereinsetzung in den vorigen Stand] War jemand ohne Verschulden verhindert, eine Frist einzuhalten, so ist ihm auf Antrag Wiedereinsetzung in den vorigen Stand zu gewähren. Die Versäumung einer Rechtsmittelfrist ist als unverschuldet anzusehen, wenn die Belehrung nach den §§ 35a, 319 Abs. 2 Satz 3 oder nach § 346 Abs. 2 Satz 3 unterblieben ist.

§ 45 [Antrag auf Wiedereinsetzung] (1) Der Antrag auf Wiedereinsetzung in den vorigen Stand ist binnen einer Woche nach Wegfall des Hindernisses bei dem Gericht zu stellen, bei dem die Frist wahrzunehmen gewesen wäre. Zur Wahrung der Frist genügt es, wenn der Antrag rechtzeitig bei dem Gericht gestellt wird, das über den Antrag entscheidet.

(2) Die Tatsachen zur Begründung des Antrags sind bei der Antragstellung oder im Verfahren über den Antrag glaubhaft zu machen. Innerhalb der Antragsfrist ist die versäumte Handlung nachzuholen. Ist dies geschehen, so kann Wiedereinsetzung auch ohne Antrag gewährt werden.

§ 46 [Entscheidung und Rechtsmittel] (1) Über den Antrag entscheidet das Gericht, das bei rechtzeitiger Handlung zur Entscheidung in der Sache selbst berufen gewesen wäre.

(2) Die dem Antrag stattgebende Entscheidung unterliegt keiner Anfechtung.

(3) Gegen die den Antrag verwerfende Entscheidung ist sofortige Beschwerde zulässig.

§ 47 [Keine Hemmung der Vollstreckung] (1) Durch den Antrag auf Wiedereinsetzung in den vorigen Stand wird die Vollstreckung einer gerichtlichen Entscheidung nicht gehemmt.

(2) Das Gericht kann jedoch einen Aufschub der Vollstreckung anordnen.

(3) Durchbricht die Wiedereinsetzung die Rechtskraft einer gerichtlichen Entscheidung, werden Haft- und Unterbringungsbefehle sowie sonstige Anordnungen, die zum Zeitpunkt des Eintritts der Rechtskraft bestanden haben, wieder wirksam. 2Bei einem Haft- oder Unterbringungsbefehl ordnet das die Wiedereinsetzung gewährende Gericht dessen Aufhebung an, wenn sich ohne weiteres ergibt, dass dessen Voraussetzungen nicht mehr vorliegen. Anderenfalls hat das nach § 126 Abs. 2 zuständige Gericht unverzüglich eine Haftprüfung durchzuführen.

Sechster Abschnitt. Zeugen

§ 48 [Ladung der Zeugen] Die Ladung der Zeugen geschieht unter Hinweis auf verfahrensrechtliche Bestimmungen, die dem Interesse des Zeugen dienen, auf vorhandene Möglichkeiten der Zeugenbetreuung und auf die gesetzlichen Folgen des Ausbleibens.

§ 49 [Vernehmung des Bundespräsidenten] Der Bundespräsident ist in seiner Wohnung zu vernehmen. Zur Hauptverhandlung wird er nicht geladen. Das Protokoll über seine gerichtliche Vernehmung ist in der Hauptverhandlung zu verlesen.

§ 50 [Vernehmung von Abgeordneten und Ministern] (1) Die Mitglieder des Bundestages, des Bundesrates, eines Landtages oder einer zweiten Kammer sind während ihres Aufenthaltes am Sitz der Versammlung dort zu vernehmen.

(2) Die Mitglieder der Bundesregierung oder einer Landesregierung sind an ihrem Amtssitz oder, wenn sie sich außerhalb ihres Amtssitzes aufhalten, an ihrem Aufenthaltsort zu vernehmen.

(3) Zu einer Abweichung von den vorstehenden Vorschriften bedarf es

für die Mitglieder eines in Absatz 1 genannten Organs der Genehmigung dieses Organs,

für die Mitglieder der Bundesregierung der Genehmigung der Bundesregierung,

für die Mitglieder einer Landesregierung der Genehmigung der Landesregierung.

(4) Die Mitglieder der in Absatz 1 genannten Organe der Gesetzgebung und die Mitglieder der Bundesregierung oder einer Landesregierung werden, wenn sie außerhalb der Hauptverhandlung vernommen worden sind, zu dieser nicht geladen. Das Protokoll über ihre richterliche Vernehmung ist in der Hauptverhandlung zu verlesen.

§ 51 [Folgen des Ausbleibens] (1) Einem ordnungsgemäß geladenen Zeugen, der nicht erscheint, werden die durch das Ausbleiben verursachten Kosten auferlegt. Zugleich wird gegen ihn ein Ordnungsgeld und für den Fall, daß dieses nicht beigetrieben werden kann, Ordnungshaft festgesetzt. Auch ist die zwangsweise Vorführung des Zeugen zulässig; § 135 gilt entsprechend. Im Falle wiederholten Ausbleibens kann das Ordnungsmittel noch einmal festgesetzt werden.

(2) Die Auferlegung der Kosten und die Festsetzung eines Ordnungsmittels unterbleiben, wenn das Ausbleiben des Zeugen rechtzeitig genügend entschuldigt wird. Erfolgt die Entschuldigung nach Satz 1 nicht rechtzeitig, so unterbleibt die Auferlegung der Kosten und die Festsetzung eines Ordnungsmittels nur dann, wenn glaubhaft gemacht wird, daß den Zeugen an der Verspätung der Entschuldigung kein Verschulden trifft. Wird der Zeuge nachträglich genügend entschuldigt, so werden die getroffenen Anordnungen unter den Voraussetzungen des Satzes 2 aufgehoben.

(3) Die Befugnis zu diesen Maßregeln steht auch dem Richter im Vorverfahren sowie dem beauftragten und ersuchten Richter zu.

§ 52 [Zeugnisverweigerungsrecht aus persönlichen Gründen] (1) Zur Verweigerung des Zeugnisses sind berechtigt

1. der Verlobte des Beschuldigten oder die Person, mit der der Beschuldigte ein Versprechen eingegangen ist, eine Lebenspartnerschaft zu begründen;
2. der Ehegatte des Beschuldigten, auch wenn die Ehe nicht mehr besteht;

2a. der Lebenspartner des Beschuldigten, auch wenn die Lebenspartnerschaft nicht mehr besteht;

3. wer mit dem Beschuldigten in gerader Linie verwandt oder verschwägert, in der Seitenlinie bis zum dritten Grad verwandt oder bis zum zweiten Grad verschwägert ist oder war.

(2) Haben Minderjährige wegen mangelnder Verstandesreife oder haben Minderjährige oder Betreute wegen einer psychischen Krankheit oder einer geistigen oder seelischen Behinderung von der Bedeutung des Zeugnisverweigerungsrechts keine genügende Vorstellung, so dürfen sie nur vernommen werden, wenn sie zur Aussage bereit sind und auch ihr gesetzlicher Vertreter der Vernehmung zustimmt. Ist der gesetzliche Vertreter selbst Beschuldigter, so kann er über die Ausübung des Zeugnisverweigerungsrechts nicht entscheiden; das gleiche gilt für den nicht beschuldigten Elternteil, wenn die gesetzliche Vertretung beiden Eltern zusteht.

(3) Die zur Verweigerung des Zeugnisses berechtigten Personen, in den Fällen des Absatzes 2 auch deren zur Entscheidung über die Ausübung des Zeugnisverweigerungsrechts befugte Vertreter, sind vor jeder Vernehmung über ihr Recht zu belehren. Sie können den Verzicht auf dieses Recht auch während der Vernehmung widerrufen.

§ 53 [Zeugnisverweigerungsrecht aus beruflichen Gründen] (1) Zur Verweigerung des Zeugnisses sind ferner berechtigt

1. Geistliche über das, was ihnen in ihrer Eigenschaft als Seelsorger anvertraut worden oder bekanntgeworden ist;
2. Verteidiger des Beschuldigten über das, was ihnen in dieser Eigenschaft anvertraut worden oder bekanntgeworden ist;
3. Rechtsanwälte, Patentanwälte, Notare, Wirtschaftsprüfer, vereidigte Buchprüfer, Steuerberater und Steuerbevollmächtigte, Ärzte, Zahnärzte, Psychologische Psychotherapeuten, Kinder- und Jugendlichenpsychotherapeuten, Apotheker und Hebammen über das, was ihnen in dieser Eigenschaft anvertraut worden oder bekanntgeworden ist, Rechtsanwälten stehen dabei sonstige Mitglieder einer Rechtsanwaltskammer gleich;

3a. Mitglieder oder Beauftragte einer anerkannten Beratungsstelle nach den §§ 3 und 8 des Schwangerschaftskonfliktgesetzes über das, was ihnen in dieser Eigenschaft anvertraut worden oder bekanntgeworden ist;

3b. Berater für Fragen der Betäubungsmittelabhängigkeit in einer Beratungsstelle, die eine Behörde oder eine Körperschaft, Anstalt oder Stiftung des öffentlichen Rechts anerkannt oder bei sich eingerichtet hat, über das, was ihnen in dieser Eigenschaft anvertraut worden oder bekanntgeworden ist;

4. Mitglieder des Bundestages, eines Landtages oder einer zweiten Kammer über Personen, die ihnen in ihrer Eigenschaft als Mitglieder dieser Organe oder denen sie in dieser Eigenschaft Tatsachen anvertraut haben sowie über diese Tatsachen selbst;
5. Personen, die bei der Vorbereitung, Herstellung oder Verbreitung von Druckwerken, Rundfunksendungen, Filmberichten oder der Unterrichtung oder Meinungsbildung dienenden Informations- und Kommunikationsdiensten berufsmäßig mitwirken oder mitgewirkt haben.

Die in Satz 1 Nr. 5 genannten Personen dürfen das Zeugnis verweigern über die Person des Verfassers oder Einsenders von Beiträgen und Unterlagen oder des sonstigen Informanten sowie über die ihnen im Hinblick auf ihre Tätigkeit gemachten Mitteilungen, über deren Inhalt sowie über den Inhalt selbst erarbeiteter Materialien und den Gegenstand berufsbezogener Wahrnehmungen. Dies gilt nur, soweit es sich um Beiträge, Unterlagen, Mitteilungen und Materialien für den redaktionellen Teil oder redaktionell aufbereitete Informations- und Kommunikationsdienste handelt.

(2) Die in Absatz 1 Satz 1 Nr. 2 bis 3b Genannten dürfen das Zeugnis nicht verweigern, wenn sie von der Verpflichtung zur Verschwiegenheit entbunden sind. Die Berechtigung zur Zeugnisverweigerung der in Absatz 1 Satz 1 Nr. 5 genannten über den Inhalt selbst erarbeiteter Materialien und den Gegenstand entsprechender Wahrnehmungen entfällt, wenn die Aussage zur Aufklärung eines Verbrechens beitragen soll oder wenn Gegenstand der Untersuchung

1. eine Straftat des Friedensverrats und der Gefährdung des demokratischen Rechtsstaats oder des Landesverrats und der Gefährdung der äußeren Sicherheit (§§ 80a, 85, 87, 88, 95, auch in Verbindung mit § 97b, §§ 97a, 98 bis 100a des Strafgesetzbuches),
2. eine Straftat gegen die sexuelle Selbstbestimmung nach den §§ 174 bis 176, 179 des Strafgesetzbuches oder
3. eine Geldwäsche, eine Verschleierung unrechtmäßig erlangter Vermögenswerte nach § 261 Abs. 1 bis 4 des Strafgesetzbuches

ist und die Erforschung des Sachverhalts oder die Ermittlung des Aufenthaltsortes des Beschuldigten auf andere Weise aussichtslos oder wesentlich erschwert wäre. Der Zeuge kann jedoch auch in diesen Fällen die Aussage verweigern, soweit sie zur Offenbarung der Person des Verfassers oder Einsenders von Beiträgen und Unterlagen oder des sonstigen Informanten oder der ihm im Hinblick auf seine Tätigkeit nach Absatz 1 Satz 1 Nr. 5 gemachten Mitteilungen oder deren Inhalts führen würde.

§ 53a [Zeugnisverweigerungsrecht der Berufshelfer] (1) Den in § 53 Abs. 1 Satz 1 Nr. 1 bis 4 Genannten stehen ihre Gehilfen und die Personen gleich, die zur Vorbereitung auf den Beruf an der berufsmäßigen Tätigkeit teilnehmen. Über die Ausübung des Rechtes dieser Hilfspersonen, das Zeugnis zu verweigern, entscheiden die in § 53 Abs. 1 Satz 1 Nr. 1 bis 4 Genannten, es sei denn, daß diese Entscheidung in absehbarer Zeit nicht herbeigeführt werden kann.

(2) Die Entbindung von der Verpflichtung zur Verschwiegenheit (§ 53 Abs. 2 Satz 1) gilt auch für die Hilfspersonen.

§ 54 [Aussagegenehmigung für Richter und Beamte] (1) Für die Vernehmung von Richtern, Beamten und anderen Personen des öffentlichen Dienstes als Zeugen über Umstände, auf die sich ihre Pflicht zur Amtsverschwiegenheit bezieht, und für die Genehmigung zur Aussage gelten die besonderen beamtenrechtlichen Vorschriften.

(2) Für die Mitglieder des Bundestages, eines Landtages, der Bundes- oder einer Landesregierung sowie für die Angestellten einer Fraktion des Bundestages und eines Landtages gelten die für sie maßgebenden besonderen Vorschriften.

(3) Der Bundespräsident kann das Zeugnis verweigern, wenn die Ablegung des Zeugnisses dem Wohl des Bundes oder eines deutschen Landes Nachteile bereiten würde.

(4) Diese Vorschriften gelten auch, wenn die vorgenannten Personen nicht mehr im öffentlichen Dienst oder Angestellte einer Fraktion sind oder ihre Mandate beendet sind, soweit es sich um Tatsachen handelt, die sich während ihrer Dienst-, Beschäftigungs- oder Mandatszeit ereignet haben oder ihnen während ihrer Dienst-, Beschäftigungs- oder Mandatszeit zur Kenntnis gelangt sind.

§ 55 [Auskunftsverweigerungsrecht] (1) Jeder Zeuge kann die Auskunft auf solche Fragen verweigern, deren Beantwortung ihm selbst oder einem der in § 52 Abs. 1 bezeichneten Angehörigen die Gefahr zuziehen würde, wegen einer Straftat oder einer Ordnungswidrigkeit verfolgt zu werden.

(2) Der Zeuge ist über sein Recht zur Verweigerung der Auskunft zu belehren.

§ 56 [Glaubhaftmachung des Verweigerungsgrundes] Die Tatsache, auf die der Zeuge die Verweigerung des Zeugnisses in den Fällen der §§ 52, 53 und 55 stützt, ist auf Verlangen glaubhaft zu machen. Es genügt die eidliche Versicherung des Zeugen.

§ 57 [Zeugenbelehrung] Vor der Vernehmung werden die Zeugen zur Wahrheit ermahnt, auf die Möglichkeit der Vereidigung hingewiesen und über die strafrechtlichen Folgen einer unrichtigen oder unvollständigen Aussage belehrt. Im Falle der Vereidigung sind sie über die Bedeutung des Eides sowie über die Möglichkeit der Wahl zwischen dem Eid mit religiöser oder ohne religiöse Beteuerung zu belehren.

§ 58 [Vernehmung; Gegenüberstellung] (1) Die Zeugen sind einzeln und in Abwesenheit der später zu hörenden Zeugen zu vernehmen. § 406g Abs. 1 Satz 1 bleibt unberührt.

(2) Eine Gegenüberstellung mit anderen Zeugen oder mit dem Beschuldigten im Vorverfahren ist zulässig, wenn es für das weitere Verfahren geboten erscheint.

§ 58a [Aufzeichnung der Vernehmung] (1) Die Vernehmung eines Zeugen kann auf Bild-Ton-Träger aufgezeichnet werden. Sie soll aufgezeichnet werden

1. bei Personen unter sechzehn Jahren, die durch die Straftat verletzt worden sind, oder
2. wenn zu besorgen ist, daß der Zeuge in der Hauptverhandlung nicht vernommen werden kann und die Aufzeichnung zur Erforschung der Wahrheit erforderlich ist.

(2) Die Verwendung der Bild-Ton-Aufzeichnung ist nur für Zwecke der Strafverfolgung und nur insoweit zulässig, als dies zur Erforschung der Wahrheit erforderlich ist. § 100b Abs. 6 gilt entsprechend. Die §§ 147, 406e sind entsprechend anzuwenden, mit der Maßgabe, dass den zur Akteneinsicht Berechtigten Kopien der Aufzeichnung überlassen werden können. Die Kopien dürfen weder vervielfältigt noch weitergegeben werden. Sie sind an die Staatsanwaltschaft herauszugeben, sobald kein berechtigtes Interesse an der weiteren Verwendung besteht. Die Überlassung der Aufzeichnung oder die Herausgabe von Kopien an andere als die vorbezeichneten Stellen bedarf der Einwilligung des Zeugen.

(3) Widerspricht der Zeuge der Überlassung einer Kopie der Aufzeichnung seiner Vernehmung nach Absatz 2 Satz 3, so tritt an deren Stelle die Überlassung einer Übertragung der Aufzeichnung in ein schriftliches Protokoll an die zur Akteneinsicht Berechtigten nach Maßgabe der §§ 147, 406e. Wer die Übertragung hergestellt hat, versieht die eigene Unterschrift mit dem Zusatz, dass die Richtigkeit der Übertragung bestätigt wird. Das Recht zur Besichtigung der Aufzeichnung nach Maßgabe der §§ 147, 406e bleibt unberührt. Der Zeuge ist auf sein Widerspruchsrecht nach Satz 1 hinzuweisen.

§ 59 [Vereidigung] (1) Zeugen werden nur vereidigt, wenn es das Gericht wegen der ausschlaggebenden Bedeutung der Aussage oder zur Herbeiführung einer wahren Aussage nach seinem Ermessen für notwendig hält. Der Grund dafür, dass der Zeuge vereidigt wird, braucht im Protokoll nicht angegeben zu werden, es sei denn, der Zeuge wird außerhalb der Hauptverhandlung vernommen.

(2) Die Vereidigung der Zeugen erfolgt einzeln und nach ihrer Vernehmung. Soweit nichts anderes bestimmt ist, findet sie in der Hauptverhandlung statt.

§ 60 [Verbot der Vereidigung] Von der Vereidigung ist abzusehen

1. bei Personen, die zur Zeit der Vernehmung das sechzehnte Lebensjahr noch nicht vollendet haben oder die wegen mangelnder Verstandesreife oder wegen einer psychischen Krankheit oder einer geistigen oder seelischen Behinderung vom Wesen und der Bedeutung des Eides keine genügende Vorstellung

haben;
2. bei Personen, die der Tat, welche den Gegenstand der Untersuchung bildet, oder der Beteiligung an ihr oder der Begünstigung, Strafvereitelung oder Hehlerei verdächtig oder deswegen bereits verurteilt sind.

§ 61 [Eidesverweigerungsrecht] Die in § 52 Abs. 1 bezeichneten Angehörigen des Beschuldigten haben das Recht, die Beeidigung des Zeugnisses zu verweigern; darüber sind sie zu belehren.

§ 62 [Vereidigung im vorbereitenden Verfahren] Im vorbereitenden Verfahren ist die Vereidigung zulässig, wenn
1. Gefahr im Verzug ist oder
2. der Zeuge voraussichtlich am Erscheinen in der Hauptverhandlung verhindert sein wird

und die Voraussetzungen des § 59 Abs. 1 vorliegen.

§ 63 [Vereidigung bei kommissarischer Vernehmung] Wird ein Zeuge durch einen beauftragten oder ersuchten Richter vernommen, muss die Vereidigung, soweit sie zulässig ist, erfolgen, wenn es in dem Auftrag oder in dem Ersuchen des Gerichts verlangt wird.

§ 64 [Eidesformel] (1) Der Eid mit religiöser Beteuerung wird in der Weise geleistet, dass der Richter an den Zeugen die Worte richtet:

„Sie schwören bei Gott dem Allmächtigen und Allwissenden, dass Sie nach bestem Wissen die reine Wahrheit gesagt und nichts verschwiegen haben"

und der Zeuge hierauf die Worte spricht:

„Ich schwöre es, so wahr mir Gott helfe".

(2) Der Eid ohne religiöse Beteuerung wird in der Weise geleistet, dass der Richter an den Zeugen die Worte richtet:

„Sie schwören, dass Sie nach bestem Wissen die reine Wahrheit gesagt und nichts verschwiegen haben"

und der Zeuge hierauf die Worte spricht:

„Ich schwöre es".

(3) Gibt ein Zeuge an, dass er als Mitglied einer Religions- oder Bekenntnisgemeinschaft eine Beteuerungsformel dieser Gemeinschaft verwenden wolle, so kann er diese dem Eid anfügen.

(4) Der Schwörende soll bei der Eidesleistung die rechte Hand erheben.

§ 65 [Eidesgleiche Bekräftigung] (1) Gibt ein Zeuge an, dass er aus Glaubens- oder Gewissensgründen keinen Eid leisten wolle, so hat er die Wahrheit der Aussage zu bekräftigen. Die Bekräftigung steht dem Eid gleich; hierauf ist der Zeuge hinzuweisen.

(2) Die Wahrheit der Aussage wird in der Weise bekräftigt, dass der Richter an den Zeugen die Worte richtet:

„Sie bekräftigen im Bewusstsein Ihrer Verantwortung vor Gericht, dass Sie nach bestem Wissen die reine Wahrheit gesagt und nichts verschwiegen haben"

und der Zeuge hierauf spricht:

„Ja".

(3) § 64 Abs. 3 gilt entsprechend.

§ 66 [Eidesleistung hör- oder sprachbehinderter Personen] (1)Eine hör- oder sprachbehinderte Person leistet den Eid nach ihrer Wahl mittels Nachsprechens der Eidesformel, mittels Abschreibens und Unterschreibens der Eidesformel oder mit Hilfe einer die Verständigung ermöglichenden Person, die vom Gericht hinzuzuziehen ist. Das Gericht hat die geeigneten technischen Hilfsmittel bereitzustellen. Die hör- oder sprachbehinderte Person ist auf ihr Wahlrecht hinzuweisen.

(2) Das Gericht kann eine schriftliche Eidesleistung verlangen oder die Hinzuziehung einer die Verständigung ermöglichenden Person anordnen, wenn die hör- oder sprachbehinderte Person von ihrem Wahlrecht nach Absatz 1 keinen Gebrauch gemacht hat oder eine Eidesleistung in der nach Absatz 1 gewählten Form nicht oder nur mit unverhältnismäßigem Aufwand möglich ist.

(3) Die §§ 64 und 65 gelten entsprechend.

§ 67 [Berufung auf den früheren Eid] Wird der Zeuge, nachdem er eidlich vernommen worden ist, in demselben Vorverfahren oder in demselben Hauptverfahren nochmals vernommen, so kann der Richter statt der nochmaligen Vereidigung den Zeugen die Richtigkeit seiner Aussage unter Berufung auf den früher geleisteten Eid versichern lassen.

§ 68 [Vernehmung zur Person; Beschränkung der Angaben] (1) Die Vernehmung beginnt damit, daß der Zeuge über Vornamen und Zunamen, Alter, Stand oder Gewerbe und Wohnort befragt wird. Zeugen, die Wahrnehmungen in amtlicher Eigenschaft gemacht haben, können statt des Wohnortes den Dienstort angeben.

(2) Besteht Anlaß zu der Besorgnis, daß durch die Angabe des Wohnortes der Zeuge oder eine andere Person gefährdet wird, so kann dem Zeugen gestattet werden, statt des Wohnortes seinen Geschäfts- oder Dienstort oder eine andere ladungsfähige Anschrift anzugeben. Unter der in Satz 1 genannten Voraussetzung kann der Vorsitzende in der Hauptverhandlung dem Zeugen gestatten, seinen Wohnort nicht anzugeben.

(3) Besteht Anlaß zu der Besorgnis, daß durch die Offenbarung der Identität oder des Wohn- oder Aufenthaltsortes des Zeugen Leben, Leib oder Freiheit des Zeugen oder einer anderen Person gefährdet wird, so kann ihm gestattet werden, Angaben zur Person nicht oder nur über eine frühere Identität zu machen. Er hat jedoch in der Hauptverhandlung auf Befragen anzugeben, in welcher Eigenschaft ihm die Tatsachen, die er bekundet, bekanntgeworden sind. Die Unterlagen, die die Feststellung der Identität des Zeugen gewährleisten, werden bei der Staatsanwaltschaft verwahrt. Zu den Akten sind sie erst zu nehmen, wenn die Gefährdung entfällt.

(4) Erforderlichenfalls sind dem Zeugen Fragen über solche Umstände, die seine Glaubwürdigkeit in der vorliegenden Sache betreffen, insbesondere über seine Beziehungen zu dem Beschuldigten oder dem Verletzten, vorzulegen.

§ 68a [Fragen nach entehrenden Tatsachen und Vorstrafen] (1) Fragen nach Tatsachen, die dem Zeugen oder einer Person, die im Sinne des § 52 Abs. 1 sein Angehöriger ist, zur Unehre gereichen können oder deren persönlichen Lebensbereich betreffen, sollen nur gestellt werden, wenn es unerläßlich ist.

(2) Der Zeuge soll nach Vorstrafen nur gefragt werden, wenn ihre Feststellung notwendig ist, um über das Vorliegen der Voraussetzungen des § 60 Nr. 2 zu entscheiden oder um seine Glaubwürdigkeit zu beurteilen.

§ 68b [Beiordnung eines Rechtsanwalts] Zeugen, die noch keinen anwaltlichen Beistand haben, kann für die Dauer der Vernehmung mit Zustimmung der Staatsanwaltschaft ein Rechtsanwalt beigeordnet werden, wenn ersichtlich ist, daß sie ihre Befugnisse bei der Vernehmung nicht selbst wahrnehmen können und ihren schutzwürdigen Interessen auf andere Weise nicht Rechnung getragen werden kann. Hat die Vernehmung

1. ein Verbrechen,

2. ein Vergehen nach den §§ 174 bis 174c, 176, 179 Abs. 1 bis 4, §§ 180, 182, 225 Abs. 1 oder 2, § 232 Abs. 1 oder 2, § 233 Abs. 1 oder 2 oder nach § 233a des Strafgesetzbuches oder
3. ein sonstiges Vergehen von erheblicher Bedeutung, das gewerbs- oder gewohnheitsmäßig oder von einem Bandenmitglied oder in anderer Weise organisiert begangen worden ist,

zum Gegenstand, so ist die Beiordnung auf Antrag des Zeugen oder der Staatsanwaltschaft anzuordnen, soweit die Voraussetzungen des Satzes 1 vorliegen. Für die Beiordnung gelten § 141 Abs. 4 und § 142 Abs. 1 entsprechend. Die Entscheidung ist unanfechtbar.

§ 69 [Vernehmung zur Sache] (1) Der Zeuge ist zu veranlassen, das, was ihm von dem Gegenstand seiner Vernehmung bekannt ist, im Zusammenhang anzugeben. Vor seiner Vernehmung ist dem Zeugen der Gegenstand der Untersuchung und die Person des Beschuldigten, sofern ein solcher vorhanden ist, zu bezeichnen.

(2) Zur Aufklärung und zur Vervollständigung der Aussage sowie zur Erforschung des Grundes, auf dem das Wissen des Zeugen beruht, sind nötigenfalls weitere Fragen zu stellen.

(3) Die Vorschrift des § 136a gilt für die Vernehmung des Zeugen entsprechend.

§ 70 [Grundlose Zeugnis- oder Eidesverweigerung] (1) Wird das Zeugnis oder die Eidesleistung ohne gesetzlichen Grund verweigert, so werden dem Zeugen die durch die Weigerung verursachten Kosten auferlegt. Zugleich wird gegen ihn ein Ordnungsgeld und für den Fall, daß dieses nicht beigetrieben werden kann, Ordnungshaft festgesetzt.

(2) Auch kann zur Erzwingung des Zeugnisses die Haft angeordnet werden, jedoch nicht über die Zeit der Beendigung des Verfahrens in dem Rechtszug, auch nicht über die Zeit von sechs Monaten hinaus.

(3) Die Befugnis zu diesen Maßregeln steht auch dem Richter im Vorverfahren sowie dem beauftragten und ersuchten Richter zu.

(4) Sind die Maßregeln erschöpft, so können sie in demselben oder in einem anderen Verfahren, das dieselbe Tat zum Gegenstand hat, nicht wiederholt werden.

§ 71 [Zeugenentschädigung] Der Zeuge wird nach dem Justizvergütungs- und -entschädigungsgesetz entschädigt.

Siebenter Abschnitt. Sachverständige und Augenschein

§ 72 [Anwendung der Vorschriften für Zeugen] Auf Sachverständige ist der sechste Abschnitt über Zeugen entsprechend anzuwenden, soweit nicht in den nachfolgenden Paragraphen abweichende Vorschriften getroffen sind.

§ 73 [Auswahl] (1) Die Auswahl der zuzuziehenden Sachverständigen und die Bestimmung ihrer Anzahl erfolgt durch den Richter. Er soll mit diesen eine Absprache treffen, innerhalb welcher Frist die Gutachten erstattet werden können.

(2) Sind für gewisse Arten von Gutachten Sachverständige öffentlich bestellt, so sollen andere Personen nur dann gewählt werden, wenn besondere Umstände es fordern.

§ 74 [Ablehnung] (1) Ein Sachverständiger kann aus denselben Gründen, die zur Ablehnung eines Richters berechtigen, abgelehnt werden. Ein Ablehnungsgrund kann jedoch nicht daraus entnommen werden, daß der Sachverständige als Zeuge vernommen worden ist.

(2) Das Ablehnungsrecht steht der Staatsanwaltschaft, dem Privatkläger und dem Beschuldigten zu.

Die ernannten Sachverständigen sind den zur Ablehnung Berechtigten namhaft zu machen, wenn nicht besondere Umstände entgegenstehen.

(3) Der Ablehnungsgrund ist glaubhaft zu machen; der Eid ist als Mittel der Glaubhaftmachung ausgeschlossen.

§ 75 [Pflicht zur Erstattung des Gutachtens] (1) Der zum Sachverständigen Ernannte hat der Ernennung Folge zu leisten, wenn er zur Erstattung von Gutachten der erforderten Art öffentlich bestellt ist oder wenn er die Wissenschaft, die Kunst oder das Gewerbe, deren Kenntnis Voraussetzung der Begutachtung ist, öffentlich zum Erwerb ausübt oder wenn er zu ihrer Ausübung öffentlich bestellt oder ermächtigt ist.

(2) Zur Erstattung des Gutachtens ist auch der verpflichtet, welcher sich hierzu vor Gericht bereit erklärt hat.

§ 76 [Gutachtenverweigerungsrecht] (1) Dieselben Gründe, die einen Zeugen berechtigen, das Zeugnis zu verweigern, berechtigen einen Sachverständigen zur Verweigerung des Gutachtens. Auch aus anderen Gründen kann ein Sachverständiger von der Verpflichtung zur Erstattung des Gutachtens entbunden werden.

(2) Für die Vernehmung von Richtern, Beamten und anderen Personen des öffentlichen Dienstes als Sachverständige gelten die besonderen beamtenrechtlichen Vorschriften. Für die Mitglieder der Bundes- oder einer Landesregierung gelten die für sie maßgebenden besonderen Vorschriften.

§ 77 [Folgen des Ausbleibens oder der Weigerung] (1) Im Falle des Nichterscheinens oder der Weigerung eines zur Erstattung des Gutachtens verpflichteten Sachverständigen wird diesem auferlegt, die dadurch verursachten Kosten zu ersetzen. Zugleich wird gegen ihn ein Ordnungsgeld festgesetzt. Im Falle wiederholten Ungehorsams kann neben der Auferlegung der Kosten das Ordnungsgeld noch einmal festgesetzt werden.

(2) Weigert sich ein zur Erstattung des Gutachtens verpflichteter Sachverständiger, nach § 73 Abs. 1 Satz 2 eine angemessene Frist abzusprechen, oder versäumt er die abgesprochene Frist, so kann gegen ihn ein Ordnungsgeld festgesetzt werden. Der Festsetzung des Ordnungsgeldes muß eine Androhung unter Setzung einer Nachfrist vorausgehen. Im Falle wiederholter Fristversäumnis kann das Ordnungsgeld noch einmal festgesetzt werden.

§ 78 [Richterliche Leitung] Der Richter hat, soweit ihm dies erforderlich erscheint, die Tätigkeit der Sachverständigen zu leiten.

§ 79 [Sachverständigeneid] (1) Der Sachverständige kann nach dem Ermessen des Gerichts vereidigt werden.

(2) Der Eid ist nach Erstattung des Gutachtens zu leisten; er geht dahin, daß der Sachverständige das Gutachten unparteiisch und nach bestem Wissen und Gewissen erstattet habe.

(3) Ist der Sachverständige für die Erstattung von Gutachten der betreffenden Art im allgemeinen vereidigt, so genügt die Berufung auf den geleisteten Eid.

§ 80 [Vorbereitung des Gutachtens] (1) Dem Sachverständigen kann auf sein Verlangen zur Vorbereitung des Gutachtens durch Vernehmung von Zeugen oder des Beschuldigten weitere Aufklärung verschafft werden.

(2) Zu demselben Zweck kann ihm gestattet werden, die Akten einzusehen, der Vernehmung von Zeugen oder des Beschuldigten beizuwohnen und an sie unmittelbar Fragen zu stellen.

§ 80a [Zuziehung im Vorverfahren] Ist damit zu rechnen, daß die Unterbringung des Beschuldigten in einem psychiatrischen Krankenhaus, einer Entziehungsanstalt oder in der Sicherungsverwahrung angeordnet werden wird, so soll schon im Vorverfahren einem Sachverständigen Gelegenheit zur Vorbereitung des in der Hauptverhandlung zu erstattenden Gutachtens gegeben werden.

§ 81 [Unterbringung zur Beobachtung des Beschuldigten] (1) Zur Vorbereitung eines Gutachtens über den psychischen Zustand des Beschuldigten kann das Gericht nach Anhörung eines Sachverständigen und des Verteidigers anordnen, daß der Beschuldigte in ein öffentliches psychiatrisches Krankenhaus gebracht und dort beobachtet wird.

(2) Das Gericht trifft die Anordnung nach Absatz 1 nur, wenn der Beschuldigte der Tat dringend verdächtig ist. Das Gericht darf diese Anordnung nicht treffen, wenn sie zu der Bedeutung der Sache und der zu erwartenden Strafe oder Maßregel der Besserung und Sicherung außer Verhältnis steht.

(3) Im vorbereitenden Verfahren entscheidet das Gericht, das für die Eröffnung des Hauptverfahrens zuständig wäre.

(4) Gegen den Beschluß ist sofortige Beschwerde zulässig. Sie hat aufschiebende Wirkung.

(5) Die Unterbringung in einem psychiatrischen Krankenhaus nach Absatz 1 darf die Dauer von insgesamt sechs Wochen nicht überschreiten.

§ 81a [Körperliche Untersuchung; Blutprobe] (1) Eine körperliche Untersuchung des Beschuldigten darf zur Feststellung von Tatsachen angeordnet werden, die für das Verfahren von Bedeutung sind. Zu diesem Zweck sind Entnahmen von Blutproben und andere körperliche Eingriffe, die von einem Arzt nach den Regeln der ärztlichen Kunst zu Untersuchungszwecken vorgenommen werden, ohne Einwilligung des Beschuldigten zulässig, wenn kein Nachteil für seine Gesundheit zu befürchten ist.

(2) Die Anordnung steht dem Richter, bei Gefährdung des Untersuchungserfolges durch Verzögerung auch der Staatsanwaltschaft und ihren Ermittlungspersonen (§ 152 des Gerichtsverfassungsgesetzes) zu.

(3) Dem Beschuldigten entnommene Blutproben oder sonstige Körperzellen dürfen nur für Zwecke des der Entnahme zugrundeliegenden oder eines anderen anhängigen Strafverfahrens verwendet werden; sie sind unverzüglich zu vernichten, sobald sie hierfür nicht mehr erforderlich sind.

§ 81b [Lichtbilder und Fingerabdrücke] Soweit es für die Zwecke der Durchführung des Strafverfahrens oder für die Zwecke des Erkennungsdienstes notwendig ist, dürfen Lichtbilder und Fingerabdrücke des Beschuldigten auch gegen seinen Willen aufgenommen und Messungen und ähnliche Maßnahmen an ihm vorgenommen werden.

§ 81c [Untersuchung anderer Personen] (1) Andere Personen als Beschuldigte dürfen, wenn sie als Zeugen in Betracht kommen, ohne ihre Einwilligung nur untersucht werden, soweit zur Erforschung der Wahrheit festgestellt werden muß, ob sich an ihrem Körper eine bestimmte Spur oder Folge einer Straftat befindet.

(2) Bei anderen Personen als Beschuldigten sind Untersuchungen zur Feststellung der Abstammung und die Entnahme von Blutproben ohne Einwilligung des zu Untersuchenden zulässig, wenn kein Nachteil für seine Gesundheit zu befürchten und die Maßnahme zur Erforschung der Wahrheit unerläßlich ist. Die Untersuchungen und die Entnahme von Blutproben dürfen stets nur von einem Arzt vorgenommen werden.

(3) Untersuchungen oder Entnahmen von Blutproben können aus den gleichen Gründen wie das Zeugnis verweigert werden. Haben Minderjährige wegen mangelnder Verstandesreife oder haben Minderjährige oder Betreute wegen einer psychischen Krankheit oder einer geistigen oder seelischen Behinderung von der Bedeutung ihres Weigerungsrechts keine genügende Vorstellung, so entscheidet der gesetzliche

Vertreter; § 52 Abs. 2 Satz 2 und Abs. 3 gilt entsprechend. Ist der gesetzliche Vertreter von der Entscheidung ausgeschlossen (§ 52 Abs. 2 Satz 2) oder aus sonstigen Gründen an einer rechtzeitigen Entscheidung gehindert und erscheint die sofortige Untersuchung oder Entnahme von Blutproben zur Beweissicherung erforderlich, so sind diese Maßnahmen nur auf besondere Anordnung des Richters zulässig. Der die Maßnahmen anordnende Beschluß ist unanfechtbar. Die nach Satz 3 erhobenen Beweise dürfen im weiteren Verfahren nur mit Einwilligung des hierzu befugten gesetzlichen Vertreters verwertet werden.

(4) Maßnahmen nach den Absätzen 1 und 2 sind unzulässig, wenn sie dem Betroffenen bei Würdigung aller Umstände nicht zugemutet werden können.

(5) Die Anordnung steht dem Richter, bei Gefährdung des Untersuchungserfolges durch Verzögerung, von den Fällen des Absatzes 3 Satz 3 abgesehen, auch der Staatsanwaltschaft und ihren Ermittlungspersonen (§ 152 des Gerichtsverfassungsgesetzes) zu. 2§ 81a Abs. 3 gilt entsprechend.

(6) Bei Weigerung des Betroffenen gilt die Vorschrift des § 70 entsprechend. Unmittelbarer Zwang darf nur auf besondere Anordnung des Richters angewandt werden. Die Anordnung setzt voraus, daß der Betroffene trotz Festsetzung eines Ordnungsgeldes bei der Weigerung beharrt oder daß Gefahr im Verzuge ist.

§ 81d [Verletzung des Schamgefühls] (1) Kann die körperliche Untersuchung das Schamgefühl verletzen, so wird sie von einer Person gleichen Geschlechts oder von einer Ärztin oder einem Arzt vorgenommen. Bei berechtigtem Interesse soll dem Wunsch, die Untersuchung einer Person oder einem Arzt bestimmten Geschlechts zu übertragen, entsprochen werden. Auf Verlangen der betroffenen Person soll eine Person des Vertrauens zugelassen werden. Die betroffene Person ist auf die Regelungen der Sätze 2 und 3 hinzuweisen.

(2) Diese Vorschrift gilt auch dann, wenn die betroffene Person in die Untersuchung einwilligt.

§ 81e [Molekulargenetische Untersuchung] (1) An dem durch Maßnahmen nach § 81a Abs. 1 erlangten Material dürfen auch molekulargenetische Untersuchungen durchgeführt werden, soweit sie zur Feststellung der Abstammung oder der Tatsache, ob aufgefundenes Spurenmaterial von dem Beschuldigten oder dem Verletzten stammt, erforderlich sind; hierbei darf auch das Geschlecht der Person bestimmt werden. Untersuchungen nach Satz 1 sind auch zulässig für entsprechende Feststellungen an dem durch Maßnahmen nach § 81c erlangten Material. Feststellungen über andere als die in Satz 1 bezeichneten Tatsachen dürfen nicht erfolgen; hierauf gerichtete Untersuchungen sind unzulässig.

(2) Nach Absatz 1 zulässige Untersuchungen dürfen auch an aufgefundenem, sichergestelltem oder beschlagnahmtem Spurenmaterial durchgeführt werden. Absatz 1 Satz 3 und § 81a Abs. 3 erster Halbsatz gelten entsprechend.

§ 81f [Richterliche Anordnung; Durchführung der Untersuchung] (1) Untersuchungen nach § 81e Abs. 1 dürfen ohne schriftliche Einwilligung der betroffenen Person nur durch das Gericht, bei Gefahr im Verzug auch durch die Staatsanwaltschaft und ihre Ermittlungspersonen (§ 152 des Gerichtsverfassungsgesetzes) angeordnet werden. Die einwilligende Person ist darüber zu belehren, für welchen Zweck die zu erhebenden Daten verwendet werden.

(2) Mit der Untersuchung nach § 81e sind in der schriftlichen Anordnung Sachverständige zu beauftragen, die öffentlich bestellt oder nach dem Verpflichtungsgesetz verpflichtet oder Amtsträger sind, die der ermittlungsführenden Behörde nicht angehören oder einer Organisationseinheit dieser Behörde angehören, die von der ermittlungsführenden Dienststelle organisatorisch und sachlich getrennt ist. Diese haben durch technische und organisatorische Maßnahmen zu gewährleisten, daß unzulässige molekulargenetische Untersuchungen und unbefugte Kenntnisnahme Dritter ausgeschlossen sind. Dem Sachverständigen ist das Untersuch-

ungsmaterial ohne Mitteilung des Namens, der Anschrift und des Geburtstages und -monats des Betroffenen zu übergeben. Ist der Sachverständige eine nichtöffentliche Stelle, gilt § 38 des Bundesdaten- schutzgesetzes mit der Maßgabe, daß die Aufsichtsbehörde die Ausführung der Vorschriften über den Datenschutz auch überwacht, wenn ihr keine hinreichenden Anhaltspunkte für eine Verletzung dieser Vorschriften vorliegen und der Sachverständige die personenbezogenen Daten nicht in Dateien automatisiert verarbeitet.

§ 81g [DNA-Identitätsfeststellung] (1) Ist der Beschuldigte einer Straftat von erheblicher Bedeutung oder einer Straftat gegen die sexuelle Selbstbestimmung verdächtig, dürfen ihm zur Identitätsfeststellung in künftigen Strafverfahren Körperzellen entnommen und zur Feststellung des DNA-Identifizierungsmusters sowie des Geschlechts molekulargenetisch untersucht werden, wenn wegen der Art oder Ausführung der Tat, der Persönlichkeit des Beschuldigten oder sonstiger Erkenntnisse Grund zu der Annahme besteht, dass gegen ihn künftig Strafverfahren wegen einer Straftat von erheblicher Bedeutung zu führen sind. Die wiederholte Begehung sonstiger Straftaten kann im Unrechtsgehalt einer Straftat von erheblicher Bedeutung gleichstehen.

(2) Die entnommenen Körperzellen dürfen nur für die in Absatz 1 genannte molekulargenetische Untersuchung verwendet werden; sie sind unverzüglich zu vernichten, sobald sie hierfür nicht mehr erforderlich sind. Bei der Untersuchung dürfen andere Feststellungen als diejenigen, die zur Ermittlung des DNA-Identifizierungsmusters sowie des Geschlechts erforderlich sind, nicht getroffen werden; hierauf gerichtete Untersuchungen sind unzulässig.

(3) Die Entnahme der Körperzellen darf ohne schriftliche Einwilligung des Beschuldigten nur durch das Gericht, bei Gefahr im Verzug auch durch die Staatsanwaltschaft und ihre Ermittlungspersonen (§ 152 des Gerichtsverfassungsgesetzes) angeordnet werden. Die molekulargenetische Untersuchung der Körperzellen darf ohne schriftliche Einwilligung des Beschuldigten nur durch das Gericht angeordnet werden. Die einwilligende Person ist darüber zu belehren, für welchen Zweck die zu erhebenden Daten verwendet werden. § 81f Abs. 2 gilt entsprechend. In der schriftlichen Begründung des Gerichts sind einzelfallbezogen darzulegen

1. die für die Beurteilung der Erheblichkeit der Straftat bestimmenden Tatsachen,
2. die Erkenntnisse, auf Grund derer Grund zu der Annahme besteht, dass gegen den Beschuldigten künftig Strafverfahren zu führen sein werden, sowie
3. die Abwägung der jeweils maßgeblichen Umstände.

(4) Die Absätze 1 bis 3 gelten entsprechend, wenn die betroffene Person wegen der Tat rechtskräftig verurteilt oder nur wegen

1. erwiesener oder nicht auszuschließender Schuldunfähigkeit,
2. auf Geisteskrankheit beruhender Verhandlungsunfähigkeit oder
3. fehlender oder nicht auszuschließender fehlender Verantwortlichkeit (§ 3 des Jugendgerichtsgesetzes)

nicht verurteilt worden ist und die entsprechende Eintragung im Bundeszentralregister oder Erziehungsregister noch nicht getilgt ist.

(5) Die erhobenen Daten dürfen beim Bundeskriminalamt gespeichert und nach Maßgabe des Bundeskriminalamtgesetzes verwendet werden. Das Gleiche gilt

1. unter den in Absatz 1 genannten Voraussetzungen für die nach § 81e Abs. 1 erhobenen Daten eines Beschuldigten sowie
2. für die nach § 81e Abs. 2 erhobenen Daten.

Die Daten dürfen nur für Zwecke eines Strafverfahrens, der Gefahrenabwehr und der internationalen Rechtshilfe hierfür übermittelt werden. Im Fall des Satzes 2 Nr. 1 ist der Beschuldigte unverzüglich von der Speicherung zu benachrichtigen und darauf hinzuweisen, dass er die gerichtliche Entscheidung beantragen kann.

§ 81h [DNA-Reihenuntersuchung] (1) Begründen bestimmte Tatsachen den Verdacht, dass ein Verbrechen gegen das Leben, die körperliche Unversehrtheit, die persönliche Freiheit oder die sexuelle Selbstbestimmung begangen worden ist, dürfen Personen, die bestimmte, auf den Täter vermutlich zutreffende Prüfungsmerkmale erfüllen, mit ihrer schriftlichen Einwilligung

1. Körperzellen entnommen,
2. diese zur Feststellung des DNA-Identifizierungsmusters und des Geschlechts molekulargenetisch untersucht und
3. die festgestellten DNA-Identifizierungsmuster mit den DNA-Identifizierungsmustern von Spurenmaterial automatisiert abgeglichen werden,

soweit dies zur Feststellung erforderlich ist, ob das Spurenmaterial von diesen Personen stammt, und die Maßnahme insbesondere im Hinblick auf die Anzahl der von ihr betroffenen Personen nicht außer Verhältnis zur Schwere der Tat steht.

(2) Eine Maßnahme nach Absatz 1 bedarf der gerichtlichen Anordnung. Diese ergeht schriftlich. Sie muss die betroffenen Personen anhand bestimmter Prüfungsmerkmale bezeichnen und ist zu begründen. Einer vorherigen Anhörung der betroffenen Personen bedarf es nicht. Die Entscheidung, mit der die Maßnahme angeordnet wird, ist nicht anfechtbar.

(3) Für die Durchführung der Maßnahme gelten § 81f Abs. 2 und § 81g Abs. 2 entsprechend. Soweit die Aufzeichnungen über die durch die Maßnahme festgestellten DNA-Identifizierungsmuster zur Aufklärung des Verbrechens nicht mehr erforderlich sind, sind sie unverzüglich zu löschen. Die Löschung ist zu dokumentieren.

(4) Die betroffenen Personen sind schriftlich darüber zu belehren, dass die Maßnahme nur mit ihrer Einwilligung durchgeführt werden darf. Hierbei sind sie auch darauf hinzuweisen, dass

1. die entnommenen Körperzellen ausschließlich für die Untersuchung nach Absatz 1 verwendet und unverzüglich vernichtet werden, sobald sie hierfür nicht mehr erforderlich sind, und
2. die festgestellten DNA-Identifizierungsmuster nicht zur Identitätsfeststellung in künftigen Strafverfahren beim Bundeskriminalamt gespeichert werden.

§ 82 [Gutachten im Vorverfahren] Im Vorverfahren hängt es von der Anordnung des Richters ab, ob die Sachverständigen ihr Gutachten schriftlich oder mündlich zu erstatten haben.

§ 83 [Neues Gutachten] (1) Der Richter kann eine neue Begutachtung durch dieselben oder durch andere Sachverständige anordnen, wenn er das Gutachten für ungenügend erachtet.

(2) Der Richter kann die Begutachtung durch einen anderen Sachverständigen anordnen, wenn ein Sachverständiger nach Erstattung des Gutachtens mit Erfolg abgelehnt ist.

(3) In wichtigeren Fällen kann das Gutachten einer Fachbehörde eingeholt werden.

§ 84 [Sachverständigenvergütung] Der Sachverständige erhält eine Vergütung nach dem Justizvergütungs- und -entschädigungsgesetz.

§ 85 [Sachverständige Zeugen] Soweit zum Beweis vergangener Tatsachen oder Zustände, zu deren Wahrnehmung eine besondere Sachkunde erforderlich war, sachkundige Personen zu vernehmen sind, gelten die Vorschriften über den Zeugenbeweis.

§ 86 [Richterlicher Augenschein] Findet die Einnahme eines richterlichen Augenscheins statt, so ist im Protokoll der vorgefundene Sachbestand festzustellen und darüber Auskunft zu geben, welche Spuren oder Merkmale, deren Vorhandensein nach der besonderen Beschaffenheit des Falles vermutet werden konnte, gefehlt haben.

§ 87 [Leichenschau, Leichenöffnung] (1) Die Leichenschau wird von der Staatsanwaltschaft, auf Antrag der Staatsanwaltschaft auch vom Richter, unter Zuziehung eines Arztes vorgenommen. Ein Arzt wird nicht zugezogen, wenn dies zur Aufklärung des Sachverhalts offensichtlich entbehrlich ist.

(2) Die Leichenöffnung wird von zwei Ärzten vorgenommen. Einer der Ärzte muß Gerichtsarzt oder Leiter eines öffentlichen gerichtsmedizinischen oder pathologischen Instituts oder ein von diesem beauftragter Arzt des Instituts mit gerichtsmedizinischen Fachkenntnissen sein. Dem Arzt, welcher den Verstorbenen in der dem Tod unmittelbar vorausgegangenen Krankheit behandelt hat, ist die Leichenöffnung nicht zu übertragen. Er kann jedoch aufgefordert werden, der Leichenöffnung beizuwohnen, um aus der Krankheitsgeschichte Aufschlüsse zu geben. Die Staatsanwaltschaft kann an der Leichenöffnung teilnehmen. Auf ihren Antrag findet die Leichenöffnung im Beisein des Richters statt.

(3) Zur Besichtigung oder Öffnung einer schon beerdigten Leiche ist ihre Ausgrabung statthaft.

(4) Die Leichenöffnung und die Ausgrabung einer beerdigten Leiche werden vom Richter angeordnet; die Staatsanwaltschaft ist zu der Anordnung befugt, wenn der Untersuchungserfolg durch Verzögerung gefährdet würde. Wird die Ausgrabung angeordnet, so ist zugleich die Benachrichtigung eines Angehörigen des Toten anzuordnen, wenn der Angehörige ohne besondere Schwierigkeiten ermittelt werden kann und der Untersuchungszweck durch die Benachrichtigung nicht gefährdet wird.

§ 88 [Identifizierung] (1) Vor der Leichenöffnung soll die Identität des Verstorbenen festgestellt werden. Zu diesem Zweck können insbesondere Personen, die den Verstorbenen gekannt haben, befragt und Maßnahmen erkennungsdienstlicher Art durchgeführt werden. Zur Feststellung der Identität und des Geschlechts sind die Entnahme von Körperzellen und deren molekulargenetische Untersuchung zulässig; für die molekulargenetische Untersuchung gilt § 81f Abs. 2 entsprechend.

(2) Ist ein Beschuldigter vorhanden, so soll ihm die Leiche zur Anerkennung vorgezeigt werden.

§ 89 [Umfang der Leichenöffnung] Die Leichenöffnung muß sich, soweit der Zustand der Leiche dies gestattet, stets auf die Öffnung der Kopf-, Brust- und Bauchhöhle erstrecken.

§ 90 [Neugeborenes Kind] Bei Öffnung der Leiche eines neugeborenen Kindes ist die Untersuchung insbesondere auch darauf zu richten, ob es nach oder während der Geburt gelebt hat und ob es reif oder wenigstens fähig gewesen ist, das Leben außerhalb des Mutterleibes fortzusetzen.

§ 91 [Verdacht einer Vergiftung] (1) Liegt der Verdacht einer Vergiftung vor, so ist die Untersuchung der in der Leiche oder sonst gefundenen verdächtigen Stoffe durch einen Chemiker oder durch eine für solche Untersuchungen bestehende Fachbehörde vorzunehmen.

(2) Es kann angeordnet werden, daß diese Untersuchung unter Mitwirkung oder Leitung eines Arztes stattzufinden hat.

§ 92 [Gutachten bei Geld- oder Wertzeichenfälschung] (1) Liegt der Verdacht einer Geld- oder Wertzeichenfälschung vor, so sind das Geld oder die Wertzeichen erforderlichenfalls der Behörde vorzulegen, von der echtes Geld oder echte Wertzeichen dieser Art in Umlauf gesetzt werden. Das Gutachten dieser Behörde ist über die Unechtheit oder Verfälschung sowie darüber einzuholen, in welcher Art die Fälschung mutmaßlich begangen worden ist.

(2) Handelt es sich um Geld oder Wertzeichen eines fremden Währungsgebietes, so kann an Stelle des Gutachtens der Behörde des fremden Währungsgebietes das einer deutschen erfordert werden.

§ 93 [Schriftgutachten] Zur Ermittlung der Echtheit oder Unechtheit eines Schriftstücks sowie zur Ermittlung seines Urhebers kann eine Schriftvergleichung unter Zuziehung von Sachverständigen vorgenommen werden.

Achter Abschnitt. Beschlagnahme, Überwachung des Fernmeldeverkehrs, Rasterfahndung, Einsatz technischer Mittel, Einsatz Verdeckter Ermittler und Durchsuchung

§ 94 [Gegenstand der Beschlagnahme] (1) Gegenstände, die als Beweismittel für die Untersuchung von Bedeutung sein können, sind in Verwahrung zu nehmen oder in anderer Weise sicherzustellen.

(2) Befinden sich die Gegenstände in dem Gewahrsam einer Person und werden sie nicht freiwillig herausgegeben, so bedarf es der Beschlagnahme.

(3) Die Absätze 1 und 2 gelten auch für Führerscheine, die der Einziehung unterliegen.

§ 95 [Herausgabepflicht] (1) Wer einen Gegenstand der vorbezeichneten Art in seinem Gewahrsam hat, ist verpflichtet, ihn auf Erfordern vorzulegen und auszuliefern.

(2) Im Falle der Weigerung können gegen ihn die in § 70 bestimmten Ordnungs- und Zwangsmittel festgesetzt werden. Das gilt nicht bei Personen, die zur Verweigerung des Zeugnisses berechtigt sind.

§ 96 [Amtliche Schriftstücke] Die Vorlegung oder Auslieferung von Akten oder anderen in amtlicher Verwahrung befindlichen Schriftstücken durch Behörden und öffentliche Beamte darf nicht gefordert werden, wenn deren oberste Dienstbehörde erklärt, daß das Bekanntwerden des Inhalts dieser Akten oder Schriftstücke dem Wohl des Bundes oder eines deutschen Landes Nachteile bereiten würde. Satz 1 gilt entsprechend für Akten und sonstige Schriftstücke, die sich im Gewahrsam eines Mitglieds des Bundestages oder eines Landtages beziehungsweise eines Angestellten einer Fraktion des Bundestages oder eines Landtages befinden, wenn die für die Erteilung einer Aussagegenehmigung zuständige Stelle eine solche Erklärung abgegeben hat.

§ 97 [Der Beschlagnahme nicht unterliegende Gegenstände] (1) Der Beschlagnahme unterliegen nicht

1. schriftliche Mitteilungen zwischen dem Beschuldigten und den Personen, die nach § 52 oder § 53 Abs. 1 Satz 1 Nr. 1 bis 3b das Zeugnis verweigern dürfen;
2. Aufzeichnungen, welche die in § 53 Abs. 1 Satz 1 Nr. 1 bis 3b Genannten über die ihnen vom Beschuldigten anvertrauten Mitteilungen oder über andere Umstände gemacht haben, auf die sich das Zeugnisverweigerungsrecht erstreckt;
3. andere Gegenstände einschließlich der ärztlichen Untersuchungsbefunde, auf die sich das Zeugnisverweigerungsrecht der in § 53 Abs. 1 Satz 1 Nr. 1 bis 3b Genannten erstreckt.

(2) Diese Beschränkungen gelten nur, wenn die Gegenstände im Gewahrsam der zur Verweigerung des Zeugnisses Berechtigten sind, es sei denn, es handelt sich um eine Gesundheitskarte im Sinne des § 291a des Fünften Buches Sozialgesetzbuch. Der Beschlagnahme unterliegen auch nicht Gegenstände, auf die sich das Zeugnisverweigerungsrecht der Ärzte, Zahnärzte, Psychologischen Psychotherapeuten, Kinder- und Jugendlichenpsychotherapeuten, Apotheker und Hebammen erstreckt, wenn sie im Gewahrsam einer Krankenanstalt oder eines Dienstleisters, der für die Genannten personenbezogene Daten erhebt, verarbeitet oder nutzt, sind, sowie Gegenstände, auf die sich das Zeugnisverweigerungsrecht der in § 53 Abs. 1 Satz 1 Nr. 3a und 3b genannten Personen erstreckt, wenn sie im Gewahrsam der in dieser Vorschrift bezeichneten Beratungsstelle sind. Die Beschränkungen der Beschlagnahme gelten nicht, wenn die zur Verweigerung des Zeugnisses Berechtigten einer Teilnahme oder einer Begünstigung, Strafvereitelung oder Hehlerei verdächtig sind oder wenn es sich um Gegenstände handelt, die durch eine Straftat hervorgebracht oder zur Begehung einer

Straftat gebraucht oder bestimmt sind oder die aus einer Straftat herrühren.

(3) Soweit das Zeugnisverweigerungsrecht der Mitglieder des Bundestages, eines Landtages oder einer zweiten Kammer reicht (§ 53 Abs. 1 Satz 1 Nr. 4), ist die Beschlagnahme von Schriftstücken unzulässig.

(4) Die Absätze 1 bis 3 sind entsprechend anzuwenden, soweit die in § 53a Genannten das Zeugnis verweigern dürfen.

(5) Soweit das Zeugnisverweigerungsrecht der in § 53 Abs. 1 Satz 1 Nr. 5 genannten Personen reicht, ist die Beschlagnahme von Schriftstücken, Ton-, Bild- und Datenträgern, Abbildungen und anderen Darstellungen, die sich im Gewahrsam dieser Personen oder der Redaktion, des Verlages, der Druckerei oder der Rundfunkanstalt befinden, unzulässig. Absatz 2 Satz 3 gilt entsprechend; die Beschlagnahme ist jedoch auch in diesen Fällen nur zulässig, wenn sie unter Berücksichtigung der Grundrechte aus Artikel 5 Abs. 1 Satz 2 des Grundgesetzes nicht außer Verhältnis zur Bedeutung der Sache steht und die Erforschung des Sachverhaltes oder die Ermittlung des Aufenthaltsortes des Täters auf andere Weise aussichtslos oder wesentlich erschwert wäre.

§ 98 [Anordnung der Beschlagnahme] (1) Beschlagnahmen dürfen nur durch den Richter, bei Gefahr im Verzug auch durch die Staatsanwaltschaft und ihre Ermittlungspersonen (§ 152 des Gerichtsverfassungsgesetzes) angeordnet werden. Die Beschlagnahme nach § 97 Abs. 5 Satz 2 in den Räumen einer Redaktion, eines Verlages, einer Druckerei oder einer Rundfunkanstalt darf nur durch den Richter angeordnet werden.

(2) Der Beamte, der einen Gegenstand ohne richterliche Anordnung beschlagnahmt hat, soll binnen drei Tagen die richterliche Bestätigung beantragen, wenn bei der Beschlagnahme weder der davon Betroffene noch ein erwachsener Angehöriger anwesend war oder wenn der Betroffene und im Falle seiner Abwesenheit ein erwachsener Angehöriger des Betroffenen gegen die Beschlagnahme ausdrücklichen Widerspruch erhoben hat. Der Betroffene kann jederzeit die richterliche Entscheidung beantragen. Solange die öffentliche Klage noch nicht erhoben ist, entscheidet das Amtsgericht, in dessen Bezirk die Beschlagnahme stattgefunden hat. Hat bereits eine Beschlagnahme, Postbeschlagnahme oder Durchsuchung in einem anderen Bezirk stattgefunden, so entscheidet das Amtsgericht, in dessen Bezirk die Staatsanwaltschaft ihren Sitz hat, die das Ermittlungsverfahren führt. Der Betroffene kann den Antrag auch in diesem Fall bei dem Amtsgericht einreichen, in dessen Bezirk die Beschlagnahme stattgefunden hat. Ist dieses Amtsgericht nach Satz 4 unzuständig, so leitet der Richter den Antrag dem zuständigen Amtsgericht zu. Der Betroffene ist über seine Rechte zu belehren.

(3) Ist nach erhobener öffentlicher Klage die Beschlagnahme durch die Staatsanwaltschaft oder eine ihrer Ermittlungspersonen erfolgt, so ist binnen drei Tagen dem Richter von der Beschlagnahme Anzeige zu machen; die beschlagnahmten Gegenstände sind ihm zur Verfügung zu stellen.

(4) Wird eine Beschlagnahme in einem Dienstgebäude oder einer nicht allgemein zugänglichen Einrichtung oder Anlage der Bundeswehr erforderlich, so wird die vorgesetzte Dienststelle der Bundeswehr um ihre Durchführung ersucht. Die ersuchende Stelle ist zur Mitwirkung berechtigt. Des Ersuchens bedarf es nicht, wenn die Beschlagnahme in Räumen vorzunehmen ist, die ausschließlich von anderen Personen als Soldaten bewohnt werden.

§ 98a [Maschineller Abgleich und Übermittlung personenbezogener Daten] (1) Liegen zureichende tatsächliche Anhaltspunkte dafür vor, daß eine Straftat von erheblicher Bedeutung

1. auf dem Gebiet des unerlaubten Betäubungsmittel- oder Waffenverkehrs, der Geld- oder Wertzeichenfälschung,
2. auf dem Gebiet des Staatsschutzes (§§ 74a, 120 des Gerichtsverfassungsgesetzes),
3. auf dem Gebiet der gemeingefährlichen Straftaten,
4. gegen Leib oder Leben, die sexuelle Selbstbestimmung oder die persönliche Freiheit,

5. gewerbs- oder gewohnheitsmäßig oder
6. von einem Bandenmitglied oder in anderer Weise organisiert

begangen worden ist, so dürfen, unbeschadet §§ 94, 110, 161, personenbezogene Daten von Personen, die bestimmte, auf den Täter vermutlich zutreffende Prüfungsmerkmale erfüllen, mit anderen Daten maschinell abgeglichen werden, um Nichtverdächtigte auszuschließen oder Personen festzustellen, die weitere für die Ermittlungen bedeutsame Prüfungsmerkmale erfüllen. Die Maßnahme darf nur angeordnet werden, wenn die Erforschung des Sachverhalts oder die Ermittlung des Aufenthaltsortes des Täters auf andere Weise erheblich weniger erfolgversprechend oder wesentlich erschwert wäre.

(2) Zu dem in Absatz 1 bezeichneten Zweck hat die speichernde Stelle die für den Abgleich erforderlichen Daten aus den Datenbeständen auszusondern und den Strafverfolgungsbehörden zu übermitteln.

(3) Soweit die zu übermittelnden Daten von anderen Daten nur mit unverhältnismäßigem Aufwand getrennt werden können, sind auf Anordnung auch die anderen Daten zu übermitteln. Ihre Nutzung ist nicht zulässig.

(4) Auf Anforderung der Staatsanwaltschaft hat die speichernde Stelle die Stelle, die den Abgleich durchführt, zu unterstützen.

(5) § 95 Abs. 2 gilt entsprechend.

§ 98b [Zuständigkeit; Rückgabe und Löschung der Daten] (1) Der Abgleich und die Übermittlung der Daten dürfen nur durch den Richter, bei Gefahr im Verzug auch durch die Staatsanwaltschaft angeordnet werden. Hat die Staatsanwaltschaft die Anordnung getroffen, so beantragt sie unverzüglich die richterliche Bestätigung. Die Anordnung tritt außer Kraft, wenn sie nicht binnen drei Tagen von dem Richter bestätigt wird. Die Anordnung ergeht schriftlich. Sie muß den zur Übermittlung Verpflichteten bezeichnen und ist auf die Daten und Prüfungsmerkmale zu beschränken, die für den Einzelfall benötigt werden. Die übermittlung von Daten, deren Verwendung besondere bundesgesetzliche oder entsprechende landesgesetzliche Verwendungsregelungen entgegenstehen, darf nicht angeordnet werden. Die §§ 96, 97, 98 Abs. 1 Satz 2 gelten entsprechend.

(2) Ordnungs- und Zwangsmittel (§ 95 Abs. 2) dürfen nur durch den Richter, bei Gefahr im Verzug auch durch die Staatsanwaltschaft angeordnet werden; die Festsetzung von Haft bleibt dem Richter vorbehalten.

(3) Sind die Daten auf Datenträgern übermittelt worden, so sind diese nach Beendigung des Abgleichs unverzüglich zurückzugeben. Personenbezogene Daten, die auf andere Datenträger übertragen wurden, sind unverzüglich zu löschen, sobald sie für das Strafverfahren nicht mehr benötigt werden. Die durch den Abgleich erlangten personenbezogenen Daten dürfen in anderen Strafverfahren zu Beweiszwecken nur verwendet werden, soweit sich bei Gelegenheit der Auswertung Erkenntnisse ergeben, die zur Aufklärung einer in § 98a Abs. 1 bezeichneten Straftat benötigt werden.

(4) § 163d Abs. 5 gilt entsprechend. Nach Beendigung einer Maßnahme gemäß § 98a ist die Stelle zu unterrichten, die für die Kontrolle der Einhaltung der Vorschriften über den Datenschutz bei öffentlichen Stellen zuständig ist.

§ 98c [Datenabgleich zur Aufklärung einer Straftat] Zur Aufklärung einer Straftat oder zur Ermittlung des Aufenthaltsortes einer Person, nach der für Zwecke eines Strafverfahrens gefahndet wird, dürfen personenbezogene Daten aus einem Strafverfahren mit anderen zur Strafverfolgung oder Strafvollstreckung oder zur Gefahrenabwehr gespeicherten Daten maschinell abgeglichen werden. Entgegenstehende besondere bundesgesetzliche oder entsprechende landesgesetzliche Verwendungsregelungen bleiben unberührt.

§ 99 [Postbeschlagnahme] Zulässig ist die Beschlagnahme der an den Beschuldigten gerichteten Postsendungen und Telegramme, die sich im Gewahrsam von Personen oder Unternehmen befinden, die geschäftsmäßig Post- oder Telekommunikationsdienste erbringen oder daran mitwirken. Ebenso ist eine Beschlagnahme von Postsendungen und Telegrammen zulässig, bei denen aus vorliegenden Tatsachen zu schließen ist, daß sie von dem Beschuldigten herrühren oder für ihn bestimmt sind und daß ihr Inhalt für die Untersuchung Bedeutung hat.

§ 100 [Zuständigkeit] (1) Zu der Beschlagnahme (§ 99) ist nur der Richter, bei Gefahr im Verzug auch die Staatsanwaltschaft befugt.

(2) Die von der Staatsanwaltschaft verfügte Beschlagnahme tritt, auch wenn sie eine Auslieferung noch nicht zur Folge gehabt hat, außer Kraft, wenn sie nicht binnen drei Tagen von dem Richter bestätigt wird.

(3) Die Öffnung der ausgelieferten Gegenstände steht dem Richter zu. Er kann diese Befugnis der Staatsanwaltschaft übertragen, soweit dies erforderlich ist, um den Untersuchungserfolg nicht durch Verzögerung zu gefährden. Die Übertragung ist nicht anfechtbar; sie kann jederzeit widerrufen werden. Solange eine Anordnung nach Satz 2 nicht ergangen ist, legt die Staatsanwaltschaft die ihr ausgelieferten Gegenstände sofort, und zwar verschlossene Postsendungen ungeöffnet, dem Richter vor.

(4) Über eine von der Staatsanwaltschaft verfügte Beschlagnahme entscheidet der nach § 98 zuständige Richter. Über die Öffnung eines ausgelieferten Gegenstandes entscheidet der Richter, der die Beschlagnahme angeordnet oder bestätigt hat.

§ 100a [Überwachung der Telekommunikation] Die Überwachung und Aufzeichnung der Telekommunikation darf angeordnet werden, wenn bestimmte Tatsachen den Verdacht begründen, daß jemand als Täter oder Teilnehmer

1. a) Straftaten des Friedensverrats, des Hochverrats und der Gefährdung des demokratischen Rechtsstaates oder des Landesverrats und der Gefährdung der äußeren Sicherheit (§§ 80 bis 82, 84 bis 86, 87 bis 89, 94 bis 100a des Strafgesetzbuches, § 20 Abs. 1 Nr. 1 bis 4 des Vereinsgesetzes),
   b) Straftaten gegen die Landesverteidigung (§§ 109d bis 109h des Strafgesetzbuches),
   c) Straftaten gegen die öffentliche Ordnung (§§ 129 bis 130 des Strafgesetzbuches, § 95 Abs. 1 Nr. 8 des Aufenthaltsgesetzes),
   d) ohne Soldat zu sein, Anstiftung oder Beihilfe zur Fahnenflucht oder Anstiftung zum Ungehorsam (§§ 16, 19 in Verbindung mit § 1 Abs. 3 des Wehrstrafgesetzes),
   e) Straftaten gegen die Sicherheit der in der Bundesrepublik Deutschland stationierten Truppen der nichtdeutschen Vertragsstaaten des Nordatlantikvertrages oder der im Land Berlin anwesenden Truppen einer der Drei Mächte (§§ 89, 94 bis 97, 98 bis 100, 109d bis 109g des Strafgesetzbuches, §§ 16, 19 des Wehrstrafgesetzes in Verbindung mit Artikel 7 des Vierten Strafrechtsänderungsgesetzes),
2. eine Geld- oder Wertpapierfälschung (§§ 146, 151, 152 des Strafgesetzbuches),
   einen schweren sexuellen Missbrauch von Kindern nach § 176a Abs. 1 bis 3 oder 5 des Strafgesetzbuches oder einen sexuellen Missbrauch von Kindern mit Todesfolge nach § 176b des Strafgesetzbuches,
   eine Verbreitung pornografischer Schriften nach § 184b Abs. 3 des Strafgesetzbuches
   einen Mord, einen Totschlag (§§ 211, 212 des Strafgesetzbuches) oder einen Völkermord (§ 6 des Völkerstrafgesetzbuches)
   eine Straftat gegen die persönliche Freiheit (§ 232 Abs. 3, 4 oder Abs. 5, § 233 Abs. 3, jeweils soweit es sich um Verbrechen handelt, §§ 234, 234a, 239a, 239b des Strafgesetzbuches),
   einen Bandendiebstahl (§ 244 Abs. 1 Nr. 2 des Strafgesetzbuches) oder einen schweren Bandendieb-

stahl (§ 244a des Strafgesetzbuches),
einen Raub oder eine räuberische Erpressung (§§ 249 bis 251, 255 des Strafgesetzbuches),
eine Erpressung (§ 253 des Strafgesetzbuches),
eine gewerbsmäßige Hehlerei, eine Bandenhehlerei (§ 260 des Strafgesetzbuches) oder eine gewerbsmäßige Bandenhehlerei (§ 260a des Strafgesetzbuches),
eine Geldwäsche, eine Verschleierung unrechtmäßig erlangter Vermögenswerte nach § 261 Abs. 1, 2 oder 4 des Strafgesetzbuches,
eine gemeingefährliche Straftat in den Fällen der §§ 306 bis 306c oder 307 Abs. 1 bis 3, des § 308 Abs. 1 bis 3, des § 309 Abs. 1 bis 4, des § 310 Abs. 1, der §§ 313, 314 oder 315 Abs. 3, des § 315b Abs. 3 oder der §§ 316a oder 316c des Strafgesetzbuches,
3. eine Straftat nach §§ 51, 52 Abs. 1 Nr. 1, 2 Buchstabe c und d, Abs. 5, 6 des Waffengesetzes, § 34 Abs. 1 bis 6 des Außenwirtschaftsgesetzes oder nach § 19 Abs. 1 bis 3 § 20 Abs. 1 oder 2, jeweils auch in Verbindung mit § 21, oder § 22a Abs. 1 bis 3 des Gesetzes über die Kontrolle von Kriegswaffen,
4. eine Straftat nach einer in § 29 Abs. 3 Satz 2 Nr. 1 des Betäubungsmittelgesetzes in Bezug genommenen Vorschrift unter den dort genannten Voraussetzungen oder eine Straftat nach §§ 29a, 30 Abs. 1 Nr. 1, 2, 4, § 30a oder § 30b des Betäubungsmittelgesetzes oder
5. eine Straftat nach § 96 Abs. 2 oder § 97 des Aufenthaltsgesetzes oder nach § 84 Abs. 3 oder § 84a des Asylverfahrensgesetzes

begangen oder in Fällen, in denen der Versuch strafbar ist, zu begehen versucht oder durch eine Straftat vorbereitet hat, und wenn die Erforschung des Sachverhalts oder die Ermittlung des Aufenthaltsortes des Beschuldigten auf andere Weise aussichtslos oder wesentlich erschwert wäre. Die Anordnung darf sich nur gegen den Beschuldigten oder gegen Personen richten, von denen auf Grund bestimmter Tatsachen anzunehmen ist, daß sie für den Beschuldigten bestimmte oder von ihm herrührende Mitteilungen entgegennehmen oder weitergeben oder daß der Beschuldigte ihren Anschluß benutzt.

§ 100b [Zuständigkeit für Anordnung der Überwachung der Telekommunikation] (1) Die Überwachung und Aufzeichnung der Telekommunikation (§ 100a) darf nur durch den Richter angeordnet werden. Bei Gefahr im Verzug kann die Anordnung auch von der Staatsanwaltschaft getroffen werden. Die Anordnung der Staatsanwaltschaft tritt außer Kraft, wenn sie nicht binnen drei Tagen von dem Richter bestätigt wird.

(2) Die Anordnung ergeht schriftlich. Sie muß Namen und Anschrift des Betroffenen, gegen den sie sich richtet, und die Rufnummer oder eine andere Kennung seines Telekommunikationsanschlusses enthalten. In ihr sind Art, Umfang und Dauer der Maßnahmen zu bestimmen. Die Anordnung ist auf höchstens drei Monate zu befristen. Eine Verlängerung um jeweils nicht mehr als drei weitere Monate ist zulässig, soweit die in § 100a bezeichneten Voraussetzungen fortbestehen.

(3) Auf Grund der Anordnung hat jeder, der geschäftsmäßig Telekommunikationsdienste erbringt oder daran mitwirkt, dem Richter, der Staatsanwaltschaft und ihren im Polizeidienst tätigen Ermittlungspersonen (§ 152 des Gerichtsverfassungsgesetzes) die Überwachung und Aufzeichnung der Telekommunikation zu ermöglichen. Ob und in welchem Umfang hierfür Vorkehrungen zu treffen sind, ergibt sich aus § 110 des Telekommunikationsgesetzes und der auf seiner Grundlage erlassenen Rechtsverordnung zur technischen und organisatorischen Umsetzung von Überwachungsmaßnahmen. 3§ 95 Abs. 2 gilt entsprechend.

(4) Liegen die Voraussetzungen des § 100a nicht mehr vor, so sind die sich aus der Anordnung ergebenden Maßnahmen unverzüglich zu beenden. Die Beendigung ist dem Richter und dem nach Absatz 3 Verpflichteten mitzuteilen.

(5) Die durch die Maßnahmen erlangten personenbezogenen Informationen dürfen in anderen Strafverfahren zu Beweiszwecken nur verwendet werden, soweit sich bei Gelegenheit der Auswertung Erkenntnisse ergeben, die zur Aufklärung einer der in § 100a bezeichneten Straftaten benötigt werden.

(6) Sind die durch die Maßnahmen erlangten Unterlagen zur Strafverfolgung nicht mehr erforderlich, so sind sie unverzüglich unter Aufsicht der Staatsanwaltschaft zu vernichten. Über die Vernichtung ist eine Niederschrift anzufertigen.

§ 100c [Maßnahmen ohne Wissen des Betroffenen] (1) Ohne Wissen der Betroffenen darf das in einer Wohnung nichtöffentlich gesprochene Wort mit technischen Mitteln abgehört und aufgezeichnet werden, wenn

1. bestimmte Tatsachen den Verdacht begründen, dass jemand eine in Absatz 2 bezeichnete besonders schwere Straftat begangen oder in Fällen, in denen der Versuch strafbar ist, zu begehen versucht hat,
2. die Tat auch im Einzelfall besonders schwer wiegt,
3. auf Grund tatsächlicher Anhaltspunkte anzunehmen ist, dass durch die Überwachung Äußerungen des Beschuldigten erfasst werden, die für die Erforschung des Sachverhalts oder die Ermittlung des Aufenthaltsortes eines Mitbeschuldigten von Bedeutung sind, und
4. die Erforschung des Sachverhalts oder die Ermittlung des Aufenthaltsortes eines Mitbeschuldigten auf andere Weise unverhältnismäßig erschwert oder aussichtslos wäre.

(2) Besonders schwere Straftaten im Sinne des Absatzes 1 Nr. 1 sind:

1. aus dem Strafgesetzbuch:
   a) Straftaten des Friedensverrats, des Hochverrats und der Gefährdung des demokratischen Rechtsstaates oder des Landesverrats und der Gefährdung der äußeren Sicherheit nach den §§ 80, 81, 82, nach den §§ 94, 95 Abs. 3 und § 96 Abs. 1, jeweils auch in Verbindung mit § 97b, sowie nach den §§ 97a, 98 Abs. 1 Satz 2, § 99 Abs. 2 und den §§ 100, 100a Abs. 4,
   b) Bildung krimineller Vereinigungen nach § 129 Abs. 1 in Verbindung mit Abs. 4 Halbsatz 2 und Bildung terroristischer Vereinigungen nach § 129a Abs. 1, 2, 4, 5 Satz 1 Alternative 1, jeweils auch in Verbindung mit § 129b Abs. 1,
   c) Geldfälschung und Wertpapierfälschung in den Fällen der §§ 146, 151, jeweils auch in Verbindung mit § 152, gewerbs- oder bandenmäßige Fälschung von Zahlungskarten, Schecks und Wechseln nach § 152a Abs. 3 und Fälschung von Zahlungskarten mit Garantiefunktion und Vordrucken für Euroschecks nach § 152b Abs. 1 bis 4,
   d) Straftaten gegen die sexuelle Selbstbestimmung in den Fällen des § 176a Abs. 2 Nr. 2 oder Abs. 3, § 177 Abs. 2 Nr. 2 oder § 179 Abs. 5 Nr. 2,
   e) Verbreitung, Erwerb und Besitz kinderpornografischer Schriften in den Fällen des § 184b Abs. 3,
   f) Mord und Totschlag nach den §§ 211, 212,
   g) Straftaten gegen die persönliche Freiheit in den Fällen der §§ 234, 234a Abs. 1, 2, §§ 239a, 239b und Menschenhandel zum Zweck der sexuellen Ausbeutung und zum Zweck der Ausbeutung der Arbeitskraft nach § 232 Abs. 3, Abs. 4 oder Abs. 5, § 233 Abs. 3, jeweils soweit es sich um Verbrechen handelt,
   h) Bandendiebstahl nach § 244 Abs. 1 Nr. 2 und schwerer Bandendiebstahl nach § 244a,
   I) schwerer Raub und Raub mit Todesfolge nach § 250 Abs. 1 oder Abs. 2, § 251,
   j) räuberische Erpressung nach § 255 und besonders schwerer Fall einer Erpressung nach § 253 unter den in § 253 Abs. 4 Satz 2 genannten Voraussetzungen,
   k) gewerbsmäßige Hehlerei, Bandenhehlerei und gewerbsmäßige Bandenhehlerei nach den §§ 260, 260a,
   l) besonders schwerer Fall der Geldwäsche, Verschleierung unrechtmäßig erlangter Vermögenswerte nach § 261 unter den in § 261 Abs. 4 Satz 2 genannten Voraussetzungen,
   m) besonders schwerer Fall der Bestechlichkeit und Bestechung nach § 335 Abs. 1 unter den in § 335 Abs. 2 Nr. 1 bis 3 genannten Voraussetzungen,

2. aus dem Asylverfahrensgesetz:
   a) Verleitung zur missbräuchlichen Asylantragstellung nach § 84 Abs. 3,
   b) gewerbs- und bandenmäßige Verleitung zur missbräuchlichen Asylantragstellung nach § 84a Abs. 1,
3. aus dem Aufenthaltsgesetz:
   a) Einschleusen von Ausländern nach § 96 Abs. 2,
   b) Einschleusen mit Todesfolge oder gewerbs- und bandenmäßiges Einschleusen nach § 97,
4. aus dem Betäubungsmittelgesetz:
   a) besonders schwerer Fall einer Straftat nach § 29 Abs. 1 Satz 1 Nr. 1, 5, 6, 10, 11 oder 13 Abs. 3 unter der in § 29 Abs. 3 Satz 2 Nr. 1 genannten Voraussetzung,
   b) eine Straftat nach den §§ 29a, 30 Abs. 1 Nr. 1, 2, 4, § 30a,
5. aus dem Gesetz über die Kontrolle von Kriegswaffen:
   a) eine Straftat nach § 19 Abs. 2 oder § 20 Abs. 1, jeweils auch in Verbindung mit § 21,
   b) besonders schwerer Fall einer Straftat nach § 22a Abs. 1 in Verbindung mit Abs. 2,
6. aus dem Völkerstrafgesetzbuch:
   a) Völkermord nach § 6,
   b) Verbrechen gegen die Menschlichkeit nach § 7,
   c) Kriegsverbrechen nach den §§ 8 bis 12,
7. aus dem Waffengesetz:
   a) besonders schwerer Fall einer Straftat nach § 51 Abs. 1 in Verbindung mit Abs. 2,
   b) besonders schwerer Fall einer Straftat nach § 52 Abs. 1 Nr. 1 in Verbindung mit Abs. 5.

(3) Die Maßnahme darf sich nur gegen den Beschuldigten richten und nur in Wohnungen des Beschuldigten durchgeführt werden. In Wohnungen anderer Personen ist die Maßnahme nur zulässig, wenn auf Grund bestimmter Tatsachen anzunehmen ist, dass

1. der in der Anordnung nach § 100d Abs. 2 bezeichnete Beschuldigte sich dort aufhält und
2. die Maßnahme in Wohnungen des Beschuldigten allein nicht zur Erforschung des Sachverhalts oder zur Ermittlung des Aufenthaltsortes eines Mitbeschuldigten führen wird.

Die Maßnahme darf auch durchgeführt werden, wenn andere Personen unvermeidbar betroffen werden.

(4) Die Maßnahme darf nur angeordnet werden, soweit auf Grund tatsächlicher Anhaltspunkte, insbesondere zu der Art der zu überwachenden Räumlichkeiten und dem Verhältnis der zu überwachenden Personen zueinander, anzunehmen ist, dass durch die Überwachung Äußerungen, die dem Kernbereich privater Lebensgestaltung zuzurechnen sind, nicht erfasst werden. Gespräche in Betriebs- oder Geschäftsräumen sind in der Regel nicht dem Kernbereich privater Lebensgestaltung zuzurechnen. Das Gleiche gilt für Gespräche über begangene Straftaten und Äußerungen, mittels derer Straftaten begangen werden.

(5) Das Abhören und Aufzeichnen ist unverzüglich zu unterbrechen, soweit sich während der Überwachung Anhaltspunkte dafür ergeben, dass Äußerungen, die dem Kernbereich privater Lebensgestaltung zuzurechnen sind, erfasst werden. Aufzeichnungen über solche Äußerungen sind unverzüglich zu löschen. Erkenntnisse über solche Äußerungen dürfen nicht verwertet werden. Die Tatsache der Erfassung der Daten und ihrer Löschung ist zu dokumentieren. Ist eine Maßnahme nach Satz 1 unterbrochen worden, so darf sie unter den in Absatz 4 genannten Voraussetzungen fortgeführt werden. Im Zweifel ist über die Unterbrechung oder Fortführung der Maßnahme unverzüglich eine Entscheidung des Gerichts herbeizuführen; § 100d Abs. 4 gilt entsprechend.

(6) In den Fällen des § 53 ist eine Maßnahme nach Absatz 1 unzulässig; ergibt sich während oder nach Durchführung der Maßnahme, dass ein Fall des § 53 vorliegt, gilt Absatz 5 Satz 2 bis 4 entsprechend. In den Fällen der §§ 52 und 53a dürfen aus einer Maßnahme nach Absatz 1 gewonnene Erkenntnisse nur verwertet werden, wenn dies unter Berücksichtigung der Bedeutung des zugrunde liegenden Vertrauensverhältnisses nicht außer Verhältnis zum Interesse an der Erforschung des Sachverhalts oder der Ermittlung

des Aufenthaltsortes eines Beschuldigten steht. Sind die zur Verweigerung des Zeugnisses Berechtigten einer Beteiligung oder einer Begünstigung, Strafvereitelung oder Hehlerei verdächtig, so sind die Sätze 1 und 2 nicht anzuwenden.

(7) Soweit ein Verwertungsverbot nach Absatz 5 in Betracht kommt, hat die Staatsanwaltschaft unverzüglich eine Entscheidung des anordnenden Gerichts über die Verwertbarkeit der erlangten Erkenntnisse herbeizuführen. Soweit das Gericht eine Verwertbarkeit verneint, ist dies für das weitere Verfahren bindend.

§ 100d [Zuständigkeit] (1) Maßnahmen nach § 100c dürfen nur auf Antrag der Staatsanwaltschaft durch die in § 74a Abs. 4 des Gerichtsverfassungsgesetzes genannte Kammer des Landgerichts angeordnet werden, in dessen Bezirk die Staatsanwaltschaft ihren Sitz hat. Bei Gefahr im Verzug kann diese Anordnung auch durch den Vorsitzenden getroffen werden. Dessen Anordnung tritt außer Kraft, wenn sie nicht binnen drei Tagen von der Strafkammer bestätigt wird. Die Anordnung ist auf höchstens einen Monat zu befristen. Eine Verlängerung um jeweils nicht mehr als einen Monat ist zulässig, soweit die Voraussetzungen unter Berücksichtigung der gewonnenen Ermittlungsergebnisse fortbestehen. Ist die Dauer der Anordnung auf insgesamt sechs Monate verlängert worden, so entscheidet über weitere Verlängerungen das Oberlandesgericht.

(2) Die Anordnung ergeht schriftlich. In der Anordnung sind anzugeben:

1. soweit bekannt der Name und die Anschrift des Beschuldigten, gegen den sich die Maßnahme richtet,
2. der Tatvorwurf, auf Grund dessen die Maßnahme angeordnet wird,
3. die zu überwachende Wohnung oder die zu überwachenden Wohnräume,
4. Art, Umfang und Dauer der Maßnahme,
5. die Art der durch die Maßnahme zu erhebenden Informationen und ihre Bedeutung für das Verfahren.

(3) In der Begründung der Anordnung oder Verlängerung sind deren Voraussetzungen und die wesentlichen Abwägungsgesichtspunkte darzulegen. Insbesondere sind einzelfallbezogen anzugeben:

1. die bestimmten Tatsachen, die den Verdacht begründen,
2. die wesentlichen Erwägungen zur Erforderlichkeit und Verhältnismäßigkeit der Maßnahme,
3. die tatsächlichen Anhaltspunkte im Sinne des § 100c Abs. 4 Satz 1.

(4) Das anordnende Gericht ist über den Verlauf und die Ergebnisse der Maßnahme zu unterrichten. Liegen die Voraussetzungen der Anordnung nicht mehr vor, so hat das Gericht den Abbruch der Maßnahme anzuordnen, sofern der Abbruch nicht bereits durch die Staatsanwaltschaft veranlasst wurde. Die Anordnung des Abbruchs der Maßnahme kann auch durch den Vorsitzenden erfolgen.

(5) Sind die durch die Maßnahmen erlangten Daten zur Strafverfolgung und für eine etwaige gerichtliche Überprüfung nach Absatz 10 nicht mehr erforderlich, so sind sie unverzüglich zu vernichten. Die Vernichtung ist zu dokumentieren. Soweit die Vernichtung lediglich für eine etwaige Überprüfung nach Absatz 10 zurückgestellt ist, sind die Daten zu sperren; sie dürfen nur zu diesem Zweck verwendet werden.

(6) Personenbezogene Informationen aus einer akustischen Wohnraumüberwachung dürfen für andere Zwecke nach folgenden Maßgaben verwendet werden:

1. Die durch eine Maßnahme nach § 100c erlangten verwertbaren personenbezogenen Informationen dürfen in anderen Strafverfahren ohne Einwilligung der insoweit überwachten Personen nur zur Aufklärung einer Straftat, auf Grund derer die Maßnahme nach § 100c angeordnet werden könnte, oder zur Ermittlung des Aufenthalts der einer solchen Straftat beschuldigten Person verwendet werden.
2. Die Verwendung der durch eine Maßnahme nach § 100c erlangten personenbezogenen Informationen, auch solcher nach § 100c Abs. 6 Satz 1 Halbsatz 2, zu Zwecken der Gefahrenabwehr ist nur zur Abwehr einer im Einzelfall bestehenden Lebensgefahr oder einer dringenden Gefahr für Leib oder Freiheit einer Person oder Gegenstände von bedeutendem Wert, die der Versorgung der Bevölkerung dienen, von kulturell herausragendem Wert oder in § 305 des Strafgesetzbuches genannt sind, zulässig.

Die durch eine Maßnahme nach § 100c erlangten und verwertbaren personenbezogenen Informationen dürfen auch zur Abwehr einer im Einzelfall bestehenden dringenden Gefahr für sonstige bedeutende Vermögenswerte verwendet werden. Sind die Informationen zur Abwehr der Gefahr oder für eine vorgerichtliche oder gerichtliche Überprüfung der zur Gefahrenabwehr getroffenen Maßnahmen nicht mehr erforderlich, so sind Aufzeichnungen über diese Informationen von der für die Gefahrenabwehr zuständigen Stelle unverzüglich zu vernichten. Die Vernichtung ist zu dokumentieren. Soweit die Vernichtung lediglich für eine etwaige vorgerichtliche oder gerichtliche Überprüfung zurückgestellt ist, sind die Daten zu sperren; sie dürfen nur zu diesem Zweck verwendet werden.

3. Sind verwertbare personenbezogene Informationen durch eine entsprechende polizeirechtliche Maßnahme erlangt worden, dürfen diese Informationen in einem Strafverfahren ohne Einwilligung der insoweit überwachten Personen nur zur Aufklärung einer Straftat, auf Grund derer die Maßnahme nach § 100c angeordnet werden könnte, oder zur Ermittlung des Aufenthalts der einer solchen Straftat beschuldigten Person verwendet werden.

(7) Die durch die Maßnahme erhobenen Daten sind als solche zu kennzeichnen. Nach einer Übermittlung ist die Kennzeichnung durch die Empfänger aufrechtzuerhalten.

(8) Von den nach § 100c durchgeführten Maßnahmen sind die Betroffenen von der Staatsanwaltschaft zu benachrichtigen. Dabei ist auf die Möglichkeit nachträglichen Rechtsschutzes nach Absatz 10 und die dafür vorgesehene Frist hinzuweisen. Betroffene im Sinne von Satz 1 sind:

1. Beschuldigte, gegen die sich die Maßnahme richtet,
2. sonstige überwachte Personen,
3. Inhaber und Inhaberinnen, Bewohnerinnen und Bewohner der überwachten Wohnung.

Bei Betroffenen im Sinne von Satz 3 Nr. 2 und 3 unterbleibt die Benachrichtigung, wenn sie nur mit unverhältnismäßigen Ermittlungen möglich wäre oder ihr überwiegende schutzwürdige Belange anderer Betroffener entgegenstehen. Im Übrigen erfolgt die Benachrichtigung, sobald dies ohne Gefährdung des Untersuchungszwecks oder von Leben, Leib oder Freiheit einer Person oder von bedeutenden Vermögenswerten geschehen kann.

(9) Erfolgt die Benachrichtigung nach Absatz 8 Satz 5 nicht binnen sechs Monaten nach Beendigung der Maßnahme, bedarf die weitere Zurückstellung der Benachrichtigung der richterlichen Zustimmung. Entsprechendes gilt nach Ablauf von jeweils sechs weiteren Monaten. Über die Zustimmung entscheidet das Gericht, das für die Anordnung der Maßnahme zuständig gewesen ist. Ist die Benachrichtigung um insgesamt 18 Monate zurückgestellt worden, entscheidet über die richterliche Zustimmung zu weiteren Zurückstellungen das Oberlandesgericht. § 101 Abs. 4 gilt sinngemäß.

(10) Auch nach Erledigung einer in § 100c genannten Maßnahme können Betroffene binnen zwei Wochen nach ihrer Benachrichtigung die Überprüfung der Rechtmäßigkeit der Anordnung sowie der Art und Weise des Vollzugs beantragen. Über den Antrag entscheidet das Gericht, das für die Anordnung der Maßnahme zuständig gewesen ist. Gegen die Entscheidung ist die sofortige Beschwerde statthaft. Ist die öffentliche Klage erhoben und der Angeklagte benachrichtigt worden, entscheidet über den Antrag das mit der Sache befasste Gericht in der das Verfahren abschließenden Entscheidung.

§ 100e [Bericht an die oberste Justizbehörde; Unterrichtung des Bundestages] (1) Die Staatsanwaltschaften berichten ihrer obersten Justizbehörde kalenderjährlich über angeordnete Maßnahmen nach § 100c. Die Länder fassen ihre Berichte zusammen und übermitteln die Zusammenstellung jeweils bis zum 30. Juni des Jahres, das auf das der Erhebung zugrunde liegende Kalenderjahr folgt, der Bundesregierung, die dem Deutschen Bundestag jährlich über die im jeweils vorangegangenen Kalenderjahr beantragten Überwachungsmaßnahmen berichtet.

(2) In den Berichten nach Absatz 1 sind anzugeben:

1. die Anzahl der Verfahren, in denen Maßnahmen nach § 100c Abs. 1 angeordnet worden sind;
2 .die jeweils zugrunde liegende Anlassstraftat nach Maßgabe der Unterteilung in § 100c Abs. 2;
3. ob das Verfahren einen Bezug zur Verfolgung organisierter Kriminalität aufweist;
4. die Anzahl der überwachten Objekte je Verfahren nach Privatwohnungen und sonstigen Wohnungen sowie nach Wohnungen des Beschuldigten und Wohnungen dritter Personen;
5. die Anzahl der überwachten Personen je Verfahren nach Beschuldigten und nichtbeschuldigten Personen;
6. die Dauer der einzelnen Überwachung nach Dauer der Anordnung, Dauer der Verlängerung und Abhördauer;
7. wie häufig eine Maßnahme nach § 100c Abs. 5, § 100d Abs. 4 unterbrochen oder abgebrochen worden ist;
8. ob eine Benachrichtigung der Betroffenen (§ 100d Abs. 8) erfolgt ist oder aus welchen Gründen von einer Benachrichtigung abgesehen worden ist;
9. ob die Überwachung Ergebnisse erbracht hat, die für das Verfahren relevant sind oder voraussichtlich relevant sein werden;
10. ob die Überwachung Ergebnisse erbracht hat, die für andere Strafverfahren relevant sind oder voraussichtlich relevant sein werden;
11. wenn die Überwachung keine relevanten Ergebnisse erbracht hat: die Gründe hierfür, differenziert nach technischen Gründen und sonstigen Gründen;
12. die Kosten der Maßnahme, differenziert nach Kosten für Übersetzungsdienste und sonstigen Kosten.

§ 100f [Weitere Maßnahme ohne Wissen des Betroffenen; verwendung personenbezogener Informationen] (1) Ohne Wissen der Betroffenen dürfen außerhalb von Wohnungen
1. Bildaufnahmen hergestellt werden,
2. sonstige besondere für Observationszwecke bestimmte technische Mittel zur Erforschung des Sachverhalts oder zur Ermittlung des Aufenthaltsortes eines Beschuldigten verwendet werden, wenn Gegenstand der Untersuchung eine Straftat von erheblicher Bedeutung ist, und

wenn die Erforschung des Sachverhalts oder die Ermittlung des Aufenthaltsortes eines Beschuldigten auf andere Weise weniger erfolgversprechend oder erschwert wäre.

(2) Ohne Wissen der Betroffenen darf außerhalb von Wohnungen das nichtöffentlich gesprochene Wort mit technischen Mitteln abgehört und aufgezeichnet werden, wenn bestimmte Tatsachen den Verdacht begründen, dass jemand eine in § 100a bezeichnete Straftat begangen hat, und die Erforschung des Sachverhalts oder die Ermittlung des Aufenthaltsortes eines Beschuldigten auf andere Weise aussichtslos oder wesentlich erschwert wäre. Die Maßnahme darf nur durch den Richter, bei Gefahr im Verzug auch durch die Staatsanwaltschaft und ihre Ermittlungspersonen (§ 152 des Gerichtsverfassungsgesetzes) angeordnet werden. § 98b Abs. 1 Satz 2 und § 100b Abs. 1 Satz 3, Abs. 2, 4 und 6 gelten sinngemäß.

(3) Die Maßnahmen dürfen sich nur gegen einen Beschuldigten richten. Gegen andere Personen sind Maßnahmen nach Absatz 1 Nr. 1 zulässig, wenn die Erforschung des Sachverhalts oder die Ermittlung des Aufenthaltsortes des Beschuldigten auf andere Weise erheblich weniger erfolgversprechend oder wesentlich erschwert wäre. Maßnahmen nach Absatz 1 Nr. 2 und Absatz 2 dürfen gegen andere Personen nur angeordnet werden, wenn auf Grund bestimmter Tatsachen anzunehmen ist, dass sie mit einem Beschuldigten in Verbindung stehen oder eine solche Verbindung hergestellt wird, dass die Maßnahme zur Erforschung des Sachverhalts oder zur Ermittlung des Aufenthaltsortes eines Beschuldigten führen wird und dies auf andere Weise aussichtslos oder wesentlich erschwert wäre.

(4) Die Maßnahmen dürfen auch durchgeführt werden, wenn andere Personen unvermeidbar betroffen werden.

(5) Personenbezogene Informationen, die unter Einsatz technischer Mittel nach Absatz 2 Satz 1 erhoben worden sind, dürfen in anderen Strafverfahren nur verwendet werden, soweit sich bei Gelegenheit der Auswertung Erkenntnisse ergeben, die zur Aufklärung einer in § 100a bezeichneten Straftat benötigt werden.

§ 100g [Auskunft über Telekommunikationsverbindungsdaten] (1) Begründen bestimmte Tatsachen den Verdacht, dass jemand als Täter oder Teilnehmer eine Straftat von erheblicher Bedeutung, insbesondere eine der in § 100a Satz 1 genannten Straftaten, oder mittels einer Endeinrichtung (§ 3 Nr. 3 des Telekommunika- tionsgesetzes) begangen, in Fällen, in denen der Versuch strafbar ist, zu begehen versucht oder durch eine Straftat vorbereitet hat, darf angeordnet werden, dass diejenigen, die geschäftsmäßig Telekommunikationsdien- ste erbringen oder daran mitwirken, unverzüglich Auskunft über die in Absatz 3 bezeichneten Telekommuni- kationsverbindungsdaten zu erteilen haben, soweit die Auskunft für die Untersuchung erforderlich ist. Dies gilt nur, soweit diese Verbindungsdaten den Beschuldigten oder die sonstigen in § 100a Satz 2 bezeichneten Personen betreffen. Die Auskunft darf auch über zukünftige Telekommunikationsverbindungen angeordnet werden.

(2) Die Erteilung einer Auskunft darüber, ob von einem Telekommunikationsanschluss Telekommunikationsverbindungen zu den in Absatz 1 Satz 2 genannten Personen hergestellt worden sind, darf nur angeordnet werden, wenn die Erforschung des Sachverhalts oder die Ermittlung des Aufenthaltsortes des Beschuldigten auf andere Weise aussichtslos oder wesentlich erschwert wäre.

(3) Telekommunikationsverbindungsdaten sind:

1. im Falle einer Verbindung Berechtigungskennungen, Kartennummern, Standortkennung sowie Rufnummer oder Kennung des anrufenden und angerufenen Anschlusses oder der Endeinrichtung,
2. Beginn und Ende der Verbindung nach Datum und Uhrzeit,
3. vom Kunden in Anspruch genommene Telekommunikationsdienstleistung,
4. Endpunkte festgeschalteter Verbindungen, ihr Beginn und ihr Ende nach Datum und Uhrzeit.

§ 100h [Form der Anordnung der Auskunftserteilung über Telekommunikationsverbindungsdaten] (1) Die Anordnung muss den Namen und die Anschrift des Betroffenen, gegen den sie sich richtet, sowie die Rufnummer oder eine andere Kennung seines Telekommunikationsanschlusses enthalten. Im Falle einer Straftat von erheblicher Bedeutung genügt eine räumlich und zeitlich hinreichend bestimmte Bezeichnung der Telekommunikation, über die Auskunft erteilt werden soll, wenn andernfalls die Erforschung des Sachverhalts aussichtslos oder wesentlich erschwert wäre. 3§ 100b Abs. 1, 2 Satz 1 und 3, Abs. 6 und § 95 Abs. 2 gelten entsprechend; im Falle der Anordnung der Auskunft über zukünftige Telekommunikationsverbindungen gilt auch § 100b Abs. 2 Satz 4 und 5, Abs. 4 entsprechend.

(2) Soweit das Zeugnisverweigerungsrecht in den Fällen des § 53 Abs. 1 Satz 1 Nr. 1, 2 und 4 reicht, ist das Verlangen einer Auskunft über Telekommunikationsverbindungen, die von dem oder zu dem zur Verweigerung des Zeugnisses Berechtigten hergestellt wurden, unzulässig; eine dennoch erlangte Auskunft darf nicht verwertet werden. Dies gilt nicht, wenn die zur Verweigerung des Zeugnisses Berechtigten einer Teilnahme oder einer Begünstigung, Strafvereitelung oder Hehlerei verdächtig sind.

(3) Die durch die Auskunft erlangten personenbezogenen Informationen dürfen in anderen Strafverfahren zu Beweiszwecken nur verwendet werden, soweit sich bei Gelegenheit der Auswertung Erkenntnisse ergeben, die zur Aufklärung einer der in § 100g Abs. 1 Satz 1 bezeichneten Straftaten benötigt werden, oder wenn der Beschuldigte zustimmt.

§ 100i [Maßnahmen bei Mobilfunkendgeräten] (1) Durch technische Mittel dürfen

1. zur Vorbereitung einer Maßnahme nach § 100a die Geräte- und Kartennummer sowie

2. zur vorläufigen Festnahme nach § 127 Abs. 2 oder Ergreifung des Täters auf Grund eines Haftbefehls oder Unterbringungsbefehls der Standort eines aktiv geschalteten Mobilfunkendgerätes ermittelt werden.

(2) Die Maßnahme nach Absatz 1 Nr. 1 ist nur zulässig, wenn die Voraussetzungen des § 100a vorliegen und die Durchführung der Überwachungsmaßnahme ohne die Ermittlung der Geräte- oder Kartennummer nicht möglich oder wesentlich erschwert wäre. Die Maßnahme nach Absatz 1 Nr. 2 ist nur im Falle einer Straftat von erheblicher Bedeutung und nur dann zulässig, wenn die Ermittlung des Aufenthaltsortes des Täters auf andere Weise weniger erfolgversprechend oder erschwert wäre; § 100f Abs. 3 Satz 2 gilt entsprechend. Die Maßnahme nach Absatz 1 Nr. 2 ist im Falle einer Straftat von erheblicher Bedeutung auch zulässig, wenn die Ermittlung des Aufenthaltsortes des Täters zur Eigensicherung der zur vorläufigen Festnahme oder Ergreifung eingesetzten Beamten des Polizeidienstes erforderlich ist.

(3) Personenbezogene Daten Dritter dürfen anlässlich solcher Maßnahmen nur erhoben werden, wenn dies aus technischen Gründen zur Erreichung des Zwecks nach Absatz 1 unvermeidbar ist. Über den Datenabgleich zur Ermittlung der gesuchten Geräte- und Kartennummer hinaus dürfen sie nicht verwendet werden und sind nach Beendigung der Maßnahme unverzüglich zu löschen.

(4) § 100b Abs. 1 gilt entsprechend; im Falle der Anordnung zur Vorbereitung einer Maßnahme nach § 100a gilt auch § 100b Abs. 2 Satz 1 entsprechend. Die Anordnung ist auf höchstens sechs Monate zu befristen. Eine Verlängerung um jeweils nicht mehr als sechs weitere Monate ist zulässig, soweit die in den Absätzen 1 und 2 bezeichneten Voraussetzungen fortbestehen. Auf Grund der Anordnung nach Absatz 1 Nr. 2 hat jeder, der geschäftsmäßig Telekommunikationsdienste erbringt oder daran mitwirkt, dem Richter, der Staatsanwaltschaft und ihren im Polizeidienst tätigen Ermittlungspersonen (§ 152 des Gerichtsverfassungsgesetzes) die für die Ermittlung des Standortes des Mobilfunkendgerätes erforderliche Geräte- und Kartennummer mitzuteilen.

§ 101 [Benachrichtigung] (1) Von den getroffenen Maßnahmen (§§ 81e, 99, 100a, 100b, 100f Abs. 1 Nr. 2, Abs. 2, §§ 100g und 100h) sind die Beteiligten zu benachrichtigen, sobald dies ohne Gefährdung des Untersuchungszwecks, der öffentlichen Sicherheit, von Leib oder Leben einer Person sowie der Möglichkeit der weiteren Verwendung eines eingesetzten nicht offen ermittelnden Beamten geschehen kann.

(2) Sendungen, deren Öffnung nicht angeordnet worden ist, sind dem Beteiligten sofort auszuhändigen. Dasselbe gilt, soweit nach der Öffnung die Zurückbehaltung nicht erforderlich ist.

(3) Der Teil eines zurückbehaltenen Briefes, dessen Vorenthaltung nicht durch die Rücksicht auf die Untersuchung geboten erscheint, ist dem Empfangsberechtigten abschriftlich mitzuteilen.

(4) Entscheidungen und sonstige Unterlagen über Maßnahmen nach § 100f Abs. 1 Nr. 2, Abs. 2 werden bei der Staatsanwaltschaft verwahrt. Zu den Akten sind sie erst zu nehmen, wenn die Voraussetzungen des Absatzes 1 erfüllt sind.

§ 102 [Durchsuchung beim Verdächtigen] Bei dem, welcher als Täter oder Teilnehmer einer Straftat oder der Begünstigung, Strafvereitelung oder Hehlerei verdächtig ist, kann eine Durchsuchung der Wohnung und anderer Räume sowie seiner Person und der ihm gehörenden Sachen sowohl zum Zweck seiner Ergreifung als auch dann vorgenommen werden, wenn zu vermuten ist, daß die Durchsuchung zur Auffindung von Beweismitteln führen werde.

§ 103 [Durchsuchung bei anderen Personen] (1) Bei anderen Personen sind Durchsuchungen nur zur Ergreifung des Beschuldigten oder zur Verfolgung von Spuren einer Straftat oder zur Beschlagnahme bestimmter Gegenstände und nur dann zulässig, wenn Tatsachen vorliegen, aus denen zu schließen ist, daß die gesuchte Person, Spur oder Sache sich in den zu durchsuchenden Räumen befindet. 2Zum Zwecke der Ergreifung eines Beschuldigten, der dringend verdächtig ist, eine Straftat nach § 129a, auch in Verbindung mit § 129b Abs. 1, des Strafgesetzbuches oder eine der in dieser Vorschrift bezeichneten Straftaten begangen zu haben, ist eine Durchsuchung von Wohnungen und anderen Räumen auch zulässig, wenn diese sich in einem Gebäude befinden, von dem auf Grund von Tatsachen anzunehmen ist, daß sich der Beschuldigte in ihm aufhält.

(2) Die Beschränkungen des Absatzes 1 Satz 1 gelten nicht für Räume, in denen der Beschuldigte ergriffen worden ist oder die er während der Verfolgung betreten hat.

§ 104 [Nächtliche Hausdurchsuchung] (1) Zur Nachtzeit dürfen die Wohnung, die Geschäftsräume und das befriedete Besitztum nur bei Verfolgung auf frischer Tat oder bei Gefahr im Verzug oder dann durchsucht werden, wenn es sich um die Wiederergreifung eines entwichenen Gefangenen handelt.

(2) Diese Beschränkung gilt nicht für Räume, die zur Nachtzeit jedermann zugänglich oder die der Polizei als Herbergen oder Versammlungsorte bestrafter Personen, als Niederlagen von Sachen, die mittels Straftaten erlangt sind, oder als Schlupfwinkel des Glücksspiels, des unerlaubten Betäubungsmittel- und Waffenhandels oder der Prostitution bekannt sind.

(3) Die Nachtzeit umfaßt in dem Zeitraum vom ersten April bis dreißigsten September die Stunden von neun Uhr abends bis vier Uhr morgens und in dem Zeitraum vom ersten Oktober bis einunddreißigsten März die Stunden von neun Uhr abends bis sechs Uhr morgens.

§ 105 [Anordnung; Ausführung] (1) Durchsuchungen dürfen nur durch den Richter, bei Gefahr im Verzug auch durch die Staatsanwaltschaft und ihre Ermittlungspersonen (§ 152 des Gerichtsverfassungsgesetzes) angeordnet werden. Durchsuchungen nach § 103 Abs. 1 Satz 2 ordnet der Richter an; die Staatsanwaltschaft ist hierzu befugt, wenn Gefahr im Verzug ist.

(2) Wenn eine Durchsuchung der Wohnung, der Geschäftsräume oder des befriedeten Besitztums ohne Beisein des Richters oder des Staatsanwalts stattfindet, so sind, wenn möglich, ein Gemeindebeamter oder zwei Mitglieder der Gemeinde, in deren Bezirk die Durchsuchung erfolgt, zuzuziehen. Die als Gemeindemitglieder zugezogenen Personen dürfen nicht Polizeibeamte oder Ermittlungspersonen der Staatsanwaltschaft sein.

(3) Wird eine Durchsuchung in einem Dienstgebäude oder einer nicht allgemein zugänglichen Einrichtung oder Anlage der Bundeswehr erforderlich, so wird die vorgesetzte Dienststelle der Bundeswehr um ihre Durchführung ersucht. Die ersuchende Stelle ist zur Mitwirkung berechtigt. Des Ersuchens bedarf es nicht, wenn die Durchsuchung von Räumen vorzunehmen ist, die ausschließlich von anderen Personen als Soldaten bewohnt werden.

§ 106 [Zuziehung des Inhabers] (1) Der Inhaber der zu durchsuchenden Räume oder Gegenstände darf der Durchsuchung beiwohnen. Ist er abwesend, so ist, wenn möglich, sein Vertreter oder ein erwachsener Angehöriger, Hausgenosse oder Nachbar zuzuziehen.

(2) Dem Inhaber oder der in dessen Abwesenheit zugezogenen Person ist in den Fällen des § 103 Abs. 1 der Zweck der Durchsuchung vor deren Beginn bekanntzumachen. Diese Vorschrift gilt nicht für die Inhaber der in § 104 Abs. 2 bezeichneten Räume.

§ 107 [Mitteilung, Verzeichnis] Dem von der Durchsuchung Betroffenen ist nach deren Beendigung auf Verlangen eine schriftliche Mitteilung zu machen, die den Grund der Durchsuchung (§§ 102, 103) sowie im Falle des § 102 die Straftat bezeichnen muß. Auch ist ihm auf Verlangen ein Verzeichnis der in Verwahrung oder in Beschlag genommenen Gegenstände, falls aber nichts Verdächtiges gefunden wird, eine Bescheinigung hierüber zu geben.

§ 108[Beschlagnahme anderer Gegenstände] (1) Werden bei Gelegenheit einer Durchsuchung Gegenstände gefunden, die zwar in keiner Beziehung zu der Untersuchung stehen, aber auf die Verübung einer anderen Straftat hindeuten, so sind sie einstweilen in Beschlag zu nehmen. Der Staatsanwaltschaft ist hiervon Kenntnis zu geben. Satz 1 findet keine Anwendung, soweit eine Durchsuchung nach § 103 Abs. 1 Satz 2 stattfindet.

(2) Werden bei einem Arzt Gegenstände im Sinne von Absatz 1 Satz 1 gefunden, die den Schwangerschaftsabbruch einer Patientin betreffen, ist ihre Verwertung in einem Strafverfahren gegen die Patientin wegen einer Straftat nach § 218 des Strafgesetzbuches ausgeschlossen.

§ 109 [Kennzeichnung beschlagnahmter Gegenstände] Die in Verwahrung oder in Beschlag genommenen Gegenstände sind genau zu verzeichnen und zur Verhütung von Verwechslungen durch amtliche Siegel oder in sonst geeigneter Weise kenntlich zu machen.

§ 110 [Durchsicht von Papieren] (1) Die Durchsicht der Papiere des von der Durchsuchung Betroffenen steht der Staatsanwaltschaft und auf deren Anordnung ihren Ermittlungspersonen (§ 152 des Gerichtsverfassungsgesetzes) zu.

(2) Im Übrigen sind Beamte zur Durchsicht der aufgefundenen Papiere nur dann befugt, wenn der Inhaber die Durchsicht genehmigt. Andernfalls haben sie die Papiere, deren Durchsicht sie für geboten erachten, in einem Umschlag, der in Gegenwart des Inhabers mit dem Amtssiegel zu verschließen ist, an die Staatsanwaltschaft abzuliefern.

(3) (weggefallen)

§ 110a [Verdeckter Ermittler] (1) Verdeckte Ermittler dürfen zur Aufklärung von Straftaten eingesetzt werden, wenn zureichende tatsächliche Anhaltspunkte dafür vorliegen, daß eine Straftat von erheblicher Bedeutung

1. auf dem Gebiet des unerlaubten Betäubungsmittel- oder Waffenverkehrs, der Geld- oder Wertzeichenfälschung,
2. auf dem Gebiet des Staatsschutzes (§§ 74a, 120 des Gerichtsverfassungsgesetzes),
3. gewerbs- oder gewohnheitsmäßig oder
4. von einem Bandenmitglied oder in anderer Weise organisiert

begangen worden ist. Zur Aufklärung von Verbrechen dürfen Verdeckte Ermittler auch eingesetzt werden, soweit auf Grund bestimmter Tatsachen die Gefahr der Wiederholung besteht. Der Einsatz ist nur zulässig, soweit die Aufklärung auf andere Weise aussichtslos oder wesentlich erschwert wäre. Zur Aufklärung von Verbrechen dürfen Verdeckte Ermittler außerdem eingesetzt werden, wenn die besondere Bedeutung der Tat den Einsatz gebietet und andere Maßnahmen aussichtslos wären.

(2) Verdeckte Ermittler sind Beamte des Polizeidienstes, die unter einer ihnen verliehenen, auf Dauer angelegten, veränderten Identität (Legende) ermitteln. Sie dürfen unter der Legende am Rechtsverkehr teilnehmen.

(3) Soweit es für den Aufbau oder die Aufrechterhaltung der Legende unerläßlich ist, dürfen entsprechende Urkunden hergestellt, verändert und gebraucht werden.

§ 110b [Zustimmung der Staatsanwaltschaft, des Richters; Geheimhaltung der Identität] (1) Der Einsatz eines Verdeckten Ermittlers ist erst nach Zustimmung der Staatsanwaltschaft zulässig. Besteht Gefahr im Verzug und kann die Entscheidung der Staatsanwaltschaft nicht rechtzeitig eingeholt werden, so ist sie unverzüglich herbeizuführen; die Maßnahme ist zu beenden, wenn nicht die Staatsanwaltschaft binnen drei Tagen zustimmt. Die Zustimmung ist schriftlich zu erteilen und zu befristen. Eine Verlängerung ist zulässig, solange die Voraussetzungen für den Einsatz fortbestehen.

(2) Einsätze,

1. die sich gegen einen bestimmten Beschuldigten richten oder
2. bei denen der Verdeckte Ermittler eine Wohnung betritt, die nicht allgemein zugänglich ist,

bedürfen der Zustimmung des Richters. Bei Gefahr im Verzug genügt die Zustimmung der Staatsanwaltschaft. Kann die Entscheidung der Staatsanwaltschaft nicht rechtzeitig eingeholt werden, so ist sie unverzüglich herbeizuführen. Die Maßnahme ist zu beenden, wenn nicht der Richter binnen drei Tagen zustimmt. Absatz 1 Satz 3 und 4 gilt entsprechend.

(3) Die Identität des Verdeckten Ermittlers kann auch nach Beendigung des Einsatzes geheimgehalten werden. Der Staatsanwalt und der Richter, die für die Entscheidung über die Zustimmung zu dem Einsatz zuständig sind, können verlangen, daß die Identität ihnen gegenüber offenbart wird. Im übrigen ist in einem Strafverfahren die Geheimhaltung der Identität nach Maßgabe des § 96 zulässig, insbesondere dann, wenn Anlaß zu der Besorgnis besteht, daß die Offenbarung Leben, Leib oder Freiheit des Verdeckten Ermittlers oder einer anderen Person oder die Möglichkeit der weiteren Verwendung des Verdeckten Ermittlers gefährden würde.

§ 110c [Betreten einer Wohnung] Verdeckte Ermittler dürfen unter Verwendung ihrer Legende eine Wohnung mit dem Einverständnis des Berechtigten betreten. Das Einverständnis darf nicht durch ein über die Nutzung der Legende hinausgehendes Vortäuschen eines Zutrittsrechts herbeigeführt werden. Im übrigen richten sich die Befugnisse des Verdeckten Ermittlers nach diesem Gesetz und anderen Rechtsvorschriften.

§ 110d [Benachrichtigung des Berechtigten] (1) Personen, deren nicht allgemein zugängliche Wohnung der Verdeckte Ermittler betreten hat, sind vom Einsatz zu benachrichtigen, sobald dies ohne Gefährdung des Untersuchungszwecks, der öffentlichen Sicherheit, von Leib oder Leben einer Person sowie der Möglichkeit der weiteren Verwendung des Verdeckten Ermittlers geschehen kann.

(2) Entscheidungen und sonstige Unterlagen über den Einsatz eines Verdeckten Ermittlers werden bei der Staatsanwaltschaft verwahrt. Zu den Akten sind sie erst zu nehmen, wenn die Voraussetzungen des Absatzes 1 erfüllt sind.

§ 110e [Verwendung erlangter Informationen] Die durch den Einsatz des Verdeckten Ermittlers erlangten personenbezogenen Informationen dürfen in anderen Strafverfahren zu Beweiszwecken nur verwendet werden, soweit sich bei Gelegenheit der Auswertung Erkenntnisse ergeben, die zur Aufklärung einer in § 110a Abs. 1 bezeichneten Straftat benötigt werden; § 100d Abs. 6 bleibt unberührt.

§ 111 [Kontrollstellen auf Straßen und Plätzen] (1) Begründen bestimmte Tatsachen den Verdacht, daß eine Straftat nach § 129a, auch in Verbindung mit § 129b Abs. 1, des Strafgesetzbuches, eine der in dieser Vorschrift bezeichneten Straftaten oder eine Straftat nach § 250 Abs. 1 Nr. 1 des Strafgesetzbuches begangen worden ist, so können auf öffentlichen Straßen und Plätzen und an anderen öffentlich zugänglichen Orten Kontrollstellen eingerichtet werden, wenn Tatsachen die Annahme rechtfertigen, daß diese Maßnahme zur Ergreifung des Täters oder zur Sicherstellung von Beweismitteln führen kann, die der Aufklärung der Straftat dienen können. An einer Kontrollstelle ist jedermann verpflichtet, seine Identität feststellen und sich sowie mitgeführte Sachen durchsuchen zu lassen.

(2) Die Anordnung, eine Kontrollstelle einzurichten, trifft der Richter; die Staatsanwaltschaft und ihre Ermittlungspersonen (§ 152 des Gerichtsverfassungsgesetzes) sind hierzu befugt, wenn Gefahr im Verzug ist.

(3) Für die Durchsuchung und die Feststellung der Identität nach Absatz 1 gelten § 106 Abs. 2 Satz

1, § 107 Satz 2 erster Halbsatz, die §§ 108, 109, 110 Abs. 1 und 2 sowie die §§ 163b und 163c entsprechend.

§ 111a [Vorläufige Entziehung der Fahrerlaubnis] (1) Sind dringende Gründe für die Annahme vorhanden, daß die Fahrerlaubnis entzogen werden wird (§ 69 des Strafgesetzbuches), so kann der Richter dem Beschuldigten durch Beschluß die Fahrerlaubnis vorläufig entziehen. Von der vorläufigen Entziehung können bestimmte Arten von Kraftfahrzeugen ausgenommen werden, wenn besondere Umstände die Annahme rechtfertigen, daß der Zweck der Maßnahme dadurch nicht gefährdet wird.

(2) Die vorläufige Entziehung der Fahrerlaubnis ist aufzuheben, wenn ihr Grund weggefallen ist oder wenn das Gericht im Urteil die Fahrerlaubnis nicht entzieht.

(3) Die vorläufige Entziehung der Fahrerlaubnis wirkt zugleich als Anordnung oder Bestätigung der Beschlagnahme des von einer deutschen Behörde ausgestellten Führerscheins. Dies gilt auch, wenn der Führerschein von einer Behörde eines Mitgliedstaates der Europäischen Union oder eines anderen Vertragsstaates des Abkommens über den Europäischen Wirtschaftsraum ausgestellt worden ist, sofern der Inhaber seinen ordentlichen Wohnsitz im Inland hat.

(4) Ist ein Führerschein beschlagnahmt, weil er nach § 69 Abs. 3 Satz 2 des Strafgesetzbuches eingezogen werden kann, und bedarf es einer richterlichen Entscheidung über die Beschlagnahme, so tritt an deren Stelle die Entscheidung über die vorläufige Entziehung der Fahrerlaubnis.

(5) Ein Führerschein, der in Verwahrung genommen, sichergestellt oder beschlagnahmt ist, weil er nach § 69 Abs. 3 Satz 2 des Strafgesetzbuches eingezogen werden kann, ist dem Beschuldigten zurückzugeben, wenn der Richter die vorläufige Entziehung der Fahrerlaubnis wegen Fehlens der in Absatz 1 bezeichneten Voraussetzungen ablehnt, wenn er sie aufhebt oder wenn das Gericht im Urteil die Fahrerlaubnis nicht entzieht. Wird jedoch im Urteil ein Fahrverbot nach § 44 des Strafgesetzbuches verhängt, so kann die Rückgabe des Führerscheins aufgeschoben werden, wenn der Beschuldigte nicht widerspricht.

(6) In anderen als in Absatz 3 Satz 2 genannten ausländischen Führerscheinen ist die vorläufige Entziehung der Fahrerlaubnis zu vermerken. Bis zur Eintragung dieses Vermerkes kann der Führerschein beschlagnahmt werden (§ 94 Abs. 3, § 98).

§ 111b [Sicherstellung von Gegenständen] (1) Gegenstände können durch Beschlagnahme nach § 111c sichergestellt werden, wenn Gründe für die Annahme vorhanden sind, daß die Voraussetzungen für ihren Verfall oder ihre Einziehung vorliegen. § 94 Abs. 3 bleibt unberührt.

(2) Sind Gründe für die Annahme vorhanden, daß die Voraussetzungen des Verfalls von Wertersatz oder der Einziehung von Wertersatz vorliegen, kann zu deren Sicherung nach § 111d der dingliche Arrest angeordnet werden.

(3) Liegen dringende Gründe nicht vor, so hebt das Gericht die Anordnung der in Absatz 1 Satz 1 und Absatz 2 genannten Maßnahmen spätestens nach sechs Monaten auf. Begründen bestimmte Tatsachen den Tatverdacht und reicht die in Satz 1 bezeichnete Frist wegen der besonderen Schwierigkeit oder des besonderen Umfangs der Ermittlungen oder wegen eines anderen wichtigen Grundes nicht aus, so kann das Gericht auf Antrag der Staatsanwaltschaft die Maßnahme verlängern, wenn die genannten Gründe ihre Fortdauer rechtfertigen. Ohne Vorliegen dringender Gründe darf die Maßnahme über zwölf Monate hinaus nicht aufrechterhalten werden.

(4) Die §§ 102 bis 110 gelten entsprechend.

(5) Die Absätze 1 bis 4 gelten entsprechend, soweit der Verfall nur deshalb nicht angeordnet werden kann, weil die Voraussetzungen des § 73 Abs. 1 Satz 2 des Strafgesetzbuches vorliegen.

§ 111c [Sicherstellung durch Beschlagnahme] (1) Die Beschlagnahme einer beweglichen Sache wird in den Fällen des § 111b dadurch bewirkt, daß die Sache in Gewahrsam genommen oder die Beschlagnahme durch Siegel oder in anderer Weise kenntlich gemacht wird.

(2) Die Beschlagnahme eines Grundstückes oder eines Rechtes, das den Vorschriften über die Zwangsvollstreckung in das unbewegliche Vermögen unterliegt, wird dadurch bewirkt, daß ein Vermerk über die Beschlagnahme in das Grundbuch eingetragen wird. Die Vorschriften des Gesetzes über die Zwangsversteigerung und die Zwangsverwaltung über den Umfang der Beschlagnahme bei der Zwangsversteigerung gelten entsprechend.

(3) Die Beschlagnahme einer Forderung oder eines anderen Vermögensrechtes, das nicht den Vorschriften über die Zwangsvollstreckung in das unbewegliche Vermögen unterliegt, wird durch Pfändung bewirkt. Die Vorschriften der Zivilprozeßordnung über die Zwangsvollstreckung in Forderungen und andere Vermögensre- chte sind insoweit sinngemäß anzuwenden. Mit der Beschlagnahme ist die Aufforderung zur Abgabe der in § 840 Abs. 1 der Zivilprozeßordnung bezeichneten Erklärungen zu verbinden.

(4) Die Beschlagnahme von Schiffen, Schiffsbauwerken und Luftfahrzeugen wird nach Absatz 1 bewirkt. Bei solchen Schiffen, Schiffsbauwerken und Luftfahrzeugen, die im Schiffsregister, Schiffsbauregister oder Register für Pfandrechte an Luftfahrzeugen eingetragen sind, ist die Beschlagnahme im Register einzutragen. Nicht eingetragene, aber eintragungsfähige Schiffsbauwerke oder Luftfahrzeuge können zu diesem Zweck zur Eintragung angemeldet werden; die Vorschriften, die bei der Anmeldung durch eine Person, die auf Grund eines vollstreckbaren Titels eine Eintragung in das Register verlangen kann, anzuwenden sind, gelten hierbei entsprechend.

(5) Die Beschlagnahme eines Gegenstandes nach den Absätzen 1 bis 4 hat die Wirkung eines Veräußerungsverbotes im Sinne des § 136 des Bürgerlichen Gesetzbuches; das Verbot umfaßt auch andere Verfügungen als Veräußerungen.

(6) Eine beschlagnahmte bewegliche Sache kann dem Betroffenen

1. gegen sofortige Erlegung des Wertes zurückgegeben oder
2. unter dem Vorbehalt jederzeitigen Widerrufs zur vorläufigen weiteren Benutzung bis zum Abschluß des Verfahrens überlassen

werden. Der nach Satz 1 Nr. 1 erlegte Betrag tritt an die Stelle der Sache. Die Maßnahme nach Satz 1 Nr. 2 kann davon abhängig gemacht werden, daß der Betroffene Sicherheit leistet oder bestimmte Auflagen erfüllt.

§ 111d [Sicherstellung durch dinglichen Arrest] (1) Wegen des Verfalls oder der Einziehung von Wertersatz, wegen einer Geldstrafe oder der voraussichtlich entstehenden Kosten des Strafverfahrens kann der dingliche Arrest angeordnet werden. Wegen einer Geldstrafe und der voraussichtlich entstehenden Kosten darf der Arrest erst angeordnet werden, wenn gegen den Beschuldigten ein auf Strafe lautendes Urteil ergangen ist. Zur Sicherung der Vollstreckungskosten sowie geringfügiger Beträge ergeht kein Arrest.

(2) Die §§ 917 und 920 Abs. 1 sowie die §§ 923, 928, 930 bis 932, 934 Abs. 1 der Zivilprozeßordnung gelten sinngemäß.

(3) Ist der Arrest wegen einer Geldstrafe oder der voraussichtlich entstehenden Kosten angeordnet worden, so ist eine Vollziehungsmaßnahme auf Antrag des Beschuldigten aufzuheben, soweit der Beschuldigte den Pfandgegenstand zur Aufbringung der Kosten seiner Verteidigung, seines Unterhalts oder des Unterhalts seiner Familie benötigt.

§ 111e [Anordnung der Beschlagnahme oder des Arrestes] (1) Zu der Anordnung der Beschlagnahme (§ 111c) und des Arrestes (§ 111d) ist nur das Gericht, bei Gefahr im Verzug auch die Staatsanwaltschaft befugt. Zur Anordnung der Beschlagnahme einer beweglichen Sache (§ 111c Abs. 1) sind bei Gefahr im Verzuge auch die Ermittlungspersonen der Staatsanwaltschaft (§ 152 des Gerichtsverfassungsgesetzes) befugt.

(2) Hat die Staatsanwaltschaft die Beschlagnahme oder den Arrest angeordnet, so beantragt sie innerhalb einer Woche die gerichtliche Bestätigung der Anordnung. Dies gilt nicht, wenn die Beschlagnahme einer beweglichen Sache angeordnet ist. Der Betroffene kann in allen Fällen jederzeit die Entscheidung des Gerichts beantragen.

(3) Der Vollzug der Beschlagnahme und des Arrestes ist dem durch die Tat Verletzten, soweit er bekannt ist oder im Verlauf des Verfahrens bekannt wird, unverzüglich durch die Staatsanwaltschaft mitzuteilen.

(4) Die Mitteilung kann durch einmalige Bekanntmachung im elektronischen Bundesanzeiger erfolgen, wenn eine Mitteilung gegenüber jedem einzelnen Verletzten mit unverhältnismäßigem Aufwand verbunden wäre oder wenn zu vermuten ist, dass noch unbekannten Verletzten aus der Tat Ansprüche erwachsen sind. Zusätzlich kann die Mitteilung auch in anderer geeigneter Weise veröffentlicht werden. Personendaten dürfen nur veröffentlicht werden, soweit ihre Angabe unerlässlich ist, um den Verletzten zur Durchsetzung ihrer Ansprüche den Zugriff auf die gesicherten Vermögenswerte zu ermöglichen. Nach Beendigung der Sicherungsmaßnahmen veranlasst die Staatsanwaltschaft die Löschung der im elektronischen Bundesanzeiger vorgenommenen Veröffentlichung.

§ 111f [Zuständigkeit für Durchführung der Beschlagnahme und Vollziehung des Arrestes] (1) Die Durchführung der Beschlagnahme (§ 111c) obliegt der Staatsanwaltschaft, bei beweglichen Sachen (§ 111c Abs. 1) auch deren Ermittlungspersonen. § 98 Abs. 4 gilt entsprechend.

(2) Die erforderlichen Eintragungen in das Grundbuch sowie in die in § 111c Abs. 4 genannten Register werden auf Ersuchen der Staatsanwaltschaft oder des Gerichts bewirkt, welches die Beschlagnahme angeordnet hat. Entsprechendes gilt für die in § 111c Abs. 4 erwähnten Anmeldungen.

(3) Soweit ein Arrest nach den Vorschriften über die Pfändung in bewegliche Sachen zu vollziehen ist, kann dies durch die in § 2 der Justizbeitreibungsordnung bezeichnete Behörde, den Gerichtsvollzieher, die Staatsanwaltschaft oder durch deren Ermittlungspersonen (§ 152 des Gerichtsverfassungsgesetzes) bewirkt werden. Absatz 2 gilt entsprechend. Für die Anordnung der Pfändung eines eingetragenen Schiffes oder Schiffsbauwerkes sowie für die Pfändung einer Forderung aufgrund des Arrestes gemäß § 111d ist die Staatsanwaltschaft oder auf deren Antrag das Gericht, das den Arrest angeordnet hat, zuständig.

(4) Für die Zustellung gilt § 37 Abs. 1 mit der Maßgabe, dass auch die Ermittlungspersonen der Staatsanwaltschaft (§ 152 des Gerichtsverfassungsgesetzes) mit der Ausführung beauftragt werden können.

(5) Gegen Maßnahmen, die in Vollziehung der Beschlagnahme oder des Arrestes getroffen werden, kann der Betroffene jederzeit die Entscheidung des Gerichts beantragen.

§ 111g [Vorrangige Befriedigung von Ansprüchen des Verletzten bei Beschlagnahme] (1) Die Beschlagnahme eines Gegenstandes nach § 111c und die Vollziehung des Arrestes nach § 111d wirken nicht gegen eine Verfügung des Verletzten, die auf Grund eines aus der Straftat erwachsenen Anspruches im Wege der Zwangsvollstreckung oder der Arrestvollziehung erfolgt.

(2) Die Zwangsvollstreckung oder Arrestvollziehung nach Absatz 1 bedarf der Zulassung durch das Gericht, das für die Anordnung der Beschlagnahme (§ 111c) oder des Arrestes (§ 111d) zuständig ist. Die Entscheidung ergeht durch Beschluß, der von der Staatsanwaltschaft, dem Beschuldigten und dem Verletzten mit sofortiger Beschwerde angefochten werden kann. Die Zulassung ist zu versagen, wenn der Verletzte nicht glaubhaft macht, daß der Anspruch aus der Straftat erwachsen ist. § 294 der Zivilprozeßordnung ist anzuwenden.

(3) Das Veräußerungsverbot nach § 111c Abs. 5 gilt vom Zeitpunkt der Beschlagnahme an auch zugunsten von Verletzten, die während der Dauer der Beschlagnahme in den beschlagnahmten Gegenstand die

Zwangsvollstreckung betreiben oder den Arrest vollziehen. Die Eintragung des Veräußerungsverbotes im Grundbuch zugunsten des Staates gilt für die Anwendung des § 892 Abs. 1 Satz 2 des Bürgerlichen Gesetzbuches auch als Eintragung zugunsten solcher Verletzter, die während der Dauer der Beschlagnahme als Begünstigte aus dem Veräußerungsverbot in das Grundbuch eingetragen werden. Der Nachweis, daß der Anspruch aus der Straftat erwachsen ist, kann gegenüber dem Grundbuchamt durch Vorlage des Zulassungsbeschlusses geführt werden. Die Sätze 2 und 3 gelten sinngemäß für das Veräußerungsverbot bei den in § 111c Abs. 4 genannten Schiffen, Schiffsbauwerken und Luftfahrzeugen. Die Wirksamkeit des Veräußerungsverbotes zugunsten des Verletzten wird durch die Aufhebung der Beschlagnahme nicht berührt. Die Sätze 1 und 5 gelten entsprechend für die Wirkung des Pfandrechts, das durch die Vollziehung eines Arrestes (§ 111d) in das bewegliche Vermögen entstanden ist.

(4) Unterliegt der Gegenstand, der beschlagnahmt oder aufgrund des Arrestes gepfändet worden ist, aus anderen als den in § 73 Abs. 1 Satz 2 des Strafgesetzbuches bezeichneten Gründen nicht dem Verfall oder ist die Zulassung zu Unrecht erfolgt, so ist der Verletzte Dritten zum Ersatz des Schadens verpflichtet, der ihnen dadurch entsteht, daß das Veräußerungsverbot nach Absatz 3 zu seinen Gunsten gilt.

(5) Die Absätze 1 bis 4 gelten entsprechend, wenn der Verfall eines Gegenstandes angeordnet, die Anordnung aber noch nicht rechtskräftig ist. Sie gelten nicht, wenn der Gegenstand der Einziehung unterliegt.

§ 111h [Vorrangige Befriedigung von Ansprüchen des Verletzten bei Arrest] (1) Betreibt der Verletzte wegen eines aus der Straftat erwachsenen Anspruches die Zwangsvollstreckung oder vollzieht er einen Arrest in ein Grundstück, in welches ein Arrest nach § 111d vollzogen ist, so kann er verlangen, daß die durch den Vollzug dieses Arrestes begründete Sicherungshypothek hinter seinem Recht im Rang zurücktritt. Der dem vortretenden Recht eingeräumte Rang geht nicht dadurch verloren, daß der Arrest aufgehoben wird. Die Zustimmung des Eigentümers zur Rangänderung ist nicht erforderlich. Im übrigen ist § 880 des Bürgerlichen Gesetzbuches sinngemäß anzuwenden.

(2) Die Rangänderung bedarf der Zulassung durch den Richter, der für den Arrest (§ 111d) zuständig ist. 2§ 111g Abs. 2 Satz 2 bis 4 und Abs. 3 Satz 3 ist entsprechend anzuwenden.

(3) Ist die Zulassung zu Unrecht erfolgt, so ist der Verletzte Dritten zum Ersatz des Schadens verpflichtet, der ihnen durch die Rangänderung entsteht.

(4) Die Absätze 1 bis 3 gelten entsprechend, wenn der Arrest nach § 111d in ein Schiff, Schiffsbauwerk oder Luftfahrzeug im Sinne des § 111c Abs. 4 Satz 2 vollzogen ist.

§ 111i [Aufrechterhaltung der Beschlagnahme für befristeten Zeitraum] (1) Das Gericht kann anordnen, dass die Beschlagnahme nach § 111c oder der Arrest nach § 111d für die Dauer von höchstens drei Monaten aufrechterhalten wird, soweit das Verfahren nach den §§ 430 und 442 Abs. 1 auf die anderen Rechtsfolgen beschränkt worden ist und die sofortige Aufhebung gegenüber dem Verletzten unbillig wäre.

(2) Hat das Gericht lediglich deshalb nicht auf Verfall erkannt, weil Ansprüche eines Verletzten im Sinne des § 73 Abs. 1 Satz 2 des Strafgesetzbuchs entgegenstehen, kann es dies im Urteil feststellen. In diesem Fall hat es das Erlangte zu bezeichnen. Liegen insoweit die Voraussetzungen des § 73a des Strafgesetzbuchs vor, stellt es im Urteil den Geldbetrag fest, der dem Wert des Erlangten entspricht. Soweit

1. der Verletzte bereits im Wege der Zwangsvollstreckung oder der Arrestvollziehung verfügt hat,
2. der Verletzte nachweislich aus Vermögen befriedigt wurde, das nicht beschlagnahmt oder im Wege der Arrestvollziehung gepfändet worden ist, oder
3. dem Verletzten die erlangte Sache nach § 111k herausgegeben worden ist,

ist dies im Rahmen der nach den Sätzen 2 und 3 zu treffenden Feststellungen in Abzug zu bringen.

(3) Soweit das Gericht nach Absatz 2 verfährt, hält es die Beschlagnahme (§ 111c) des im Sinne des Absatzes 2 Satz 2 und 4 Erlangten sowie den dinglichen Arrest (§ 111d) bis zur Höhe des nach Absatz 2

Satz 3 und 4 festgestellten Betrages durch Beschluss für drei Jahre aufrecht. Die Frist beginnt mit Rechtskraft des Urteils. Sichergestellte Vermögenswerte soll es bezeichnen. § 917 der Zivilprozessordnung ist nicht anzuwenden. Soweit der Verletzte innerhalb der Frist nachweislich aus Vermögen befriedigt wird, das nicht beschlagnahmt oder im Wege der Arrestvollziehung gepfändet worden ist, hebt das Gericht die Beschlagnahme (§ 111c) oder den dinglichen Arrest (§ 111d) auf Antrag des Betroffenen auf.

(4) Die Anordnung nach Absatz 3 sowie der Eintritt der Rechtskraft sind dem durch die Tat Verletzten unverzüglich durch das Gericht mitzuteilen. Die Mitteilung ist zu verbinden mit dem Hinweis auf die in Absatz 5 genannten Folgen und auf die Möglichkeit, Ansprüche im Wege der Zwangsvollstreckung oder Arrestvollziehung durchzusetzen. § 111e Abs. 4 Satz 1 bis 3 gilt entsprechend.

(5) Mit Ablauf der in Absatz 3 genannten Frist erwirbt der Staat die nach Absatz 2 bezeichneten Vermögenswerte entsprechend § 73e Abs. 1 des Strafgesetzbuchs sowie einen Zahlungsanspruch in Höhe des nach Absatz 2 festgestellten Betrages, soweit nicht

1. der Verletzte zwischenzeitlich wegen seiner Ansprüche im Wege der Zwangsvollstreckung oder der Arrestvollziehung verfügt hat,
2. der Verletzte nachweislich aus Vermögen befriedigt worden ist, das nicht beschlagnahmt oder im Wege der Arrestvollziehung gepfändet worden war,
3. zwischenzeitlich Sachen nach § 111k an den Verletzten herausgegeben oder hinterlegt worden sind oder
4. Sachen nach § 111k an den Verletzten herauszugeben gewesen wären und dieser die Herausgabe vor Ablauf der in Absatz 3 genannten Frist beantragt hat.

Zugleich kann der Staat das durch die Vollziehung des dinglichen Arrestes begründete Pfandrecht nach den Vorschriften des Achten Buches der Zivilprozessordnung verwerten. Der Erlös sowie hinterlegtes Geld fallen dem Staat zu. Mit der Verwertung erlischt der nach Satz 1 entstandene Zahlungsanspruch auch insoweit, als der Verwertungserlös hinter der Höhe des Anspruchs zurückbleibt.

(6) Das Gericht des ersten Rechtszugs stellt den Eintritt und den Umfang des staatlichen Rechtserwerbs nach Absatz 5 Satz 1 durch Beschluss fest. § 111l Abs. 4 gilt entsprechend. Der Beschluss kann mit der sofortigen Beschwerde angefochten werden. Nach Rechtskraft des Beschlusses veranlasst das Gericht die Löschung der im elektronischen Bundesanzeiger nach Absatz 4 vorgenommenen Veröffentlichungen.

(7) Soweit der Verurteilte oder der von der Beschlagnahme oder dem dinglichen Arrest Betroffene die hierdurch gesicherten Ansprüche des Verletzten nach Ablauf der in Absatz 3 genannten Frist befriedigt, kann er bis zur Höhe des dem Staat zugeflossenen Verwertungserlöses Ausgleich verlangen. Der Ausgleich ist ausgeschlossen,

1. soweit der Zahlungsanspruch des Staates nach Absatz 5 Satz 1 unter Anrechnung des vom Staat vereinnahmten Erlöses entgegensteht oder
2. wenn seit dem Ablauf der in Absatz 3 genannten Frist drei Jahre verstrichen sind.

(8) In den Fällen des § 76a Abs. 1 oder 3 des Strafgesetzbuchs sind die Absätze 2 bis 7 auf das Verfahren nach den §§ 440 und 441 in Verbindung mit § 442 Abs. 1 entsprechend anzuwenden.

§ 111k [Rückgabe beweglicher Sachen an den Verletzten] Wird eine bewegliche Sache, die nach § 94 beschlagnahmt oder sonst sichergestellt oder nach § 111c Abs. 1 beschlagnahmt worden ist, für Zwecke des Strafverfahrens nicht mehr benötigt, so soll sie dem Verletzten, dem sie durch die Straftat entzogen worden ist, herausgegeben werden, wenn er bekannt ist und Ansprüche Dritter nicht entgegenstehen. § 111f Abs. 5 ist anzuwenden. Die Staatsanwaltschaft kann die Entscheidung des Gerichts herbeiführen, wenn das Recht des Verletzten nicht offenkundig ist.

§ 111l [Notveräußerung beschlagnahmter oder gepfändeter Gegenstände] (1) Vermögenswerte, die nach § 111c beschlagnahmt oder aufgrund eines Arrestes (§ 111d) gepfändet worden sind, dürfen vor der

Rechtskraft des Urteils veräußert werden, wenn ihr Verderb oder eine wesentliche Minderung ihres Wertes droht oder ihre Aufbewahrung, Pflege oder Erhaltung mit unverhältnismäßigen Kosten oder Schwierigkeiten verbunden ist. In den Fällen des § 111i Abs. 2 können Vermögenswerte, die aufgrund eines Arrestes (§ 111d) gepfändet worden sind, nach Rechtskraft des Urteils veräußert werden, wenn dies zweckmäßig erscheint. Der Erlös tritt an deren Stelle.

(2) Im vorbereitenden Verfahren und nach Rechtskraft des Urteils wird die Notveräußerung durch die Staatsanwaltschaft angeordnet. Ihren Ermittlungspersonen (§ 152 des Gerichtsverfassungsgesetzes) steht diese Befugnis zu, wenn der Gegenstand zu verderben droht, bevor die Entscheidung der Staatsanwaltschaft herbeigeführt werden kann.

(3) Nach Erhebung der öffentlichen Klage trifft die Anordnung das mit der Hauptsache befaßte Gericht. Der Staatsanwaltschaft steht diese Befugnis zu, wenn der Gegenstand zu verderben droht, bevor die Entscheidung des Gerichts herbeigeführt werden kann; Absatz 2 Satz 2 gilt entsprechend.

(4) Der Beschuldigte, der Eigentümer und andere, denen Rechte an der Sache zustehen, sollen vor der Anordnung gehört werden. Die Anordnung sowie Zeit und Ort der Veräußerung sind ihnen, soweit dies ausführbar erscheint, mitzuteilen.

(5) Die Notveräußerung wird nach den Vorschriften der Zivilprozeßordnung über die Verwertung einer gepfändeten Sache durchgeführt. An die Stelle des Vollstreckungsgerichts (§ 764 der Zivilprozeßordnung) tritt in den Fällen der Absätze 2 und 3 Satz 2 die Staatsanwaltschaft, in den Fällen des Absatzes 3 Satz 1 das mit der Hauptsache befaßte Gericht. Die nach § 825 der Zivilprozeßordnung zulässige Verwertung kann von Amts wegen oder auf Antrag der in Absatz 4 genannten Personen, im Falle des Absatzes 3 Satz 1 auch auf Antrag der Staatsanwaltschaft, gleichzeitig mit der Notveräußerung oder nachträglich angeordnet werden. Wenn dies zweckmäßig erscheint, kann die Notveräußerung auf andere Weise und durch eine andere Person als den Gerichtsvollzieher erfolgen.

(6) Gegen Anordnungen der Staatsanwaltschaft oder ihrer Ermittlungspersonen kann der Betroffene gerichtliche Entscheidung beantragen. § 161a Abs. 3 Satz 2 bis 4 gilt entsprechend mit der Maßgabe, dass nach Erhebung der öffentlichen Klage das mit der Hauptsache befasste Gericht und nach Rechtskraft das Gericht des ersten Rechtszugs für die Entscheidung zuständig ist. Das Gericht, in dringenden Fällen der Vorsitzende, kann die Aussetzung der Veräußerung anordnen.

§ 111m [Beschlagnahme eines Druckwerks oder einer sonstigen Schrift] (1) Die Beschlagnahme eines Druckwerks, einer sonstigen Schrift oder eines Gegenstandes im Sinne des § 74d des Strafgesetzbuches darf nach § 111b Abs. 1 nicht angeordnet werden, wenn ihre nachteiligen Folgen, insbesondere die Gefährdung des öffentlichen Interesses an unverzögerter Verbreitung offenbar außer Verhältnis zu der Bedeutung der Sache stehen.

(2) Ausscheidbare Teile der Schrift, die nichts Strafbares enthalten, sind von der Beschlagnahme auszuschließen. Die Beschlagnahme kann in der Anordnung weiter beschränkt werden.

(3) In der Anordnung der Beschlagnahme sind die Stellen der Schrift, die zur Beschlagnahme Anlaß geben, zu bezeichnen.

(4) Die Beschlagnahme kann dadurch abgewendet werden, daß der Betroffene den Teil der Schrift, der zur Beschlagnahme Anlaß gibt, von der Vervielfältigung oder der Verbreitung ausschließt.

§ 111n [Anordnung und Aufhebung der Beschlagnahme eines Druckwerks] (1) Die Beschlagnahme eines periodischen Druckwerks oder eines ihm gleichstehenden Gegenstandes im Sinne des § 74d des Strafgesetzbuches darf nur durch den Richter angeordnet werden. Die Beschlagnahme eines anderen Druckwerks oder eines sonstigen Gegenstandes im Sinne des § 74d des Strafgesetzbuches kann bei Gefahr im Verzug auch durch die Staatsanwaltschaft angeordnet werden. Die Anordnung der Staatsanwaltschaft tritt außer Kraft, wenn sie nicht binnen drei Tagen von dem Richter bestätigt wird.

(2) Die Beschlagnahme ist aufzuheben, wenn nicht binnen zwei Monaten die öffentliche Klage erhoben oder die selbständige Einziehung beantragt ist. Reicht die in Satz 1 bezeichnete Frist wegen des besonderen Umfanges der Ermittlungen nicht aus, so kann das Gericht auf Antrag der Staatsanwaltschaft die Frist um weitere zwei Monate verlängern. Der Antrag kann einmal wiederholt werden.

(3) Solange weder die öffentliche Klage erhoben noch die selbständige Einziehung beantragt worden ist, ist die Beschlagnahme aufzuheben, wenn die Staatsanwaltschaft es beantragt.

§ 111o [Dinglicher Arrest wegen Vermögensstrafe] (1) Sind Gründe für die Annahme vorhanden, daß die Voraussetzungen für die Verhängung einer Vermögensstrafe vorliegen, so kann wegen dieser der dingliche Arrest angeordnet werden.

(2) Die §§ 917, 928, 930 bis 932, 934 Abs. 1 der Zivilprozeßordnung gelten sinngemäß. In der Arrestanordnung ist ein Geldbetrag festzustellen, durch dessen Hinterlegung die Vollziehung des Arrestes gehemmt und der Schuldner zu dem Antrag auf Aufhebung des vollzogenen Arrestes berechtigt wird. Die Höhe des Betrages bestimmt sich nach den Umständen des Einzelfalles, namentlich nach der voraussichtlichen Höhe der Vermögensstrafe. Diese kann geschätzt werden. Das Gesuch auf Erlaß des Arrestes soll die für die Feststellung des Geldbetrages erforderlichen Tatsachen enthalten.

(3) Zu der Anordnung des Arrestes wegen einer Vermögensstrafe ist nur der Richter, bei Gefahr im Verzuge auch die Staatsanwaltschaft befugt. Hat die Staatsanwaltschaft die Anordnung getroffen, so beantragt sie innerhalb einer Woche die richterliche Bestätigung der Anordnung. Der Beschuldigte kann jederzeit die richterliche Entscheidung beantragen.

(4) Soweit wegen einer Vermögensstrafe die Vollziehung des Arrestes in bewegliche Sachen zu bewirken ist, gilt § 111f Abs. 1 entsprechend.

(5) Im übrigen finden § 111b Abs. 3, § 111e Abs. 3 und 4, § 111f Abs. 2 und 3 Satz 2 und 3 sowie die §§ 111g und 111h Anwendung.

§ 111p [Vermögensbeschlagnahme] (1) Unter den Voraussetzungen des § 111o Abs. 1 kann das Vermögen des Beschuldigten mit Beschlag belegt werden, wenn die Vollstreckung der zu erwartenden Vermögensstrafe im Hinblick auf Art oder Umfang des Vermögens oder aus sonstigen Gründen durch eine Arrestanordnung nach § 111o nicht gesichert erscheint.

(2) Die Beschlagnahme ist auf einzelne Vermögensbestandteile zu beschränken, wenn dies nach den Umständen, namentlich nach der zu erwartenden Höhe der Vermögensstrafe, ausreicht, um deren Vollstreckung sicherzustellen.

(3) Mit der Anordnung der Vermögensbeschlagnahme verliert der Beschuldigte das Recht, das in Beschlag genommene Vermögen zu verwalten und darüber unter Lebenden zu verfügen. In der Anordnung ist die Stunde der Beschlagnahme anzugeben.

(4) § 111b Abs. 3, § 111o Abs. 3, §§ 291, 292 Abs. 2, § 293 gelten entsprechend.

(5) Der Vermögensverwalter hat der Staatsanwaltschaft und dem Gericht über alle im Rahmen der Verwaltung des Vermögens erlangten Erkenntnisse, die dem Zweck der Beschlagnahme dienen können, Mitteilung zu machen.

Neunter Abschnitt. Verhaftung und vorläufige Festnahme

§ 112 [Voraussetzungen der Untersuchungshaft; Haftgründe] (1) Die Untersuchungshaft darf gegen den Beschuldigten angeordnet werden, wenn er der Tat dringend verdächtig ist und ein Haftgrund besteht. Sie darf nicht angeordnet werden, wenn sie zu der Bedeutung der Sache und der zu erwartenden Strafe oder

Maßregel der Besserung und Sicherung außer Verhältnis steht.

(2) Ein Haftgrund besteht, wenn auf Grund bestimmter Tatsachen

1. festgestellt wird, daß der Beschuldigte flüchtig ist oder sich verborgen hält,
2. bei Würdigung der Umstände des Einzelfalles die Gefahr besteht, daß der Beschuldigte sich dem Strafverfahren entziehen werde (Fluchtgefahr), oder
3. das Verhalten des Beschuldigten den dringenden Verdacht begründet, er werde
   a) Beweismittel vernichten, verändern, beiseite schaffen, unterdrücken oder fälschen oder
   b) auf Mitbeschuldigte, Zeugen oder Sachverständige in unlauterer Weise einwirken oder
   c) andere zu solchem Verhalten veranlassen,

   und wenn deshalb die Gefahr droht, daß die Ermittlung der Wahrheit erschwert werde (Verdunkelungsgefahr).

(3) Gegen den Beschuldigten, der einer Straftat nach § 6 Abs. 1 Nr. 1 des Völkerstrafgesetzbuches oder § 129a Abs. 1 oder Abs. 2, auch in Verbindung mit § 129b Abs. 1, oder nach den §§ 211, 212, 226, 306b oder 306c des Strafgesetzbuches oder, soweit durch die Tat Leib oder Leben eines anderen gefährdet worden ist, nach § 308 Abs. 1 bis 3 des Strafgesetzbuches dringend verdächtig ist, darf die Untersuchungshaft auch angeordnet werden, wenn ein Haftgrund nach Absatz 2 nicht besteht.

§ 112a [Weitere Haftgründe] (1) Ein Haftgrund besteht auch, wenn der Beschuldigte dringend verdächtig ist,

1. eine Straftat nach den §§ 174, 174a, 176 bis 179 oder nach § 238 Abs. 2 und 3 des Strafgesetzbuches oder
2. wiederholt oder fortgesetzt eine die Rechtsordnung schwerwiegend beeinträchtigende Straftat nach § 125a, nach den §§ 224 bis 227, nach den §§ 243, 244, 249 bis 255, 260, nach § 263, nach den §§ 306 bis 306c oder § 316a des Strafgesetzbuches oder nach § 29 Abs. 1 Nr. 1, 4, 10 oder Abs. 3, § 29a Abs. 1, § 30 Abs. 1, § 30a Abs. 1 des Betäubungsmittelgesetzes

begangen zu haben, und bestimmte Tatsachen die Gefahr begründen, daß er vor rechtskräftiger Aburteilung weitere erhebliche Straftaten gleicher Art begehen oder die Straftat fortsetzen werde, die Haft zur Abwendung der drohenden Gefahr erforderlich und in den Fällen der Nummer 2 eine Freiheitsstrafe von mehr als einem Jahr zu erwarten ist.

(2) Absatz 1 findet keine Anwendung, wenn die Voraussetzungen für den Erlaß eines Haftbefehls nach § 112 vorliegen und die Voraussetzungen für die Aussetzung des Vollzugs des Haftbefehls nach § 116 Abs. 1, 2 nicht gegeben sind.

§ 113 [Voraussetzungen bei leichteren Taten] (1) Ist die Tat nur mit Freiheitsstrafe bis zu sechs Monaten oder mit Geldstrafe bis zu einhundertachtzig Tagessätzen bedroht, so darf die Untersuchungshaft wegen Verdunkelungsgefahr nicht angeordnet werden.

(2) In diesen Fällen darf die Untersuchungshaft wegen Fluchtgefahr nur angeordnet werden, wenn der Beschuldigte

1. sich dem Verfahren bereits einmal entzogen hatte oder Anstalten zur Flucht getroffen hat,
2. im Geltungsbereich dieses Gesetzes keinen festen Wohnsitz oder Aufenthalt hat oder
3. sich über seine Person nicht ausweisen kann.

§ 114 [Haftbefehl] (1) Die Untersuchungshaft wird durch schriftlichen Haftbefehl des Richters angeordnet.

(2) In dem Haftbefehl sind anzuführen

1. der Beschuldigte,
2. die Tat, deren er dringend verdächtig ist, Zeit und Ort ihrer Begehung, die gesetzlichen Merkmale der

Straftat und die anzuwendenden Strafvorschriften,
3. der Haftgrund sowie
4. die Tatsachen, aus denen sich der dringende Tatverdacht und der Haftgrund ergibt, soweit nicht dadurch die Staatssicherheit gefährdet wird.

(3) Wenn die Anwendung des § 112 Abs. 1 Satz 2 naheliegt oder der Beschuldigte sich auf diese Vorschrift beruft, sind die Gründe dafür anzugeben, daß sie nicht angewandt wurde.

§ 114a [Bekanntgabe des Haftbefehls] (1) Der Haftbefehl ist dem Beschuldigten bei der Verhaftung bekanntzugeben. Ist dies nicht möglich, so ist ihm vorläufig mitzuteilen, welcher Tat er verdächtig ist. Die Bekanntgabe des Haftbefehls ist in diesem Fall unverzüglich nachzuholen.

(2) Der Beschuldigte erhält eine Abschrift des Haftbefehls.

§ 114b [Benachrichtigung von Angehörigen] (1) Von der Verhaftung und jeder weiteren Entscheidung über die Fortdauer der Haft wird ein Angehöriger des Verhafteten oder eine Person seines Vertrauens unverzüglich benachrichtigt. Für die Anordnung ist der Richter zuständig.

(2) Außerdem ist dem Verhafteten selbst Gelegenheit zu geben, einen Angehörigen oder eine Person seines Vertrauens von der Verhaftung zu benachrichtigen, sofern der Zweck der Untersuchung dadurch nicht gefährdet wird.

§ 115 [Vorführung vor den zuständigen Richter] (1) Wird der Beschuldigte auf Grund des Haftbefehls ergriffen, so ist er unverzüglich dem zuständigen Richter vorzuführen.

(2) Der Richter hat den Beschuldigten unverzüglich nach der Vorführung, spätestens am nächsten Tage, über den Gegenstand der Beschuldigung zu vernehmen.

(3) Bei der Vernehmung ist der Beschuldigte auf die ihn belastenden Umstände und sein Recht hinzuweisen, sich zur Beschuldigung zu äußern oder nicht zur Sache auszusagen. Ihm ist Gelegenheit zu geben, die Verdachts- und Haftgründe zu entkräften und die Tatsachen geltend zu machen, die zu seinen Gunsten sprechen.

(4) Wird die Haft aufrechterhalten, so ist der Beschuldigte über das Recht der Beschwerde und die anderen Rechtsbehelfe (§ 117 Abs. 1, 2, § 118 Abs. 1, 2) zu belehren.

§ 115a [Vorführung vor den Richter des nächsten Amtsgerichts] (1) Kann der Beschuldigte nicht spätestens am Tage nach der Ergreifung vor den zuständigen Richter gestellt werden, so ist er unverzüglich, spätestens am Tage nach der Ergreifung, dem Richter des nächsten Amtsgerichts vorzuführen.

(2) Der Richter hat den Beschuldigten unverzüglich nach der Vorführung, spätestens am nächsten Tage, zu vernehmen. Bei der Vernehmung wird, soweit möglich, § 115 Abs. 3 angewandt. Ergibt sich bei der Vernehmung, daß der Haftbefehl aufgehoben oder der Ergriffene nicht die in dem Haftbefehl bezeichnete Person ist, so ist der Ergriffene freizulassen. Erhebt dieser sonst gegen den Haftbefehl oder dessen Vollzug Einwendungen, die nicht offensichtlich unbegründet sind, oder hat der Richter Bedenken gegen die Aufrechterhaltung der Haft, so teilt er sie dem zuständigen Richter unverzüglich und auf dem nach den Umständen angezeigten schnellsten Wege mit.

(3) Wird der Beschuldigte nicht freigelassen, so ist er auf sein Verlangen dem zuständigen Richter zur Vernehmung nach § 115 vorzuführen. Der Beschuldigte ist auf dieses Recht hinzuweisen und gemäß § 115 Abs. 4 zu belehren.

§ 116 [Aussetzung des Vollzugs des Haftbefehls] (1) Der Richter setzt den Vollzug eines Haftbefehls, der lediglich wegen Fluchtgefahr gerechtfertigt ist, aus, wenn weniger einschneidende Maßnahmen die

Erwartung hinreichend begründen, daß der Zweck der Untersuchungshaft auch durch sie erreicht werden kann. In Betracht kommen namentlich

1. die Anweisung, sich zu bestimmten Zeiten bei dem Richter, der Strafverfolgungsbehörde oder einer von ihnen bestimmten Dienststelle zu melden,
2. die Anweisung, den Wohn- oder Aufenthaltsort oder einen bestimmten Bereich nicht ohne Erlaubnis des Richters oder der Strafverfolgungsbehörde zu verlassen,
3. die Anweisung, die Wohnung nur unter Aufsicht einer bestimmten Person zu verlassen,
4. die Leistung einer angemessenen Sicherheit durch den Beschuldigten oder einen anderen.

(2) Der Richter kann auch den Vollzug eines Haftbefehls, der wegen Verdunkelungsgefahr gerechtfertigt ist, aussetzen, wenn weniger einschneidende Maßnahmen die Erwartung hinreichend begründen, daß sie die Verdunkelungsgefahr erheblich vermindern werden. In Betracht kommt namentlich die Anweisung, mit Mitbeschuldigten, Zeugen oder Sachverständigen keine Verbindung aufzunehmen.

(3) Der Richter kann den Vollzug eines Haftbefehls, der nach § 112a erlassen worden ist, aussetzen, wenn die Erwartung hinreichend begründet ist, daß der Beschuldigte bestimmte Anweisungen befolgen und daß dadurch der Zweck der Haft erreicht wird.

(4) Der Richter ordnet in den Fällen der Absätze 1 bis 3 den Vollzug des Haftbefehls an, wenn

1. der Beschuldigte den ihm auferlegten Pflichten oder Beschränkungen gröblich zuwiderhandelt,
2. der Beschuldigte Anstalten zur Flucht trifft, auf ordnungsgemäße Ladung ohne genügende Entschuldigung ausbleibt oder sich auf andere Weise zeigt, daß das in ihn gesetzte Vertrauen nicht gerechtfertigt war, oder
3. neu hervorgetretene Umstände die Verhaftung erforderlich machen.

§ 116a [Aussetzung gegen Sicherheitsleistung] (1) Die Sicherheit ist durch Hinterlegung in barem Geld, in Wertpapieren, durch Pfandbestellung oder durch Bürgschaft geeigneter Personen zu leisten. Davon abweichende Regelungen in einer auf Grund des Gesetzes über den Zahlungsverkehr mit Gerichten und Justizbehörden erlassenen Rechtsverordnung bleiben unberührt.

(2) Der Richter setzt Höhe und Art der Sicherheit nach freiem Ermessen fest.

(3) Der Beschuldigte, der die Aussetzung des Vollzugs des Haftbefehls gegen Sicherheitsleistung beantragt und nicht im Geltungsbereich dieses Gesetzes wohnt, ist verpflichtet, eine im Bezirk des zuständigen Gerichts wohnende Person zum Empfang von Zustellungen zu bevollmächtigen.

§ 117 [Haftprüfung] (1) Solange der Beschuldigte in Untersuchungshaft ist, kann er jederzeit die gerichtliche Prüfung beantragen, ob der Haftbefehl aufzuheben oder dessen Vollzug nach § 116 auszusetzen ist (Haftprüfung).

(2) Neben dem Antrag auf Haftprüfung ist die Beschwerde unzulässig. Das Recht der Beschwerde gegen die Entscheidung, die auf den Antrag ergeht, wird dadurch nicht berührt.

(3) Der Richter kann einzelne Ermittlungen anordnen, die für die künftige Entscheidung über die Aufrechterhaltung der Untersuchungshaft von Bedeutung sind, und nach Durchführung dieser Ermittlungen eine neue Prüfung vornehmen.

(4) Hat der Beschuldigte noch keinen Verteidiger, so wird ihm ein Verteidiger für die Dauer der Untersuchungshaft bestellt, wenn deren Vollzug mindestens drei Monate gedauert hat und die Staatsanwaltschaft oder der Beschuldigte oder sein gesetzlicher Vertreter es beantragt. Über das Antragsrecht ist der Beschuldigte zu belehren. Die §§ 142, 143 und 145 gelten entsprechend.

(5) Hat die Untersuchungshaft drei Monate gedauert, ohne daß der Beschuldigte die Haftprüfung beantragt oder Haftbeschwerde eingelegt hat, so findet die Haftprüfung von Amts wegen statt, es sei denn, daß der Beschuldigte einen Verteidiger hat.

§ 118 [Mündliche Verhandlung] (1) Bei der Haftprüfung wird auf Antrag des Beschuldigten oder nach dem Ermessen des Gerichts von Amts wegen nach mündlicher Verhandlung entschieden.

(2) Ist gegen den Haftbefehl Beschwerde eingelegt, so kann auch im Beschwerdeverfahren auf Antrag des Beschuldigten oder von Amts wegen nach mündlicher Verhandlung entschieden werden.

(3) Ist die Untersuchungshaft nach mündlicher Verhandlung aufrechterhalten worden, so hat der Beschuldigte einen Anspruch auf eine weitere mündliche Verhandlung nur, wenn die Untersuchungshaft mindestens drei Monate und seit der letzten mündlichen Verhandlung mindestens zwei Monate gedauert hat.

(4) Ein Anspruch auf mündliche Verhandlung besteht nicht, solange die Hauptverhandlung andauert oder wenn ein Urteil ergangen ist, das auf eine Freiheitsstrafe oder eine freiheitsentziehende Maßregel der Besserung und Sicherung erkennt.

(5) Die mündliche Verhandlung ist unverzüglich durchzuführen; sie darf ohne Zustimmung des Beschuldigten nicht über zwei Wochen nach dem Eingang des Antrags anberaumt werden.

§ 118a [Durchführung der mündlichen Verhandlung] (1) Von Ort und Zeit der mündlichen Verhandlung sind die Staatsanwaltschaft sowie der Beschuldigte und der Verteidiger zu benachrichtigen.

(2) Der Beschuldigte ist zu der Verhandlung vorzuführen, es sei denn, daß er auf die Anwesenheit in der Verhandlung verzichtet hat oder daß der Vorführung weite Entfernung oder Krankheit des Beschuldigten oder andere nicht zu beseitigende Hindernisse entgegenstehen. Wird der Beschuldigte zur mündlichen Verhandlung nicht vorgeführt, so muß ein Verteidiger seine Rechte in der Verhandlung wahrnehmen. In diesem Falle ist ihm für die mündliche Verhandlung ein Verteidiger zu bestellen, wenn er noch keinen Verteidiger hat. Die §§ 142, 143 und 145 gelten entsprechend.

(3) In der mündlichen Verhandlung sind die anwesenden Beteiligten zu hören. Art und Umfang der Beweisaufnahme bestimmt das Gericht. Über die Verhandlung ist eine Niederschrift aufzunehmen; die §§ 271 bis 273 gelten entsprechend.

(4) Die Entscheidung ist am Schluß der mündlichen Verhandlung zu verkünden. Ist dies nicht möglich, so ist die Entscheidung spätestens binnen einer Woche zu erlassen.

§ 118b [Antragsberechtigte] Für den Antrag auf Haftprüfung (§ 117 Abs. 1) und den Antrag auf mündliche Verhandlung gelten die §§ 297 bis 300 und 302 Abs. 2 entsprechend.

§ 119 [Vollzug der Untersuchungshaft] (1) Der Verhaftete darf nicht mit anderen Gefangenen in demselben Raum untergebracht werden. Er ist auch sonst von Strafgefangenen, soweit möglich, getrennt zu halten.

(2) Mit anderen Untersuchungsgefangenen darf er in demselben Raum untergebracht werden, wenn er es ausdrücklich schriftlich beantragt. Der Antrag kann jederzeit in gleicher Weise zurückgenommen werden. Der Verhaftete darf auch dann mit anderen Gefangenen in demselben Raum untergebracht werden, wenn sein körperlicher oder geistiger Zustand es erfordert.

(3) Dem Verhafteten dürfen nur solche Beschränkungen auferlegt werden, die der Zweck der Untersuchungshaft oder die Ordnung in der Vollzugsanstalt erfordert.

(4) Bequemlichkeiten und Beschäftigungen darf er sich auf seine Kosten verschaffen, soweit sie mit dem Zweck der Haft vereinbar sind und nicht die Ordnung in der Vollzugsanstalt stören.

(5) Der Verhaftete darf gefesselt werden, wenn

1. die Gefahr besteht, daß er Gewalt gegen Personen oder Sachen anwendet, oder wenn er Widerstand leistet,
2. er zu fliehen versucht oder wenn bei Würdigung der Umstände des Einzelfalles, namentlich der Verhältnisse des Beschuldigten und der Umstände, die einer Flucht entgegenstehen, die Gefahr besteht, daß er sich aus dem Gewahrsam befreien wird,
3. die Gefahr des Selbstmordes oder der Selbstbeschädigung besteht

und wenn die Gefahr durch keine andere, weniger einschneidende Maßnahme abgewendet werden kann. Bei der Hauptverhandlung soll er ungefesselt sein.

(6) Die nach diesen Vorschriften erforderlichen Maßnahmen ordnet der Richter an. In dringenden Fällen kann der Staatsanwalt, der Anstaltsleiter oder ein anderer Beamter, unter dessen Aufsicht der Verhaftete steht, vorläufige Maßnahmen treffen. Sie bedürfen der Genehmigung des Richters.

§ 120 [Aufzuhebung des Haftbefehls] (1) Der Haftbefehl ist aufzuheben, sobald die Voraussetzungen der Untersuchungshaft nicht mehr vorliegen oder sich ergibt, daß die weitere Untersuchungshaft zu der Bedeutung der Sache und der zu erwartenden Strafe oder Maßregel der Besserung und Sicherung außer Verhältnis stehen würde. Er ist namentlich aufzuheben, wenn der Beschuldigte freigesprochen oder die Eröffnung des Hauptverfahrens abgelehnt oder das Verfahren nicht bloß vorläufig eingestellt wird.

(2) Durch die Einlegung eines Rechtsmittels darf die Freilassung des Beschuldigten nicht aufgehalten werden.

(3) Der Haftbefehl ist auch aufzuheben, wenn die Staatsanwaltschaft es vor Erhebung der öffentlichen Klage beantragt. Gleichzeitig mit dem Antrag kann die Staatsanwaltschaft die Freilassung des Beschuldigten anordnen.

§ 121 [Untersuchungshaft über 6 Monate] (1) Solange kein Urteil ergangen ist, das auf Freiheitsstrafe oder eine freiheitsentziehende Maßregel der Besserung und Sicherung erkennt, darf der Vollzug der Untersuchungshaft wegen derselben Tat über sechs Monate hinaus nur aufrechterhalten werden, wenn die besondere Schwierigkeit oder der besondere Umfang der Ermittlungen oder ein anderer wichtiger Grund das Urteil noch nicht zulassen und die Fortdauer der Haft rechtfertigen.

(2) In den Fällen des Absatzes 1 ist der Haftbefehl nach Ablauf der sechs Monate aufzuheben, wenn nicht der Vollzug des Haftbefehls nach § 116 ausgesetzt wird oder das Oberlandesgericht die Fortdauer der Untersuchungshaft anordnet.

(3) Werden die Akten dem Oberlandesgericht vor Ablauf der in Absatz 2 bezeichneten Frist vorgelegt, so ruht der Fristenlauf bis zu dessen Entscheidung. Hat die Hauptverhandlung begonnen, bevor die Frist abgelaufen ist, so ruht der Fristenlauf auch bis zur Verkündung des Urteils. Wird die Hauptverhandlung ausgesetzt und werden die Akten unverzüglich nach der Aussetzung dem Oberlandesgericht vorgelegt, so ruht der Fristenlauf ebenfalls bis zu dessen Entscheidung.

(4) In den Sachen, in denen eine Strafkammer nach § 74a des Gerichtsverfassungsgesetzes zuständig ist, entscheidet das nach § 120 des Gerichtsverfassungsgesetzes zuständige Oberlandesgericht. In den Sachen, in denen ein Oberlandesgericht nach § 120 des Gerichtsverfassungsgesetzes zuständig ist, tritt an dessen Stelle der Bundesgerichtshof.

§ 122 [Besondere Haftprüfung durch das OLG] (1) In den Fällen des § 121 legt das zuständige Gericht die Akten durch Vermittlung der Staatsanwaltschaft dem Oberlandesgericht zur Entscheidung vor, wenn es die Fortdauer der Untersuchungshaft für erforderlich hält oder die Staatsanwaltschaft es beantragt.

(2) Vor der Entscheidung sind der Beschuldigte und der Verteidiger zu hören. Das Oberlandesgericht kann über die Fortdauer der Untersuchungshaft nach mündlicher Verhandlung entscheiden; geschieht dies, so gilt § 118a entsprechend.

(3) Ordnet das Oberlandesgericht die Fortdauer der Untersuchungshaft an, so gilt § 114 Abs. 2 Nr. 4 entsprechend. Für die weitere Haftprüfung (§ 117 Abs. 1) ist das Oberlandesgericht zuständig, bis ein Urteil ergeht, das auf Freiheitsstrafe oder eine freiheitsentziehende Maßregel der Besserung und Sicherung erkennt. Es kann die Haftprüfung dem Gericht, das nach den allgemeinen Vorschriften dafür zuständig ist, für die Zeit von jeweils höchstens drei Monaten übertragen. In den Fällen des § 118 Abs. 1 entscheidet

das Oberlandesgericht über einen Antrag auf mündliche Verhandlung nach seinem Ermessen.

(4) Die Prüfung der Voraussetzungen nach § 121 Abs. 1 ist auch im weiteren Verfahren dem Oberlandesgericht vorbehalten. Die Prüfung muß jeweils spätestens nach drei Monaten wiederholt werden.

(5) Das Oberlandesgericht kann den Vollzug des Haftbefehls nach § 116 aussetzen.

(6) Sind in derselben Sache mehrere Beschuldigte in Untersuchungshaft, so kann das Oberlandesgericht über die Fortdauer der Untersuchungshaft auch solcher Beschuldigter entscheiden, für die es nach § 121 und den vorstehenden Vorschriften noch nicht zuständig wäre.

(7) Ist der Bundesgerichtshof zur Entscheidung zuständig, so tritt dieser an die Stelle des Oberlandesgerichts.

§ 122a [Untersuchungshaft über ein Jahr] In den Fällen des § 121 Abs. 1 darf der Vollzug der Haft nicht länger als ein Jahr aufrechterhalten werden, wenn sie auf den Haftgrund des § 112a gestützt ist.

§ 123 [Aufhebung von schonenden Maßnahmen] (1) Eine Maßnahme, die der Aussetzung des Haftvollzugs dient (§ 116), ist aufzuheben, wenn

1. der Haftbefehl aufgehoben wird oder
2. die Untersuchungshaft oder die erkannte Freiheitsstrafe oder freiheitsentziehende Maßregel der Besserung und Sicherung vollzogen wird.

(2) Unter denselben Voraussetzungen wird eine noch nicht verfallene Sicherheit frei.

(3) Wer für den Beschuldigten Sicherheit geleistet hat, kann deren Freigabe dadurch erlangen, daß er entweder binnen einer vom Gericht zu bestimmenden Frist die Gestellung des Beschuldigten bewirkt oder die Tatsachen, die den Verdacht einer vom Beschuldigten beabsichtigten Flucht begründen, so rechtzeitig mitteilt, daß der Beschuldigte verhaftet werden kann.

§ 124 [Verfall der Sicherheit] (1) Eine noch nicht frei gewordene Sicherheit verfällt der Staatskasse, wenn der Beschuldigte sich der Untersuchung oder dem Antritt der erkannten Freiheitsstrafe oder freiheitsentziehenden Maßregel der Besserung und Sicherung entzieht.

(2) Vor der Entscheidung sind der Beschuldigte sowie derjenige, welcher für den Beschuldigten Sicherheit geleistet hat, zu einer Erklärung aufzufordern. Gegen die Entscheidung steht ihnen nur die sofortige Beschwerde zu. Vor der Entscheidung über die Beschwerde ist ihnen und der Staatsanwaltschaft Gelegenheit zur mündlichen Begründung ihrer Anträge sowie zur Erörterung über durchgeführte Ermittlungen zu geben.

(3) Die den Verfall aussprechende Entscheidung hat gegen denjenigen, welcher für den Beschuldigten Sicherheit geleistet hat, die Wirkungen eines von dem Zivilrichter erlassenen, für vorläufig vollstreckbar erklärten Endurteils und nach Ablauf der Beschwerdefrist die Wirkungen eines rechtskräftigen Zivilendurteils.

§ 125 [Zuständigkeit für Erlass des Haftbefehls] (1) Vor Erhebung der öffentlichen Klage erläßt der Richter bei dem Amtsgericht, in dessen Bezirk ein Gerichtsstand begründet ist oder der Beschuldigte sich aufhält, auf Antrag der Staatsanwaltschaft oder, wenn ein Staatsanwalt nicht erreichbar und Gefahr im Verzug ist, von Amts wegen den Haftbefehl.

(2) Nach Erhebung der öffentlichen Klage erläßt den Haftbefehl das Gericht, das mit der Sache befaßt ist, und, wenn Revision eingelegt ist, das Gericht, dessen Urteil angefochten ist. In dringenden Fällen kann auch der Vorsitzende den Haftbefehl erlassen.

§ 126 [Zuständigkeit für die weiteren Entscheidungen] (1) Vor Erhebung der öffentlichen Klage ist für die weiteren richterlichen Entscheidungen und Maßnahmen, die sich auf die Untersuchungshaft oder auf die

Aussetzung des Haftvollzugs (§ 116) beziehen, der Richter zuständig, der den Haftbefehl erlassen hat. Hat das Beschwerdegericht den Haftbefehl erlassen, so ist der Richter zuständig, der die vorangegangene Entscheidung erlassen hat. Wird das vorbereitende Verfahren an einem anderen Ort geführt oder die Untersuchungshaft an einem anderen Ort vollzogen, so kann der Richter, sofern die Staatsanwaltschaft es beantragt, die Zuständigkeit dem Richter bei dem Amtsgericht dieses Ortes übertragen. Ist der Ort in mehrere Gerichtsbezirke geteilt, so bestimmt die Landesregierung durch Rechtsverordnung das zuständige Amtsgericht. Die Landesregierung kann diese Ermächtigung auf die Landesjustizverwaltung übertragen.

(2) Nach Erhebung der öffentlichen Klage ist das Gericht zuständig, das mit der Sache befaßt ist. Nach Einlegung der Revision ist das Gericht zuständig, dessen Urteil angefochten ist. Einzelne Maßnahmen, insbesondere nach § 119, ordnet der Vorsitzende an. In dringenden Fällen kann er auch den Haftbefehl aufheben oder den Vollzug aussetzen (§ 116), wenn die Staatsanwaltschaft zustimmt; andernfalls ist unverzüglich die Entscheidung des Gerichts herbeizuführen.

(3) Das Revisionsgericht kann den Haftbefehl aufheben, wenn es das angefochtene Urteil aufhebt und sich bei dieser Entscheidung ohne weiteres ergibt, daß die Voraussetzungen des § 120 Abs. 1 vorliegen.

(4) Die §§ 121 und 122 bleiben unberührt.

§ 126a [Einstweilige Unterbringung] (1) Sind dringende Gründe für die Annahme vorhanden, daß jemand eine rechtswidrige Tat im Zustand der Schuldunfähigkeit oder verminderten Schuldfähigkeit (§§ 20, 21 des Strafgesetzbuches) begangen hat und daß seine Unterbringung in einem psychiatrischen Krankenhaus oder einer Entziehungsanstalt angeordnet werden wird, so kann das Gericht durch Unterbringungsbefehl die einstweilige Unterbringung in einer dieser Anstalten anordnen, wenn die öffentliche Sicherheit es erfordert.

(2) Für die einstweilige Unterbringung gelten die §§ 114 bis 115a, 116 Abs. 3 und 4, §§ 117 bis 119, 123, 125 und 126 entsprechend. Die §§ 121, 122 gelten entsprechend mit der Maßgabe, dass das Oberlandesgericht prüft, ob die Voraussetzungen der einstweiligen Unterbringung weiterhin vorliegen.

(3) Der Unterbringungsbefehl ist aufzuheben, wenn die Voraussetzungen der einstweiligen Unterbringung nicht mehr vorliegen oder wenn das Gericht im Urteil die Unterbringung in einem psychiatrischen Krankenhaus oder einer Entziehungsanstalt nicht anordnet. Durch die Einlegung eines Rechtsmittels darf die Freilassung nicht aufgehalten werden. § 120 Abs. 3 gilt entsprechend.

(4) Hat der Untergebrachte einen gesetzlichen Vertreter oder einen Bevollmächtigten im Sinne des § 1906 Abs. 5 des Bürgerlichen Gesetzbuches, so sind Entscheidungen nach Absatz 1 bis 3 auch diesem bekannt zu geben.

§ 127 [Vorläufige Festnahme] (1) Wird jemand auf frischer Tat betroffen oder verfolgt, so ist, wenn er der Flucht verdächtig ist oder seine Identität nicht sofort festgestellt werden kann, jedermann befugt, ihn auch ohne richterliche Anordnung vorläufig festzunehmen. Die Feststellung der Identität einer Person durch die Staatsanwaltschaft oder die Beamten des Polizeidienstes bestimmt sich nach § 163b Abs. 1.

(2) Die Staatsanwaltschaft und die Beamten des Polizeidienstes sind bei Gefahr im Verzug auch dann zur vorläufigen Festnahme befugt, wenn die Voraussetzungen eines Haftbefehls oder eines Unterbringungsbefehls vorliegen.

(3) Ist eine Straftat nur auf Antrag verfolgbar, so ist die vorläufige Festnahme auch dann zulässig, wenn ein Antrag noch nicht gestellt ist. Dies gilt entsprechend, wenn eine Straftat nur mit Ermächtigung oder auf Strafverlangen verfolgbar ist.

§ 127a [Absehen von der Anordnung oder Aufrechterhaltung der Festnahme] (1) Hat der Beschuldigte im Geltungsbereich dieses Gesetzes keinen festen Wohnsitz oder Aufenthalt und liegen die Voraussetzungen eines Haftbefehls nur wegen Fluchtgefahr vor, so kann davon abgesehen werden, seine Festnahme anzuordnen oder aufrechtzuerhalten, wenn

1. nicht damit zu rechnen ist, daß wegen der Tat eine Freiheitsstrafe verhängt oder eine freiheitsentziehende Maßregel der Besserung und Sicherung angeordnet wird und
2. der Beschuldigte eine angemessene Sicherheit für die zu erwartende Geldstrafe und die Kosten des Verfahrens leistet.

(2) § 116a Abs. 1 und 3 gilt entsprechend.

§ 127b [Hauptverhandlungshaft] (1) Die Staatsanwaltschaft und die Beamten des Polizeidienstes sind zur vorläufigen Festnahme eines auf frischer Tat Betroffenen oder Verfolgten auch dann befugt, wenn

1. eine unverzügliche Entscheidung im beschleunigten Verfahren wahrscheinlich ist und
2. auf Grund bestimmter Tatsachen zu befürchten ist, daß der Festgenommene der Hauptverhandlung fernbleiben wird.

(2) Ein Haftbefehl (§ 128 Abs. 2 Satz 2) darf aus den Gründen des Absatzes 1 gegen den der Tat dringend Verdächtigen nur ergehen, wenn die Durchführung der Hauptverhandlung binnen einer Woche nach der Festnahme zu erwarten ist. Der Haftbefehl ist auf höchstens eine Woche ab dem Tage der Festnahme zu befristen.

(3) Über den Erlaß des Haftbefehls soll der für die Durchführung des beschleunigten Verfahrens zuständige Richter entscheiden.

§ 128 [Vorführung vor den Richter bei dem Amtsgericht] (1) Der Festgenommene ist, sofern er nicht wieder in Freiheit gesetzt wird, unverzüglich, spätestens am Tage nach der Festnahme, dem Richter bei dem Amtsgericht, in dessen Bezirk er festgenommen worden ist, vorzuführen. Der Richter vernimmt den Vorgeführten gemäß § 115 Abs. 3.

(2) Hält der Richter die Festnahme nicht für gerechtfertigt oder ihre Gründe für beseitigt, so ordnet er die Freilassung an. Andernfalls erläßt er auf Antrag der Staatsanwaltschaft oder, wenn ein Staatsanwalt nicht erreichbar ist, von Amts wegen einen Haftbefehl oder einen Unterbringungsbefehl. § 115 Abs. 4 gilt entsprechend.

§ 129 [Vorführung nach Klageerhebung] Ist gegen den Festgenommenen bereits die öffentliche Klage erhoben, so ist er entweder sofort oder auf Verfügung des Richters, dem er zunächst vorgeführt worden ist, dem zuständigen Gericht vorzuführen; dieses hat spätestens am Tage nach der Festnahme über Freilassung, Verhaftung oder einstweilige Unterbringung des Festgenommenen zu entscheiden.

§ 130 [Haftbefehl bei Antragsstraftaten] Wird wegen Verdachts einer Straftat, die nur auf Antrag verfolgbar ist, ein Haftbefehl erlassen, bevor der Antrag gestellt ist, so ist der Antragsberechtigte, von mehreren wenigstens einer, sofort von dem Erlaß des Haftbefehls in Kenntnis zu setzen und davon zu unterrichten, daß der Haftbefehl aufgehoben werden wird, wenn der Antrag nicht innerhalb einer vom Richter zu bestimmenden Frist, die eine Woche nicht überschreiten soll, gestellt wird. Wird innerhalb der Frist Strafantrag nicht gestellt, so ist der Haftbefehl aufzuheben. Dies gilt entsprechend, wenn eine Straftat nur mit Ermächtigung oder auf Strafverlangen verfolgbar ist. § 120 Abs. 3 ist anzuwenden.

9a. Abschnitt. Weitere Maßnahmen zur Sicherstellung der Strafverfolgung und Strafvollstreckung

§ 131 [Ausschreibung zur Festnahme] (1) Auf Grund eines Haftbefehls oder eines Unterbringungsbefehls können der Richter oder die Staatsanwaltschaft und, wenn Gefahr im Verzug ist, ihre Ermittlungspersonen (§ 152 des Gerichtsverfassungsgesetzes) die Ausschreibung zur Festnahme veranlassen.

(2) Liegen die Voraussetzungen eines Haftbefehls oder Unterbringungsbefehls vor, dessen Erlass nicht ohne Gefährdung des Fahndungserfolges abgewartet werden kann, so können die Staatsanwaltschaft und ihre Ermittlungspersonen (§ 152 des Gerichtsverfassungsgesetzes) Maßnahmen nach Absatz 1 veranlassen, wenn dies zur vorläufigen Festnahme erforderlich ist. Die Entscheidung über den Erlass des Haft- oder Unterbringungsbefehls ist unverzüglich, spätestens binnen einer Woche herbeizuführen.

(3) Bei einer Straftat von erheblicher Bedeutung können in den Fällen der Absätze 1 und 2 der Richter und die Staatsanwaltschaft auch Öffentlichkeitsfahndungen veranlassen, wenn andere Formen der Aufenthaltsermittlung erheblich weniger Erfolg versprechend oder wesentlich erschwert wären. Unter den gleichen Voraussetzungen steht diese Befugnis bei Gefahr im Verzug und wenn der Richter oder die Staatsanwaltschaft nicht rechtzeitig erreichbar ist auch den Ermittlungspersonen der Staatsanwaltschaft (§ 152 des Gerichtsverfassungsgesetzes) zu. In den Fällen des Satzes 2 ist die Entscheidung der Staatsanwaltschaft unverzüglich herbeizuführen. Die Anordnung tritt außer Kraft, wenn diese Bestätigung nicht binnen 24 Stunden erfolgt.

(4) Der Beschuldigte ist möglichst genau zu bezeichnen und soweit erforderlich zu beschreiben; eine Abbildung darf beigefügt werden. Die Tat, derer er verdächtig ist, Ort und Zeit ihrer Begehung sowie Umstände, die für die Ergreifung von Bedeutung sein können, können angegeben werden.

(5) Die §§ 115 und 115a gelten entsprechend.

§ 131a [Ausschreibung zur Aufenthaltsermittlung] (1) Die Ausschreibung zur Aufenthaltsermittlung eines Beschuldigten oder eines Zeugen darf angeordnet werden, wenn sein Aufenthalt nicht bekannt ist.

(2) Absatz 1 gilt auch für Ausschreibungen des Beschuldigten, soweit sie zur Sicherstellung eines Führerscheins, zur erkennungsdienstlichen Behandlung, zur Anfertigung einer DNA-Analyse oder zur Feststellung seiner Identität erforderlich sind.

(3) Auf Grund einer Ausschreibung zur Aufenthaltsermittlung eines Beschuldigten oder Zeugen darf bei einer Straftat von erheblicher Bedeutung auch eine Öffentlichkeitsfahndung angeordnet werden, wenn der Beschuldigte der Begehung der Straftat dringend verdächtig ist und die Aufenthaltsermittlung auf andere Weise erheblich weniger Erfolg versprechend oder wesentlich erschwert wäre.

(4) § 131 Abs. 4 gilt entsprechend. Bei der Aufenthaltsermittlung eines Zeugen ist erkennbar zu machen, dass die gesuchte Person nicht Beschuldigter ist. Die Öffentlichkeitsfahndung nach einem Zeugen unterbleibt, wenn überwiegende schutzwürdige Interessen des Zeugen entgegenstehen. Abbildungen des Zeugen dürfen nur erfolgen, soweit die Aufenthaltsermittlung auf andere Weise aussichtslos oder wesentlich erschwert wäre.

(5) Ausschreibungen nach den Absätzen 1 und 2 dürfen in allen Fahndungshilfsmitteln der Strafverfolgungsbehörden vorgenommen werden.

§ 131b [Veröffentlichung von Abbildungen] (1) Die Veröffentlichung von Abbildungen eines Beschuldigten, der einer Straftat von erheblicher Bedeutung verdächtig ist, ist auch zulässig, wenn die Aufklärung einer Straftat, insbesondere die Feststellung der Identität eines unbekannten Täters auf andere Weise erheblich weniger Erfolg versprechend oder wesentlich erschwert wäre.

(2) Die Veröffentlichung von Abbildungen eines Zeugen und Hinweise auf das der Veröffentlichung zugrunde liegende Strafverfahren sind auch zulässig, wenn die Aufklärung einer Straftat von erheblicher Bedeutung, insbesondere die Feststellung der Identität des Zeugen, auf andere Weise aussichtslos oder wesentlich erschwert wäre. Die Veröffentlichung muss erkennbar machen, dass die abgebildete Person nicht Beschuldigter ist.

(3) § 131 Abs. 4 Satz 1 erster Halbsatz und Satz 2 gilt entsprechend.

§ 131c [Anordnung und Bestätigung von Fahndungsmaßnahmen] (1) Fahndungen nach § 131a Abs. 3 und § 131b dürfen nur durch den Richter, bei Gefahr im Verzug auch durch die Staatsanwaltschaft und ihre Ermittlungspersonen (§ 152 des Gerichtsverfassungsgesetzes) angeordnet werden. Fahndungen nach § 131a Abs. 1 und 2 bedürfen der Anordnung durch die Staatsanwaltschaft; bei Gefahr im Verzug dürfen sie auch durch ihre Ermittlungspersonen (§ 152 des Gerichtsverfassungsgesetzes) angeordnet werden.

(2) In Fällen andauernder Veröffentlichung in elektronischen Medien sowie bei wiederholter Veröffentlichung im Fernsehen oder in periodischen Druckwerken tritt die Anordnung der Staatsanwaltschaft und ihrer Ermittlungspersonen (§ 152 des Gerichtsverfassungsgesetzes) nach Absatz 1 Satz 1 außer Kraft, wenn sie nicht binnen einer Woche von dem Richter bestätigt wird. Im Übrigen treten Fahndungsanordnungen der Ermittlungspersonen der Staatsanwaltschaft (§ 152 des Gerichtsverfassungsgesetzes) außer Kraft, wenn sie nicht binnen einer Woche von der Staatsanwaltschaft bestätigt werden.

§ 132 [Sonstige Maßnahmen] (1) Hat der Beschuldigte, der einer Straftat dringend verdächtig ist, im Geltungsbereich dieses Gesetzes keinen festen Wohnsitz oder Aufenthalt, liegen aber die Voraussetzungen eines Haftbefehls nicht vor, so kann, um die Durchführung des Strafverfahrens sicherzustellen, angeordnet werden, daß der Beschuldigte

1. eine angemessene Sicherheit für die zu erwartende Geldstrafe und die Kosten des Verfahrens leistet und
2. eine im Bezirk des zuständigen Gerichts wohnende Person zum Empfang von Zustellungen bevollmächtigt.

§ 116a Abs. 1 gilt entsprechend.

(2) Die Anordnung dürfen nur der Richter, bei Gefahr im Verzuge auch die Staatsanwaltschaft und ihre Ermittlungspersonen (§ 152 des Gerichtsverfassungsgesetzes) treffen.

(3) Befolgt der Beschuldigte die Anordnung nicht, so können Beförderungsmittel und andere Sachen, die der Beschuldigte mit sich führt und die ihm gehören, beschlagnahmt werden. Die §§ 94 und 98 gelten entsprechend.

9b. Abschnitt. Vorläufiges Berufsverbot

§ 132a [Vorläufiges Berufsverbot] (1) Sind dringende Gründe für die Annahme vorhanden, daß ein Berufsverbot angeordnet werden wird (§ 70 des Strafgesetzbuches), so kann der Richter dem Beschuldigten durch Beschluß die Ausübung des Berufs, Berufszweiges, Gewerbes oder Gewerbezweiges vorläufig verbieten. § 70 Abs. 3 des Strafgesetzbuches gilt entsprechend.

(2) Das vorläufige Berufsverbot ist aufzuheben, wenn sein Grund weggefallen ist oder wenn das Gericht im Urteil das Berufsverbot nicht anordnet.

Zehnter Abschnitt. Vernehmung des Beschuldigten

§ 133 [Schriftliche Ladung] (1) Der Beschuldigte ist zur Vernehmung schriftlich zu laden.

(2) Die Ladung kann unter der Androhung geschehen, daß im Falle des Ausbleibens seine Vorführung erfolgen werde.

§ 134 [Vorführung] (1) Die sofortige Vorführung des Beschuldigten kann verfügt werden, wenn Gründe vorliegen, die den Erlaß eines Haftbefehls rechtfertigen würden.

(2) In dem Vorführungsbefehl ist der Beschuldigte genau zu bezeichnen und die ihm zur Last gelegte Straftat sowie der Grund der Vorführung anzugeben.

§ 135 [Sofortige Vernehmung] Der Beschuldigte ist unverzüglich dem Richter vorzuführen und von diesem zu vernehmen. Er darf auf Grund des Vorführungsbefehls nicht länger festgehalten werden als bis zum Ende des Tages, der dem Beginn der Vorführung folgt.

§ 136 [Erste Vernehmung] (1) Bei Beginn der ersten Vernehmung ist dem Beschuldigten zu eröffnen, welche Tat ihm zu Last gelegt wird und welche Strafvorschriften in Betracht kommen. Er ist darauf hinzuweisen, daß es ihm nach dem Gesetz freistehe, sich zu der Beschuldigung zu äußern oder nicht zur Sache auszusagen und jederzeit, auch schon vor seiner Vernehmung, einen von ihm zu wählenden Verteidiger zu befragen. Er ist ferner darüber zu belehren, daß er zu seiner Entlastung einzelne Beweiserhebungen beantragen kann. In geeigneten Fällen soll der Beschuldigte auch darauf, dass er sich schriftlich äußern kann, sowie auf die Möglichkeit eines Täter-Opfer-Ausgleichs hingewiesen werden.

(2) Die Vernehmung soll dem Beschuldigten Gelegenheit geben, die gegen ihn vorliegenden Verdachtsgründe zu beseitigen und die zu seinen Gunsten sprechenden Tatsachen geltend zu machen.

(3) Bei der ersten Vernehmung des Beschuldigten ist zugleich auf die Ermittlung seiner persönlichen Verhältnisse Bedacht zu nehmen.

§ 136a [Verbotene Vernehmungsmethoden] (1) Die Freiheit der Willensentschließung und der Willensbetätigung des Beschuldigten darf nicht beeinträchtigt werden durch Mißhandlung, durch Ermüdung, durch körperlichen Eingriff, durch Verabreichung von Mitteln, durch Quälerei, durch Täuschung oder durch Hypnose. Zwang darf nur angewandt werden, soweit das Strafverfahrensrecht dies zuläßt. Die Drohung mit einer nach seinen Vorschriften unzulässigen Maßnahme und das Versprechen eines gesetzlich nicht vorgesehenen Vorteils sind verboten.

(2) Maßnahmen, die das Erinnerungsvermögen oder die Einsichtsfähigkeit des Beschuldigten beeinträchtigen, sind nicht gestattet.

(3) Das Verbot der Absätze 1 und 2 gilt ohne Rücksicht auf die Einwilligung des Beschuldigten. Aussagen, die unter Verletzung dieses Verbots zustande gekommen sind, dürfen auch dann nicht verwertet werden, wenn der Beschuldigte der Verwertung zustimmt.

Elfter Abschnitt. Verteidigung

§ 137 [Wahl eines Verteidigers] (1) Der Beschuldigte kann sich in jeder Lage des Verfahrens des Beistandes eines Verteidigers bedienen. Die Zahl der gewählten Verteidiger darf drei nicht übersteigen.

(2) Hat der Beschuldigte einen gesetzlichen Vertreter, so kann auch dieser selbständig einen Verteidiger wählen. Absatz 1 Satz 2 gilt entsprechend.

§ 138 [Wahlverteidiger] (1) Zu Verteidigern können Rechtsanwälte sowie die Rechtslehrer an deutschen Hochschulen im Sinne des Hochschulrahmengesetzes mit Befähigung zum Richteramt gewählt werden.

(2) Andere Personen können nur mit Genehmigung des Gerichts und, wenn der Fall einer notwendigen Verteidigung vorliegt und der Gewählte nicht zu den Personen gehört, die zu Verteidigern bestellt werden dürfen, nur in Gemeinschaft mit einer solchen als Wahlverteidiger zugelassen werden.

§ 138a [Ausschließung des Verteidigers] (1) Ein Verteidiger ist von der Mitwirkung in einem Verfahren auszuschließen, wenn er dringend oder in einem die Eröffnung des Hauptverfahrens rechtfertigenden Grade verdächtig ist, daß er

1. an der Tat, die den Gegenstand der Untersuchung bildet, beteiligt ist,
2. den Verkehr mit dem nicht auf freiem Fuß befindlichen Beschuldigten dazu mißbraucht, Straftaten zu begehen oder die Sicherheit einer Vollzugsanstalt erheblich zu gefährden, oder
3. eine Handlung begangen hat, die für den Fall der Verurteilung des Beschuldigten Begünstigung, Strafvereitelung oder Hehlerei wäre.

(2) Von der Mitwirkung in einem Verfahren, das eine Straftat nach § 129a, auch in Verbindung mit § 129b Abs. 1, des Strafgesetzbuches zum Gegenstand hat, ist ein Verteidiger auch auszuschließen, wenn bestimmte Tatsachen den Verdacht begründen, daß er eine der in Absatz 1 Nr. 1 und 2 bezeichneten Handlungen begangen hat oder begeht.

(3) Die Ausschließung ist aufzuheben,

1. sobald ihre Voraussetzungen nicht mehr vorliegen, jedoch nicht allein deshalb, weil der Beschuldigte auf freien Fuß gesetzt worden ist,
2. wenn der Verteidiger in einem wegen des Sachverhalts, der zur Ausschließung geführt hat, eröffneten Hauptverfahren freigesprochen oder wenn in einem Urteil des Ehren- oder Berufsgerichts eine schuldhafte Verletzung der Berufspflichten im Hinblick auf diesen Sachverhalt nicht festgestellt wird,
3. wenn nicht spätestens ein Jahr nach der Ausschließung wegen des Sachverhalts, der zur Ausschließung geführt hat, das Hauptverfahren im Strafverfahren oder im ehren- oder berufsgerichtlichen Verfahren eröffnet oder ein Strafbefehl erlassen worden ist.

Eine Ausschließung, die nach Nummer 3 aufzuheben ist, kann befristet, längstens jedoch insgesamt für die Dauer eines weiteren Jahres, aufrechterhalten werden, wenn die besondere Schwierigkeit oder der besondere Umfang der Sache oder ein anderer wichtiger Grund die Entscheidung über die Eröffnung des Hauptverfahrens noch nicht zuläßt.

(4) Solange ein Verteidiger ausgeschlossen ist, kann er den Beschuldigten auch in anderen gesetzlich geordneten Verfahren nicht verteidigen. In sonstigen Angelegenheiten darf er den Beschuldigten, der sich nicht auf freiem Fuß befindet, nicht aufsuchen.

(5) Andere Beschuldigte kann ein Verteidiger, solange er ausgeschlossen ist, in demselben Verfahren nicht verteidigen, in anderen Verfahren dann nicht, wenn diese eine Straftat nach § 129a, auch in Verbindung mit § 129b Abs. 1, des Strafgesetzbuches zum Gegenstand haben und die Ausschließung in einem Verfahren erfolgt ist, das ebenfalls eine solche Straftat zum Gegenstand hat. Absatz 4 gilt entsprechend.

§ 138b [Ausschließung bei Gefahr für die Sicherheit der Bundesrepublik] Von der Mitwirkung in einem Verfahren, das eine der in § 74a Abs. 1 Nr. 3 und § 120 Abs. 1 Nr. 3 des Gerichtsverfassungsgesetzes genannten Straftaten oder die Nichterfüllung der Pflichten nach § 138 des Strafgesetzbuches hinsichtlich der Straftaten des Landesverrates oder einer Gefährdung der äußeren Sicherheit nach den §§ 94 bis 96, 97a und 100 des Strafgesetzbuches zum Gegenstand hat, ist ein Verteidiger auch dann auszuschließen, wenn auf Grund bestimmter Tatsachen die Annahme begründet ist, daß seine Mitwirkung eine Gefahr für die Sicherheit der Bundesrepublik Deutschland herbeiführen würde. § 138a Abs. 3 Satz 1 Nr. 1 gilt entsprechend.

§ 138c [Zuständigkeit für die Ausschließung; Anordnungen des Gerichts] (1) Die Entscheidungen nach den §§ 138a und 138b trifft das Oberlandesgericht. Werden im vorbereitenden Verfahren die Ermittlungen vom Generalbundesanwalt geführt oder ist das Verfahren vor dem Bundesgerichtshof anhängig, so entscheidet der Bundesgerichtshof. Ist das Verfahren vor einem Senat eines Oberlandesgerichtes oder des

Bundesgerichtshofes anhängig, so entscheidet ein anderer Senat.

(2) Das nach Absatz 1 zuständige Gericht entscheidet nach Erhebung der öffentlichen Klage bis zum rechtskräftigen Abschluß des Verfahrens auf Vorlage des Gerichts, bei dem das Verfahren anhängig ist, sonst auf Antrag der Staatsanwaltschaft. Die Vorlage erfolgt auf Antrag der Staatsanwaltschaft oder von Amts wegen durch Vermittlung der Staatsanwaltschaft. Soll ein Verteidiger ausgeschlossen werden, der Mitglied einer Rechtsanwaltskammer ist, so ist eine Abschrift des Antrages der Staatsanwaltschaft nach Satz 1 oder die Vorlage des Gerichts dem Vorstand der zuständigen Rechtsanwaltskammer mitzuteilen. Dieser kann sich im Verfahren äußern.

(3) Das Gericht, bei dem das Verfahren anhängig ist, kann anordnen daß die Rechte des Verteidigers aus den §§ 147 und 148 bis zur Entscheidung des nach Absatz 1 zuständigen Gerichts über die Ausschließung ruhen; es kann das Ruhen dieser Rechte auch für die in § 138a Abs. 4 und 5 bezeichneten Fälle anordnen. Vor Erhebung der öffentlichen Klage und nach rechtskräftigem Abschluß des Verfahrens trifft die Anordnung nach Satz 1 das Gericht, das über die Ausschließung des Verteidigers zu entscheiden hat. Die Anordnung ergeht durch unanfechtbaren Beschluß. Für die Dauer der Anordnung hat das Gericht zur Wahrnehmung der Rechte aus den §§ 147 und 148 einen anderen Verteidiger zu bestellen. 5§ 142 gilt entsprechend.

(4) Legt das Gericht, bei dem das Verfahren anhängig ist, gemäß Absatz 2 während der Hauptverhandlung vor, so hat es zugleich mit der Vorlage die Hauptverhandlung bis zur Entscheidung durch das nach Absatz 1 zuständige Gericht zu unterbrechen oder auszusetzen. Die Hauptverhandlung kann bis zu dreißig Tagen unterbrochen werden.

(5) Scheidet der Verteidiger aus eigenem Entschluß oder auf Veranlassung des Beschuldigten von der Mitwirkung in einem Verfahren aus, nachdem gemäß Absatz 2 der Antrag auf Ausschließung gegen ihn gestellt oder die Sache dem zur Entscheidung zuständigen Gericht vorgelegt worden ist, so kann dieses Gericht das Ausschließungsverfahren weiterführen mit dem Ziel der Feststellung, ob die Mitwirkung des ausgeschiedenen Verteidigers in dem Verfahren zulässig ist. Die Feststellung der Unzulässigkeit steht im Sinne der §§ 138a, 138b, 138d der Ausschließung gleich.

(6) Ist der Verteidiger von der Mitwirkung in dem Verfahren ausgeschlossen worden, so können ihm die durch die Aussetzung verursachten Kosten auferlegt werden. Die Entscheidung hierüber trifft das Gericht, bei dem das Verfahren anhängig ist.

§ 138d [Verfahren bei Ausschließung des Verteidigers] (1) Über die Ausschließung des Verteidigers wird nach mündlicher Verhandlung entschieden.

(2) Der Verteidiger ist zu dem Termin der mündlichen Verhandlung zu laden. Die Ladungsfrist beträgt eine Woche; sie kann auf drei Tage verkürzt werden. Die Staatsanwaltschaft, der Beschuldigte und in den Fällen des § 138c Abs. 2 Satz 3 der Vorstand der Rechtsanwaltskammer sind von dem Termin zur mündlichen Verhandlung zu benachrichtigen.

(3) Die mündliche Verhandlung kann ohne den Verteidiger durchgeführt werden, wenn er ordnungsgemäß geladen und in der Ladung darauf hingewiesen worden ist, daß in seiner Abwesenheit verhandelt werden kann.

(4) In der mündlichen Verhandlung sind die anwesenden Beteiligten zu hören. Den Umfang der Beweisaufnahme bestimmt das Gericht nach pflichtgemäßem Ermessen. Über die Verhandlung ist eine Niederschrift aufzunehmen; die §§ 271 bis 273 gelten entsprechend.

(5) Die Entscheidung ist am Schluß der mündlichen Verhandlung zu verkünden. Ist dies nicht möglich, so ist die Entscheidung spätestens binnen einer Woche zu erlassen.

(6) Gegen die Entscheidung, durch die ein Verteidiger aus den in § 138a genannten Gründen ausgeschlossen wird oder die einen Fall des § 138b betrifft, ist sofortige Beschwerde zulässig. Dem Vorstand der

Rechtsanwaltskammer steht ein Beschwerderecht nicht zu. Eine die Ausschließung des Verteidigers nach § 138a ablehnende Entscheidung ist nicht anfechtbar.

§ 139 [Übertragung auf Referendar] Der als Verteidiger gewählte Rechtsanwalt kann mit Zustimmung dessen, der ihn gewählt hat, die Verteidigung einem Rechtskundigen, der die erste Prüfung für den Justizdienst bestanden hat und darin seit mindestens einem Jahr und drei Monaten beschäftigt ist, übertragen.

§ 140 [Notwendige Verteidigung] (1) Die Mitwirkung eines Verteidigers ist notwendig, wenn
1. die Hauptverhandlung im ersten Rechtszug vor dem Oberlandesgericht oder dem Landgericht stattfindet;
2. dem Beschuldigten ein Verbrechen zur Last gelegt wird;
3. das Verfahren zu einem Berufsverbot führen kann;
4. (weggefallen)
5. der Beschuldigte sich mindestens drei Monate auf Grund richterlicher Anordnung oder mit richterlicher Genehmigung in einer Anstalt befunden hat und nicht mindestens zwei Wochen vor Beginn der Hauptverhandlung entlassen wird;
6. zur Vorbereitung eines Gutachtens über den psychischen Zustand des Beschuldigten seine Unterbringung nach § 81 in Frage kommt;
7. ein Sicherungsverfahren durchgeführt wird;
8. der bisherige Verteidiger durch eine Entscheidung von der Mitwirkung in dem Verfahren ausgeschlossen ist.

(2) In anderen Fällen bestellt der Vorsitzende auf Antrag oder von Amts wegen einen Verteidiger, wenn wegen der Schwere der Tat oder wegen der Schwierigkeit der Sach- oder Rechtslage die Mitwirkung eines Verteidigers geboten erscheint oder wenn ersichtlich ist, daß sich der Beschuldigte nicht selbst verteidigen kannnamentlich, weil dem Verletzten nach den §§ 397a und 406g Abs. 3 und 4 ein Rechtsanwalt beigeordnet worden ist. Dem Antrag eines hör- oder sprachbehinderten Beschuldigten ist zu entsprechen.

(3) Die Bestellung eines Verteidigers nach Absatz 1 Nr. 5 kann aufgehoben werden, wenn der Beschuldigte mindestens zwei Wochen vor Beginn der Hauptverhandlung aus der Anstalt entlassen wird. Die Bestellung des Verteidigers nach § 117 Abs. 4 bleibt unter den in Absatz 1 Nr. 5 bezeichneten Voraussetzungen für das weitere Verfahren wirksam, wenn nicht ein anderer Verteidiger bestellt wird.

§ 141 [Bestellung eines Verteidigers] (1) In den Fällen des § 140 Abs. 1 und 2 wird dem Angeschuldigten, der noch keinen Verteidiger hat, ein Verteidiger bestellt, sobald er gemäß § 201 zur Erklärung über die Anklageschrift aufgefordert worden ist.

(2) Ergibt sich erst später, daß ein Verteidiger notwendig ist, so wird er sofort bestellt.

(3) Der Verteidiger kann auch schon während des Vorverfahrens bestellt werden. Die Staatsanwaltschaft beantragt dies, wenn nach ihrer Auffassung in dem gerichtlichen Verfahren die Mitwirkung eines Verteidigers nach § 140 Abs. 1 oder 2 notwendig sein wird. Nach dem Abschluß der Ermittlungen (§ 169a) ist er auf Antrag der Staatsanwaltschaft zu bestellen.

(4) Über die Bestellung entscheidet der Vorsitzende des Gerichts, das für das Hauptverfahren zuständig oder bei dem das Verfahren anhängig ist.

§ 142 [Auswahl des Verteidigers] (1) Der zu bestellende Verteidiger wird durch den Vorsitzenden des Gerichts möglichst aus der Zahl der in dem Gerichtsbezirk niedergelassenen Rechtsanwälte ausgewählt. Dem Beschuldigten soll Gelegenheit gegeben werden, innerhalb einer zu bestimmenden Frist einen Rechtsanwalt zu bezeichnen. Der Vorsitzende bestellt den vom Beschuldigten bezeichneten Verteidiger, wenn nicht wichtige Gründe entgegenstehen.

(2) In den Fällen des § 140 Abs. 1 Nr. 2 und 5 sowie des § 140 Abs. 2 können auch Rechtskundige, welche die vorgeschriebene erste Prüfung für den Justizdienst bestanden haben und darin seit mindestens einem Jahr und drei Monaten beschäftigt sind, für den ersten Rechtszug als Verteidiger bestellt werden, jedoch nicht bei dem Gericht, dessen Richter sie zur Ausbildung überwiesen sind.

§ 143 [Zurücknahme der Bestellung] Die Bestellung ist zurückzunehmen, wenn demnächst ein anderer Verteidiger gewählt wird und dieser die Wahl annimmt.

§ 144 (weggefallen)

§ 145 [Ausbleiben des Verteidigers] (1) Wenn in einem Falle, in dem die Verteidigung notwendig ist, der Verteidiger in der Hauptverhandlung ausbleibt, sich unzeitig entfernt oder sich weigert, die Verteidigung zu führen, so hat der Vorsitzende dem Angeklagten sogleich einen anderen Verteidiger zu bestellen. Das Gericht kann jedoch auch eine Aussetzung der Verhandlung beschließen.

(2) Wird der notwendige Verteidiger gemäß § 141 Abs. 2 erst im Laufe der Hauptverhandlung bestellt, so kann das Gericht eine Aussetzung der Verhandlung beschließen.

(3) Erklärt der neu bestellte Verteidiger, daß ihm die zur Vorbereitung der Verteidigung erforderliche Zeit nicht verbleiben würde, so ist die Verhandlung zu unterbrechen oder auszusetzen.

(4) Wird durch die Schuld des Verteidigers eine Aussetzung erforderlich, so sind ihm die hierdurch verursachten Kosten aufzuerlegen.

§ 145a [Zustellungen an den Verteidiger] (1) Der gewählte Verteidiger, dessen Vollmacht sich bei den Akten befindet, sowie der bestellte Verteidiger gelten als ermächtigt, Zustellungen und sonstige Mitteilungen für den Beschuldigten in Empfang zu nehmen.

(2) Eine Ladung des Beschuldigten darf an den Verteidiger nur zugestellt werden, wenn er in einer bei den Akten befindlichen Vollmacht ausdrücklich zur Empfangnahme von Ladungen ermächtigt ist. § 116a Abs. 3 bleibt unberührt.

(3) Wird eine Entscheidung dem Verteidiger nach Absatz 1 zugestellt, so wird der Beschuldigte hiervon unterrichtet; zugleich erhält er formlos eine Abschrift der Entscheidung. Wird eine Entscheidung dem Beschuldigten zugestellt, so wird der Verteidiger hiervon zugleich unterrichtet, auch wenn eine schriftliche Vollmacht bei den Akten nicht vorliegt; dabei erhält er formlos eine Abschrift der Entscheidung.

§ 146 [Gemeinschaftlicher Verteidiger] Ein Verteidiger kann nicht gleichzeitig mehrere derselben Tat Beschuldigte verteidigen. In einem Verfahren kann er auch nicht gleichzeitig mehrere verschiedener Taten Beschuldigte verteidigen.

§ 146a [Zurückweisung eines Wahlverteidigers] (1) Ist jemand als Verteidiger gewählt worden, obwohl die Voraussetzungen des § 137 Abs. 1 Satz 2 oder des § 146 vorliegen, so ist er als Verteidiger zurückzuweisen, sobald dies erkennbar wird; gleiches gilt, wenn die Voraussetzungen des § 146 nach der Wahl eintreten. Zeigen in den Fällen des § 137 Abs. 1 Satz 2 mehrere Verteidiger gleichzeitig ihre Wahl an und wird dadurch die Höchstzahl der wählbaren Verteidiger überschritten, so sind sie alle zurückzuweisen. Über die Zurückweisung entscheidet das Gericht, bei dem das Verfahren anhängig ist oder das für das Hauptverfahren zuständig wäre.

(2) Handlungen, die ein Verteidiger vor der Zurückweisung vorgenommen hat, sind nicht deshalb unwirksam, weil die Voraussetzungen des § 137 Abs. 1 Satz 2 oder des § 146 vorlagen.

§ 147 [Akteneinsicht des Verteidigers] (1) Der Verteidiger ist befugt, die Akten, die dem Gericht vorliegen oder diesem im Falle der Erhebung der Anklage vorzulegen wären, einzusehen sowie amtlich verwahrte Beweisstücke zu besichtigen.

(2) Ist der Abschluß der Ermittlungen noch nicht in den Akten vermerkt, so kann dem Verteidiger die Einsicht in die Akten oder einzelne Aktenstücke sowie die Besichtigung der amtlich verwahrten Beweisstücke versagt werden, wenn sie den Untersuchungszweck gefährden kann.

(3) Die Einsicht in die Niederschriften über die Vernehmung des Beschuldigten und über solche richterlichen Untersuchungshandlungen, bei denen dem Verteidiger die Anwesenheit gestattet worden ist oder hätte gestattet werden müssen, sowie in die Gutachten von Sachverständigen darf dem Verteidiger in keiner Lage des Verfahrens versagt werden.

(4) Auf Antrag sollen dem Verteidiger, soweit nicht wichtige Gründe entgegenstehen, die Akten mit Ausnahme der Beweisstücke zur Einsichtnahme in seine Geschäftsräume oder in seine Wohnung mitgegeben werden. Die Entscheidung ist nicht anfechtbar.

(5) Über die Gewährung der Akteneinsicht entscheidet im vorbereitenden Verfahren und nach rechtskräftigem Abschluss des Verfahrens die Staatsanwaltschaft, im Übrigen der Vorsitzende des mit der Sache befassten Gerichts. Versagt die Staatsanwaltschaft die Akteneinsicht, nachdem sie den Abschluss der Ermittlungen in den Akten vermerkt hat, versagt sie die Einsicht nach Absatz 3 oder befindet sich der Beschuldigte nicht auf freiem Fuß, so kann gerichtliche Entscheidung nach Maßgabe des § 161a Abs. 3 Satz 2 bis 4 beantragt werden. Diese Entscheidungen werden nicht mit Gründen versehen, soweit durch deren Offenlegung der Untersuchungszweck gefährdet werden könnte.

(6) Ist der Grund für die Versagung der Akteneinsicht nicht vorher entfallen, so hebt die Staatsanwaltschaft die Anordnung spätestens mit dem Abschluß der Ermittlungen auf. Dem Verteidiger ist Mitteilung zu machen, sobald das Recht zur Akteneinsicht wieder uneingeschränkt besteht.

(7) Dem Beschuldigten, der keinen Verteidiger hat, können Auskünfte und Abschriften aus den Akten erteilt werden, soweit nicht der Untersuchungszweck gefährdet werden könnte und nicht überwiegende schutzwürdige Interessen Dritter entgegenstehen. 2Absatz 5 und § 477 Abs. 5 gelten entsprechend.

§ 148 [Verkehr mit dem Beschuldigten] (1) Dem Beschuldigten ist, auch wenn er sich nicht auf freiem Fuß befindet, schriftlicher und mündlicher Verkehr mit dem Verteidiger gestattet.

(2) Befindet sich der Beschuldigte nicht auf freiem Fuß und ist Gegenstand der Untersuchung eine Straftat nach § 129a, auch in Verbindung mit § 129b Abs. 1, des Strafgesetzbuches, so sind Schriftstücke und andere Gegenstände zurückzuweisen, sofern sich der Absender nicht damit einverstanden erklärt, daß sie zunächst einem Richter vorgelegt werden. Das gleiche gilt unter den Voraussetzungen des Satzes 1 für den schriftlichen Verkehr zwischen dem Beschuldigten und einem Verteidiger in einem anderen gesetzlich geordneten Verfahren. Ist der schriftliche Verkehr nach Satz 1 oder 2 zu überwachen, so sind für das Gespräch zwischen dem Beschuldigten und dem Verteidiger Vorrichtungen vorzusehen, die die Übergabe von Schriftstücken und anderen Gegenständen ausschließen.

§ 148a [Durchführung von Überwachungsmaßnahmen] (1) Für die Durchführung von Überwachungsmaßnahmen nach § 148 Abs. 2 ist der Richter bei dem Amtsgericht zuständig, in dessen Bezirk die Vollzugsanstalt liegt. Ist eine Anzeige nach § 138 des Strafgesetzbuches zu erstatten, so sind Schriftstücke oder andere Gegenstände, aus denen sich die Verpflichtung zur Anzeige ergibt, vorläufig in Verwahrung zu nehmen; die Vorschriften über die Beschlagnahme bleiben unberührt.

(2) Der Richter, der mit Überwachungsmaßnahmen betraut ist, darf mit dem Gegenstand der Untersuchung weder befaßt sein noch befaßt werden. Der Richter hat über Kenntnisse, die er bei der Überwachung erlangt, Verschwiegenheit zu bewahren; § 138 des Strafgesetzbuches bleibt unberührt.

§ 149 [Zulassung von Beiständen] (1) Der Ehegatte oder Lebenspartner eines Angeklagten ist in der Hauptverhandlung als Beistand zuzulassen und auf sein Verlangen zu hören. Zeit und Ort der Hauptverhandlung sollen ihm rechtzeitig mitgeteilt werden.

(2) Dasselbe gilt von dem gesetzlichen Vertreter eines Angeklagten.

(3) Im Vorverfahren unterliegt die Zulassung solcher Beistände dem richterlichen Ermessen.

§ 150 (weggefallen)

Zweites Buch. Verfahren im ersten Rechtszug
Erster Abschnitt. Öffentliche Klage

§ 151 [Anklagegrundsatz] Die Eröffnung einer gerichtlichen Untersuchung ist durch die Erhebung einer Klage bedingt.

§ 152 [Anklagebehörde, Legalitätsgrundsatz] (1) Zur Erhebung der öffentlichen Klage ist die Staatsanwaltschaft berufen.

(2) Sie ist, soweit nicht gesetzlich ein anderes bestimmt ist, verpflichtet, wegen aller verfolgbaren Straftaten einzuschreiten, sofern zureichende tatsächliche Anhaltspunkte vorliegen.

§ 152a [Strafverfolgung von Abgeordneten] Landesgesetzliche Vorschriften über die Voraussetzungen, unter denen gegen Mitglieder eines Organs der Gesetzgebung eine Strafverfolgung eingeleitet oder fortgesetzt werden kann, sind auch für die anderen Länder der Bundesrepublik Deutschland und den Bund wirksam.

§ 153 [Absehen von Verfolgung wegen Geringfügigkeit] (1) Hat das Verfahren ein Vergehen zum Gegenstand, so kann die Staatsanwaltschaft mit Zustimmung des für die Eröffnung des Hauptverfahrens zuständigen Gerichts von der Verfolgung absehen, wenn die Schuld des Täters als gering anzusehen wäre und kein öffentliches Interesse an der Verfolgung besteht. Der Zustimmung des Gerichtes bedarf es nicht bei einem Vergehen, das nicht mit einer im Mindestmaß erhöhten Strafe bedroht ist und bei dem die durch die Tat verursachten Folgen gering sind.

(2) Ist die Klage bereits erhoben, so kann das Gericht in jeder Lage des Verfahrens unter den Voraussetzungen des Absatzes 1 mit Zustimmung der Staatsanwaltschaft und des Angeschuldigten das Verfahren einstellen. Der Zustimmung des Angeschuldigten bedarf es nicht, wenn die Hauptverhandlung aus den in § 205 angeführten Gründen nicht durchgeführt werden kann oder in den Fällen des § 231 Abs. 2 und der §§ 232 und 233 in seiner Abwesenheit durchgeführt wird. Die Entscheidung ergeht durch Beschluß. Der Beschluß ist nicht anfechtbar.

§ 153a [Einstellung des Verfahrens bei Erfüllung von Auflagen und Weisungen] (1) Mit Zustimmung des für die Eröffnung des Hauptverfahrens zuständigen Gerichts und des Beschuldigten kann die Staatsanwaltschaft bei einem Vergehen vorläufig von der Erhebung der öffentlichen Klage absehen und zugleich dem Beschuldigten Auflagen und Weisungen erteilen, wenn diese geeignet sind, das öffentliche Interesse an der Strafverfolgung zu beseitigen, und die Schwere der Schuld nicht entgegensteht. Als Auflagen oder Weisungen kommen insbesondere in Betracht,

1. zur Wiedergutmachung des durch die Tat verursachten Schadens eine bestimmte Leistung zu erbringen,
2. einen Geldbetrag zugunsten einer gemeinnützigen Einrichtung oder der Staatskasse zu zahlen,
3. sonst gemeinnützige Leistungen zu erbringen,
4. Unterhaltspflichten in einer bestimmten Höhe nachzukommen,

5. sich ernsthaft zu bemühen, einen Ausgleich mit dem Verletzten zu erreichen (Täter-Opfer-Ausgleich) und dabei seine Tat ganz oder zum überwiegenden Teil wieder gut zu machen oder deren Wiedergutmachung zu erstreben, oder
6. an einem Aufbauseminar nach § 2b Abs. 2 Satz 2 oder § 4 Abs. 8 Satz 4 des Straßenverkehrsgesetzes teilzunehmen.

Zur Erfüllung der Auflagen und Weisungen setzt die Staatsanwaltschaft dem Beschuldigten eine Frist, die in den Fällen des Satzes 2 Nr. 1 bis 3, 5 und 6 höchstens sechs Monate, in den Fällen des Satzes 2 Nr. 4 höchstens ein Jahr beträgt. Die Staatsanwaltschaft kann Auflagen und Weisungen nachträglich aufheben und die Frist einmal für die Dauer von drei Monaten verlängern; mit Zustimmung des Beschuldigten kann sie auch Auflagen und Weisungen nachträglich auferlegen und ändern. Erfüllt der Beschuldigte die Auflagen und Weisungen, so kann die Tat nicht mehr als Vergehen verfolgt werden. Erfüllt der Beschuldigte die Auflagen und Weisungen nicht, so werden Leistungen, die er zu ihrer Erfüllung erbracht hat, nicht erstattet. § 153 Abs. 1 Satz 2 gilt in den Fällen des Satzes 2 Nr. 1 bis 5 entsprechend.

(2) Ist die Klage bereits erhoben, so kann das Gericht mit Zustimmung der Staatsanwaltschaft und des Angeschuldigten das Verfahren bis zum Ende der Hauptverhandlung, in der die tatsächlichen Feststellungen letztmals geprüft werden können, vorläufig einstellen und zugleich dem Angeschuldigten die in Absatz 1 Satz 1 und 2 bezeichneten Auflagen und Weisungen erteilen. Absatz 1 Satz 3 bis 6 gilt entsprechend. Die Entscheidung nach Satz 1 ergeht durch Beschluß. Der Beschluß ist nicht anfechtbar. Satz 4 gilt auch für eine Feststellung, daß gemäß Satz 1 erteilte Auflagen und Weisungen erfüllt worden sind.

(3) Während des Laufes der für die Erfüllung der Auflagen und Weisungen gesetzten Frist ruht die Verjährung.

§ 153b [Absehen von Klage; Einstellung] (1) Liegen die Voraussetzungen vor, unter denen das Gericht von Strafe absehen könnte, so kann die Staatsanwaltschaft mit Zustimmung des Gerichts, das für die Hauptverhandlung zuständig wäre, von der Erhebung der öffentlichen Klage absehen.

(2) Ist die Klage bereits erhoben, so kann das Gericht bis zum Beginn der Hauptverhandlung mit Zustimmung der Staatsanwaltschaft und des Angeschuldigten das Verfahren einstellen.

§ 153c [Nichtverfolgung von Auslandstaten] (1) Die Staatsanwaltschaft kann von der Verfolgung von Straftaten absehen,

1. die außerhalb des räumlichen Geltungsbereichs dieses Gesetzes begangen sind oder die ein Teilnehmer an einer außerhalb des räumlichen Geltungsbereichs dieses Gesetzes begangenen Handlung in diesem Bereich begangen hat,
2. die ein Ausländer im Inland auf einem ausländischen Schiff oder Luftfahrzeug begangen hat,
3. wenn in den Fällen der §§ 129 und 129a, jeweils auch in Verbindung mit § 129b Abs. 1, des Strafgesetzbuches die Vereinigung nicht oder nicht überwiegend im Inland besteht und die im Inland begangenen Beteiligungshandlungen von untergeordneter Bedeutung sind oder sich auf die bloße Mitgliedschaft beschränken.

Für Taten, die nach dem Völkerstrafgesetzbuch strafbar sind, gilt § 153f.

(2) Die Staatsanwaltschaft kann von der Verfolgung einer Tat absehen, wenn wegen der Tat im Ausland schon eine Strafe gegen den Beschuldigten vollstreckt worden ist und die im Inland zu erwartende Strafe nach Anrechnung der ausländischen nicht ins Gewicht fiele oder der Beschuldigte wegen der Tat im Ausland rechtskräftig freigesprochen worden ist.

(3) Die Staatsanwaltschaft kann auch von der Verfolgung von Straftaten absehen, die im räumlichen Geltungsbereich dieses Gesetzes durch eine außerhalb dieses Bereichs ausgeübte Tätigkeit begangen sind, wenn die Durchführung des Verfahrens die Gefahr eines schweren Nachteils für die Bundesrepublik

Deutschland herbeiführen würde oder wenn der Verfolgung sonstige überwiegende öffentliche Interessen entgegenstehen.

(4) Ist die Klage bereits erhoben, so kann die Staatsanwaltschaft in den Fällen des Absatzes 1 Nr. 1, 2 und des Absatzes 3 die Klage in jeder Lage des Verfahrens zurücknehmen und das Verfahren einstellen, wenn die Durchführung des Verfahrens die Gefahr eines schweren Nachteils für die Bundesrepublik Deutschland herbeiführen würde oder wenn der Verfolgung sonstige überwiegende öffentliche Interessen entgegenstehen.

(5) Hat das Verfahren Straftaten der in § 74a Abs. 1 Nr. 2 bis 6 und § 120 Abs. 1 Nr. 2 bis 7 des Gerichtsverfassungsgesetzes bezeichneten Art zum Gegenstand, so stehen diese Befugnisse dem Generalbundesanwalt zu.

§ 153d [Absehen von Strafverfolgung bei politischen Straftaten] (1) Der Generalbundesanwalt kann von der Verfolgung von Straftaten der in § 74a Abs. 1 Nr. 2 bis 6 und in § 120 Abs. 1 Nr. 2 bis 7 des Gerichtsverfassungsgesetzes bezeichneten Art absehen, wenn die Durchführung des Verfahrens die Gefahr eines schweren Nachteils für die Bundesrepublik Deutschland herbeiführen würde oder wenn der Verfolgung sonstige überwiegende öffentliche Interessen entgegenstehen.

(2) Ist die Klage bereits erhoben, so kann der Generalbundesanwalt unter den in Absatz 1 bezeichneten Voraussetzungen die Klage in jeder Lage des Verfahrens zurücknehmen und das Verfahren einstellen.

§ 153e [Absehen von Strafverfolgung bei tätiger Reue] (1) Hat das Verfahren Straftaten der in § 74a Abs. 1 Nr. 2 bis 4 und in § 120 Abs. 1 Nr. 2 bis 7 des Gerichtsverfassungsgesetzes bezeichneten Art zum Gegenstand, so kann der Generalbundesanwalt mit Zustimmung des nach § 120 des Gerichtsverfassungsgesetzes zuständigen Oberlandesgerichts von der Verfolgung einer solchen Tat absehen, wenn der Täter nach der Tat, bevor ihm deren Entdeckung bekanntgeworden ist, dazu beigetragen hat, eine Gefahr für den Bestand oder die Sicherheit der Bundesrepublik Deutschland oder die verfassungsmäßige Ordnung abzuwenden Dasselbe gilt, wenn der Täter einen solchen Beitrag dadurch geleistet hat, daß er nach der Tat sein mit ihr zusammenhängendes Wissen über Bestrebungen des Hochverrats, der Gefährdung des demokratischen Rechtsstaates oder des Landesverrats und der Gefährdung der äußeren Sicherheit einer Dienststelle offenbart hat.

(2) Ist die Klage bereits erhoben, so kann das nach § 120 des Gerichtsverfassungsgesetzes zuständige Oberlandesgericht mit Zustimmung des Generalbundesanwalts das Verfahren unter den in Absatz 1 bezeichneten Voraussetzungen einstellen.

§ 153f [Absehen von Strafverfolgung bei Straftaten nach dem Völkerstrafgesetzbuch] (1) Die Staatsanwaltschaft kann von der Verfolgung einer Tat, die nach den §§ 6 bis 14 des Völkerstrafgesetzbuches strafbar ist, in den Fällen des § 153c Abs. 1 Nr. 1 und 2 absehen, wenn sich der Beschuldigte nicht im Inland aufhält und ein solcher Aufenthalt auch nicht zu erwarten ist. Ist in den Fällen des § 153c Abs. 1 Nr. 1 der Beschuldigte Deutscher, so gilt dies jedoch nur dann, wenn die Tat vor einem internationalen Gerichtshof oder durch einen Staat, auf dessen Gebiet die Tat begangen oder dessen Angehöriger durch die Tat verletzt wurde, verfolgt wird.

(2) Die Staatsanwaltschaft kann insbesondere von der Verfolgung einer Tat, die nach den §§ 6 bis 14 des Völkerstrafgesetzbuches strafbar ist, in den Fällen des § 153c Abs. 1 Nr. 1 und 2 absehen, wenn

1. kein Tatverdacht gegen einen Deutschen besteht,
2. die Tat nicht gegen einen Deutschen begangen wurde,
3. kein Tatverdächtiger sich im Inland aufhält und ein solcher Aufenthalt auch nicht zu erwarten ist und
4. die Tat vor einem internationalen Gerichtshof oder durch einen Staat, auf dessen Gebiet die Tat begangen wurde, dessen Angehöriger der Tat verdächtig ist oder dessen Angehöriger durch die Tat ver-

letzt wurde, verfolgt wird.

Dasselbe gilt, wenn sich ein wegen einer im Ausland begangenen Tat beschuldigter Ausländer im Inland aufhält, aber die Voraussetzungen nach Satz 1 Nr. 2 und 4 erfüllt sind und die Überstellung an einen internationalen Gerichtshof oder die Auslieferung an den verfolgenden Staat zulässig und beabsichtigt ist.

(3) Ist in den Fällen des Absatzes 1 oder 2 die öffentliche Klage bereits erhoben, so kann die Staatsanwaltschaft die Klage in jeder Lage des Verfahrens zurücknehmen und das Verfahren einstellen.

§ 154 [Unwesentliche Nebenstraftaten] (1) Die Staatsanwaltschaft kann von der Verfolgung einer Tat absehen,

1. wenn die Strafe oder die Maßregel der Besserung und Sicherung, zu der die Verfolgung führen kann, neben einer Strafe oder Maßregel der Besserung und Sicherung, die gegen den Beschuldigten wegen einer anderen Tat rechtskräftig verhängt worden ist oder die er wegen einer anderen Tat zu erwarten hat, nicht beträchtlich ins Gewicht fällt oder
2. darüber hinaus, wenn ein Urteil wegen dieser Tat in angemessener Frist nicht zu erwarten ist und wenn eine Strafe oder Maßregel der Besserung und Sicherung, die gegen den Beschuldigten rechtskräftig verhängt worden ist oder die er wegen einer anderen Tat zu erwarten hat, zur Einwirkung auf den Täter und zur Verteidigung der Rechtsordnung ausreichend erscheint.

(2) Ist die öffentliche Klage bereits erhoben, so kann das Gericht auf Antrag der Staatsanwaltschaft das Verfahren in jeder Lage vorläufig einstellen.

(3) Ist das Verfahren mit Rücksicht auf eine wegen einer anderen Tat bereits rechtskräftig erkannten Strafe oder Maßregel der Besserung und Sicherung vorläufig eingestellt worden, so kann es, falls nicht inzwischen Verjährung eingetreten ist, wieder aufgenommen werden, wenn die rechtskräftig erkannte Strafe oder Maßregel der Besserung und Sicherung nachträglich wegfällt.

(4) Ist das Verfahren mit Rücksicht auf eine wegen einer anderen Tat zu erwartende Strafe oder Maßregel der Besserung und Sicherung vorläufig eingestellt worden, so kann es, falls nicht inzwischen Verjährung eingetreten ist, binnen drei Monaten nach Rechtskraft des wegen der anderen Tat ergehenden Urteils wieder aufgenommen werden.

(5) Hat das Gericht das Verfahren vorläufig eingestellt, so bedarf es zur Wiederaufnahme eines Gerichtsbeschlusses.

§ 154a [Beschränkung der Strafverfolgung] (1) Fallen einzelne abtrennbare Teile einer Tat oder einzelne von mehreren Gesetzesverletzungen, die durch dieselbe Tat begangen worden sind,

1. für die zu erwartende Strafe oder Maßregel der Besserung und Sicherung oder
2. neben einer Strafe oder Maßregel der Besserung und Sicherung, die gegen den Beschuldigten wegen einer anderen Tat rechtskräftig verhängt worden ist oder die er wegen einer anderen Tat zu erwarten hat,

nicht beträchtlich ins Gewicht, so kann die Verfolgung auf die übrigen Teile der Tat oder die übrigen Gesetzesverletzungen beschränkt werden. § 154 Abs. 1 Nr. 2 gilt entsprechend. Die Beschränkung ist aktenkundig zu machen.

(2) Nach Einreichung der Anklageschrift kann das Gericht in jeder Lage des Verfahrens mit Zustimmung der Staatsanwaltschaft die Beschränkung vornehmen.

(3) Das Gericht kann in jeder Lage des Verfahrens ausgeschiedene Teile einer Tat oder Gesetzesverletzungen in das Verfahren wieder einbeziehen. Einem Antrag der Staatsanwaltschaft auf Einbeziehung ist zu entsprechen. Werden ausgeschiedene Teile einer Tat wieder einbezogen, so ist § 265 Abs. 4 entsprechend anzuwenden.

§ 154b [Auslieferung und Landesverweisung] (1) Von der Erhebung der öffentlichen Klage kann abgesehen werden, wenn der Beschuldigte wegen der Tat einer ausländischen Regierung ausgeliefert wird.

(2) Dasselbe gilt, wenn er wegen einer anderen Tat einer ausländischen Regierung ausgeliefert oder an einen internationalen Strafgerichtshof überstellt wird und die Strafe oder die Maßregel der Besserung und Sicherung, zu der die inländische Verfolgung führen kann, neben der Strafe oder der Maßregel der Besserung und Sicherung, die gegen ihn im Ausland rechtskräftig verhängt worden ist oder die er im Ausland zu erwarten hat, nicht ins Gewicht fällt.

(3) Von der Erhebung der öffentlichen Klage kann auch abgesehen werden, wenn der Beschuldigte aus dem Geltungsbereich dieses Bundesgesetzes ausgewiesen wird.

(4) Ist in den Fällen der Absätze 1 bis 3 die öffentliche Klage bereits erhoben, so stellt das Gericht auf Antrag der Staatsanwaltschaft das Verfahren vorläufig ein. § 154 Abs. 3 bis 5 gilt mit der Maßgabe entsprechend, daß die Frist in Absatz 4 ein Jahr beträgt.

§ 154c [Opfer einer Nötigung oder Erpressung] (1) Ist eine Nötigung oder Erpressung (§§ 240, 253 des Strafgesetzbuches) durch die Drohung begangen worden, eine Straftat zu offenbaren, so kann die Staatsanwaltschaft von der Verfolgung der Tat, deren Offenbarung angedroht worden ist, absehen, wenn nicht wegen der Schwere der Tat eine Sühne unerläßlich ist.

(2) Zeigt das Opfer einer Nötigung oder Erpressung (§§ 240, 253 des Strafgesetzbuches) diese an (§ 158) und wird hierdurch bedingt ein vom Opfer begangenes Vergehen bekannt, so kann die Staatsanwaltschaft von der Verfolgung des Vergehens absehen, wenn nicht wegen der Schwere der Tat eine Sühne unerlässlich ist.

§ 154d [Entscheidung einer zivil- oder verwaltungsrechtlichen Vorfrage] Hängt die Erhebung der öffentlichen Klage wegen eines Vergehens von der Beurteilung einer Frage ab, die nach bürgerlichem Recht oder nach Verwaltungsrecht zu beurteilen ist, so kann die Staatsanwaltschaft zur Austragung der Frage im bürgerlichen Streitverfahren oder im Verwaltungsstreitverfahren eine Frist bestimmen. Hiervon ist der Anzeigende zu benachrichtigen. Nach fruchtlosem Ablauf der Frist kann die Staatsanwaltschaft das Verfahren einstellen.

§ 154e [Straf- oder Disziplinarverfahren wegen falscher Verdächtigung oder Beleidigung] (1) Von der Erhebung der öffentlichen Klage wegen einer falschen Verdächtigung oder Beleidigung (§§ 164, 185 bis 188 des Strafgesetzbuches) soll abgesehen werden, solange wegen der angezeigten oder behaupteten Handlung ein Straf- oder Disziplinarverfahren anhängig ist.

(2) Ist die öffentliche Klage oder eine Privatklage bereits erhoben, so stellt das Gericht das Verfahren bis zum Abschluß des Straf- oder Disziplinarverfahrens wegen der angezeigten oder behaupteten Handlung ein.

(3) Bis zum Abschluß des Straf- oder Disziplinarverfahrens wegen der angezeigten oder behaupteten Handlung ruht die Verjährung der Verfolgung der falschen Verdächtigung oder Beleidigung.

§ 155 [Umfang der Untersuchung] (1) Die Untersuchung und Entscheidung erstreckt sich nur auf die in der Klage bezeichnete Tat und auf die durch die Klage beschuldigten Personen.

(2) Innerhalb dieser Grenzen sind die Gerichte zu einer selbständigen Tätigkeit berechtigt und verpflichtet; insbesondere sind sie bei Anwendung des Strafgesetzes an die gestellten Anträge nicht gebunden.

§ 155a [Täter-Opfer-Ausgleich] Die Staatsanwaltschaft und das Gericht sollen in jedem Stadium des Verfahrens die Möglichkeiten prüfen, einen Ausgleich zwischen Beschuldigtem und Verletztem zu erreichen. In geeigneten Fällen sollen sie darauf hinwirken. Gegen den ausdrücklichen Willen des Verletzten darf die Eignung nicht angenommen werden.

§ 155b [Übermittlung personenbezogener Informationen] (1) Die Staatsanwaltschaft und das Gericht können zum Zweck des Täter-Opfer-Ausgleichs oder der Schadenswiedergutmachung einer von ihnen mit der Durchführung beauftragten Stelle von Amts wegen oder auf deren Antrag die hierfür erforderlichen personenbezogenen Informationen übermitteln. Die Akten können der beauftragten Stelle zur Einsichtnahme auch übersandt werden, soweit die Erteilung von Auskünften einen unverhältnismäßigen Aufwand erfordern würde. Eine nicht-öffentliche Stelle ist darauf hinzuweisen, dass sie die übermittelten Informationen nur für Zwecke des Täter-Opfer-Ausgleichs oder der Schadenswiedergutmachung verwenden darf.

(2) Die beauftragte Stelle darf die nach Absatz 1 übermittelten personenbezogenen Informationen nur verarbeiten und nutzen, soweit dies für die Durchführung des Täter-Opfer-Ausgleichs oder der Schadenswiedergutmachung erforderlich ist und schutzwürdige Interessen des Betroffenen nicht entgegenstehen. Sie darf personenbezogene Informationen nur erheben sowie die erhobenen Informationen verarbeiten und nutzen, soweit der Betroffene eingewilligt hat und dies für die Durchführung des Täter-Opfer-Ausgleichs oder der Schadenswiedergutmachung erforderlich ist. Nach Abschluss ihrer Tätigkeit berichtet sie in dem erforderlichen Umfang der Staatsanwaltschaft oder dem Gericht.

(3) Ist die beauftragte Stelle eine nicht-öffentliche Stelle, finden die Vorschriften des Dritten Abschnitts des Bundesdatenschutzgesetzes auch Anwendung, wenn die Informationen nicht in oder aus Dateien verarbeitet werden.

(4) Die Unterlagen mit den in Absatz 2 Satz 1 und 2 bezeichneten personenbezogenen Informationen sind von der beauftragten Stelle nach Ablauf eines Jahres seit Abschluss des Strafverfahrens zu vernichten. Die Staatsanwaltschaft oder das Gericht teilt der beauftragten Stelle unverzüglich von Amts wegen den Zeitpunkt des Verfahrensabschlusses mit.

§ 156 [Keine Zurücknahme der Anklage] Die öffentliche Klage kann nach Eröffnung des Hauptverfahrens nicht zurückgenommen werden.

§ 157 [Begriff des „Angeschuldigten" und „Angeklagten"] Im Sinne dieses Gesetzes ist

Angeschuldigter der Beschuldigte, gegen den die öffentliche Klage erhoben ist,

Angeklagter der Beschuldigte oder Angeschuldigte, gegen den die Eröffnung des Hauptverfahrens beschlossen ist.

Zweiter Abschnitt. Vorbereitung der Öffentlichen Klage

§ 158 [Strafanzeige; Strafantrag] (1) Die Anzeige einer Straftat und der Strafantrag können bei der Staatsanwaltschaft, den Behörden und Beamten des Polizeidienstes und den Amtsgerichten mündlich oder schriftlich angebracht werden. Die mündliche Anzeige ist zu beurkunden.

(2) Bei Straftaten, deren Verfolgung nur auf Antrag eintritt, muß der Antrag bei einem Gericht oder der Staatsanwaltschaft schriftlich oder zu Protokoll, bei einer anderen Behörde schriftlich angebracht werden.

§ 159 [Unnatürlicher Tod; Leichenfund] (1) Sind Anhaltspunkte dafür vorhanden, daß jemand eines nicht natürlichen Todes gestorben ist, oder wird der Leichnam eines Unbekannten gefunden, so sind die Polizei- und Gemeindebehörden zur sofortigen Anzeige an die Staatsanwaltschaft oder an das Amtsgericht verpflichtet.

(2) Zur Bestattung ist die schriftliche Genehmigung der Staatsanwaltschaft erforderlich.

§ 160 [Ermittlungsverfahren] (1) Sobald die Staatsanwaltschaft durch eine Anzeige oder auf anderem Wege von dem Verdacht einer Straftat Kenntnis erhält, hat sie zu ihrer Entschließung darüber, ob die öffentliche Klage zu erheben ist, den Sachverhalt zu erforschen.

(2) Die Staatsanwaltschaft hat nicht nur die zur Belastung, sondern auch die zur Entlastung dienenden Umstände zu ermitteln und für die Erhebung der Beweise Sorge zu tragen, deren Verlust zu besorgen ist.

(3) Die Ermittlungen der Staatsanwaltschaft sollen sich auch auf die Umstände erstrecken, die für die Bestimmung der Rechtsfolgen der Tat von Bedeutung sind. Dazu kann sie sich der Gerichtshilfe bedienen.

(4) Eine Maßnahme ist unzulässig, soweit besondere bundesgesetzliche oder entsprechende landesgesetzliche Verwendungsregelungen entgegenstehen.

§ 161 [Ermittlungen; Verwendung von Informationen aus verdeckten Ermittlungen] (1) Zu dem in § 160 Abs. 1 bis 3 bezeichneten Zweck ist die Staatsanwaltschaft befugt, von allen Behörden Auskunft zu verlangen und Ermittlungen jeder Art entweder selbst vorzunehmen oder durch die Behörden und Beamten des Polizeidienstes vornehmen zu lassen, soweit nicht andere gesetzliche Vorschriften ihre Befugnisse besonders regeln. Die Behörden und Beamten des Polizeidienstes sind verpflichtet, dem Ersuchen oder Auftrag der Staatsanwaltschaft zu genügen, und in diesem Falle befugt, von allen Behörden Auskunft zu verlangen.

(2) In oder aus einer Wohnung erlangte personenbezogene Informationen aus einem Einsatz technischer Mittel zur Eigensicherung im Zuge nicht offener Ermittlungen auf polizeirechtlicher Grundlage dürfen unter Beachtung des Grundsatzes der Verhältnismäßigkeit zu Beweiszwecken nur verwendet werden (Artikel 13 Abs. 5 des Grundgesetzes), wenn das Amtsgericht (§ 162 Abs. 1), in dessen Bezirk die anordnende Stelle ihren Sitz hat, die Rechtmäßigkeit der Maßnahme festgestellt hat; bei Gefahr im Verzug ist die richterliche Entscheidung unverzüglich nachzuholen.

§ 161a [Vernehmung von Zeugen und Sachverständigen durch die Staatsanwaltschaft] (1) Zeugen und Sachverständige sind verpflichtet, auf Ladung vor der Staatsanwaltschaft zu erscheinen und zur Sache auszusagen oder ihr Gutachten zu erstatten. Soweit nichts anderes bestimmt ist, gelten die Vorschriften des sechsten und siebenten Abschnitts des ersten Buches über Zeugen und Sachverständige entsprechend. Die eidliche Vernehmung bleibt dem Richter vorbehalten.

(2) Bei unberechtigtem Ausbleiben oder unberechtigter Weigerung eines Zeugen oder Sachverständigen steht die Befugnis zu den in den §§ 51, 70 und 77 vorgesehenen Maßregeln der Staatsanwaltschaft zu. Jedoch bleibt die Festsetzung der Haft dem Richter vorbehalten; zuständig ist das Amtsgericht, in dessen Bezirk die Staatsanwaltschaft ihren Sitz hat, welche die Festsetzung beantragt.

(3) Gegen die Entscheidung der Staatsanwaltschaft nach Absatz 2 Satz 1 kann gerichtliche Entscheidung beantragt werden. Über den Antrag entscheidet, soweit nicht in § 120 Abs. 3 Satz 1 und § 135 Abs. 2 des Gerichtsverfassungsgesetzes etwas anderes bestimmt ist, das Landgericht, in dessen Bezirk die Staatsanwaltschaft ihren Sitz hat. Die §§ 297 bis 300, 302, 306 bis 309, 311a sowie die Vorschriften über die Auferlegung der Kosten des Beschwerdeverfahrens gelten entsprechend. Die Entscheidung des Gerichts ist nicht anfechtbar.

(4) Ersucht eine Staatsanwaltschaft eine andere Staatsanwaltschaft um die Vernehmung eines Zeugen oder Sachverständigen, so stehen die Befugnisse nach Absatz 2 Satz 1 auch der ersuchten Staatsanwaltschaft zu.

§ 162 [Richterliche Untersuchungshandlungen] (1) Erachtet die Staatsanwaltschaft die Vornahme einer richterlichen Untersuchungshandlung für erforderlich, so stellt sie ihre Anträge bei dem Amtsgericht, in dessen Bezirk diese Handlung vorzunehmen ist. Hält sie richterliche Anordnungen für die Vornahme von

Untersuchungshandlungen in mehr als einem Bezirk für erforderlich, so stellt sie ihre Anträge bei dem Amtsgericht, in dessen Bezirk sie ihren Sitz hat. Satz 2 gilt nicht für richterliche Vernehmungen sowie dann, wenn die Staatsanwaltschaft den Untersuchungserfolg durch eine Verzögerung für gefährdet erachtet, die durch einen Antrag bei dem nach Satz 2 zuständigen Amtsgericht eintreten würde.

(2) Die Zuständigkeit des Amtsgerichts wird durch eine nach der Antragstellung eintretende Veränderung der sie begründenden Umstände nicht berührt.

(3) Der Richter hat zu prüfen, ob die beantragte Handlung nach den Umständen des Falles gesetzlich zulässig ist.

§ 163 [Aufgaben der Polizei] (1) Die Behörden und Beamten des Polizeidienstes haben Straftaten zu erforschen und alle keinen Aufschub gestattenden Anordnungen zu treffen, um die Verdunkelung der Sache zu verhüten. Zu diesem Zweck sind sie befugt, alle Behörden um Auskunft zu ersuchen, bei Gefahr im Verzug auch, die Auskunft zu verlangen, sowie Ermittlungen jeder Art vorzunehmen, soweit nicht andere gesetzliche Vorschriften ihre Befugnisse besonders regeln.

(2) Die Behörden und Beamten des Polizeidienstes übersenden ihre Verhandlungen ohne Verzug der Staatsanwaltschaft. Erscheint die schleunige Vornahme richterlicher Untersuchungshandlungen erforderlich, so kann die Übersendung unmittelbar an das Amtsgericht erfolgen.

§ 163a [Vernehmung des Beschuldigten] (1) Der Beschuldigte ist spätestens vor dem Abschluß der Ermittlungen zu vernehmen, es sei denn, daß das Verfahren zur Einstellung führt. In einfachen Sachen genügt es, daß ihm Gelegenheit gegeben wird, sich schriftlich zu äußern.

(2) Beantragt der Beschuldigte zu seiner Entlastung die Aufnahme von Beweisen, so sind sie zu erheben, wenn sie von Bedeutung sind.

(3) Der Beschuldigte ist verpflichtet, auf Ladung vor der Staatsanwaltschaft zu erscheinen. Die §§ 133 bis 136a und 168c Abs. 1 und 5 gelten entsprechend. Über die Rechtmäßigkeit der Vorführung entscheidet auf Antrag des Beschuldigten das Gericht; § 161a Abs. 3 Satz 2 bis 4 ist anzuwenden.

(4) Bei der ersten Vernehmung des Beschuldigten durch Beamte des Polizeidienstes ist dem Beschuldigten zu eröffnen, welche Tat ihm zur Last gelegt wird. Im übrigen sind bei der Vernehmung des Beschuldigten durch Beamte des Polizeidienstes § 136 Abs. 1 Satz 2 bis 4, Abs. 2, 3 und § 136a anzuwenden.

(5) Bei der Vernehmung eines Zeugen oder Sachverständigen durch Beamte des Polizeidienstes sind § 52 Abs. 3, § 55 Abs. 2 und § 81c Abs. 3 Satz 2 in Verbindung mit § 52 Abs. 3 und § 136a entsprechend anzuwenden.

§ 163b [Feststellung der Identität] (1) Ist jemand einer Straftat verdächtig, so können die Staatsanwaltschaft und die Beamten des Polizeidienstes die zur Feststellung seiner Identität erforderlichen Maßnahmen treffen; § 163a Abs. 4 Satz 1 gilt entsprechend. Der Verdächtige darf festgehalten werden, wenn die Identität sonst nicht oder nur unter erheblichen Schwierigkeiten festgestellt werden kann. Unter den Voraussetzungen von Satz 2 sind auch die Durchsuchung der Person des Verdächtigen und der von ihm mitgeführten Sachen sowie die Durchführung erkennungsdienstlicher Maßnahmen zulässig.

(2) Wenn und soweit dies zur Aufklärung einer Straftat geboten ist, kann auch die Identität einer Person festgestellt werden, die einer Straftat nicht verdächtig ist; § 69 Abs. 1 Satz 2 gilt entsprechend. Maßnahmen der in Absatz 1 Satz 2 bezeichneten Art dürfen nicht getroffen werden, wenn sie zur Bedeutung der Sache außer Verhältnis stehen; Maßnahmen der in Absatz 1 Satz 3 bezeichneten Art dürfen nicht gegen den Willen der betroffenen Person getroffen werden.

§ 163c [Freiheitsentziehung zur Feststellung der Identität] (1) Eine von einer Maßnahme nach § 163b betroffene Person darf in keinem Fall länger als zur Feststellung ihrer Identität unerläßlich festgehalten werden. Die festgehaltene Person ist unverzüglich dem Richter bei dem Amtsgericht, in dessen Bezirk sie ergriffen worden ist, zum Zwecke der Entscheidung über Zulässigkeit und Fortdauer der Freiheitsentziehung vorzuführen, es sei denn, daß die Herbeiführung der richterlichen Entscheidung voraussichtlich längere Zeit in Anspruch nehmen würde, als zur Feststellung der Identität notwendig wäre.

(2) Die festgehaltene Person hat ein Recht darauf, daß ein Angehöriger oder eine Person ihres Vertrauens unverzüglich benachrichtigt wird. Ihr ist Gelegenheit zu geben, einen Angehörigen oder eine Person ihres Vertrauens zu benachrichtigen, es sei denn, daß sie einer Straftat verdächtig ist und der Zweck der Untersuchung durch die Benachrichtigung gefährdet würde.

(3) Eine Freiheitsentziehung zum Zwecke der Feststellung der Identität darf die Dauer von insgesamt zwölf Stunden nicht überschreiten.

(4) Ist die Identität festgestellt, so sind in den Fällen des § 163b Abs. 2 die im Zusammenhang mit der Feststellung angefallenen Unterlagen zu vernichten.

§ 163d [Schleppnetzfahndung] (1) Begründen bestimmte Tatsachen den Verdacht, daß

1. eine der in § 111 bezeichneten Straftaten oder
2. eine der in § 100a Satz 1 Nr. 3 und 4 bezeichneten Straftaten

begangen worden ist, so dürfen die anläßlich einer grenzpolizeilichen Kontrolle, im Falle der Nummer 1 auch die bei einer Personenkontrolle nach § 111 anfallenden Daten über die Identität von Personen sowie Umstände, die für die Aufklärung der Straftat oder für die Ergreifung des Täters von Bedeutung sein können, in einer Datei gespeichert werden, wenn Tatsachen die Annahme rechtfertigen, daß die Auswertung der Daten zur Ergreifung des Täters oder zur Aufklärung der Straftat führen kann und die Maßnahme nicht außer Verhältnis zur Bedeutung der Sache steht. Dies gilt auch, wenn im Falle des Satzes 1 Pässe und Personalausweise automatisch gelesen werden. Die Übermittlung der Daten ist nur an Strafverfolgungsbehörden zulässig.

(2) Maßnahmen der in Absatz 1 bezeichneten Art dürfen nur durch den Richter, bei Gefahr im Verzug auch durch die Staatsanwaltschaft und ihre Ermittlungspersonen (§ 152 des Gerichtsverfassungsgesetzes) angeordnet werden. Hat die Staatsanwaltschaft oder eine ihrer Ermittlungspersonen die Anordnung getroffen, so beantragt die Staatsanwaltschaft unverzüglich die richterliche Bestätigung der Anordnung. Die Anordnung tritt außer Kraft, wenn sie nicht binnen drei Tagen von dem Richter bestätigt wird.

(3) Die Anordnung ergeht schriftlich. Sie muß die Personen, deren Daten gespeichert werden sollen, nach bestimmten Merkmalen oder Eigenschaften so genau bezeichnen, wie dies nach der zur Zeit der Anordnung vorhandenen Kenntnis von dem oder den Tatverdächtigen möglich ist. Art und Dauer der Maßnahmen sind festzulegen. Die Anordnung ist räumlich zu begrenzen und auf höchstens drei Monate zu befristen. Eine einmalige Verlängerung um nicht mehr als drei weitere Monate ist zulässig, soweit die in Absatz 1 bezeichneten Voraussetzungen fortbestehen.

(4) Liegen die Voraussetzungen für den Erlaß der Anordnung nicht mehr vor oder ist der Zweck der sich aus der Anordnung ergebenden Maßnahmen erreicht, so sind diese unverzüglich zu beenden. Die durch die Maßnahmen erlangten personenbezogenen Daten sind unverzüglich zu löschen, sobald sie für das Strafverfahren nicht oder nicht mehr benötigt werden; eine Speicherung, die die Laufzeit der Maßnahmen (Absatz 3) um mehr als drei Monate überschreitet, ist unzulässig. Über die Löschung ist die Staatsanwaltschaft zu unterrichten. Die gespeicherten personenbezogenen Daten dürfen nur für das Strafverfahren genutzt werden. Ihre Verwendung zu anderen Zwecken ist nur zulässig, soweit sich bei Gelegenheit der Auswertung durch die speichernde Stelle Erkenntnisse ergeben, die zur Aufklärung einer anderen Straftat oder zur Ermittlung einer Person benötigt werden, die zur Fahndung oder Aufenthaltsfeststellung aus Gründen der

Strafverfolgung oder Strafvollstreckung ausgeschrieben ist.

(5) Von den in Absatz 1 bezeichneten Maßnahmen sind die Personen, gegen die nach Auswertung der Daten weitere Ermittlungen geführt worden sind, zu benachrichtigen, es sei denn, daß eine Gefährdung des Untersuchungszwecks oder der öffentlichen Sicherheit zu besorgen ist.

§ 163e [Ausschreibung zur polizeilichen Beobachtung] (1) Die Ausschreibung zur Beobachtung anläßlich von polizeilichen Kontrollen, die die Feststellung der Personalien zulassen, kann angeordnet werden, wenn zureichende tatsächliche Anhaltspunkte dafür vorliegen, daß eine Straftat von erheblicher Bedeutung begangen wurde. Die Anordnung darf sich nur gegen den Beschuldigten richten und nur dann getroffen werden, wenn die Erforschung des Sachverhalts oder die Ermittlung des Aufenthaltsortes des Täters auf andere Weise erheblich weniger erfolgversprechend oder wesentlich erschwert wäre. Gegen andere Personen ist die Maßnahme zulässig, wenn auf Grund bestimmter Tatsachen anzunehmen ist, daß sie mit dem Täter in Verbindung stehen oder eine solche Verbindung hergestellt wird, daß die Maßnahme zur Erforschung des Sachverhalts oder zur Ermittlung des Aufenthaltsortes des Täters führen wird und dies auf andere Weise erheblich weniger erfolgversprechend oder wesentlich erschwert wäre.

(2) Das Kennzeichen eines Kraftfahrzeugs kann ausgeschrieben werden, wenn das Fahrzeug für eine nach Absatz 1 ausgeschriebene Person zugelassen ist oder von ihr oder einer bisher namentlich nicht bekannten Person benutzt wird, die einer Straftat mit erheblicher Bedeutung verdächtig ist.

(3) Im Falle eines Antreffens können auch personenbezogene Informationen eines Begleiters der ausgeschriebenen Person oder des Führers eines ausgeschriebenen Kraftfahrzeugs gemeldet werden.

(4) Die Ausschreibung zur polizeilichen Beobachtung darf nur durch den Richter angeordnet werden. Bei Gefahr im Verzug kann die Anordnung auch durch die Staatsanwaltschaft getroffen werden. Hat die Staatsanwaltschaft die Anordnung getroffen, so beantragt sie unverzüglich die richterliche Bestätigung der Anordnung. Die Anordnung tritt außer Kraft, wenn sie nicht binnen drei Tagen von dem Richter bestätigt wird. Die Anordnung ist auf höchstens ein Jahr zu befristen. § 100b Abs. 2 Satz 5 gilt entsprechend.

§ 163f [Längerfristige Observation] (1) Liegen zureichende tatsächliche Anhaltspunkte dafür vor, dass eine Straftat von erheblicher Bedeutung begangen worden ist, so darf eine planmäßig angelegte Beobachtung des Beschuldigten angeordnet werden, die

1. durchgehend länger als 24 Stunden dauern oder
2. an mehr als zwei Tagen stattfinden

soll (längerfristige Observation).

Die Maßnahme darf nur angeordnet werden, wenn die Erforschung des Sachverhalts oder die Ermittlung des Aufenthaltsortes des Täters auf andere Weise erheblich weniger Erfolg versprechend oder wesentlich erschwert wäre. Gegen andere Personen ist die Maßnahme zulässig, wenn auf Grund bestimmter Tatsachen anzunehmen ist, dass sie mit dem Täter in Verbindung stehen oder eine solche Verbindung hergestellt wird, dass die Maßnahme zur Erforschung des Sachverhalts oder zur Ermittlung des Aufenthaltsortes des Täters führen wird und dies auf andere Weise erheblich weniger Erfolg versprechend oder wesentlich erschwert wäre.

(2) Die Maßnahme darf auch durchgeführt werden, wenn Dritte unvermeidbar betroffen werden.

(3) Die Maßnahme bedarf der Anordnung durch die Staatsanwaltschaft; bei Gefahr im Verzug darf sie auch durch ihre Ermittlungspersonen (§ 152 des Gerichtsverfassungsgesetzes) angeordnet werden. Hat eine der Ermittlungspersonen der Staatsanwaltschaft die Anordnung getroffen, so ist unverzüglich die staatsanwaltschaftliche Bestätigung der Anordnung zu beantragen. Die Anordnung tritt außer Kraft, wenn sie nicht binnen drei Tagen von der Staatsanwaltschaft bestätigt wird.

(4) Die Anordnung ist unter Angabe der maßgeblichen Gründe aktenkundig zu machen und auf höch-

stens einen Monat zu befristen. Die Verlängerung der Maßnahme bedarf einer neuen Anordnung, die nur durch den Richter getroffen werden darf.

§ 164 [Festnahme von Störern] Bei Amtshandlungen an Ort und Stelle ist der Beamte, der sie leitet, befugt, Personen, die seine amtliche Tätigkeit vorsätzlich stören oder sich den von ihm innerhalb seiner Zuständigkeit getroffenen Anordnungen widersetzen, festnehmen und bis zur Beendigung seiner Amtsverrichtungen, jedoch nicht über den nächstfolgenden Tag hinaus, festhalten zu lassen.

§ 165 [Richterliche Nothandlungen] Bei Gefahr im Verzug kann der Richter die erforderlichen Untersuchungshandlungen auch ohne Antrag vornehmen, wenn ein Staatsanwalt nicht erreichbar ist.

§ 166 [Beweisanträge des Beschuldigten] (1) Wird der Beschuldigte von dem Richter vernommen und beantragt er bei dieser Vernehmung zu seiner Entlastung einzelne Beweiserhebungen, so hat der Richter diese, soweit er sie für erheblich erachtet, vorzunehmen, wenn der Verlust der Beweise zu besorgen ist oder die Beweiserhebung die Freilassung des Beschuldigten begründen kann.

(2) Der Richter kann, wenn die Beweiserhebung in einem anderen Amtsbezirk vorzunehmen ist, den Richter des letzteren um ihre Vornahme ersuchen.

§ 167 [Weitere Verfügung der Staatsanwaltschaft] In den Fällen der §§ 165 und 166 gebührt der Staatsanwaltschaft die weitere Verfügung.

§ 168 [Protokoll] Über jede richterliche Untersuchungshandlung ist ein Protokoll aufzunehmen. Für die Protokollführung ist ein Urkundsbeamter der Geschäftsstelle zuzuziehen; hiervon kann der Richter absehen, wenn er die Zuziehung eines Protokollführers nicht für erforderlich hält. In dringenden Fällen kann der Richter eine von ihm zu vereidigende Person als Protokollführer zuziehen.

§ 168a [Art der Protokollierung] (1) Das Protokoll muß Ort und Tag der Verhandlung sowie die Namen der mitwirkenden und beteiligten Personen angeben und ersehen lassen, ob die wesentlichen Förmlichkeiten des Verfahrens beachtet sind. § 68 Abs. 2, 3 bleibt unberührt.

(2) Der Inhalt des Protokolls kann in einer gebräuchlichen Kurzschrift, mit einer Kurzschriftmaschine, mit einem Tonaufnahmegerät oder durch verständliche Abkürzungen vorläufig aufgezeichnet werden. Das Protokoll ist in diesem Fall unverzüglich nach Beendigung der Verhandlung herzustellen. Die vorläufigen Aufzeichnungen sind zu den Akten zu nehmen oder, wenn sie sich nicht dazu eignen, bei der Geschäftsstelle mit den Akten aufzubewahren. Tonaufzeichnungen können gelöscht werden, wenn das Verfahren rechtskräftig abgeschlossen oder sonst beendet ist.

(3) Das Protokoll ist den bei der Verhandlung beteiligten Personen, soweit es sie betrifft, zur Genehmigung vorzulesen oder zur Durchsicht vorzulegen. Die Genehmigung ist zu vermerken. Das Protokoll ist von den Beteiligten zu unterschreiben oder es ist darin anzugeben, weshalb die Unterschrift unterblieben ist. Ist der Inhalt des Protokolls nur vorläufig aufgezeichnet worden, so genügt es, wenn die Aufzeichnungen vorgelesen oder abgespielt werden. In dem Protokoll ist zu vermerken, daß dies geschehen und die Genehmigung erteilt ist oder welche Einwendungen erhoben worden sind. Das Vorlesen oder die Vorlage zur Durchsicht oder das Abspielen kann unterbleiben, wenn die beteiligten Personen, soweit es sie betrifft, nach der Aufzeichnung darauf verzichten; in dem Protokoll ist zu vermerken, daß der Verzicht ausgesprochen worden ist.

(4) Das Protokoll ist von dem Richter sowie dem Protokollführer zu unterschreiben. Ist der Inhalt des Protokolls ohne Zuziehung eines Protokollführers ganz oder teilweise mit einem Tonaufnahmegerät vorläu-

fig aufgezeichnet worden, so unterschreiben der Richter und derjenige, der das Protokoll hergestellt hat. Letzterer versieht seine Unterschrift mit dem Zusatz, daß er die Richtigkeit der Übertragung bestätigt. Der Nachweis der Unrichtigkeit der Übertragung ist zulässig.

§ 168b [Protokoll über staatsanwaltschaftliche Untersuchungshandlungen] (1) Das Ergebnis staatsanwaltschaftlicher Untersuchungshandlungen ist aktenkundig zu machen.

(2) Über die Vernehmung des Beschuldigten, der Zeugen und Sachverständigen soll ein Protokoll nach den §§ 168 und 168a aufgenommen werden, soweit dies ohne erhebliche Verzögerung der Ermittlungen geschehen kann.

§ 168c [Anwesenheit bei richterlichen Vernehmungen] (1) Bei der richterlichen Vernehmung des Beschuldigten ist der Staatsanwaltschaft und dem Verteidiger die Anwesenheit gestattet.

(2) Bei der richterlichen Vernehmung eines Zeugen oder Sachverständigen ist der Staatsanwaltschaft, dem Beschuldigten und dem Verteidiger die Anwesenheit gestattet.

(3) Der Richter kann einen Beschuldigten von der Anwesenheit bei der Verhandlung ausschließen, wenn dessen Anwesenheit den Untersuchungszweck gefährden würde. Dies gilt namentlich dann, wenn zu befürchten ist, daß ein Zeuge in Gegenwart des Beschuldigten nicht die Wahrheit sagen werde.

(4) Hat ein nicht in Freiheit befindlicher Beschuldigter einen Verteidiger, so steht ihm ein Anspruch auf Anwesenheit nur bei solchen Terminen zu, die an der Gerichtsstelle des Ortes abgehalten werden, wo er in Haft ist.

(5) Von den Terminen sind die zur Anwesenheit Berechtigten vorher zu benachrichtigen. Die Benachrichtigung unterbleibt, wenn sie den Untersuchungserfolg gefährden würde. Auf die Verlegung eines Termins wegen Verhinderung haben die zur Anwesenheit Berechtigten keinen Anspruch.

§ 168d [Teilnahme am richterlichen Augenschein] (1) Bei der Einnahme eines richterlichen Augenscheins ist der Staatsanwaltschaft, dem Beschuldigten und dem Verteidiger die Anwesenheit bei der Verhandlung gestattet. § 168c Abs. 3 Satz 1, Abs. 4 und 5 gilt entsprechend.

(2) Werden bei der Einnahme eines richterlichen Augenscheins Sachverständige zugezogen, so kann der Beschuldigte beantragen, daß die von ihm für die Hauptverhandlung vorzuschlagenden Sachverständigen zu dem Termin geladen werden, und, wenn der Richter den Antrag ablehnt, sie selbst laden lassen. Den vom Beschuldigten benannten Sachverständigen ist die Teilnahme am Augenschein und an den erforderlichen Untersuchungen insoweit gestattet, als dadurch die Tätigkeit der vom Richter bestellten Sachverständigen nicht behindert wird.

§ 168e [Getrennte Zeugenvernehmung] Besteht die dringende Gefahr eines schwerwiegenden Nachteils für das Wohl des Zeugen, wenn er in Gegenwart der Anwesenheitsberechtigten vernommen wird, und kann sie nicht in anderer Weise abgewendet werden, so soll der Richter die richterlichen Augenschein von den Anwesenheitsberechtigten getrennt durchführen. Die Vernehmung wird diesen zeitgleich in Bild und Ton übertragen. Die Mitwirkungsbefugnisse der Anwesenheitsberechtigten bleiben im übrigen unberührt. Die §§ 58a und 241a finden entsprechende Anwendung. Die Entscheidung nach Satz 1 ist unanfechtbar.

§ 169 [Ermittlungsrichter des OLG und des BGH] (1) In Sachen, die nach § 120 des Gerichtsverfassungsgesetzes zur Zuständigkeit des Oberlandesgerichts im ersten Rechtszug gehören, können die im vorbereitenden Verfahren dem Richter beim Amtsgericht obliegenden Geschäfte auch durch Ermittlungsrichter dieses Oberlandesgerichts wahrgenommen werden. Führt der Generalbundesanwalt die Ermittlungen, so sind an deren Stelle Ermittlungsrichter des Bundesgerichtshofes zuständig.

(2) Der für eine Sache zuständige Ermittlungsrichter des Oberlandesgerichts kann Untersuchungshandlungen auch dann anordnen, wenn sie nicht im Bezirk dieses Gerichts vorzunehmen sind.

§ 169a [Vermerk über Abschluss der Ermittlungen] Erwägt die Staatsanwaltschaft, die öffentliche Klage zu erheben, so vermerkt sie den Abschluß der Ermittlungen in den Akten.

§ 170 [Erhebung der öffentlichen Klage; Einstellung des Verfahrens] (1) Bieten die Ermittlungen genügenden Anlaß zur Erhebung der öffentlichen Klage, so erhebt die Staatsanwaltschaft sie durch Einreichung einer Anklageschrift bei dem zuständigen Gericht.

(2) Andernfalls stellt die Staatsanwaltschaft das Verfahren ein. Hiervon setzt sie den Beschuldigten in Kenntnis, wenn er als solcher vernommen worden ist oder ein Haftbefehl gegen ihn erlassen war; dasselbe gilt, wenn er um einen Bescheid gebeten hat oder wenn ein besonderes Interesse an der Bekanntgabe ersichtlich ist.

§ 171 [Bescheidung des Antragstellers] Gibt die Staatsanwaltschaft einem Antrag auf Erhebung der öffentlichen Klage keine Folge oder verfügt sie nach dem Abschluß der Ermittlungen die Einstellung des Verfahrens, so hat sie den Antragsteller unter Angabe der Gründe zu bescheiden. In dem Bescheid ist der Antragsteller, der zugleich der Verletzte ist, über die Möglichkeit der Anfechtung und die dafür vorgesehene Frist (§ 172 Abs. 1) zu belehren.

§ 172 [Klageerzwingungsverfahren] (1) Ist der Antragsteller zugleich der Verletzte, so steht ihm gegen den Bescheid nach § 171 binnen zwei Wochen nach der Bekanntmachung die Beschwerde an den vorgesetzten Beamten der Staatsanwaltschaft zu. Durch die Einlegung der Beschwerde bei der Staatsanwaltschaft wird die Frist gewahrt. Sie läuft nicht, wenn die Belehrung nach § 171 Satz 2 unterblieben ist.

(2) Gegen den ablehnenden Bescheid des vorgesetzten Beamten der Staatsanwaltschaft kann der Antragsteller binnen einem Monat nach der Bekanntmachung gerichtliche Entscheidung beantragen. Hierüber und über die dafür vorgesehene Form ist er zu belehren; die Frist läuft nicht, wenn die Belehrung unterblieben ist. Der Antrag ist nicht zulässig, wenn das Verfahren ausschließlich eine Straftat zum Gegenstand hat, die vom Verletzten im Wege der Privatklage verfolgt werden kann, oder wenn die Staatsanwaltschaft nach § 153 Abs. 1, § 153a Abs. 1 Satz 1, 7 oder § 153b Abs. 1 von der Verfolgung der Tat abgesehen hat; dasselbe gilt in den Fällen der §§ 153c bis 154 Abs. 1 sowie der §§ 154b und 154c.

(3) Der Antrag auf gerichtliche Entscheidung muß die Tatsachen, welche die Erhebung der öffentlichen Klage begründen sollen, und die Beweismittel angeben. Er muß von einem Rechtsanwalt unterzeichnet sein; für die Prozeßkostenhilfe gelten dieselben Vorschriften wie in bürgerlichen Rechtsstreitigkeiten. Der Antrag ist bei dem für die Entscheidung zuständigen Gericht einzureichen.

(4) Zur Entscheidung über den Antrag ist das Oberlandesgericht zuständig.§ 120 des Gerichtsverfassungsgesetzes ist sinngemäß anzuwenden.

§ 173 [Verfahren des Gerichts] (1) Auf Verlangen des Gerichts hat ihm die Staatsanwaltschaft die bisher von ihr geführten Verhandlungen vorzulegen.

(2) Das Gericht kann den Antrag unter Bestimmung einer Frist dem Beschuldigten zur Erklärung mitteilen.

(3) Das Gericht kann zur Vorbereitung seiner Entscheidung Ermittlungen anordnen und mit ihrer Vornahme einen beauftragten oder ersuchten Richter betrauen.

§ 174 [Verwerfung des Antrags] (1) Ergibt sich kein genügender Anlaß zur Erhebung der öffentlichen

Klage, so verwirft das Gericht den Antrag und setzt den Antragsteller, die Staatsanwaltschaft und den Beschuldigten von der Verwerfung in Kenntnis.

(2) Ist der Antrag verworfen, so kann die öffentliche Klage nur auf Grund neuer Tatsachen oder Beweismittel erhoben werden.

§ 175 [Beschluss auf Anklageerhebung] Erachtet das Gericht nach Anhörung des Beschuldigten den Antrag für begründet, so beschließt es die Erhebung der öffentlichen Klage. Die Durchführung dieses Beschlusses liegt der Staatsanwaltschaft ob.

§ 176 [Sicherheitsleistung] (1) Durch Beschluß des Gerichts kann dem Antragsteller vor der Entscheidung über den Antrag die Leistung einer Sicherheit für die Kosten auferlegt werden, die durch das Verfahren über den Antrag voraussichtlich der Staatskasse und dem Beschuldigten erwachsen. Die Sicherheitsleistung ist durch Hinterlegung in barem Geld oder in Wertpapieren zu bewirken. Davon abweichende Regelungen in einer auf Grund des Gesetzes über den Zahlungsverkehr mit Gerichten und Justizbehörden erlassenen Rechtsverordnung bleiben unberührt. Die Höhe der zu leistenden Sicherheit wird vom Gericht nach freiem Ermessen festgesetzt. Es hat zugleich eine Frist zu bestimmen, binnen welcher die Sicherheit zu leisten ist.

(2) Wird die Sicherheit in der bestimmten Frist nicht geleistet, so hat das Gericht den Antrag für zurückgenommen zu erklären.

§ 177 [Kosten] Die durch das Verfahren über den Antrag veranlaßten Kosten sind in den Fällen der §§ 174 und 176 Abs. 2 dem Antragsteller aufzuerlegen.

Dritter Abschnitt. (weggefallen)

§§ 178 bis 197 (weggefallen)

Vierter Abschnitt. Entscheidung über die Eröffnung des Hauptverfahrens

§ 198 (weggefallen)

§ 199 [Entscheidung über Eröffnung des Hauptverfahrens] (1) Das für die Hauptverhandlung zuständige Gericht entscheidet darüber, ob das Hauptverfahren zu eröffnen oder das Verfahren vorläufig einzustellen ist.

(2) Die Anklageschrift enthält den Antrag, das Hauptverfahren zu eröffnen. Mit ihr werden die Akten dem Gericht vorgelegt.

§ 200 [Inhalt der Anklageschrift] (1) Die Anklageschrift hat den Angeschuldigten, die Tat, die ihm zur Last gelegt wird, Zeit und Ort ihrer Begehung, die gesetzlichen Merkmale der Straftat und die anzuwendenden Strafvorschriften zu bezeichnen (Anklagesatz). In ihr sind ferner die Beweismittel, das Gericht, vor dem die Hauptverhandlung stattfinden soll, und der Verteidiger anzugeben. Bei der Benennung von Zeugen genügt in den Fällen des § 68 Abs. 1 Satz 2, Abs. 2 Satz 1 die Angabe der ladungsfähigen Anschrift. Wird ein Zeuge benannt, dessen Identität ganz oder teilweise nicht offenbart werden soll, so ist dies anzugeben; für die Geheimhaltung des Wohn- oder Aufenthaltsortes des Zeugen gilt dies entsprechend.

(2) In der Anklageschrift wird auch das wesentliche Ergebnis der Ermittlungen dargestellt. Davon kann abgesehen werden, wenn Anklage beim Strafrichter erhoben wird.

§ 201 [Mitteilung der Anklageschrift] (1) Der Vorsitzende des Gerichts teilt die Anklageschrift dem Angeschuldigten mit und fordert ihn zugleich auf, innerhalb einer zu bestimmenden Frist zu erklären, ob er die Vornahme einzelner Beweiserhebungen vor der Entscheidung über die Eröffnung des Hauptverfahrens beantragen oder Einwendungen gegen die Eröffnung des Hauptverfahrens vorbringen wolle.

(2) Über Anträge und Einwendungen beschließt das Gericht. Die Entscheidung ist unanfechtbar.

§ 202 [Anordnung einzelner Beweiserhebungen] Bevor das Gericht über die Eröffnung des Hauptverfahrens entscheidet, kann es zur besseren Aufklärung der Sache einzelne Beweiserhebungen anordnen. Der Beschluß ist nicht anfechtbar.

§ 203 [Beschluss über die Eröffnung] Das Gericht beschließt die Eröffnung des Hauptverfahrens, wenn nach den Ergebnissen des vorbereitenden Verfahrens der Angeschuldigte einer Straftat hinreichend verdächtig erscheint.

§ 204 [Ablehnung der Eröffnung] (1) Beschließt das Gericht, das Hauptverfahren nicht zu eröffnen, so muß aus dem Beschluß hervorgehen, ob er auf tatsächlichen oder auf Rechtsgründen beruht.

(2) Der Beschluß ist dem Angeschuldigten bekanntzumachen.

§ 205 [Vorläufige Einstellung] Steht der Hauptverhandlung für längere Zeit die Abwesenheit des Angeschuldigten oder ein anderes in seiner Person liegendes Hindernis entgegen, so kann das Gericht das Verfahren durch Beschluß vorläufig einstellen. Der Vorsitzende sichert, soweit nötig, die Beweise.

§ 206 [Keine Bindung an Anträge] Das Gericht ist bei der Beschlußfassung an die Anträge der Staatsanwaltschaft nicht gebunden.

§ 206a [Einstellung bei Verfahrenshindernis] (1) Stellt sich nach Eröffnung des Hauptverfahrens ein Verfahrenshindernis heraus, so kann das Gericht außerhalb der Hauptverhandlung das Verfahren durch Beschluß einstellen.

(2) Der Beschluß ist mit sofortiger Beschwerde anfechtbar.

§ 206b [Einstellung wegen Gesetzesänderung] Wird ein Strafgesetz, das bei Beendigung der Tat gilt, vor der Entscheidung geändert und hat ein gerichtlich anhängiges Strafverfahren eine Tat zum Gegenstand, die nach dem bisherigen Recht strafbar war, nach dem neuen Recht aber nicht mehr strafbar ist, so stellt das Gericht außerhalb der Hauptverhandlung das Verfahren durch Beschluß ein. Der Beschluß ist mit sofortiger Beschwerde anfechtbar.

§ 207 [Inhalt des Eröffnungsbeschlusses] (1) In dem Beschluß, durch den das Hauptverfahren eröffnet wird, läßt das Gericht die Anklage zur Hauptverhandlung zu und bezeichnet das Gericht, vor dem die Hauptverhandlung stattfinden soll.

(2) Das Gericht legt in dem Beschluß dar, mit welchen Änderungen es die Anklage zur Hauptverhandlung zuläßt, wenn

1. wegen mehrerer Taten Anklage erhoben ist und wegen einzelner von ihnen die Eröffnung des Hauptverfahrens abgelehnt wird,
2. die Verfolgung nach § 154a auf einzelne abtrennbare Teile einer Tat beschränkt wird oder solche Teile in das Verfahren wieder einbezogen werden,
3. die Tat rechtlich abweichend von der Anklageschrift gewürdigt wird oder

4. die Verfolgung nach § 154a auf einzelne von mehreren Gesetzesverletzungen, die durch dieselbe Straftat begangen worden sind, beschränkt wird oder solche Gesetzesverletzungen in das Verfahren wieder einbezogen werden.

(3) In den Fällen des Absatzes 2 Nr. 1 und 2 reicht die Staatsanwaltschaft eine dem Beschluß entsprechende neue Anklageschrift ein. Von der Darstellung des wesentlichen Ergebnisses der Ermittlungen kann abgesehen werden.

(4) Das Gericht beschließt zugleich von Amts wegen über die Anordnung oder Fortdauer der Untersuchungshaft oder der einstweiligen Unterbringung.

§ 208 (weggefallen)

§ 209 [Eröffnungszuständigkeit] (1) Hält das Gericht, bei dem die Anklage eingereicht ist, die Zuständigkeit eines Gerichts niedrigerer Ordnung in seinem Bezirk für begründet, so eröffnet es das Hauptverfahren vor diesem Gericht.

(2) Hält das Gericht, bei dem die Anklage eingereicht ist, die Zuständigkeit eines Gerichts höherer Ordnung, zu dessen Bezirk es gehört, für begründet, so legt es die Akten durch Vermittlung der Staatsanwaltschaft diesem zur Entscheidung vor.

§ 209a [Besondere funktionelle Zuständigkeiten] Im Sinne des § 4 Abs. 2, des § 209 sowie des § 210 Abs. 2 stehen

1. die besonderen Strafkammern nach § 74 Abs. 2 sowie den §§ 74a und 74c des Gerichtsverfassungsgesetzes für ihren Bezirk gegenüber den allgemeinen Strafkammern und untereinander in der in § 74e des Gerichtsverfassungsgesetzes bezeichneten Rangfolge und
2. die Jugendgerichte für die Entscheidung, ob Sachen
   a) nach § 33 Abs. 1, § 103 Abs. 2 Satz 1 und § 107 des Jugendgerichtsgesetzes oder
   b) als Jugendschutzsachen (§ 26 Abs. 1 Satz 1, § 74b Satz 1 des Gerichtsverfassungsgesetzes)

   vor die Jugendgerichte gehören, gegenüber den für allgemeine Strafsachen zuständigen Gerichten gleicher Ordnung

Gerichten höherer Ordnung gleich.

§ 210 [Rechtsmittel] (1) Der Beschluß, durch den das Hauptverfahren eröffnet worden ist, kann von dem Angeklagten nicht angefochten werden.

(2) Gegen den Beschluß, durch den die Eröffnung des Hauptverfahrens abgelehnt oder abweichend von dem Antrag der Staatsanwaltschaft die Verweisung an ein Gericht niederer Ordnung ausgesprochen worden ist, steht der Staatsanwaltschaft sofortige Beschwerde zu.

(3) Gibt das Beschwerdegericht der Beschwerde statt, so kann es zugleich bestimmen, daß die Hauptverhandlung vor einer anderen Kammer des Gerichts, das den Beschluß nach Absatz 2 erlassen hat, oder vor einem zu demselben Land gehörenden benachbarten Gericht gleicher Ordnung stattzufinden hat. In Verfahren, in denen ein Oberlandesgericht im ersten Rechtszug entschieden hat, kann der Bundesgerichtshof bestimmen, daß die Hauptverhandlung vor einem anderen Senat dieses Gerichts stattzufinden hat.

§ 211 [Wirkung des Ablehnungsbeschlusses] Ist die Eröffnung des Hauptverfahrens durch einen nicht mehr anfechtbaren Beschluß abgelehnt, so kann die Klage nur auf Grund neuer Tatsachen oder Beweismittel wieder aufgenommen werden.

§§ 212 bis 212b (*aufgehoben*)

Fünfter Abschnitt. Vorbereitung der Hauptverhandlung

§ 213 [Terminsbestimmung] Der Termin zur Hauptverhandlung wird von dem Vorsitzenden des Gerichts anberaumt.

§ 214 [Ladungen durch den Vorsitzenden] (1) Die zur Hauptverhandlung erforderlichen Ladungen ordnet der Vorsitzende an. Zugleich ordnet er an, dass Verletzte, die nach § 395 Abs. 1 und 2 Nr. 1 zur Nebenklage berechtigt sind, Mitteilung vom Termin erhalten, wenn aktenkundig ist, dass sie dies beantragt haben. Sonstige Verletzte, die gemäß § 406g Abs. 1 zur Anwesenheit in der Hauptverhandlung berechtigt sind, sollen Mitteilungen erhalten, wenn aktenkundig ist, dass sie dies beantragt haben. § 406d Abs. 3 gilt entsprechend. Die Geschäftsstelle sorgt dafür, dass die Ladungen bewirkt und die Mitteilungen versandt werden.

(2) Ist anzunehmen, daß sich die Hauptverhandlung auf längere Zeit erstreckt, so soll der Vorsitzende die Ladung sämtlicher oder einzelner Zeugen und Sachverständigen zu einem späteren Zeitpunkt als dem Beginn der Hauptverhandlung anordnen.

(3) Der Staatsanwaltschaft steht das Recht der unmittelbaren Ladung weiterer Personen zu.

(4) Die Staatsanwaltschaft bewirkt die Herbeischaffung der als Beweismittel dienenden Gegenstände. Diese kann auch vom Gericht bewirkt werden.

§ 215[Zustellung des Eröffnungsbeschlusses] Der Beschluß über die Eröffnung des Hauptverfahrens ist dem Angeklagten spätestens mit der Ladung zuzustellen. Entsprechendes gilt in den Fällen des § 207 Abs. 3 für die nachgereichte Anklageschrift.

§ 216 [Ladung des Angeklagten] (1) Die Ladung eines auf freiem Fuß befindlichen Angeklagten geschieht schriftlich unter der Warnung, daß im Falle seines unentschuldigten Ausbleibens seine Verhaftung oder Vorführung erfolgen werde. Die Warnung kann in den Fällen des § 232 unterbleiben.

(2) Der nicht auf freiem Fuß befindliche Angeklagte wird durch Bekanntmachung des Termins zur Hauptverhandlung gemäß § 35 geladen. Dabei ist der Angeklagte zu befragen, ob und welche Anträge er zu seiner Verteidigung für die Hauptverhandlung zu stellen habe.

§ 217 [Ladungsfrist] (1) Zwischen der Zustellung der Ladung (§ 216) und dem Tag der Hauptverhandlung muß eine Frist von mindestens einer Woche liegen.

(2) Ist die Frist nicht eingehalten worden, so kann der Angeklagte bis zum Beginn seiner Vernehmung zur Sache die Aussetzung der Verhandlung verlangen.

(3) Der Angeklagte kann auf die Einhaltung der Frist verzichten.

§ 218 [Ladung des Verteidigers] Neben dem Angeklagten ist der bestellte Verteidiger stets, der gewählte Verteidiger dann zu laden, wenn die Wahl dem Gericht angezeigt worden ist. § 217 gilt entsprechend.

§ 219 [Beweisanträge des Angeklagten] (1) Verlangt der Angeklagte die Ladung von Zeugen oder Sachverständigen oder die Herbeischaffung anderer Beweismittel zur Hauptverhandlung, so hat er unter Angabe der Tatsachen, über die der Beweis erhoben werden soll, seine Anträge bei dem Vorsitzenden des Gerichts zu stellen. Die hierauf ergehende Verfügung ist ihm bekanntzumachen.

(2) Beweisanträge des Angeklagten sind, soweit ihnen stattgegeben ist, der Staatsanwaltschaft mitzuteilen.

§ 220 [Ladung durch den Angeklagten] (1) Lehnt der Vorsitzende den Antrag auf Ladung einer Person ab, so kann der Angeklagte sie unmittelbar laden lassen. Hierzu ist er auch ohne vorgängigen Antrag befugt.

(2) Eine unmittelbar geladene Person ist nur dann zum Erscheinen verpflichtet, wenn ihr bei der Ladung die gesetzliche Entschädigung für Reisekosten und Versäumnis bar dargeboten oder deren Hinterlegung bei der Geschäftsstelle nachgewiesen wird.

(3) Ergibt sich in der Hauptverhandlung, daß die Vernehmung einer unmittelbar geladenen Person zur Aufklärung der Sache dienlich war, so hat das Gericht auf Antrag anzuordnen, daß ihr die gesetzliche Entschädigung aus der Staatskasse zu gewähren ist.

§ 221 [Herbeischaffung von Beweismitteln von Amts wegen] Der Vorsitzende des Gerichts kann auch von Amts wegen die Herbeischaffung weiterer als Beweismittel dienender Gegenstände anordnen.

§ 222 [Namhaftmachung der Zeugen und Sachverständigen] (1) Das Gericht hat die geladenen Zeugen und Sachverständigen der Staatsanwaltschaft und dem Angeklagten rechtzeitig namhaft zu machen und ihren Wohn- oder Aufenthaltsort anzugeben. Macht die Staatsanwaltschaft von ihrem Recht nach § 214 Abs. 3 Gebrauch, so hat sie die geladenen Zeugen und Sachverständigen dem Gericht und dem Angeklagten rechtzeitig namhaft zu machen und deren Wohn- oder Aufenthaltsort anzugeben. § 200 Abs. 1 Satz 3 und 4 gilt sinngemäß.

(2) Der Angeklagte hat die von ihm unmittelbar geladenen oder zur Hauptverhandlung zu stellenden Zeugen und Sachverständigen rechtzeitig dem Gericht und der Staatsanwaltschaft namhaft zu machen und ihren Wohn- oder Aufenthaltsort anzugeben.

§ 222a [Mitteilung der Besetzung des Gerichts] (1) Findet die Hauptverhandlung im ersten Rechtszug vor dem Landgericht oder dem Oberlandesgericht statt, so ist spätestens zu Beginn der Hauptverhandlung die Besetzung des Gerichts unter Hervorhebung des Vorsitzenden und hinzugezogener Ergänzungsrichter und Ergänzungsschöffen mitzuteilen. Die Besetzung kann auf Anordnung des Vorsitzenden schon vor der Hauptverhandlung mitgeteilt werden; für den Angeklagten ist die Mitteilung an seinen Verteidiger zu richten. Ändert sich die mitgeteilte Besetzung, so ist dies spätestens zu Beginn der Hauptverhandlung mitzuteilen.

(2) Ist die Mitteilung der Besetzung oder einer Besetzungsänderung später als eine Woche vor Beginn der Hauptverhandlung zugegangen, so kann das Gericht auf Antrag des Angeklagten, des Verteidigers oder der Staatsanwaltschaft die Hauptverhandlung zur Prüfung der Besetzung unterbrechen, wenn dies spätestens bis zum Beginn der Vernehmung des ersten Angeklagten zur Sache verlangt wird.

(3) In die für die Besetzung maßgebenden Unterlagen kann für den Angeklagten nur sein Verteidiger oder ein Rechtsanwalt, für den Nebenkläger nur ein Rechtsanwalt Einsicht nehmen.

§ 222b [Einwand gegen Besetzung] (1) Ist die Besetzung des Gerichts nach § 222a mitgeteilt worden, so kann der Einwand, daß das Gericht vorschriftswidrig besetzt sei, nur bis zum Beginn der Vernehmung des ersten Angeklagten zur Sache in der Hauptverhandlung geltend gemacht werden. Die Tatsachen, aus denen sich die vorschriftswidrige Besetzung ergeben soll, sind dabei anzugeben. Alle Beanstandungen sind gleichzeitig vorzubringen. Außerhalb der Hauptverhandlung ist der Einwand schriftlich geltend zu machen; § 345 Abs. 2 und für den Nebenkläger § 390 Abs. 2 gelten entsprechend.

(2) Über den Einwand entscheidet das Gericht in der für Entscheidungen außerhalb der Hauptverhandlung vorgeschriebenen Besetzung. Hält es den Einwand für begründet, so stellt es fest, daß es nicht vorschriftsmäßig besetzt ist. Führt ein Einwand zu einer Änderung der Besetzung, so ist auf die neue

Besetzung § 222a nicht anzuwenden.

§ 223 [Zeugenvernehmung durch beauftragten oder ersuchten Richter] (1) Wenn dem Erscheinen eines Zeugen oder Sachverständigen in der Hauptverhandlung für eine längere oder ungewisse Zeit Krankheit oder Gebrechlichkeit oder andere nicht zu beseitigende Hindernisse entgegenstehen, so kann das Gericht seine Vernehmung durch einen beauftragten oder ersuchten Richter anordnen.

(2) Dasselbe gilt, wenn einem Zeugen oder Sachverständigen das Erscheinen wegen großer Entfernung nicht zugemutet werden kann.

(3) (weggefallen)

§ 224 [Benachrichtigung der Beteiligten] (1) Von den zum Zweck dieser Vernehmung anberaumten Terminen sind die Staatsanwaltschaft, der Angeklagte und der Verteidiger vorher zu benachrichtigen; ihrer Anwesenheit bei der Vernehmung bedarf es nicht. Die Benachrichtigung unterbleibt, wenn sie den Untersuchungserfolg gefährden würde. Das aufgenommene Protokoll ist der Staatsanwaltschaft und dem Verteidiger vorzulegen.

(2) Hat ein nicht in Freiheit befindlicher Angeklagter einen Verteidiger, so steht ihm ein Anspruch auf Anwesenheit nur bei solchen Terminen zu, die an der Gerichtsstelle des Ortes abgehalten werden, wo er in Haft ist.

§ 225 [Augenschein durch beauftragten oder ersuchten Richter] Ist zur Vorbereitung der Hauptverhandlung noch ein richterlicher Augenschein einzunehmen, so sind die Vorschriften des § 224 anzuwenden.

§ 225a [Zuständigkeitsänderung vor der Hauptverhandlung] (1) Hält ein Gericht vor Beginn einer Hauptverhandlung die sachliche Zuständigkeit eines Gerichts höherer Ordnung für begründet, so legt es die Akten durch Vermittlung der Staatsanwaltschaft diesem vor; § 209a Nr. 2 Buchstabe a gilt entsprechend. Das Gericht, dem die Sache vorgelegt worden ist, entscheidet durch Beschluß darüber, ob es die Sache übernimmt.

(2) Werden die Akten von einem Strafrichter oder einem Schöffengericht einem Gericht höherer Ordnung vorgelegt, so kann der Angeklagte innerhalb einer bei der Vorlage zu bestimmenden Frist die Vornahme einzelner Beweiserhebungen beantragen. Über den Antrag entscheidet der Vorsitzende des Gerichts, dem die Sache vorgelegt worden ist.

(3) In dem Übernahmebeschluß sind der Angeklagte und das Gericht, vor dem die Hauptverhandlung stattfinden soll, zu bezeichnen. § 207 Abs. 2 Nr. 2 bis 4, Abs. 3 und 4 gilt entsprechend. Die Anfechtbarkeit des Beschlusses bestimmt sich nach § 210.

(4) Nach den Absätzen 1 bis 3 ist auch zu verfahren, wenn das Gericht vor Beginn der Hauptverhandlung einen Einwand des Angeklagten nach § 6a für begründet hält und eine besondere Strafkammer zuständig wäre, der nach § 74e des Gerichtsverfassungsgesetzes der Vorrang zukommt. Kommt dem Gericht, das die Zuständigkeit einer anderen Strafkammer für begründet hält, vor dieser nach § 74e des Gerichtsverfassungsgesetzes der Vorrang zu, so verweist es die Sache an diese mit bindender Wirkung; die Anfechtbarkeit des Verweisungsbeschlusses bestimmt sich nach § 210.

Sechster Abschnitt. Hauptverhandlung

§ 226 [Ununterbrochene Gegenwart] (1) Die Hauptverhandlung erfolgt in ununterbrochener Gegenwart der zur Urteilsfindung berufenen Personen sowie der Staatsanwaltschaft und eines Urkundsbeamten der Geschäftsstelle.

(2) Der Strafrichter kann in der Hauptverhandlung von der Hinzuziehung eines Urkundsbeamten der Geschäftsstelle absehen. Die Entscheidung ist unanfechtbar.

§ 227 [Mehrere Staatsanwälte und Verteidiger] Es können mehrere Beamte der Staatsanwaltschaft und mehrere Verteidiger in der Hauptverhandlung mitwirken und ihre Verrichtungen unter sich teilen.

§ 228 [Aussetzung und Unterbrechung] (1) Über die Aussetzung einer Hauptverhandlung oder deren Unterbrechung nach § 229 Abs. 2 entscheidet das Gericht. Kürzere Unterbrechungen ordnet der Vorsitzende an.

(2) Eine Verhinderung des Verteidigers gibt, unbeschadet der Vorschrift des § 145, dem Angeklagten kein Recht, die Aussetzung der Verhandlung zu verlangen.

(3) Ist die Frist des § 217 Abs. 1 nicht eingehalten worden, so soll der Vorsitzende den Angeklagten mit der Befugnis, Aussetzung der Verhandlung zu verlangen, bekanntmachen.

§ 229 [Höchstdauer der Unterbrechung] (1) Eine Hauptverhandlung darf bis zu drei Wochen unterbrochen werden.

(2) Eine Hauptverhandlung darf auch bis zu einem Monat unterbrochen werden, wenn sie davor jeweils an mindestens zehn Tagen stattgefunden hat.

(3) Kann ein Angeklagter oder eine zur Urteilsfindung berufene Person zu einer Hauptverhandlung, die bereits an mindestens zehn Tagen stattgefunden hat, wegen Krankheit nicht erscheinen, so ist der Lauf der in den Absätzen 1 und 2 genannten Fristen während der Dauer der Verhinderung, längstens jedoch für sechs Wochen, gehemmt; diese Fristen enden frühestens zehn Tage nach Ablauf der Hemmung. Beginn und Ende der Hemmung stellt das Gericht durch unanfechtbaren Beschluß fest.

(4) Wird die Hauptverhandlung nicht spätestens am Tage nach Ablauf der in den vorstehenden Absätzen bezeichneten Frist fortgesetzt, so ist mit ihr von neuem zu beginnen. Ist der Tag nach Ablauf der Frist ein Sonntag, ein allgemeiner Feiertag oder ein Sonnabend, so kann die Hauptverhandlung am nächsten Werktag fortgesetzt werden.

§ 230 [Ausbleiben des Angeklagten] (1) Gegen einen ausgebliebenen Angeklagten findet eine Hauptverhandlung nicht statt.

(2) Ist das Ausbleiben des Angeklagten nicht genügend entschuldigt, so ist die Vorführung anzuordnen oder ein Haftbefehl zu erlassen.

§ 231 [Anwesenheitspflicht des Angeklagten] (1) Der erschienene Angeklagte darf sich aus der Verhandlung nicht entfernen. Der Vorsitzende kann die geeigneten Maßregeln treffen, um die Entfernung zu verhindern; auch kann er den Angeklagten während einer Unterbrechung der Verhandlung in Gewahrsam halten lassen.

(2) Entfernt der Angeklagte sich dennoch oder bleibt er bei der Fortsetzung einer unterbrochenen Hauptverhandlung aus, so kann diese in seiner Abwesenheit zu Ende geführt werden, wenn er über die Anklage schon vernommen war und das Gericht seine fernere Anwesenheit nicht für erforderlich erachtet.

§ 231a [Hauptverhandlung bei vorsätzlich herbeigeführter Verhandlungsunfähigkeit] (1) Hat sich der Angeklagte vorsätzlich und schuldhaft in einen seine Verhandlungsfähigkeit ausschließenden Zustand versetzt und verhindert er dadurch wissentlich die ordnungsmäßige Durchführung oder Fortsetzung der Hauptverhandlung in seiner Gegenwart, so wird die Hauptverhandlung, wenn er noch nicht über die Anklage vernommen war, in seiner Abwesenheit durchgeführt oder fortgesetzt, soweit das Gericht seine Anwesenheit nicht für unerläßlich hält. Nach Satz 1 ist nur zu verfahren, wenn der Angeklagte nach Eröffnung des Hauptverfahrens Gelegenheit gehabt hat, sich vor dem Gericht oder einem beauftragten Richter zur Anklage zu äußern.

(2) Sobald der Angeklagte wieder verhandlungsfähig ist, hat ihn der Vorsitzende, solange mit der Verkündung des Urteils noch nicht begonnen worden ist, von dem wesentlichen Inhalt dessen zu unterrichten, was in seiner Abwesenheit verhandelt worden ist.

(3) Die Verhandlung in Abwesenheit des Angeklagten nach Absatz 1 beschließt das Gericht nach Anhörung eines Arztes als Sachverständigen. Der Beschluß kann bereits vor Beginn der Hauptverhandlung gefaßt werden. Gegen den Beschluß ist sofortige Beschwerde zulässig; sie hat aufschiebende Wirkung. Eine bereits begonnene Hauptverhandlung ist bis zur Entscheidung über die sofortige Beschwerde zu unterbrechen; die Unterbrechung darf, auch wenn die Voraussetzungen des § 229 Abs. 2 nicht vorliegen, bis zu dreißig Tagen dauern.

(4) Dem Angeklagten, der keinen Verteidiger hat, ist ein Verteidiger zu bestellen, sobald eine Verhandlung ohne den Angeklagten nach Absatz 1 in Betracht kommt.

§ 231b [Hauptverhandlung nach Entfernung des Angeklagten aus dem Sitzungszimmer] (1) Wird der Angeklagte wegen ordnungswidrigen Benehmens aus dem Sitzungszimmer entfernt oder zur Haft abgeführt (§ 177 des Gerichtsverfassungsgesetzes), so kann in seiner Abwesenheit verhandelt werden, wenn das Gericht seine fernere Anwesenheit nicht für unerläßlich hält und solange zu befürchten ist, daß die Anwesenheit des Angeklagten den Ablauf der Hauptverhandlung in schwerwiegender Weise beeinträchtigen würde. Dem Angeklagten ist in jedem Fall Gelegenheit zu geben, sich zur Anklage zu äußern.

(2) Sobald der Angeklagte wieder vorgelassen ist, ist nach § 231a Abs. 2 zu verfahren.

§ 231c [Beurlaubung von Angeklagten] Findet die Hauptverhandlung gegen mehrere Angeklagte statt, so kann durch Gerichtsbeschluß einzelnen Angeklagten, im Falle der notwendigen Verteidigung auch ihren Verteidigern, auf Antrag gestattet werden, sich während einzelner Teile der Verhandlung zu entfernen, wenn sie von diesen Verhandlungsteilen nicht betroffen sind. In dem Beschluß sind die Verhandlungsteile zu bezeichnen, für die die Erlaubnis gilt. Die Erlaubnis kann jederzeit widerrufen werden.

§ 232 [Hauptverhandlung trotz Ausbleibens] (1) Die Hauptverhandlung kann ohne den Angeklagten durchgeführt werden, wenn er ordnungsgemäß geladen und in der Ladung darauf hingewiesen worden ist, daß in seiner Abwesenheit verhandelt werden kann, und wenn nur Geldstrafe bis zu einhundertachtzig Tagessätzen, Verwarnung mit Strafvorbehalt, Fahrverbot, Verfall, Einziehung, Vernichtung oder Unbrauchbarmachung, allein oder nebeneinander, zu erwarten ist. Eine höhere Strafe oder eine Maßregel der Besserung und Sicherung darf in diesem Verfahren nicht verhängt werden. Die Entziehung der Fahrerlaubnis ist zulässig, wenn der Angeklagte in der Ladung auf diese Möglichkeit hingewiesen worden ist

(2) Auf Grund einer Ladung durch öffentliche Bekanntmachung findet die Hauptverhandlung ohne den Angeklagten nicht statt.

(3) Die Niederschrift über eine richterliche Vernehmung des Angeklagten wird in der Hauptverhandlung verlesen.

(4) Das in Abwesenheit des Angeklagten ergehende Urteil muß ihm mit den Urteilsgründen durch Übergabe zugestellt werden, wenn es nicht nach § 145a Abs. 1 dem Verteidiger zugestellt wird.

§ 233 [Entbindung des Angeklagten von der Pflicht zum Erscheinen] (1) Der Angeklagte kann auf seinen Antrag von der Verpflichtung zum Erscheinen in der Hauptverhandlung entbunden werden, wenn nur Freiheitsstrafe bis zu sechs Monaten, Geldstrafe bis zu einhundertachtzig Tagessätzen, Verwarnung mit

Strafvorbehalt, Fahrverbot, Verfall, Einziehung, Vernichtung oder Unbrauchbarmachung, allein oder nebeneinander, zu erwarten ist. Eine höhere Strafe oder eine Maßregel der Besserung und Sicherung darf in seiner Abwesenheit nicht verhängt werden. Die Entziehung der Fahrerlaubnis ist zulässig.

(2) Wird der Angeklagte von der Verpflichtung zum Erscheinen in der Hauptverhandlung entbunden, so muß er durch einen beauftragten oder ersuchten Richter über die Anklage vernommen werden. Dabei wird er über die bei Verhandlung in seiner Abwesenheit zulässigen Rechtsfolgen belehrt sowie befragt, ob er seinen Antrag auf Befreiung vom Erscheinen in der Hauptverhandlung aufrechterhalte.

(3) Von dem zum Zweck der Vernehmung anberaumten Termin sind die Staatsanwaltschaft und der Verteidiger zu benachrichtigen; ihrer Anwesenheit bei der Vernehmung bedarf es nicht. Das Protokoll über die Vernehmung ist in der Hauptverhandlung zu verlesen.

§ 234 [Vertretung des abwesenden Angeklagten] Soweit die Hauptverhandlung ohne Anwesenheit des Angeklagten stattfinden kann, ist er befugt, sich durch einen mit schriftlicher Vollmacht versehenen Verteidiger vertreten zu lassen.

§ 234a [Imfomations- und Zustimmungsbefugnisse des Verteidigers] Findet die Hauptverhandlung ohne Anwesenheit des Angeklagten statt, so genügt es, wenn die nach § 265 Abs. 1 und 2 erforderlichen Hinweise dem Verteidiger gegeben werden; das Einverständnis des Angeklagten nach § 245 Abs. 1 Satz 2 und nach § 251 Abs. 1 Nr. 1, Abs. 2 Nr. 3 ist nicht erforderlich, wenn ein Verteidiger an der Hauptverhandlung teilnimmt.

§ 235 [Wiedereinsetzung in den vorigen Stand] Hat die Hauptverhandlung gemäß § 232 ohne den Angeklagten stattgefunden, so kann er gegen das Urteil binnen einer Woche nach seiner Zustellung die Wiedereinsetzung in den vorigen Stand unter den gleichen Voraussetzungen wie gegen die Versäumung einer Frist nachsuchen; hat er von der Ladung zur Hauptverhandlung keine Kenntnis erlangt, so kann er stets die Wiedereinsetzung in den vorigen Stand beanspruchen. Hierüber ist der Angeklagte bei der Zustellung des Urteils zu belehren.

§ 236 [Anordnung des persönlichen Erscheinens] Das Gericht ist stets befugt, das persönliche Erscheinen des Angeklagten anzuordnen und durch einen Vorführungsbefehl oder Haftbefehl zu erzwingen.

§ 237 [Verbindung mehrerer Strafsachen] Das Gericht kann im Falle eines Zusammenhangs zwischen mehreren bei ihm anhängigen Strafsachen ihre Verbindung zum Zwecke gleichzeitiger Verhandlung anordnen, auch wenn dieser Zusammenhang nicht der in § 3 bezeichnete ist.

§ 238 [Verhandlungsleitung] (1) Die Leitung der Verhandlung, die Vernehmung des Angeklagten und die Aufnahme des Beweises erfolgt durch den Vorsitzenden.

(2) Wird eine auf die Sachleitung bezügliche Anordnung des Vorsitzenden von einer bei der Verhandlung beteiligten Person als unzulässig beanstandet, so entscheidet das Gericht.

§ 239 [Kreuzverhör] (1) Die Vernehmung der von der Staatsanwaltschaft und dem Angeklagten benannten Zeugen und Sachverständigen ist der Staatsanwaltschaft und dem Verteidiger auf deren übereinstimmenden Antrag von dem Vorsitzenden zu überlassen. Bei den von der Staatsanwaltschaft benannten Zeugen und Sachverständigen hat diese, bei den von dem Angeklagten benannten der Verteidiger in erster Reihe das Recht zur Vernehmung.

(2) Der Vorsitzende hat auch nach dieser Vernehmung die ihm zur weiteren Aufklärung der Sache er-

forderlich scheinenden Fragen an die Zeugen und Sachverständigen zu richten.

§ 240 [Fragerecht] (1) Der Vorsitzende hat den beisitzenden Richtern auf Verlangen zu gestatten, Fragen an den Angeklagten, die Zeugen und die Sachverständigen zu stellen.

(2) Dasselbe hat der Vorsitzende der Staatsanwaltschaft, dem Angeklagten und dem Verteidiger sowie den Schöffen zu gestatten. Die unmittelbare Befragung eines Angeklagten durch einen Mitangeklagten ist unzulässig.

§ 241 [Zurückweisung von Fragen] (1) Dem, welcher im Falle des § 239 Abs. 1 die Befugnis der Vernehmung mißbraucht, kann sie von dem Vorsitzenden entzogen werden.

(2) In den Fällen des § 239 Abs. 1 und des § 240 Abs. 2 kann der Vorsitzende ungeeignete oder nicht zur Sache gehörende Fragen zurückweisen.

§ 241a [Vernehmung von Zeugen] (1) Die Vernehmung von Zeugen unter sechzehn Jahren wird allein von dem Vorsitzenden durchgeführt.

(2) Die in § 240 Abs. 1 und Abs. 2 Satz 1 bezeichneten Personen können verlangen, daß der Vorsitzende den Zeugen weitere Fragen stellt. Der Vorsitzende kann diesen Personen eine unmittelbare Befragung der Zeugen gestatten, wenn nach pflichtgemäßem Ermessen ein Nachteil für das Wohl der Zeugen nicht zu befürchten ist.

(3) § 241 Abs. 2 gilt entsprechend.

§ 242 [Zweifel über Zulässigkeit von Fragen] Zweifel über die Zulässigkeit einer Frage entscheidet in allen Fällen das Gericht.

§ 243 [Gang der Hauptverhandlung] (1) Die Hauptverhandlung beginnt mit dem Aufruf der Sache. Der Vorsitzende stellt fest, ob der Angeklagte und der Verteidiger anwesend und die Beweismittel herbeigeschafft, insbesondere die geladenen Zeugen und Sachverständigen erschienen sind.

(2) Die Zeugen verlassen den Sitzungssaal. § 406g Abs. 1 Satz 1 bleibt unberührt. Der Vorsitzende vernimmt den Angeklagten über seine persönlichen Verhältnisse.

(3) Darauf verliest der Staatsanwalt den Anklagesatz. Dabei legt er in den Fällen des § 207 Abs. 3 die neue Anklageschrift zugrunde. In den Fällen des § 207 Abs. 2 Nr. 3 trägt der Staatsanwalt den Anklagesatz mit der dem Eröffnungsbeschluß zugrunde liegenden rechtlichen Würdigung vor; außerdem kann er seine abweichende Rechtsauffassung äußern. In den Fällen des § 207 Abs. 2 Nr. 4 berücksichtigt er die Änderungen, die das Gericht bei der Zulassung der Anklage zur Hauptverhandlung beschlossen hat.

(4) Sodann wird der Angeklagte darauf hingewiesen, daß es ihm freistehe, sich zu der Anklage zu äußern oder nicht zur Sache auszusagen. Ist der Angeklagte zur Äußerung bereit, so wird er nach Maßgabe des § 136 Abs. 2 zur Sache vernommen. Vorstrafen des Angeklagten sollen nur insoweit festgestellt werden, als sie für die Entscheidung von Bedeutung sind. Wann sie festgestellt werden, bestimmt der Vorsitzende.

§ 244 [Beweisaufnahme] (1) Nach der Vernehmung des Angeklagten folgt die Beweisaufnahme.

(2) Das Gericht hat zur Erforschung der Wahrheit die Beweisaufnahme von Amts wegen auf alle Tatsachen und Beweismittel zu erstrecken, die für die Entscheidung von Bedeutung sind.

(3) Ein Beweisantrag ist abzulehnen, wenn die Erhebung des Beweises unzulässig ist. Im übrigen darf ein Beweisantrag nur abgelehnt werden, wenn eine Beweiserhebung wegen Offenkundigkeit überflüssig ist, wenn die Tatsache, die bewiesen werden soll, für die Entscheidung ohne Bedeutung oder schon erwiesen

ist, wenn das Beweismittel völlig ungeeignet oder wenn es unerreichbar ist, wenn der Antrag zum Zweck der Prozeßverschleppung gestellt ist oder wenn eine erhebliche Behauptung, die zur Entlastung des Angeklagten bewiesen werden soll, so behandelt werden kann, als wäre die behauptete Tatsache wahr.

(4) Ein Beweisantrag auf Vernehmung eines Sachverständigen kann, soweit nichts anderes bestimmt ist, auch abgelehnt werden, wenn das Gericht selbst die erforderliche Sachkunde besitzt. Die Anhörung eines weiteren Sachverständigen kann auch dann abgelehnt werden, wenn durch das frühere Gutachten das Gegenteil der behaupteten Tatsache bereits erwiesen ist; dies gilt nicht, wenn die Sachkunde des früheren Gutachters zweifelhaft ist, wenn sein Gutachten von unzutreffenden tatsächlichen Voraussetzungen ausgeht, wenn das Gutachten Widersprüche enthält oder wenn der neue Sachverständige über Forschungsmittel verfügt, die denen eines früheren Gutachters überlegen erscheinen.

(5) Ein Beweisantrag auf Einnahme eines Augenscheins kann abgelehnt werden, wenn der Augenschein nach dem pflichtgemäßen Ermessen des Gerichts zur Erforschung der Wahrheit nicht erforderlich ist. Unter derselben Voraussetzung kann auch ein Beweisantrag auf Vernehmung eines Zeugen abgelehnt werden, dessen Ladung im Ausland zu bewirken wäre.

(6) Die Ablehnung eines Beweisantrages bedarf eines Gerichtsbeschlusses.

§ 245 [Umfang der Beweisaufnahme] (1) Die Beweisaufnahme ist auf alle vom Gericht vorgeladenen und auch erschienenen Zeugen und Sachverständigen sowie auf die sonstigen nach § 214 Abs. 4 vom Gericht oder der Staatsanwaltschaft herbeigeschafften Beweismittel zu erstrecken, es sei denn, daß die Beweiserhebung unzulässig ist. Von der Erhebung einzelner Beweise kann abgesehen werden, wenn die Staatsanwaltschaft, der Verteidiger und der Angeklagte damit einverstanden sind.

(2) Zu einer Erstreckung der Beweisaufnahme auf die vom Angeklagten oder der Staatsanwaltschaft vorgeladenen und auch erschienenen Zeugen und Sachverständigen sowie auf die sonstigen herbeigeschafften Beweismittel ist das Gericht nur verpflichtet, wenn ein Beweisantrag gestellt wird. Der Antrag ist abzulehnen, wenn die Beweiserhebung unzulässig ist. Im übrigen darf er nur abgelehnt werden, wenn die Tatsache, die bewiesen werden soll, schon erwiesen oder offenkundig ist, wenn zwischen ihr und dem Gegenstand der Urteilsfindung kein Zusammenhang besteht, wenn das Beweismittel völlig ungeeignet ist oder wenn der Antrag zum Zwecke der Prozeßverschleppung gestellt ist.

§ 246 [Verspätete Beweisanträge] (1) Eine Beweiserhebung darf nicht deshalb abgelehnt werden, weil das Beweismittel oder die zu beweisende Tatsache zu spät vorgebracht worden sei.

(2) Ist jedoch ein zu vernehmender Zeuge oder Sachverständiger dem Gegner des Antragstellers so spät namhaft gemacht oder eine zu beweisende Tatsache so spät vorgebracht worden, daß es dem Gegner an der zur Einziehung von Erkundigungen erforderlichen Zeit gefehlt hat, so kann er bis zum Schluß der Beweisaufnahme die Aussetzung der Hauptverhandlung zum Zweck der Erkundigung beantragen.

(3) Dieselbe Befugnis haben die Staatsanwaltschaft und der Angeklagte bei den auf Anordnung des Vorsitzenden oder des Gerichts geladenen Zeugen oder Sachverständigen.

(4) Über die Anträge entscheidet das Gericht nach freiem Ermessen.

§ 246a [Ärztlicher Sachverständiger] Kommt in Betracht, dass die Unterbringung des Angeklagten in einem psychiatrischen Krankenhaus oder in der Sicherungsverwahrung angeordnet oder vorbehalten werden wird, so ist in der Hauptverhandlung ein Sachverständiger über den Zustand des Angeklagten und die Behandlungsaussichten zu vernehmen. Gleiches gilt, wenn das Gericht erwägt, die Unterbringung des Angeklagten in einer Entziehungsanstalt anzuordnen. Hat der Sachverständige den Angeklagten nicht schon früher untersucht, so soll ihm dazu vor der Hauptverhandlung Gelegenheit gegeben werden.

§ 247 [Entfernung des Angeklagten] Das Gericht kann anordnen, daß sich der Angeklagte während einer Vernehmung aus dem Sitzungszimmer entfernt, wenn zu befürchten ist, ein Mitangeklagter oder ein Zeuge werde bei seiner Vernehmung in Gegenwart des Angeklagten die Wahrheit nicht sagen. Das gleiche gilt, wenn bei der Vernehmung einer Person unter sechzehn Jahren als Zeuge in Gegenwart des Angeklagten ein erheblicher Nachteil für das Wohl des Zeugen zu befürchten ist oder wenn bei einer Vernehmung einer anderen Person als Zeuge in Gegenwart des Angeklagten die dringende Gefahr eines schwerwiegenden Nachteils für ihre Gesundheit besteht. Die Entfernung des Angeklagten kann für die Dauer von Erörterungen über den Zustand des Angeklagten und die Behandlungsaussichten angeordnet werden, wenn ein erheblicher Nachteil für seine Gesundheit zu befürchten ist. Der Vorsitzende hat den Angeklagten, sobald dieser wieder anwesend ist, von dem wesentlichen Inhalt dessen zu unterrichten, was während seiner Abwesenheit ausgesagt oder sonst verhandelt worden ist.

§ 247a [Vernehmung des Zeugen an anderem Ort] Besteht die dringende Gefahr eines schwerwiegenden Nachteils für das Wohl des Zeugen, wenn er in Gegenwart der in der Hauptverhandlung Anwesenden vernommen wird, so kann das Gericht anordnen, daß der Zeuge sich während der Vernehmung an einem anderen Ort aufhält; eine solche Anordnung ist auch unter den Voraussetzungen des § 251 Abs. 2 zulässig, soweit dies zur Erforschung der Wahrheit erforderlich ist. Die Entscheidung ist unanfechtbar. Die Aussage wird zeitgleich in Bild und Ton in das Sitzungszimmer übertragen. Sie soll aufgezeichnet werden, wenn zu besorgen ist, daß der Zeuge in einer weiteren Hauptverhandlung nicht vernommen werden kann und die Aufzeichnung zur Erforschung der Wahrheit erforderlich ist. 5§ 58a Abs. 2 findet entsprechende Anwendung.

§ 248 [Entlassung der Zeugen und Sachverständigen] Die vernommenen Zeugen und Sachverständigen dürfen sich nur mit Genehmigung oder auf Anweisung des Vorsitzenden von der Gerichtsstelle entfernen. Die Staatsanwaltschaft und der Angeklagte sind vorher zu hören.

§ 249 [Verlesung von Schriftstücken] (1) Urkunden und andere als Beweismittel dienende Schriftstücke werden in der Hauptverhandlung verlesen. Dies gilt insbesondere von früher ergangenen Strafurteilen, von Straflisten und von Auszügen aus Kirchenbüchern und Personenstandsregistern und findet auch Anwendung auf Protokolle über die Einnahme des richterlichen Augenscheins.

(2) Von der Verlesung kann, außer in den Fällen der §§ 253 und 254, abgesehen werden, wenn die Richter und Schöffen vom Wortlaut der Urkunde oder des Schriftstücks Kenntnis genommen haben und die übrigen Beteiligten hierzu Gelegenheit hatten. Widerspricht der Staatsanwalt, der Angeklagte oder der Verteidiger unverzüglich der Anordnung des Vorsitzenden, nach Satz 1 zu verfahren, so entscheidet das Gericht. Die Anordnung des Vorsitzenden, die Feststellungen über die Kenntnisnahme und die Gelegenheit hierzu und der Widerspruch sind in das Protokoll aufzunehmen.

§ 250 [Grundsatz der persönlichen Vernehmung] Beruht der Beweis einer Tatsache auf der Wahrnehmung einer Person, so ist diese in der Hauptverhandlung zu vernehmen. Die Vernehmung darf nicht durch Verlesung des über eine frühere Vernehmung aufgenommenen Protokolls oder einer schriftlichen Erklärung ersetzt werden.

§ 251 [Verlesung von Protokollen] (1) Die Vernehmung eines Zeugen, Sachverständigen oder Mitbeschuldigten kann durch die Verlesung einer Niederschrift über eine Vernehmung oder einer Urkunde, die eine von ihm stammende schriftliche Erklärung enthält, ersetzt werden,

1. wenn der Angeklagte einen Verteidiger hat und der Staatsanwalt, der Verteidiger und der Angeklagte

damit einverstanden sind;
2. wenn der Zeuge, Sachverständige oder Mitbeschuldigte verstorben ist oder aus einem anderen Grunde in absehbarer Zeit gerichtlich nicht vernommen werden kann;
3. soweit die Niederschrift oder Urkunde das Vorliegen oder die Höhe eines Vermögensschadens betrifft.

(2) Die Vernehmung eines Zeugen, Sachverständigen oder Mitbeschuldigten darf durch die Verlesung der Niederschrift über seine frühere richterliche Vernehmung auch ersetzt werden, wenn
1. dem Erscheinen des Zeugen, Sachverständigen oder Mitbeschuldigten in der Hauptverhandlung für eine längere oder ungewisse Zeit Krankheit, Gebrechlichkeit oder andere nicht zu beseitigende Hindernisse entgegenstehen;
2. dem Zeugen oder Sachverständigen das Erscheinen in der Hauptverhandlung wegen großer Entfernung unter Berücksichtigung der Bedeutung seiner Aussage nicht zugemutet werden kann;
3. der Staatsanwalt, der Verteidiger und der Angeklagte mit der Verlesung einverstanden sind.

(3) Soll die Verlesung anderen Zwecken als unmittelbar der Urteilsfindung, insbesondere zur Vorbereitung der Entscheidung darüber dienen, ob die Ladung und Vernehmung einer Person erfolgen sollen, so dürfen Vernehmungsniederschriften, Urkunden und andere als Beweismittel dienende Schriftstücke auch sonst verlesen werden.

(4) In den Fällen der Absätze 1 und 2 beschließt das Gericht, ob die Verlesung angeordnet wird. Der Grund der Verlesung wird bekanntgegeben. Wird die Niederschrift über eine richterliche Vernehmung verlesen, so wird festgestellt, ob der Vernommene vereidigt worden ist. Die Vereidigung wird nachgeholt, wenn sie dem Gericht notwendig erscheint und noch ausführbar ist.

§ 252 [Unstatthafte Protokollverlesung] Die Aussage eines vor der Hauptverhandlung vernommenen Zeugen, der erst in der Hauptverhandlung von seinem Recht, das Zeugnis zu verweigern, Gebrauch macht, darf nicht verlesen werden.

§ 253 [Protokollverlesung zur Gedächtnisunterstützung] (1) Erklärt ein Zeuge oder Sachverständiger, daß er sich einer Tatsache nicht mehr erinnere, so kann der hierauf bezügliche Teil des Protokolls über seine frühere Vernehmung zur Unterstützung seines Gedächtnisses verlesen werden.

(2) Dasselbe kann geschehen, wenn ein in der Vernehmung hervortretender Widerspruch mit der früheren Aussage nicht auf andere Weise ohne Unterbrechung der Hauptverhandlung festgestellt oder behoben werden kann.

§ 254 [Verlesung von Geständnissen und bei Widersprüchen] (1) Erklärungen des Angeklagten, die in einem richterlichen Protokoll enthalten sind, können zum Zweck der Beweisaufnahme über ein Geständnis verlesen werden.

(2) Dasselbe kann geschehen, wenn ein in der Vernehmung hervortretender Widerspruch mit der früheren Aussage nicht auf andere Weise ohne Unterbrechung der Hauptverhandlung festgestellt oder behoben werden kann.

§ 255 [Protokollierung der Verlesung] In den Fällen der §§ 253 und 254 ist die Verlesung und ihr Grund auf Antrag der Staatsanwaltschaft oder des Angeklagten im Protokoll zu erwähnen.

§ 255a [Vorführung der Aufzeichnung einer Zeugenvernehmung] (1) Für die Vorführung der Bild-Ton-Aufzeichnung einer Zeugenvernehmung gelten die Vorschriften zur Verlesung einer Niederschrift über eine Vernehmung gemäß §§ 251, 252, 253 und 255 entsprechend.

(2) In Verfahren wegen Straftaten gegen die sexuelle Selbstbestimmung (§§ 174 bis 184f des

Strafgesetzbuches) oder gegen das Leben (§§ 211 bis 222 des Strafgesetzbuches), wegen Misshandlung von Schutzbefohlenen (§ 225 des Strafgesetzbuches) oder wegen Straftaten gegen die persönliche Freiheit nach den §§ 232 bis 233a des Strafgesetzbuches kann die Vernehmung eines Zeugen unter sechzehn Jahren durch die Vorführung der Bild-Ton-Aufzeichnung seiner früheren richterlichen Vernehmung ersetzt werden, wenn der Angeklagte und sein Verteidiger Gelegenheit hatten, an dieser mitzuwirken. Eine ergänzende Vernehmung des Zeugen ist zulässig.

§ 256 [Verlesung von Behörden- und Ärzteerklärungen] (1) Verlesen werden können
1. die ein Zeugnis oder ein Gutachten enthaltenden Erklärungen
   a) öffentlicher Behörden,
   b) der Sachverständigen, die für die Erstellung von Gutachten der betreffenden Art allgemein vereidigt sind, sowie
   c) der Ärzte eines gerichtsärztlichen Dienstes mit Ausschluss von Leumundszeugnissen,
2. ärztliche Atteste über Körperverletzungen, die nicht zu den schweren gehören,
3. ärztliche Berichte zur Entnahme von Blutproben,
4. Gutachten über die Auswertung eines Fahrtschreibers, die Bestimmung der Blutgruppe oder des Blutalkoholgehalts einschließlich seiner Rückrechnung und
5. Protokolle sowie in einer Urkunde enthaltene Erklärungen der Strafverfolgungsbehörden über Ermittlungshandlungen, soweit diese nicht eine Vernehmung zum Gegenstand haben.

(2) Ist das Gutachten einer kollegialen Fachbehörde eingeholt worden, so kann das Gericht die Behörde ersuchen, eines ihrer Mitglieder mit der Vertretung des Gutachtens in der Hauptverhandlung zu beauftragen und dem Gericht zu bezeichnen.

§ 257 [Befragung des Angeklagten, des Staatsanwalts und des Verteidigers] (1) Nach der Vernehmung eines jeden Mitangeklagten und nach jeder einzelnen Beweiserhebung soll der Angeklagte befragt werden, ob er dazu etwas zu erklären habe.

(2) Auf Verlangen ist auch dem Staatsanwalt und dem Verteidiger nach der Vernehmung des Angeklagten und nach jeder einzelnen Beweiserhebung Gelegenheit zu geben, sich dazu zu erklären.

(3) Die Erklärungen dürfen den Schlußvortrag nicht vorwegnehmen.

§ 257a [Schriftliche Anträge und Anregungen zu Verfahrensfragen] Das Gericht kann den Verfahrensbeteiligten aufgeben, Anträge und Anregungen zu Verfahrensfragen schriftlich zu stellen. Dies gilt nicht für die in § 258 bezeichneten Anträge. § 249 findet entsprechende Anwendung.

§ 258 [Schlussvorträge] (1) Nach dem Schluß der Beweisaufnahme erhalten der Staatsanwalt und sodann der Angeklagte zu ihren Ausführungen und Anträgen das Wort.

(2) Dem Staatsanwalt steht das Recht der Erwiderung zu; dem Angeklagten gebührt das letzte Wort.

(3) Der Angeklagte ist, auch wenn ein Verteidiger für ihn gesprochen hat, zu befragen, ob er selbst noch etwas zu seiner Verteidigung anzuführen habe.

§ 259 [Dolmetscher] (1) Einem der Gerichtssprache nicht mächtigen Angeklagten müssen aus den Schlußvorträgen mindestens die Anträge des Staatsanwalts und des Verteidigers durch den Dolmetscher bekanntgemacht werden.

(2) Dasselbe gilt nach Maßgabe des § 186 des Gerichtsverfassungsgesetzes für einen hör- oder sprachbehinderten Angeklagten.

§ 260 [Urteil] (1) Die Hauptverhandlung schließt mit der auf die Beratung folgenden Verkündung des Urteils.

(2) Wird ein Berufsverbot angeordnet, so ist im Urteil der Beruf, der Berufszweig, das Gewerbe oder der Gewerbezweig, dessen Ausübung verboten wird, genau zu bezeichnen.

(3) Die Einstellung des Verfahrens ist im Urteil auszusprechen, wenn ein Verfahrenshindernis besteht.

(4) Die Urteilsformel gibt die rechtliche Bezeichnung der Tat an, deren der Angeklagte schuldig gesprochen wird. Hat ein Straftatbestand eine gesetzliche Überschrift, so soll diese zur rechtlichen Bezeichnung der Tat verwendet werden. Wird eine Geldstrafe verhängt, so sind Zahl und Höhe der Tagessätze in die Urteilsformel aufzunehmen. Wird die Entscheidung über die Sicherungsverwahrung vorbehalten, die die Strafe oder Maßregel der Besserung und Sicherung zur Bewährung ausgesetzt, der Angeklagte mit Strafvorbehalt verwarnt oder von Strafe abgesehen, so ist dies in der Urteilsformel zum Ausdruck zu bringen. Im übrigen unterliegt die Fassung der Urteilsformel dem Ermessen des Gerichts.

(5) Nach der Urteilsformel werden die angewendeten Vorschriften nach Paragraph, Absatz, Nummer, Buchstabe und mit der Bezeichnung des Gesetzes aufgeführt. Ist bei einer Verurteilung, durch die auf Freiheitsstrafe oder Gesamtfreiheitsstrafe von nicht mehr als zwei Jahren erkannt wird, die Tat oder der ihrer Bedeutung nach überwiegende Teil der Taten auf Grund einer Betäubungsmittelabhängigkeit begangen worden, so ist außerdem § 17 Abs. 2 des Bundeszentralregistergesetzes anzuführen.

§ 261 [Freie Beweiswürdigung] Über das Ergebnis der Beweisaufnahme entscheidet das Gericht nach seiner freien, aus dem Inbegriff der Verhandlung geschöpften Überzeugung.

§ 262 [Zivilrechtliche Vorfragen] (1) Hängt die Strafbarkeit einer Handlung von der Beurteilung eines bürgerlichen Rechtsverhältnisses ab, so entscheidet das Strafgericht auch über dieses nach den für das Verfahren und den Beweis in Strafsachen geltenden Vorschriften.

(2) Das Gericht ist jedoch befugt, die Untersuchung auszusetzen und einem der Beteiligten zur Erhebung der Zivilklage eine Frist zu bestimmen oder das Urteil des Zivilgerichts abzuwarten.

§ 263 [Abstimmung] (1) Zu jeder dem Angeklagten nachteiligen Entscheidung über die Schuldfrage und die Rechtsfolgen der Tat ist eine Mehrheit von zwei Dritteln der Stimmen erforderlich.

(2) Die Schuldfrage umfaßt auch solche vom Strafgesetz besonders vorgesehene Umstände, welche die Strafbarkeit ausschließen, vermindern oder erhöhen.

(3) Die Schuldfrage umfaßt nicht die Voraussetzungen der Verjährung.

§ 264 [Gegenstand des Urteils] (1) Gegenstand der Urteilsfindung ist die in der Anklage bezeichnete Tat, wie sie sich nach dem Ergebnis der Verhandlung darstellt.

(2) Das Gericht ist an die Beurteilung der Tat, die dem Beschluß über die Eröffnung des Hauptverfahrens zugrunde liegt, nicht gebunden.

§ 265 [Veränderung des rechtlichen Gesichtspunktes] (1) Der Angeklagte darf nicht auf Grund eines anderen als des in der gerichtlich zugelassenen Anklage angeführten Strafgesetzes verurteilt werden, ohne daß er zuvor auf die Veränderung des rechtlichen Gesichtspunktes besonders hingewiesen und ihm Gelegenheit zur Verteidigung gegeben worden ist.

(2) Ebenso ist zu verfahren, wenn sich erst in der Verhandlung vom Strafgesetz besonders vorgesehene Umstände ergeben, welche die Strafbarkeit erhöhen oder die Anordnung einer Maßregel der Besserung und Sicherung rechtfertigen.

(3) Bestreitet der Angeklagte unter der Behauptung, auf die Verteidigung nicht genügend vorbereitet

zu sein, neu hervorgetretene Umstände, welche die Anwendung eines schwereren Strafgesetzes gegen den Angeklagten zulassen als des in der gerichtlich zugelassenen Anklage angeführten oder die zu den im zweiten Absatz bezeichneten gehören, so ist auf seinen Antrag die Hauptverhandlung auszusetzen.

(4) Auch sonst hat das Gericht auf Antrag oder von Amts wegen die Hauptverhandlung auszusetzen, falls dies infolge der veränderten Sachlage zur genügenden Vorbereitung der Anklage oder der Verteidigung angemessen erscheint.

§ 265a [Auflagen oder Weisungen] Kommen Auflagen oder Weisungen (§§ 56b, 56c, 59a Abs. 2 des Strafgesetzbuches) in Betracht, so ist der Angeklagte in geeigneten Fällen zu befragen, ob er sich zu Leistungen erbietet, die der Genugtuung für das begangene Unrecht dienen, oder Zusagen für seine künftige Lebensführung macht. Kommt die Weisung in Betracht, sich einer Heilbehandlung oder einer Entziehungskur zu unterziehen oder in einem geeigneten Heim oder einer geeigneten Anstalt Aufenthalt zu nehmen, so ist er zu befragen, ob er hierzu seine Einwilligung gibt.

§ 266 [Nachtragsanklage] (1) Erstreckt der Staatsanwalt in der Hauptverhandlung die Anklage auf weitere Straftaten des Angeklagten, so kann das Gericht sie durch Beschluß in das Verfahren einbeziehen, wenn es für sie zuständig ist und der Angeklagte zustimmt.

(2) Die Nachtragsanklage kann mündlich erhoben werden. Ihr Inhalt entspricht dem § 200 Abs. 1. Sie wird in die Sitzungsniederschrift aufgenommen. Der Vorsitzende gibt dem Angeklagten Gelegenheit, sich zu verteidigen.

(3) Die Verhandlung wird unterbrochen, wenn es der Vorsitzende für erforderlich hält oder wenn der Angeklagte es beantragt und sein Antrag nicht offenbar mutwillig oder nur zur Verzögerung des Verfahrens gestellt ist. Auf das Recht, die Unterbrechung zu beantragen, wird der Angeklagte hingewiesen.

§ 267 [Urteilsgründe] (1) Wird der Angeklagte verurteilt, so müssen die Urteilsgründe die für erwiesen erachteten Tatsachen angeben, in denen die gesetzlichen Merkmale der Straftat gefunden werden. Soweit der Beweis aus anderen Tatsachen gefolgert wird, sollen auch diese Tatsachen angegeben werden. Auf Abbildungen, die sich bei den Akten befinden, kann hierbei wegen der Einzelheiten verwiesen werden.

(2) Waren in der Verhandlung vom Strafgesetz besonders vorgesehene Umstände behauptet worden, welche die Strafbarkeit ausschließen, vermindern oder erhöhen, so müssen die Urteilsgründe sich darüber aussprechen, ob diese Umstände für festgestellt oder für nicht festgestellt erachtet werden.

(3) Die Gründe des Strafurteils müssen ferner das zur Anwendung gebrachte Strafgesetz bezeichnen und die Umstände anführen, die für die Zumessung der Strafe bestimmend gewesen sind. Macht das Strafgesetz Milderungen von dem Vorliegen minder schwerer Fälle abhängig, so müssen die Urteilsgründe ergeben, weshalb diese Umstände angenommen oder einem in der Verhandlung gestellten Antrag entgegen verneint werden; dies gilt entsprechend für die Verhängung einer Freiheitsstrafe in den Fällen des § 47 des Strafgesetzbuches. Die Urteilsgründe müssen auch ergeben, weshalb ein besonders schwerer Fall nicht angenommen wird, wenn die Voraussetzungen erfüllt sind, unter denen nach dem Strafgesetz in der Regel ein solcher Fall vorliegt; liegen diese Voraussetzungen nicht vor, wird aber gleichwohl ein besonders schwerer Fall angenommen, so gilt Satz 2 entsprechend. Die Urteilsgründe müssen ferner ergeben, weshalb die Strafe zur Bewährung ausgesetzt oder einem in der Verhandlung gestellten Antrag entgegen nicht ausgesetzt worden ist; dies gilt entsprechend für die Verwarnung mit Strafvorbehalt und das Absehen von Strafe.

(4) Verzichten alle zur Anfechtung Berechtigten auf Rechtsmittel oder wird innerhalb der Frist kein Rechtsmittel eingelegt, so müssen die erwiesenen Tatsachen, in denen die gesetzlichen Merkmale der Straftat gefunden werden, und das angewendete Strafgesetz angegeben werden; bei Urteilen, die nur auf Geldstrafe lauten oder neben einer Geldstrafe ein Fahrverbot oder die Entziehung der Fahrerlaubnis und

damit zusammen die Einziehung des Führerscheins anordnen, oder bei Verwarnungen mit Strafvorbehalt kann hierbei auf den zugelassenen Anklagesatz, auf die Anklage gemäß § 418 Abs. 3 Satz 2 oder den Strafbefehl sowie den Strafbefehlsantrag verwiesen werden. Den weiteren Inhalt der Urteilsgründe bestimmt das Gericht unter Berücksichtigung der Umstände des Einzelfalls nach seinem Ermessen. Die Urteilsgründe können innerhalb der in § 275 Abs. 1 Satz 2 vorgesehenen Frist ergänzt werden, wenn gegen die Versäumung der Frist zur Einlegung des Rechtsmittels Wiedereinsetzung in den vorigen Stand gewährt wird.

(5) Wird der Angeklagte freigesprochen, so müssen die Urteilsgründe ergeben, ob der Angeklagte für nicht überführt oder ob und aus welchen Gründen die für erwiesen angenommene Tat für nicht strafbar erachtet worden ist. Verzichten alle zur Anfechtung Berechtigten auf Rechtsmittel oder wird innerhalb der Frist kein Rechtsmittel eingelegt, so braucht nur angegeben zu werden, ob die dem Angeklagten zur Last gelegte Straftat aus tatsächlichen oder rechtlichen Gründen nicht festgestellt worden ist. Absatz 4 Satz 3 ist anzuwenden.

(6) Die Urteilsgründe müssen auch ergeben, weshalb eine Maßregel der Besserung und Sicherung angeordnet, eine Entscheidung über die Sicherungsverwahrung vorbehalten oder einem in der Verhandlung gestellten Antrag entgegen nicht angeordnet oder nicht vorbehalten worden ist. Ist die Fahrerlaubnis nicht entzogen oder eine Sperre nach § 69a Abs. 1 Satz 3 des Strafgesetzbuches nicht angeordnet worden, obwohl dies nach der Art der Straftat in Betracht kam, so müssen die Urteilsgründe stets ergeben, weshalb die Maßregel nicht angeordnet worden ist.

§ 268 [Urteilsverkündung] (1) Das Urteil ergeht im Namen des Volkes.

(2) Das Urteil wird durch Verlesung der Urteilsformel und Eröffnung der Urteilsgründe verkündet. Die Eröffnung der Urteilsgründe geschieht durch Verlesung oder durch mündliche Mitteilung ihres wesentlichen Inhalts. Die Verlesung der Urteilsformel hat in jedem Falle der Mitteilung der Urteilsgründe voranzugehen.

(3) Das Urteil soll am Schluß der Verhandlung verkündet werden. Es muß spätestens am elften Tage danach verkündet werden, andernfalls mit der Hauptverhandlung von neuem zu beginnen ist. § 229 Abs. 3 und Abs. 4 Satz 2 gilt entsprechend.

(4) War die Verkündung des Urteils ausgesetzt, so sind die Urteilsgründe tunlichst vorher schriftlich festzustellen.

§ 268a [Strafaussetzung oder Aussetzung von Maßregeln zur Bewährung] (1) Wird in dem Urteil die Strafe zur Bewährung ausgesetzt oder der Angeklagte mit Strafvorbehalt verwarnt, so trifft das Gericht die in den §§ 56a bis 56d und 59a des Strafgesetzbuches bezeichneten Entscheidungen durch Beschluß; dieser ist mit dem Urteil zu verkünden.

(2) Absatz 1 gilt entsprechend, wenn in dem Urteil eine Maßregel der Besserung und Sicherung zur Bewährung ausgesetzt oder neben der Strafe Führungsaufsicht angeordnet wird und das Gericht Entscheidungen nach den §§ 68a bis 68c des Strafgesetzbuches trifft.

(3) Der Vorsitzende belehrt den Angeklagten über die Bedeutung der Aussetzung der Strafe oder Maßregel zur Bewährung, der Verwarnung mit Strafvorbehalt oder der Führungsaufsicht, über die Dauer der Bewährungszeit oder der Führungsaufsicht, über die Auflagen und Weisungen sowie über die Möglichkeit des Widerrufs der Aussetzung oder der Verurteilung zu der vorbehaltenen Strafe (§ 56f Abs. 1, §§ 59b, 67g Abs. 1 des Strafgesetzbuches). Erteilt das Gericht dem Angeklagten Weisungen nach § 68b Abs. 1 des Strafgesetzbuches, so belehrt der Vorsitzende ihn auch über die Möglichkeit einer Bestrafung nach § 145a des Strafgesetzbuches. Die Belehrung ist in der Regel im Anschluß an die Verkündung des Beschlusses nach den Absätzen 1 oder 2 zu erteilen. Wird die Unterbringung in einem psychiatrischen Krankenhaus zur Bewährung ausgesetzt, so kann der Vorsitzende von der Belehrung über die Möglichkeit

des Widerrufs der Aussetzung absehen.

§ 268b [Fortdauer der Untersuchungshaft] Bei der Urteilsfällung ist zugleich von Amts wegen über die Fortdauer der Untersuchungshaft oder einstweiligen Unterbringung zu entscheiden. Der Beschluß ist mit dem Urteil zu verkünden.

§ 268c [Belehrung über Beginn des Fahrverbots] Wird in dem Urteil ein Fahrverbot angeordnet, so belehrt der Vorsitzende den Angeklagten über den Beginn der Verbotsfrist (§ 44 Abs. 3 Satz 1 des Strafgesetzbuches). Die Belehrung wird im Anschluß an die Urteilsverkündung erteilt. Ergeht das Urteil in Abwesenheit des Angeklagten, so ist er schriftlich zu belehren.

§ 268d [Belehrung bei Vorbehalt der Entscheidung über Sicherungsverwahrung] Wird in dem Urteil die Entscheidung über die Anordnung der Sicherungsverwahrung nach § 66a Abs. 1 des Strafgesetzbuches einer weiteren gerichtlichen Entscheidung vorbehalten, so belehrt der Vorsitzende den Angeklagten über den Gegenstand der weiteren Entscheidungen sowie über den Zeitraum, auf den sich der Vorbehalt erstreckt.

§ 269 [Sachliche Unzuständigkeit] Das Gericht darf sich nicht für unzuständig erklären, weil die Sache vor ein Gericht niederer Ordnung gehöre.

§ 270 [Verweisung an höheres zuständiges Gericht] (1) Hält ein Gericht nach Beginn einer Hauptverhandlung die sachliche Zuständigkeit eines Gerichts höherer Ordnung für begründet, so verweist es die Sache durch Beschluß an das zuständige Gericht; § 209a Nr. 2 Buchstabe a gilt entsprechend. Ebenso ist zu verfahren, wenn das Gericht einen rechtzeitig geltend gemachten Einwand des Angeklagten nach § 6a für begründet hält.

(2) In dem Beschluß bezeichnet das Gericht den Angeklagten und die Tat gemäß § 200 Abs. 1 Satz 1.

(3) Der Beschluß hat die Wirkung eines das Hauptverfahren eröffnenden Beschlusses. Seine Anfechtbarkeit bestimmt sich nach § 210.

(4) Ist der Verweisungsbeschluß von einem Strafrichter oder einem Schöffengericht ergangen, so kann der Angeklagte innerhalb einer bei der Bekanntmachung des Beschlusses zu bestimmenden Frist die Vornahme einzelner Beweiserhebungen vor der Hauptverhandlung beantragen. Über den Antrag entscheidet der Vorsitzende des Gerichts, an das die Sache verwiesen worden ist.

§ 271 [Sitzungsprotokoll] (1) Über die Hauptverhandlung ist ein Protokoll aufzunehmen und von dem Vorsitzenden und dem Urkundsbeamten der Geschäftsstelle, soweit dieser in der Hauptverhandlung anwesend war, zu unterschreiben. Der Tag der Fertigstellung ist darin anzugeben.

(2) Ist der Vorsitzende verhindert, so unterschreibt für ihn der älteste beisitzende Richter. Ist der Vorsitzende das einzige richterliche Mitglied des Gerichts, so genügt bei seiner Verhinderung die Unterschrift des Urkundsbeamten der Geschäftsstelle.

§ 272 [Inhalt des Protokolls] Das Protokoll über die Hauptverhandlung enthält

1. den Ort und den Tag der Verhandlung;
2. die Namen der Richter und Schöffen, des Beamten der Staatsanwaltschaft, des Urkundsbeamten der Geschäftsstelle und des zugezogenen Dolmetschers;
3. die Bezeichnung der Straftat nach der Anklage;
4. die Namen der Angeklagten, ihrer Verteidiger, der Privatkläger, Nebenkläger, Verletzten, die Ansprüche aus der Straftat geltend machen, der sonstigen Nebenbeteiligten, gesetzlichen Vertreter, Bevollmächtigt-

en und Beistände;
5. die Angabe, daß öffentlich verhandelt oder die Öffentlichkeit ausgeschlossen ist.

§ 273 [Beurkundung der Hauptverhandlung] (1) Das Protokoll muß den Gang und die Ergebnisse der Hauptverhandlung im wesentlichen wiedergeben und die Beobachtung aller wesentlichen Förmlichkeiten ersichtlich machen, auch die Bezeichnung der verlesenen Schriftstücke oder derjenigen, von deren Verlesung nach § 249 Abs. 2 abgesehen worden ist, sowie die im Laufe der Verhandlung gestellten Anträge, die ergangenen Entscheidungen und die Urteilsformel enthalten.

(2) Aus der Hauptverhandlung vor dem Strafrichter und dem Schöffengericht sind außerdem die wesentlichen Ergebnisse der Vernehmungen in das Protokoll aufzunehmen; dies gilt nicht, wenn alle zur Anfechtung Berechtigten auf Rechtsmittel verzichten oder innerhalb der Frist kein Rechtsmittel eingelegt wird. Der Vorsitzende kann anordnen, dass anstelle der Aufnahme der wesentlichen Vernehmungsergebnisse in das Protokoll einzelne Vernehmungen im Zusammenhang auf Tonträger aufgezeichnet werden. Der Tonträger ist zu den Akten zu nehmen oder bei der Geschäftsstelle mit den Akten aufzubewahren. § 58a Abs. 2 Satz 1 und 3 bis 6 gilt entsprechend.

(3) Kommt es auf die Feststellung eines Vorgangs in der Hauptverhandlung oder des Wortlauts einer Aussage oder einer Äußerung an, so hat der Vorsitzende von Amts wegen oder auf Antrag einer an der Verhandlung beteiligten Person die vollständige Niederschreibung und Verlesung anzuordnen. Lehnt der Vorsitzende die Anordnung ab, so entscheidet auf Antrag einer an der Verhandlung beteiligten Person das Gericht. In dem Protokoll ist zu vermerken, daß die Verlesung geschehen und die Genehmigung erfolgt ist oder welche Einwendungen erhoben worden sind.

(4) Bevor das Protokoll fertiggestellt ist, darf das Urteil nicht zugestellt werden.

§ 274 [Beweiskraft des Protokolls] Die Beobachtung der für die Hauptverhandlung vorgeschriebenen Förmlichkeiten kann nur durch das Protokoll bewiesen werden. Gegen den diese Förmlichkeiten betreffenden Inhalt des Protokolls ist nur der Nachweis der Fälschung zulässig.

§ 275 [Frist und Form der Urteilsniederschrift; Ausfertigungen] (1) Ist das Urteil mit den Gründen nicht bereits vollständig in das Protokoll aufgenommen worden, so ist es unverzüglich zu den Akten zu bringen. Dies muß spätestens fünf Wochen nach der Verkündung geschehen; diese Frist verlängert sich, wenn die Hauptverhandlung länger als drei Tage gedauert hat, um zwei Wochen, und wenn die Hauptverhandlung länger als zehn Tage gedauert hat, für jeden begonnenen Abschnitt von zehn Hauptverhandlungstagen um weitere zwei Wochen. Nach Ablauf der Frist dürfen die Urteilsgründe nicht mehr geändert werden. Die Frist darf nur überschritten werden, wenn und solange das Gericht durch einen im Einzelfall nicht voraussehbaren unabwendbaren Umstand an ihrer Einhaltung gehindert worden ist. Der Zeitpunkt des Eingangs und einer Änderung der Gründe ist von der Geschäftsstelle zu vermerken.

(2) Das Urteil ist von den Richtern, die bei der Entscheidung mitgewirkt haben, zu unterschreiben. Ist ein Richter verhindert, seine Unterschrift beizufügen, so wird dies unter der Angabe des Verhinderungsgrundes von dem Vorsitzenden und bei dessen Verhinderung von dem ältesten beisitzenden Richter unter dem Urteil vermerkt. Der Unterschrift der Schöffen bedarf es nicht.

(3) Die Bezeichnung des Tages der Sitzung sowie die Namen der Richter, der Schöffen, des Beamten der Staatsanwaltschaft, des Verteidigers und des Urkundsbeamten der Geschäftsstelle, die an der Sitzung teilgenommen haben, sind in das Urteil aufzunehmen.

(4) Die Ausfertigungen und Auszüge der Urteile sind von dem Urkundsbeamten der Geschäftsstelle zu unterschreiben und mit dem Gerichtssiegel zu versehen.

Siebenter Abschnitt. Entscheidung über die im Urteil vorbehaltene oder die nachträgliche Anordnung der Sicherungsverwahrung

§ 275a [Entscheidung über Sicherungsverwahrung; Hauptverhandlung; Sachverständigengutachten; Unterbringungsbefehl] (1) Ist über die im Urteil vorbehaltene oder die nachträgliche Anordnung der Sicherungsverwahrung (§§ 66a und 66b des Strafgesetzbuches, § 106 Abs. 3, 5 und 6 des Jugendgerichtsgesetzes) zu entscheiden, übersendet die Vollstreckungsbehörde die Akten rechtzeitig an die Staatsanwaltschaft des zuständigen Gerichts. Prüft die Staatsanwaltschaft, ob eine nachträgliche Anordnung der Sicherungsverwahrung in Betracht kommt, teilt sie dies dem Betroffenen mit. Die Staatsanwaltschaft soll den Antrag auf nachträgliche Anordnung der Sicherungsverwahrung nach § 66b Abs. 1 oder 2 des Strafgesetzbuches oder nach § 106 Abs. 5 des Jugendgerichtsgesetzes spätestens sechs Monate vor dem Zeitpunkt stellen, in dem der Vollzug der Freiheitsstrafe oder der freiheitsentziehenden Maßregel der Besserung und Sicherung gegen den Betroffenen endet. Sie übergibt die Akten mit ihrem Antrag unverzüglich dem Vorsitzenden des Gerichts.

(2) Für die Vorbereitung und die Durchführung der Hauptverhandlung gelten die §§ 213 bis 275 entsprechend, soweit nachfolgend nichts anderes geregelt ist.

(3) Nachdem die Hauptverhandlung nach Maßgabe des § 243 Abs. 1 begonnen hat, hält ein Berichterstatter in Abwesenheit der Zeugen einen Vortrag über die Ergebnisse des bisherigen Verfahrens. Der Vorsitzende verliest das frühere Urteil, soweit es für die Entscheidung über die vorbehaltene oder die nachträgliche Anordnung der Sicherungsverwahrung von Bedeutung ist. Sodann erfolgt die Vernehmung des Verurteilten und die Beweisaufnahme.

(4) Das Gericht holt vor der Entscheidung das Gutachten eines Sachverständigen ein. Ist über die nachträgliche Anordnung der Sicherungsverwahrung zu entscheiden, müssen die Gutachten von zwei Sachverständigen eingeholt werden. Die Gutachter dürfen im Rahmen des Strafvollzugs oder des Vollzugs der Unterbringung nicht mit der Behandlung des Verurteilten befasst gewesen sein.

(5) Sind dringende Gründe für die Annahme vorhanden, dass die nachträgliche Sicherungsverwahrung angeordnet wird, so kann das Gericht bis zur Rechtskraft des Urteils einen Unterbringungsbefehl erlassen. In den Fällen des § 66b Abs. 3 des Strafgesetzbuches und des § 106 Abs. 6 des Jugendgerichtsgesetzes ist das für die Entscheidung nach § 67d Abs. 6 des Strafgesetzbuches zuständige Gericht für den Erlass des Unterbringungsbefehls so lange zuständig, bis der Antrag auf Anordnung der nachträglichen Sicherungsverwahrung bei dem für diese Entscheidung zuständigen Gericht eingeht. In den Fällen des § 66a des Strafgesetzbuches und des § 106 Abs. 3 des Jugendgerichtsgesetzes kann das Gericht bis zur Rechtskraft des Urteils einen Unterbringungsbefehl erlassen, wenn es im ersten Rechtszug bis zu dem in § 66a Abs. 2 Satz 1 des Strafgesetzbuches bestimmten Zeitpunkt die vorbehaltene Sicherungsverwahrung angeordnet hat. Die §§ 114 bis 115a, 117 bis 119 und 126a Abs. 3 gelten entsprechend.

Achter Abschnitt. Verfahren gegen Abwesende

§ 276 [Begriff und Verfahren] Ein Beschuldigter gilt als abwesend, wenn sein Aufenthalt unbekannt ist oder wenn er sich im Ausland aufhält und seine Gestellung vor das zuständige Gericht nicht ausführbar oder nicht angemessen erscheint.

§§ 277 bis 284 (weggefallen)

§ 285 [Beweissicherungszweck] (1) Gegen einen Abwesenden findet keine Hauptverhandlung statt. Das gegen einen Abwesenden eingeleitete Verfahren hat die Aufgabe, für den Fall seiner künftigen Gestellung die Beweise zu sichern.

(2) Für dieses Verfahren gelten die Vorschriften der §§ 286 bis 294.

§ 286 [Verteidiger] (1) Für den Angeklagten kann ein Verteidiger auftreten. Auch Angehörige des Angeklagten sind, auch ohne Vollmacht, als Vertreter zuzulassen.

(2) Zeugen sind, soweit nicht Ausnahmen vorgeschrieben oder zugelassen sind, eidlich zu vernehmen.

§ 286 [Verteidiger] Für den Angeklagten kann ein Verteidiger auftreten. Auch Angehörige des Angeklagten sind, auch ohne Vollmacht, als Vertreter zuzulassen.

§ 287 [Benachrichtigung des Abwesenden] (1) Dem abwesenden Beschuldigten steht ein Anspruch auf Benachrichtigung über den Fortgang des Verfahrens nicht zu.

(2) Der Richter ist jedoch befugt, einem Abwesenden, dessen Aufenthalt bekannt ist, Benachrichtigungen zugehen zu lassen.

§ 288 [Aufforderung zum Erscheinen] Der Abwesende, dessen Aufenthalt unbekannt ist, kann in einem oder mehreren öffentlichen Blättern zum Erscheinen vor Gericht oder zur Anzeige seines Aufenthaltsortes aufgefordert werden.

§ 289 [Kommissarische Beweisaufnahme] Stellt sich erst nach Eröffnung des Hauptverfahrens die Abwesenheit des Angeklagten heraus, so erfolgen die noch erforderlichen Beweisaufnahmen durch einen beauftragten oder ersuchten Richter.

§ 290 [Beschlagnahme statt Haftbefehl] (1) Liegen gegen den Abwesenden, gegen den die öffentliche Klage erhoben ist, Verdachtsgründe vor, die den Erlaß eines Haftbefehls rechtfertigen würden, so kann sein im Geltungsbereich dieses Bundesgesetzes befindliches Vermögen durch Beschluß des Gerichts mit Beschlag belegt werden.

(2) Wegen Straftaten, die nur mit Freiheitsstrafe bis zu sechs Monaten oder mit Geldstrafe bis zu einhundertachtzig Tagessätzen bedroht sind, findet keine Vermögensbeschlagnahme statt.

§ 291 [Bekanntmachung der Beschlagnahme] Der die Beschlagnahme verhängende Beschluß ist im elektronischen Bundesanzeiger bekanntzumachen und kann nach dem Ermessen des Gerichts auch auf andere geeignete Weise veröffentlicht werden.

§ 292 [Wirkung der Bekanntmachung] (1) Mit dem Zeitpunkt der ersten Bekanntmachung im elektronischen Bundesanzeiger verliert der Angeschuldigte das Recht, über das in Beschlag genommene Vermögen unter Lebenden zu verfügen.

(2) Der die Beschlagnahme verhängende Beschluß ist der Behörde mitzuteilen, die für die Einleitung einer Pflegschaft über Abwesende zuständig ist. Diese Behörde hat eine Pflegschaft einzuleiten.

§ 293 [Aufhebung der Beschlagnahme] (1) Die Beschlagnahme ist aufzuheben, wenn ihre Gründe weggefallen sind.

(2) Die Aufhebung der Beschlagnahme ist auf dieselbe Weise bekannt zu machen, wie die Bekanntmachung der Beschlagnahme. Ist die Veröffentlichung nach § 291 im elektronischen Bundesanzeiger erfolgt, ist zudem deren Löschung zu veranlassen; die Veröffentlichung der Aufhebung der Beschlagnahme im elek-

tronischen Bundesanzeiger ist nach Ablauf von einem Monat zu löschen.

§ 294 [Verfahren nach Anklageerhebung] (1) Für das nach Erhebung der öffentlichen Klage eintretende Verfahren gelten im übrigen die Vorschriften über die Eröffnung des Hauptverfahrens entsprechend.

(2) In dem nach Beendigung dieses Verfahrens ergehenden Beschluß (§ 199) ist zugleich über die Fortdauer oder Aufhebung der Beschlagnahme zu entscheiden.

§ 295 [Sicheres Geleit] (1) Das Gericht kann einem abwesenden Beschuldigten sicheres Geleit erteilen; es kann diese Erteilung an Bedingungen knüpfen.

(2) Das sichere Geleit gewährt Befreiung von der Untersuchungshaft, jedoch nur wegen der Straftat, für die es erteilt ist.

(3) Es erlischt, wenn ein auf Freiheitsstrafe lautendes Urteil ergeht oder wenn der Beschuldigte Anstalten zur Flucht trifft oder wenn er die Bedingungen nicht erfüllt, unter denen ihm das sichere Geleit erteilt worden ist.

Drittes Buch. Rechtsmittel

Erster Abschnitt. Allgemeine Vorschriften

§ 296 [Rechtsmittelberechtigte] (1) Die zulässigen Rechtsmittel gegen gerichtliche Entscheidungen stehen sowohl der Staatsanwaltschaft als dem Beschuldigten zu.

(2) Die Staatsanwaltschaft kann von ihnen auch zugunsten des Beschuldigten Gebrauch machen.

§ 297 [Verteidiger] Für den Beschuldigten kann der Verteidiger, jedoch nicht gegen dessen ausdrücklichen Willen, Rechtsmittel einlegen.

§ 298 [Gesetzlicher Vertreter] (1) Der gesetzliche Vertreter eines Beschuldigten kann binnen der für den Beschuldigten laufenden Frist selbständig von den zulässigen Rechtsmitteln Gebrauch machen.

(2) Auf ein solches Rechtsmittel und auf das Verfahren sind die für die Rechtsmittel des Beschuldigten geltenden Vorschriften entsprechend anzuwenden.

§ 299 [Verhafteter Beschuldigter] (1) Der nicht auf freiem Fuß befindliche Beschuldigte kann die Erklärungen, die sich auf Rechtsmittel beziehen, zu Protokoll der Geschäftsstelle des Amtsgerichts geben, in dessen Bezirk die Anstalt liegt, wo er auf behördliche Anordnung verwahrt wird.

(2) Zur Wahrung einer Frist genügt es, wenn innerhalb der Frist das Protokoll aufgenommen wird.

§ 300 [Falsche Bezeichnung] Ein Irrtum in der Bezeichnung des zulässigen Rechtsmittels ist unschädlich.

§ 301 [Rechtsmittel der Staatsanwaltschaft] Jedes von der Staatsanwaltschaft eingelegte Rechtsmittel hat die Wirkung, daß die angefochtene Entscheidung auch zugunsten des Beschuldigten abgeändert oder aufgehoben werden kann.

§ 302 [Zurücknahme; Verzicht] (1) Die Zurücknahme eines Rechtsmittels sowie der Verzicht auf die Einlegung eines Rechtsmittels kann auch vor Ablauf der Frist zu seiner Einlegung wirksam erfolgen. Ein von der Staatsanwaltschaft zugunsten des Beschuldigten eingelegtes Rechtsmittel kann jedoch ohne dessen Zustimmung nicht zurückgenommen werden.

(2) Der Verteidiger bedarf zur Zurücknahme einer ausdrücklichen Ermächtigung.

§ 303 [Zustimmung des Gegners] Wenn die Entscheidung über das Rechtsmittel auf Grund mündlicher Verhandlung stattzufinden hat, so kann die Zurücknahme nach Beginn der Hauptverhandlung nur mit Zustimmung des Gegners erfolgen. Die Zurücknahme eines Rechtsmittels des Angeklagten bedarf jedoch nicht der Zustimmung des Nebenklägers.

Zweiter Abschnitt. Beschwerde

§ 304 [Zulässigkeit] (1) Die Beschwerde ist gegen alle von den Gerichten im ersten Rechtszug oder im Berufungsverfahren erlassenen Beschlüsse und gegen die Verfügungen des Vorsitzenden, des Richters im Vorverfahren und eines beauftragten oder ersuchten Richters zulässig, soweit das Gesetz sie nicht ausdrücklich einer Anfechtung entzieht.

(2) Auch Zeugen, Sachverständige und andere Personen können gegen Beschlüsse und Verfügungen, durch die sie betroffen werden, Beschwerde erheben.

(3) Gegen Entscheidungen über Kosten oder notwendige Auslagen ist die Beschwerde nur zulässig, wenn der Wert des Beschwerdegegenstands 200 Euro übersteigt.

(4) Gegen Beschlüsse und Verfügungen des Bundesgerichtshofes ist keine Beschwerde zulässig. Dasselbe gilt für Beschlüsse und Verfügungen der Oberlandesgerichte; in Sachen, in denen die Oberlandesgerichte im ersten Rechtszug zuständig sind, ist jedoch die Beschwerde zulässig gegen Beschlüsse und Verfügungen, welche

1. die Verhaftung, einstweilige Unterbringung, Unterbringung zur Beobachtung, Beschlagnahme oder Durchsuchung betreffen,
2. die Eröffnung des Hauptverfahrens ablehnen oder das Verfahren wegen eines Verfahrenshindernisses einstellen,
3. die Hauptverhandlung in Abwesenheit des Angeklagten (§ 231a) anordnen oder die Verweisung an ein Gericht niederer Ordnung aussprechen,
4. die Akteneinsicht betreffen oder
5. den Widerruf der Strafaussetzung, den Widerruf des Straferlasses und die Verurteilung zu der vorbehaltenen Strafe (§ 453 Abs. 2 Satz 3), die Anordnung vorläufiger Maßnahmen zur Sicherung des Widerrufs (§ 453c), die Aussetzung des Strafrestes und deren Widerruf (§ 454 Abs. 3 und 4), die Wiederaufnahme des Verfahrens (§ 372 Satz 1) oder den Verfall, die Einziehung oder die Unbrauchbarmachung nach den §§ 440, 441 Abs. 2 und § 442 betreffen;

§ 138d Abs. 6 bleibt unberührt.

(5) Gegen Verfügungen des Ermittlungsrichters des Bundesgerichtshofes und des Oberlandesgerichts (§ 169 Abs. 1) ist die Beschwerde nur zulässig, wenn sie die Verhaftung, einstweilige Unterbringung, Beschlagnahme oder Durchsuchung betreffen.

§ 305 [Ausschluss der Beschwerde] Entscheidungen der erkennenden Gerichte, die der Urteilsfällung vorausgehen, unterliegen nicht der Beschwerde. Ausgenommen sind Entscheidungen über Verhaftungen, die einstweilige Unterbringung, Beschlagnahmen, die vorläufige Entziehung der Fahrerlaubnis, das vorläufige Berufsverbot oder die Festsetzung von Ordnungs- oder Zwangsmitteln sowie alle Entscheidungen, durch die dritte Personen betroffen werden.

§ 305a [Beschwerde gegen Strafaussetzungsbeschluss] (1) Gegen den Beschluß nach § 268a Abs. 1, 2 ist Beschwerde zulässig. Sie kann nur darauf gestützt werden, daß eine getroffene Anordnung gesetzwidrig ist.

(2) Wird gegen den Beschluß Beschwerde und gegen das Urteil eine zulässige Revision eingelegt, so ist das Revisionsgericht auch zur Entscheidung über die Beschwerde zuständig.

§ 306 [Einlegung; Abhilfe oder Vorlegung] (1) Die Beschwerde wird bei dem Gericht, von dem oder von dessen Vorsitzenden die angefochtene Entscheidung erlassen ist, zu Protokoll der Geschäftsstelle oder schriftlich eingelegt.

(2) Erachtet das Gericht oder der Vorsitzende, dessen Entscheidung angefochten wird, die Beschwerde für begründet, so haben sie ihr abzuhelfen; andernfalls ist die Beschwerde sofort, spätestens vor Ablauf von drei Tagen, dem Beschwerdegericht vorzulegen.

(3) Diese Vorschriften gelten auch für die Entscheidungen des Richters im Vorverfahren und des beauftragten oder ersuchten Richters.

§ 307 [Keine Vollzugshemmung] (1) Durch Einlegung der Beschwerde wird der Vollzug der angefochtenen Entscheidung nicht gehemmt.

(2) Jedoch kann das Gericht, der Vorsitzende oder der Richter, dessen Entscheidung angefochten wird, sowie auch das Beschwerdegericht anordnen, daß die Vollziehung der angefochtenen Entscheidung auszusetzen ist.

§ 308 [Befugnisse des Beschwerdegerichts] (1) Das Beschwerdegericht darf die angefochtene Entscheidung nicht zum Nachteil des Gegners des Beschwerdeführers ändern, ohne daß diesem die Beschwerde zur Gegenerklärung mitgeteilt worden ist. Dies gilt nicht in den Fällen des § 33 Abs. 4 Satz 1.

(2) Das Beschwerdegericht kann Ermittlungen anordnen oder selbst vornehmen.

§ 309 [Entscheidung] (1) Die Entscheidung über die Beschwerde ergeht ohne mündliche Verhandlung, in geeigneten Fällen nach Anhörung der Staatsanwaltschaft.

(2) Wird die Beschwerde für begründet erachtet, so erläßt das Beschwerdegericht zugleich die in der Sache erforderliche Entscheidung.

§ 310 [Weitere Beschwerde] (1) Beschlüsse, die von dem Landgericht oder von dem nach § 120 Abs. 3 des Gerichtsverfassungsgesetzes zuständigen Oberlandesgericht auf die Beschwerde hin erlassen worden sind, können durch weitere Beschwerde angefochten werden, wenn sie

1. eine Verhaftung,
2. eine einstweilige Unterbringung oder
3. eine Anordnung des dinglichen Arrestes nach § 111b Abs. 2 in Verbindung mit § 111d über einen Betrag von mehr als 20.000 Euro

betreffen.

(2) Im übrigen findet eine weitere Anfechtung der auf eine Beschwerde ergangenen Entscheidungen nicht statt.

§ 311 [Sofortige Beschwerde] (1) Für die Fälle der sofortigen Beschwerde gelten die nachfolgenden besonderen Vorschriften.

(2) Die Beschwerde ist binnen einer Woche einzulegen; die Frist beginnt mit der Bekanntmachung (§ 35) der Entscheidung.

(3) Das Gericht ist zu einer Abänderung seiner durch Beschwerde angefochtenen Entscheidung nicht befugt. Es hilft jedoch der Beschwerde ab, wenn es zum Nachteil des Beschwerdeführers Tatsachen oder

Beweisergebnisse verwertet hat, zu denen dieser noch nicht gehört worden ist, und es auf Grund des nachträglichen Vorbringens die Beschwerde für begründet erachtet.

§ 311a [Nachträgliche Anhörung des Gegners] (1) Hat das Beschwerdegericht einer Beschwerde ohne Anhörung des Gegners des Beschwerdeführers stattgegeben und kann seine Entscheidung nicht angefochten werden, so hat es diesen, sofern der ihm dadurch entstandene Nachteil noch besteht, von Amts wegen oder auf Antrag nachträglich zu hören und auf einen Antrag zu entscheiden. Das Beschwerdegericht kann seine Entscheidung auch ohne Antrag ändern.

(2) Für das Verfahren gelten die §§ 307, 308 Abs. 2 und § 309 Abs. 2 entsprechend.

Dritter Abschnitt. Berufung

§ 312 [Zulässigkeit] Gegen die Urteile des Strafrichters und des Schöffengerichts ist Berufung zulässig.

§ 313 [Annahme der Berufung] (1) Ist der Angeklagte zu einer Geldstrafe von nicht mehr als fünfzehn Tagessätzen verurteilt worden, beträgt im Falle einer Verwarnung die vorbehaltene Strafe nicht mehr als fünfzehn Tagessätze oder ist eine Verurteilung zu einer Geldbuße erfolgt, so ist die Berufung nur zulässig, wenn sie angenommen wird. Das gleiche gilt, wenn der Angeklagte freigesprochen oder das Verfahren eingestellt worden ist und die Staatsanwaltschaft eine Geldstrafe von nicht mehr als dreißig Tagessätzen beantragt hatte.

(2) Die Berufung wird angenommen, wenn sie nicht offensichtlich unbegründet ist. Andernfalls wird die Berufung als unzulässig verworfen.

(3) Die Berufung gegen ein auf Geldbuße, Freispruch oder Einstellung wegen einer Ordnungswidrigkeit lautendes Urteil ist stets anzunehmen, wenn die Rechtsbeschwerde nach § 79 Abs. 1 des Gesetzes über Ordnungswidrigkeiten zulässig oder nach § 80 Abs. 1 und 2 des Gesetzes über Ordnungswidrigkeiten zuzulassen wäre. Im übrigen findet Absatz 2 Anwendung.

§ 314 [Form und Frist] (1) Die Berufung muß bei dem Gericht des ersten Rechtszuges binnen einer Woche nach Verkündung des Urteils zu Protokoll der Geschäftsstelle oder schriftlich eingelegt werden.

(2) Hat die Verkündung des Urteils nicht in Anwesenheit des Angeklagten stattgefunden, so beginnt für diesen die Frist mit der Zustellung, sofern nicht in den Fällen der §§ 234, 387 Abs. 1, § 411 Abs. 2 und § 434 Abs. 1 Satz 1 die Verkündung in Anwesenheit des mit schriftlicher Vollmacht versehenen Verteidigers stattgefunden hat.

§ 315 [Berufung und Wiedereinsetzungsantrag] (1) Der Beginn der Frist zur Einlegung der Berufung wird dadurch nicht ausgeschlossen, daß gegen ein auf Ausbleiben des Angeklagten ergangenes Urteil eine Wiedereinsetzung in den vorigen Stand nachgesucht werden kann.

(2) Stellt der Angeklagte einen Antrag auf Wiedereinsetzung in den vorigen Stand, so wird die Berufung dadurch gewahrt, daß sie sofort für den Fall der Verwerfung jenes Antrags rechtzeitig eingelegt wird. Die weitere Verfügung in bezug auf die Berufung bleibt dann bis zur Erledigung des Antrags auf Wiedereinsetzung in den vorigen Stand ausgesetzt.

(3) Die Einlegung der Berufung ohne Verbindung mit dem Antrag auf Wiedereinsetzung in den vorigen Stand gilt als Verzicht auf die letztere.

§ 316 [Hemmung der Rechtskraft] (1) Durch rechtzeitige Einlegung der Berufung wird die Rechtskraft des Urteils, soweit es angefochten ist, gehemmt.

(2) Dem Beschwerdeführer, dem das Urteil mit den Gründen noch nicht zugestellt war, ist es nach Einlegung der Berufung sofort zuzustellen.

§ 317 [Berufungsbegründung] Die Berufung kann binnen einer weiteren Woche nach Ablauf der Frist zur Einlegung des Rechtsmittels oder, wenn zu dieser Zeit das Urteil noch nicht zugestellt war, nach dessen Zustellung bei dem Gericht des ersten Rechtszuges zu Protokoll der Geschäftsstelle oder in einer Beschwerdeschrift gerechtfertigt werden.

§ 318 [Beschränkung der Berufung] Die Berufung kann auf bestimmte Beschwerdepunkte beschränkt werden. Ist dies nicht geschehen oder eine Rechtfertigung überhaupt nicht erfolgt, so gilt der ganze Inhalt des Urteils als angefochten.

§ 319 [Verspätete Einlegung] (1) Ist die Berufung verspätet eingelegt, so hat das Gericht des ersten Rechtszuges das Rechtsmittel als unzulässig zu verwerfen.

(2) Der Beschwerdeführer kann binnen einer Woche nach Zustellung des Beschlusses auf die Entscheidung des Berufungsgerichts antragen. In diesem Falle sind die Akten an das Berufungsgericht einzusenden; die Vollstreckung des Urteils wird jedoch hierdurch nicht gehemmt. Die Vorschrift des § 35a gilt entsprechend.

§ 320 [Aktenvorlage an Staatsanwaltschaft] Ist die Berufung rechtzeitig eingelegt, so hat nach Ablauf der Frist zur Rechtfertigung die Geschäftsstelle ohne Rücksicht darauf, ob eine Rechtfertigung stattgefunden hat oder nicht, die Akten der Staatsanwaltschaft vorzulegen. Diese stellt, wenn die Berufung von ihr eingelegt ist, dem Angeklagten die Schriftstücke über Einlegung und Rechtfertigung der Berufung zu.

§ 321 [Aktenweitergabe an das Berufungsgericht] Die Staatsanwaltschaft übersendet die Akten an die Staatsanwaltschaft bei dem Berufungsgericht. Diese übergibt die Akten binnen einer Woche dem Vorsitzenden des Gerichts.

§ 322 [Verwerfung ohne Hauftverhandlung] (1) Erachtet das Berufungsgericht die Vorschriften über die Einlegung der Berufung nicht für beobachtet, so kann es das Rechtsmittel durch Beschluß als unzulässig verwerfen. Andernfalls entscheidet es darüber durch Urteil; § 322a bleibt unberührt.

(2) Der Beschluß kann mit sofortiger Beschwerde angefochten werden.

§ 322a [Entscheidung über Annahme der Berufung] Über die Annahme einer Berufung (§ 313) entscheidet das Berufungsgericht durch Beschluß. Die Entscheidung ist unanfechtbar. Der Beschluß, mit dem die Berufung angenommen wird, bedarf keiner Begründung.

§ 323 [Vorbereitung der Hauptverhandlung] (1) Für die Vorbereitung der Hauptverhandlung gelten die Vorschriften der §§ 214 und 216 bis 225. In der Ladung ist der Angeklagte auf die Folgen des Ausbleibens ausdrücklich hinzuweisen.

(2) Die Ladung der im ersten Rechtszug vernommenen Zeugen und Sachverständigen kann nur dann unterbleiben, wenn ihre wiederholte Vernehmung zur Aufklärung der Sache nicht erforderlich erscheint. Sofern es erforderlich erscheint, ordnet das Berufungsgericht die Übertragung eines Tonbandmitschnitts einer Vernehmung gemäß § 273 Abs. 2 Satz 2 in ein schriftliches Protokoll an. Wer die Übertragung hergestellt hat, versieht die eigene Unterschrift mit dem Zusatz, dass die Richtigkeit der Übertragung bestätigt wird. Der Staatsanwaltschaft, dem Verteidiger und dem Angeklagten ist eine Abschrift des schriftlichen

Protokolls zu erteilen. Der Nachweis der Unrichtigkeit der Übertragung ist zulässig. Das schriftliche Protokoll kann nach Maßgabe des § 325 verlesen werden.

(3) Neue Beweismittel sind zulässig.

(4) Bei der Auswahl der zu ladenden Zeugen und Sachverständigen ist auf die von dem Angeklagten zur Rechtfertigung der Berufung benannten Personen Rücksicht zu nehmen.

§ 324 [Gang der Hauptverhandlung] (1) Nachdem die Hauptverhandlung nach Vorschrift des § 243 Abs. 1 begonnen hat, hält ein Berichterstatter in Abwesenheit der Zeugen einen Vortrag über die Ergebnisse des bisherigen Verfahrens. Das Urteil des ersten Rechtszuges ist zu verlesen, soweit es für die Berufung von Bedeutung ist; von der Verlesung der Urteilsgründe kann abgesehen werden, soweit die Staatsanwaltschaft, der Verteidiger und der Angeklagte darauf verzichten.

(2) Sodann erfolgt die Vernehmung des Angeklagten und die Beweisaufnahme.

§ 325 [Verlesung von Schriftstücken] Bei der Berichterstattung und der Beweisaufnahme können Schriftstücke verlesen werden; Protokolle über Aussagen der in der Hauptverhandlung des ersten Rechtszuges vernommenen Zeugen und Sachverständigen dürfen, abgesehen von den Fällen der §§ 251 und 253, ohne die Zustimmung der Staatsanwaltschaft und des Angeklagten nicht verlesen werden, wenn die wiederholte Vorladung der Zeugen oder Sachverständigen erfolgt ist oder von dem Angeklagten rechtzeitig vor der Hauptverhandlung beantragt worden war.

§ 326 [Schlussvorträge] Nach dem Schluß der Beweisaufnahme werden die Staatsanwaltschaft sowie der Angeklagte und sein Verteidiger mit ihren Ausführungen und Anträgen, und zwar der Beschwerdeführer zuerst, gehört. Dem Angeklagten gebührt das letzte Wort.

§ 327 [Umfang der Urteilsprüfung] Der Prüfung des Gerichts unterliegt das Urteil nur, soweit es angefochten ist.

§ 328 [Inhalt des Berufungsurteils] (1) Soweit die Berufung für begründet befunden wird, hat das Berufungsgericht unter Aufhebung des Urteils in der Sache selbst zu erkennen.

(2) Hat das Gericht des ersten Rechtszuges mit Unrecht seine Zuständigkeit angenommen, so hat das Berufungsgericht unter Aufhebung des Urteils die Sache an das zuständige Gericht zu verweisen.

§ 329 [Ausbleiben des Angeklagten] (1) Ist bei Beginn einer Hauptverhandlung weder der Angeklagte noch in den Fällen, in denen dies zulässig ist, ein Vertreter des Angeklagten erschienen und das Ausbleiben nicht genügend entschuldigt, so hat das Gericht eine Berufung des Angeklagten ohne Verhandlung zur Sache zu verwerfen. Dies gilt nicht, wenn das Berufungsgericht erneut verhandelt, nachdem die Sache vom Revisionsgericht zurückverwiesen worden ist. Ist die Verurteilung wegen einzelner von mehreren Taten weggefallen, so ist bei der Verwerfung der Berufung der Inhalt des aufrechterhaltenen Urteils klarzustellen; die erkannten Strafen können vom Berufungsgericht auf eine neue Gesamtstrafe zurückgeführt werden.

(2) Unter den Voraussetzungen des Absatzes 1 Satz 1 kann auf eine Berufung der Staatsanwaltschaft auch ohne den Angeklagten verhandelt werden. Eine Berufung der Staatsanwaltschaft kann in diesen Fällen auch ohne Zustimmung des Angeklagten zurückgenommen werden, es sei denn, daß die Voraussetzungen des Absatzes 1 Satz 2 vorliegen.

(3) Der Angeklagte kann binnen einer Woche nach der Zustellung des Urteils die Wiedereinsetzung in den vorigen Stand unter den in den §§ 44 und 45 bezeichneten Voraussetzungen beanspruchen.

(4) Sofern nicht nach Absatz 1 oder 2 verfahren wird, ist die Vorführung oder Verhaftung des

Angeklagten anzuordnen. Hiervon ist abzusehen, wenn zu erwarten ist, daß er in der neu anzuberaumenden Hauptverhandlung ohne Zwangsmaßnahmen erscheinen wird.

§ 330 [Maßnahmen bei Berufung durch gesetzlichen Vertreter] (1) Ist von dem gesetzlichen Vertreter die Berufung eingelegt worden, so hat das Gericht auch den Angeklagten zu der Hauptverhandlung vorzuladen und kann ihn bei seinem Ausbleiben zwangsweise vorführen lassen.

(2) Bleibt allein der gesetzliche Vertreter in der Hauptverhandlung aus, so ist ohne ihn zu verhandeln. Ist weder der gesetzliche Vertreter noch der Angeklagte bei Beginn einer Hauptverhandlung erschienen, so gilt § 329 Abs. 1 entsprechend; ist lediglich der Angeklagte nicht erschienen, so gilt § 329 Abs. 2 Satz 1 entsprechend.

§ 331 [Verbot der reformatio in peius] (1) Das Urteil darf in Art und Höhe der Rechtsfolgen der Tat nicht zum Nachteil des Angeklagten geändert werden, wenn lediglich der Angeklagte, zu seinen Gunsten die Staatsanwaltschaft oder sein gesetzlicher Vertreter Berufung eingelegt hat.

(2) Diese Vorschrift steht der Anordnung der Unterbringung in einem psychiatrischen Krankenhaus oder einer Entziehungsanstalt nicht entgegen.

§ 332 [Verfahrensvorschriften] Im übrigen gelten die im sechsten Abschnitt des zweiten Buches über die Hauptverhandlung gegebenen Vorschriften.

Vierter Abschnitt. Revision

§ 333 [Zulässigkeit] Gegen die Urteile der Strafkammern und der Schwurgerichte sowie gegen die im ersten Rechtszug ergangenen Urteile der Oberlandesgerichte ist Revision zulässig.

§ 334 (weggefallen)

§ 335 [Sprungrevision] (1) Ein Urteil, gegen das Berufung zulässig ist, kann statt mit Berufung mit Revision angefochten werden.

(2) Über die Revision entscheidet das Gericht, das zur Entscheidung berufen wäre, wenn die Revision nach durchgeführter Berufung eingelegt worden wäre.

(3) Legt gegen das Urteil ein Beteiligter Revision und ein anderer Berufung ein, so wird, solange die Berufung nicht zurückgenommen oder als unzulässig verworfen ist, die rechtzeitig und in der vorgeschriebenen Form eingelegte Revision als Berufung behandelt. Die Revisionsanträge und deren Begründung sind gleichwohl in der vorgeschriebenen Form und Frist anzubringen und dem Gegner zuzustellen (§§ 344 bis 347). Gegen das Berufungsurteil ist Revision nach den allgemein geltenden Vorschriften zulässig.

§ 336 [Vorentscheidungen der Vorinstanz] Der Beurteilung des Revisionsgerichts unterliegen auch die Entscheidungen, die dem Urteil vorausgegangen sind, sofern es auf ihnen beruht. Dies gilt nicht für Entscheidungen, die ausdrücklich für unanfechtbar erklärt oder mit der sofortigen Beschwerde anfechtbar sind.

§ 337 [Revisionsgründe] (1) Die Revision kann nur darauf gestützt werden, daß das Urteil auf einer Verletzung des Gesetzes beruhe.

(2) Das Gesetz ist verletzt, wenn eine Rechtsnorm nicht oder nicht richtig angewendet worden ist.

§ 338 [Absolute Revisionsgründe] Ein Urteil ist stets als auf einer Verletzung des Gesetzes beruhend anzusehen,

1. wenn das erkennende Gericht nicht vorschriftsmäßig besetzt war; war nach § 222a die Mitteilung der Besetzung vorgeschrieben, so kann die Revision auf die vorschriftswidrige Besetzung nur gestützt werden, soweit
   a) die Vorschriften über die Mitteilung verletzt worden sind,
   b) der rechtzeitig und in der vorgeschriebenen Form geltend gemachte Einwand der vorschriftswidrigen Besetzung übergangen oder zurückgewiesen worden ist,
   c) die Hauptverhandlung nicht nach § 222a Abs. 2 zur Prüfung der Besetzung unterbrochen worden ist oder
   d) das Gericht in einer Besetzung entschieden hat, deren Vorschriftswidrigkeit es nach § 222b Abs. 2 Satz 2 festgestellt hat;
2. wenn bei dem Urteil ein Richter oder Schöffe mitgewirkt hat, der von der Ausübung des Richteramtes kraft Gesetzes ausgeschlossen war;
3. wenn bei dem Urteil ein Richter oder Schöffe mitgewirkt hat, nachdem er wegen Besorgnis der Befangenheit abgelehnt war und das Ablehnungsgesuch entweder für begründet erklärt war oder mit Unrecht verworfen worden ist;
4. wenn das Gericht seine Zuständigkeit mit Unrecht angenommen hat;
5. wenn die Hauptverhandlung in Abwesenheit der Staatsanwaltschaft oder einer Person, deren Anwesenheit das Gesetz vorschreibt, stattgefunden hat;
6. wenn das Urteil auf Grund einer mündlichen Verhandlung ergangen ist, bei der die Vorschriften über die Öffentlichkeit des Verfahrens verletzt sind;
7. wenn das Urteil keine Entscheidungsgründe enthält oder diese nicht innerhalb des sich aus § 275 Abs. 1 Satz 2 und 4 ergebenden Zeitraums zu den Akten gebracht worden sind;
8. wenn die Verteidigung in einem für die Entscheidung wesentlichen Punkt durch einen Beschluß des Gerichts unzulässig beschränkt worden ist.

§ 339 [Rechtsnormen zugunsten des Angeklagten] Die Verletzung von Rechtsnormen, die lediglich zugunsten des Angeklagten gegeben sind, kann von der Staatsanwaltschaft nicht zu dem Zweck geltend gemacht werden, um eine Aufhebung des Urteils zum Nachteil des Angeklagten herbeizuführen.

§ 340 (weggefallen)

§ 341 [Form und Frist] (1) Die Revision muß bei dem Gericht, dessen Urteil angefochten wird, binnen einer Woche nach Verkündung des Urteils zu Protokoll der Geschäftsstelle oder schriftlich eingelegt werden.

(2) Hat die Verkündung des Urteils nicht in Anwesenheit des Angeklagten stattgefunden, so beginnt für diesen die Frist mit der Zustellung, sofern nicht in den Fällen der §§ 234, 387 Abs. 1, § 411 Abs. 2 und § 434 Abs. 1 Satz 1 die Verkündung in Anwesenheit des mit schriftlicher Vollmacht versehenen Verteidigers stattgefunden hat.

§ 342 [Revision und Wiedereinsetzungsantrag] (1) Der Beginn der Frist zur Einlegung der Revision wird dadurch nicht ausgeschlossen, daß gegen ein auf Ausbleiben des Angeklagten ergangenes Urteil eine Wiedereinsetzung in den vorigen Stand nachgesucht werden kann.

(2) Stellt der Angeklagte einen Antrag auf Wiedereinsetzung in den vorigen Stand, so wird die Revision dadurch gewahrt, daß sie sofort für den Fall der Verwerfung jenes Antrags rechtzeitig eingelegt und begründet wird. Die weitere Verfügung in bezug auf die Revision bleibt dann bis zur Erledigung des

Antrags auf Wiedereinsetzung in den vorigen Stand ausgesetzt.

(3) Die Einlegung der Revision ohne Verbindung mit dem Antrag auf Wiedereinsetzung in den vorigen Stand gilt als Verzicht auf die letztere.

§ 343 [Hemming der Rechtskraft] (1) Durch rechtzeitige Einlegung der Revision wird die Rechtskraft des Urteils, soweit es angefochten ist, gehemmt.

(2) Dem Beschwerdeführer, dem das Urteil mit den Gründen noch nicht zugestellt war, ist es nach Einlegung der Revision zuzustellen.

§ 344 [Revisionsbegründung] (1) Der Beschwerdeführer hat die Erklärung abzugeben, inwieweit er das Urteil anfechte und dessen Aufhebung beantrage (Revisionsanträge), und die Anträge zu begründen.

(2) Aus der Begründung muß hervorgehen, ob das Urteil wegen Verletzung einer Rechtsnorm über das Verfahren oder wegen Verletzung einer anderen Rechtsnorm angefochten wird. Ersterenfalls müssen die den Mangel enthaltenden Tatsachen angegeben werden.

§ 345 [Revisionsbegründungsfrist] (1) Die Revisionsanträge und ihre Begründung sind spätestens binnen eines Monats nach Ablauf der Frist zur Einlegung des Rechtsmittels bei dem Gericht, dessen Urteil angefochten wird, anzubringen. War zu dieser Zeit das Urteil noch nicht zugestellt, so beginnt die Frist mit der Zustellung.

(2) Seitens des Angeklagten kann dies nur in einer von dem Verteidiger oder einem Rechtsanwalt unterzeichneten Schrift oder zu Protokoll der Geschäftsstelle geschehen.

§ 346 [Verspätete und formwidrige Einlegung] (1) Ist die Revision verspätet eingelegt oder sind die Revisionsanträge nicht rechtzeitig oder nicht in der in § 345 Abs. 2 vorgeschriebenen Form angebracht worden, so hat das Gericht, dessen Urteil angefochten wird, das Rechtsmittel durch Beschluß als unzulässig zu verwerfen.

(2) Der Beschwerdeführer kann binnen einer Woche nach Zustellung des Beschlusses auf die Entscheidung des Revisionsgerichts antragen. In diesem Falle sind die Akten an das Revisionsgericht einzusenden; die Vollstreckung des Urteils wird jedoch hierdurch nicht gehemmt. Die Vorschrift des § 35a gilt entsprechend.

§ 347 [Zustellung; Gegenerklärung; Aktenvorlage] (1) Ist die Revision rechtzeitig eingelegt und sind die Revisionsanträge rechtzeitig und in der vorgeschriebenen Form angebracht, so ist die Revisionsschrift dem Gegner des Beschwerdeführers zuzustellen. Diesem steht frei, binnen einer Woche eine schriftliche Gegenerklärung einzureichen. Der Angeklagte kann letztere auch zu Protokoll der Geschäftsstelle abgeben.

(2) Nach Eingang der Gegenerklärung oder nach Ablauf der Frist sendet die Staatsanwaltschaft die Akten an das Revisionsgericht.

§ 348 [Unzuständigkeit des Gerichts] (1) Findet das Gericht, an das die Akten gesandt sind, daß die Verhandlung und Entscheidung über das Rechtsmittel zur Zuständigkeit eines anderen Gerichts gehört, so hat es durch Beschluß seine Unzuständigkeit auszusprechen.

(2) Dieser Beschluß, in dem das zuständige Revisionsgericht zu bezeichnen ist, unterliegt keiner Anfechtung und ist für das in ihm bezeichnete Gericht bindend.

(3) Die Abgabe der Akten erfolgt durch die Staatsanwaltschaft.

§ 349 [Verwerfung ohne Hauptverhandlung] (1) Erachtet das Revisionsgericht die Vorschriften über die

Einlegung der Revision oder die über die Anbringung der Revisionsanträge nicht für beobachtet, so kann es das Rechtsmittel durch Beschluß als unzulässig verwerfen.

(2) Das Revisionsgericht kann auf einen Antrag der Staatsanwaltschaft, der zu begründen ist, auch dann durch Beschluß entscheiden, wenn es die Revision einstimmig für offensichtlich unbegründet erachtet.

(3) Die Staatsanwaltschaft teilt den Antrag nach Absatz 2 mit den Gründen dem Beschwerdeführer mit. Der Beschwerdeführer kann binnen zwei Wochen eine schriftliche Gegenerklärung beim Revisionsgericht einreichen.

(4) Erachtet das Revisionsgericht die zugunsten des Angeklagten eingelegte Revision einstimmig für begründet, so kann es das angefochtene Urteil durch Beschluß aufheben.

(5) Wendet das Revisionsgericht Absatz 1, 2 oder 4 nicht an, so entscheidet es über das Rechtsmittel durch Urteil.

§ 350 [Hauptverhandlung] (1) Dem Angeklagten und dem Verteidiger sind Ort und Zeit der Hauptverhandlung mitzuteilen. Ist die Mitteilung an den Angeklagten nicht ausführbar, so genügt die Benachrichtigung des Verteidigers.

(2) Der Angeklagte kann in der Hauptverhandlung erscheinen oder sich durch einen mit schriftlicher Vollmacht versehenen Verteidiger vertreten lassen. Der Angeklagte, der nicht auf freiem Fuße ist, hat keinen Anspruch auf Anwesenheit.

(3) Hat der Angeklagte, der nicht auf freiem Fuße ist, keinen Verteidiger gewählt, so wird ihm, falls er zu der Hauptverhandlung nicht vorgeführt wird, auf seinen Antrag vom Vorsitzenden ein Verteidiger für die Hauptverhandlung bestellt. Der Antrag ist binnen einer Woche zu stellen, nachdem dem Angeklagten der Termin für die Hauptverhandlung unter Hinweis auf sein Recht, die Bestellung eines Verteidigers zu beantragen, mitgeteilt worden ist.

§ 351 [Gang der Hauptverhandlung] (1) Die Hauptverhandlung beginnt mit dem Vortrag eines Berichterstatters.

(2) Hierauf werden die Staatsanwaltschaft sowie der Angeklagte und sein Verteidiger mit ihren Ausführungen und Anträgen, und zwar der Beschwerdeführer zuerst, gehört. Dem Angeklagten gebührt das letzte Wort.

§ 352 [Umfang der Urteilsprüfung] (1) Der Prüfung des Revisionsgerichts unterliegen nur die gestellten Revisionsanträge und, soweit die Revision auf Mängel des Verfahrens gestützt wird, nur die Tatsachen, die bei Anbringung der Revisionsanträge bezeichnet worden sind.

(2) Eine weitere Begründung der Revisionsanträge als die in § 344 Abs. 2 vorgeschriebene ist nicht erforderlich und, wenn sie unrichtig ist, unschädlich.

§ 353 [Inhalt des Revisionsurteils] (1) Soweit die Revision für begründet erachtet wird, ist das angefochtene Urteil aufzuheben.

(2) Gleichzeitig sind die dem Urteil zugrunde liegenden Feststellungen aufzuheben, sofern sie durch die Gesetzesverletzung betroffen werden, wegen deren das Urteil aufgehoben wird.

§ 354 [Eigene Sachentscheidung; Zurückverweisung] (1) Erfolgt die Aufhebung des Urteils nur wegen Gesetzesverletzung bei Anwendung des Gesetzes auf die dem Urteil zugrunde liegenden Feststellungen, so hat das Revisionsgericht in der Sache selbst zu entscheiden, sofern ohne weitere tatsächliche Erörterungen nur auf Freisprechung oder auf Einstellung oder auf eine absolut bestimmte Strafe zu erkennen ist oder das Revisionsgericht in Übereinstimmung mit dem Antrag der Staatsanwaltschaft die gesetzlich niedrigste Strafe oder das Absehen von Strafe für angemessen erachtet.

(1a) Wegen einer Gesetzesverletzung nur bei Zumessung der Rechtsfolgen kann das Revisionsgericht von der Aufhebung des angefochtenen Urteils absehen, sofern die verhängte Rechtsfolge angemessen ist. Auf Antrag der Staatsanwaltschaft kann es die Rechtsfolgen angemessen herabsetzen.

(1b) Hebt das Revisionsgericht das Urteil nur wegen Gesetzesverletzung bei Bildung einer Gesamtstrafe (§§ 53, 54, 55 des Strafgesetzbuches) auf, kann dies mit der Maßgabe geschehen, dass eine nachträgliche gerichtliche Entscheidung über die Gesamtstrafe nach den §§ 460, 462 zu treffen ist. Entscheidet das Revisionsgericht nach Absatz 1 oder Absatz 1a hinsichtlich einer Einzelstrafe selbst, gilt Satz 1 entsprechend. Die Absätze 1 und 1a bleiben im Übrigen unberührt.

(2) In anderen Fällen ist die Sache an eine andere Abteilung oder Kammer des Gerichtes, dessen Urteil aufgehoben wird, oder an ein zu demselben Land gehörendes anderes Gericht gleicher Ordnung zurückzuverweisen. In Verfahren, in denen ein Oberlandesgericht im ersten Rechtszug entschieden hat, ist die Sache an einen anderen Senat dieses Gerichts zurückzuverweisen.

(3) Die Zurückverweisung kann an ein Gericht niederer Ordnung erfolgen, wenn die noch in Frage kommende strafbare Handlung zu dessen Zuständigkeit gehört.

§ 354a [Entscheidung bei Gesetzesänderung] Das Revisionsgericht hat auch dann nach § 354 zu verfahren, wenn es das Urteil aufhebt, weil zur Zeit der Entscheidung des Revisionsgerichts ein anderes Gesetz gilt als zur Zeit des Erlasses der angefochtenen Entscheidung.

§ 355 [Verweisung an das zuständige Gericht] Verweisung an das zuständige Gericht] Wird ein Urteil aufgehoben, weil das Gericht des vorangehenden Rechtszuges sich mit Unrecht für zuständig erachtet hat, so verweist das Revisionsgericht gleichzeitig die Sache an das zuständige Gericht.

§ 356[Urteilsverkündung] Die Verkündung des Urteils erfolgt nach Maßgabe des § 268.

§ 356a [Wiedereinsetzung in den vorherigen Stand] Hat das Gericht bei einer Revisionsentscheidung den Anspruch eines Beteiligten auf rechtliches Gehör in entscheidungserheblicher Weise verletzt, versetzt es insoweit auf Antrag das Verfahren durch Beschluss in die Lage zurück, die vor dem Erlass der Entscheidung bestand. Der Antrag ist binnen einer Woche nach Kenntnis von der Verletzung des rechtlichen Gehörs schriftlich oder zu Protokoll der Geschäftsstelle beim Revisionsgericht zu stellen und zu begründen. Der Zeitpunkt der Kenntniserlangung ist glaubhaft zu machen. § 47 gilt entsprechend.

§ 357 [Revisionserstreckung auf Mitverurteilte] Erfolgt zugunsten eines Angeklagten die Aufhebung des Urteils wegen Gesetzesverletzung bei Anwendung des Strafgesetzes und erstreckt sich das Urteil, soweit es aufgehoben wird, noch auf andere Angeklagte, die nicht Revision eingelegt haben, so ist zu erkennen, als ob sie gleichfalls Revision eingelegt hätten. § 47 Abs. 3 gilt entsprechend.

§ 358 [Bindung des Untergerichts; Verbot der reformatio in peius] (1) Das Gericht, an das die Sache zur anderweiten Verhandlung und Entscheidung verwiesen ist, hat die rechtliche Beurteilung, die der Aufhebung des Urteils zugrunde gelegt ist, auch seiner Entscheidung zugrunde zu legen.

(2) Das angefochtene Urteil darf in Art und Höhe der Rechtsfolgen der Tat nicht zum Nachteil des Angeklagten geändert werden, wenn lediglich der Angeklagte, zu seinen Gunsten die Staatsanwaltschaft oder sein gesetzlicher Vertreter Revision eingelegt hat. Wird die Anordnung der Unterbringung in einem psychiatrischen Krankenhaus aufgehoben, hindert diese Vorschrift nicht, an Stelle der Unterbringung eine Strafe zu verhängen. Satz 1 steht auch nicht der Anordnung der Unterbringung in einem psychiatrischen

Krankenhaus oder einer Entziehungsanstalt entgegen.

Viertes Buch. Wiederaufnahme eines durch rechtskräftiges Urteil abgeschlossenen Verfahrens

§ 359 [Wiederaufnahme zugunsten des Verurteilten] Die Wiederaufnahme eines durch rechtskräftiges Urteil abgeschlossenen Verfahrens zugunsten des Verurteilten ist zulässig,

1. wenn eine in der Hauptverhandlung zu seinen Ungunsten als echt vorgebrachte Urkunde unecht oder verfälscht war;
2. wenn der Zeuge oder Sachverständige sich bei einem zuungunsten des Verurteilten abgelegten Zeugnis oder abgegebenen Gutachten einer vorsätzlichen oder fahrlässigen Verletzung der Eidespflicht oder einer vorsätzlichen falschen uneidlichen Aussage schuldig gemacht hat;
3. wenn bei dem Urteil ein Richter oder Schöffe mitgewirkt hat, der sich in Beziehung auf die Sache einer strafbaren Verletzung seiner Amtspflichten schuldig gemacht hat, sofern die Verletzung nicht vom Verurteilten selbst veranlaßt ist;
4. wenn ein zivilgerichtliches Urteil, auf welches das Strafurteil gegründet ist, durch ein anderes rechtskräftig gewordenes Urteil aufgehoben ist;
5. wenn neue Tatsachen oder Beweismittel beigebracht sind, die allein oder in Verbindung mit den früher erhobenen Beweisen die Freisprechung des Angeklagten oder in Anwendung eines milderen Strafgesetzes eine geringere Bestrafung oder eine wesentlich andere Entscheidung über eine Maßregel der Besserung und Sicherung zu begründen geeignet sind,
6. wenn der Europäische Gerichtshof für Menschenrechte eine Verletzung der Europäischen Konvention zum Schutze der Menschenrechte und Grundfreiheiten oder ihrer Protokolle festgestellt hat und das Urteil auf dieser Verletzung beruht.

§ 360 [Keine Hemmung der Vollstreckung] (1) Durch den Antrag auf Wiederaufnahme des Verfahrens wird die Vollstreckung des Urteils nicht gehemmt.

(2) Das Gericht kann jedoch einen Aufschub sowie eine Unterbrechung der Vollstreckung anordnen.

§ 361 [Vollstreckung und Tod keine Ausschlussgründe] (1) Der Antrag auf Wiederaufnahme des Verfahrens wird weder durch die erfolgte Strafvollstreckung noch durch den Tod des Verurteilten ausgeschlossen.

(2) Im Falle des Todes sind der Ehegatte, der Lebenspartner, die Verwandten auf- und absteigender Linie sowie die Geschwister des Verstorbenen zu dem Antrag befugt.

§ 362 [Wiederaufnahme zuungunsten des Angeklagten] Die Wiederaufnahme eines durch rechtskräftiges Urteil abgeschlossenen Verfahrens zuungunsten des Angeklagten ist zulässig,

1. wenn eine in der Hauptverhandlung zu seinen Gunsten als echt vorgebrachte Urkunde unecht oder verfälscht war;
2. wenn der Zeuge oder Sachverständige sich bei einem zugunsten des Angeklagten abgelegten Zeugnis oder abgegebenen Gutachten einer vorsätzlichen oder fahrlässigen Verletzung der Eidespflicht oder einer vorsätzlichen falschen uneidlichen Aussage schuldig gemacht hat;
3. wenn bei dem Urteil ein Richter oder Schöffe mitgewirkt hat, der sich in Beziehung auf die Sache einer strafbaren Verletzung seiner Amtspflichten schuldig gemacht hat;
4. wenn von dem Freigesprochenen vor Gericht oder außergerichtlich ein glaubwürdiges Geständnis der Straftat abgelegt wird.

§ 363 [Unzulässigkeit] (1) Eine Wiederaufnahme des Verfahrens zu dem Zweck, eine andere Strafbemessung auf Grund desselben Strafgesetzes herbeizuführen, ist nicht zulässig.

(2) Eine Wiederaufnahme des Verfahrens zu dem Zweck, eine Milderung der Strafe wegen verminderter Schuldfähigkeit (§ 21 des Strafgesetzbuches) herbeizuführen, ist gleichfalls ausgeschlossen.

§ 364 [Behauptung einer Straftat] Ein Antrag auf Wiederaufnahme des Verfahrens, der auf die Behauptung einer Straftat gegründet werden soll, ist nur dann zulässig, wenn wegen dieser Tat eine rechtskräftige Verurteilung ergangen ist oder wenn die Einleitung oder Durchführung eines Strafverfahrens aus anderen Gründen als wegen Mangels an Beweis nicht erfolgen kann. Dies gilt nicht im Falle des § 359 Nr. 5

§ 364a [Verteidiger für Wiederaufnahmeverfahren] Das für die Entscheidungen im Wiederaufnahmeverfahren zuständige Gericht bestellt dem Verurteilten, der keinen Verteidiger hat, auf Antrag einen Verteidiger für das Wiederaufnahmeverfahren, wenn wegen der Schwierigkeit der Sach- oder Rechtslage die Mitwirkung eines Verteidigers geboten erscheint.

§ 364b [Verteidiger für Vorbereitung des Wiederaufnahmeverfahrens] (1) Das für die Entscheidungen im Wiederaufnahmeverfahren zuständige Gericht bestellt dem Verurteilten, der keinen Verteidiger hat, auf Antrag einen Verteidiger schon für die Vorbereitung eines Wiederaufnahmeverfahrens, wenn

1. hinreichende tatsächliche Anhaltspunkte dafür vorliegen, daß bestimmte Nachforschungen zu Tatsachen oder Beweismitteln führen, welche die Zulässigkeit eines Antrags auf Wiederaufnahme des Verfahrens begründen können,
2. wegen der Schwierigkeit der Sach- oder Rechtslage die Mitwirkung eines Verteidigers geboten erscheint und
3. der Verurteilte außerstande ist, ohne Beeinträchtigung des für ihn und seine Familie notwendigen Unterhalts auf eigene Kosten einen Verteidiger zu beauftragen.

Ist dem Verurteilten bereits ein Verteidiger bestellt, so stellt das Gericht auf Antrag durch Beschluß fest, daß die Voraussetzungen der Nummern 1 bis 3 des Satzes 1 vorliegen.

(2) Für das Verfahren zur Feststellung der Voraussetzungen des Absatzes 1 Satz 1 Nr. 3 gelten § 117 Abs. 2 bis 4 und § 118 Abs. 2 Satz 1, 2 und 4 der Zivilprozeßordnung entsprechend.

§ 365 [Allgemeine Vorschriften für den Antrag] Die allgemeinen Vorschriften über Rechtsmittel gelten auch für den Antrag auf Wiederaufnahme des Verfahrens.

§ 366 [Inhalt und Form des Antrages] (1) In dem Antrag müssen der gesetzliche Grund der Wiederaufnahme des Verfahrens sowie die Beweismittel angegeben werden.

(2) Von dem Angeklagten und den in § 361 Abs. 2 bezeichneten Personen kann der Antrag nur mittels einer von dem Verteidiger oder einem Rechtsanwalt unterzeichneten Schrift oder zu Protokoll der Geschäftsstelle angebracht werden.

§ 367 [Entscheidung über die Zulassung und Anträge nach §§ 364a und 364b] (1) Die Zuständigkeit des Gerichts für die Entscheidungen im Wiederaufnahmeverfahren und über den Antrag zur Vorbereitung eines Wiederaufnahmeverfahrens richtet sich nach den besonderen Vorschriften des Gerichtsverfassungsgesetzes. Der Verurteilte kann Anträge nach den §§ 364a und 364b oder einen Antrag auf Zulassung der Wiederaufnahme des Verfahrens auch bei dem Gericht einreichen, dessen Urteil angefochten wird; dieses leitet den Antrag dem zuständigen Gericht zu.

(2) Die Entscheidungen über Anträge nach den §§ 364a und 364b und den Antrag auf Zulassung der

Wiederaufnahme des Verfahrens ergehen ohne mündliche Verhandlung.

§ 368 [Verwerfung wegen Unzulässigkeit] (1) Ist der Antrag nicht in der vorgeschriebenen Form angebracht oder ist darin kein gesetzlicher Grund der Wiederaufnahme geltend gemacht oder kein geeignetes Beweismittel angeführt, so ist der Antrag als unzulässig zu verwerfen.

(2) Andernfalls ist er dem Gegner des Antragstellers unter Bestimmung einer Frist zur Erklärung zuzustellen.

§ 369 [Beweisaufnahme über das Begründetsein] (1) Wird der Antrag für zulässig befunden, so beauftragt das Gericht mit der Aufnahme der angetretenen Beweise, soweit dies erforderlich ist, einen Richter.

(2) Dem Ermessen des Gerichts bleibt es überlassen, ob die Zeugen und Sachverständigen eidlich vernommen werden sollen.

(3) Bei der Vernehmung eines Zeugen oder Sachverständigen und bei der Einnahme eines richterlichen Augenscheins ist der Staatsanwaltschaft, dem Angeklagten und dem Verteidiger die Anwesenheit zu gestatten. § 168c Abs. 3, § 224 Abs. 1 und § 225 gelten entsprechend. Befindet sich der Angeklagte nicht auf freiem Fuß, so hat er keinen Anspruch auf Anwesenheit, wenn der Termin nicht an der Gerichtsstelle des Ortes abgehalten wird, wo er sich in Haft befindet, und seine Mitwirkung der mit der Beweiserhebung bezweckten Klärung nicht dienlich ist.

(4) Nach Schluß der Beweisaufnahme sind die Staatsanwaltschaft und der Angeklagte unter Bestimmung einer Frist zu weiterer Erklärung aufzufordern.

§ 370 [Entscheidung über das Begründetsein] (1) Der Antrag auf Wiederaufnahme des Verfahrens wird ohne mündliche Verhandlung als unbegründet verworfen, wenn die darin aufgestellten Behauptungen keine genügende Bestätigung gefunden haben oder wenn in den Fällen des § 359 Nr. 1 und 2 oder des § 362 Nr. 1 und 2 nach Lage der Sache die Annahme ausgeschlossen ist, daß die in diesen Vorschriften bezeichnete Handlung auf die Entscheidung Einfluß gehabt hat.

(2) Andernfalls ordnet das Gericht die Wiederaufnahme des Verfahrens und die Erneuerung der Hauptverhandlung an.

§ 371 [Freisprechung ohne Hauptverhandlung] (1) Ist der Verurteilte bereits verstorben, so hat ohne Erneuerung der Hauptverhandlung das Gericht nach Aufnahme des etwa noch erforderlichen Beweises entweder auf Freisprechung zu erkennen oder den Antrag auf Wiederaufnahme abzulehnen.

(2) Auch in anderen Fällen kann das Gericht, bei öffentlichen Klagen jedoch nur mit Zustimmung der Staatsanwaltschaft, den Verurteilten sofort freisprechen, wenn dazu genügende Beweise bereits vorliegen.

(3) Mit der Freisprechung ist die Aufhebung des früheren Urteils zu verbinden. War lediglich auf eine Maßregel der Besserung und Sicherung erkannt, so tritt an die Stelle der Freisprechung die Aufhebung des früheren Urteils.

(4) Die Aufhebung ist auf Verlangen des Antragstellers im elektronischen Bundesanzeiger bekannt zu machen und kann nach dem Ermessen des Gerichts auch auf andere geeignete Weise veröffentlicht werden.

§ 372 [Sofortige Beschwerde] Alle Entscheidungen, die aus Anlaß eines Antrags auf Wiederaufnahme des Verfahrens von dem Gericht im ersten Rechtszug erlassen werden, können mit sofortiger Beschwerde angefochten werden. Der Beschluß, durch den das Gericht die Wiederaufnahme des Verfahrens und die Erneuerung der Hauptverhandlung anordnet, kann von der Staatsanwaltschaft nicht angefochten werden.

§ 373 [Urteil nach erneuter Hauptverhandlung; Verbot der reformatio in peius] (1) In der erneuten

Hauptverhandlung ist entweder das frühere Urteil aufrechtzuerhalten oder unter seiner Aufhebung anderweit in der Sache zu erkennen.

(2) Das frühere Urteil darf in Art und Höhe der Rechtsfolgen der Tat nicht zum Nachteil des Verurteilten geändert werden, wenn lediglich der Verurteilte, zu seinen Gunsten die Staatsanwaltschaft oder sein gesetzlicher Vertreter die Wiederaufnahme des Verfahrens beantragt hat. Diese Vorschrift steht der Anordnung der Unterbringung in einem psychiatrischen Krankenhaus oder einer Entziehungsanstalt nicht entgegen.

§ 373a [Verfahren bei Strafbefehl] (1) Die Wiederaufnahme eines durch rechtskräftigen Strafbefehl abgeschlossenen Verfahrens zuungunsten des Verurteilten ist auch zulässig, wenn neue Tatsachen oder Beweismittel beigebracht sind, die allein oder in Verbindung mit den früheren Beweisen geeignet sind, die Verurteilung wegen eines Verbrechens zu begründen.

(2) Im übrigen gelten für die Wiederaufnahme eines durch rechtskräftigen Strafbefehl abgeschlossenen Verfahrens die §§ 359 bis 373 entsprechend.

Fünftes Buch. Beteiligung des Verletzten am Verfahren

Erster Abschnitt. Privatklage

§ 374 [Zulässigkeit; Klageberechtigte] (1) Im Wege der Privatklage können vom Verletzten verfolgt werden, ohne daß es einer vorgängigen Anrufung der Staatsanwaltschaft bedarf,

1. ein Hausfriedensbruch (§ 123 des Strafgesetzbuches),
2. eine Beleidigung (§§ 185 bis 189 des Strafgesetzbuches), wenn sie nicht gegen eine der in § 194 Abs. 4 des Strafgesetzbuches genannten politischen Körperschaften gerichtet ist,
3. eine Verletzung des Briefgeheimnisses (§ 202 des Strafgesetzbuches),
4. eine Körperverletzung (§§ 223 und 229 des Strafgesetzbuches),
5. eine Nachstellung (§ 238 Abs. 1 des Strafgesetzbuches) oder eine Bedrohung (§ 241 des Strafgesetzbuches),

5a. eine Bestechlichkeit oder Bestechung im geschäftlichen Verkehr (§ 299 des Strafgesetzbuches),

6. eine Sachbeschädigung (§ 303 des Strafgesetzbuches),

6a. eine Straftat nach § 323a des Strafgesetzbuches, wenn die im Rausch begangene Tat ein in den Nummern 1 bis 6 genanntes Vergehen ist,

7. eine Straftat nach den §§ 16 bis 19 des Gesetzes gegen den unlauteren Wettbewerb,
8. eine Straftat nach § 142 Abs. 1 des Patentgesetzes, § 25 Abs. 1 des Gebrauchsmustergesetzes, § 10 Abs. 1 des Halbleiterschutzgesetzes, § 39 Abs. 1 des Sortenschutzgesetzes, § 143 Abs. 1, § 143a Abs. 1 und § 144 Abs. 1 und 2 des Markengesetzes, § 51 Abs. 1 und § 65 Abs. 1 des Geschmacksmustergesetzes, den §§ 106 bis 108 sowie § 108b Abs. 1 und 2 des Urheberrechtsgesetzes und § 33 des Gesetzes betreffend das Urheberrecht an Werken der bildenden Künste und der Photographie.

(2) Die Privatklage kann auch erheben, wer neben dem Verletzten oder an seiner Stelle berechtigt ist, Strafantrag zu stellen. Die in § 77 Abs. 2 des Strafgesetzbuches genannten Personen können die Privatklage auch dann erheben, wenn der vor ihnen Berechtigte den Strafantrag gestellt hat.

(3) Hat der Verletzte einen gesetzlichen Vertreter, so wird die Befugnis zur Erhebung der Privatklage durch diesen und, wenn Körperschaften, Gesellschaften und andere Personenvereine, die als solche in bürgerlichen Rechtsstreitigkeiten klagen können, die Verletzten sind, durch dieselben Personen wahrgenommen, durch die sie in bürgerlichen Rechtsstreitigkeiten vertreten werden.

§ 375 [Mehrere Klageberechtigte] (1) Sind wegen derselben Straftat mehrere Personen zur Privatklage berechtigt, so ist bei Ausübung dieses Rechts ein jeder von dem anderen unabhängig.

(2) Hat jedoch einer der Berechtigten die Privatklage erhoben, so steht den übrigen nur der Beitritt zu dem eingeleiteten Verfahren, und zwar in der Lage zu, in der es sich zur Zeit der Beitrittserklärung befindet.

(3) Jede in der Sache selbst ergangene Entscheidung äußert zugunsten des Beschuldigten ihre Wirkung auch gegenüber solchen Berechtigten, welche die Privatklage nicht erhoben haben.

§ 376 [Erhebung der öffentlichen Klage] Die öffentliche Klage wird wegen der in § 374 bezeichneten Straftaten von der Staatsanwaltschaft nur dann erhoben, wenn dies im öffentlichen Interesse liegt.

§ 377 [Mitwirkung des Staatsanwalts; Übernahme] (1) Im Privatklageverfahren ist der Staatsanwalt zu einer Mitwirkung nicht verpflichtet. Das Gericht legt ihm die Akten vor, wenn es die Übernahme der Verfolgung durch ihn für geboten hält.

(2) Auch kann die Staatsanwaltschaft in jeder Lage der Sache bis zum Eintritt der Rechtskraft des Urteils durch eine ausdrückliche Erklärung die Verfolgung übernehmen. In der Einlegung eines Rechtsmittels ist die Übernahme der Verfolgung enthalten.

§ 378 [Beistand und Vertreter des Klägers] Der Privatkläger kann im Beistand eines Rechtsanwalts erscheinen oder sich durch einen mit schriftlicher Vollmacht versehenen Rechtsanwalt vertreten lassen. Im letzteren Falle können die Zustellungen an den Privatkläger mit rechtlicher Wirkung an den Anwalt erfolgen.

§ 379 [Sicherheitsleistung; Prozesskostenhilfe] (1) Der Privatkläger hat für die dem Beschuldigten voraussichtlich erwachsenden Kosten unter denselben Voraussetzungen Sicherheit zu leisten, unter denen in bürgerlichen Rechtsstreitigkeiten der Kläger auf Verlangen des Beklagten Sicherheit wegen der Prozeßkosten zu leisten hat.

(2) Die Sicherheitsleistung ist durch Hinterlegung in barem Geld oder in Wertpapieren zu bewirken. Davon abweichende Regelungen in einer auf Grund des Gesetzes über den Zahlungsverkehr mit Gerichten und Justizbehörden erlassenen Rechtsverordnung bleiben unberührt.

(3) Für die Höhe der Sicherheit und die Frist zu ihrer Leistung sowie für die Prozeßkostenhilfe gelten dieselben Vorschriften wie in bürgerlichen Rechtsstreitigkeiten.

§ 379a [Gebührenvorschuss] (1) Zur Zahlung des Gebührenvorschusses nach § 16 Abs. 1 des Gerichtskostengesetzes soll, sofern nicht dem Privatkläger die Prozeßkostenhilfe bewilligt ist oder Gebührenfreiheit zusteht, vom Gericht eine Frist bestimmt werden; hierbei soll auf die nach Absatz 3 eintretenden Folgen hingewiesen werden.

(2) Vor Zahlung des Vorschusses soll keine gerichtliche Handlung vorgenommen werden, es sei denn, daß glaubhaft gemacht wird, daß die Verzögerung dem Privatkläger einen nicht oder nur schwer zu ersetzenden Nachteil bringen würde.

(3) Nach fruchtlosem Ablauf der nach Absatz 1 gestellten Frist wird die Privatklage zurückgewiesen. Der Beschluß kann mit sofortiger Beschwerde angefochten werden. Er ist von dem Gericht, das ihn erlassen hat, von Amts wegen aufzuheben, wenn sich herausstellt, daß die Zahlung innerhalb der gesetzten Frist eingegangen ist.

§ 380 [Sühneversuch] (1) Wegen Hausfriedensbruchs, Beleidigung, Verletzung des Briefgeheimnisses,

Körperverletzung (§§ 223 und 229 des Strafgesetzbuches), Bedrohung und Sachbeschädigung ist die Erhebung der Klage erst zulässig, nachdem von einer durch die Landesjustizverwaltung zu bezeichnenden Vergleichsbehörde die Sühne erfolglos versucht worden ist. Gleiches gilt wegen einer Straftat nach § 323a des Strafgesetzbuches, wenn die im Rausch begangene Tat ein in Satz 1 genanntes Vergehen ist. Der Kläger hat die Bescheinigung hierüber mit der Klage einzureichen.

(2) Die Landesjustizverwaltung kann bestimmen, daß die Vergleichsbehörde ihre Tätigkeit von der Einzahlung eines angemessenen Kostenvorschusses abhängig machen darf.

(3) Die Vorschriften der Absätze 1 und 2 gelten nicht, wenn der amtliche Vorgesetzte nach § 194 Abs. 3 oder § 230 Abs. 2 des Strafgesetzbuches befugt ist, Strafantrag zu stellen.

(4) Wohnen die Parteien nicht in demselben Gemeindebezirk, so kann nach näherer Anordnung der Landesjustizverwaltung von einem Sühneversuch abgesehen werden.

§ 381 [Klageerhebung] Die Erhebung der Klage geschieht zu Protokoll der Geschäftsstelle oder durch Einreichung einer Anklageschrift. Die Klage muß den in § 200 Abs. 1 bezeichneten Erfordernissen entsprechen. Mit der Anklageschrift sind zwei Abschriften einzureichen.

§ 382 [Mitteilung der Klage] Ist die Klage vorschriftsmäßig erhoben, so teilt das Gericht sie dem Beschuldigten unter Bestimmung einer Frist zur Erklärung mit.

§ 383 [Eröffnungsbeschluss; Zurückweisung; Einstellung] (1) Nach Eingang der Erklärung des Beschuldigten oder Ablauf der Frist entscheidet das Gericht darüber, ob das Hauptverfahren zu eröffnen oder die Klage zurückzuweisen ist, nach Maßgabe der Vorschriften, die bei einer von der Staatsanwaltschaft unmittelbar erhobenen Anklage anzuwenden sind. In dem Beschluß, durch den das Hauptverfahren eröffnet wird, bezeichnet das Gericht den Angeklagten und die Tat gemäß § 200 Abs. 1 Satz 1.

(2) Ist die Schuld des Täters gering, so kann das Gericht das Verfahren einstellen. Die Einstellung ist auch noch in der Hauptverhandlung zulässig. Der Beschluß kann mit sofortiger Beschwerde angefochten werden.

§ 384 [Weiteres Verfahren] (1) Das weitere Verfahren richtet sich nach den Vorschriften, die für das Verfahren auf erhobene öffentliche Klage gegeben sind. Jedoch dürfen Maßregeln der Besserung und Sicherung nicht angeordnet werden.

(2) § 243 ist mit der Maßgabe anzuwenden, daß der Vorsitzende den Beschluß über die Eröffnung des Hauptverfahrens verliest.

(3) Das Gericht bestimmt unbeschadet des § 244 Abs. 2 den Umfang der Beweisaufnahme.

(4) Die Vorschrift des § 265 Abs. 3 über das Recht, die Aussetzung der Hauptverhandlung zu verlangen, ist nicht anzuwenden.

(5) Vor dem Schwurgericht kann eine Privatklagesache nicht gleichzeitig mit einer auf öffentliche Klage anhängig gemachten Sache verhandelt werden.

§ 385 [Stellung des Privatklägers; Ladungen; Akteneinsicht] (1) Soweit in dem Verfahren auf erhobene öffentliche Klage die Staatsanwaltschaft zuzuziehen und zu hören ist, wird in dem Verfahren auf erhobene Privatklage der Privatkläger zugezogen und gehört. Alle Entscheidungen, die dort der Staatsanwaltschaft bekanntgemacht werden, sind hier dem Privatkläger bekanntzugeben.

(2) Zwischen der Zustellung der Ladung des Privatklägers zur Hauptverhandlung und dem Tag der letzteren muß eine Frist von mindestens einer Woche liegen.

(3) Das Recht der Akteneinsicht kann der Privatkläger nur durch einen Anwalt ausüben. § 147 Abs. 4

und 7 sowie § 477 Abs. 5 gelten entsprechend.

(4) In den Fällen der §§ 154a und 430 ist deren Absatz 3 Satz 2 nicht anzuwenden.

(5) Im Revisionsverfahren ist ein Antrag des Privatklägers nach § 349 Abs. 2 nicht erforderlich. § 349 Abs. 3 ist nicht anzuwenden.

§ 386 [Ladung von Zeugen und Sachverständigen] (1) Der Vorsitzende des Gerichts bestimmt, welche Personen als Zeugen oder Sachverständige zur Hauptverhandlung geladen werden sollen.

(2) Dem Privatkläger wie dem Angeklagten steht das Recht der unmittelbaren Ladung zu.

§ 387 [Vertretung in der Hauptverhandlung] (1) In der Hauptverhandlung kann auch der Angeklagte im Beistand eines Rechtsanwalts erscheinen oder sich auf Grund einer schriftlichen Vollmacht durch einen solchen vertreten lassen.

(2) Die Vorschrift des § 139 gilt für den Anwalt des Klägers und für den des Angeklagten.

(3) Das Gericht ist befugt, das persönliche Erscheinen des Klägers sowie des Angeklagten anzuordnen, auch den Angeklagten vorführen zu lassen.

§ 388 [Widerklage] (1) Hat der Verletzte die Privatklage erhoben, so kann der Beschuldigte bis zur Beendigung des letzten Wortes (§ 258 Abs. 2 Halbsatz 2) im ersten Rechtszug mittels einer Widerklage die Bestrafung des Klägers beantragen, wenn er von diesem gleichfalls durch eine Straftat verletzt worden ist, die im Wege der Privatklage verfolgt werden kann und mit der den Gegenstand der Klage bildenden Straftat in Zusammenhang steht.

(2) Ist der Kläger nicht der Verletzte (§ 374 Abs. 2), so kann der Beschuldigte die Widerklage gegen den Verletzten erheben. In diesem Falle bedarf es der Zustellung der Widerklage an den Verletzten und dessen Ladung zur Hauptverhandlung, sofern die Widerklage nicht in der Hauptverhandlung in Anwesenheit des Verletzten erhoben wird.

(3) Über Klage und Widerklage ist gleichzeitig zu erkennen.

(4) Die Zurücknahme der Klage ist auf das Verfahren über die Widerklage ohne Einfluß.

§ 389 [Einstellungsurteil] (1) Findet das Gericht nach verhandelter Sache, daß die für festgestellt zu erachtenden Tatsachen eine Straftat darstellen, auf die das in diesem Abschnitt vorgeschriebene Verfahren nicht anzuwenden ist, so hat es durch Urteil, das diese Tatsachen hervorheben muß, die Einstellung des Verfahrens auszusprechen.

(2) Die Verhandlungen sind in diesem Falle der Staatsanwaltschaft mitzuteilen.

§ 390 [Rechtsmittel des Privatklägers] (1) Dem Privatkläger stehen die Rechtsmittel zu, die in dem Verfahren auf erhobene öffentliche Klage der Staatsanwaltschaft zustehen. Dasselbe gilt von dem Antrag auf Wiederaufnahme des Verfahrens in den Fällen des § 362. Die Vorschrift des § 301 ist auf das Rechtsmittel des Privatklägers anzuwenden.

(2) Revisionsanträge und Anträge auf Wiederaufnahme des durch ein rechtskräftiges Urteil abgeschlossenen Verfahrens kann der Privatkläger nur mittels einer von einem Rechtsanwalt unterzeichneten Schrift anbringen.

(3) Die in den §§ 320, 321 und 347 angeordnete Vorlage und Einsendung der Akten erfolgt wie im Verfahren auf erhobene öffentliche Klage an und durch die Staatsanwaltschaft. Die Zustellung der Berufungs- und Revisionsschriften an den Gegner des Beschwerdeführers wird durch die Geschäftsstelle bewirkt.

(4) Die Vorschrift des § 379a über die Zahlung des Gebührenvorschusses und die Folgen nicht recht-

zeitiger Zahlung gilt entsprechend.

(5) Die Vorschrift des § 383 Abs. 2 Satz 1 und 2 über die Einstellung wegen Geringfügigkeit gilt auch im Berufungsverfahren. Der Beschluß ist nicht anfechtbar.

§ 391 [Klagerücknahme; Wiedereinsetzung] (1) Die Privatklage kann in jeder Lage des Verfahrens zurückgenommen werden. Nach Beginn der Vernehmung des Angeklagten zur Sache in der Hauptverhandlung des ersten Rechtszuges bedarf die Zurücknahme der Zustimmung des Angeklagten.

(2) Als Zurücknahme gilt es im Verfahren des ersten Rechtszuges und, soweit der Angeklagte die Berufung eingelegt hat, im Verfahren des zweiten Rechtszuges, wenn der Privatkläger in der Hauptverhandlung weder erscheint noch durch einen Rechtsanwalt vertreten wird oder in der Hauptverhandlung oder einem anderen Termin ausbleibt, obwohl das Gericht sein persönliches Erscheinen angeordnet hatte, oder eine Frist nicht einhält, die ihm unter Androhung der Einstellung des Verfahrens gesetzt war.

(3) Soweit der Privatkläger die Berufung eingelegt hat, ist sie im Falle der vorbezeichneten Versäumungen unbeschadet der Vorschrift des § 301 sofort zu verwerfen.

(4) Der Privatkläger kann binnen einer Woche nach der Versäumung die Wiedereinsetzung in den vorigen Stand unter den in den §§ 44 und 45 bezeichneten Voraussetzungen beanspruchen.

§ 392 [Wirkung der Rücknahme] Die zurückgenommene Privatklage kann nicht von neuem erhoben werden.

§ 393 [Tod des Privatklägers] (1) Der Tod des Privatklägers hat die Einstellung des Verfahrens zur Folge.

(2) Die Privatklage kann jedoch nach dem Tode des Klägers von den nach § 374 Abs. 2 zur Erhebung der Privatklage Berechtigten fortgesetzt werden.

(3) Die Fortsetzung ist von dem Berechtigten bei Verlust des Rechts binnen zwei Monaten, vom Tode des Privatklägers an gerechnet, bei Gericht zu erklären.

§ 394 [Bekanntmachung an den Beschuldigten] Die Zurücknahme der Privatklage und der Tod des Privatklägers sowie die Fortsetzung der Privatklage sind dem Beschuldigten bekanntzumachen.

Zweiter Abschnitt. Nebenklage

§ 395 [Befugnis zum Anschluss als Nebenkläger] (1) Der erhobenen öffentlichen Klage oder dem Antrag im Sicherungsverfahren kann sich mit der Nebenklage anschließen, wer

1. durch eine rechtswidrige Tat
   a) nach den §§ 174 bis 174c, 176 bis 181a und 182 des Strafgesetzbuches,
   b) nach den §§ 185 bis 189 des Strafgesetzbuches,
   c) nach den §§ 221, 223 bis 226 und 340 des Strafgesetzbuches,
   d) nach den §§ 232 bis 233a, 234 bis 235 und 239 Abs. 3 und den §§ 239a und 239b des Strafgesetzbuches,
   e) nach § 238 des Strafgesetzbuches und § 4 des Gewaltschutzgesetzes,
2. durch eine versuchte rechtswidrige Tat nach den §§ 211 und 212 des Strafgesetzbuches verletzt ist oder
3. durch einen Antrag auf gerichtliche Entscheidung (§ 172) die Erhebung der öffentlichen Klage herbeigeführt hat.

(2) Die gleiche Befugnis steht zu

1. den Eltern, Kindern, Geschwistern und dem Ehegatten oder Lebenspartner eines durch eine rechtswi-

drige Tat Getöteten,

2. demjenigen, der nach Maßgabe des § 374 in den in § 374 Abs. 1 Nr. 7 und 8 genannten Fällen als Privatkläger aufzutreten berechtigt ist, und dem durch eine rechtswidrige Tat nach § 142 Abs. 2 des Patentgesetzes, § 25 Abs. 2 des Gebrauchsmustergesetzes, § 10 Abs. 2 des Halbleiterschutzgesetzes, § 39 Abs. 2 des Sortenschutzgesetzes, § 143 Abs. 2 des Markengesetzes, § 51 Abs. 2 und § 65 Abs. 2 des Geschmacksmustergesetzes und den §§ 108a und 108b Abs. 3 des Urheberrechtsgesetzes Verletzten.

(3) Wer durch eine rechtswidrige Tat nach § 229 des Strafgesetzbuches verletzt ist, kann sich der erhobenen öffentlichen Klage als Nebenkläger anschließen, wenn dies aus besonderen Gründen, namentlich wegen der schweren Folgen der Tat, zur Wahrnehmung seiner Interessen geboten erscheint.

(4) Der Anschluß ist in jeder Lage des Verfahrens zulässig. Er kann nach ergangenem Urteil auch zur Einlegung von Rechtsmitteln geschehen.

§ 396 [Anschlusserklärung] (1) Die Anschlußerklärung ist bei dem Gericht schriftlich einzureichen. Eine vor Erhebung der öffentlichen Klage bei der Staatsanwaltschaft oder dem Gericht eingegangene Anschlußerklärung wird mit der Erhebung der öffentlichen Klage wirksam. Im Verfahren bei Strafbefehlen wird der Anschluß wirksam, wenn Termin zur Hauptverhandlung anberaumt (§ 408 Abs. 3 Satz 2, § 411 Abs. 1) oder der Antrag auf Erlaß eines Strafbefehls abgelehnt worden ist.

(2) Das Gericht entscheidet über die Berechtigung zum Anschluß als Nebenkläger nach Anhörung der Staatsanwaltschaft. In den Fällen des § 395 Abs. 3 entscheidet es nach Anhörung auch des Angeschuldigten darüber, ob der Anschluß aus den dort genannten Gründen geboten ist; diese Entscheidung ist unanfechtbar.

(3) Erwägt das Gericht, das Verfahren nach § 153 Abs. 2, § 153a Abs. 2, § 153b Abs. 2 oder § 154 Abs. 2 einzustellen, so entscheidet es zunächst über die Berechtigung zum Anschluß.

§ 397 [Rechte des Nebenklägers] (1) Der Nebenkläger ist nach erfolgtem Anschluß, auch wenn er als Zeuge vernommen werden soll, zur Anwesenheit in der Hauptverhandlung berechtigt. Im Übrigen gelten die §§ 378 und 385 Abs. 1 bis 3 entsprechend. Die Befugnis zur Ablehnung eines Richters (§§ 24, 31) oder Sachverständigen (§ 74), das Fragerecht (§ 240 Abs. 2), das Recht zur Beanstandung von Anordnungen des Vorsitzenden (§ 238 Abs. 2) und von Fragen (§ 242), das Beweisantragsrecht (§ 244 Abs. 3 bis 6) sowie das Recht zur Abgabe von Erklärungen (§§ 257, 258) steht auch dem Nebenkläger zu.

(2) Wird die Verfolgung nach § 154a beschränkt, so berührt dies nicht das Recht, sich der erhobenen öffentlichen Klage als Nebenkläger anzuschließen. Wird der Nebenkläger zum Verfahren zugelassen, so entfällt eine Beschränkung nach § 154a Abs. 1 oder 2, soweit sie die Nebenklage betrifft.

§ 397a [Bestellung eines Rechtsanwalts; Prozesskostenbeihilfe] (1) Auf Antrag des Nebenklägers ist diesem ein Rechtsanwalt als Beistand zu bestellen, wenn die Berechtigung zum Anschluß als Nebenkläger auf § 395 Abs. 1 Nr. 1 Buchstabe a, Nr. 2 oder Abs. 2 Nr. 1 beruht oder er durch eine rechtswidrige Tat nach den §§ 232 bis 233a des Strafgesetzbuches verletzt ist und die zum Anschluß berechtigende Tat ein Verbrechen ist. Hat der Nebenkläger bei Antragstellung das sechzehnte Lebensjahr noch nicht vollendet oder kann er seine Interessen ersichtlich nicht selbst ausreichend wahrnehmen, so ist ihm ein Rechtsanwalt als Beistand auch dann zu bestellen, wenn die Tat im Sinne des Satzes 1 ein Vergehen ist oder er durch eine rechtswidrige Tat nach § 225 des Strafgesetzbuches verletzt ist. Der Antrag kann schon vor der Erklärung des Anschlusses gestellt werden. Für die Bestellung des Rechtsanwalts gilt § 142 Abs. 1 entsprechend.

(2) Liegen die Voraussetzungen für eine Bestellung nach Absatz 1 nicht vor, so ist dem Nebenkläger für die Hinzuziehung eines Rechtsanwalts auf Antrag Prozeßkostenhilfe nach denselben Vorschriften wie in bürgerlichen Rechtsstreitigkeiten zu bewilligen, wenn die Sach- oder Rechtslage schwierig ist, der Verletzte

seine Interessen selbst nicht ausreichend wahrnehmen kann oder ihm dies nicht zuzumuten ist. Absatz 1 Satz 3 und 4 gilt entsprechend. § 114 zweiter Halbsatz und § 121 Abs. 1 bis 3 der Zivilprozeßordnung sind nicht anzuwenden.

(3) Über die Bestellung des Rechtsanwalts und die Bewilligung der Prozeßkostenhilfe entscheidet das mit der Sache befaßte Gericht. In den Fällen des Absatzes 2 ist die Entscheidung unanfechtbar.

§ 398 [Verfahren] (1) Der Fortgang des Verfahrens wird durch den Anschluß nicht aufgehalten.

(2) Die bereits anberaumte Hauptverhandlung sowie andere Termine finden an den bestimmten Tagen statt, auch wenn der Nebenkläger wegen Kürze der Zeit nicht mehr geladen oder benachrichtigt werden konnte.

§ 399 [Bekanntmachung früherer Entscheidungen] (1) Entscheidungen, die schon vor dem Anschluß ergangen und der Staatsanwaltschaft bekanntgemacht waren, bedürfen außer in den Fällen des § 401 Abs. 1 Satz 2 keiner Bekanntmachung an den Nebenkläger.

(2) Die Anfechtung solcher Entscheidungen steht auch dem Nebenkläger nicht mehr zu, wenn für die Staatsanwaltschaft die Frist zur Anfechtung abgelaufen ist.

§ 400 [Rechtsmittelbefugnis des Nebenklägers] (1) Der Nebenkläger kann das Urteil nicht mit dem Ziel anfechten, daß eine andere Rechtsfolge der Tat verhängt wird oder daß der Angeklagte wegen einer Gesetzesverletzung verurteilt wird, die nicht zum Anschluß des Nebenklägers berechtigt.

(2) Dem Nebenkläger steht die sofortige Beschwerde gegen den Beschluß zu, durch den die Eröffnung des Hauptverfahrens abgelehnt oder das Verfahren nach den §§ 206a und 206b eingestellt wird, soweit er die Tat betrifft, aufgrund deren der Nebenkläger zum Anschluß befugt ist. Im übrigen ist der Beschluß, durch den das Verfahren eingestellt wird, für den Nebenkläger unanfechtbar.

§ 401 [Rechtsmittel des Nebenklägers] (1) Der Rechtsmittel kann sich der Nebenkläger unabhängig von der Staatsanwaltschaft bedienen. Geschieht der Anschluß nach ergangenem Urteil zur Einlegung eines Rechtsmittels, so ist dem Nebenkläger das angefochtene Urteil sofort zuzustellen. Die Frist zur Begründung des Rechtsmittels beginnt mit Ablauf der für die Staatsanwaltschaft laufenden Frist zur Einlegung des Rechtsmittels oder, wenn das Urteil dem Nebenkläger noch nicht zugestellt war, mit der Zustellung des Urteils an ihn auch dann, wenn eine Entscheidung über die Berechtigung des Nebenklägers zum Anschluß noch nicht ergangen ist.

(2) War der Nebenkläger in der Hauptverhandlung anwesend oder durch einen Anwalt vertreten, so beginnt für ihn die Frist zur Einlegung des Rechtsmittels auch dann mit der Verkündung des Urteils, wenn er bei dieser nicht mehr zugegen oder vertreten war; er kann die Wiedereinsetzung in den vorigen Stand gegen die Versäumung der Frist nicht wegen fehlender Rechtsmittelbelehrung beanspruchen. Ist der Nebenkläger in der Hauptverhandlung überhaupt nicht anwesend oder vertreten gewesen, so beginnt die Frist mit der Zustellung der Urteilsformel an ihn.

(3) Hat allein der Nebenkläger Berufung eingelegt, so ist diese, wenn bei Beginn einer Hauptverhandlung weder der Nebenkläger noch für ihn ein Rechtsanwalt erschienen ist, unbeschadet der Vorschrift des § 301 sofort zu verwerfen. Der Nebenkläger kann binnen einer Woche nach der Versäumung unter den Voraussetzungen der §§ 44 und 45 die Wiedereinsetzung in den vorigen Stand beanspruchen.

(4) Wird auf ein nur von dem Nebenkläger eingelegtes Rechtsmittel die angefochtene Entscheidung aufgehoben, so liegt der Betrieb der Sache wiederum der Staatsanwaltschaft ob.

§ 402 [Widerruf; Tod des Nebenklägers] Die Anschlußerklärung verliert durch Widerruf sowie durch den

Tod des Nebenklägers ihre Wirkung.

Dritter Abschnitt. Entschädigung des Verletzten

§ 403 [Voraussetzungen] Der Verletzte oder sein Erbe kann gegen den Beschuldigten einen aus der Straftat erwachsenen vermögensrechtlichen Anspruch, der zur Zuständigkeit der ordentlichen Gerichte gehört und noch nicht anderweit gerichtlich anhängig gemacht ist, im Strafverfahren geltend machen, im Verfahren vor dem Amtsgericht ohne Rücksicht auf den Wert des Streitgegenstandes.

§ 404 [Antrag des Verletzten] (1) Der Antrag, durch den der Anspruch geltend gemacht wird, kann schriftlich oder mündlich zur Niederschrift des Urkundsbeamten, in der Hauptverhandlung auch mündlich bis zum Beginn der Schlußvorträge gestellt werden. Er muß den Gegenstand und Grund des Anspruchs bestimmt bezeichnen und soll die Beweismittel enthalten. Ist der Antrag außerhalb der Hauptverhandlung gestellt, so wird er dem Beschuldigten zugestellt.

(2) Die Antragstellung hat dieselben Wirkungen wie die Erhebung der Klage im bürgerlichen Rechtsstreit. Sie treten mit Eingang des Antrages bei Gericht ein.

(3) Ist der Antrag vor Beginn der Hauptverhandlung gestellt, so wird der Antragsteller von Ort und Zeit der Hauptverhandlung benachrichtigt. Der Antragsteller, sein gesetzlicher Vertreter und der Ehegatte oder Lebenspartner des Antragsberechtigten können an der Hauptverhandlung teilnehmen.

(4) Der Antrag kann bis zur Verkündung des Urteils zurückgenommen werden.

(5) Dem Antragsteller und dem Angeschuldigten ist auf Antrag Prozeßkostenhilfe nach denselben Vorschriften wie in bürgerlichen Rechtsstreitigkeiten zu bewilligen, sobald die Klage erhoben ist. § 121 Abs. 2 der Zivilprozeßordnung gilt mit der Maßgabe, daß dem Angeschuldigten, der einen Verteidiger hat, dieser beigeordnet werden soll; dem Antragsteller, der sich im Hauptverfahren des Beistandes eines Rechtsanwalts bedient, soll dieser beigeordnet werden. Zuständig für die Entscheidung ist das mit der Sache befaßte Gericht; die Entscheidung ist nicht anfechtbar.

§ 405 [Vergleich] (1) Auf Antrag des Verletzten oder seines Erben und des Angeklagten nimmt das Gericht einen Vergleich über die aus der Straftat erwachsenen Ansprüche in das Protokoll auf. Es soll auf übereinstimmenden Antrag der in Satz 1 Genannten einen Vergleichsvorschlag unterbreiten.

(2) Für die Entscheidung über Einwendungen gegen die Rechtswirksamkeit des Vergleichs ist das Gericht der bürgerlichen Rechtspflege zuständig, in dessen Bezirk das Strafgericht des ersten Rechtszuges seinen Sitz hat.

§ 406 [Entscheidung] (1) Das Gericht gibt dem Antrag in dem Urteil statt, mit dem der Angeklagte wegen einer Straftat schuldig gesprochen oder gegen ihn eine Maßregel der Besserung und Sicherung angeordnet wird, soweit der Antrag wegen dieser Straftat begründet ist. Die Entscheidung kann sich auf den Grund oder einen Teil des geltend gemachten Anspruchs beschränken; § 318 der Zivilprozessordnung gilt entsprechend. Das Gericht sieht von einer Entscheidung ab, wenn der Antrag unzulässig ist oder soweit er unbegründet erscheint. Im Übrigen kann das Gericht von einer Entscheidung nur absehen, wenn sich der Antrag auch unter Berücksichtigung der berechtigten Belange des Antragstellers zur Erledigung im Strafverfahren nicht eignet. Der Antrag ist insbesondere dann zur Erledigung im Strafverfahren nicht geeignet, wenn seine weitere Prüfung, auch soweit eine Entscheidung nur über den Grund oder einen Teil des Anspruchs in Betracht kommt, das Verfahren erheblich verzögern würde. Soweit der Antragsteller den Anspruch auf Zuerkennung eines Schmerzensgeldes (§ 253 Abs. 2 des Bürgerlichen Gesetzbuches) geltend macht, ist das Absehen von einer Entscheidung nur nach Satz 3 zulässig.

(2) Erkennt der Angeklagte den vom Antragsteller gegen ihn geltend gemachten Anspruch ganz oder teilweise an, ist er gemäß dem Anerkenntnis zu verurteilen.

(3) Die Entscheidung über den Antrag steht einem im bürgerlichen Rechtsstreit ergangenen Urteil gleich. Das Gericht erklärt die Entscheidung für vorläufig vollstreckbar; die §§ 708 bis 712 sowie die §§ 714 und 716 der Zivilprozessordnung gelten entsprechend. Soweit der Anspruch nicht zuerkannt ist, kann er anderweit geltend gemacht werden. Ist über den Grund des Anspruchs rechtskräftig entschieden, so findet die Verhandlung über den Betrag nach § 304 Abs. 2 der Zivilprozeßordnung vor dem zuständigen Zivilgericht statt.

(4) Der Antragsteller erhält eine Abschrift des Urteils mit Gründen oder einen Auszug daraus.

(5) Erwägt das Gericht, von einer Entscheidung über den Antrag abzusehen, weist es die Verfahrensbeteiligten so früh wie möglich darauf hin. Sobald das Gericht nach Anhörung des Antragstellers die Voraussetzungen für eine Entscheidung über den Antrag für nicht gegeben erachtet, sieht es durch Beschluss von einer Entscheidung über den Antrag ab.

§ 406a [Rechtsmittel] (1) Gegen den Beschluss, mit dem nach § 406 Abs. 5 Satz 2 von einer Entscheidung über den Antrag abgesehen wird, ist sofortige Beschwerde zulässig, wenn der Antrag vor Beginn der Hauptverhandlung gestellt worden und solange keine den Rechtszug abschließende Entscheidung ergangen ist. Im Übrigen steht dem Antragsteller ein Rechtsmittel nicht zu.

(2) Soweit das Gericht dem Antrag stattgibt, kann der Angeklagte die Entscheidung auch ohne den strafrechtlichen Teil des Urteils mit dem sonst zulässigen Rechtsmittel anfechten. In diesem Falle kann über das Rechtsmittel durch Beschluss in nichtöffentlicher Sitzung entschieden werden. Ist das zulässige Rechtsmittel die Berufung, findet auf Antrag des Angeklagten oder des Antragstellers eine mündliche Anhörung der Beteiligten statt.

(3) Die dem Antrag stattgebende Entscheidung ist aufzuheben, wenn der Angeklagte unter Aufhebung der Verurteilung wegen der Straftat, auf welche die Entscheidung über den Antrag gestützt worden ist, weder schuldig gesprochen noch gegen ihn eine Maßregel der Besserung und Sicherung angeordnet wird. Dies gilt auch, wenn das Urteil insoweit nicht angefochten ist.

§ 406b [Vollstreckung] Die Vollstreckung richtet sich nach den Vorschriften, die für die Vollstreckung von Urteilen und Prozessvergleichen in bürgerlichen Rechtsstreitigkeiten gelten. Für das Verfahren nach den §§ 323, 731, 767, 768, 887 bis 890 der Zivilprozeßordnung ist das Gericht der bürgerlichen Rechtspflege zuständig, in dessen Bezirk das Strafgericht des ersten Rechtszuges seinen Sitz hat. Einwendungen, die den im Urteil festgestellten Anspruch selbst betreffen, sind nur insoweit zulässig, als die Gründe, auf denen sie beruhen, nach Schluß der Hauptverhandlung des ersten Rechtszuges und, wenn das Berufungsgericht entschieden hat, nach Schluß der Hauptverhandlung im Berufungsrechtszug entstanden sind.

§ 406c [Wiederaufnahme des Verfahrens] (1) Den Antrag auf Wiederaufnahme des Verfahrens kann der Angeklagte darauf beschränken, eine wesentlich andere Entscheidung über den Anspruch herbeizuführen. Das Gericht entscheidet dann ohne Erneuerung der Hauptverhandlung durch Beschluß.

(2) Richtet sich der Antrag auf Wiederaufnahme des Verfahrens nur gegen den strafrechtlichen Teil des Urteils, so gilt § 406a Abs. 3 entsprechend.

Vierter Abschnitt. Sonstige Befugnisse des Verletzten

§ 406d [Mitteilungen an den Verletzten] (1) Dem Verletzten sind auf Antrag die Einstellung des Verfahrens und der Ausgang des gerichtlichen Verfahrens mitzuteilen, soweit es ihn betrifft.

(2) Dem Verletzten ist auf Antrag mitzuteilen, ob

1. dem Verurteilten die Weisung erteilt worden ist, zu dem Verletzten keinen Kontakt aufzunehmen oder mit ihm nicht zu verkehren;
2. freiheitsentziehende Maßnahmen gegen den Beschuldigten oder den Verurteilten angeordnet oder beendet oder ob erstmalig Vollzugslockerungen oder Urlaub gewährt werden, wenn er ein berechtigtes Interesse darlegt und kein überwiegendes schutzwürdiges Interesse des Betroffenen am Ausschluss der Mitteilung vorliegt; in den in § 395 Abs. 1 Nr. 1 Buchstabe a, c und d und Nr. 2 genannten Fällen bedarf es der Darlegung eines berechtigten Interesses nicht.

(3) Mitteilungen können unterbleiben, sofern sie nicht unter einer Anschrift möglich sind, die der Verletzte angegeben hat. Hat der Verletzte einen Rechtsanwalt als Beistand gewählt, ist ihm ein solcher beigeordnet worden oder wird er durch einen solchen vertreten, so gilt § 145a entsprechend.

§ 406e [Akteneinsicht] (1) Für den Verletzten kann ein Rechtsanwalt die Akten, die dem Gericht vorliegen oder diesem im Falle der Erhebung der öffentlichen Klage vorzulegen wären, einsehen sowie amtlich verwahrte Beweisstücke besichtigen, soweit er hierfür ein berechtigtes Interesse darlegt. In den in § 395 genannten Fällen bedarf es der Darlegung eines berechtigten Interesses nicht.

(2) Die Einsicht in die Akten ist zu versagen, soweit überwiegende schutzwürdige Interessen des Beschuldigten oder anderer Personen entgegenstehen. Sie kann versagt werden, soweit der Untersuchungszweck gefährdet erscheint oder durch sie das Verfahren erheblich verzögert würde.

(3) Auf Antrag können dem Rechtsanwalt, soweit nicht wichtige Gründe entgegenstehen, die Akten mit Ausnahme der Beweisstücke in seine Geschäftsräume oder seine Wohnung mitgegeben werden. Die Entscheidung ist nicht anfechtbar.

(4) Über die Gewährung der Akteneinsicht entscheidet im vorbereitenden Verfahren und nach rechtskräftigem Abschluß des Verfahrens die Staatsanwaltschaft, im übrigen der Vorsitzende des mit der Sache befaßten Gerichts. Gegen die Entscheidung der Staatsanwaltschaft nach Satz 1 kann gerichtliche Entscheidung nach Maßgabe des § 161a Abs. 3 Satz 2 bis 4 beantragt werden. Die Entscheidung des Vorsitzenden ist unanfechtbar. Diese Entscheidungen werden nicht mit Gründen versehen, soweit durch deren Offenlegung der Untersuchungszweck gefährdet werden könnte.

(5) Unter den Voraussetzungen des Absatzes 1 können dem Verletzten Auskünfte und Abschriften aus den Akten erteilt werden; die Absätze 2 und 4 sowie § 478 Abs. 1 Satz 3 und 4 gelten entsprechend.

(6) § 477 Abs. 5 gilt entsprechend.

§ 406f [Beistand und Vertreter des Verletzten] (1) Der Verletzte kann sich im Strafverfahren des Beistands eines Rechtsanwalts bedienen oder sich durch einen solchen vertreten lassen.

(2) Bei der Vernehmung des Verletzten durch das Gericht oder die Staatsanwaltschaft ist dem Rechtsanwalt die Anwesenheit gestattet. Er kann für den Verletzten dessen Recht zur Beanstandung von Fragen (§ 238 Abs. 2, § 242) ausüben und den Antrag auf Ausschluß der Öffentlichkeit nach § 171b des Gerichtsverfassungsgesetzes stellen, nicht jedoch, wenn der Verletzte widerspricht.

(3) Wird der Verletzte als Zeuge vernommen, so ist, wenn er dies beantragt, einer Person seines Vertrauens die Anwesenheit zu gestatten, es sei denn, die Anwesenheit könnte den Untersuchungszweck gefährden. Die Entscheidung trifft derjenige, der die Vernehmung leitet; sie ist nicht anfechtbar. Die Gründe einer Ablehnung sind aktenkundig zu machen.

§ 406g [Beistand des nebenklageberechtigten Verletzten] (1) Wer nach § 395 zum Anschluss als Nebenkläger befugt ist, ist zur Anwesenheit in der Hauptverhandlung berechtigt. Er kann sich auch vor der Erhebung der öffentlichen Klage des Beistands eines Rechtsanwalts bedienen oder sich durch einen solchen vertreten lassen, auch wenn ein Anschluss als Nebenkläger nicht erklärt wird. Ist zweifelhaft, ob eine Person nach Satz 1 zur Anwesenheit berechtigt ist, entscheidet das Gericht nach Anhörung der Person und der Staatsanwaltschaft über die Berechtigung zur Anwesenheit; die Entscheidung ist unanfechtbar.

(2) Der Rechtsanwalt ist über die in § 406f Abs. 2 bezeichneten Befugnisse hinaus zur Anwesenheit in der Hauptverhandlung berechtigt, auch soweit diese nicht öffentlich ist. Ihm ist bei richterlichen Vernehmungen und bei der Einnahme eines richterlichen Augenscheins die Anwesenheit zu gestatten, wenn dadurch nicht der Untersuchungszweck gefährdet wird; die Entscheidung ist unanfechtbar. Für die Benachrichtigung gelten § 168c Abs. 5 und § 224 Abs. 1 entsprechend.

(3) § 397a gilt entsprechend für

1. die Bestellung eines Rechtsanwalts und
2. die Bewilligung von Prozeßkostenhilfe für die Hinzuziehung eines Rechtsanwalts.

Im vorbereiteten Verfahren entscheidet das Gericht, das für die Eröffnung des Hauptverfahrens zuständig wäre.

(4) Auf Antrag dessen, der zum Anschluß als Nebenkläger berechtigt ist, kann in den Fällen des § 397a Abs. 2 einstweilen ein Rechtsanwalt als Beistand bestellt werden, wenn

1. dies aus besonderen Gründen geboten ist,
2. die Mitwirkung eines Beistands eilbedürftig ist und
3. die Bewilligung von Prozeßkostenhilfe möglich erscheint, eine rechtzeitige Entscheidung hierüber aber nicht zu erwarten ist.

Für die Bestellung gelten § 142 Abs. 1 und § 162 entsprechend. 3Die Bestellung endet, wenn nicht innerhalb einer vom Richter zu bestimmenden Frist ein Antrag auf Bewilligung von Prozeßkostenhilfe gestellt oder wenn die Bewilligung von Prozeßkostenhilfe abgelehnt wird.

§ 406h [Hinweis auf Befugnisse] (1) Der Verletzte ist auf seine Befugnisse nach den §§ 406d, 406e, 406f und 406g sowie auf seine Befugnis, sich der erhobenen öffentlichen Klage als Nebenkläger anzuschließen (§ 395) und die Bestellung oder Hinzuziehung eines Rechtsanwalts als Beistand zu beantragen (§ 397a), hinzuweisen.

(2) Der Verletzte oder sein Erbe ist in der Regel und so früh wie möglich darauf hinzuweisen, dass und in welcher Weise er einen aus der Straftat erwachsenen vermögensrechtlichen Anspruch nach den Vorschriften des Dritten Abschnitts geltend machen kann.

(3) Der Verletzte soll auf die Möglichkeit, Unterstützung und Hilfe auch durch Opferhilfeeinrichtungen zu erhalten, hingewiesen werden.

(4) § 406d Abs. 3 Satz 1 gilt jeweils entsprechend.

Sechstes Buch. Besondere Arten des Verfahrens

Erster Abschnitt. Verfahren bei Strafbefehlen

§ 407 [Zulässigkeit] (1) Im Verfahren vor dem Strafrichter und im Verfahren, das zur Zuständigkeit des Schöffengerichts gehört, können bei Vergehen auf schriftlichen Antrag der Staatsanwaltschaft die Rechtsfolgen der Tat durch schriftlichen Strafbefehl ohne Hauptverhandlung festgesetzt werden. Die Staatsanwaltschaft stellt diesen Antrag, wenn sie nach dem Ergebnis der Ermittlungen eine Hauptverhandlung nicht für erforderlich erachtet. Der Antrag ist auf bestimmte Rechtsfolgen zu richten. Durch ihn wird die öffentliche Klage erhoben.

(2) Durch Strafbefehl dürfen nur die folgenden Rechtsfolgen der Tat, allein oder nebeneinander, festgesetzt werden:

1. Geldstrafe, Verwarnung mit Strafvorbehalt, Fahrverbot, Verfall, Einziehung, Vernichtung, Unbrauchbarmachung, Bekanntgabe der Verurteilung und Geldbuße gegen eine juristische Person oder Personenvereinigung,
2. Entziehung der Fahrerlaubnis, bei der die Sperre nicht mehr als zwei Jahre beträgt, sowie
3. Absehen von Strafe.

Hat der Angeschuldigte einen Verteidiger, so kann auch Freiheitsstrafe bis zu einem Jahr festgesetzt werden, wenn deren Vollstreckung zur Bewährung ausgesetzt wird.

(3) Der vorherigen Anhörung des Angeschuldigten durch das Gericht (§ 33 Abs. 3) bedarf es nicht.

§ 408 [Entscheidungsmöglichkeiten des Richters] (1) Hält der Vorsitzende des Schöffengerichts die Zuständigkeit des Strafrichters für begründet, so gibt er die Sache durch Vermittlung der Staatsanwaltschaft an diesen ab; der Beschluß ist für den Strafrichter bindend, der Staatsanwaltschaft steht sofortige Beschwerde zu. Hält der Strafrichter die Zuständigkeit des Schöffengerichts für begründet, so legt er die Akten durch Vermittlung der Staatsanwaltschaft dessen Vorsitzenden zur Entscheidung vor.

(2) Erachtet der Richter den Angeschuldigten nicht für hinreichend verdächtig, so lehnt er den Erlaß eines Strafbefehls ab. Die Entscheidung steht dem Beschluß gleich, durch den die Eröffnung des Hauptverfahrens abgelehnt worden ist (§§ 204, 210 Abs. 2, § 211).

(3) Der Richter hat dem Antrag der Staatsanwaltschaft zu entsprechen, wenn dem Erlaß des Strafbefehls keine Bedenken entgegenstehen. Er beraumt Hauptverhandlung an, wenn er Bedenken hat, ohne eine solche zu entscheiden, oder wenn er von der rechtlichen Beurteilung im Strafbefehlsantrag abweichen oder eine andere als die beantragte Rechtsfolge festsetzen will und die Staatsanwaltschaft bei ihrem Antrag beharrt. Mit der Ladung ist dem Angeklagten eine Abschrift des Strafbefehlsantrags ohne die beantragte Rechtsfolge mitzuteilen.

§ 408a [Strafbefehlsantrag nach Eröffnung des Hauptverfahrens] (1) Ist das Hauptverfahren bereits eröffnet, so kann im Verfahren vor dem Strafrichter und dem Schöffengericht die Staatsanwaltschaft einen Strafbefehlsantrag stellen, wenn die Voraussetzungen des § 407 Abs. 1 Satz 1 und 2 vorliegen und wenn der Durchführung einer Hauptverhandlung das Ausbleiben oder die Abwesenheit des Angeklagten oder ein anderer wichtiger Grund entgegensteht. In der Hauptverhandlung kann der Staatsanwalt den Antrag mündlich stellen; der wesentliche Inhalt des Strafbefehlsantrages ist in das Sitzungsprotokoll aufzunehmen. § 407 Abs. 1 Satz 4, § 408 finden keine Anwendung.

(2) Der Richter hat dem Antrag zu entsprechen, wenn die Voraussetzungen des § 408 Abs. 3 Satz 1 vorliegen. Andernfalls lehnt er den Antrag durch unanfechtbaren Beschluß ab und setzt das Hauptverfahren fort.

§ 408b [Verteidigerbestellung durch Richter] Erwägt der Richter, dem Antrag der Staatsanwaltschaft auf Erlaß eines Strafbefehls mit der in § 407 Abs. 2 Satz 2 genannten Rechtsfolge zu entsprechen, so bestellt er dem Angeschuldigten, der noch keinen Verteidiger hat, einen Verteidiger. § 141 Abs. 3 findet entsprechende Anwendung.

§ 409 [Inhalt des Strafbefehls] (1) Der Strafbefehl enthält
1. die Angaben zur Person des Angeklagten und etwaiger Nebenbeteiligter,
2. den Namen des Verteidigers,
3. die Bezeichnung der Tat, die dem Angeklagten zur Last gelegt wird, Zeit und Ort ihrer Begehung und die Bezeichnung der gesetzlichen Merkmale der Straftat,
4. die angewendeten Vorschriften nach Paragraph, Absatz, Nummer, Buchstabe und mit der Bezeichnung des Gesetzes,

5. die Beweismittel,
6. die Festsetzung der Rechtsfolgen,
7. die Belehrung über die Möglichkeit des Einspruchs und die dafür vorgeschriebene Frist und Form sowie den Hinweis, daß der Strafbefehl rechtskräftig und vollstreckbar wird, soweit gegen ihn kein Einspruch nach § 410 eingelegt wird.

Wird gegen den Angeklagten eine Freiheitsstrafe verhängt, wird er mit Strafvorbehalt verwarnt oder wird gegen ihn ein Fahrverbot angeordnet, so ist er zugleich nach § 268a Abs. 3 oder § 268c Satz 1 zu belehren. § 111i Abs. 2 sowie § 267 Abs. 6 Satz 2 gelten entsprechend.

(2) Der Strafbefehl wird auch dem gesetzlichen Vertreter des Angeklagten mitgeteilt.

§ 410 [Einspruchsfrist; Rechtskraft] (1) Der Angeklagte kann gegen den Strafbefehl innerhalb von zwei Wochen nach Zustellung bei dem Gericht, das den Strafbefehl erlassen hat, schriftlich oder zu Protokoll der Geschäftsstelle Einspruch einlegen. Die §§ 297 bis 300 und § 302 Abs. 1 Satz 1, Abs. 2 gelten entsprechend.

(2) Der Einspruch kann auf bestimmte Beschwerdepunkte beschränkt werden.

(3) Soweit gegen einen Strafbefehl nicht rechtzeitig Einspruch erhoben worden ist, steht er einem rechtskräftigen Urteil gleich.

§ 411 [Verwerfung wegen Unzulässigkeit; Termin zur Hauptverhandlung] (1) Ist der Einspruch verspätet eingelegt oder sonst unzulässig, so wird er ohne Hauptverhandlung durch Beschluß verworfen; gegen den Beschluß ist sofortige Beschwerde zulässig. Andernfalls wird Termin zur Hauptverhandlung anberaumt. Hat der Angeklagte seinen Einspruch auf die Höhe der Tagessätze einer festgesetzten Geldstrafe beschränkt, kann das Gericht mit Zustimmung des Angeklagten, des Verteidigers und der Staatsanwaltschaft ohne Hauptverhandlung durch Beschluss entscheiden; von der Festsetzung im Strafbefehl darf nicht zum Nachteil des Angeklagten abgewichen werden; gegen den Beschluss ist sofortige Beschwerde zulässig.

(2) Der Angeklagte kann sich in der Hauptverhandlung durch einen mit schriftlicher Vollmacht versehenen Verteidiger vertreten lassen. § 420 ist anzuwenden.

(3) Die Klage und der Einspruch können bis zur Verkündung des Urteils im ersten Rechtszug zurückgenommen werden. § 303 gilt entsprechend. Ist der Strafbefehl im Verfahren nach § 408a erlassen worden, so kann die Klage nicht zurückgenommen werden.

(4) Bei der Urteilsfällung ist das Gericht an den im Strafbefehl enthaltenen Ausspruch nicht gebunden, soweit Einspruch eingelegt ist.

§ 412 [Ausbleiben des Angeklagten] Ist bei Beginn einer Hauptverhandlung der Angeklagte weder erschienen noch durch einen Verteidiger vertreten und ist das Ausbleiben nicht genügend entschuldigt, so ist § 329 Abs. 1, 3 und 4 entsprechend anzuwenden. Hat der gesetzliche Vertreter Einspruch eingelegt, so ist auch § 330 entsprechend anzuwenden.

Zweiter Abschnitt. Sicherungsverfahren

§ 413 [Voraussetzungen des Antrags] Führt die Staatsanwaltschaft das Strafverfahren wegen Schuldunfähigkeit oder Verhandlungsunfähigkeit des Täters nicht durch, so kann sie den Antrag stellen, Maßregeln der Besserung und Sicherung selbständig anzuordnen, wenn dies gesetzlich zulässig ist und die Anordnung nach dem Ergebnis der Ermittlungen zu erwarten ist (Sicherungsverfahren).

§ 414 [Verfahren] (1) Für das Sicherungsverfahren gelten sinngemäß die Vorschriften über das Strafverfahren, soweit nichts anderes bestimmt ist.

(2) Der Antrag steht der öffentlichen Klage gleich. An die Stelle der Anklageschrift tritt eine Antragsschrift, die den Erfordernissen der Anklageschrift entsprechen muß. In der Antragsschrift ist die Maßregel der Besserung und Sicherung zu bezeichnen, deren Anordnung die Staatsanwaltschaft beantragt. Wird im Urteil eine Maßregel der Besserung und Sicherung nicht angeordnet, so ist auf Ablehnung des Antrages zu erkennen.

(3) Im Vorverfahren soll einem Sachverständigen Gelegenheit zur Vorbereitung des in der Hauptverhandlung zu erstattenden Gutachtens gegeben werden.

§ 415 [Hauptverhandlung ohne Beschuldigten] (1) Ist im Sicherungsverfahren das Erscheinen des Beschuldigten vor Gericht wegen seines Zustandes unmöglich oder aus Gründen der öffentlichen Sicherheit oder Ordnung unangebracht, so kann das Gericht die Hauptverhandlung durchführen, ohne daß der Beschuldigte zugegen ist.

(2) In diesem Falle ist der Beschuldigte vor der Hauptverhandlung durch einen beauftragten Richter unter Zuziehung eines Sachverständigen zu vernehmen. Von dem Vernehmungstermin sind die Staatsanwaltschaft, der Beschuldigte, der Verteidiger und der gesetzliche Vertreter zu benachrichtigen. Der Anwesenheit des Staatsanwalts, des Verteidigers und des gesetzlichen Vertreters bei der Vernehmung bedarf es nicht.

(3) Fordert es die Rücksicht auf den Zustand des Beschuldigten oder ist eine ordnungsgemäße Durchführung der Hauptverhandlung sonst nicht möglich, so kann das Gericht im Sicherungsverfahren nach der Vernehmung des Beschuldigten zur Sache die Hauptverhandlung durchführen, auch wenn der Beschuldigte nicht oder nur zeitweise zugegen ist.

(4) Soweit eine Hauptverhandlung ohne den Beschuldigten stattfindet, können seine früheren Erklärungen, die in einem richterlichen Protokoll enthalten sind, verlesen werden. Das Protokoll über die Vorvernehmung nach Absatz 2 Satz 1 ist zu verlesen.

(5) In der Hauptverhandlung ist ein Sachverständiger über den Zustand des Beschuldigten zu vernehmen. Hat der Sachverständige den Beschuldigten nicht schon früher untersucht, so soll ihm dazu vor der Hauptverhandlung Gelegenheit gegeben werden.

§ 416 [Übergang zum Strafverfahren] (1) Ergibt sich im Sicherungsverfahren nach Eröffnung des Hauptverfahrens die Schuldfähigkeit des Beschuldigten und ist das Gericht für das Strafverfahren nicht zuständig, so spricht es durch Beschluß seine Unzuständigkeit aus und verweist die Sache an das zuständige Gericht. § 270 Abs. 2 und 3 gilt entsprechend.

(2) Ergibt sich im Sicherungsverfahren nach Eröffnung des Hauptverfahrens die Schuldfähigkeit des Beschuldigten und ist das Gericht auch für das Strafverfahren zuständig, so ist der Beschuldigte auf die veränderte Rechtslage hinzuweisen und ihm Gelegenheit zur Verteidigung zu geben. Behauptet er, auf die Verteidigung nicht genügend vorbereitet zu sein, so ist auf seinen Antrag die Hauptverhandlung auszusetzen. Ist auf Grund des § 415 in Abwesenheit des Beschuldigten verhandelt worden, so sind diejenigen Teile der Hauptverhandlung zu wiederholen, bei denen der Beschuldigte nicht zugegen war.

(3) Die Absätze 1 und 2 gelten entsprechend, wenn sich im Sicherungsverfahren nach Eröffnung des Hauptverfahrens ergibt, daß der Beschuldigte verhandlungsfähig ist und das Sicherungsverfahren wegen seiner Verhandlungsunfähigkeit durchgeführt wird.

2a. Abschnitt. Beschleunigtes Verfahren

§ 417 [Voraussetzungen des Antrags] Im Verfahren vor dem Strafrichter und dem Schöffengericht stellt die Staatsanwaltschaft schriftlich oder mündlich den Antrag auf Entscheidung im beschleunigten Verfahren, wenn die Sache auf Grund des einfachen Sachverhalts oder der klaren Beweislage zur sofortigen Verhandlung geeignet ist.

§ 418 [Durchführung der Hauptverhandlung; Ladung; Anklageschrift] (1) Stellt die Staatsanwaltschaft den Antrag, so wird die Hauptverhandlung sofort oder in kurzer Frist durchgeführt, ohne daß es einer Entscheidung über die Eröffnung des Hauptverfahrens bedarf. Zwischen dem Eingang des Antrags bei Gericht und dem Beginn der Hauptverhandlung sollen nicht mehr als sechs Wochen liegen.

(2) Der Beschuldigte wird nur dann geladen, wenn er sich nicht freiwillig zur Hauptverhandlung stellt oder nicht dem Gericht vorgeführt wird. Mit der Ladung wird ihm mitgeteilt, was ihm zur Last gelegt wird. Die Ladungsfrist beträgt vierundzwanzig Stunden.

(3) Der Einreichung einer Anklageschrift bedarf es nicht. Wird eine solche nicht eingereicht, so wird die Anklage bei Beginn der Hauptverhandlung mündlich erhoben und ihr wesentlicher Inhalt in das Sitzungsprotokoll aufgenommen. § 408a gilt entsprechend.

(4) Ist eine Freiheitsstrafe von mindestens sechs Monaten zu erwarten, so wird dem Beschuldigten, der noch keinen Verteidiger hat, für das beschleunigte Verfahren vor dem Amtsgericht ein Verteidiger bestellt.

§ 419 [Entscheidung des Gerichts; Strafmaß] (1) Der Strafrichter oder das Schöffengericht hat dem Antrag zu entsprechen, wenn sich die Sache zur Verhandlung in diesem Verfahren eignet. Eine höhere Freiheitsstrafe als Freiheitsstrafe von einem Jahr oder eine Maßregel der Besserung und Sicherung darf in diesem Verfahren nicht verhängt werden. Die Entziehung der Fahrerlaubnis ist zulässig.

(2) Die Entscheidung im beschleunigten Verfahren kann auch in der Hauptverhandlung bis zur Verkündung des Urteils abgelehnt werden. Der Beschluß ist nicht anfechtbar.

(3) Wird die Entscheidung im beschleunigten Verfahren abgelehnt, so beschließt das Gericht die Eröffnung des Hauptverfahrens, wenn der Angeschuldigte einer Straftat hinreichend verdächtig erscheint (§ 203); wird nicht eröffnet und die Entscheidung im beschleunigten Verfahren abgelehnt, so kann von der Einreichung einer neuen Anklageschrift abgesehen werden.

§ 420 [Beweisaufnahme] (1) Die Vernehmung eines Zeugen, Sachverständigen oder Mitbeschuldigten darf durch Verlesung von Niederschriften über eine frühere Vernehmung sowie von Urkunden, die eine von ihnen stammende schriftliche Äußerung enthalten, ersetzt werden.

(2) Erklärungen von Behörden und sonstigen Stellen über ihre dienstlichen Wahrnehmungen, Untersuchungen und Erkenntnisse sowie über diejenigen ihrer Angehörigen dürfen auch dann verlesen werden, wenn die Voraussetzungen des § 256 nicht vorliegen.

(3) Das Verfahren nach den Absätzen 1 und 2 bedarf der Zustimmung des Angeklagten, des Verteidigers und der Staatsanwaltschaft, soweit sie in der Hauptverhandlung anwesend sind.

(4) Im Verfahren vor dem Strafrichter bestimmt dieser unbeschadet des § 244 Abs. 2 den Umfang der Beweisaufnahme.

§§ 421 bis 429 (weggefallen)

Dritter Abschnitt. Verfahren bei Einziehungen und Vermögensbeschlagnahmen

§ 430 [Absehen von der Einziehung] (1) Fällt die Einziehung neben der zu erwartenden Strafe oder Maßregel der Besserung und Sicherung nicht ins Gewicht oder würde das Verfahren, soweit es die Einziehung betrifft, einen unangemessenen Aufwand erfordern oder die Herbeiführung der Entscheidung über die anderen Rechtsfolgen der Tat unangemessen erschweren, so kann das Gericht mit Zustimmung der Staatsanwaltschaft in jeder Lage des Verfahrens die Verfolgung der Tat auf die anderen Rechtsfolgen beschränken.

(2) Im vorbereitenden Verfahren kann die Staatsanwaltschaft die Beschränkung vornehmen. Die Beschränkung ist aktenkundig zu machen.

(3) Das Gericht kann die Beschränkung in jeder Lage des Verfahrens wieder aufheben. Einem darauf gerichteten Antrag der Staatsanwaltschaft ist zu entsprechen. Wird die Beschränkung wieder aufgehoben, so gilt § 265 entsprechend.

§ 431 [Anordnung der Einziehungsbeteiligung] (1) Ist im Strafverfahren über die Einziehung eines Gegenstandes zu entscheiden und erscheint glaubhaft, daß

1. der Gegenstand einem anderen als dem Angeschuldigten gehört oder zusteht oder
2. ein anderer an dem Gegenstand ein sonstiges Recht hat, dessen Erlöschen im Falle der Einziehung angeordnet werden könnte (§ 74e Abs. 2 Satz 2 und 3 des Strafgesetzbuches),

so ordnet das Gericht an, daß der andere an dem Verfahren beteiligt wird, soweit es die Einziehung betrifft (Einziehungsbeteiligter). Das Gericht kann von der Anordnung absehen, wenn infolge bestimmter Tatsachen anzunehmen ist, daß die Beteiligung nicht ausführbar ist. Das Gericht kann von der Anordnung auch dann absehen, wenn eine Partei, Vereinigung oder Einrichtung außerhalb des räumlichen Geltungsbereichs dieses Gesetzes zu beteiligen wäre, die Bestrebungen gegen den Bestand oder die Sicherheit der Bundesrepublik Deutschland oder gegen einen der in § 92 Abs. 2 des Strafgesetzbuches bezeichneten Verfassungsgrundsätze verfolgt, und wenn den Umständen nach anzunehmen ist, daß diese Partei, Vereinigung oder Einrichtung oder einer ihrer Mittelsmänner den Gegenstand zur Förderung ihrer Bestrebungen zur Verfügung gestellt hat; in diesem Falle genügt es, vor der Entscheidung über die Einziehung des Gegenstandes den Besitzer der Sache oder den zur Verfügung über das Recht Befugten zu hören, wenn dies ausführbar ist.

(2) Das Gericht kann anordnen, daß sich die Beteiligung nicht auf die Frage der Schuld des Angeschuldigten erstreckt, wenn

1. die Einziehung im Falle des Absatzes 1 Nr. 1 nur unter der Voraussetzung in Betracht kommt, daß der Gegenstand dem Angeschuldigten gehört oder zusteht, oder
2. der Gegenstand nach den Umständen, welche die Einziehung begründen können, dem Einziehungsbeteiligten auch auf Grund von Rechtsvorschriften außerhalb des Strafrechts ohne Entschädigung dauernd entzogen werden könnte.

(3) Ist über die Einziehung des Wertersatzes gegen eine juristische Person oder eine Personenvereinigung zu entscheiden (§ 75 in Verbindung mit § 74c des Strafgesetzbuches), so ordnet das Gericht deren Beteiligung an.

(4) Die Verfahrensbeteiligung kann bis zum Ausspruch der Einziehung und, wenn eine zulässige Berufung eingelegt ist, bis zur Beendigung der Schlußvorträge im Berufungsverfahren angeordnet werden.

(5) Der Beschluß, durch den die Verfahrensbeteiligung angeordnet wird, kann nicht angefochten werden. Wird die Verfahrensbeteiligung abgelehnt oder eine Anordnung nach Absatz 2 getroffen, so ist sofortige Beschwerde zulässig.

(6) Erklärt jemand bei Gericht oder bei der Staatsanwaltschaft schriftlich oder zu Protokoll oder bei einer anderen Behörde schriftlich, daß er gegen die Einziehung des Gegenstandes keine Einwendungen vorbringen wolle, so wird seine Verfahrensbeteiligung nicht angeordnet oder die Anordnung wieder aufgehoben.

(7) Durch die Verfahrensbeteiligung wird der Fortgang des Verfahrens nicht aufgehalten.

§ 432 [Anhörung im vorbereitenden Verfahren] (1) Ergeben sich im vorbereitenden Verfahren Anhaltspunkte dafür, daß jemand als Einziehungsbeteiligter in Betracht kommt, so ist er zu hören, wenn dies ausführbar erscheint. § 431 Abs. 1 Satz 3 gilt entsprechend.

(2) Erklärt derjenige, der als Einziehungsbeteiligter in Betracht kommt, daß er gegen die Einziehung Einwendungen vorbringen wolle, und erscheint glaubhaft, daß er ein Recht an dem Gegenstand hat, so gelten, falls er vernommen wird, die Vorschriften über die Vernehmung des Beschuldigten insoweit entsprechend, als seine Verfahrensbeteiligung in Betracht kommt.

§ 433 [Stellung des Einziehungsbeteiligten im Hauptverfahren] (1) Von der Eröffnung des Hauptverfahrens an hat der Einziehungsbeteiligte, soweit dieses Gesetz nichts anderes bestimmt, die Befugnisse, die einem Angeklagten zustehen. Im beschleunigten Verfahren gilt dies vom Beginn der Hauptverhandlung, im Strafbefehlsverfahren vom Erlaß des Strafbefehls an.

(2) Das Gericht kann zur Aufklärung des Sachverhalts das persönliche Erscheinen des Einziehungsbeteiligten anordnen. Bleibt der Einziehungsbeteiligte, dessen persönliches Erscheinen angeordnet ist, ohne genügende Entschuldigung aus, so kann das Gericht seine Vorführung anordnen, wenn er unter Hinweis auf diese Möglichkeit durch Zustellung geladen worden ist.

§ 434 [Vertretung] (1) Der Einziehungsbeteiligte kann sich in jeder Lage des Verfahrens auf Grund einer schriftlichen Vollmacht durch einen Rechtsanwalt oder eine andere Person, die als Verteidiger gewählt werden kann, vertreten lassen. Die für die Verteidigung geltenden Vorschriften der §§ 137 bis 139, 145a bis 149 und 218 sind entsprechend anzuwenden.

(2) Das Gericht kann dem Einziehungsbeteiligten einen Rechtsanwalt oder eine andere Person, die als Verteidiger bestellt werden darf, beiordnen, wenn die Sach- oder Rechtslage schwierig ist oder wenn der Einziehungsbeteiligte seine Rechte nicht selbst wahrnehmen kann.

§ 435 [Terminsnachricht über Hauptverhandlung] (1) Dem Einziehungsbeteiligten wird der Termin zur Hauptverhandlung durch Zustellung bekanntgemacht; § 40 gilt entsprechend.

(2) Mit der Terminsnachricht wird ihm, soweit er an dem Verfahren beteiligt ist, die Anklageschrift und in den Fällen des § 207 Abs. 2 der Eröffnungsbeschluß mitgeteilt.

(3) Zugleich wird der Einziehungsbeteiligte darauf hingewiesen, daß

1. auch ohne ihn verhandelt werden kann und
2. über die Einziehung auch ihm gegenüber entschieden wird.

§ 436 [Hauptverhandlung] (1) Bleibt der Einziehungsbeteiligte in der Hauptverhandlung trotz ordnungsgemäßer Terminsnachricht aus, so kann ohne ihn verhandelt werden. § 235 ist nicht anzuwenden.

(2) Auf Beweisanträge des Einziehungsbeteiligten zur Frage der Schuld des Angeklagten ist § 244 Abs. 3 Satz 2, Abs. 4 bis 6 nicht anzuwenden.

(3) Ordnet das Gericht die Einziehung auf Grund von Umständen an, die einer Entschädigung des Einziehungsbeteiligten entgegenstehen, so spricht es zugleich aus, daß dem Einziehungsbeteiligten eine Entschädigung nicht zusteht. Dies gilt nicht, wenn das Gericht eine Entschädigung des Einziehungsbeteiligten für geboten hält, weil es eine unbillige Härte wäre, sie zu versagen; in diesem Falle entscheidet es zugleich über die Höhe der Entschädigung (§ 74f Abs. 3 des Strafgesetzbuches). Das Gericht weist den Einziehungsbeteiligten zuvor auf die Möglichkeit einer solchen Entscheidung hin und gibt ihm Gelegenheit, sich zu äußern.

(4) War der Einziehungsbeteiligte bei der Verkündung des Urteils nicht zugegen und auch nicht vertreten, so ist ihm das Urteil zuzustellen. Das Gericht kann anordnen, daß Teile des Urteils, welche die Einziehung nicht betreffen, ausgeschieden werden.

§ 437 [Rechtsmittelverfahren] (1) Im Rechtsmittelverfahren erstreckt sich die Prüfung, ob die Einziehung dem Einziehungsbeteiligten gegenüber gerechtfertigt ist, auf den Schuldspruch des angefochtenen Urteils nur, wenn der Einziehungsbeteiligte insoweit Einwendungen vorbringt und im vorausgegangenen Verfahren ohne sein Verschulden zum Schuldspruch nicht gehört worden ist. Erstreckt sich hiernach die Prüfung auch auf den Schuldspruch, so legt das Gericht die zur Schuld getroffenen Feststellungen zugrunde, soweit nicht das Vorbringen des Einziehungsbeteiligten eine erneute Prüfung erfordert.

(2) Im Berufungsverfahren gilt Absatz 1 nicht, wenn zugleich auf ein Rechtsmittel eines anderen Beteiligten über den Schuldspruch zu entscheiden ist.

(3) Im Revisionsverfahren sind die Einwendungen gegen den Schuldspruch innerhalb der Begründungsfrist vorzubringen.

(4) Wird nur die Entscheidung über die Höhe der Entschädigung angefochten, so kann über das Rechtsmittel durch Beschluß entschieden werden, wenn die Beteiligten nicht widersprechen. Das Gericht weist sie zuvor auf die Möglichkeit eines solchen Verfahrens und des Widerspruchs hin und gibt ihnen Gelegenheit, sich zu äußern.

§ 438 [Einziehung durch Strafbefehl] (1) Wird die Einziehung durch Strafbefehl angeordnet, so wird der Strafbefehl auch dem Einziehungsbeteiligten zugestellt. § 435 Abs. 3 Nr. 2 gilt entsprechend.

(2) Ist nur über den Einspruch des Einziehungsbeteiligten zu entscheiden, so gelten § 439 Abs. 3 Satz 1 und § 441 Abs. 2 und 3 entsprechend.

§ 439 [Nachverfahren] (1) Ist die Einziehung eines Gegenstandes rechtskräftig angeordnet worden und macht jemand glaubhaft, daß er

1. zur Zeit der Rechtskraft der Entscheidung ein Recht an dem Gegenstand gehabt hat, das infolge der Entscheidung beeinträchtigt ist oder nicht mehr besteht, und
2. ohne sein Verschulden weder im Verfahren des ersten Rechtszuges noch im Berufungsverfahren die Rechte des Einziehungsbeteiligten hat wahrnehmen können,

so kann er in einem Nachverfahren geltend machen, daß die Einziehung ihm gegenüber nicht gerechtfertigt sei. § 360 gilt entsprechend.

(2) Das Nachverfahren ist binnen eines Monats nach Ablauf des Tages zu beantragen, an dem der Antragsteller von der rechtskräftigen Entscheidung Kenntnis erlangt hat. Der Antrag ist unzulässig, wenn seit Eintritt der Rechtskraft zwei Jahre verstrichen sind und die Vollstreckung beendet ist.

(3) Das Gericht prüft den Schuldspruch nicht nach, wenn nach den Umständen, welche die Einziehung begründet haben, im Strafverfahren eine Anordnung nach § 431 Abs. 2 zulässig gewesen wäre. Im übrigen gilt § 437 Abs. 1 entsprechend.

(4) Wird das vom Antragsteller behauptete Recht nicht erwiesen, so ist der Antrag unbegründet.

(5) Vor der Entscheidung kann das Gericht mit Zustimmung der Staatsanwaltschaft die Anordnung der Einziehung aufheben, wenn das Nachverfahren einen unangemessenen Aufwand erfordern würde.

(6) Eine Wiederaufnahme des Verfahrens nach § 359 Nr. 5 zu dem Zweck, die Einwendungen nach Absatz 1 geltend zu machen, ist ausgeschlossen.

§ 440 [Selbständiges Einziehungsverfahren] (1) Die Staatsanwaltschaft und der Privatkläger können den Antrag stellen, die Einziehung selbständig anzuordnen, wenn dies gesetzlich zulässig und die Anordnung nach dem Ergebnis der Ermittlungen zu erwarten ist.

(2) In dem Antrag ist der Gegenstand zu bezeichnen. Ferner ist anzugeben, welche Tatsachen die Zulässigkeit der selbständigen Einziehung begründen. Im übrigen gilt § 200 entsprechend.

(3) Die §§ 431 bis 436 und 439 gelten entsprechend.

§ 441 [Verfahren bei nachträglicher und selbständiger Einziehung] (1) Die Entscheidung über die Einziehung im Nachverfahren (§ 439) trifft das Gericht des ersten Rechtszuges, die Entscheidung über die selbständige Einziehung (§ 440) das Gericht, das im Falle der Strafverfolgung einer bestimmten Person zuständig wäre. Für die Entscheidung über die selbständige Einziehung ist örtlich zuständig auch das Gericht, in dessen Bezirk der Gegenstand sichergestellt worden ist.

(2) Das Gericht entscheidet durch Beschluß, gegen den sofortige Beschwerde zulässig ist.

(3) Über einen zulässigen Antrag wird jedoch auf Grund mündlicher Verhandlung durch Urteil entschieden, wenn die Staatsanwaltschaft oder sonst ein Beteiligter es beantragt oder das Gericht es anordnet; die Vorschriften über die Hauptverhandlung gelten entsprechend. Wer gegen das Urteil eine zulässige Berufung eingelegt hat, kann gegen das Berufungsurteil nicht mehr Revision einlegen.

(4) Ist durch Urteil entschieden, so gilt § 437 Abs. 4 entsprechend.

§ 442 [Der Einziehung gleichstehende Rechtsfolgen; Beteiligte] (1) Verfall, Vernichtung, Unbrauchbarmachung und Beseitigung eines gesetzwidrigen Zustandes stehen im Sinne der §§ 430 bis 441 der Einziehung gleich.

(2) Richtet sich der Verfall nach § 73 Abs. 3 oder § 73a des Strafgesetzbuches gegen einen anderen als den Angeschuldigten, so ordnet das Gericht an, daß der andere an dem Verfahren beteiligt wird. Er kann seine Einwendungen gegen die Anordnung des Verfalls im Nachverfahren geltend machen, wenn er ohne sein Verschulden weder im Verfahren des ersten Rechtszuges noch im Berufungsverfahren imstande war, die Rechte des Verfahrensbeteiligten wahrzunehmen. Wird unter diesen Voraussetzungen ein Nachverfahren beantragt, so sollen bis zu dessen Abschluß Vollstreckungsmaßnahmen gegen den Antragsteller unterbleiben.

§ 443 [Vermögensbeschlagnahme] (1) Das im Geltungsbereich dieses Gesetzes befindliche Vermögen oder einzelne Vermögensgegenstände eines Beschuldigten, gegen den wegen einer Straftat nach

1. den §§ 81 bis 83 Abs. 1, den §§ 94 oder 96 Abs. 1, den §§ 97a oder 100, den §§ 129 oder 129a, auch in Verbindung mit § 129b Abs. 1, des Strafgesetzbuches,
2. einer in § 330 Abs. 1 Satz 1 des Strafgesetzbuches in Bezug genommenen Vorschrift unter der Voraussetzung, daß der Beschuldigte verdächtig ist, vorsätzlich Leib oder Leben eines anderen oder fremde Sachen von bedeutendem Wert gefährdet zu haben, oder unter einer der in § 330 Abs. 1 Satz 2 Nr. 1 bis 3 des Strafgesetzbuches genannten Voraussetzungen oder nach § 330 Abs. 2, § 330a Abs. 1, 2 des Strafgesetzbuches,
3. §§ 51, 52 Abs. 1 Nr. 1, 2 Buchstabe c und d, Abs. 5, 6 des Waffengesetzes, § 34 Abs. 1 bis 6 des Außenwirtschaftsgesetzes oder nach § 19 Abs. 1 bis 3, § 20 Abs. 1 oder 2, jeweils auch in Verbindung mit § 21, oder § 22a Abs. 1 bis 3 des Gesetzes über die Kontrolle von Kriegswaffen oder
4. einer in § 29 Abs. 3 Satz 2 Nr. 1 des Betäubungsmittelgesetzes in Bezug genommenen Vorschrift unter den dort genannten Voraussetzungen oder einer Straftat nach den §§ 29a, 30 Abs. 1 Nr. 1, 2, 4, § 30a oder § 30b des Betäubungsmittelgesetzes

die öffentliche Klage erhoben oder Haftbefehl erlassen worden ist, können mit Beschlag belegt werden. Die Beschlagnahme umfaßt auch das Vermögen, das dem Beschuldigten später zufällt. Die Beschlagnahme ist spätestens nach Beendigung der Hauptverhandlung des ersten Rechtszuges aufzuheben.

(2) Die Beschlagnahme wird durch den Richter angeordnet. Bei Gefahr im Verzug kann die Staatsanwaltschaft die Beschlagnahme vorläufig anordnen; die vorläufige Anordnung tritt außer Kraft, wenn sie nicht binnen drei Tagen vom Richter bestätigt wird.

(3) Die Vorschriften der §§ 291 bis 293 gelten entsprechend.

Vierter Abschnitt. Verfahren bei Festsetzung von Geldbuße gegen juristische Personen und Personenvereinigungen

§ 444 [Verfahren bei Festsetzung von Geldbuße gegen juristische Personen und Personenvereinigungen] (1) Ist im Strafverfgahren über die Festsetzung einer Geldbuße gegen eine juristische Person oder eine Personenvereinigung zu entscheiden (§ 30 des Gesetzes über Ordnungswidrigkeiten), so ordnet das Gericht deren Beteiligung an dem Verfahren an, soweit es die Tat betrifft. § 431 Abs. 4, 5 gilt entsprechend.

(2) Die juristische Person oder die Personenvereinigung wird zur Hauptverhandlung geladen; bleibt ihr Vertreter ohne genügende Entschuldigung aus, so kann ohne sie verhandelt werden. Für ihre Verfahrensbeteiligung gelten im übrigen die §§ 432 bis 434, 435 Abs. 2 und 3 Nr. 1, § 436 Abs. 2 und 4, § 437 Abs. 1 bis 3, § 438 Abs. 1 und, soweit nur über ihren Einspruch zu entscheiden ist, § 441 Abs. 2 und 3 sinngemäß.

(3) Für das selbständige Verfahren gelten die §§ 440 und 441 Abs. 1 bis 3 sinngemäß. Örtlich zuständig ist auch das Gericht, in dessen Bezirk die juristische Person oder die Personenvereinigung ihren Sitz oder eine Zweigniederlassung hat.

§§ 445 bis 448 (weggefallen)

Siebentes Buch. Strafvollstreckung und Kosten des Verfahrens

Erster Abschnitt. Strafvollstreckung

§ 449 [Vollstreckbarkeit] Strafurteile sind nicht vollstreckbar, bevor sie rechtskräftig geworden sind.

§ 450 [Anrechnung von Untersuchungshaft und Führerscheinentziehung] (1) Auf die zu vollstreckende Freiheitsstrafe ist unverkürzt die Untersuchungshaft anzurechnen, die der Angeklagte erlitten hat, seit er auf Einlegung eines Rechtsmittels verzichtet oder das eingelegte Rechtsmittel zurückgenommen hat oder seitdem die Einlegungsfrist abgelaufen ist, ohne daß er eine Erklärung abgegeben hat.

(2) Hat nach dem Urteil eine Verwahrung, Sicherstellung oder Beschlagnahme des Führerscheins auf Grund des § 111a Abs. 5 Satz 2 fortgedauert, so ist diese Zeit unverkürzt auf das Fahrverbot (§ 44 des Strafgesetzbuches) anzurechnen.

§ 450a [Anrechnung einer im Ausland erlittenen Freiheitsentziehung] (1) Auf die zu vollstreckende Freiheitsstrafe ist auch die im Ausland erlittene Freiheitsentziehung anzurechnen, die der Verurteilte in einem Auslieferungsverfahren zum Zwecke der Strafvollstreckung erlitten hat. Dies gilt auch dann, wenn der Verurteilte zugleich zum Zwecke der Strafverfolgung ausgeliefert worden ist.

(2) Bei Auslieferung zum Zwecke der Vollstreckung mehrerer Strafen ist die im Ausland erlittene Freiheitsentziehung auf die höchste Strafe, bei Strafen gleicher Höhe auf die Strafe anzurechnen, die nach der Einlieferung des Verurteilten zuerst vollstreckt wird.

(3) Das Gericht kann auf Antrag der Staatsanwaltschaft anordnen, daß die Anrechnung ganz oder zum Teil unterbleibt, wenn sie im Hinblick auf das Verhalten des Verurteilten nach dem Erlaß des Urteils, in dem die dem Urteil zugrunde liegenden tatsächlichen Feststellungen letztmalig geprüft werden konnten, nicht gerechtfertigt ist. Trifft das Gericht eine solche Anordnung, so wird die im Ausland erlittene Freiheitsentziehung, soweit ihre Dauer die Strafe nicht überschreitet, auch in einem anderen Verfahren auf die Strafe nicht angerechnet.

§ 451 [Vollstreckungsbehörden] (1) Die Strafvollstreckung erfolgt durch die Staatsanwaltschaft als Vollstreckungsbehörde auf Grund einer von dem Urkundsbeamten der Geschäftsstelle zu erteilenden, mit der Bescheinigung der Vollstreckbarkeit versehenen, beglaubigten Abschrift der Urteilsformel.

(2) Den Amtsanwälten steht die Strafvollstreckung nur insoweit zu, als die Landesjustizverwaltung sie ihnen übertragen hat.

(3) Die Staatsanwaltschaft, die Vollstreckungsbehörde ist, nimmt auch gegenüber der Strafvollstreckungskammer bei einem anderen Landgericht die staatsanwaltschaftlichen Aufgaben wahr. Sie kann ihre Aufgaben der für dieses Gericht zuständigen Staatsanwaltschaft übertragen, wenn dies im Interesse des Verurteilten geboten erscheint und die Staatsanwaltschaft am Ort der Strafvollstreckungskammer zustimmt.

§ 452 [Begnadigungsrecht] In Sachen, in denen im ersten Rechtszug in Ausübung von Gerichtsbarkeit des Bundes entschieden worden ist, steht das Begnadigungsrecht dem Bund zu. In allen anderen Sachen steht es den Ländern zu.

§ 453 [Nachträgliche Entscheidung über Strafaussetzung zur Bewährung oder Verwarnung mit Strafvorbehalt] (1) Die nachträglichen Entscheidungen, die sich auf eine Strafaussetzung zur Bewährung oder eine Verwarnung mit Strafvorbehalt beziehen (§§ 56a bis 56g, 58, 59a, 59b des Strafgesetzbuches), trifft das Gericht ohne mündliche Verhandlung durch Beschluß. Die Staatsanwaltschaft und der Angeklagte sind zu hören. Hat das Gericht über einen Widerruf der Strafaussetzung wegen Verstoßes gegen Auflagen oder Weisungen zu entscheiden, so soll es dem Verurteilten Gelegenheit zur mündlichen Anhörung geben. Ist ein Bewährungshelfer bestellt, so unterrichtet ihn das Gericht, wenn eine Entscheidung über den Widerruf der Strafaussetzung oder den Straferlaß in Betracht kommt; über Erkenntnisse, die dem Gericht aus anderen Strafverfahren bekannt geworden sind, soll es ihn unterrichten, wenn der Zweck der Bewährungsaufsicht dies angezeigt erscheinen läßt.

(2) Gegen die Entscheidungen nach Absatz 1 ist Beschwerde zulässig. Sie kann nur darauf gestützt werden, daß eine getroffene Anordnung gesetzwidrig ist oder daß die Bewährungszeit nachträglich verlängert worden ist. Der Widerruf der Aussetzung, der Erlaß der Strafe, der Widerruf des Erlasses, die Verurteilung zu der vorbehaltenen Strafe und die Feststellung, daß es bei der Verwarnung sein Bewenden hat (§§ 56f, 56g, 59b des Strafgesetzbuches), können mit sofortiger Beschwerde angefochten werden.

§ 453a [Belehrung bei Strafaussetzung oder Verwarnung mit Strafvorbehalt] (1) Ist der Angeklagte nicht nach § 268a Abs. 3 belehrt worden, so wird die Belehrung durch das für die Entscheidungen nach § 453 zuständige Gericht erteilt. Der Vorsitzende kann mit der Belehrung einen beauftragten oder ersuchten Richter betrauen.

(2) Die Belehrung soll außer in Fällen von geringer Bedeutung mündlich erteilt werden.

(3) Der Angeklagte soll auch über die nachträglichen Entscheidungen belehrt werden. Absatz 1 gilt entsprechend.

§ 453b [Überwachung des Verurteilten] (1) Das Gericht überwacht während der Bewährungszeit die Lebensführung des Verurteilten, namentlich die Erfüllung von Auflagen und Weisungen sowie von Anerbieten und Zusagen.

(2) Die Überwachung obliegt dem für die Entscheidungen nach § 453 zuständigen Gericht.

§ 453c [Vorläufige Maßnahmen vor Widerruf der Aussetzung] (1) Sind hinreichende Gründe für die Annahme vorhanden, daß die Aussetzung widerrufen wird, so kann das Gericht bis zur Rechtskraft des Widerrufsbeschlusses, um sich der Person des Verurteilten zu versichern, vorläufige Maßnahmen treffen, notfalls, unter den Voraussetzungen des § 112 Abs. 2 Nr. 1 oder 2, oder, wenn bestimmte Tatsachen die Gefahr begründen, daß der Verurteilte erhebliche Straftaten begehen werde, einen Haftbefehl erlassen.

(2) Die auf Grund eines Haftbefehls nach Absatz 1 erlittene Haft wird auf die zu vollstreckende Freiheitsstrafe angerechnet. § 33 Abs. 4 Satz 1 sowie die §§ 114 bis 115a und § 119 gelten entsprechend.

§ 454 [Aussetzung des Strafrestes] (1) Die Entscheidung, ob die Vollstreckung des Restes einer Freiheitsstrafe zur Bewährung ausgesetzt werden soll (§§ 57 bis 58 des Strafgesetzbuches) sowie die Entscheidung, daß vor Ablauf einer bestimmten Frist ein solcher Antrag des Verurteilten unzulässig ist, trifft das Gericht ohne mündliche Verhandlung durch Beschluß. Die Staatsanwaltschaft, der Verurteilte und die Vollzugsanstalt sind zu hören. Der Verurteilte ist mündlich zu hören. Von der mündlichen Anhörung des Verurteilten kann abgesehen werden, wenn

1. die Staatsanwaltschaft und die Vollzugsanstalt die Aussetzung einer zeitigen Freiheitsstrafe befürworten und das Gericht die Aussetzung beabsichtigt,
2. der Verurteilte die Aussetzung beantragt hat, zur Zeit der Antragstellung
   a) bei zeitiger Freiheitsstrafe noch nicht die Hälfte oder weniger als zwei Monate,
   b) bei lebenslanger Freiheitsstrafe weniger als dreizehn Jahre

der Strafe verbüßt hat und das Gericht den Antrag wegen verfrühter Antragstellung ablehnt oder

3. der Antrag des Verurteilten unzulässig ist (§ 57 Abs. 7, § 57a Abs. 4 des Strafgesetzbuches).

Das Gericht entscheidet zugleich, ob eine Anrechnung nach § 43 Abs. 10 Nr. 3 des Strafvollzugsgesetzes ausgeschlossen wird.

(2) Das Gericht holt das Gutachten eines Sachverständigen über den Verurteilten ein, wenn es erwägt, die Vollstreckung des Restes

1. der lebenslangen Freiheitsstrafe auszusetzen oder
2. einer zeitigen Freiheitsstrafe von mehr als zwei Jahren wegen einer Straftat der in § 66 Abs. 3 Satz 1 des Strafgesetzbuches bezeichneten Art auszusetzen und nicht auszuschließen ist, daß Gründe der öffentlichen Sicherheit einer vorzeitigen Entlassung des Verurteilten entgegenstehen.

Das Gutachten hat sich namentlich zu der Frage zu äußern, ob bei dem Verurteilten keine Gefahr mehr besteht, daß dessen durch die Tat zutage getretene Gefährlichkeit fortbesteht. Der Sachverständige ist mündlich zu hören, wobei der Staatsanwaltschaft, dem Verurteilten, seinem Verteidiger und der Vollzugsanstalt Gelegenheit zur Mitwirkung zu geben ist. Das Gericht kann von der mündlichen Anhörung des Sachverständigen absehen, wenn der Verurteilte, sein Verteidiger und die Staatsanwaltschaft darauf verzichten.

(3) Gegen die Entscheidungen nach Absatz 1 ist sofortige Beschwerde zulässig. Die Beschwerde der Staatsanwaltschaft gegen den Beschluß, der die Aussetzung des Strafrestes anordnet, hat aufschiebende Wirkung.

(4) Im übrigen gelten die Vorschriften der §§ 453, 453a Abs. 1 und 3 sowie der §§ 453b, 453c und 268a Abs. 3 entsprechend. Die Belehrung über die Aussetzung des Strafrestes wird mündlich erteilt; die Belehrung kann auch der Vollzugsanstalt übertragen werden. Die Belehrung soll unmittelbar vor der Entlassung erteilt werden.

§ 454a [Beginn der Bewährungszeit; Aufhebung der Aussetzung des Strafrestes] (1) Beschließt das Gericht die Aussetzung der Vollstreckung des Restes einer Freiheitsstrafe mindestens drei Monate vor dem Zeitpunkt der Entlassung, so verlängert sich die Bewährungszeit um die Zeit von der Rechtskraft der Aussetzungsentscheidung bis zur Entlassung.

(2) Das Gericht kann die Aussetzung der Vollstreckung des Restes einer Freiheitsstrafe bis zur Entlassung des Verurteilten wieder aufheben, wenn die Aussetzung aufgrund neu eingetretener oder bekanntgewordener Tatsachen unter Berücksichtigung des Sicherheitsinteresses der Allgemeinheit nicht mehr verant-

wortet werden kann; § 454 Abs. 1 Satz 1 und 2 sowie Abs. 3 Satz 1 gilt entsprechend. § 57 Abs. 5 des Strafgesetzbuches bleibt unberührt.

§ 454b [Vollstreckung von Freiheitsstrafen und Ersatzfreiheitsstrafen] (1) Freiheitsstrafen und Ersatzfreiheitsstrafen sollen unmittelbar nacheinander vollstreckt werden.

(2) Sind mehrere Freiheitsstrafen oder Freiheitsstrafen und Ersatzfreiheitsstrafen nacheinander zu vollstrecken, so unterbricht die Vollstreckungsbehörde die Vollstreckung der zunächst zu vollstreckenden Freiheitsstrafe, wenn

1. unter den Voraussetzungen des § 57 Abs. 2 Nr. 1 des Strafgesetzbuches die Hälfte, mindestens jedoch sechs Monate,
2. im übrigen bei zeitiger Freiheitsstrafe zwei Drittel, mindestens jedoch zwei Monate, oder
3. bei lebenslanger Freiheitsstrafe fünfzehn Jahre

der Strafe verbüßt sind. Dies gilt nicht für Strafreste, die auf Grund Widerrufs ihrer Aussetzung vollstreckt werden. Treten die Voraussetzungen für eine Unterbrechung der zunächst zu vollstreckenden Freiheitsstrafe bereits vor Vollstreckbarkeit der später zu vollstreckenden Freiheitsstrafe ein, erfolgt die Unterbrechung rückwirkend auf den Zeitpunkt des Eintritts der Vollstreckbarkeit.

(3) Hat die Vollstreckungsbehörde die Vollstreckung nach Absatz 2 unterbrochen, so trifft das Gericht die Entscheidungen nach den §§ 57 und 57a des Strafgesetzbuches erst, wenn über die Aussetzung der Vollstreckung der Reste aller Strafen gleichzeitig entschieden werden kann.

§ 455 [Aufschub der Vollstreckung einer Freiheitsstrafe] (1) Die Vollstreckung einer Freiheitsstrafe ist aufzuschieben, wenn der Verurteilte in Geisteskrankheit verfällt.

(2) Dasselbe gilt bei anderen Krankheiten, wenn von der Vollstreckung eine nahe Lebensgefahr für den Verurteilten zu besorgen ist.

(3) Die Strafvollstreckung kann auch dann aufgeschoben werden, wenn sich der Verurteilte in einem körperlichen Zustand befindet, bei dem eine sofortige Vollstreckung mit der Einrichtung der Strafanstalt unverträglich ist.

(4) Die Vollstreckungsbehörde kann die Vollstreckung einer Freiheitsstrafe unterbrechen, wenn

1. der Verurteilte in Geisteskrankheit verfällt,
2. wegen einer Krankheit von der Vollstreckung eine nahe Lebensgefahr für den Verurteilten zu besorgen ist oder
3. der Verurteilte sonst schwer erkrankt und die Krankheit in einer Vollzugsanstalt oder einem Anstaltskrankenhaus nicht erkannt oder behandelt werden kann

und zu erwarten ist, daß die Krankheit voraussichtlich für eine erhebliche Zeit fortbestehen wird. Die Vollstreckung darf nicht unterbrochen werden, wenn überwiegende Gründe, namentlich der öffentlichen Sicherheit, entgegenstehen.

§ 455a [Aufschub oder Unterbrechung aus Gründen der Vollzugsorganisation] (1) Die Vollstreckungsbehörde kann die Vollstreckung einer Freiheitsstrafe oder einer freiheitsentziehenden Maßregel der Besserung und Sicherung aufschieben oder ohne Einwilligung des Gefangenen unterbrechen, wenn dies aus Gründen der Vollzugsorganisation erforderlich ist und überwiegende Gründe der öffentlichen Sicherheit nicht entgegenstehen.

(2) Kann die Entscheidung der Vollstreckungsbehörde nicht rechtzeitig eingeholt werden, so kann der Anstaltsleiter die Vollstreckung unter den Voraussetzungen des Absatzes 1 ohne Einwilligung des Gefangenen vorläufig unterbrechen.

§ 456 [Vorübergehender Aufschub] (1) Auf Antrag des Verurteilten kann die Vollstreckung aufgeschoben werden, sofern durch die sofortige Vollstreckung dem Verurteilten oder seiner Familie erhebliche, außerhalb des Strafzwecks liegende Nachteile erwachsen.

(2) Der Strafaufschub darf den Zeitraum von vier Monaten nicht übersteigen.

(3) Die Bewilligung kann an eine Sicherheitsleistung oder andere Bedingungen geknüpft werden.

§ 456a [Absehen von Vollstreckung bei Ausgelieferung oder Landesverweisung] (1) Die Vollstreckungsbehörde kann von der Vollstreckung einer Freiheitsstrafe, einer Ersatzfreiheitsstrafe oder einer Maßregel der Besserung und Sicherung absehen, wenn der Verurteilte wegen einer anderen Tat einer ausländischen Regierung ausgeliefert, an einen internationalen Strafgerichtshof überstellt oder wenn er aus dem Geltungsbereich dieses Bundesgesetzes ausgewiesen wird.

(2) Kehrt der Ausgelieferte, der Überstellte oder der Ausgewiesene zurück, so kann die Vollstreckung nachgeholt werden. Für die Nachholung einer Maßregel der Besserung und Sicherung gilt § 67c Abs. 2 des Strafgesetzbuches entsprechend. Die Vollstreckungsbehörde kann zugleich mit dem Absehen von der Vollstreckung die Nachholung für den Fall anordnen, dass der Ausgelieferte, Überstellte oder Ausgewiesene zurückkehrt, und hierzu einen Haftbefehl oder einen Unterbringungsbefehl erlassen sowie die erforderlichen Fahndungsmaßnahmen, insbesondere die Ausschreibung zur Festnahme, veranlassen; § 131 Abs. 4 sowie § 131a Abs. 3 gelten entsprechend. Der Verurteilte ist zu belehren.

§ 456b (weggefallen)

§ 456c [Aufschub und Aussetzung des Berufsverbotes] (1) Das Gericht kann bei Erlaß des Urteils auf Antrag oder mit Einwilligung des Verurteilten das Wirksamwerden des Berufsverbots durch Beschluß aufschieben, wenn das sofortige Wirksamwerden des Verbots für den Verurteilten oder seine Angehörigen eine erhebliche, außerhalb seines Zweckes liegende, durch späteres Wirksamwerden vermeidbare Härte bedeuten würde. Hat der Verurteilte einen gesetzlichen Vertreter, so ist dessen Einwilligung erforderlich. § 462 Abs. 3 gilt entsprechend.

(2) Die Vollstreckungsbehörde kann unter denselben Voraussetzungen das Berufsverbot aussetzen.

(3) Der Aufschub und die Aussetzung können an die Leistung einer Sicherheit oder an andere Bedingungen geknüpft werden. Aufschub und Aussetzung dürfen den Zeitraum von sechs Monaten nicht übersteigen.

(4) Die Zeit des Aufschubs und der Aussetzung wird auf die für das Berufsverbot festgesetzte Frist nicht angerechnet.

§ 457 [Haftbefehl; Steckbrief] (1) § 161 gilt sinngemäß für die in diesem Abschnitt bezeichneten Zwecke.

(2) Die Vollstreckungsbehörde ist befugt, zur Vollstreckung einer Freiheitsstrafe einen Vorführungs- oder Haftbefehl zu erlassen, wenn der Verurteilte auf die an ihn ergangene Ladung zum Antritt der Strafe sich nicht gestellt hat oder der Flucht verdächtig ist. Sie kann einen Vorführungs- oder Haftbefehl auch erlassen, wenn ein Strafgefangener entweicht oder sich sonst dem Vollzug entzieht.

(3) Im übrigen hat in den Fällen des Absatzes 2 die Vollstreckungsbehörde die gleichen Befugnisse wie die Strafverfolgungsbehörde, soweit die Maßnahmen bestimmt und geeignet sind, den Verurteilten festzunehmen. Bei der Prüfung der Verhältnismäßigkeit ist auf die Dauer der noch zu vollstreckenden Freiheitsstrafe besonders Bedacht zu nehmen. Die notwendig werdenden gerichtlichen Entscheidungen trifft das Gericht des ersten Rechtszuges.

§ 458 [Gerichtliche Entscheidungen bei Strafvollstreckung] (1) Wenn über die Auslegung eines Strafurteils oder über die Berechnung der erkannten Strafe Zweifel entstehen oder wenn Einwendungen gegen die Zulässigkeit der Strafvollstreckung erhoben werden, so ist die Entscheidung des Gerichts herbeizuführen.

(2) Das Gericht entscheidet ferner, wenn in den Fällen des § 454b Abs. 1 und 2 sowie der §§ 455, 456 und 456c Abs. 2 Einwendungen gegen die Entscheidung der Vollstreckungsbehörde erhoben werden oder wenn die Vollstreckungsbehörde anordnet, daß an einem Ausgelieferten oder Ausgewiesenen die Vollstreckung einer Strafe oder einer Maßregel der Besserung und Sicherung nachgeholt werden soll, und Einwendungen gegen diese Anordnung erhoben werden.

(3) Der Fortgang der Vollstreckung wird hierdurch nicht gehemmt; das Gericht kann jedoch einen Aufschub oder eine Unterbrechung der Vollstreckung anordnen. In den Fällen des § 456c Abs. 2 kann das Gericht eine einstweilige Anordnung treffen.

§ 459 [Vollstreckung der Geldstrafe] Für die Vollstreckung der Geldstrafe gelten die Vorschriften der Justizbeitreibungsordnung, soweit dieses Gesetz nichts anderes bestimmt.

§ 459a [Zahlungserleichterungen] (1) Nach Rechtskraft des Urteils entscheidet über die Bewilligung von Zahlungserleichterungen bei Geldstrafen (§ 42 des Strafgesetzbuches) die Vollstreckungsbehörde.

(2) Die Vollstreckungsbehörde kann eine Entscheidung über Zahlungserleichterungen nach Absatz 1 oder nach § 42 des Strafgesetzbuches nachträglich ändern oder aufheben. Dabei darf sie von einer vorausgegangenen Entscheidung zum Nachteil des Verurteilten nur auf Grund neuer Tatsachen oder Beweismittel abweichen.

(3) Entfällt die Vergünstigung nach § 42 Satz 2 des Strafgesetzbuches, die Geldstrafe in bestimmten Teilbeträgen zu zahlen, so wird dies in den Akten vermerkt. Die Vollstreckungsbehörde kann erneut eine Zahlungserleichterung bewilligen.

(4) Die Entscheidung über Zahlungserleichterungen erstreckt sich auch auf die Kosten des Verfahrens. Sie kann auch allein hinsichtlich der Kosten getroffen werden.

§ 459b [Verrechnung von Teilbeträgen] Teilbeträge werden, wenn der Verurteilte bei der Zahlung keine Bestimmung trifft, zunächst auf die Geldstrafe, dann auf die etwa angeordneten Nebenfolgen, die zu einer Geldzahlung verpflichten, und zuletzt auf die Kosten des Verfahrens angerechnet.

§ 459c [Beitreibung der Geldstrafe] (1) Die Geldstrafe oder der Teilbetrag der Geldstrafe wird vor Ablauf von zwei Wochen nach Eintritt der Fälligkeit nur beigetrieben, wenn auf Grund bestimmter Tatsachen erkennbar ist, daß sich der Verurteilte der Zahlung entziehen will.

(2) Die Vollstreckung kann unterbleiben, wenn zu erwarten ist, daß sie in absehbarer Zeit zu keinem Erfolg führen wird.

(3) In den Nachlaß des Verurteilten darf die Geldstrafe nicht vollstreckt werden.

§ 459d [Absehen von der Vollstreckung der Geldstrafe] (1) Das Gericht kann anordnen, daß die Vollstreckung der Geldstrafe ganz oder zum Teil unterbleibt, wenn

1. in demselben Verfahren Freiheitsstrafe vollstreckt oder zur Bewährung ausgesetzt worden ist oder
2. in einem anderen Verfahren Freiheitsstrafe verhängt ist und die Voraussetzungen des § 55 des Strafgesetzbuches nicht vorliegen

und die Vollstreckung der Geldstrafe die Wiedereingliederung des Verurteilten erschweren kann.

(2) Das Gericht kann eine Entscheidung nach Absatz 1 auch hinsichtlich der Kosten des Verfahrens treffen.

§ 459e [Vollstreckung der Ersatzfreiheitsstrafe] (1) Die Ersatzfreiheitsstrafe wird auf Anordnung der Vollstreckungsbehörde vollstreckt.

(2) Die Anordnung setzt voraus, daß die Geldstrafe nicht eingebracht werden kann oder die Vollstreckung nach § 459c Abs. 2 unterbleibt.

(3) Wegen eines Teilbetrages, der keinem vollen Tag Freiheitsstrafe entspricht, darf die Vollstreckung der Ersatzfreiheitsstrafe nicht angeordnet werden.

(4) Die Ersatzfreiheitsstrafe wird nicht vollstreckt, soweit die Geldstrafe entrichtet oder beigetrieben wird oder die Vollstreckung nach § 459d unterbleibt. Absatz 3 gilt entsprechend.

§ 459f [Absehen von der Vollstreckung der Ersatzfreiheitsstrafe] Das Gericht ordnet an, daß die Vollstreckung der Ersatzfreiheitsstrafe unterbleibt, wenn die Vollstreckung für den Verurteilten eine unbillige Härte wäre.

§ 459g [Vollstreckung von Nebenfolgen] (1) Ist der Verfall, die Einziehung oder die Unbrauchbarmachung einer Sache angeordnet worden, so wird die Anordnung dadurch vollstreckt, daß die Sache dem Verurteilten oder dem Verfalls- oder Einziehungsbeteiligten weggenommen wird. Für die Vollstreckung gelten die Vorschriften der Justizbeitreibungsordnung.

(2) Für die Vollstreckung von Nebenfolgen, die zu einer Geldzahlung verpflichten, gelten die §§ 459, 459a, 459c Abs. 1 und 2 und § 459d entsprechend.

§ 459h [Zuständigkeit des Gerichts bei Einwendungen] Über Einwendungen gegen die Entscheidungen der Vollstreckungsbehörde nach den §§ 459a, 459c, 459e und 459g entscheidet das Gericht.

§ 459i [Vollstreckung der Vermögensstrafe] (1) Für die Vollstreckung der Vermögensstrafe (§ 43a des Strafgesetzbuches) gelten die §§ 459, 459a, 459b, 459c, 459e, 459f und 459h sinngemäß.

(2) In den Fällen der §§ 111o, 111p ist die Maßnahme erst nach Beendigung der Vollstreckung aufzuheben.

§ 460 [Nachträgliche Gesamtstrafenbildung] Ist jemand durch verschiedene rechtskräftige Urteile zu Strafen verurteilt worden und sind dabei die Vorschriften über die Zuerkennung einer Gesamtstrafe (§ 55 des Strafgesetzbuches) außer Betracht geblieben, so sind die erkannten Strafen durch eine nachträgliche gerichtliche Entscheidung auf eine Gesamtstrafe zurückzuführen. Werden mehrere Vermögensstrafen auf eine Gesamtvermögensstrafe zurückgeführt, so darf diese die Höhe der verwirkten höchsten Strafe auch dann nicht unterschreiten, wenn deren Höhe den Wert des Vermögens des Verurteilten zum Zeitpunkt der nachträglichen gerichtlichen Entscheidung übersteigt.

§ 461 [Anrechnung von Krankenhausaufenthalt] (1) Ist der Verurteilte nach Beginn der Strafvollstreckung wegen Krankheit in eine von der Strafanstalt getrennte Krankenanstalt gebracht worden, so ist die Dauer des Aufenthalts in der Krankenanstalt in die Strafzeit einzurechnen, wenn nicht der Verurteilte mit der Absicht, die Strafvollstreckung zu unterbrechen, die Krankheit herbeigeführt hat.

(2) Die Staatsanwaltschaft hat im letzteren Falle eine Entscheidung des Gerichts herbeizuführen.

§ 462 [Verfahren bei gerichtlichen Entscheidungen; sofortige Beschwerde] (1) Die nach § 450a Abs. 3 Satz 1 und den §§ 458 bis 461 notwendig werdenden gerichtlichen Entscheidungen trifft das Gericht ohne mündliche Verhandlung durch Beschluß. Dies gilt auch für die Wiederverleihung verlorener Fähigkeiten und Rechte (§ 45b des Strafgesetzbuches), die Aufhebung des Vorbehalts der Einziehung und die nachträgliche Anordnung der Einziehung eines Gegenstandes (§ 74b Abs. 2 Satz 3 des Strafgesetzbuches), die nachträgliche Anordnung von Verfall oder Einziehung des Wertersatzes (§ 76 des Strafgesetzbuches) sowie für die Verlängerung der Verjährungsfrist (§ 79b des Strafgesetzbuches).

(2) Vor der Entscheidung sind die Staatsanwaltschaft und der Verurteilte zu hören. Das Gericht kann von der Anhörung des Verurteilten in den Fällen einer Entscheidung nach § 79b des Strafgesetzbuches absehen, wenn infolge bestimmter Tatsachen anzunehmen ist, daß die Anhörung nicht ausführbar ist.

(3) Der Beschluß ist mit sofortiger Beschwerde anfechtbar. Die sofortige Beschwerde der Staatsanwaltschaft gegen den Beschluß, der die Unterbrechung der Vollstreckung anordnet, hat aufschiebende Wirkung.

§ 462a [Zuständigkeit der Strafvollstreckungskammer und des Gerichts des ersten Rechtszuges] (1) Wird gegen den Verurteilten eine Freiheitsstrafe vollstreckt, so ist für die nach den §§ 453, 454, 454a und 462 zu treffenden Entscheidungen die Strafvollstreckungskammer zuständig, in deren Bezirk die Strafanstalt liegt, in die der Verurteilte zu dem Zeitpunkt, in dem das Gericht mit der Sache befaßt wird, aufgenommen ist. Diese Strafvollstreckungskammer bleibt auch zuständig für Entscheidungen, die zu treffen sind, nachdem die Vollstreckung einer Freiheitsstrafe unterbrochen oder die Vollstreckung des Restes der Freiheitsstrafe zur Bewährung ausgesetzt wurde. Die Strafvollstreckungskammer kann einzelne Entscheidungen nach § 462 in Verbindung mit § 458 Abs. 1 an das Gericht des ersten Rechtszuges abgeben; die Abgabe ist bindend.

(2) In anderen als den in Absatz 1 bezeichneten Fällen ist das Gericht des ersten Rechtszuges zuständig. Das Gericht kann die nach § 453 zu treffenden Entscheidungen ganz oder zum Teil an das Amtsgericht abgeben, in dessen Bezirk der Verurteilte seinen Wohnsitz oder in Ermangelung eines Wohnsitzes seinen gewöhnlichen Aufenthaltsort hat; die Abgabe ist bindend.

(3) In den Fällen des § 460 entscheidet das Gericht des ersten Rechtszuges. Waren die verschiedenen Urteile von verschiedenen Gerichten erlassen, so steht die Entscheidung dem Gericht zu, das auf die schwerste Strafart oder bei Strafen gleicher Art auf die höchste Strafe erkannt hat, und falls hiernach mehrere Gerichte zuständig sein würden, dem Gericht, dessen Urteil zuletzt ergangen ist. War das hiernach maßgebende Urteil von einem Gericht eines höheren Rechtszuges erlassen, so setzt das Gericht des ersten Rechtszuges die Gesamtstrafe fest; war eines der Urteile von einem Oberlandesgericht im ersten Rechtszuge erlassen, so setzt das Oberlandesgericht die Gesamtstrafe fest. Wäre ein Amtsgericht zur Bildung der Gesamtstrafe zuständig und reicht seine Strafgewalt nicht aus, so entscheidet die Strafkammer des ihm übergeordneten Landgerichts.

(4) Haben verschiedene Gerichte den Verurteilten in anderen als den in § 460 bezeichneten Fällen rechtskräftig zu Strafe verurteilt oder unter Strafvorbehalt verwarnt, so ist nur eines von ihnen für die nach den §§ 453, 454, 454a und 462 zu treffenden Entscheidungen zuständig. Absatz 3 Satz 2 und 3 gilt entsprechend. In den Fällen des Absatzes 1 entscheidet die Strafvollstreckungskammer; Absatz 1 Satz 3 bleibt unberührt.

(5) An Stelle der Strafvollstreckungskammer entscheidet das Gericht des ersten Rechtszuges, wenn das Urteil von einem Oberlandesgericht im ersten Rechtszuge erlassen ist. Das Oberlandesgericht kann die nach den Absätzen 1 und 3 zu treffenden Entscheidungen ganz oder zum Teil an die Strafvollstreckungskammer abgeben. Die Abgabe ist bindend; sie kann jedoch vom Oberlandesgericht widerrufen werden.

(6) Gericht des ersten Rechtszuges ist in den Fällen des § 354 Abs. 2 und des § 355 das Gericht, an das die Sache zurückverwiesen worden ist, und in den Fällen, in denen im Wiederaufnahmeverfahren eine Entscheidung nach § 373 ergangen ist, das Gericht, das diese Entscheidung getroffen hat.

§ 463 [Vollstreckung von Maßregeln der Besserung und Sicherung] (1) Die Vorschriften über die Strafvollstreckung gelten für die Vollstreckung von Maßregeln der Besserung und Sicherung sinngemäß, soweit nichts anderes bestimmt ist.

(2) § 453 gilt auch für die nach den §§ 68a bis 68d des Strafgesetzbuches zu treffenden Entscheidungen.

(3) § 454 Abs. 1, 3 und 4 gilt auch für die nach § 67c Abs. 1, § 67d Abs. 2 und 3, § 67e Abs. 3, den §§ 68e, 68f Abs. 2 und § 72 Abs. 3 des Strafgesetzbuches zu treffenden Entscheidungen. In den Fällen des § 68e des Strafgesetzbuches bedarf es einer mündlichen Anhörung des Verurteilten nicht. § 454 Abs. 2 findet unabhängig von den dort genannten Straftaten in den Fällen des § 67d Abs. 2 und 3, des § 67c Abs. 1 und des § 72 Abs. 3 des Strafgesetzbuches entsprechende Anwendung, soweit das Gericht über die Vollstreckung der Sicherungsverwahrung zu entscheiden hat; im Übrigen findet § 454 Abs. 2 bei den dort genannten Straftaten Anwendung. Zur Vorbereitung der Entscheidung nach § 67d Abs. 3 des Strafgesetzbuches sowie der nachfolgenden Entscheidungen nach § 67d Abs. 2 des Strafgesetzbuches hat das Gericht das Gutachten eines Sachverständigen namentlich zu der Frage einzuholen, ob von dem Verurteilten aufgrund seines Hanges weiterhin erhebliche rechtswidrige Taten zu erwarten sind. Dem Verurteilten, der keinen Verteidiger hat, bestellt das Gericht für das Verfahren nach Satz 4 einen Verteidiger.

(4) Im Rahmen der Überprüfungen nach § 67e des Strafgesetzbuches soll das Gericht nach jeweils fünf Jahren vollzogener Unterbringung in einem psychiatrischen Krankenhaus (§ 63) das Gutachten eines Sachverständigen einholen. Der Sachverständige darf weder im Rahmen des Vollzugs der Unterbringung mit der Behandlung der untergebrachten Person befasst gewesen sein noch in dem psychiatrischen Krankenhaus arbeiten, in dem sich die untergebrachte Person befindet. Dem Sachverständigen ist Einsicht in die Patientendaten des Krankenhauses über die untergebrachte Person zu gewähren. § 454 Abs. 2 gilt entsprechend. Der untergebrachten Person, die keinen Verteidiger hat, bestellt das Gericht für das Verfahren nach Satz 1 einen Verteidiger.

(5) § 455 Abs. 1 ist nicht anzuwenden, wenn die Unterbringung in einem psychiatrischen Krankenhaus angeordnet ist. Ist die Unterbringung in einer Entziehungsanstalt oder in der Sicherungsverwahrung angeordnet worden und verfällt der Verurteilte in Geisteskrankheit, so kann die Vollstreckung der Maßregel aufgeschoben werden. § 456 ist nicht anzuwenden, wenn die Unterbringung des Verurteilten in der Sicherungsverwahrung angeordnet ist.

(6) § 462 gilt auch für die nach § 67 Abs. 3 und Abs. 5 Satz 2, den §§ 67a und 67c Abs. 2, § 67d Abs. 5 und 6, den §§ 67g, 67h und 69a Abs. 7 sowie den §§ 70a und 70b des Strafgesetzbuches zu treffenden Entscheidungen. Das Gericht erklärt die Anordnung von Maßnahmen nach § 67h Abs. 1 Satz 1 und 2 des Strafgesetzbuchs für sofort vollziehbar, wenn erhebliche rechtswidrige Taten des Verurteilten drohen.

(7) Für die Anwendung des § 462a Abs. 1 steht die Führungsaufsicht in den Fällen des § 67c Abs. 1, des § 67d Abs. 2 bis 6 und des § 68f des Strafgesetzbuches der Aussetzung eines Strafrestes gleich.

§ 463a [Befugnisse und Zuständigkeit der Aufsichtsstellen] (1) Die Aufsichtsstellen (§ 68a des Strafgesetzbuches) können zur Überwachung des Verhaltens des Verurteilten und der Erfüllung von Weisungen von allen öffentlichen Behörden Auskunft verlangen und Ermittlungen jeder Art, mit Ausschluß eidlicher Vernehmungen, entweder selbst vornehmen oder durch andere Behörden im Rahmen ihrer Zuständigkeit vornehmen lassen. Ist der Aufenthalt des Verurteilten nicht bekannt, kann der Leiter der Führungsaufsichtsstelle seine Ausschreibung zur Aufenthaltsermittlung (§ 131a Abs. 1) anordnen.

(2) Die Aufsichtsstelle kann für die Dauer der Führungsaufsicht oder für eine kürzere Zeit anordnen, daß der Verurteilte zur Beobachtung anläßlich von polizeilichen Kontrollen, die die Feststellung der Personalien zulassen, ausgeschrieben wird. § 163e Abs. 2 gilt entsprechend. Die Anordnung trifft der Leiter der Führungsaufsichtsstelle. Die Erforderlichkeit der Fortdauer der Maßnahme ist mindestens jährlich zu über-

prüfen.

(3) Auf Antrag der Aufsichtsstelle kann das Gericht einen Vorführungsbefehl erlassen, wenn der Verurteilte einer Weisung nach § 68b Abs. 1 Satz 1 Nr. 7 oder Nr. 11 des Strafgesetzbuchs ohne genügende Entschuldigung nicht nachgekommen ist und er in der Ladung darauf hingewiesen wurde, dass in diesem Fall seine Vorführung zulässig ist. Soweit das Gericht des ersten Rechtszuges zuständig ist, entscheidet der Vorsitzende.

(4) Örtlich zuständig ist die Aufsichtsstelle, in deren Bezirk der Verurteilte seinen Wohnsitz hat. Hat der Verurteilte keinen Wohnsitz im Geltungsbereich dieses Gesetzes, so ist die Aufsichtsstelle örtlich zuständig, in deren Bezirk er seinen gewöhnlichen Aufenthaltsort hat und, wenn ein solcher nicht bekannt ist, seinen letzten Wohnsitz oder gewöhnlichen Aufenthaltsort hatte.

§ 463b [Beschlagnahme von Führerscheinen] (1) Ist ein Führerschein nach § 44 Abs. 2 Satz 2 und 3 des Strafgesetzbuches amtlich zu verwahren und wird er nicht freiwillig herausgegeben, so ist er zu beschlagnahmen.

(2) Ausländische Führerscheine können zur Eintragung eines Vermerks über das Fahrverbot oder über die Entziehung der Fahrerlaubnis und die Sperre (§ 44 Abs. 2 Satz 4, § 69b Abs. 2 des Strafgesetzbuches) beschlagnahmt werden.

(3) Der Verurteilte hat, wenn der Führerschein bei ihm nicht vorgefunden wird, auf Antrag der Vollstreckungsbehörde bei dem Amtsgericht eine eidesstattliche Versicherung über den Verbleib abzugeben. § 883 Abs. 2 bis 4, die §§ 899, 900 Abs. 1 und 4 sowie die §§ 901, 902, 904 bis 910 und 913 der Zivilprozeßordnung gelten entsprechend.

§ 463c [Öffentliche Bekanntmachung der Verurteilung] (1) Ist die öffentliche Bekanntmachung der Verurteilung angeordnet worden, so wird die Entscheidung dem Berechtigten zugestellt.

(2) Die Anordnung nach Absatz 1 wird nur vollzogen, wenn der Antragsteller oder ein an seiner Stelle Antragsberechtigter es innerhalb eines Monats nach Zustellung der rechtskräftigen Entscheidung verlangt.

(3) Kommt der Verleger oder der verantwortliche Redakteur einer periodischen Druckschrift seiner Verpflichtung nicht nach, eine solche Bekanntmachung in das Druckwerk aufzunehmen, so hält ihn das Gericht auf Antrag der Vollstreckungsbehörde durch Festsetzung eines Zwangsgeldes bis zu fünfundzwanzigtausend Euro oder von Zwangshaft bis zu sechs Wochen dazu an. Zwangsgeld kann wiederholt festgesetzt werden. § 462 gilt entsprechend.

(4) Für die Bekanntmachung im Rundfunk gilt Absatz 3 entsprechend, wenn der für die Programmgestaltung Verantwortliche seiner Verpflichtung nicht nachkommt.

§ 463d [Gerichtshilfe] Zur Vorbereitung der nach den §§ 453 bis 461 zu treffenden Entscheidungen kann sich das Gericht oder die Vollstreckungsbehörde der Gerichtshilfe bedienen; dies kommt insbesondere vor einer Entscheidung über den Widerruf der Strafaussetzung oder der Aussetzung des Strafrestes in Betracht, sofern nicht ein Bewährungshelfer bestellt ist.

Zweiter Abschnitt. Kosten des Verfahrens

§ 464 [Kostenentscheidung] (1) Jedes Urteil, jeder Strafbefehl und jede eine Untersuchung einstellende Entscheidung muß darüber Bestimmung treffen, von wem die Kosten des Verfahrens zu tragen sind.

(2) Die Entscheidung darüber, wer die notwendigen Auslagen trägt, trifft das Gericht in dem Urteil oder in dem Beschluß, der das Verfahren abschließt.

(3) Gegen die Entscheidung über die Kosten und die notwendigen Auslagen ist sofortige Beschwerde zulässig; sie ist unzulässig, wenn eine Anfechtung der in Absatz 1 genannten Hauptentscheidung durch den Beschwerdeführer nicht statthaft ist. Das Beschwerdegericht ist an die tatsächlichen Feststellungen, auf denen die Entscheidung beruht, gebunden. Wird gegen das Urteil, soweit es die Entscheidung über die Kosten und die notwendigen Auslagen betrifft, sofortige Beschwerde und im übrigen Berufung oder Revision eingelegt, so ist das Berufungs- oder Revisionsgericht, solange es mit der Berufung oder Revision befaßt ist, auch für die Entscheidung über die sofortige Beschwerde zuständig.

§ 464a [Kosten des Verfahrens; notwendige Auslagen] (1) Kosten des Verfahrens sind die Gebühren und Auslagen der Staatskasse. Zu den Kosten gehören auch die durch die Vorbereitung der öffentlichen Klage entstandenen sowie die Kosten der Vollstreckung einer Rechtsfolge der Tat. Zu den Kosten eines Antrags auf Wiederaufnahme des durch ein rechtskräftiges Urteil abgeschlossenen Verfahrens gehören auch die zur Vorbereitung eines Wiederaufnahmeverfahrens (§§ 364a und 364b) entstandenen Kosten, soweit sie durch einen Antrag des Verurteilten verursacht sind.

(2) Zu den notwendigen Auslagen eines Beteiligten gehören auch
1. die Entschädigung für eine notwendige Zeitversäumnis nach den Vorschriften, die für die Entschädigung von Zeugen gelten, und
2. die Gebühren und Auslagen eines Rechtsanwalts, soweit sie nach § 91 Abs. 2 der Zivilprozeßordnung zu erstatten sind.

§ 464b [Kostenfestsetzung] Die Höhe der Kosten und Auslagen, die ein Beteiligter einem anderen Beteiligten zu erstatten hat, wird auf Antrag eines Beteiligten durch das Gericht des ersten Rechtszuges festgesetzt. Auf Antrag ist auszusprechen, dass die festgesetzten Kosten und Auslagen von der Anbringung des Festsetzungsantrags an zu verzinsen sind. Auf die Höhe des Zinssatzes, das Verfahren und auf die Vollstreckung der Entscheidung sind die Vorschriften der Zivilprozessordnung entsprechend anzuwenden.

§ 464c [Kosten bei bestellung eines Dolmetschers oder Übersetzers] Ist für einen Angeschuldigten, der der deutschen Sprache nicht mächtig, hör- oder sprachbehindert ist, ein Dolmetscher oder Übersetzer herangezogen worden, so werden die dadurch entstandenen Auslagen dem Angeschuldigten auferlegt, soweit er diese durch schuldhafte Säumnis oder in sonstiger Weise schuldhaft unnötig verursacht hat; dies ist außer im Falle des § 467 Abs. 2 ausdrücklich auszusprechen.

§ 464d [Verteilung der Auslagen nach Bruchteilen] Die Auslagen der Staatskasse und die notwendigen Auslagen der Beteiligten können nach Bruchteilen verteilt werden.

§ 465 [Kostenpflicht des Verurteilten] (1) Die Kosten des Verfahrens hat der Angeklagte insoweit zu tragen, als sie durch das Verfahren wegen einer Tat entstanden sind, wegen derer er verurteilt oder eine Maßregel der Besserung und Sicherung gegen ihn angeordnet wird. Eine Verurteilung im Sinne dieser Vorschrift liegt auch dann vor, wenn der Angeklagte mit Strafvorbehalt verwarnt wird oder das Gericht von Strafe absieht.

(2) Sind durch Untersuchungen zur Aufklärung bestimmter belastender oder entlastender Umstände besondere Auslagen entstanden und sind diese Untersuchungen zugunsten des Angeklagten ausgegangen, so hat das Gericht die entstandenen Auslagen teilweise oder auch ganz der Staatskasse aufzuerlegen, wenn es unbillig wäre, den Angeklagten damit zu belasten. Dies gilt namentlich dann, wenn der Angeklagte wegen einzelner abtrennbarer Teile einer Tat oder wegen einzelner von mehreren Gesetzesverletzungen nicht verurteilt wird. Die Sätze 1 und 2 gelten entsprechend für die notwendigen Auslagen des Angeklagten.

(3) Stirbt ein Verurteilter vor eingetretener Rechtskraft des Urteils, so haftet sein Nachlaß nicht für die Kosten.

§ 466 [Haftung Mitverurteilter] Mitangeklagte, gegen die in bezug auf dieselbe Tat auf Strafe erkannt oder eine Maßregel der Besserung und Sicherung angeordnet wird, haften für die Auslagen als Gesamtschuldner. Dies gilt nicht für die durch die Tätigkeit eines bestellten Verteidigers oder eines Dolmetschers und die durch die Vollstreckung, die einstweilige Unterbringung oder die Untersuchungshaft entstandenen Kosten sowie für Auslagen, die durch Untersuchungshandlungen, die ausschließlich gegen einen Mitangeklagten gerichtet waren, entstanden sind.

§ 467 [Kosten und notwendige Auslagen bei Freispruch] (1) Soweit der Angeschuldigte freigesprochen, die Eröffnung des Hauptverfahrens gegen ihn abgelehnt oder das Verfahren gegen ihn eingestellt wird, fallen die Auslagen der Staatskasse und die notwendigen Auslagen des Angeschuldigten der Staatskasse zur Last.

(2) Die Kosten des Verfahrens, die der Angeschuldigte durch eine schuldhafte Säumnis verursacht hat, werden ihm auferlegt. Die ihm insoweit entstandenen Auslagen werden der Staatskasse nicht auferlegt.

(3) Die notwendigen Auslagen des Angeschuldigten werden der Staatskasse nicht auferlegt, wenn der Angeschuldigte die Erhebung der öffentlichen Klage dadurch veranlaßt hat, daß er in einer Selbstanzeige vorgetäuscht hat, die ihm zur Last gelegte Tat begangen zu haben. Das Gericht kann davon absehen, die notwendigen Auslagen des Angeschuldigten der Staatskasse aufzuerlegen, wenn er

1. die Erhebung der öffentlichen Klage dadurch veranlaßt hat, daß er sich selbst in wesentlichen Punkten wahrheitswidrig oder im Widerspruch zu seinen späteren Erklärungen belastet oder wesentliche entlastende Umstände verschwiegen hat, obwohl er sich zur Beschuldigung geäußert hat, oder
2. wegen einer Straftat nur deshalb nicht verurteilt wird, weil ein Verfahrenshindernis besteht.

(4) Stellt das Gericht das Verfahren nach einer Vorschrift ein, die dies nach seinem Ermessen zuläßt, so kann es davon absehen, die notwendigen Auslagen des Angeschuldigten der Staatskasse aufzuerlegen.

(5) Die notwendigen Auslagen des Angeschuldigten werden der Staatskasse nicht auferlegt, wenn das Verfahren nach vorangegangener vorläufiger Einstellung (§ 153a) endgültig eingestellt wird.

§ 467a [Kosten der Staatskasse bei Klagerücknahme und Einstellung] (1) Nimmt die Staatsanwaltschaft die öffentliche Klage zurück und stellt sie das Verfahren ein, so hat das Gericht, bei dem die öffentliche Klage erhoben war, auf Antrag der Staatsanwaltschaft oder des Angeschuldigten die diesem erwachsenen notwendigen Auslagen der Staatskasse aufzuerlegen. § 467 Abs. 2 bis 5 gilt sinngemäß.

(2) Die einem Nebenbeteiligten (§ 431 Abs. 1 Satz 1, §§ 442, 444 Abs. 1 Satz 1) erwachsenen notwendigen Auslagen kann das Gericht in den Fällen des Absatzes 1 Satz 1 auf Antrag der Staatsanwaltschaft oder des Nebenbeteiligten der Staatskasse oder einem anderen Beteiligten auferlegen.

(3) Die Entscheidung nach den Absätzen 1 und 2 ist unanfechtbar.

§ 468 [Straffreierklärung] Bei wechselseitigen Beleidigungen wird die Verurteilung eines oder beider Teile in die Kosten dadurch nicht ausgeschlossen, daß einer oder beide für straffrei erklärt werden.

§ 469 [Kostenpflicht des Anzeigenden] (1) Ist ein, wenn auch nur außergerichtliches Verfahren durch eine vorsätzlich oder leichtfertig erstattete unwahre Anzeige veranlaßt worden, so hat das Gericht dem Anzeigenden, nachdem er gehört worden ist, die Kosten des Verfahrens und die dem Beschuldigten erwachsenen notwendigen Auslagen aufzuerlegen. Die einem Nebenbeteiligten (§ 431 Abs. 1 Satz 1, §§ 442, 444 Abs. 1 Satz 1) erwachsenen notwendigen Auslagen kann das Gericht dem Anzeigenden auferlegen.

(2) War noch kein Gericht mit der Sache befaßt, so ergeht die Entscheidung auf Antrag der Staatsanwaltschaft durch das Gericht, das für die Eröffnung des Hauptverfahrens zuständig gewesen wäre.

(3) Die Entscheidung nach den Absätzen 1 und 2 ist unanfechtbar.

§ 470 [Kosten bei Zurücknahme des Strafantrags] Wird das Verfahren wegen Zurücknahme des Antrags, durch den es bedingt war, eingestellt, so hat der Antragsteller die Kosten sowie die dem Beschuldigten und einem Nebenbeteiligten (§ 431 Abs. 1 Satz 1, §§ 442, 444 Abs. 1 Satz 1) erwachsenen notwendigen Auslagen zu tragen. Sie können dem Angeklagten oder einem Nebenbeteiligten auferlegt werden, soweit er sich zur Übernahme bereit erklärt, der Staatskasse, soweit es unbillig wäre, die Beteiligten damit zu belasten.

§ 471 [Privatklagekosten] (1) In einem Verfahren auf erhobene Privatklage hat der Verurteilte auch die dem Privatkläger erwachsenen notwendigen Auslagen zu erstatten.

(2) Wird die Klage gegen den Beschuldigten zurückgewiesen oder wird dieser freigesprochen oder wird das Verfahren eingestellt, so fallen dem Privatkläger die Kosten des Verfahrens sowie die dem Beschuldigten erwachsenen notwendigen Auslagen zur Last.

(3) Das Gericht kann die Kosten des Verfahrens und die notwendigen Auslagen der Beteiligten angemessen verteilen oder nach pflichtgemäßem Ermessen einem der Beteiligten auferlegen, wenn

1. es den Anträgen des Privatklägers nur zum Teil entsprochen hat;
2. es das Verfahren nach § 383 Abs. 2 (§ 390 Abs. 5) wegen Geringfügigkeit eingestellt hat;
3. Widerklage erhoben worden ist.

(4) Mehrere Privatkläger haften als Gesamtschuldner. Das gleiche gilt hinsichtlich der Haftung mehrerer Beschuldigter für die dem Privatkläger erwachsenen notwendigen Auslagen.

§ 472 [Nebenklagekosten] (1) Die dem Nebenkläger erwachsenen notwendigen Auslagen sind dem Angeklagten aufzuerlegen, wenn er wegen einer Tat verurteilt wird, die den Nebenkläger betrifft. Hiervon kann ganz oder teilweise abgesehen werden, soweit es unbillig wäre, den Angeklagten damit zu belasten.

(2) Stellt das Gericht das Verfahren nach einer Vorschrift, die dies nach seinem Ermessen zuläßt, ein, so kann es die in Absatz 1 genannten notwendigen Auslagen ganz oder teilweise dem Angeschuldigten auferlegen, soweit dies aus besonderen Gründen der Billigkeit entspricht. Stellt das Gericht das Verfahren nach vorangegangener vorläufiger Einstellung (§ 153a) endgültig ein, gilt Absatz 1 entsprechend.

(3) Die Absätze 1 und 2 gelten entsprechend für die notwendigen Auslagen, die einem zum Anschluß als Nebenkläger Berechtigten in Wahrnehmung seiner Befugnisse nach § 406g erwachsen sind. Gleiches gilt für die notwendigen Auslagen eines Privatklägers, wenn die Staatsanwaltschaft nach § 377 Abs. 2 die Verfolgung übernommen hat.

(4) § 471 Abs. 4 Satz 2 gilt entsprechend.

§ 472a [Adhäsionsverfahren] (1) Soweit dem Antrag auf Zuerkennung eines aus der Straftat erwachsenen Anspruchs stattgegeben wird, hat der Angeklagte auch die dadurch entstandenen besonderen Kosten und die notwendigen Auslagen des Verletzten zu tragen.

(2) Sieht das Gericht von der Entscheidung über den Antrag ab, wird ein Teil des Anspruchs dem Verletzten nicht zuerkannt oder nimmt der Verletzte den Antrag zurück, so entscheidet das Gericht nach pflichtgemäßem Ermessen, wer die insoweit entstandenen gerichtlichen Auslagen und die insoweit den Beteiligten erwachsenen notwendigen Auslagen trägt. Die gerichtlichen Auslagen können der Staatskasse auferlegt werden, soweit es unbillig wäre, die Beteiligten damit zu belasten.

§ 472b [Kosten bei Nebenfolgen] (1) Wird der Verfall, die Einziehung, der Vorbehalt der Einziehung, die

Vernichtung, Unbrauchbarmachung oder Beseitigung eines gesetzwidrigen Zustandes angeordnet, so können dem Nebenbeteiligten die durch seine Beteiligung erwachsenen besonderen Kosten auferlegt werden. Die dem Nebenbeteiligten erwachsenen notwendigen Auslagen können, soweit es der Billigkeit entspricht, dem Angeklagten, im selbständigen Verfahren auch einem anderen Nebenbeteiligten auferlegt werden.

(2) Wird eine Geldbuße gegen eine juristische Person oder eine Personenvereinigung festgesetzt, so hat diese die Kosten des Verfahrens entsprechend den §§ 465, 466 zu tragen.

(3) Wird von der Anordnung einer der in Absatz 1 Satz 1 bezeichneten Nebenfolgen oder der Festsetzung einer Geldbuße gegen eine juristische Person oder eine Personenvereinigung abgesehen, so können die dem Nebenbeteiligten erwachsenen notwendigen Auslagen der Staatskasse oder einem anderen Beteiligten auferlegt werden.

§ 473 [Kosten bei zurückgenommenem oder erfolglosem Rechtsmittel] (1) Die Kosten eines zurückgenommenen oder erfolglos eingelegten Rechtsmittels treffen den, der es eingelegt hat. Hat der Beschuldigte das Rechtsmittel erfolglos eingelegt oder zurückgenommen, so sind ihm die dadurch dem Nebenkläger oder dem zum Anschluß als Nebenkläger Berechtigten in Wahrnehmung seiner Befugnisse nach § 406g erwachsenen notwendigen Auslagen aufzuerlegen. Hat im Falle des Satzes 1 allein der Nebenkläger ein Rechtsmittel eingelegt oder durchgeführt, so sind ihm die dadurch erwachsenen notwendigen Auslagen des Beschuldigten aufzuerlegen. Für die Kosten des Rechtsmittels und die notwendigen Auslagen der Beteiligten gilt § 472a Abs. 2 entsprechend, wenn eine zulässig erhobene sofortige Beschwerde nach § 406a Abs. 1 Satz 1 durch eine den Rechtszug abschließende Entscheidung unzulässig geworden ist.

(2) Hat im Falle des Absatzes 1 die Staatsanwaltschaft das Rechtsmittel zuungunsten des Beschuldigten oder eines Nebenbeteiligten (§ 431 Abs. 1 Satz 1, §§ 442, 444 Abs. 1 Satz 1) eingelegt, so sind die ihm erwachsenen notwendigen Auslagen der Staatskasse aufzuerlegen. Dasselbe gilt, wenn das von der Staatsanwaltschaft zugunsten des Beschuldigten oder eines Nebenbeteiligten eingelegte Rechtsmittel Erfolg hat.

(3) Hat der Beschuldigte oder ein anderer Beteiligter das Rechtsmittel auf bestimmte Beschwerdepunkte beschränkt und hat ein solches Rechtsmittel Erfolg, so sind die notwendigen Auslagen des Beteiligten der Staatskasse aufzuerlegen.

(4) Hat das Rechtsmittel teilweise Erfolg, so hat das Gericht die Gebühr zu ermäßigen und die entstandenen Auslagen teilweise oder auch ganz der Staatskasse aufzuerlegen, soweit es unbillig wäre, die Beteiligten damit zu belasten. Dies gilt entsprechend für die notwendigen Auslagen der Beteiligten.

(5) Ein Rechtsmittel gilt als erfolglos, soweit eine Anordnung nach § 69 Abs. 1 oder § 69b Abs. 1 des Strafgesetzbuches nur deshalb nicht aufrechterhalten wird, weil ihre Voraussetzungen wegen der Dauer einer vorläufigen Entziehung der Fahrerlaubnis (§ 111a Abs. 1) oder einer Verwahrung, Sicherstellung oder Beschlagnahme des Führerscheins (§ 69a Abs. 6 des Strafgesetzbuches) nicht mehr vorliegen.

(6) Die Absätze 1 bis 4 gelten entsprechend für die Kosten und die notwendigen Auslagen, die durch einen Antrag

1. auf Wiederaufnahme des durch ein rechtskräftiges Urteil abgeschlossenen Verfahrens oder
2. auf ein Nachverfahren (§ 439)

verursacht worden sind.

(7) Die Kosten der Wiedereinsetzung in den vorigen Stand fallen dem Antragsteller zur Last, soweit sie nicht durch einen unbegründeten Widerspruch des Gegners entstanden sind.

Achtes Buch. Erteilung von Auskünften und Akteneinsicht, sonstige Verwendung von Informationen für verfahrensübergreifende Zwecke, Dateiregelungen, länderübergreifendes staatsanwaltschaftliches Verfahrensregister

Erster Abschnitt. Erteilung von Auskünften und Akteneinsicht, sonstige Verwendung von Informationen für verfahrensübergreifende Zwecke

§ 474 [Auskünfte und Akteneinsicht für Justizbehörden und andere öffentliche Stellen] (1) Gerichte, Staatsanwaltschaften und andere Justizbehörden erhalten Akteneinsicht, wenn dies für Zwecke der Rechtspflege erforderlich ist.

(2) Im Übrigen sind Auskünfte aus Akten an öffentliche Stellen zulässig, soweit

1. die Auskünfte zur Feststellung, Durchsetzung oder zur Abwehr von Rechtsansprüchen im Zusammenhang mit der Straftat erforderlich sind,
2. diesen Stellen in sonstigen Fällen auf Grund einer besonderen Vorschrift von Amts wegen personenbezogene Informationen aus Strafverfahren übermittelt werden dürfen oder soweit nach einer Übermittlung von Amts wegen die Übermittlung weiterer personenbezogener Informationen zur Aufgabenerfüllung erforderlich ist oder
3. die Auskünfte zur Vorbereitung von Maßnahmen erforderlich sind, nach deren Erlass auf Grund einer besonderen Vorschrift von Amts wegen personenbezogene Informationen aus Strafverfahren an diese Stellen übermittelt werden dürfen.

Die Erteilung von Auskünften an die Nachrichtendienste richtet sich nach § 18 des Bundesverfassungsschutzgesetzes, § 10 des MAD-Gesetzes und § 8 des BND-Gesetzes sowie den entsprechenden landesrechtlichen Vorschriften.

(3) Unter den Voraussetzungen des Absatzes 2 kann Akteneinsicht gewährt werden, wenn die Erteilung von Auskünften einen unverhältnismäßigen Aufwand erfordern würde oder die Akteneinsicht begehrende Stelle unter Angabe von Gründen erklärt, dass die Erteilung einer Auskunft zur Erfüllung ihrer Aufgabe nicht ausreichen würde.

(4) Unter den Voraussetzungen der Absätze 1 oder 3 können amtlich verwahrte Beweisstücke besichtigt werden.

(5) Akten können in den Fällen der Absätze 1 und 3 zur Einsichtnahme übersandt werden.

(6) Landesgesetzliche Regelungen, die parlamentarischen Ausschüssen ein Recht auf Akteneinsicht einräumen, bleiben unberührt.

§ 475 [Auskünfte und Akteneinsicht für Privatpersonen] (1) Für eine Privatperson und für sonstige Stellen kann, unbeschadet der Vorschrift des § 406e, ein Rechtsanwalt Auskünfte aus Akten erhalten, die dem Gericht vorliegen oder diesem im Falle der Erhebung der öffentlichen Klage vorzulegen wären, soweit er hierfür ein berechtigtes Interesse darlegt. Auskünfte sind zu versagen, wenn der hiervon Betroffene ein schutzwürdiges Interesse an der Versagung hat.

(2) Unter den Voraussetzungen des Absatzes 1 kann Akteneinsicht gewährt werden, wenn die Erteilung von Auskünften einen unverhältnismäßigen Aufwand erfordern oder nach Darlegung dessen, der Akteneinsicht begehrt, zur Wahrnehmung des berechtigen Interesses nicht ausreichen würde.

(3) Unter den Voraussetzungen des Absatzes 2 können amtlich verwahrte Beweisstücke besichtigt werden. Auf Antrag können dem Rechtsanwalt, soweit Akteneinsicht gewährt wird und nicht wichtige Gründe entgegenstehen, die Akten mit Ausnahme der Beweisstücke in seine Geschäftsräume oder seine

Wohnung mitgegeben werden. Die Entscheidung ist nicht anfechtbar.

(4) Unter den Voraussetzungen des Absatzes 1 können auch Privatpersonen und sonstigen Stellen Auskünfte aus den Akten erteilt werden.

§ 476 [Übermittlung personenbezogener Informationen zu Forschungszwecken] (1) Die Übermittlung personenbezogener Informationen in Akten an Hochschulen, andere Einrichtungen, die wissenschaftliche Forschung betreiben, und öffentliche Stellen ist zulässig, soweit

1. dies für die Durchführung bestimmter wissenschaftlicher Forschungsarbeiten erforderlich ist,
2. eine Nutzung anonymisierter Informationen zu diesem Zweck nicht möglich oder die Anonymisierung mit einem unverhältnismäßigen Aufwand verbunden ist und
3. das öffentliche Interesse an der Forschungsarbeit das schutzwürdige Interesse des Betroffenen an dem Ausschluss der Übermittlung erheblich überwiegt.

Bei der Abwägung nach Satz 1 Nr. 3 ist im Rahmen des öffentlichen Interesses das wissenschaftliche Interesse an dem Forschungsvorhaben besonders zu berücksichtigen.

(2) Die Übermittlung der Informationen erfolgt durch Erteilung von Auskünften, wenn hierdurch der Zweck der Forschungsarbeit erreicht werden kann und die Erteilung keinen unverhältnismäßigen Aufwand erfordert. Andernfalls kann auch Akteneinsicht gewährt werden. Die Akten können zur Einsichtnahme übersandt werden.

(3) Personenbezogene Informationen werden nur an solche Personen übermittelt, die Amtsträger oder für den öffentlichen Dienst besonders Verpflichtete sind oder die zur Geheimhaltung verpflichtet worden sind. § 1 Abs. 2, 3 und 4 Nr. 2 des Verpflichtungsgesetzes findet auf die Verpflichtung zur Geheimhaltung entsprechende Anwendung.

(4) Die personenbezogenen Informationen dürfen nur für die Forschungsarbeit verwendet werden, für die sie übermittelt worden sind. Die Verwendung für andere Forschungsarbeiten oder die Weitergabe richtet sich nach den Absätzen 1 bis 3 und bedarf der Zustimmung der Stelle, die die Übermittlung der Informationen angeordnet hat.

(5) Die Informationen sind gegen unbefugte Kenntnisnahme durch Dritte zu schützen. Die wissenschaftliche Forschung betreibende Stelle hat dafür zu sorgen, dass die Verwendung der personenbezogenen Informationen räumlich und organisatorisch getrennt von der Erfüllung solcher Verwaltungsaufgaben oder Geschäftszwecke erfolgt, für die diese Informationen gleichfalls von Bedeutung sein können.

(6) Sobald der Forschungszweck es erlaubt, sind die personenbezogenen Informationen zu anonymisieren. Solange dies noch nicht möglich ist, sind die Merkmale gesondert aufzubewahren, mit denen Einzelangaben über persönliche oder sachliche Verhältnisse einer bestimmten oder bestimmbaren Person zugeordnet werden können. Sie dürfen mit den Einzelangaben nur zusammengeführt werden, soweit der Forschungszweck dies erfordert.

(7) Wer nach den Absätzen 1 bis 3 personenbezogene Informationen erhalten hat, darf diese nur veröffentlichen, wenn dies für die Darstellung von Forschungsergebnissen über Ereignisse der Zeitgeschichte unerlässlich ist. Die Veröffentlichung bedarf der Zustimmung der Stelle, die die Informationen übermittelt hat.

(8) Ist der Empfänger eine nichtöffentliche Stelle, finden die Vorschriften des Dritten Abschnitts des Bundesdatenschutzgesetzes auch Anwendung, wenn die Informationen nicht in oder aus Dateien verarbeitet werden.

§ 477 [Zulässigkeit der Informationsübermittlung] (1) Auskünfte können auch durch Überlassung von Abschriften aus den Akten erteilt werden.

(2) Auskünfte aus Akten und Akteneinsicht sind zu versagen, wenn der Übermittlung Zwecke des

Strafverfahrens oder besondere bundesgesetzliche oder entsprechende landesgesetzliche Verwendungsregelungen entgegenstehen. Informationen, die erkennbar durch eine Maßnahme nach den §§ 98a, 100a, 110a und 163f ermittelt worden sind, dürfen nur für Zwecke eines Strafverfahrens, zur Abwehr von erheblichen Gefahren und für die Zwecke, für die eine Übermittlung nach § 18 des Bundesverfassungsschutzgesetzes zulässig ist, übermittelt werden. Eine Verwendung nach § 476 ist zulässig, wenn Gegenstand der Forschung eine der in Satz 2 genannten Vorschriften ist. § 481 bleibt unberührt.

(3) In Verfahren, in denen

1. der Angeklagte freigesprochen, die Eröffnung des Hauptverfahrens abgelehnt oder das Verfahren eingestellt wurde oder
2. die Verurteilung nicht in ein Führungszeugnis für Behörden aufgenommen wird und seit der Rechtskraft der Entscheidung mehr als zwei Jahre verstrichen sind,

dürfen Auskünfte aus den Akten und Akteneinsicht an nichtöffentliche Stellen nur gewährt werden, wenn ein rechtliches Interesse an der Kenntnis der Information glaubhaft gemacht ist und der frühere Beschuldigte kein schutzwürdiges Interesse an der Versagung hat.

(4) Die Verantwortung für die Zulässigkeit der Übermittlung trägt der Empfänger, soweit dieser eine öffentliche Stelle oder ein Rechtsanwalt ist. Die übermittelnde Stelle prüft in diesem Falle nur, ob das Übermittlungsersuchen im Rahmen der Aufgaben des Empfängers liegt, es sei denn, dass besonderer Anlass zu einer weitergehenden Prüfung der Zulässigkeit der Übermittlung besteht.

(5) Die nach den §§ 474, 475 erlangten personenbezogenen Informationen dürfen nur zu dem Zweck verwendet werden, für den die Auskunft oder Akteneinsicht gewährt wurde. Eine Verwendung für andere Zwecke ist zulässig, wenn dafür Auskunft oder Akteneinsicht gewährt werden dürfte und im Falle des § 475 die Stelle, die Auskunft oder Akteneinsicht gewährt hat, zustimmt. Wird eine Auskunft ohne Einschaltung eines Rechtsanwalts erteilt, so ist auf die Zweckbindung hinzuweisen.

§ 478 [Entscheidung über Auskunftserteilung und Akteneinsicht; beigezogene Akten] (1) Über die Erteilung von Auskünften und die Akteneinsicht entscheidet im vorbereitenden Verfahren und nach rechtskräftigem Abschluss des Verfahrens die Staatsanwaltschaft, im Übrigen der Vorsitzende des mit der Sache befassten Gerichts. Die Staatsanwaltschaft ist auch nach Erhebung der öffentlichen Klage befugt, Auskünfte zu erteilen. Die Staatsanwaltschaft kann die Behörden des Polizeidienstes, die die Ermittlungen geführt haben oder führen, ermächtigen, in den Fällen des § 475 Akteneinsicht und Auskünfte zu erteilen. Gegen deren Entscheidung kann die Entscheidung der Staatsanwaltschaft eingeholt werden. Die Übermittlung personenbezogener Informationen zwischen Behörden des Polizeidienstes oder eine entsprechende Akteneinsicht ist ohne Entscheidung nach Satz 1 zulässig.

(2) Aus beigezogenen Akten, die nicht Aktenbestandteil sind, dürfen Auskünfte nur erteilt werden, wenn der Antragsteller die Zustimmung der Stelle nachweist, um deren Akten es sich handelt; Gleiches gilt für die Akteneinsicht.

(3) In den Fällen des § 475 kann gegen die Entscheidung der Staatsanwaltschaft nach Absatz 1 gerichtliche Entscheidung nach Maßgabe des § 161a Abs. 3 Satz 2 bis 4 beantragt werden. Die Entscheidung des Vorsitzenden ist unanfechtbar. Diese Entscheidungen werden nicht mit Gründen versehen, soweit durch deren Offenlegung der Untersuchungszweck gefährdet werden könnte.

§ 479 [Informationsübermittlung von Amts wegen] (1) Von Amts wegen dürfen personenbezogene Informationen aus Strafverfahren Strafverfolgungsbehörden und Strafgerichten für Zwecke der Strafverfolgung sowie den zuständigen Behörden und Gerichten für Zwecke der Verfolgung von Ordnungswidrigkeiten übermittelt werden, soweit diese Informationen aus der Sicht der übermittelnden Stelle hierfür erforderlich sind.

(2) Die Übermittlung personenbezogener Informationen von Amts wegen aus einem Strafverfahren ist auch zulässig, wenn die Kenntnis der Informationen aus der Sicht der übermittelnden Stelle erforderlich ist für

1. die Vollstreckung von Strafen oder von Maßnahmen im Sinne des § 11 Abs. 1 Nr. 8 des Strafgesetzbuches oder die Vollstreckung oder Durchführung von Erziehungsmaßregeln oder Zuchtmitteln im Sinne des Jugendgerichtsgesetzes,
2. den Vollzug von freiheitsentziehenden Maßnahmen,
3. Entscheidungen in Strafsache, insbesondere über die Strafaussetzung zur Bewährung oder deren Widerruf, in Bußgeld- oder Gnadensachen.

(3) § 477 Abs. 1, 2 und 5 sowie § 478 Abs. 1 und 2 gelten entsprechend; die Verantwortung für die Zulässigkeit der Übermittlung trägt die übermittelnde Stelle.

§ 480 [Unberührt bleibende Vorschriften] Besondere gesetzliche Bestimmungen, die die Übermittlung personenbezogener Informationen aus Strafverfahren anordnen oder erlauben, bleiben unberührt.

§ 481 [Verwendung personenbezogener Informationen durch die Polizeibehörden] (1) Die Polizeibehörden dürfen nach Maßgabe der Polizeigesetzes personenbezogene Informationen aus Strafverfahren verwenden. Zu den dort genannten Zwecken dürfen Strafverfolgungsbehörden an Polizeibehörden personenbezogene Informationen aus Strafverfahren übermitteln. Die Sätze 1 und 2 gelten nicht in den Fällen, in denen die Polizei ausschließlich zum Schutz privater Rechte tätig wird.

(2) Die Verwendung ist unzulässig, soweit besondere bundesgesetzliche oder entsprechende landesgesetzliche Verwendungsregelungen entgegenstehen.

§ 482 [Information der befassten Polizeibehörde durch die Staatsanwaltschaft] (1) Die Staatsanwaltschaft teilt der Polizeibehörde, die mit der Angelegenheit befasst war, ihr Aktenzeichen mit.

(2) Sie unterrichtet die Polizeibehörde in den Fällen des Absatzes 1 über den Ausgang des Verfahrens durch Mitteilung der Entscheidungsformel, der entscheidenden Stelle sowie des Datums und der Art der Entscheidung. Die Übersendung eines Abdrucks der Mitteilung zum Bundeszentralregister ist zulässig, im Falle des Erforderns auch des Urteils oder einer mit Gründen versehenen Einstellungsentscheidung.

(3) In Verfahren gegen Unbekannt sowie bei Verkehrsstrafsachen, soweit sie nicht unter die §§ 142, 315 bis 315c des Strafgesetzbuches fallen, wird der Ausgang des Verfahrens nach Absatz 2 von Amts wegen nicht mitgeteilt.

(4) Wird ein Urteil übersandt, das angefochten worden ist, so ist anzugeben, wer Rechtsmittel eingelegt hat.

Zweiter Abschnitt. Dateiregelungen

§ 483 [Datenverarbeitung für Zwecke des Strafverfahrens] (1) Gerichte, Strafverfolgungsbehörden einschließlich Vollstreckungsbehörden, Bewährungshelfer, Aufsichtsstellen bei Führungsaufsicht und die Gerichtshilfe dürfen personenbezogene Daten in Dateien speichern, verändern und nutzen, soweit dies für Zwecke des Strafverfahrens erforderlich ist.

(2) Die Daten dürfen auch für andere Strafverfahren, die internationale Rechtshilfe in Strafsachen und Gnadensachen genutzt werden.

(3) Erfolgt in einer Datei der Polizei die Speicherung zusammen mit Daten, deren Speicherung sich nach den Polizeigesetzen richtet, so ist für die Verarbeitung und Nutzung personenbezogener Daten und die Rechte der Betroffenen das für die speichernde Stelle geltende Recht maßgeblich.

§ 484 [Datenverarbeitung für Zwecke künftiger Strafverfahren] (1) Strafverfolgungsbehörden dürfen für Zwecke künftiger Strafverfahren

1. die Personendaten des Beschuldigten und, soweit erforderlich, andere zur Identifizierung geeignete Merkmale,
2. die zuständige Stelle und das Aktenzeichen,
3. die nähere Bezeichnung der Straftaten, insbesondere die Tatzeiten, die Tatorte und die Höhe etwaiger Schäden,
4. die Tatvorwürfe durch Angabe der gesetzlichen Vorschriften,
5. die Einleitung des Verfahrens sowie die Verfahrenserledigungen bei der Staatsanwaltschaft und bei Gericht nebst Angabe der gesetzlichen Vorschriften

in Dateien speichern, verändern und nutzen.

(2) Weitere personenbezogene Daten von Beschuldigten und Tatbeteiligten dürfen sie in Dateien nur speichern, verändern und nutzen, soweit dies erforderlich ist, weil wegen der Art oder Ausführung der Tat, der Persönlichkeit des Beschuldigten oder Tatbeteiligten oder sonstiger Erkenntnisse Grund zu der Annahme besteht, dass weitere Strafverfahren gegen den Beschuldigten zu führen sind. Wird der Beschuldigte rechtskräftig freigesprochen, die Eröffnung des Hauptverfahrens gegen ihn unanfechtbar abgelehnt oder das Verfahren nicht nur vorläufig eingestellt, so ist die Speicherung, Veränderung und Nutzung nach Satz 1 unzulässig, wenn sich aus den Gründen der Entscheidung ergibt, dass der Betroffene die Tat nicht oder nicht rechtswidrig begangen hat.

(3) Das Bundesministerium der Justiz und die Landesregierungen bestimmen für ihren jeweiligen Geschäftsbereich durch Rechtsverordnung das Nähere über die Art der Daten, die nach Absatz 2 für Zwecke künftiger Strafverfahren gespeichert werden dürfen. Dies gilt nicht für Daten in Dateien, die nur vorübergehend vorgehalten und innerhalb von drei Monaten nach ihrer Erstellung gelöscht werden. Die Landesregierungen können die Ermächtigung durch Rechtsverordnung auf die zuständigen Landesministerien übertragen.

(4) Die Verwendung personenbezogener Daten, die für Zwecke künftiger Strafverfahren in Dateien der Polizei gespeichert sind oder werden, richtet sich, ausgenommen die Verwendung für Zwecke eines Strafverfahrens, nach den Polizeigesetzen.

§ 485 [Datenverarbeitung für Zwecke der Vorgangsverwaltung] Gerichte, Strafverfolgungsbehörden einschließlich Vollstreckungsbehörden, Bewährungshelfer, Aufsichtsstellen bei Führungsaufsicht und die Gerichtshilfe dürfen personenbezogene Daten in Dateien speichern, verändern und nutzen, soweit dies für Zwecke der Vorgangsverwaltung erforderlich ist. Eine Nutzung für die in § 483 bezeichneten Zwecke ist zulässig. Eine Nutzung für die in § 484 bezeichneten Zwecke ist zulässig, soweit die Speicherung auch nach dieser Vorschrift zulässig wäre. § 483 Abs. 3 ist entsprechend anwendbar.

§ 486 [Gemeinsame Dateien] (1) Die personenbezogenen Daten können für die in den §§ 483 bis 485 genannten Stellen in gemeinsamen Dateien gespeichert werden.

(2) Bei länderübergreifenden gemeinsamen Dateien gilt für Schadenersatzansprüche eines Betroffenen § 8 des Bundesdatenschutzgesetzes entsprechend.

§ 487 [Übermittlung gespeicherter Daten] (1) Die nach den §§ 483 bis 485 gespeicherten Daten dürfen den zuständigen Stellen übermittelt werden, soweit dies für die in diesen Vorschriften genannten Zwecke, für Zwecke eines Gnadenverfahrens oder der internationalen Rechtshilfe in Strafsachen erforderlich ist. 2§ 477 Abs. 2 und § 485 Satz 3 gelten entsprechend.

(2) Außerdem kann Auskunft aus einer Datei erteilt werden, soweit nach den Vorschriften dieses

Gesetzes Akteneinsicht oder Auskunft aus den Akten gewährt werden könnte. Entsprechendes gilt für Mitteilungen nach den §§ 479, 480 und 481 Abs. 1 Satz 2.

(3) Die Verantwortung für die Zulässigkeit der Übermittlung trägt die übermittelnde Stelle. Erfolgt die Übermittlung auf Ersuchen des Empfängers, trägt dieser die Verantwortung. In diesem Falle prüft die übermittelnde Stelle nur, ob das Übermittlungsersuchen im Rahmen der Aufgaben des Empfängers liegt, es sei denn, dass besonderer Anlass zu einer weitergehenden Prüfung der Zulässigkeit der Übermittlung besteht.

(4) Die nach den §§ 483 bis 485 gespeicherten Daten dürfen auch für wissenschaftliche Zwecke übermittelt werden. § 476 gilt entsprechend.

(5) Besondere gesetzliche Bestimmungen, die die Übermittlung von Daten aus einem Strafverfahren anordnen oder erlauben, bleiben unberührt.

(6) Die Daten dürfen nur zu dem Zweck verwendet werden, für den sie übermittelt worden sind. Eine Verwendung für andere Zwecke ist zulässig, soweit die Daten auch dafür hätten übermittelt werden dürfen.

§ 488 [Automatisierte Datenübermittlung] (1) Die Einrichtung eines automatisierten Abrufverfahrens oder eines automatisierten Anfrage- und Auskunftsverfahrens ist für Übermittlungen nach § 487 Abs. 1 zwischen den in § 483 Abs. 1 genannten Stellen zulässig, soweit diese Form der Datenübermittlung unter Berücksichtigung der schutzwürdigen Interessen der Betroffenen wegen der Vielzahl der Übermittlungen oder wegen ihrer besonderen Eilbedürftigkeit angemessen ist. Die beteiligten Stellen haben zu gewährleisten, dass dem jeweiligen Stand der Technik entsprechende Maßnahmen zur Sicherstellung von Datenschutz und Datensicherheit getroffen werden, die insbesondere die Vertraulichkeit und Unversehrtheit der Daten gewährleisten; im Falle der Nutzung allgemein zugänglicher Netze sind dem jeweiligen Stand der Technik entsprechende Verschlüsse- lungsverfahren anzuwenden.

(2) Für die Festlegung zur Einrichtung eines automatisierten Abrufverfahrens gilt § 10 Abs. 2 des Bundesdatenschutzgesetzes entsprechend. Diese bedarf der Zustimmung der für die speichernde und die abrufende Stelle jeweils zuständigen Bundes- und Landesministerien. Die speichernde Stelle übersendet die Festlegungen der Stelle, die für die Kontrolle der Einhaltung der Vorschriften über den Datenschutz bei öffentlichen Stellen zuständig ist.

(3) Die Verantwortung für die Zulässigkeit des einzelnen Abrufs trägt der Empfänger. Die speichernde Stelle prüft die Zulässigkeit der Abrufe nur, wenn dazu Anlass besteht. Die speichernde Stelle hat zu gewährleisten, dass die Übermittlung personenbezogener Daten zumindest durch geeignete Stichprobenverfahren festgestellt und überprüft werden kann. Sie soll bei jedem zehnten Abruf zumindest den Zeitpunkt, die abgerufenen Daten, die Kennung der abrufenden Stelle und das Aktenzeichen des Empfängers protokollieren. Die Protokolldaten dürfen nur für die Kontrolle der Zulässigkeit der Abrufe verwendet werden und sind nach zwölf Monaten zu löschen.

§ 489 [Berichtigung, Löschung und Sperrung gespeicherter Daten] (1) Personenbezogene Daten in Dateien sind zu berichtigen, wenn sie unrichtig sind.

(2) Sie sind zu löschen, wenn ihre Speicherung unzulässig ist oder sich aus Anlass einer Einzelfallbearbeitung ergibt, dass die Kenntnis der Daten für die in den §§ 483, 484, 485 jeweils bezeichneten Zwecke nicht mehr erforderlich ist. Es sind ferner zu löschen

1. nach § 483 gespeicherte Daten mit der Erledigung des Verfahrens, soweit ihre Speicherung nicht nach den §§ 484, 485 zulässig ist,
2. nach § 484 gespeicherte Daten, soweit die Prüfung nach Absatz 4 ergibt, dass die Kenntnis der Daten für den in § 484 bezeichneten Zweck nicht mehr erforderlich ist und ihre Speicherung nicht nach § 485 zulässig ist,
3. nach § 485 gespeicherte Daten, sobald ihre Speicherung zur Vorgangsverwaltung nicht mehr erforderlich

ist.

(3) Als Erledigung des Verfahrens gilt die Erledigung bei der Staatsanwaltschaft oder, sofern die öffentliche Klage erhoben wurde, bei Gericht. Ist eine Strafe oder eine sonstige Sanktion angeordnet worden, ist der Abschluss der Vollstreckung oder der Erlass maßgeblich.Wird das Verfahren eingestellt und hindert die Einstellung die Wiederaufnahme der Verfolgung nicht, so ist das Verfahren mit Eintritt der Verjährung als erledigt anzusehen.

(4) Die speichernde Stelle prüft nach festgesetzten Fristen, ob nach § 484 gespeicherte Daten zu löschen sind. Die Frist beträgt

1. bei Beschuldigten, die zur Zeit der Tat das achtzehnte Lebensjahr vollendet hatten, zehn Jahre,
2. bei Jugendlichen fünf Jahre,
3. in den Fällen des rechtskräftigen Freispruchs, der unanfechtbaren Ablehnung der Eröffnung des Hauptverfahrens und der nicht nur vorläufigen Verfahrenseinstellung drei Jahre,
4. bei nach § 484 Abs. 1 gespeicherten Personen, die zur Tatzeit nicht strafmündig waren, zwei Jahre.

(5) Die speichernde Stelle kann in der Errichtungsanordnung nach § 490 kürzere Prüffristen festlegen.

(6) Werden die Daten einer Person für ein weiteres Verfahren in der Datei gespeichert, so unterbleibt die Löschung, bis für alle Eintragungen die Löschungsvoraussetzungen vorliegen. Absatz 2 Satz 1 bleibt unberührt.

(7) An die Stelle einer Löschung tritt eine Sperrung, soweit

1. Grund zu der Annahme besteht, dass schutzwürdige Interessen einer betroffenen Person beeinträchtigt würden,
2. die Daten für laufende Forschungsarbeiten benötigt werden oder
3. eine Löschung wegen der besonderen Art der Speicherung nicht oder nur mit unverhältnismäßigem Aufwand möglich ist.

Personenbezogene Daten sind ferner zu sperren, soweit sie nur zu Zwecken der Datensicherung oder der Datenschutzkontrolle gespeichert sind. Gesperrte Daten dürfen nur für den Zweck verwendet werden, für den die Löschung unterblieben ist. 4Sie dürfen auch verwendet werden, soweit dies zur Behebung einer bestehenden Beweisnot unerlässlich ist.

(8) Stellt die speichernde Stelle fest, dass unrichtige, zu löschende oder zu sperrende personenbezogene Daten übermittelt worden sind, so ist dem Empfänger die Berichtigung, Löschung oder Sperrung mitzuteilen, wenn dies zur Wahrung schutzwürdiger Interessen des Betroffenen erforderlich ist.

(9) Anstelle der Löschung der Daten sind die Datenträger an ein Staatsarchiv abzugeben, soweit besondere archivrechtliche Regelungen dies vorsehen.

§ 490 [Errichtungsanordnung für automatisierte Dateiten] Die speichernde Stelle legt für jede automatisierte Datei in einer Errichtungsanordnung mindestens fest:

1. die Bezeichnung der Datei,
2. die Rechtsgrundlage und den Zweck der Datei,
3. den Personenkreis, über den Daten in der Datei verarbeitet werden,
4. die Art der zu verarbeitenden Daten,
5. die Anlieferung oder Eingabe der zu verarbeitenden Daten,
6. die Voraussetzungen, unter denen in der Datei verarbeitete Daten an welche Empfänger und in welchem Verfahren übermittelt werden,
7. Prüffristen und Speicherungsdauer.

Dies gilt nicht für Dateien, die nur vorübergehend vorgehalten und innerhalb von drei Monaten nach ihrer Erstellung gelöscht werden.

§ 491 [Auskunft an Betroffene] (1) Dem Betroffenen ist, soweit die Erteilung oder Versagung von Auskünften in diesem Gesetz nicht besonders geregelt ist, entsprechend § 19 des Bundesdatenschutzgesetzes Auskunft zu erteilen. Auskunft über Verfahren, bei denen die Einleitung des Verfahrens bei der Staatsanwaltschaft im Zeitpunkt der Beantragung der Auskunft noch nicht mehr als sechs Monate zurückliegt, wird nicht erteilt. Die Staatsanwaltschaft kann die Frist des Satzes 2 auf bis zu 24 Monate verlängern, wenn wegen der Schwierigkeit oder des Umfangs der Ermittlungen im Einzelfall ein Geheimhaltungsbedürfnis fortbesteht. Über eine darüber hinausgehende Verlängerung der Frist entscheidet der Generalstaatsanwalt, in Verfahren der Generalbundesanwaltschaft der Generalbundesanwalt. Die Entscheidungen nach den Sätzen 3 und 4 und die Gründe hierfür sind zu dokumentieren. Der Antragsteller ist unabhängig davon, ob Verfahren gegen ihn geführt werden oder nicht, auf die Regelung in den Sätzen 2 bis 5 hinzuweisen.

(2) Ist der Betroffene bei einer gemeinsamen Datei nicht in der Lage, die speichernde Stelle festzustellen, so kann er sich an jede beteiligte speicherungsberechtigte Stelle wenden. Über die Erteilung einer Auskunft entscheidet diese im Einvernehmen mit der Stelle, die die Daten eingegeben hat.

Dritter Abschnitt. Länderübergreifendes staatsanwaltliches Verfahrensregister

§ 492 [Umfang des Registers; Verwendung der Daten] (1) Das Bundesamt für Justiz (Registerbehörde) führt ein zentrales staatsanwaltschaftliches Verfahrensregister.

(2) In das Register sind

1. die Personendaten des Beschuldigten und, soweit erforderlich, andere zur Identifizierung geeignete Merkmale,
2. die zuständige Stelle und das Aktenzeichen,
3. die nähere Bezeichnung der Straftaten, insbesondere die Tatzeiten, die Tatorte und die Höhe etwaiger Schäden,
4. die Tatvorwürfe durch Angabe der gesetzlichen Vorschriften,
5. Die Einleitung des Verfahrens sowie die Verfahrenserledigungen bei der Staatsanwaltschaft und bei Gericht nebst Angabe der gesetzlichen Vorschriften

einzutragen. Die Daten dürfen nur für Strafverfahren gespeichert und verändert werden.

(3) Die Staatsanwaltschaften teilen die einzutragenden Daten der Registerbehörde zu dem in Absatz 2 Satz 2 genannten Zweck mit. Auskünfte aus dem Verfahrensregister dürfen nur Strafverfolgungsbehörden für Zwecke eines Strafverfahrens erteilt werden. § 5 Abs. 5 Satz 1 Nr. 2 des Waffengesetzes bleibt unberührt; die Auskunft über die Eintragung wird insoweit im Einvernehmen mit der Staatsanwaltschaft, die die personenbezogenen Daten zur Eintragung in das Verfahrensregister mitgeteilt hat, erteilt, wenn hiervon eine Gefährdung des Untersuchungszwecks nicht zu besorgen ist.

(4) Die in Absatz 2 Satz 1 Nr. 1 und 2 genannten Daten dürfen nach Maßgabe des § 18 Abs. 3 des Bundesverfassungsschutzgesetzes, auch in Verbindung mit § 10 Abs. 2 des Gesetzes über den Militärischen Abschirmdienst und § 8 Abs. 3 des Gesetzes über den Bundesnachrichtendienst, auf Ersuchen auch an die Verfassungsschutzbehörden des Bundes und der Länder, das Amt für den Militärischen Abschirmdienst und den Bundesnachrichtendienst übermittelt werden. § 18 Abs. 5 Satz 2 des Bundesverfassungsschutzgesetzes gilt entsprechend.

(4a) Kann die Registerbehörde eine Mitteilung oder ein Ersuchen einem Datensatz nicht eindeutig zuordnen, übermittelt sie an die ersuchende Stelle zur Identitätsfeststellung Datensätze zu Personen mit ähnlichen Personalien. Nach erfolgter Identifizierung hat die ersuchende Stelle alle Daten, die sich nicht auf den Betroffenen beziehen, unverzüglich zu löschen. Ist eine Identifizierung nicht möglich, sind alle übermittelten Daten zu löschen. In der Rechtsverordnung nach § 494 Abs. 4 ist die Anzahl der Datensätze, die auf Grund eines Abrufs übermittelt werden dürfen, auf das für eine Identifizierung notwendige Maß zu begrenzen.

(5) Die Verantwortung für die Zulässigkeit der Übermittlung trägt der Empfänger. Die Registerbehörde prüft die Zulässigkeit der Übermittlung nur, wenn besonderer Anlaß hierzu besteht.

(6) Die Daten dürfen unbeschadet des Absatzes 3 Satz 3 und des Absatzes 4 nur in Strafverfahren verwendet werden.

§ 493 [Automatisierte Abrufverfahren] (1) Die Übermittlung der Daten erfolgt im Wege eines automatisierten Abrufverfahrens oder eines automatisierten Anfrage- und Auskunftsverfahrens, im Falle einer Störung der Datenfernübertragung oder bei außergewöhnlicher Dringlichkeit telefonisch oder durch Telefax. Die beteiligten Stellen haben zu gewährleisten, dass dem jeweiligen Stand der Technik entsprechende Maßnahmen zur Sicherstellung von Datenschutz und Datensicherheit getroffen werden, die insbesondere die Vertraulichkeit und Unversehrtheit der Daten gewährleisten; im Falle der Nutzung allgemein zugänglicher Netze sind dem jeweiligen Stand der Technik entsprechende Verschlüsselungsverfahren anzuwenden.

(2) Für die Festlegungen zur Einrichtung eines automatisierten Abrufverfahrens findet § 10 Abs. 2 des Bundesdatenschutzgesetzes Anwendung. Die Registerbehörde übersendet die Festlegungen dem Bundesbeauftragten für den Datenschutz.

(3) Die Verantwortung für die Zulässigkeit des einzelnen automatisierten Abrufs trägt der Empfänger. Die Registerbehörde prüft die Zulässigkeit der Abrufe nur, wenn dazu Anlaß besteht. Sie hat bei jedem zehnten Abruf zumindest den Zeitpunkt, die abgerufenen Daten, die Kennung der abrufenden Stelle und das Aktenzeichen des Empfängers zu protokollieren. Die Protokolldaten dürfen nur für die Kontrolle der Zulässigkeit der Abrufe verwendet werden und sind nach sechs Monaten zu löschen.

(4) Die Absätze 2 und 3 gelten für das automatisierte Anfrage- und Auskunftsverfahren entsprechend.

§ 494 [Berichtigung der Daten; Löschung; Sperrung; Mitteilung an Empfänger; Errichtungsanordnung] (1) Die Daten sind zu berichtigen, wenn sie unrichtig sind. Die zuständige Stelle teilt der Registerbehörde die Unrichtigkeit unverzüglich mit; sie trägt die Verantwortung für die Richtigkeit und die Aktualität der Daten.

(2) Die Daten sind zu löschen,

1. wenn ihre Speicherung unzulässig ist oder
2. sobald sich aus dem Bundeszentralregister ergibt, daß in dem Strafverfahren, aus dem die Daten übermittelt worden sind, eine nach § 20 des Bundeszentralregistergesetzes mitteilungspflichtige gerichtliche Entscheidung oder Verfügung der Strafverfolgungsbehörde ergangen ist.

Wird der Beschuldigte rechtskräftig freigesprochen, die Eröffnung des Hauptverfahrens gegen ihn unanfechtbar abgelehnt oder das Verfahren nicht nur vorläufig eingestellt, so sind die Daten zwei Jahre nach der Erledigung des Verfahrens zu löschen, es sei denn, vor Eintritt der Löschungsfrist wird ein weiteres Verfahren zur Eintragung in das Verfahrensregister mitgeteilt. In diesem Fall bleiben die Daten gespeichert, bis für alle Eintragungen die Löschungsvoraussetzungen vorliegen. Die Staatsanwaltschaft teilt der Registerbehörde unverzüglich den Eintritt der Löschungsvoraussetzungen oder den Beginn der Löschungsfrist nach Satz 2 mit.

(3) § 489 Abs. 7 und 8 gilt entsprechend.

(4) Das Bundesministerium der Justiz bestimmt durch Rechtsverordnung mit Zustimmung des Bundesrates die näheren Einzelheiten, insbesondere

1. die Art der zu verarbeitenden Daten,
2. die Anlieferung der zu verarbeitenden Daten,
3. die Voraussetzungen, unter denen in der Datei verarbeitete Daten an welche Empfänger und in welchem Verfahren übermittelt werden,

4. die Einrichtung eines automatisierten Abrufverfahrens,
5. die nach § 9 des Bundesdatenschutzgesetzes erforderlichen technischen und organisatorischen Maßnahmen.

§ 495 [Entscheidung über Auskunftserteilung] Dem Betroffenen ist entsprechend § 19 des Bundesdatenschutzgesetzes Auskunft aus dem Verfahrensregister zu erteilen; § 491 Abs. 1 Satz 2 bis 6 gilt entsprechend. Über die Erteilung einer Auskunft entscheidet die Registerbehörde im Einvernehmen mit der Staatsanwaltschaft, die die personenbezogenen Daten zur Eintragung in das Verfahrensregister mitgeteilt hat. Soweit eine Auskunft aus dem Verfahrensregister an eine öffentliche Stelle erteilt wurde und der Betroffene von dieser Stelle Auskunft über die so erhobenen Daten begehrt, entscheidet hierüber diese Stelle im Einvernehmen mit der Staatsanwaltschaft, die die personenbezogenen Daten zur Eintragung in das Verfahrensregister mitgeteilt hat.

Gerichtsverfassungsgesetz (GVG)

In der Fassung der Bekanntmachung vom 9. Mai 1975 (BGBl. I S. 1077), zuletzt geändert durch Artikel 5 des Gesetzes vom 13. April 2007 (BGBl. I S. 509)

Erster Titel. Gerichtsbarkeit

§ 1 [Richterliche Unabhängigkeit] Die richterliche Gewalt wird durch unabhängige, nur dem Gesetz unterworfene Gerichte ausgeübt.

§§ 2 bis 9 (weggefallen)

§ 10 [Referendare] Unter Aufsicht des Richters können Referendare Rechtshilfeersuchen erledigen und außer in Strafsachen Verfahrensbeteiligte anhören, Beweise erheben und die mündliche Verhandlung leiten. Referendare sind nicht befugt, eine Beeidigung anzuordnen oder einen Eid abzunehmen.

§ 11 (weggefallen)

§ 12 [Ordentliche Gerichte] Die ordentliche streitige Gerichtsbarkeit wird durch Amtsgerichte, Landgerichte, Oberlandesgerichte und durch den Bundesgerichtshof (den obersten Gerichtshof des Bundes für das Gebiet der ordentlichen Gerichtsbarkeit) ausgeübt.

§ 13 [Zuständigkeit der ordentlichen Gerichte] Vor die ordentlichen Gerichte gehören alle bürgerlichen Rechtsstreitigkeiten und Strafsachen, für die nicht entweder die Zuständigkeit von Verwaltungsbehörden oder Verwaltungsgerichten begründet ist oder auf Grund von Vorschriften des Bundesrechts besondere Gerichte bestellt oder zugelassen sind.

§ 13a [Zuweisung durch Landesrecht] Durch Landesrecht können einem Gericht für die Bezirke mehrerer Gerichte Sachen aller Art ganz oder teilweise zugewiesen sowie auswärtige Spruchkörper von Gerichten eingerichtet werden.

§ 14 [Besondere Gerichte] Als besondere Gerichte werden Gerichte der Schiffahrt für die in den Staatsverträgen bezeichneten Angelegenheiten zugelassen.

§ 15 (weggefallen)

§ 16 [Ausnahmegerichte] Ausnahmegerichte sind unstatthaft. Niemand darf seinem gesetzlichen Richter entzogen werden.

§ 17 [Rechtshängigkeit; Entscheidung des Rechtsstreits] (1) Die Zulässigkeit des beschrittenen Rechtsweges wird durch eine nach Rechtshängigkeit eintretende Veränderung der sie begründenden Umstände nicht berührt. Während der Rechtshängigkeit kann die Sache von keiner Partei anderweitig anhängig gemacht werden.

(2) Das Gericht des zulässigen Rechtsweges entscheidet den Rechtsstreit unter allen in Betracht kommenden rechtlichen Gesichtspunkten. Artikel 14 Abs. 3 Satz 4 und Artikel 34 Satz 3 des Grundgesetzes

bleiben unberührt.

§ 17a [Rechtsweg] (1) Hat ein Gericht den zu ihm beschrittenen Rechtsweg rechtskräftig für zulässig erklärt, sind andere Gerichte an diese Entscheidung gebunden.

(2) Ist der beschrittene Rechtsweg unzulässig, spricht das Gericht dies nach Anhörung der Parteien von Amts wegen aus und verweist den Rechtsstreit zugleich an das zuständige Gericht des zulässigen Rechtsweges. Sind mehrere Gerichte zuständig, wird an das vom Kläger oder Antragsteller auszuwählende Gericht verwiesen oder, wenn die Wahl unterbleibt, an das vom Gericht bestimmte. Der Beschluß ist für das Gericht, an das der Rechtsstreit verwiesen worden ist, hinsichtlich des Rechtsweges bindend.

(3) Ist der beschrittene Rechtsweg zulässig, kann das Gericht dies vorab aussprechen. Es hat vorab zu entscheiden, wenn eine Partei die Zulässigkeit des Rechtsweges rügt.

(4) Der Beschluß nach den Absätzen 2 und 3 kann ohne mündliche Verhandlung ergehen. Er ist zu begründen. Gegen den Beschluß ist die sofortige Beschwerde nach den Vorschriften der jeweils anzuwendenden Verfahrensordnung gegeben. Den Beteiligten steht die Beschwerde gegen einen Beschluß des oberen Landesgerichts an den obersten Gerichtshof des Bundes nur zu, wenn sie in dem Beschluß zugelassen worden ist. Die Beschwerde ist zuzulassen, wenn die Rechtsfrage grundsätzliche Bedeutung hat oder wenn das Gericht von der Entscheidung eines obersten Gerichtshofes des Bundes oder des Gemeinsamen Senats der obersten Gerichtshöfe des Bundes abweicht. Der oberste Gerichtshof des Bundes ist an die Zulassung der Beschwerde gebunden.

(5) Das Gericht, das über ein Rechtsmittel gegen eine Entscheidung in der Hauptsache entscheidet, prüft nicht, ob der beschrittene Rechtsweg zulässig ist.

§ 17b [Anhängigkeit nach Verweisung; Kosten] (1) Nach Eintritt der Rechtskraft des Verweisungsbeschlusses wird der Rechtsstreit mit Eingang der Akten bei dem im Beschluß bezeichneten Gericht anhängig. Die Wirkungen der Rechtshängigkeit bleiben bestehen.

(2) Wird ein Rechtsstreit an ein anderes Gericht verwiesen, so werden die Kosten im Verfahren vor dem angegangenen Gericht als Teil der Kosten behandelt, die bei dem Gericht erwachsen, an das der Rechtsstreit verwiesen wurde. Dem Kläger sind die entstandenen Mehrkosten auch dann aufzuerlegen, wenn er in der Hauptsache obsiegt.

§ 18 [Exterritorialität von Mitgliedern der diplomatischen Missionen] Die Mitglieder der im Geltungsbereich dieses Gesetzes errichteten diplomatischen Missionen, ihre Familienmitglieder und ihre privaten Hausangestellten sind nach Maßgabe des Wiener Übereinkommens über diplomatische Beziehungen vom 18. April 1961 (Bundesgesetzbl. 1964 II S. 957ff.) von der deutschen Gerichtsbarkeit befreit. Dies gilt auch, wenn ihr Entsendestaat nicht Vertragspartei dieses Übereinkommens ist; in diesem Falle findet Artikel 2 des Gesetzes vom 6. August 1964 zu dem Wiener Übereinkommen vom 18. April 1961 über diplomatische Beziehungen (Bundesgesetzbl. 1964 II S. 957) entsprechende Anwendung.

§ 19 [Exterritorialität von Mitgliedern der konsularischen Vertretungen] (1) Die Mitglieder der im Geltungsbereich dieses Gesetzes errichteten konsularischen Vertretungen einschließlich der Wahlkonsularbeamten sind nach Maßgabe des Wiener Übereinkommens über konsularische Beziehungen vom 24. April 1963 (Bundesgesetzbl. 1969 II S. 1585ff.) von der deutschen Gerichtsbarkeit befreit. Dies gilt auch, wenn ihr Entsendestaat nicht Vertragspartei dieses Übereinkommens ist; in diesem Falle findet Artikel 2 des Gesetzes vom 26. August 1969 zu dem Wiener Übereinkommen vom 24. April 1963 über konsularische Beziehungen (Bundesgesetzbl. 1969 II S. 1585) entsprechende Anwendung.

(2) Besondere völkerrechtliche Vereinbarungen über die Befreiung der in Absatz 1 genannten Personen

von der deutschen Gerichtsbarkeit bleiben unberührt.

§ 20 [Weitere Exterritoriale] (1) Die deutsche Gerichtsbarkeit erstreckt sich auch nicht auf Repräsentanten anderer Staaten und deren Begleitung, die sich auf amtliche Einladung der Bundesrepublik Deutschland im Geltungsbereich dieses Gesetzes aufhalten.

(2) Im übrigen erstreckt sich die deutsche Gerichtsbarkeit auch nicht auf andere als die in Absatz 1 und in den §§ 18 und 19 genannten Personen, soweit sie nach den allgemeinen Regeln des Völkerrechts, auf Grund völkerrechtlicher Vereinbarungen oder sonstiger Rechtsvorschriften von ihr befreit sind.

§ 21 Die §§ 18 bis 20 stehen der Erledigung eines Ersuchens um Überstellung und Rechtshilfe eines internationalen Strafgerichtshofes, der durch einen für die Bundesrepublik Deutschland verbindlichen Rechtsakt errichtet wurde, nicht entgegen.

Zweiter Titel. Allgemeine Vorschriften über das Präsidium und die Geschäftsverteilung

§ 21a [Präsidium] (1) Bei jedem Gericht wird ein Präsidium gebildet.

(2) Das Präsidium besteht aus dem Präsidenten oder aufsichtführenden Richter als Vorsitzenden und
1. bei Gerichten mit mindestens achtzig Richterplanstellen aus zehn gewählten Richtern,
2. bei Gerichten mit mindestens vierzig Richterplanstellen aus acht gewählten Richtern,
3. bei Gerichten mit mindestens zwanzig Richterplanstellen aus sechs gewählten Richtern,
4. bei Gerichten mit mindestens acht Richterplanstellen aus vier gewählten Richtern,
5. bei den anderen Gerichten aus den nach § 21b Abs. 1 wählbaren Richtern.

§ 21b [Wahl zum Präsidium] (1) Wahlberechtigt sind die Richter auf Lebenszeit und die Richter auf Zeit, denen bei dem Gericht ein Richteramt übertragen ist, sowie die bei dem Gericht tätigen Richter auf Probe, die Richter kraft Auftrags und die für eine Dauer von mindestens drei Monaten abgeordneten Richter, die Aufgaben der Rechtsprechung wahrnehmen. Wählbar sind die Richter auf Lebenszeit und die Richter auf Zeit, denen bei dem Gericht ein Richteramt übertragen ist. Nicht wahlberechtigt und nicht wählbar sind Richter, die für mehr als drei Monate an ein anderes Gericht abgeordnet, für mehr als drei Monate beurlaubt oder an eine Verwaltungsbehörde abgeordnet sind.

(2) Jeder Wahlberechtigte wählt höchstens die vorgeschriebene Zahl von Richtern.

(3) Die Wahl ist unmittelbar und geheim. Gewählt ist, wer die meisten Stimmen auf sich vereint. Durch Landesgesetz können andere Wahlverfahren für die Wahl zum Präsidium bestimmt werden; in diesem Fall erlässt die Landesregierung durch Rechtsverordnung die erforderlichen Wahlordnungsvorschriften; sie kann die Ermächtigung hierzu auf die Landesjustizverwaltung übertragen. Bei Stimmengleichheit entscheidet das Los.

(4) Die Mitglieder werden für vier Jahre gewählt. Alle zwei Jahre scheidet die Hälfte aus. Die zum ersten Mal ausscheidenden Mitglieder werden durch das Los bestimmt.

(5) Das Wahlverfahren wird durch eine Rechtsverordnung geregelt, die von der Bundesregierung mit Zustimmung des Bundesrates erlassen wird.

(6) Ist bei der Wahl ein Gesetz verletzt worden, so kann die Wahl von den in Absatz 1 Satz 1 bezeichneten Richtern angefochten werden. Über die Wahlanfechtung entscheidet ein Senat des zuständigen Oberlandesgerichts, bei dem Bundesgerichtshof ein Senat dieses Gerichts. Wird die Anfechtung für begründet erklärt, so kann ein Rechtsmittel gegen eine gerichtliche Entscheidung nicht darauf gestützt werden, das Präsidium sei deswegen nicht ordnungsgemäß zusammengesetzt gewesen. Im übrigen sind auf das

Verfahren die Vorschriften des Gesetzes über die Angelegenheiten der freiwilligen Gerichtsbarkeit sinngemäß anzuwenden.

§ 21c [Vertretung der Mitglieder des Präsidiums] (1) Bei einer Verhinderung des Präsidenten oder aufsichtführenden Richters tritt sein Vertreter (§ 21 h) an seine Stelle. Ist der Präsident oder aufsichtführende Richter anwesend, so kann sein Vertreter, wenn er nicht selbst gewählt ist, an den Sitzungen des Präsidiums mit beratender Stimme teilnehmen. Die gewählten Mitglieder des Präsidiums werden nicht vertreten.

(2) Scheidet ein gewähltes Mitglied des Präsidiums aus dem Gericht aus, wird es für mehr als drei Monate an ein anderes Gericht abgeordnet oder für mehr als drei Monate beurlaubt, wird es an eine Verwaltungsbehörde abgeordnet oder wird es kraft Gesetzes Mitglied des Präsidiums, so tritt an seine Stelle der durch die letzte Wahl Nächstberufene.

§ 21d [Größe des Präsidiums] (1) Für die Größe des Präsidiums ist die Zahl der Richterplanstellen am Ablauf des Tages maßgebend, der dem Tage, an dem das Geschäftsjahr beginnt, um sechs Monate vorhergeht.

(2) Ist die Zahl der Richterplanstellen bei einem Gericht mit einem Präsidium nach § 21a Abs. 2 Nr. 1 bis 3 unter die jeweils genannte Mindestzahl gefallen, so ist bei der nächsten Wahl, die nach § 21b Abs. 4 stattfindet, die folgende Zahl von Richtern zu wählen:

1. bei einem Gericht mit einem Präsidium nach § 21a Abs. 2 Nr. 1 vier Richter,
2. bei einem Gericht mit einem Präsidium nach § 21a Abs. 2 Nr. 2 drei Richter,
3. bei einem Gericht mit einem Präsidium nach § 21a Abs. 2 Nr. 3 zwei Richter.

Neben den nach § 21b Abs. 4 ausscheidenden Mitgliedern scheidet jeweils ein weiteres Mitglied, das durch das Los bestimmt wird, aus.

(3) Ist die Zahl der Richterplanstellen bei einem Gericht mit einem Präsidium nach § 21a Abs. 2 Nr. 2 bis 4 über die für die bisherige Größe des Präsidiums maßgebende Höchstzahl gestiegen, so ist bei der nächsten Wahl, die nach § 21b Abs. 4 stattfindet, die folgende Zahl von Richtern zu wählen:

1. bei einem Gericht mit einem Präsidium nach § 21a Abs. 2 Nr. 2 sechs Richter,
2. bei einem Gericht mit einem Präsidium nach § 21a Abs. 2 Nr. 3 fünf Richter,
3. bei einem Gericht mit einem Präsidium nach § 21a Abs. 2 Nr. 4 vier Richter.

Hiervon scheidet jeweils ein Mitglied, das durch das Los bestimmt wird, nach zwei Jahren aus.

§ 21e [Aufgaben und Befugnisse des Präsidiums; Geschäftsverteilung] (1) Das Präsidium bestimmt die Besetzung der Spruchkörper, bestellt die Ermittlungsrichter, regelt die Vertretung und verteilt die Geschäfte. Es trifft diese Anordnungen vor dem Beginn des Geschäftsjahres für dessen Dauer. Der Präsident bestimmt, welche richterlichen Aufgaben er wahrnimmt. Jeder Richter kann mehreren Spruchkörpern angehören.

(2) Vor der Geschäftsverteilung ist den Richtern, die nicht Mitglied des Präsidiums sind, Gelegenheit zur Äußerung zu geben.

(3) Die Anordnungen nach Absatz 1 dürfen im Laufe des Geschäftsjahres nur geändert werden, wenn dies wegen Überlastung oder ungenügender Auslastung eines Richters oder Spruchkörpers oder infolge Wechsels oder dauernder Verhinderung einzelner Richter nötig wird. Vor der Änderung ist den Vorsitzenden Richtern, deren Spruchkörper von der Änderung der Geschäftsverteilung berührt wird, Gelegenheit zu einer Äußerung zu geben.

(4) Das Präsidium kann anordnen, daß ein Richter oder Spruchkörper, der in einer Sache tätig geworden ist, für diese nach einer Änderung der Geschäftsverteilung zuständig bleibt.

(5) Soll ein Richter einem anderen Spruchkörper zugeteilt oder soll sein Zuständigkeitsbereich geändert werden, so ist ihm, außer in Eilfällen, vorher Gelegenheit zu einer Äußerung zu geben.

(6) Soll ein Richter für Aufgaben der Justizverwaltung ganz oder teilweise freigestellt werden, so ist das Präsidium vorher zu hören.

(7) Das Präsidium entscheidet mit Stimmenmehrheit. § 21i Abs. 2 gilt entsprechend.

(8) Das Präsidium kann beschließen, dass Richter des Gerichts bei den Beratungen und Abstimmungen des Präsidiums für die gesamte Dauer oder zeitweise zugegen sein können. § 171b gilt entsprechend.

(9) Der Geschäftsverteilungsplan des Gerichts ist in der von dem Präsidenten oder aufsichtführenden Richter bestimmten Geschäftsstelle des Gerichts zur Einsichtnahme aufzulegen; einer Veröffentlichung bedarf es nicht.

§ 21f [Vorsitz in den Spruchkörpern] (1) Den Vorsitz in den Spruchkörpern bei den Landgerichten, bei den Oberlandesgerichten sowie bei dem Bundesgerichtshof führen der Präsident und die Vorsitzenden Richter.

(2) Bei Verhinderung des Vorsitzenden führt den Vorsitz das vom Präsidium bestimmte Mitglied des Spruchkörpers. Ist auch dieser Vertreter verhindert, führt das dienstälteste, bei gleichem Dienstalter das lebensälteste Mitglied des Spruchkörpers den Vorsitz.

§ 21g [Geschäftsverteilung innerhalb der Spruchkörper] (1) Innerhalb des mit mehreren Richtern besetzten Spruchkörpers werden die Geschäfte durch Beschluss aller dem Spruchkörper angehörenden Berufsrichter auf die Mitglieder verteilt. Bei Stimmengleichheit entscheidet das Präsidium.

(2) Der Beschluss bestimmt vor Beginn des Geschäftsjahres für dessen Dauer, nach welchen Grundsätzen die Mitglieder an den Verfahren mitwirken; er kann nur geändert werden, wenn es wegen Überlastung, ungenügender Auslastung, Wechsels oder dauernder Verhinderung einzelner Mitglieder des Spruchkörpers nötig wird.

(3) Absatz 2 gilt entsprechend, soweit nach den Vorschriften der Prozessordnungen die Verfahren durch den Spruchkörper einem seiner Mitglieder zur Entscheidung als Einzelrichter übertragen werden können.

(4) Ist ein Berufsrichter an der Beschlussfassung verhindert, tritt der durch den Geschäftsverteilungsplan bestimmte Vertreter an seine Stelle.

(5) § 21i Abs. 2 findet mit der Maßgabe entsprechende Anwendung, dass die Bestimmung durch den Vorsitzenden getroffen wird.

(6) Vor der Beschlussfassung ist den Berufsrichtern, die von dem Beschluss betroffen werden, Gelegenheit zur Äußerung zu geben.

(7) § 21e Abs. 9 findet entsprechend Anwendung.

§ 21h [Vertretung des Präsidenten und des aufsichtführenden Richters] Der Präsident oder aufsichtführende Richter wird in seinen durch dieses Gesetz bestimmten Geschäften, die nicht durch das Präsidium zu verteilen sind, durch seinen ständigen Vertreter, bei mehreren ständigen Vertretern durch den dienstältesten, bei gleichem Dienstalter durch den lebensältesten von ihnen vertreten. Ist ein ständiger Vertreter nicht bestellt oder ist er verhindert, wird der Präsident oder aufsichtführende Richter durch den dienstältesten, bei gleichem Dienstalter durch den lebensältesten Richter vertreten.

§ 21i [Beschlussfähigkeit des Präsidiums] (1) Das Präsidium ist beschlußfähig, wenn mindestens die Hälfte seiner gewählten Mitglieder anwesend ist.

(2) Sofern eine Entscheidung des Präsidiums nicht rechtzeitig ergehen kann, werden die in § 21e bezeichneten Anordnungen von dem Präsidenten oder aufsichtführenden Richter getroffen. Die Gründe für die getroffene Anordnung sind schriftlich niederzulegen. Die Anordnung ist dem Präsidium unverzüglich zur

Genehmigung vorzulegen. Sie bleibt in Kraft, solange das Präsidium nicht anderweit beschließt.

§ 21j [Anordnungen durch den Präsidenten; Frist zur Bildung des Präsidiums] (1) Wird ein Gericht errichtet und ist das Präsidium nach § 21a Abs. 2 Nr. 1 bis 4 zu bilden, so werden die in § 21e bezeichneten Anordnungen bis zur Bildung des Präsidiums von dem Präsidenten oder aufsichtführenden Richter getroffen. § 21i Abs. 2 Satz 2 bis 4 gilt entsprechend.

(2) Ein Präsidium nach § 21a Abs. 2 Nr. 1 bis 4 ist innerhalb von drei Monaten nach der Errichtung des Gerichts zu bilden. Die in § 21b Abs. 4 Satz 1 bestimmte Frist beginnt mit dem auf die Bildung des Präsidiums folgenden Geschäftsjahr, wenn das Präsidium nicht zu Beginn eines Geschäftsjahres gebildet wird.

(3) An die Stelle des in § 21d Abs. 1 bezeichneten Zeitpunkts tritt der Tag der Errichtung des Gerichts.

(4) Die Aufgaben nach § 1 Abs. 2 Satz 2 und 3 und Abs. 3 der Wahlordnung für die Präsidien der Gerichte vom 19. September 1972 (BGBl. I S. 1821) nimmt bei der erstmaligen Bestellung des Wahlvorstandes der Präsident oder aufsichtführende Richter wahr. Als Ablauf des Geschäftsjahres in § 1 Abs. 2 Satz 2 und § 3 Satz 1 der Wahlordnung für die Präsidien der Gerichte gilt der Ablauf der in Absatz 2 Satz 1 genannten Frist.

Dritter Titel. Amtsgerichte

§ 22 [Richter beim Amtsgericht] (1) Den Amtsgerichten stehen Einzelrichter vor.

(2) Einem Richter beim Amtsgericht kann zugleich ein weiteres Richteramt bei einem anderen Amtsgericht oder bei einem Landgericht übertragen werden.

(3) Die allgemeine Dienstaufsicht kann von der Landesjustizverwaltung dem Präsidenten des übergeordneten Landgerichts übertragen werden. Geschieht dies nicht, so ist, wenn das Amtsgericht mit mehreren Richtern besetzt ist, einem von ihnen von der Landesjustizverwaltung die allgemeine Dienstaufsicht zu übertragen.

(4) Jeder Richter beim Amtsgericht erledigt die ihm obliegenden Geschäfte, soweit dieses Gesetz nichts anderes bestimmt, als Einzelrichter.

(5) Es können Richter kraft Auftrags verwendet werden. Richter auf Probe können verwendet werden, soweit sich aus Absatz 6, § 23b Abs. 3 Satz 2 oder § 29 Abs. 1 Satz 2 nichts anderes ergibt.

(6) Ein Richter auf Probe darf im ersten Jahr nach seiner Ernennung Geschäfte in Insolvenzsachen nicht wahrnehmen.

§ 22a [Präsident des LG oder AG als Vorsitzender des Präsidiums] Bei Amtsgerichten mit einem aus allen wählbaren Richtern bestehenden Präsidium (§ 21a Abs. 2 Nr. 5) gehört der Präsident des übergeordneten Landgerichts oder, wenn der Präsident eines anderen Amtsgerichts die Dienstaufsicht ausübt, dieser Präsident dem Präsidium als Vorsitzender an.

§ 22b [Vertretung von Richtern] (1) Ist ein Amtsgericht nur mit einem Richter besetzt, so beauftragt das Präsidium des Landgerichts einen Richter seines Bezirks mit der ständigen Vertretung dieses Richters.

(2) Wird an einem Amtsgericht die vorübergehende Vertretung durch einen Richter eines anderen Gerichts nötig, so beauftragt das Präsidium des Landgerichts einen Richter seines Bezirks längstens für zwei Monate mit der Vertretung.

(3) In Eilfällen kann der Präsident des Landgerichts einen zeitweiligen Vertreter bestellen. Die Gründe für die getroffene Anordnung sind schriftlich niederzulegen.

(4) Bei Amtsgerichten, über die der Präsident eines anderen Amtsgerichts die Dienstaufsicht ausübt, ist in den Fällen der Absätze 1 und 2 das Präsidium des anderen Amtsgerichts und im Falle des Absatzes 3 dessen Präsident zuständig.

§ 22c [Bereitschaftsdienst] (1) Die Landesregierungen werden ermächtigt, durch Rechtsverordnung zu bestimmen, dass für mehrere Amtsgerichte im Bezirk eines Landgerichts ein gemeinsamer Bereitschaftsdienstplan aufgestellt wird oder ein Amtsgericht Geschäfte des Bereitschaftsdienstes ganz oder teilweise wahrnimmt, wenn dies zur Sicherstellung einer gleichmäßigeren Belastung der Richter mit Bereitschaftsdiensten angezeigt ist. Zu dem Bereitschaftsdienst sind die Richter der in Satz 1 bezeichneten Amtsgerichte heranzuziehen. In der Verordnung nach Satz 1 kann bestimmt werden, dass auch die Richter des Landgerichts heranzuziehen sind. Über die Verteilung der Geschäfte des Bereitschaftsdienstes beschließt nach Maßgabe des § 21e das Präsidium des Landgerichts im Einvernehmen mit den Präsidien der betroffenen Amtsgerichte. Kommt eine Einigung nicht zustande, obliegt die Beschlussfassung dem Präsidium des Oberlandesgerichts, zu dessen Bezirk das Landgericht gehört.

(2) Die Landesregierungen können die Ermächtigung nach Absatz 1 auf die Landesjustizverwaltungen übertragen.

§ 22d [Handlungen eines umzuständigen Richters] Die Gültigkeit der Handlung eines Richters beim Amtsgericht wird nicht dadurch berührt, daß die Handlung nach der Geschäftsverteilung von einem anderen Richter wahrzunehmen gewesen wäre.

§§ 23-23c *(vom Abdruck wurde abgeshen)*

§ 24 [Zuständigkeit in Strafsachen] (1) In Strafsachen sind die Amtsgerichte zuständig, wenn nicht

1. die Zuständigkeit des Landgerichts nach § 74 Abs. 2 oder § 74 a oder des Oberlandesgerichts nach § 120 begründet ist,
2. im Einzelfall eine höhere Strafe als vier Jahre Freiheitsstrafe oder die Unterbringung des Beschuldigten in einem psychiatrischen Krankenhaus, allein oder neben einer Strafe, oder in der Sicherungsverwahrung (§§ 66 bis 66b des Strafgesetzbuches) zu erwarten ist oder
3. die Staatsanwaltschaft wegen der besonderen Schutzbedürftigkeit von Verletzten der Straftat, die als Zeugen in Betracht kommen, des besonderen Umfangs oder der besonderen Bedeutung des Falles Anklage beim Landgericht erhebt.

(2) Das Amtsgericht darf nicht auf eine höhere Strafe als vier Jahre Freiheitsstrafe und nicht auf die Unterbringung in einem psychiatrischen Krankenhaus, allein oder neben einer Strafe, oder in der Sicherungsverwahrung erkennen.

§ 25 [Zuständigkeit des Strafrichters] Der Richter beim Amtsgericht entscheidet als Strafrichter bei Vergehen,

1. wenn sie im Wege der Privatklage verfolgt werden oder
2. wenn eine höhere Strafe als Freiheitsstrafe von zwei Jahren nicht zu erwarten ist.
3. *(aufgehoben)*

§ 26 [Zuständigkeit in Jugendschutzsachen] (1) Für Straftaten Erwachsener, durch die ein Kind oder ein Jugendlicher verletzt oder unmittelbar gefährdet wird, sowie für Verstöße Erwachsener gegen Vorschriften, die dem Jugendschutz oder der Jugenderziehung dienen, sind neben den für allgemeine Strafsachen zuständigen Gerichten auch die Jugendgerichte zuständig. Die §§ 24 und 25 gelten entsprechend.

(2) In Jugendschutzsachen soll der Staatsanwalt Anklage bei den Jugendgerichten nur erheben, wenn in dem Verfahren Kinder oder Jugendliche als Zeugen benötigt werden oder wenn aus sonstigen Gründen eine Verhandlung vor dem Jugendgericht zweckmäßig erscheint.

§ 26a (weggefallen)

§ 27 [Sonstige Zuständigkeit und Geschäftskreis] Im übrigen wird die Zuständigkeit und der Geschäftskreis der Amtsgerichte durch die Vorschriften dieses Gesetzes und der Prozeßordnungen bestimmt.

Vierter Titel. Schöffengerichte

§ 28 [Zuständigkeit] Für die Verhandlung und Entscheidung der zur Zuständigkeit der Amtsgerichte gehörenden Strafsachen werden, soweit nicht der Strafrichter entscheidet, bei den Amtsgerichten Schöffengerichte gebildet.

§ 29 [Zusammensetzung; erweitertes Schöffengericht] (1) Das Schöffengericht besteht aus dem Richter beim Amtsgericht als Vorsitzenden und zwei Schöffen. Ein Richter auf Probe darf im ersten Jahr nach seiner Ernennung nicht Vorsitzender sein.

(2) Bei Eröffnung des Hauptverfahrens kann auf Antrag der Staatsanwaltschaft die Zuziehung eines zweiten Richters beim Amtsgericht beschlossen werden, wenn dessen Mitwirkung nach dem Umfang der Sache notwendig erscheint. Eines Antrages der Staatsanwaltschaft bedarf es nicht, wenn ein Gericht höherer Ordnung das Hauptverfahren vor dem Schöffengericht eröffnet.

§ 30 [Befugnisse der Schöffen] (1) Insoweit das Gesetz nicht Ausnahmen bestimmt, üben die Schöffen während der Hauptverhandlung das Richteramt in vollem Umfang und mit gleichem Stimmrecht wie die Richter beim Amtsgericht aus und nehmen auch an den im Laufe einer Hauptverhandlung zu erlassenden Entscheidungen teil, die in keiner Beziehung zu der Urteilsfällung stehen und die auch ohne mündliche Verhandlung erlassen werden können.

(2) Die außerhalb der Hauptverhandlung erforderlichen Entscheidungen werden von dem Richter beim Amtsgericht erlassen.

§ 31 [Ehrenamt] Das Amt eines Schöffen ist ein Ehrenamt. Es kann nur von Deutschen versehen werden.

§ 32 [Unfähigkeit zum Schöffenamt] Unfähig zu dem Amt eines Schöffen sind:

1. Personen, die infolge Richterspruchs die Fähigkeit zur Bekleidung öffentlicher Ämter nicht besitzen oder wegen einer vorsätzlichen Tat zu einer Freiheitsstrafe von mehr als sechs Monaten verurteilt sind;
2. Personen, gegen die ein Ermittlungsverfahren wegen einer Tat schwebt, die den Verlust der Fähigkeit zur Bekleidung öffentlicher Ämter zur Folge haben kann.
3. (*aufgehoben*)

§ 33 [Nicht zu berufende Personen] Zu dem Amt eines Schöffen sollen nicht berufen werden:

1. Personen, die bei Beginn der Amtsperiode das fünfundzwanzigste Lebensjahr noch nicht vollendet haben würden;
2. Personen, die das siebzigste Lebensjahr vollendet haben oder es bis zum Beginn der Amtsperiode vollenden würden;
3. Personen, die zur Zeit der Aufstellung der Vorschlagsliste nicht in der Gemeinde wohnen;

4. Personen, die aus gesundheitlichen Gründen zu dem Amt nicht geeignet sind;
5. Personen, die in Vermögensverfall geraten sind.

§ 34 [Weitere nicht zu berufende Personen] (1) Zu dem Amt eines Schöffen sollen ferner nicht berufen werden:

1. der Bundespräsident;
2. die Mitglieder der Bundesregierung oder einer Landesregierung;
3. Beamte, die jederzeit einstweilig in den Warte- oder Ruhestand versetzt werden können;
4. Richter und Beamte der Staatsanwaltschaft, Notare und Rechtsanwälte;
5. gerichtliche Vollstreckungsbeamte, Polizeivollzugsbeamte, Bedienstete des Strafvollzugs sowie hauptamtliche Bewährungs- und Gerichtshelfer;
6. Religionsdiener und Mitglieder solcher religiösen Vereinigungen, die satzungsgemäß zum gemeinsamen Leben verpflichtet sind;
7. Personen, die als ehrenamtliche Richter in der Strafrechtspflege in zwei aufeinander folgenden Amtsperioden tätig gewesen sind, von denen die letzte Amtsperiode zum Zeitpunkt der Aufstellung der Vorschlagslisten noch andauert.

(2) Die Landesgesetze können außer den vorbezeichneten Beamten höhere Verwaltungsbeamte bezeichnen, die zu dem Amt eines Schöffen nicht berufen werden sollen.

§ 35 [Ablehnung des Schöffenamts] Die Berufung zum Amt eines Schöffen dürfen ablehnen:

1. Mitglieder des Bundestages, des Bundesrates, des Europäischen Parlaments, eines Landtages oder einer zweiten Kammer;
2. Personen, die in der vorhergehenden Amtsperiode die Verpflichtung eines ehrenamtlichen Richters in der Strafrechtspflege an vierzig Tagen erfüllt haben, sowie Personen, die bereits als ehrenamtliche Richter tätig sind;
3. Ärzte, Zahnärzte, Krankenschwestern, Kinderkrankenschwestern, Krankenpfleger und Hebammen;
4. Apothekenleiter, die keinen weiteren Apotheker beschäftigen;
5. Personen, die glaubhaft machen, daß ihnen die unmittelbare persönliche Fürsorge für ihre Familie die Ausübung des Amtes in besonderem Maße erschwert;
6. Personen, die das fünfundsechzigste Lebensjahr vollendet haben oder es bis zum Ende der Amtsperiode vollendet haben würden;
7. Personen, die glaubhaft machen, daß die Ausübung des Amtes für sie oder einen Dritten wegen Gefährdung oder erheblicher Beeinträchtigung einer ausreichenden wirtschaftlichen Lebensgrundlage eine besondere Härte bedeutet.

§ 36 [Vorschlagsliste] (1) Die Gemeinde stellt in jedem fünften Jahr eine Vorschlagsliste für Schöffen auf. Für die Aufnahme in die Liste ist die Zustimmung von von zwei Dritteln der anwesenden Mitglieder der Gemeindevertretung, mindestens jedoch der Hälfte der gesetzlichen Zahl der Mitglieder der Gemeindevertretung erforderlich. Die jeweiligen Regelungen zur Beschlussfassung der Gemeindevertretung bleiben unberührt.

(2) Die Vorschlagsliste soll alle Gruppen der Bevölkerung nach Geschlecht, Alter, Beruf und sozialer Stellung angemessen berücksichtigen. Sie muß Geburtsnamen, Familiennamen, Vornamen, Tag und Ort der Geburt, Wohnanschrift und Beruf der vorgeschlagenen Personen enthalten.

(3) Die Vorschlagsliste ist in der Gemeinde eine Woche lang zu jedermanns Einsicht aufzulegen. Der Zeitpunkt der Auflegung ist vorher öffentlich bekanntzumachen.

(4) In die Vorschlagslisten des Bezirks des Amtsgerichts sind mindestens doppelt so viele Personen

aufzunehmen, wie als erforderliche Zahl von Haupt- und Hilfsschöffen nach § 43 bestimmt sind. Die Verteilung auf die Gemeinden des Bezirks erfolgt durch den Präsidenten des Landgerichts (Präsidenten des Amtsgerichts) in Anlehnung an die Einwohnerzahl der Gemeinden.

§ 37 [Einspruch gegen die Vorschlagsliste] Gegen die Vorschlagsliste kann binnen einer Woche, gerechnet vom Ende der Auflegungsfrist, schriftlich oder zu Protokoll mit der Begründung Einspruch erhoben werden, daß in die Vorschlagsliste Personen aufgenommen sind, die nach § 32 nicht aufgenommen werden durften oder nach den §§ 33, 34 nicht aufgenommen werden sollten.

§ 38 [Übersendung der Vorschlagsliste] (1) Der Gemeindevorsteher sendet die Vorschlagsliste nebst den Einsprüchen an den Richter beim Amtsgericht des Bezirks.

(2) Wird nach Absendung der Vorschlagsliste ihre Berichtigung erforderlich, so hat der Gemeindevorsteher hiervon dem Richter beim Amtsgericht Anzeige zu machen.

§ 39 [Vorbereitung der Ausschussberatung] Der Richter beim Amtsgericht stellt die Vorschlagslisten der Gemeinden zur Liste des Bezirks zusammen und bereitet den Beschluß über die Einsprüche vor. Er hat die Beachtung der Vorschriften des § 36 Abs. 3 zu prüfen und die Abstellung etwaiger Mängel zu veranlassen.

§ 40 [Ausschuss] (1) Bei dem Amtsgericht tritt jedes fünfte Jahr ein Ausschuß zusammen.

(2) Der Ausschuß besteht aus dem Richter beim Amtsgericht als Vorsitzenden und einem von der Landesregierung zu bestimmenden Verwaltungsbeamten sowie sieben Vertrauenspersonen als Beisitzern. Die Landesregierungen werden ermächtigt, durch Rechtsverordnung die Zuständigkeit für die Bestimmung des Verwaltungsbeamten abweichend von Satz 1 zu regeln. Sie können diese Ermächtigung durch Rechtsverordnung auf oberste Landesbehörden übertragen.

(3) Die Vertrauenspersonen werden aus den Einwohnern des Amtsgerichtsbezirks von der Vertretung des ihm entsprechenden unteren Verwaltungsbezirks mit einer Mehrheit von zwei Dritteln der anwesenden Mitglieder, mindestens jedoch mit der Hälfte der gesetzlichen Mitgliederzahl gewählt. Die jeweiligen Regelungen zur Beschlussfassung dieser Vertretung bleiben unberührt. Umfaßt der Amtsgerichtsbezirk mehrere Verwaltungsbezirke oder Teile mehrerer Verwaltungsbezirke, so bestimmt die zuständige oberste Landesbehörde die Zahl der Vertrauenspersonen, die von den Vertretungen dieser Verwaltungsbezirke zu wählen sind.

(4) Der Ausschuß ist beschlußfähig, wenn wenigstens der Vorsitzende, der Verwaltungsbeamte und drei Vertrauenspersonen anwesend sind.

§ 41 [Entscheidung über Einsprüche] Der Ausschuß entscheidet mit einfacher Mehrheit über die gegen die Vorschlagsliste erhobenen Einsprüche. Bei Stimmengleichheit entscheidet die Stimme des Vorsitzenden. Die Entscheidungen sind zu Protokoll zu vermerken. Sie sind nicht anfechtbar.

§ 42 [Schöffenwahl] (1) Aus der berichtigten Vorschlagsliste wählt der Ausschuß mit einer Mehrheit von zwei Dritteln der Stimmen für die nächsten fünf Geschäftsjahre:

1. die erforderliche Zahl von Schöffen;
2. die erforderliche Zahl der Personen, die an die Stelle wegfallender Schöffen treten oder in den Fällen der §§ 46, 47 als Schöffen benötigt werden (Hilfsschöffen). Zu wählen sind Personen, die am Sitz des Amtsgerichts oder in dessen nächster Umgebung wohnen.

(2) Bei der Wahl soll darauf geachtet werden, daß alle Gruppen der Bevölkerung nach Geschlecht, Alter, Beruf und sozialer Stellung angemessen berücksichtigt werden.

§ 43 [Bestimmung der Schöffenzahl] (1) Die für jedes Amtsgericht erforderliche Zahl von Haupt- und Hilfsschöffen wird durch den Präsidenten des Landgerichts (Präsidenten des Amtsgerichts) bestimmt.

(2) Die Zahl der Hauptschöffen ist so zu bemessen, daß voraussichtlich jeder zu nicht mehr als zwölf ordentlichen Sitzungstagen im Jahr herangezogen wird.

§ 44 [Schöffenliste] Die Namen der gewählten Hauptschöffen und Hilfsschöffen werden bei jedem Amtsgericht in gesonderte Verzeichnisse aufgenommen (Schöffenlisten).

§ 45 [Feststellung der Sitzungstage] (1) Die Tage der ordentlichen Sitzungen des Schöffengerichts werden für das ganze Jahr im voraus festgestellt.

(2) Die Reihenfolge, in der die Hauptschöffen an den einzelnen ordentlichen Sitzungen des Jahres teilnehmen, wird durch Auslosung in öffentlicher Sitzung des Amtsgerichts bestimmt. Sind bei einem Amtsgericht mehrere Schöffengerichte eingerichtet, so kann die Auslosung in einer Weise bewirkt werden, nach der jeder Hauptschöffe nur an den Sitzungen eines Schöffengerichts teilnimmt. Die Auslosung ist so vorzunehmen, daß jeder ausgeloste Hauptschöffe möglichst zu zwölf Sitzungstagen herangezogen wird. Satz 1 gilt entsprechend für die Reihenfolge, in der die Hilfsschöffen an die Stelle wegfallender Schöffen treten (Hilfsschöffenliste); Satz 2 ist auf sie nicht anzuwenden.

(3) Das Los zieht der Richter beim Amtsgericht.

(4) Die Schöffenlisten werden bei einem Urkundsbeamten der Geschäftsstelle (Schöffengeschäftsstelle) geführt. Er nimmt ein Protokoll über die Auslosung auf. Der Richter beim Amtsgericht benachrichtigt die Schöffen von der Auslosung. Zugleich sind die Hauptschöffen von den Sitzungstagen, an denen sie tätig werden müssen, unter Hinweis auf die gesetzlichen Folgen des Ausbleibens in Kenntnis zu setzen. Ein Schöffe, der erst im Laufe des Geschäftsjahres zu einem Sitzungstag herangezogen wird, ist sodann in gleicher Weise zu benachrichtigen.

§ 46 [Bildung eines weiteren Schöffengerichts] Wird bei einem Amtsgericht während des Geschäftsjahres ein weiteres Schöffengericht gebildet, so werden für dessen ordentliche Sitzungen die benötigten Hauptschöffen gemäß § 45 Abs. 1, 2 Satz 1, Abs. 3, 4 aus der Hilfsschöffenliste ausgelost. Die ausgelosten Schöffen werden in der Hilfsschöffenliste gestrichen.

§ 47 [Außerordentliche Sitzungen] Wenn die Geschäfte die Anberaumung außerordentlicher Sitzungen erforderlich machen oder wenn zu einzelnen Sitzungen die Zuziehung anderer als der zunächst berufenen Schöffen oder Ergänzungsschöffen erforderlich wird, so werden Schöffen aus der Hilfsschöffenliste herangezogen.

§ 48 [Zuziehung von Ergänzungsschöffen] (1) Ergänzungsschöffen (§ 192 Abs. 2, 3) werden aus der Hilfsschöffenliste zugewiesen.

(2) Im Fall der Verhinderung eines Hauptschöffen tritt der zunächst zugewiesene Ergänzungsschöffe auch dann an seine Stelle, wenn die Verhinderung vor Beginn der Sitzung bekannt wird.

§ 49 [Heranziehung aus der Hilfsschöffenliste] (1) Wird die Heranziehung von Hilfsschöffen zu einzelnen Sitzungen erforderlich (§§ 47, 48 Abs. 1), so werden sie aus der Hilfsschöffenliste in deren Reihenfolge zugewiesen.

(2) Wird ein Hauptschöffe von der Schöffenliste gestrichen, so tritt der Hilfsschöffe, der nach der Reihenfolge der Hilfsschöffenliste an nächster Stelle steht, unter seiner Streichung in der Hilfsschöffenliste an die Stelle des gestrichenen Hauptschöffen. Die Schöffengeschäftsstelle benachrichtigt den neuen Haupt-

schöffen gemäß § 45 Abs. 4 Satz 3, 4.

(3) Maßgebend für die Reihenfolge ist der Eingang der Anordnung oder Feststellung, aus der sich die Notwendigkeit der Heranziehung ergibt, bei der Schöffengeschäftsstelle. Die Schöffengeschäftsstelle vermerkt Datum und Uhrzeit des Eingangs auf der Anordnung oder Feststellung. In der Reihenfolge des Eingangs weist sie die Hilfsschöffen nach Absatz 1 den verschiedenen Sitzungen zu oder überträgt sie nach Absatz 2 in die Hauptschöffenliste. Gehen mehrere Anordnungen oder Feststellungen gleichzeitig ein, so sind zunächst Übertragungen aus der Hilfsschöffenliste in die Hauptschöffenliste nach Absatz 2 in der alphabetischen Reihenfolge der Familiennamen der von der Schöffenliste gestrichenen Hauptschöffen vorzunehmen; im übrigen ist die alphabetische Reihenfolge der Familiennamen der an erster Stelle Angeklagten maßgebend.

(4) Ist ein Hilfsschöffe einem Sitzungstag zugewiesen, so ist er erst wieder heranzuziehen, nachdem alle anderen Hilfsschöffen ebenfalls zugewiesen oder von der Dienstleistung entbunden oder nicht erreichbar (§ 54) gewesen sind. Dies gilt auch, wenn er selbst nach seiner Zuweisung von der Dienstleistung entbunden worden oder nicht erreichbar gewesen ist.

§ 50 [Mehrtägige Sitzung] Erstreckt sich die Dauer einer Sitzung über die Zeit hinaus, für die der Schöffe zunächst einberufen ist, so hat er bis zur Beendigung der Sitzung seine Amtstätigkeit fortzusetzen.

§ 51 (weggefallen)

§ 52 [Streichung von der Schöffenliste] (1) Ein Schöffe ist von der Schöffenliste zu streichen, wenn
1. seine Unfähigkeit zum Amt eines Schöffen eintritt oder bekannt wird, oder
2. Umstände eintreten oder bekannt werden, bei deren Vorhandensein eine Berufung zum Schöffenamt nicht erfolgen soll.

Im Falle des § 33 Nr. 3 gilt dies jedoch nur, wenn der Schöffe seinen Wohnsitz im Landgerichtsbezirk aufgibt.

(2) Auf seinen Antrag ist ein Schöffe aus der Schöffenliste zu streichen, wenn er
1. seinen Wohnsitz im Amtsgerichtsbezirk, in dem er tätig ist, aufgibt oder
2. während eines Geschäftsjahres an mehr als 24 Sitzungstagen an Sitzungen teilgenommen hat.

Bei Hauptschöffen wird die Streichung nur für Sitzungen wirksam, die später als zwei Wochen nach dem Tag beginnen, an dem der Antrag bei der Schöffengeschäftsstelle eingeht. Ist einem Hilfsschöffen eine Mitteilung über seine Heranziehung zu einem bestimmten Sitzungstag bereits zugegangen, so wird seine Streichung erst nach Abschluß der an diesem Sitzungstag begonnenen Hauptverhandlung wirksam.

(3) Ist der Schöffe verstorben oder aus dem Landgerichtsbezirk verzogen, ordnet der Richter beim Amtsgericht seine Streichung an. Im Übrigen entscheidet er nach Anhörung der Staatsanwaltschaft und des beteiligten Schöffen.

(4) Die Entscheidung ist nicht anfechtbar.

(5) Wird ein Hilfsschöffe in die Hauptschöffenliste übertragen, so gehen die Dienstleistungen vor, zu denen er zuvor als Hilfsschöffe herangezogen war.

(6) Hat sich die ursprüngliche Zahl der Hilfsschöffen in der Hilfsschöffenliste auf die Hälfte verringert, so findet aus den vorhandenen Vorschlagslisten eine Ergänzungswahl durch den Ausschuß statt, der die Schöffenwahl vorgenommen hatte. Der Richter beim Amtsgericht kann von der Ergänzungswahl absehen, wenn sie in den letzten sechs Monaten des Zeitraums stattfinden müßte, für den die Schöffen gewählt sind. Für die Bestimmung der Reihenfolge der neuen Hilfsschöffen gilt § 45 entsprechend mit der Maßgabe, daß die Plätze im Anschluß an den im Zeitpunkt der Auslosung an letzter Stelle der Hilfsschöffenliste stehenden Schöffen ausgelost werden.

§ 53 [Ablehnungsgründe] (1) Ablehnungsgründe sind nur zu berücksichtigen, wenn sie innerhalb einer Woche, nachdem der beteiligte Schöffe von seiner Einberufung in Kenntnis gesetzt worden ist, von ihm geltend gemacht werden. Sind sie später entstanden oder bekannt geworden, so ist die Frist erst von diesem Zeitpunkt zu berechnen.

(2) Der Richter beim Amtsgericht entscheidet über das Gesuch nach Anhörung der Staatsanwaltschaft. Die Entscheidung ist nicht anfechtbar.

§ 54 [Entbindung vom Schöffenamt an einzelnen Sitzungstagen] (1) Der Richter beim Amtsgericht kann einen Schöffen auf dessen Antrag wegen eingetretener Hinderungsgründe von der Dienstleistung an bestimmten Sitzungstagen entbinden. Ein Hinderungsgrund liegt vor, wenn der Schöffe an der Dienstleistung durch unabwendbare Umstände gehindert ist oder wenn ihm die Dienstleistung nicht zugemutet werden kann.

(2) Für die Heranziehung von Hilfsschöffen steht es der Verhinderung eines Schöffen gleich, wenn der Schöffe nicht erreichbar ist. Ein Schöffe, der sich zur Sitzung nicht einfindet und dessen Erscheinen ohne erhebliche Verzögerung ihres Beginns voraussichtlich nicht herbeigeführt werden kann, gilt als nicht erreichbar. Ein Hilfsschöffe ist auch dann als nicht erreichbar anzusehen, wenn seine Heranziehung eine Vertagung der Verhandlung oder eine erhebliche Verzögerung ihres Beginns notwendig machen würde. Die Entscheidung darüber, daß ein Schöffe nicht erreichbar ist, trifft der Richter beim Amtsgericht. § 56 bleibt unberührt.

(3) Die Entscheidung ist nicht anfechtbar. Der Antrag nach Absatz 1 und die Entscheidung sind aktenkundig zu machen.

§ 55 [Entschädigung] Die Schöffen und Vertrauenspersonen des Ausschusses erhalten eine Entschädigung nach dem Justizvergütungs- und -entschädigungsgesetz.

§ 56 [Unentschuldigtes Ausbleiben] (1) Gegen Schöffen und Vertrauenspersonen des Ausschusses, die sich ohne genügende Entschuldigung zu den Sitzungen nicht rechtzeitig einfinden oder sich ihren Obliegenheiten in anderer Weise entziehen, wird ein Ordnungsgeld festgesetzt. Zugleich werden ihnen auch die verursachten Kosten auferlegt.

(2) Die Entscheidung trifft der Richter beim Amtsgericht nach Anhörung der Staatsanwaltschaft. Bei nachträglicher genügender Entschuldigung kann die Entscheidung ganz oder zum Teil zurückgenommen werden. Gegen die Entscheidung ist Beschwerde des Betroffenen nach den Vorschriften der Strafprozeßordnung zulässig.

§ 57 [Bestimmung der Fristen] Bis zu welchem Tag die Vorschlagslisten aufzustellen und dem Richter beim Amtsgericht einzureichen sind, der Ausschuß zu berufen und die Auslosung der Schöffen zu bewirken ist, wird durch die Landesjustizverwaltung bestimmt.

§ 58 [Gemeinsames Amtsgericht] (1) Die Landesregierungen werden ermächtigt, durch Rechtsverordnung einem Amtsgericht für die Bezirke mehrerer Amtsgerichte die Strafsachen ganz oder teilweise, Entscheidungen bestimmter Art in Strafsachen sowie Rechtshilfeersuchen in strafrechtlichen Angelegenheiten von Stellen außerhalb des räumlichen Geltungsbereichs dieses Gesetzes zuzuweisen, sofern die Zusammenfassung für eine sachdienliche Förderung oder schnellere Erledigung der Verfahren zweckmäßig ist. Die Landesregierungen können die Ermächtigung durch Rechtsverordnung auf die Landesjustizverwaltungen übertragen.

(2) Wird ein gemeinsames Schöffengericht für die Bezirke mehrerer Amtsgerichte eingerichtet, so bes-

timmt der Präsident des Landgerichts (Präsident des Amtsgerichts) die erforderliche Zahl von Haupt- und Hilfsschöffen und die Verteilung der Zahl der Hauptschöffen auf die einzelnen Amtsgerichtsbezirke. Ist Sitz des Amtsgerichts, bei dem ein gemeinsames Schöffengericht eingerichtet ist, eine Stadt, die Bezirke der anderen Amtsgerichte oder Teile davon umfaßt, so verteilt der Präsident des Landgerichts (Präsident des Amtsgerichts) die Zahl der Hilfsschöffen auf diese Amtsgerichte; die Landesjustizverwaltung kann bestimmte Amtsgerichte davon ausnehmen. Der Präsident des Amtsgerichts tritt nur dann an die Stelle des Präsidenten des Landgerichts, wenn alle beteiligten Amtsgerichte seiner Dienstaufsicht unterstehen.

(3) Die übrigen Vorschriften dieses Titels sind entsprechend anzuwenden.

Fünfter Titel. Landgerichte

§ 59 [Besetzung] (1) Die Landgerichte werden mit einem Präsidenten sowie mit Vorsitzenden Richtern und weiteren Richtern besetzt.

(2) Den Richtern kann gleichzeitig ein weiteres Richteramt bei einem Amtsgericht übertragen werden.

(3) Es können Richter auf Probe und Richter kraft Auftrags verwendet werden.

§ 60 [Zivil- und Strafkammern] Bei den Landgerichten werden Zivil- und Strafkammern gebildet.

§§ 61 bis 69 (weggefallen)

§ 70 [Vertretung der Kammermitglieder] (1) Soweit die Vertretung eines Mitgliedes nicht durch ein Mitglied desselben Gerichts möglich ist, wird sie auf den Antrag des Präsidiums durch die Landesjustizverwaltung geordnet.

(2) Die Beiordnung eines Richters auf Probe oder eines Richters kraft Auftrags ist auf eine bestimmte Zeit auszusprechen und darf vor Ablauf dieser Zeit nicht widerrufen werden.

(3) Unberührt bleiben die landesgesetzlichen Vorschriften, nach denen richterliche Geschäfte nur von auf Lebenszeit ernannten Richtern wahrgenommen werden können, sowie die, welche die Vertretung durch auf Lebenszeit ernannte Richter regeln.

§ 71 (1) Vor die Zivilkammern, einschließlich der Kammern für Handelssachen, gehören alle bürgerlichen Rechtsstreitigkeiten, die nicht den Amtsgerichten zugewiesen sind.

(2) Die Landgerichte sind ohne Rücksicht auf den Wert des Streitgegenstandes ausschließlich zuständig

1. für die Ansprüche, die auf Grund der Beamtengesetze gegen den Fiskus erhoben werden;
2. für die Ansprüche gegen Richter und Beamte wegen Überschreitung ihrer amtlichen Befugnisse oder wegen pflichtwidriger Unterlassung von Amtshandlungen;
3. für Schadensersatzansprüche auf Grund falscher, irreführender oder unterlassener öffentlicher Kapitalmarktinformationen.

(3) Der Landesgesetzgebung bleibt überlassen, Ansprüche gegen den Staat oder eine Körperschaft des öffentlichen Rechts wegen Verfügungen der Verwaltungsbehörden sowie Ansprüche wegen öffentlicher Abgaben ohne Rücksicht auf den Wert des Streitgegenstandes den Landgerichten ausschließlich zuzuweisen.

§ 72 (1) Die Zivilkammern, einschließlich der Kammern für Handelssachen, sind die Berufungs- und Beschwerdegerichte in den vor den Amtsgerichten verhandelten bürgerlichen Rechtsstreitigkeiten, soweit nicht die Zuständigkeit der Oberlandesgerichte begründet ist.

(2) In Streitigkeiten nach § 43 Nr. 1 bis 4 und 6 des Wohnungseigentumsgesetzes ist das für den Sitz des Oberlandesgerichts zuständige Landgericht gemeinsames Berufungs- und Beschwerdegericht für den

Bezirk des Oberlandesgerichts, in dem das Amtsgericht seinen Sitz hat. Dies gilt auch für die in § 119 Abs. 1 Nr. 1 Buchstabe b und c genannten Sachen. Die Landesregierungen werden ermächtigt, durch Rechtsverordnung anstelle dieses Gerichts ein anderes Landgericht im Bezirk des Oberlandesgerichts zu bestimmen. Sie können die Ermächtigung auf die Landesjustizverwaltungen übertragen.

§ 73 [Allgemeine Zuständigkeit in Strafsachen] (1) Die Strafkammern entscheiden über Beschwerden gegen Verfügungen des Richters beim Amtsgericht, gegen Entscheidungen des Richters beim Amtsgericht und der Schöffengerichte sowie über Anträge auf gerichtliche Entscheidung in den Fällen des § 161 a Abs. 3 der Strafprozeßordnung.

(2) Die Strafkammern erledigen außerdem die in der Strafprozeßordnung den Landgerichten zugewiesenen Geschäfte.

§ 73a (weggefallen)

§ 74 [Zuständigkeit in Strafsachen in 1. und 2. Instanz] (1) Die Strafkammern sind als erkennende Gerichte des ersten Rechtszuges zuständig für alle Verbrechen, die nicht zur Zuständigkeit des Amtsgerichts oder des Oberlandesgerichts gehören. Sie sind auch zuständig für alle Straftaten, bei denen eine höhere Strafe als vier Jahre Freiheitsstrafe oder die Unterbringung in einem psychiatrischen Krankenhaus, allein oder neben einer Strafe, oder in der Sicherungsverwahrung zu erwarten ist oder bei denen die Staatsanwaltschaft in den Fällen des § 24 Abs. 1 Nr. 3 Anklage beim Landgericht erhebt.

(2) Für die Verbrechen

1. des sexuellen Mißbrauchs von Kindern mit Todesfolge (§ 176b des Strafgesetzbuches),
2. der sexuellen Nötigung und Vergewaltigung mit Todesfolge (§ 178 des Strafgesetzbuches),
3. des sexuellen Mißbrauchs widerstandsunfähiger Personen mit Todesfolge (§ 179 Abs. 7 in Verbindung mit § 178 des Strafgesetzbuches),
4. des Mordes (§ 211 des Strafgesetzbuches),
5. des Totschlags (§ 212 des Strafgesetzbuches),
6. (weggefallen)
7. der Aussetzung mit Todesfolge (§ 221 Abs. 3 des Strafgesetzbuches),
8. der Körperverletzung mit Todesfolge (§ 227 des Strafgesetzbuches),
9. der Entziehung Minderjähriger mit Todesfolge (§ 235 Abs. 5 des Strafgesetzbuches),
10. der Freiheitsberaubung mit Todesfolge (§ 239 Abs. 4 des Strafgesetzbuches),
11. des erpresserischen Menschenraubes mit Todesfolge (§ 239a Abs. 2 des Strafgesetzbuches),
12. der Geiselnahme mit Todesfolge (§ 239b Abs. 2 in Verbindung mit § 239 a Abs. 2 des Strafgesetzbuches),
13. des Raubes mit Todesfolge (§ 251 des Strafgesetzbuches),
14. des räuberischen Diebstahls mit Todesfolge (§ 252 in Verbindung mit § 251 des Strafgesetzbuches),
15. der räuberischen Erpressung mit Todesfolge (§ 255 in Verbindung mit § 251 des Strafgesetzbuches),
16. der Brandstiftung mit Todesfolge (§ 306c des Strafgesetzbuches),
17. des Herbeiführens einer Explosion durch Kernenergie (§ 307 Abs. 1 bis 3 des Strafgesetzbuches),
18. des Herbeiführens einer Sprengstoffexplosion mit Todesfolge (§ 308 Abs. 3 des Strafgesetzbuches),
19. des Mißbrauchs ionisierender Strahlen gegenüber einer unübersehbaren Zahl von Menschen (§ 309 Abs. 2 und 4 des Strafgesetzbuches),
20. der fehlerhaften Herstellung einer kerntechnischen Anlage mit Todesfolge (§ 312 Abs. 4 des Strafgesetzbuches),
21. des Herbeiführens einer Überschwemmung mit Todesfolge (§ 313 in Verbindung mit § 308 Abs. 3 des

Strafgesetzbuches),
22. der gemeingefährlichen Vergiftung mit Todesfolge (§ 314 in Verbindung mit § 308 Abs. 3 des Strafgesetzbuches),
23. des räuberischen Angriffs auf Kraftfahrer mit Todesfolge (§ 316a Abs. 3 des Strafgesetzbuches),
24. des Angriffs auf den Luft- und Seeverkehr mit Todesfolge (§ 316c Abs. 3 des Strafgesetzbuches),
25. der Beschädigung wichtiger Anlagen mit Todesfolge (§ 318 Abs. 4 des Strafgesetzbuches),
26. einer vorsätzlichen Umweltstraftat mit Todesfolge (§ 330 Abs. 2 Nr. 2 des Strafgesetzbuches)

ist eine Strafkammer als Schwurgericht zuständig. 2§ 120 bleibt unberührt.

(3) Die Strafkammern sind außerdem zuständig für die Verhandlung und Entscheidung über das Rechtsmittel der Berufung gegen die Urteile des Strafrichters und des Schöffengerichts.

§ 74a [Zuständigkeit der Staatsschutzkammer] (1) Bei den Landgerichten, in deren Bezirk ein Oberlandesgericht seinen Sitz hat, ist eine Strafkammer für den Bezirk dieses Oberlandesgerichts als erkennendes Gericht des ersten Rechtszuges zuständig für Straftaten

1. des Friedensverrats in den Fällen des § 80a des Strafgesetzbuches,
2. der Gefährdung des demokratischen Rechtsstaates in den Fällen der §§ 84 bis 86, 87 bis 90, 90a Abs. 3 und des § 90b des Strafgesetzbuches,
3. der Gefährdung der Landesverteidigung in den Fällen der §§ 109d bis 109g des Strafgesetzbuches,
4. der Zuwiderhandlung gegen ein Vereinigungsverbot in den Fällen des § 129, auch in Verbindung mit § 129b Abs. 1, des Strafgesetzbuches und des § 20 Abs. 1 Satz 1 Nr. 1 bis 4 des Vereinsgesetzes; dies gilt nicht, wenn dieselbe Handlung eine Straftat nach dem Betäubungsmittelgesetz darstellt,
5. der Verschleppung (§ 234a des Strafgesetzbuches) und
6. der politischen Verdächtigung (§ 241a des Strafgesetzbuches).

(2) Die Zuständigkeit des Landgerichts entfällt, wenn der Generalbundesanwalt wegen der besonderen Bedeutung des Falles vor der Eröffnung des Hauptverfahrens die Verfolgung übernimmt, es sei denn, daß durch Abgabe nach § 142a Abs. 4 oder durch Verweisung nach § 120 Abs. 2 Satz 2 die Zuständigkeit des Landgerichts begründet wird.

(3) In den Sachen, in denen die Strafkammer nach Absatz 1 zuständig ist, trifft sie auch die in § 73 Abs. 1 bezeichneten Entscheidungen.

(4) Für die Anordnung von Maßnahmen nach § 100c der Strafprozessordnung ist eine nicht mit Hauptverfahren in Strafsachen befasste Kammer bei den Landgerichten, in deren Bezirk ein Oberlandesgericht seinen Sitz hat, für den Bezirk dieses Oberlandesgerichts zuständig.

(5) Im Rahmen der Absätze 1, 3 und 4 erstreckt sich der Bezirk des Landgerichts auf den Bezirk des Oberlandesgerichts.

§ 74b [Zuständigkeit in Jugendschutzsachen] In Jugendschutzsachen (§ 26 Abs. 1 Satz 1) ist neben der für allgemeine Strafsachen zuständigen Strafkammer auch die Jugendkammer als erkennendes Gericht des ersten Rechtszuges zuständig. § 26 Abs. 2 und §§ 73 und 74 gelten entsprechend.

§ 74c [Zuständigkeit der Wirtschaftsstrafkammer] (1) Für Straftaten

1. nach dem Patentgesetz, dem Gebrauchsmustergesetz, dem Halbleiterschutzgesetz, dem Sortenschutzgesetz, dem Markengesetz, dem Geschmacksmustergesetz, dem Urheberrechtsgesetz, dem Gesetz gegen den unlauteren Wettbewerb, dem Aktiengesetz, dem Gesetz über die Rechnungslegung von bestimmten Unternehmen und Konzernen, dem Gesetz betreffend die Gesellschaften mit beschränkter Haftung, dem Handelsgesetzbuch, dem SE-Ausführungsgesetz, dem Gesetz zur Ausführung der EWG-Verordnung über die Europäische wirtschaftliche Interessenvereinigung, dem Genossenschaftsgesetz, dem SCE-Ausführ-

ungsgesetz und dem Umwandlungsgesetz,

2. nach den Gesetzen über das Bank-, Depot-, Börsen- und Kreditwesen sowie nach dem Versicherungsaufsichtsgesetz und dem Wertpapierhandelsgesetz,
3. nach dem Wirtschaftsstrafgesetz 1954, dem Außenwirtschaftsgesetz, den Devisenbewirtschaftungsgesetzen sowie dem Finanzmonopol-, Steuer- und Zollrecht, auch soweit dessen Strafvorschriften nach anderen Gesetzen anwendbar sind; dies gilt nicht, wenn dieselbe Handlung eine Straftat nach dem Betäubungsmittelgesetz darstellt, und nicht für Steuerstraftaten, welche die Kraftfahrzeugsteuer betreffen,
4. nach dem Weingesetz und dem Lebensmittelrecht,
5. des Subventionsbetruges, des Kapitalanlagebetruges, des Kreditbetruges, des Bankrotts, der Gläubigerbegünstigung und der Schuldnerbegünstigung,

5a. der wettbewerbsbeschränkenden Absprachen bei Ausschreibungen sowie der Bestechlichkeit und Bestechung im geschäftlichen Verkehr,

6. a) des Betruges, des Computerbetruges, der Untreue, des Wuchers, der Vorteilsgewährung, der Bestechung und des Vorenthaltens und Veruntreuens von Arbeitsentgelt,
   b) nach dem Arbeitnehmerüberlassungsgesetz und dem Dritten Buch Sozialgesetzbuch sowie dem Schwarzarbeitsbekämpfungsgesetz,

soweit zur Beurteilung des Falles besondere Kenntnisse des Wirtschaftslebens erforderlich sind,

ist, soweit nach § 74 Abs. 1 als Gericht des ersten Rechtszuges und nach § 74 Abs. 3 für die Verhandlung und Entscheidung über das Rechtsmittel der Berufung gegen die Urteile des Schöffengerichts das Landgericht zuständig ist, eine Strafkammer als Wirtschaftsstrafkammer zuständig. § 120 bleibt unberührt.

(2) In den Sachen, in denen die Wirtschaftsstrafkammer nach Absatz 1 zuständig ist, trifft sie auch die in § 73 Abs. 1 bezeichneten Entscheidungen.

(3) Die Landesregierungen werden ermächtigt, zur sachdienlichen Förderung oder schnelleren Erledigung der Verfahren durch Rechtsverordnung einem Landgericht für die Bezirke mehrerer Landgerichte ganz oder teilweise Strafsachen zuzuweisen, welche die in Absatz 1 bezeichneten Straftaten zum Gegenstand haben. Die Landesregierungen können die Ermächtigung durch Rechtsverordnung auf die Landesjustizverwaltungen übertragen.

(4) Im Rahmen des Absatzes 3 erstreckt sich der Bezirk des danach bestimmten Landgerichts auf die Bezirke der anderen Landgerichte.

§ 74d [Strafkammer als gemeinsames Schwurgericht] (1) Die Landesregierungen werden ermächtigt, durch Rechtsverordnung einem Landgericht für die Bezirke mehrerer Landgerichte die in § 74 Abs. 2 bezeichneten Strafsachen zuzuweisen, sofern dies der sachlichen Förderung der Verfahren dient. Die Landesregierungen können die Ermächtigung auf die Landesjustizverwaltungen übertragen.

(2) *(aufgehoben)*

§ 74e [Vorrang bei Zuständigkeitsüberschneidungen] Unter verschiedenen nach den Vorschriften der §§ 74 bis 74 d zuständigen Strafkammern kommt

1. in erster Linie dem Schwurgericht (§ 74 Abs. 2, § 74 d),
2. in zweiter Linie der Wirtschaftsstrafkammer (§ 74 c),
3. in dritter Linie der Strafkammer nach § 74 a

der Vorrang zu.

§ 74f [Zuständigkeit bei vorbehaltener oder nachträglicher Anordnung der Sicherungsverwahrung] (1) Hat im ersten Rechtszug eine Strafkammer die Anordnung der Sicherungsverwahrung vorbehalten oder in den Fällen des § 66b des Strafgesetzbuches und des § 106 Abs. 5 oder Abs. 6 des Jugendgerichtsgesetzes als Tatgericht entschieden, ist diese Strafkammer im ersten Rechtszug für die Verhandlung und Entscheidung über die im Urteil vorbehaltene oder die nachträgliche Anordnung der Sicherungsverwahrung zuständig.

(2) Hat in den Fällen des § 66b des Strafgesetzbuches im ersten Rechtszug ausschließlich das Amtsgericht als Tatgericht entschieden, ist im ersten Rechtszug eine Strafkammer des ihm übergeordneten Landgerichts für die Verhandlung und Entscheidung über die nachträgliche Anordnung der Sicherungsverwahrung zuständig.

(3) In den Fällen des § 66b des Strafgesetzbuches und des § 106 Abs. 5 und 6 des Jugendgerichtsgesetzes gilt § 462a Abs. 3 Satz 2 und 3 der Strafprozessordnung entsprechend; § 76 Abs. 2 dieses Gesetzes und § 33b Abs. 2 des Jugendgerichtsgesetzes sind nicht anzuwenden.

§ 75 *(vom Abdruck wurde abgeshen)*

§ 76 [Besetzung der Strafkammern] (1) Die Strafkammern sind mit drei Richtern einschließlich des Vorsitzenden und zwei Schöffen (große Strafkammer), in Verfahren über Berufungen gegen ein Urteil des Strafrichters oder des Schöffengerichts mit dem Vorsitzenden und zwei Schöffen (kleine Strafkammer) besetzt. Bei Entscheidungen außerhalb der Hauptverhandlung wirken die Schöffen nicht mit.

(2) Bei der Eröffnung des Hauptverfahrens beschließt die große Strafkammer, daß sie in der Hauptverhandlung mit zwei Richtern einschließlich des Vorsitzenden und zwei Schöffen besetzt ist, wenn nicht die Strafkammer als Schwurgericht zuständig ist oder nach dem Umfang oder der Schwierigkeit der Sache die Mitwirkung eines dritten Richters notwendig erscheint. Ist eine Sache vom Revisionsgericht zurückverwiesen worden, kann die nunmehr zuständige Strafkammer erneut nach Satz 1 über ihre Besetzung beschließen.

(3) In Verfahren über Berufungen gegen ein Urteil des erweiterten Schöffengerichts (§ 29 Abs. 2) ist ein zweiter Richter hinzuzuziehen. Außerhalb der Hauptverhandlung entscheidet der Vorsitzende allein.

§ 77 [Schöffen der Strafkammern] (1) Für die Schöffen der Strafkammern gelten entsprechend die Vorschriften über die Schöffen des Schöffengerichts mit folgender Maßgabe:

(2) Der Präsident des Landgerichts verteilt die Zahl der erforderlichen Hauptschöffen für die Strafkammern auf die zum Bezirk des Landgerichts gehörenden Amtsgerichtsbezirke. Die Hilfsschöffen wählt der Ausschuß bei dem Amtsgericht, in dessen Bezirk das Landgericht seinen Sitz hat. Hat das Landgericht seinen Sitz außerhalb seines Bezirks, so bestimmt die Landesjustizverwaltung, welcher Ausschuß der zum Bezirk des Landgerichts gehörigen Amtsgerichte die Hilfsschöffen wählt. Ist Sitz des Landgerichts eine Stadt, die Bezirke von zwei oder mehr zum Bezirk des Landgerichts gehörenden Amtsgerichten oder Teile davon umfaßt, so gilt für die Wahl der Hilfsschöffen durch die bei diesen Amtsgerichten gebildeten Ausschüsse Satz 1 entsprechend; die Landesjustizverwaltung kann bestimmte Amtsgerichte davon ausnehmen. Die Namen der gewählten Hauptschöffen und der Hilfsschöffen werden von dem Richter beim Amtsgericht dem Präsidenten des Landgerichts mitgeteilt. Der Präsident des Landgerichts stellt die Namen der Hauptschöffen zur Schöffenliste des Landgerichts zusammen.

(3) An die Stelle des Richters beim Amtsgericht tritt für die Auslosung der Reihenfolge, in der die Hauptschöffen an den einzelnen ordentlichen Sitzungen teilnehmen, und der Reihenfolge, in der die Hilfsschöffen an die Stelle wegfallender Schöffen treten, der Präsident des Landgerichts; § 45 Abs. 4 Satz 3, 4 gilt entsprechend. Ist der Schöffe verstorben oder aus dem Landgerichtsbezirk verzogen, ordnet der Vorsitzende der Strafkammer die Streichung von der Schöffenliste an; in anderen Fällen wird die Entscheidung darüber, ob ein Schöffe von der Schöffenliste zu streichen ist, sowie über die von einem Schöffen vorgebrachten Ablehnungsgründe von einer Strafkammer getroffen. Im übrigen tritt an die Stelle

des Richters beim Amtsgericht der Vorsitzende der Strafkammer.

(4) Ein ehrenamtlicher Richter darf für dasselbe Geschäftsjahr nur entweder als Schöffe für das Schöffengericht oder als Schöffe für die Strafkammern bestimmt werden. Ist jemand für dasselbe Geschäftsjahr in einem Bezirk zu mehreren dieser Ämter oder in mehreren Bezirken zu diesen Ämtern bestimmt worden, so hat der Einberufene das Amt zu übernehmen, zu dem er zuerst einberufen wird.

(5) § 52 Abs. 2 Satz 1 Nr. 1 findet keine Anwendung.

§ 78 [Auswärtige Strafkammern bei Amtsgerichten] (1) Die Landesregierungen werden ermächtigt, durch Rechtsverordnung wegen großer Entfernung zu dem Sitz eines Landgerichts bei einem Amtsgericht für den Bezirk eines oder mehrerer Amtsgerichte eine Strafkammer zu bilden und ihr für diesen Bezirk die gesamte Tätigkeit der Strafkammer des Landgerichts oder einen Teil dieser Tätigkeit zuzuweisen. Die in § 74 Abs. 2 bezeichneten Verbrechen dürfen einer nach Satz 1 gebildeten Strafkammer nicht zugewiesen werden. Die Landesregierungen können die Ermächtigung auf die Landesjustizverwaltungen übertragen.

(2) Die Kammer wird aus Mitgliedern des Landgerichts oder Richtern beim Amtsgericht des Bezirks besetzt, für den sie gebildet wird. Der Vorsitzende und die übrigen Mitglieder werden durch das Präsidium des Landgerichts bezeichnet.

(3) Der Präsident des Landgerichts verteilt die Zahl der erforderlichen Hauptschöffen auf die zum Bezirk der Strafkammer gehörenden Amtsgerichtsbezirke. Die Hilfsschöffen wählt der Ausschuß bei dem Amtsgericht, bei dem die auswärtige Strafkammer gebildet worden ist. Die sonstigen in § 77 dem Präsidenten des Landgerichts zugewiesenen Geschäfte nimmt der Vorsitzende der Strafkammer wahr.

5a. Titel. Strafvollstreckungskammern

§ 78a [Zuständigkeit] (1) Bei den Landgerichten werden, soweit in ihrem Bezirk für Erwachsene Anstalten unterhalten werden, in denen Freiheitsstrafe oder freiheitsentziehende Maßregeln der Besserung und Sicherung vollzogen werden, oder soweit in ihrem Bezirk andere Vollzugsbehörden ihren Sitz haben, Strafvollstreckungskammern gebildet. Diese sind zuständig für die Entscheidungen

1. nach den §§ 462a, 463 der Strafprozeßordnung, soweit sich nicht aus der Strafprozeßordnung etwas anderes ergibt,
2. nach den § 50 Abs. 5, §§ 109, 138 Abs. 3 des Strafvollzugsgesetzes,
3. nach den §§ 50, 58 Abs. 2 und § 71 Abs. 4 des Gesetzes über die internationale Rechtshilfe in Strafsachen.

Ist nach § 454b Abs. 3 der Strafprozeßordnung über die Aussetzung der Vollstreckung mehrerer Freiheitsstrafen gleichzeitig zu entscheiden, so entscheidet eine Strafvollstreckungskammer über die Aussetzung der Vollstreckung aller Strafen.

(2) Die Landesregierungen weisen Strafsachen nach Absatz 1 Satz 2 Nr. 3 für die Bezirke der Landgerichte, bei denen keine Strafvollstreckungskammern zu bilden sind, in Absatz 1 Satz 1 bezeichneten Landgerichten durch Rechtsverordnung zu. Die Landesregierungen werden ermächtigt, durch Rechtsverordnung einem der in Absatz 1 bezeichneten Landgerichte für die Bezirke mehrerer Landgerichte die in die Zuständigkeit der Strafvollstreckungskammern fallenden Strafsachen zuzuweisen und zu bestimmen, daß Strafvollstreckungskammern ihren Sitz innerhalb ihres Bezirkes auch oder ausschließlich an Orten haben, an denen das Landgericht seinen Sitz nicht hat, sofern diese Bestimmungen für eine sachdienliche Förderung oder schnellere Erledigung der Verfahren zweckmäßig sind. Die Landesregierungen können die Ermächtigungen nach den Sätzen 1 und 2 durch Rechtsverordnung auf die Landesjustizverwaltungen übertragen.

(3) Unterhält ein Land eine Anstalt, in der Freiheitsstrafe oder freiheitsentziehende Maßregeln der Besserung und Sicherung vollzogen werden, auf dem Gebiete eines anderen Landes, so können die betei-

ligten Länder vereinbaren, daß die Strafvollstreckungskammer bei dem Landgericht zuständig ist, in dessen Bezirk die für die Anstalt zuständige Aufsichtsbehörde ihren Sitz hat.

§ 78b [Besetzung] (1) Die Strafvollstreckungskammern sind besetzt

1. in Verfahren über die Aussetzung der Vollstreckung des Restes einer lebenslangen Freiheitsstrafe oder die Aussetzung der Vollstreckung der Unterbringung in einem psychiatrischen Krankenhaus oder in der Sicherungsverwahrung mit drei Richtern unter Einschluß des Vorsitzenden,
2. in den sonstigen Fällen mit einem Richter.

(2) Die Mitglieder der Strafvollstreckungskammern werden vom Präsidium des Landgerichts aus der Zahl der Mitglieder des Landgerichts und der in seinem Bezirk angestellten Richter beim Amtsgericht bestellt.

Sechster Titel. Schwurgerichte

§§ 79 bis 92 (weggefallen)

Siebenter Titel. Kammern für Handelssachen

§§ 93-114 *(vom Abdruck wurde abgeshen)*

Achter Titel. Oberlandesgerichte

§ 115 [Besetzung] Die Oberlandesgerichte werden mit einem Präsidenten sowie mit Vorsitzenden Richtern und weiteren Richtern besetzt.

§ 115a (weggefallen)

§ 116 [Zivil- und Strafsenate, Ermittlungsrichter] (1) Bei den Oberlandesgerichten werden Zivil- und Strafsenate gebildet. Bei den nach § 120 zuständigen Oberlandesgerichten werden Ermittlungsrichter bestellt; zum Ermittlungsrichter kann auch jedes Mitglied eines anderen Oberlandesgerichts, das in dem in § 120 bezeichneten Gebiet seinen Sitz hat, bestellt werden.

(2) Die Landesregierungen werden ermächtigt, durch Rechtsverordnung außerhalb des Sitzes des Oberlandesgerichts für den Bezirk eines oder mehrerer Landgerichte Zivil- oder Strafsenate zu bilden und ihnen für diesen Bezirk die gesamte Tätigkeit des Zivil- oder Strafsenats des Oberlandesgerichts oder einen Teil dieser Tätigkeit zuzuweisen. Ein auswärtiger Senat für Familiensachen kann für die Bezirke mehrerer Familiengerichte gebildet werden.

(3) Die Landesregierungen können die Ermächtigung nach Absatz 2 auf die Landesjustizverwaltungen übertragen.

§ 117 [Vertretung der Senatsmitglieder] Die Vorschrift des § 70 Abs. 1 ist entsprechend anzuwenden.

§§ 118, 119 *(vom Abdruck wurde abgeshen)*

§ 120 [Zuständigkeit in Strafsachen in 1. Instanz] (1) In Strafsachen sind die Oberlandesgerichte, in deren Bezirk die Landesregierungen ihren Sitz haben, für das Gebiet des Landes zuständig für die Verhandlung und Entscheidung im ersten Rechtszug

1. bei Friedensverrat in den Fällen des § 80 des Strafgesetzbuches,
2. bei Hochverrat (§§ 81 bis 83 des Strafgesetzbuches),
3. bei Landesverrat und Gefährdung der äußeren Sicherheit (§§ 94 bis 100a des Strafgesetzbuches) sowie bei Straftaten nach § 52 Abs. 2 des Patentgesetzes, nach § 9 Abs. 2 des Gebrauchsmustergesetzes in Verbindung mit § 52 Abs. 2 des Patentgesetzes oder nach § 4 Abs. 4 des Halbleiterschutzgesetzes in Verbindung mit § 9 Abs. 2 des Gebrauchsmustergesetzes und § 52 Abs. 2 des Patentgesetzes,
4. bei einem Angriff gegen Organe und Vertreter ausländischer Staaten (§ 102 des Strafgesetzbuches),
5. bei einer Straftat gegen Verfassungsorgane in den Fällen der §§ 105, 106 des Strafgesetzbuches,
6. bei einer Zuwiderhandlung gegen das Vereinigungsverbot des § 129a, auch in Verbindung mit § 129b Abs. 1, des Strafgesetzbuches,
7. bei Nichtanzeige von Straftaten nach § 138 des Strafgesetzbuches, wenn die Nichtanzeige eine Straftat betrifft, die zur Zuständigkeit der Oberlandesgerichte gehört und
8. bei Straftaten nach dem Völkerstrafgesetzbuch.

(2) Diese Oberlandesgerichte sind ferner für die Verhandlung und Entscheidung im ersten Rechtszug zuständig

1. bei den in § 74a Abs. 1 bezeichneten Straftaten, wenn der Generalbundesanwalt wegen der besonderen Bedeutung des Falles nach § 74a Abs. 2 die Verfolgung übernimmt,
2. bei Mord (§ 211 des Strafgesetzbuches), Totschlag (§ 212 des Strafgesetzbuches) und den in § 129a Abs. 1 Nr. 2 und Abs. 2 des Strafgesetzbuches bezeichneten Straftaten, wenn ein Zusammenhang mit der Tätigkeit einer nicht oder nicht nur im Inland bestehenden Vereinigung besteht, deren Zweck oder Tätigkeit die Begehung von Straftaten dieser Art zum Gegenstand hat, und der Generalbundesanwalt wegen der besonderen Bedeutung des Falles die Verfolgung übernimmt,
3. bei Mord (§ 211 des Strafgesetzbuches), Totschlag (§ 212 des Strafgesetzbuches), Geiselnahme (§ 239b des Strafgesetzbuches), schwerer und besonders schwerer Brandstiftung (§§ 306a und 306b des Strafgesetzbuches), Brandstiftung mit Todesfolge (§ 306c des Strafgesetzbuches), Herbeiführen einer Explosion durch Kernenergie in den Fällen des § 307 Abs. 1 und 3 Nr. 1 des Strafgesetzbuches, Mißbrauch ionisierender Strahlen in den Fällen des § 309 Abs. 2 und 4 des Strafgesetzbuches, Herbeiführen einer Überschwemmung in den Fällen des § 313 Abs. 2 in Verbindung mit § 308 Abs. 2 und 3 des Strafgesetzbuches, gemeingefährlicher Vergiftung in den Fällen des § 314 Abs. 2 in Verbindung mit § 308 Abs. 2 und 3 des Strafgesetzbuches und Angriff auf den Luft- und Seeverkehr in den Fällen des § 316c Abs. 1 und 3 des Strafgesetzbuches, wenn die Tat nach den Umständen bestimmt und geeignet ist,
   a) den Bestand oder die äußere oder innere Sicherheit der Bundesrepublik Deutschland zu beeinträchtigen,
   b) Verfassungsgrundsätze zu beseitigen, außer Geltung zu setzen oder zu untergraben oder
   c) die Sicherheit der in der Bundesrepublik Deutschland stationierten Truppen des Nordatlantik-Pakts oder seiner nichtdeutschen Vertragsstaaten zu beeinträchtigen,

und der Generalbundesanwalt wegen der besonderen Bedeutung des Falles die Verfolgung übernimmt,

4. bei Straftaten nach dem Außenwirtschaftsgesetz sowie bei Straftaten nach § 19 Abs. 2 Nr. 2 und § 20 Abs. 1 des Gesetzes über die Kontrolle von Kriegswaffen, wenn die Tat nach den Umständen
   a) geeignet ist, die äußere Sicherheit oder die auswärtigen Beziehungen der Bundesrepublik Deutschland erheblich zu gefährden, oder
   b) bestimmt und geeignet ist, das friedliche Zusammenleben der Völker zu stören,

und der Generalbundesanwalt wegen der besonderen Bedeutung des Falles die Verfolgung übernimmt.
Sie verweisen bei der Eröffnung des Hauptverfahrens die Sache in den Fällen der Nummer 1 an das Landgericht, in den Fällen der Nummern 2 bis 4 an das Land- oder Amtsgericht, wenn eine besondere Bedeu-

tung des Falles nicht vorliegt.

(3) In den Sachen, in denen diese Oberlandesgerichte nach Absatz 1 oder 2 zuständig sind, treffen sie auch die in § 73 Abs. 1 bezeichneten Entscheidungen. Sie entscheiden ferner über die Beschwerde gegen Verfügungen der Ermittlungsrichter der Oberlandesgerichte (§ 169 Abs. 1 Satz 1 der Strafprozeßordnung) in den in § 304 Abs. 5 der Strafprozeßordnung bezeichneten Fällen.

(4) Diese Oberlandesgerichte entscheiden auch über die Beschwerde gegen Verfügungen und Entscheidungen des nach § 74a zuständigen Gerichts. Für Entscheidungen über die Beschwerde gegen Verfügungen und Entscheidungen des nach § 74a Abs. 4 zuständigen Gerichts sowie in den Fällen des § 100d Abs. 1 Satz 6 und § 100d Abs. 9 Satz 4 der Strafprozessordnung ist ein nicht mit Hauptverfahren in Strafsachen befasster Senat zuständig.

(5) Für den Gerichtsstand gelten die allgemeinen Vorschriften. Die beteiligten Länder können durch Vereinbarung die den Oberlandesgerichten in den Absätzen 1 bis 4 zugewiesenen Aufgaben dem hiernach zuständigen Gericht eines Landes auch für das Gebiet eines anderen Landes übertragen.

(6) Soweit nach § 142 a für die Verfolgung der Strafsachen die Zuständigkeit des Bundes begründet ist, üben diese Oberlandesgerichte Gerichtsbarkeit nach Artikel 96 Abs. 5 des Grundgesetzes aus.

(7) Soweit die Länder aufgrund von Strafverfahren, in denen die Oberlandesgerichte in Ausübung von Gerichtsbarkeit des Bundes entscheiden, Verfahrenskosten und Auslagen von Verfahrensbeteiligten zu tragen oder Entschädigungen zu leisten haben, können sie vom Bund Erstattung verlangen.

§ 120a [Zuständigkeit bei vorbehaltener oder nachträglicher Anordnung der Sicherungsverwahrung] (1) Hat im ersten Rechtszug ein Strafsenat die Anordnung der Sicherungsverwahrung vorbehalten oder in den Fällen des § 66b des Strafgesetzbuches und des § 106 Abs. 5 oder Abs. 6 des Jugendgerichtsgesetzes als Tatgericht entschieden, ist dieser Strafsenat im ersten Rechtszug für die Verhandlung und Entscheidung über die im Urteil vorbehaltene oder die nachträgliche Anordnung der Sicherungsverwahrung zuständig.

(2) In den Fällen des § 66b des Strafgesetzbuches und des § 106 Abs. 5 und 6 des Jugendgerichtsgesetzes gilt § 462a Abs. 3 Satz 2 und 3 der Strafprozessordnung entsprechend.

§ 121 [Zuständigkeit in Strafsachen in der Rechtsmittelinstanz] (1) Die Oberlandesgerichte sind in Strafsachen ferner zuständig für die Verhandlung und Entscheidung über die Rechtsmittel:

1. der Revision gegen
   a) die mit der Berufung nicht anfechtbaren Urteile des Strafrichters;
   b) die Berufungsurteile der kleinen und großen Strafkammern;
   c) die Urteile des Landgerichts im ersten Rechtszug, wenn die Revision ausschließlich auf die Verletzung einer in den Landesgesetzen enthaltenen Rechtsnorm gestützt wird;
2. der Beschwerde gegen strafrichterliche Entscheidungen, soweit nicht die Zuständigkeit der Strafkammern oder des Bundesgerichtshofes begründet ist;
3. der Rechtsbeschwerde gegen Entscheidungen der Strafvollstreckungskammern nach den § 50 Abs. 5, §§ 116, 138 Abs. 3 des Strafvollzugsgesetzes.

(2) Will ein Oberlandesgericht bei seiner Entscheidung nach Absatz 1 Nr. 1 a oder b von einer nach dem 1. April 1950 ergangenen, bei seiner Entscheidung nach Absatz 1 Nr. 3 von einer nach dem 1. Januar 1977 ergangenen Entscheidung eines anderen Oberlandesgerichts oder von einer Entscheidung des Bundesgerichtshofes abweichen, so hat es die Sache diesem vorzulegen.

(3) Ein Land, in dem mehrere Oberlandesgerichte errichtet sind, kann durch Rechtsverordnung der Landesregierung die Entscheidungen nach Absatz 1 Nr. 3 einem Oberlandesgericht für die Bezirke mehrerer Oberlandesgerichte oder dem Obersten Landesgericht zuweisen, sofern die Zuweisung für eine sachdienliche Förderung oder schnellere Erledigung der Verfahren zweckmäßig ist. Die Landesregierungen können die

Ermächtigung durch Rechtsverordnung auf die Landesjustizverwaltungen übertragen.

§ 122 [Besetzung der Senate] (1) Die Senate der Oberlandesgerichte entscheiden, soweit nicht nach den Vorschriften der Prozeßgesetze an Stelle des Senats der Einzelrichter zu entscheiden hat, in der Besetzung von drei Mitgliedern mit Einschluß des Vorsitzenden.

(2) Die Strafsenate entscheiden über die Eröffnung des Hauptverfahrens des ersten Rechtszuges mit einer Besetzung von fünf Richtern einschließlich des Vorsitzenden. Bei der Eröffnung des Hauptverfahrens beschließt der Strafsenat, daß er in der Hauptverhandlung mit drei Richtern einschließlich des Vorsitzenden besetzt ist, wenn nicht nach dem Umfang oder der Schwierigkeit der Sache die Mitwirkung zweier weiterer Richter notwendig erscheint. Über die Einstellung des Hauptverfahrens wegen eines Verfahrenshindernisses entscheidet der Strafsenat in der für die Hauptverhandlung bestimmten Besetzung. Ist eine Sache vom Revisionsgericht zurückverwiesen worden, kann der nunmehr zuständige Strafsenat erneut nach Satz 2 über seine Besetzung beschließen.

Neunter Titel. Bundesgerichtshof

§ 123 [Sitz] Sitz des Bundesgerichtshofes ist Karlsruhe.

§ 124 [Besetzung] Der Bundesgerichtshof wird mit einem Präsidenten sowie mit Vorsitzenden Richtern und weiteren Richtern besetzt.

§ 125 [Ernennung der Mitglieder] (1) Die Mitglieder des Bundesgerichtshofes werden durch den Bundesminister der Justiz gemeinsam mit dem Richterwahlausschuß gemäß dem Richterwahlgesetz berufen und vom Bundespräsidenten ernannt.

(2) Zum Mitglied des Bundesgerichtshofes kann nur berufen werden, wer das fünfunddreißigste Lebensjahr vollendet hat.

§§ 126 bis 129 (weggefallen)

§ 130 [Zivil- und Strafsenate; Ermittlungsrichter] (1) Bei dem Bundesgerichtshof werden Zivil- und Strafsenate gebildet und Ermittlungsrichter bestellt. Ihre Zahl bestimmt der Bundesminister der Justiz.

(2) Der Bundesminister der Justiz wird ermächtigt, Zivil- und Strafsenate auch außerhalb des Sitzes des Bundesgerichtshofes zu bilden und die Dienstsitze für Ermittlungsrichter des Bundesgerichtshofes zu bestimmen.

§ 131 (weggefallen)

§ 131a (weggefallen)

§ 132 [Große Senate; Vereinigte Große Senate] (1) Beim Bundesgerichtshof werden ein Großer Senat für Zivilsachen und ein Großer Senat für Strafsachen gebildet. Die Großen Senate bilden die Vereinigten Großen Senate.

(2) Will ein Senat in einer Rechtsfrage von der Entscheidung eines anderen Senats abweichen, so entscheiden der Große Senat für Zivilsachen, wenn ein Zivilsenat von einem anderen Zivilsenat oder von dem Großen Zivilsenat, der Große Senat für Strafsachen, wenn ein Strafsenat von einem anderen Strafsenat oder von dem Großen Senat für Strafsachen, die Vereinigten Großen Senate, wenn ein Zivilsenat von einem

Strafsenat oder von dem Großen Senat für Strafsachen oder ein Strafsenat von einem Zivilsenat oder von dem Großen Senat für Zivilsachen oder ein Senat von den Vereinigten Großen Senaten abweichen will.

(3) Eine Vorlage an den Großen Senat oder die Vereinigten Großen Senate ist nur zulässig, wenn der Senat, von dessen Entscheidung abgewichen werden soll, auf Anfrage des erkennenden Senats erklärt hat, daß er an seiner Rechtsauffassung festhält. Kann der Senat, von dessen Entscheidung abgewichen werden soll, wegen einer Änderung des Geschäftsverteilungsplanes mit der Rechtsfrage nicht mehr befaßt werden, tritt der Senat an seine Stelle, der nach dem Geschäftsverteilungsplan für den Fall, in dem abweichend entschieden wurde, zuständig wäre. Über die Anfrage und die Antwort entscheidet der jeweilige Senat durch Beschluß in der für Urteile erforderlichen Besetzung; § 97 Abs. 2 Satz 1 des Steuerberatungsgesetzes und § 74 Abs. 2 Satz 1 der Wirtschaftsprüferordnung bleiben unberührt.

(4) Der erkennende Senat kann eine Frage von grundsätzlicher Bedeutung dem Großen Senat zur Entscheidung vorlegen, wenn das nach seiner Auffassung zur Fortbildung des Rechts oder zur Sicherung einer einheitlichen Rechtsprechung erforderlich ist.

(5) Der Große Senat für Zivilsachen besteht aus dem Präsidenten und je einem Mitglied der Zivilsenate, der Große Senate für Strafsachen aus dem Präsidenten und je zwei Mitgliedern der Strafsenate. Legt ein anderer Senat vor oder soll von dessen Entscheidung abgewichen werden, ist auch ein Mitglied dieses Senats im Großen Senat vertreten. Die Vereinigten Großen Senate bestehen aus dem Präsidenten und den Mitgliedern der Großen Senate.

(6) Die Mitglieder und die Vertreter werden durch das Präsidium für ein Geschäftsjahr bestellt. Dies gilt auch für das Mitglied eines anderen Senats nach Absatz 5 Satz 2 und für seinen Vertreter. Den Vorsitz in den Großen Senaten und den Vereinigten Großen Senaten führt der Präsident, bei Verhinderung das dienstälteste Mitglied. Bei Stimmengleichheit gibt die Stimme des Vorsitzenden den Ausschlag.

§ 133 *(vom Abdruck wurde abgeshen)*

§ 134 (weggefallen)

§ 134a (weggefallen)

§ 135 [Zuständigkeit In Strafsachen] (1) In Strafsachen ist der Bundesgerichtshof zuständig zur Verhandlung und Entscheidung über das Rechtsmittel der Revision gegen die Urteile der Oberlandesgerichte im ersten Rechtszug sowie gegen die Urteile der Landgerichte im ersten Rechtszug, soweit nicht die Zuständigkeit der Oberlandesgerichte begründet ist.

(2) Der Bundesgerichtshof entscheidet ferner über Beschwerden gegen Beschlüsse und Verfügungen der Oberlandesgerichte in den in § 138 d Abs. 6 Satz 1, § 304 Abs. 4 Satz 2 und § 310 Abs. 1 der Strafprozeßordnung bezeichneten Fällen, über Beschwerden gegen Verfügungen des Ermittlungsrichters des Bundesgerichtshofes (§ 169 Abs. 1 Satz 2 der Strafprozeßordnung) in den in § 304 Abs. 5 der Strafprozeßordnung bezeichneten Fällen sowie über Anträge gegen Entscheidungen des Generalbundesanwalts in den in § 161 a Abs. 3 der Strafprozeßordnung bezeichneten Fällen.

§ 136 *(aufgehoben)*

§ 137 *(aufgehoben)*

§ 138 [Verfahren vor den Großen Senaten] (1) Die Großen Senate und die Vereinigten Großen Senate entscheiden nur über die Rechtsfrage. Sie können ohne mündliche Verhandlung entscheiden. Die Entscheidung ist in der vorliegenden Sache für den erkennenden Senat bindend.

(2) Vor der Entscheidung des Großen Senats für Strafsachen oder der Vereinigten Großen Senate und in Rechtsstreitigkeiten, welche die Anfechtung einer Todeserklärung zum Gegenstand haben, ist der Generalbundesanwalt zu hören. Der Generalbundesanwalt kann auch in der Sitzung seine Auffassung darlegen.

(3) Erfordert die Entscheidung der Sache eine erneute mündliche Verhandlung vor dem erkennenden Senat, so sind die Beteiligten unter Mitteilung der ergangenen Entscheidung der Rechtsfrage zu der Verhandlung zu laden.

§ 139 [Besetzung der Senate] (1) Die Senate des Bundesgerichtshofes entscheiden in der Besetzung von fünf Mitgliedern einschließlich des Vorsitzenden.

(2) Die Strafsenate entscheiden über Beschwerden und Anträge auf gerichtliche Entscheidung (§ 161 a Abs. 3 der Strafprozeßordnung) in der Besetzung von drei Mitgliedern einschließlich des Vorsitzenden. Dies gilt nicht für die Entscheidung über Beschwerden gegen Beschlüsse, durch welche die Eröffnung des Hauptverfahrens abgelehnt oder das Verfahren wegen eines Verfahrenshindernisses eingestellt wird.

§ 140 [Geschäftsordnung] Der Geschäftsgang wird durch eine Geschäftsordnung geregelt, die das Plenum beschließt; sie bedarf der Bestätigung durch den Bundesrat.

9a. Titel. Zuständigkeit für Wiederaufnahmeverfahren in Strafsachen

§ 140a [Zuständigkeit für Wiederaufnahmeverfahren in Strafsachen] (1) Im Wiederaufnahmeverfahren entscheidet ein anderes Gericht mit gleicher sachlicher Zuständigkeit als das Gericht, gegen dessen Entscheidung sich der Antrag auf Wiederaufnahme des Verfahrens richtet. Über einen Antrag gegen ein im Revisionsverfahren erlassenes Urteil entscheidet ein anderes Gericht der Ordnung des Gerichts, gegen dessen Urteil die Revision eingelegt war.

(2) Das Präsidium des Oberlandesgerichts bestimmt vor Beginn des Geschäftsjahres die Gerichte, die innerhalb seines Bezirks für die Entscheidungen in Wiederaufnahmeverfahren örtlich zuständig sind.

(3) Ist im Bezirk eines Oberlandesgerichts nur ein Landgericht eingerichtet, so entscheidet über den Antrag, für den nach Absatz 1 das Landgericht zuständig ist, eine andere Strafkammer des Landgerichts, die vom Präsidium des Oberlandesgerichts vor Beginn des Geschäftsjahres bestimmt wird. Die Landesregierungen werden ermächtigt, durch Rechtsverordnung die nach Absatz 2 zu treffende Entscheidung des Präsidiums eines Oberlandesgerichts, in dessen Bezirk nur ein Landgericht eingerichtet ist, dem Präsidium eines benachbarten Oberlandesgerichts für solche Anträge zuzuweisen, für die nach Absatz 1 das Landgericht zuständig ist. Die Landesregierungen können die Ermächtigung durch Rechtsverordnung auf die Landesjustizverwaltungen übertragen.

(4) In den Ländern, in denen nur ein Oberlandesgericht und nur ein Landgericht eingerichtet sind, gilt Absatz 3 Satz 1 entsprechend. Die Landesregierungen dieser Länder werden ermächtigt, mit einem benachbarten Land zu vereinbaren, daß die Aufgaben des Präsidiums des Oberlandesgerichts nach Absatz 2 einem benachbarten, zu einem anderen Land gehörenden Oberlandesgericht für Anträge übertragen werden, für die nach Absatz 1 das Landgericht zuständig ist.

(5) In den Ländern, in denen nur ein Landgericht eingerichtet ist und einem Amtsgericht die Strafsachen für die Bezirke der anderen Amtsgerichte zugewiesen sind, gelten Absatz 3 Satz 1 und Absatz 4 Satz 2 entsprechend.

(6) Wird die Wiederaufnahme des Verfahrens beantragt, das von einem Oberlandesgericht im ersten Rechtszug entschieden worden war, so ist ein anderer Senat dieses Oberlandesgerichts zuständig. § 120

Abs. 5 Satz 2 gilt entsprechend.

(7) Für Entscheidungen über Anträge zur Vorbereitung eines Wiederaufnahmeverfahrens gelten die Absätze 1 bis 6 entsprechend.

Zehnter Titel. Staatsanwaltschaft

§ 141 Bei jedem Gericht soll eine Staatsanwaltschaft bestehen.

§ 142 [Sachliche Zuständigkeit] (1) Das Amt der Staatsanwaltschaft wird ausgeübt:

1. bei dem Bundesgerichtshof durch einen Generalbundesanwalt und durch einen oder mehrere Bundesanwälte;
2. bei den Oberlandesgerichten und den Landgerichten durch einen oder mehrere Staatsanwälte;
3. bei den Amtsgerichten durch einen oder mehrere Staatsanwälte oder Amtsanwälte.

(2) Die Zuständigkeit der Amtsanwälte erstreckt sich nicht auf das amtsrichterliche Verfahren zur Vorbereitung der öffentlichen Klage in den Strafsachen, die zur Zuständigkeit anderer Gerichte als der Amtsgerichte gehören.

(3) Referendaren kann die Wahrnehmung der Aufgaben eines Amtsanwalts und im Einzelfall die Wahrnehmung der Aufgaben eines Staatsanwalts unter dessen Aufsicht übertragen werden.

§ 142a [Zuständigkeit des Generalbundesanwalts] (1) Der Generalbundesanwalt übt in den zur Zuständigkeit von Oberlandesgerichten im ersten Rechtszug gehörenden Strafsachen (§ 120 Abs. 1 und 2) das Amt der Staatsanwaltschaft auch bei diesen Gerichten aus. Können in den Fällen des § 120 Abs. 1 die Beamten der Staatsanwaltschaft eines Landes und der Generalbundesanwalt sich nicht darüber einigen, wer von ihnen die Verfolgung zu übernehmen hat, so entscheidet der Generalbundesanwalt.

(2) Der Generalbundesanwalt gibt das Verfahren vor Einreichung einer Anklageschrift oder einer Antragsschrift (§ 440 der Strafprozeßordnung) an die Landesstaatsanwaltschaft ab,

1. wenn es folgende Straftaten zum Gegenstand hat:
   a) Straftaten nach den §§ 82, 83 Abs. 2, §§ 98, 99 oder 102 des Strafgesetzbuches,
   b) Straftaten nach den §§ 105 oder 106 des Strafgesetzbuches, wenn die Tat sich gegen ein Organ eines Landes oder gegen ein Mitglied eines solchen Organs richtet,
   c) Straftaten nach § 138 des Strafgesetzbuches in Verbindung mit einer der in Buchstabe a bezeichneten Strafvorschriften oder
   d) Straftaten nach § 52 Abs. 2 des Patentgesetzes, nach § 9 Abs. 2 des Gebrauchsmustergesetzes in Verbindung mit § 52 Abs. 2 des Patentgesetzes oder nach § 4 Abs. 4 des Halbleiterschutzgesetzes in Verbindung mit § 9 Abs. 2 des Gebrauchsmustergesetzes und § 52 Abs. 2 des Patentgesetzes;
2. in Sachen von minderer Bedeutung.

(3) Eine Abgabe an die Landesstaatsanwaltschaft unterbleibt,

1. wenn die Tat die Interessen des Bundes in besonderem Maße berührt oder
2. wenn es im Interesse der Rechtseinheit geboten ist, daß der Generalbundesanwalt die Tat verfolgt.

(4) Der Generalbundesanwalt gibt eine Sache, die er nach § 120 Abs. 2 Nr. 2 oder 3 oder § 74a Abs. 2 übernommen hat, wieder an die Landesstaatsanwaltschaft ab, wenn eine besondere Bedeutung des Falles nicht mehr vorliegt.

§ 143 [Örtliche Zuständigkeit] (1) Die örtliche Zuständigkeit der Beamten der Staatsanwaltschaft wird durch die örtliche Zuständigkeit des Gerichts bestimmt, für das sie bestellt sind.

(2) Ein unzuständiger Beamter der Staatsanwaltschaft hat sich den innerhalb seines Bezirks vorzu-

nehmenden Amtshandlungen zu unterziehen, bei denen Gefahr im Verzug ist.

(3) Können die Beamten der Staatsanwaltschaft verschiedener Länder sich nicht darüber einigen, wer von ihnen die Verfolgung zu übernehmen hat, so entscheidet der ihnen gemeinsam vorgesetzte Beamte der Staatsanwaltschaft, sonst der Generalbundesanwalt.

(4) Den Beamten einer Staatsanwaltschaft kann für die Bezirke mehrerer Land- oder Oberlandesgerichte die Zuständigkeit für die Verfolgung bestimmter Arten von Strafsachen, die Strafvollstreckung in diesen Sachen sowie die Bearbeitung von Rechtshilfeersuchen von Stellen außerhalb des räumlichen Geltungsbereichs dieses Gesetzes zugewiesen werden, sofern dies für eine sachdienliche Förderung oder schnellere Erledigung der Verfahren zweckmäßig ist; in diesen Fällen erstreckt sich die örtliche Zuständigkeit der Beamten der Staatsanwaltschaft in den ihnen zugewiesenen Sachen auf alle Gerichte der Bezirke, für die ihnen diese Sachen zugewiesen sind.

(5) Die Landesregierungen werden ermächtigt, durch Rechtsverordnung einer Staatsanwaltschaft für die Bezirke mehrerer Land- oder Oberlandesgerichte die Zuständigkeit für die Strafvollstreckung und die Vollstreckung von Maßregeln der Besserung und Sicherung ganz oder teilweise zuzuweisen, sofern dies für eine sachdienliche Förderung oder schnellere Erledigung der VollStreckungsverfahren zweckmäßig ist. Die Landesregierungen können die Ermächtigung durch Rechtsverordnung den Landesjustizverwaltungen übertragen.

§ 144 [Organisation] Besteht die Staatsanwaltschaft eines Gerichts aus mehreren Beamten, so handeln die dem ersten Beamten beigeordneten Personen als dessen Vertreter; sie sind, wenn sie für ihn auftreten, zu allen Amtsverrichtungen desselben ohne den Nachweis eines besonderen Auftrags berechtigt.

§ 145 [Befugnisse der ersten Beamten] (1) Die ersten Beamten der Staatsanwaltschaft bei den Oberlandesgerichten und den Landgerichten sind befugt, bei allen Gerichten ihres Bezirks die Amtsverrichtungen der Staatsanwaltschaft selbst zu übernehmen oder mit ihrer Wahrnehmung einen anderen als den zunächst zuständigen Beamten zu beauftragen.

(2) Amtsanwälte können das Amt der Staatsanwaltschaft nur bei den Amtsgerichten versehen.

§ 145a (weggefallen)

§ 146 [Weisungsgebundenheit] Die Beamten der Staatsanwaltschaft haben den dienstlichen Anweisungen ihres Vorgesetzten nachzukommen.

§ 147 [Dienstaufsicht] Das Recht der Aufsicht und Leitung steht zu:
1. dem Bundesminister der Justiz hinsichtlich des Generalbundesanwalts und der Bundesanwälte;
2. der Landesjustizverwaltung hinsichtlich aller staatsanwaltschaftlichen Beamten des betreffenden Landes;
3. dem ersten Beamten der Staatsanwaltschaft bei den Oberlandesgerichten und den Landgerichten hinsichtlich aller Beamten der Staatsanwaltschaft ihres Bezirks.

§ 148 [Bundesanwälte] Der Generalbundesanwalt und die Bundesanwälte sind Beamte.

§ 149 [Ernennung der Bundesanwälte] Der Generalbundesanwalt und die Bundesanwälte werden auf Vorschlag des Bundesministers der Justiz, der der Zustimmung des Bundesrates bedarf, vom Bundespräsidenten ernannt.

§ 150 [Unabhängigkeit von den Gerichten] Die Staatsanwaltschaft ist in ihren amtlichen Verrichtungen von den Gerichten unabhängig.

§ 151 [Ausschluss von richterlichen Geschäften] Die Staatsanwälte dürfen richterliche Geschäfte nicht wahrnehmen. Auch darf ihnen eine Dienstaufsicht über die Richter nicht übertragen werden.

§ 152 [Ermittlungspersonen der Staatsanwaltschaft] (1) Die Ermittlungspersonen der Staatsanwaltschaft sind in dieser Eigenschaft verpflichtet, den Anordnungen der Staatsanwaltschaft ihres Bezirks und der dieser vorgesetzten Beamten Folge zu leisten.

(2) Die Landesregierungen werden ermächtigt, durch Rechtsverordnung diejenigen Beamten- und Angestelltengruppen zu bezeichnen, auf die diese Vorschrift anzuwenden ist. Die Angestellten müssen im öffentlichen Dienst stehen, das 21. Lebensjahr vollendet haben und mindestens zwei Jahre in den bezeichneten Beamten- oder Angestelltengruppen tätig gewesen sein. Die Landesregierungen können die Ermächtigung durch Rechtsverordnung auf die Landesjustizverwaltungen übertragen.

Elfter Titel. Geschäftsstelle

§ 153 [Geschäftsstelle] (1) Bei jedem Gericht und jeder Staatsanwaltschaft wird eine Geschäftsstelle eingerichtet, die mit der erforderlichen Zahl von Urkundsbeamten besetzt wird.

(2) Mit den Aufgaben eines Urkundsbeamten der Geschäftsstelle kann betraut werden, wer einen Vorbereitungsdienst von zwei Jahren abgeleistet und die Prüfung für den mittleren Justizdienst oder für den mittleren Dienst bei der Arbeitsgerichtsbarkeit bestanden hat. Sechs Monate des Vorbereitungsdienstes sollen auf einen Fachlehrgang entfallen.

(3) Mit den Aufgaben eines Urkundsbeamten der Geschäftsstelle kann auch betraut werden,

1. wer die Rechtspflegerprüfung oder die Prüfung für den gehobenen Dienst bei der Arbeitsgerichtsbarkeit bestanden hat,
2. wer nach den Vorschriften über den Laufbahnwechsel die Befähigung für die Laufbahn des mittleren Justizdienstes erhalten hat,
3. wer als anderer Bewerber (§ 4 Abs. 3 des Rahmengesetzes zur Vereinheitlichung des Beamtenrechts) nach den landesrechtlichen Vorschriften in die Laufbahn des mittleren Justizdienstes übernommen worden ist.

(4) Die näheren Vorschriften zur Ausführung der Absätze 1 bis 3 erlassen der Bund und die Länder für ihren Bereich. Sie können auch bestimmen, ob und inwieweit Zeiten einer dem Ausbildungsziel förderlichen sonstigen Ausbildung oder Tätigkeit auf den Vorbereitungsdienst angerechnet werden können.

(5) Der Bund und die Länder können ferner bestimmen, daß mit Aufgaben eines Urkundsbeamten der Geschäftsstelle auch betraut werden kann, wer auf dem Sachgebiet, das ihm übertragen werden soll, einen Wissens- und Leistungsstand aufweist, der dem durch die Ausbildung nach Absatz 2 vermittelten Stand gleichwertig ist. In den Ländern Brandenburg, Mecklenburg-Vorpommern, Sachsen, Sachsen-Anhalt und Thüringen dürfen solche Personen weiterhin mit den Aufgaben eines Urkundsbeamten der Geschäftsstelle betraut werden, die bis zum 25. April 2006 gemäß Anlage I Kapitel III Sachgebiet A Abschnitt III Nr. 1 Buchstabe q Abs. 1 zum Einigungsvertrag vom 31. August 1990 (BGBl. 1990 II S. 889, 922) mit diesen Aufgaben betraut worden sind.

Zwölfter Titel. Zustellungs- u. Vollstreckungsbeamte

§ 154 [Gerichtsvollzieher] Die Dienst- und Geschäftsverhältnisse der mit den Zustellungen, Ladungen und

Vollstreckungen zu betrauenden Beamten (Gerichtsvollzieher) werden bei dem Bundesgerichtshof durch den Bundesminister der Justiz, bei den Landesgerichten durch die Landesjustizverwaltung bestimmt.

§ 155 [Ausschließung des Gerichtsvollziehers] Der Gerichtsvollzieher ist von der Ausübung seines Amts kraft Gesetzes ausgeschlossen:

I. in bürgerlichen Rechtsstreitigkeiten:

1. wenn er selbst Partei oder gesetzlicher Vertreter einer Partei ist oder zu einer Partei in dem Verhältnis eines Mitberechtigten, Mitverpflichteten oder Schadensersatzpflichtigen steht;
2. wenn sein Ehegatte oder Lebenspartner Partei ist, auch wenn die Ehe oder Lebenspartnerschaft nicht mehr besteht;
3. wenn eine Person Partei ist, mit der er in gerader Linie verwandt oder verschwägert, in der Seitenlinie bis zum dritten Grad verwandt oder bis zum zweiten Grad verschwägert ist oder war;

II. in Strafsachen:

1. wenn er selbst durch die Straftat verletzt ist;
2. wenn er der Ehegatte oder Lebenspartner des Beschuldigten oder Verletzten ist oder gewesen ist;
3. wenn er mit dem Beschuldigten oder Verletzten in dem unter Nummer I 3 bezeichneten Verwandtschafts- oder Schwägerschaftsverhältnis steht oder stand.

Dreizehnter Titel. Rechtshilfe

§ 156 [Rechtshilfepflicht] Die Gerichte haben sich in bürgerlichen Rechtsstreitigkeiten und in Strafsachen Rechtshilfe zu leisten.

§ 157 [Rechtshilfegericht] (1) Das Ersuchen um Rechtshilfe ist an das Amtsgericht zu richten, in dessen Bezirk die Amtshandlung vorgenommen werden soll.

(2) Die Landesregierungen werden ermächtigt, durch Rechtsverordnung die Erledigung von Rechtshilfeersuchen für die Bezirke mehrerer Amtsgerichte einem von ihnen ganz oder teilweise zuzuweisen, sofern dadurch der Rechtshilfeverkehr erleichtert oder beschleunigt wird. Die Landesregierungen können diese Ermächtigung durch Rechtsverordnung auf die Landesjustizverwaltungen übertragen.

§ 158 [Ablehnung der Rechtshilfe] (1) Das Ersuchen darf nicht abgelehnt werden.

(2) Das Ersuchen eines nicht im Rechtszuge vorgesetzten Gerichts ist jedoch abzulehnen, wenn die vorzunehmende Handlung nach dem Recht des ersuchten Gerichts verboten ist. Ist das ersuchte Gericht örtlich nicht zuständig, so gibt es das Ersuchen an das zuständige Gericht ab.

§ 159 [Entscheidung des Oberlandesgerichts] (1) Wird das Ersuchen abgelehnt oder wird der Vorschrift des § 158 Abs 2 zuwider dem Ersuchen stattgegeben, so entscheidet das Oberlandesgericht, zu dessen Bezirk das ersuchte Gericht gehört. Die Entscheidung ist nur anfechtbar, wenn sie die Rechtshilfe für unzulässig erklärt und das ersuchende und das ersuchte Gericht den Bezirken verschiedener Oberlandesgerichte angehören. Über die Beschwerde entscheidet der Bundesgerichtshof.

(2) Die Entscheidungen ergehen auf Antrag der Beteiligten oder des ersuchenden Gerichts ohne mündliche Verhandlung.

§ 160 [Vollstreckungen, Ladungen, Zustellungen] Vollstreckungen, Ladungen und Zustellungen werden nach Vorschrift der Prozeßordnungen bewirkt ohne Rücksicht darauf, ob sie in dem Land, dem das Prozeßgericht angehört, oder in einem anderen deutschen Land vorzunehmen sind.

§ 161 [Vermittlung bei Beauftragung eines Gerichtsvollziehers] Gerichte, Staatsanwaltschaften und Geschäftsstellen der Gerichte können wegen Erteilung eines Auftrags an einen Gerichtsvollzieher die Mitwirkung der Geschäftsstelle des Amtsgerichts in Anspruch nehmen, in dessen Bezirk der Auftrag ausgeführt werden soll. Der von der Geschäftsstelle beauftragte Gerichtsvollzieher gilt als unmittelbar beauftragt.

§ 162 [Vollstreckung von Freiheitsstrafen] Hält sich ein zu einer Freiheitsstrafe Verurteilter außerhalb des Bezirks der Strafvollstreckungsbehörde auf, so kann diese Behörde die Staatsanwaltschaft des Landgerichts, in dessen Bezirk sich der Verurteilte befindet, um die Vollstreckung der Strafe ersuchen.

§ 163 [Vollstreckung, Ergreifung, Ablieferung außerhalb des Gerichtsbezirks] Soll eine Freiheitsstrafe in dem Bezirk eines anderen Gerichts vollstreckt oder ein in dem Bezirk eines anderen Gerichts befindlicher Verurteilter zum Zwecke der Strafverbüßung ergriffen und abgeliefert werden, so ist die Staatsanwaltschaft bei dem Landgericht des Bezirks um die Ausführung zu ersuchen.

§ 164 [Kostenersatz] (1) Kosten und Auslagen der Rechtshilfe werden von der ersuchenden Behörde nicht erstattet.

(2) Gebühren oder andere öffentliche Abgaben, denen die von der ersuchenden Behörde übersendeten Schriftstücke (Urkunden, Protokolle) nach dem Recht der ersuchten Behörde unterliegen, bleiben außer Ansatz.

§ 165 (weggefallen)

§ 166 [Gerichtliche Amtshandlungen außerhalb des Gerichtsbezirks] Ein Gericht darf Amtshandlungen im Geltungsbereich dieses Gesetzes auch außerhalb seines Bezirks vornehmen.

§ 167 [Verfolgung von Flüchtigen über Landesgrenzen] (1) Die Polizeibeamten eines deutschen Landes sind ermächtigt, die Verfolgung eines Flüchtigen auf das Gebiet eines anderen deutschen Landes fortzusetzen und den Flüchtigen dort zu ergreifen.

(2) Der Ergriffene ist unverzüglich an das nächste Gericht oder die nächste Polizeibehörde des Landes, in dem er ergriffen wurde, abzuführen.

§ 168 [Mitteilung von Akten] Die in einem deutschen Land bestehenden Vorschriften über die Mitteilung von Akten einer öffentlichen Behörde an ein Gericht dieses Landes sind auch dann anzuwenden, wenn das ersuchende Gericht einem anderen deutschen Land angehört.

Vierzehnter Titel. Öffentlichkeit und Sitzungspolizei

§ 169 [Öffentlichkeit] Die Verhandlung vor dem erkennenden Gericht einschließlich der Verkündung der Urteile und Beschlüsse ist öffentlich. Ton- und Fernseh-Rundfunkaufnahmen sowie Ton- und Filmaufnahmen zum Zwecke der öffentlichen Vorführung oder Veröffentlichung ihres Inhalts sind unzulässig.

§ 170 [Nicht Öffentliche Verhandlung in Familiensachen] Die Verhandlung in Familiensachen ist nicht öffentlich. Dies gilt nicht für die Familiensachen des § 23b Abs. 1 Satz 2 Nr. 13 und für die Familiensachen des § 23b Abs. 1 Satz 2 Nr. 5, 6, 9 nur, soweit sie mit einer der anderen Familiensachen verhandelt werden.

§ 171 *(aufgehoben)*

§ 171a [Ausschluss der Öffentlichkeit in Unterbringungssachen] Die Öffentlichkeit kann für die Hauptverhandlung oder für einen Teil davon ausgeschlossen werden, wenn das Verfahren die Unterbringung des Beschuldigten in einem psychiatrischen Krankenhaus oder einer Entziehungsanstalt, allein oder neben einer Strafe, zum Gegenstand hat.

§ 171b [Ausschluss der Öffentlichkeit zum Schutz der Privatsphäre] (1) Die Öffentlichkeit kann ausgeschlossen werden, soweit Umstände aus dem persönlichen Lebensbereich eines Prozeßbeteiligten, Zeugen oder durch eine rechtswidrige Tat (§ 11 Abs. 1 Nr. 5 des Strafgesetzbuches) Verletzten zur Sprache kommen, deren öffentliche Erörterung schutzwürdige Interessen verletzen würde, soweit nicht das Interesse an der öffentlichen Erörterung dieser Umstände überwiegt. Dies gilt nicht, soweit die Personen, deren Lebensbereiche betroffen sind, in der Hauptverhandlung dem Ausschluß der Öffentlichkeit widersprechen.

(2) Die Öffentlichkeit ist auszuschließen, wenn die Voraussetzungen des Absatzes 1 Satz 1 vorliegen und der Ausschluß von der Person, deren Lebensbereich betroffen ist, beantragt wird.

(3) Die Entscheidungen nach den Absätzen 1 und 2 sind unanfechtbar.

§ 172 [Ausschluss der Öffentlichkeit wegen Gefährdung] Das Gericht kann für die Verhandlung oder für einen Teil davon die Öffentlichkeit ausschließen, wenn

1. eine Gefährdung der Staatssicherheit, der öffentlichen Ordnung oder der Sittlichkeit zu besorgen ist,

1a. eine Gefährdung des Lebens, des Leibes oder der Freiheit eines Zeugen oder einer anderen Person zu besorgen ist,

2. ein wichtiges Geschäfts-, Betriebs-, Erfindungs- oder Steuergeheimnis zur Sprache kommt, durch dessen öffentliche Erörterung überwiegende schutzwürdige Interessen verletzt würden,

3. ein privates Geheimnis erörtert wird, dessen unbefugte Offenbarung durch den Zeugen oder Sachverständigen mit Strafe bedroht ist,

4. eine Person unter sechzehn Jahren vernommen wird.

§ 173 [Öffentliche Urteilsverkündung] (1) Die Verkündung des Urteils erfolgt in jedem Falle öffentlich.

(2) Durch einen besonderen Beschluß des Gerichts kann unter den Voraussetzungen der §§ 171b und 172 auch für die Verkündung der Urteilsgründe oder eines Teiles davon die Öffentlichkeit ausgeschlossen werden.

§ 174 [Verhandlung über Ausschluss der Öffentlichkeit; Schweigepflicht] (1) Über die Ausschließung der Öffentlichkeit ist in nicht öffentlicher Sitzung zu verhandeln, wenn ein Beteiligter es beantragt oder das Gericht es für angemessen erachtet. Der Beschluß, der die Öffentlichkeit ausschließt, muß öffentlich verkündet werden; er kann in nicht öffentlicher Sitzung verkündet werden, wenn zu befürchten ist, daß seine öffentliche Verkündung eine erhebliche Störung der Ordnung in der Sitzung zur Folge haben würde. Bei der Verkündung ist in den Fällen der §§ 171b, 172 und 173 anzugeben, aus welchem Grund die Öffentlichkeit ausgeschlossen worden ist.

(2) Soweit die Öffentlichkeit wegen Gefährdung der Staatssicherheit ausgeschlossen wird, dürfen Presse, Rundfunk und Fernsehen keine Berichte über die Verhandlung und den Inhalt eines die Sache betreffenden amtlichen Schriftstücks veröffentlichen.

(3) Ist die Öffentlichkeit wegen Gefährdung der Staatssicherheit oder aus den in §§ 171b und 172 Nr. 2 und 3 bezeichneten Gründen ausgeschlossen, so kann das Gericht den anwesenden Personen die Geheimhaltung von Tatsachen, die durch die Verhandlung oder durch ein die Sache betreffendes amtliches

Schriftstück zu ihrer Kenntnis gelangen, zur Pflicht machen. Der Beschluß ist in das Sitzungsprotokoll aufzunehmen. Er ist anfechtbar. Die Beschwerde hat keine aufschiebende Wirkung.

§ 175 [Versagung des Zutritts] (1) Der Zutritt zu öffentlichen Verhandlungen kann unerwachsenen und solchen Personen versagt werden, die in einer der Würde des Gerichts nicht entsprechenden Weise erscheinen.

(2) Zu nicht öffentlichen Verhandlungen kann der Zutritt einzelnen Personen vom Gericht gestattet werden. In Strafsachen soll dem Verletzten der Zutritt gestattet werden. Einer Anhörung der Beteiligten bedarf es nicht.

(3) Die Ausschließung der Öffentlichkeit steht der Anwesenheit der die Dienstaufsicht führenden Beamten der Justizverwaltung bei den Verhandlungen vor dem erkennenden Gericht nicht entgegen.

§ 176 [Sitzungspolizei] Die Aufrechterhaltung der Ordnung in der Sitzung obliegt dem Vorsitzenden.

§ 177 [Maßnahmen zur Aufrechterhaltung der Ordnung] Parteien, Beschuldigte, Zeugen, Sachverständige oder bei der Verhandlung nicht beteiligte Personen, die den zur Aufrechterhaltung der Ordnung getroffenen Anordnungen nicht Folge leisten, können aus dem Sitzungszimmer entfernt sowie zur Ordnungshaft abgeführt und während einer zu bestimmenden Zeit, die vierundzwanzig Stunden nicht übersteigen darf, festgehalten werden. Über Maßnahmen nach Satz 1 entscheidet gegenüber Personen, die bei der Verhandlung nicht beteiligt sind, der Vorsitzende, in den übrigen Fällen das Gericht.

§ 178 [Ordnungsmittel wegen Ungebühr] (1) Gegen Parteien, Beschuldigte, Zeugen, Sachverständige oder bei der Verhandlung nicht beteiligte Personen, die sich in der Sitzung einer Ungebühr schuldig machen, kann vorbehaltlich der strafgerichtlichen Verfolgung ein Ordnungsgeld bis zu eintausend Euro oder Ordnungshaft bis zu einer Woche festgesetzt und sofort vollstreckt werden. Bei der Festsetzung von Ordnungsgeld ist zugleich für den Fall, daß dieses nicht beigetrieben werden kann, zu bestimmen, in welchem Maße Ordnungshaft an seine Stelle tritt.

(2) Über die Festsetzung von Ordnungsmitteln entscheidet gegenüber Personen, die bei der Verhandlung nicht beteiligt sind, der Vorsitzende, in den übrigen Fällen das Gericht.

(3) Wird wegen derselben Tat später auf Strafe erkannt, so sind das Ordnungsgeld oder die Ordnungshaft auf die Strafe anzurechnen.

§ 179 [Vollstreckung der Ordnungsmittel] Die Vollstreckung der vorstehend bezeichneten Ordnungsmittel hat der Vorsitzende unmittelbar zu veranlassen.

§ 180 [Befugnisse außerhalb der Sitzung] Die in den §§ 176 bis 179 bezeichneten Befugnisse stehen auch einem einzelnen Richter bei der Vornahme von Amtshandlungen außerhalb der Sitzung zu.

§ 181 [Beschwerde gegen Ordnungsmittel] (1) Ist in den Fällen der §§ 178, 180 ein Ordnungsmittel festgesetzt, so kann gegen die Entscheidung binnen der Frist von einer Woche nach ihrer Bekanntmachung Beschwerde eingelegt werden, sofern sie nicht von dem Bundesgerichtshof oder einem Oberlandesgericht getroffen ist.

(2) Die Beschwerde hat in dem Falle des § 178 keine aufschiebende Wirkung, in dem Falle des § 180 aufschiebende Wirkung.

(3) Über die Beschwerde entscheidet das Oberlandesgericht.

§ 182 [Protokollierung] Ist ein Ordnungsmittel wegen Ungebühr festgesetzt oder eine Person zur Ordnungshaft abgeführt oder eine bei der Verhandlung beteiligte Person entfernt worden, so ist der Beschluß des Gerichts und dessen Veranlassung in das Protokoll aufzunehmen.

§ 183 [Straftaten in der Sitzung] Wird eine Straftat in der Sitzung begangen, so hat das Gericht den Tatbestand festzustellen und der zuständigen Behörde das darüber aufgenommene Protokoll mitzuteilen. In geeigneten Fällen ist die vorläufige Festnahme des Täters zu verfügen.

Fünfzehnter Titel. Gerichtssprache

§ 184 [Deutsche Sprache] Die Gerichtssprache ist deutsch. Das Recht der Sorben, in den Heimatkreisen der sorbischen Bevölkerung vor Gericht sorbisch zu sprechen, ist gewährleistet.

§ 185 [Dolmetscher] (1) Wird unter Beteiligung von Personen verhandelt, die der deutschen Sprache nicht mächtig sind, so ist ein Dolmetscher zuzuziehen. Ein Nebenprotokoll in der fremden Sprache wird nicht geführt; jedoch sollen Aussagen und Erklärungen in fremder Sprache, wenn und soweit der Richter dies mit Rücksicht auf die Wichtigkeit der Sache für erforderlich erachtet, auch in der fremden Sprache in das Protokoll oder in eine Anlage niedergeschrieben werden. In den dazu geeigneten Fällen soll dem Protokoll eine durch den Dolmetscher zu beglaubigende Übersetzung beigefügt werden.

(2) Die Zuziehung eines Dolmetschers kann unterbleiben, wenn die beteiligten Personen sämtlich der fremden Sprache mächtig sind.

§ 186 [Hör- oder sprachbehinderte Person] (1) Die Verständigung mit einer hör- oder sprachbehinderten Person in der Verhandlung erfolgt nach ihrer Wahl mündlich, schriftlich oder mit Hilfe einer die Verständigung ermöglichenden Person, die vom Gericht hinzuzuziehen ist. Für die mündliche und schriftliche Verständigung hat das Gericht die geeigneten technischen Hilfsmittel bereitzustellen. Die hör- oder sprachbehinderte Person ist auf ihr Wahlrecht hinzuweisen.

(2) Das Gericht kann eine schriftliche Verständigung verlangen oder die Hinzuziehung einer Person als Dolmetscher anordnen, wenn die hör- oder sprachbehinderte Person von ihrem Wahlrecht nach Absatz 1 keinen Gebrauch gemacht hat oder eine ausreichende Verständigung in der nach Absatz 1 gewählten Form nicht oder nur mit unverhältnismäßigem Aufwand möglich ist.

§ 187 [Dolmetscher für Beschuldigten oder Verurteilten] (1) Das Gericht zieht für den Beschuldigten oder Verurteilten, der der deutschen Sprache nicht mächtig, hör- oder sprachbehindert ist, einen Dolmetscher oder Übersetzer heran, soweit dies zur Ausübung seiner strafprozessualen Rechte erforderlich ist.

(2) Absatz 1 gilt auch für die Personen, die nach § 395 der Strafprozessordnung zum Anschluss mit der Nebenklage berechtigt sind.

§ 188 [Eide Fremdsprachiger] Personen, die der deutschen Sprache nicht mächtig sind, leisten Eide in der ihnen geläufigen Sprache.

§ 189 [Dolmetschereid] (1) Der Dolmetscher hat einen Eid dahin zu leisten:

daß er treu und gewissenhaft übertragen werde.

Gibt der Dolmetscher an, daß er aus Glaubens- oder Gewissensgründen keinen Eid leisten wolle, so hat er eine Bekräftigung abzugeben. Diese Bekräftigung steht dem Eid gleich; hierauf ist der Dolmetscher hinzuweisen.

(2) Ist der Dolmetscher für Übertragungen der betreffenden Art im allgemeinen beeidigt, so genügt die Berufung auf den geleisteten Eid.

§ 190 [Urkundsbeamter als Dolmetscher] Der Dienst des Dolmetschers kann von dem Urkundsbeamten der Geschäftsstelle wahrgenommen werden. Einer besonderen Beeidigung bedarf es nicht.

§ 191 [Ausschließung und Ablehnung des Dolmetschers] Auf den Dolmetscher sind die Vorschriften über Ausschließung und Ablehnung der Sachverständigen entsprechend anzuwenden. Es entscheidet das Gericht oder der Richter, von dem der Dolmetscher zugezogen ist.

§ 191a [Schriftstücke für Blinde und Sehbehinderte] (1) Eine blinde oder sehbehinderte Person kann nach Maßgabe der Rechtsverordnung nach Absatz 2 verlangen, dass ihr die für sie bestimmten gerichtlichen Dokumente auch in einer für sie wahrnehmbaren Form zugänglich gemacht werden, soweit dies zur Wahrnehmung ihrer Rechte im Verfahren erforderlich ist. Hierfür werden Auslagen nicht erhoben.

(2) Das Bundesministerium der Justiz bestimmt durch Rechtsverordnung, die der Zustimmung des Bundesrates bedarf, unter welchen Voraussetzungen und in welcher Weise die in Absatz 1 genannten Dokumente und Dokumente, die von den Parteien zur Akte gereicht werden, einer blinden oder sehbehinderten Person zugänglich gemacht werden, sowie ob und wie diese Person bei der Wahrnehmung ihrer Rechte mitzuwirken hat.

Sechzehnter Titel. Beratung und Abstimmung

§ 192 [Mitwirkende Richter und Schöffen] (1) Bei Entscheidungen dürfen Richter nur in der gesetzlich bestimmten Anzahl mitwirken.

(2) Bei Verhandlungen von längerer Dauer kann der Vorsitzende die Zuziehung von Ergänzungsrichtern anordnen, die der Verhandlung beizuwohnen und im Falle der Verhinderung eines Richters für ihn einzutreten haben.

(3) Diese Vorschriften sind auch auf Schöffen anzuwenden.

§ 193 [Anwesenheit von auszubildenden Personen und ausländischen Juristen; Verpflichtung zur Geheimhaltung] (1) Bei der Beratung und Abstimmung dürfen außer den zur Entscheidung berufenen Richtern nur die bei demselben Gericht zu ihrer juristischen Ausbildung beschäftigten Personen und die dort beschäftigten wissenschaftlichen Hilfskräfte zugegen sein, soweit der Vorsitzende deren Anwesenheit gestattet.

(2) Ausländische Berufsrichter, Staatsanwälte und Anwälte, die einem Gericht zur Ableistung eines Studienaufenthaltes zugewiesen worden sind, können bei demselben Gericht bei der Beratung und Abstimmung zugegen sein, soweit der Vorsitzende deren Anwesenheit gestattet und sie gemäß den Absätzen 3 und 4 verpflichtet sind. Satz 1 gilt entsprechend für ausländische Juristen, die im Entsendestaat in einem Ausbildungsverhältnis stehen.

(3) Die in Absatz 2 genannten Personen sind auf ihren Antrag zur Geheimhaltung besonders zu verpflichten. § 1 Abs. 2 und 3 des Verpflichtungsgesetzes vom 2. März 1974 (BGBl. I S. 469, 547 - Artikel 42) gilt entsprechend. Personen, die nach Satz 1 besonders verpflichtet worden sind, stehen für die Anwendung der Vorschriften des Strafgesetzbuches über die Verletzung von Privatgeheimnissen (§ 203 Abs. 2 Satz 1 Nr. 2, Satz 2, Abs. 4 und 5, § 205), Verwertung fremder Geheimnisse (§§ 204, 205), Verletzung des Dienstgeheimnisses (§ 353b Abs. 1 Satz 1 Nr. 2, Satz 2, Abs. 3 und 4) sowie Verletzung des Steuergeheimnisses (§ 355) den für den öffentlichen Dienst besonders Verpflichteten gleich.

(4) Die Verpflichtung wird vom Präsidenten oder vom aufsichtsführenden Richter des Gerichts vor-

genommen. Er kann diese Befugnis auf den Vorsitzenden des Spruchkörpers oder auf den Richter übertragen, dem die in Absatz 2 genannten Personen zugewiesen sind. Einer erneuten Verpflichtung bedarf es während der Dauer des Studienaufenthaltes nicht. In den Fällen des § 355 des Strafgesetzbuches ist der Richter, der die Verpflichtung vorgenommen hat, neben dem Verletzten antragsberechtigt.

§ 194 [Gang der Beratung] (1) Der Vorsitzende leitet die Beratung, stellt die Fragen und sammelt die Stimmen.

(2) Meinungsverschiedenheiten über den Gegenstand, die Fassung und die Reihenfolge der Fragen oder über das Ergebnis der Abstimmung entscheidet das Gericht.

§ 195 [Keine Verweigerung der Abstimmung] Kein Richter oder Schöffe darf die Abstimmung über eine Frage verweigern, weil er bei der Abstimmung über eine vorhergegangene Frage in der Minderheit geblieben ist.

§ 196 [Absolute Mehrheit; Meinungsmehrheit] (1) Das Gericht entscheidet, soweit das Gesetz nicht ein anderes bestimmt, mit der absoluten Mehrheit der Stimmen.

(2) Bilden sich in Beziehung auf Summen, über die zu entscheiden ist, mehr als zwei Meinungen, deren keine die Mehrheit für sich hat, so werden die für die größte Summe abgegebenen Stimmen den für die zunächst geringere abgegebenen so lange hinzugerechnet, bis sich eine Mehrheit ergibt.

(3) Bilden sich in einer Strafsache, von der Schuldfrage abgesehen, mehr als zwei Meinungen, deren keine die erforderliche Mehrheit für sich hat, so werden die dem Beschuldigten nachteiligsten Stimmen den zunächst minder nachteiligen so lange hinzugerechnet, bis sich die erforderliche Mehrheit ergibt. Bilden sich in der Straffrage zwei Meinungen, ohne daß eine die erforderliche Mehrheit für sich hat, so gilt die mildere Meinung.

(4) Ergibt sich in dem mit zwei Richtern und zwei Schöffen besetzten Gericht in einer Frage, über die mit einfacher Mehrheit zu entscheiden ist, Stimmengleichheit, so gibt die Stimme des Vorsitzenden den Ausschlag.

§ 197 [Reihenfolge der Stimmabgabe] Die Richter stimmen nach dem Dienstalter, bei gleichem Dienstalter nach dem Lebensalter, ehrenamtliche Richter und Schöffen nach dem Lebensalter; der jüngere stimmt vor dem älteren. Die Schöffen stimmen vor den Richtern. Wenn ein Berichterstatter ernannt ist, so stimmt er zuerst. Zuletzt stimmt der Vorsitzende.

§ 198 (weggefallen)

국문 색인

❑ ㄴ ❑

❑ ㄷ ❑

❑ ㄹ ❑

❑ ㅁ ❑

❑ ㅂ ❑

❑ ㅅ ❑

❑ ㅇ ❑

❑ ㅈ ❑

❏ ㅊ ❏

❏ ㅌ ❏

❑ ㅍ ❑

❑ ㅎ ❑

외국어 색인

❑ A ❑

❑ B ❑

❏ D ❏

❏ E ❏

❑ F ❑

❑ G ❑

❑ Q ❑

❑ R ❑

❑ S ❑

❑ T ❑

❑ U ❑

❑ V ❑

❑ W ❑

❑ Z ❑

譯者略歷

김 환 수

서울대학교 법과대학 졸업, 서울대학교 법학석사(형사법 전공)

제31회 사법시험 합격, 사법연수원 제21기 수료

독일 뮌헨대학교 장기 연수

법원행정처 송무심의관, 광주지방법원 부장판사, 사법시험 출제위원 역임

현) 사법연수원 교수

<논문> 피해자의 수사절차 참여권(석사), 개정 형사소송법상 검사 작성 피의자신문조서, 조사자 증언의 요건, 범위, 한계

박 노 섭

경찰대학교 졸업, 독일 뮌헨대학 법학석사(L.L.M), 독일 뮌헨대학 법학박사(형사법 전공)

경찰대학 경찰학과 교수, 검·경수사권 조정협의체 실무위원, 경찰청 수사구조개혁팀 자문위원, 국가공무원 5급, 7급, 9급 채용시험 출제위원 역임

현) 한림대학교 법행정학부 부교수

<논문> Die Wahrheitsfindung im Ermittlungsverfahren(박사), 수사절차상 신문과 비디오녹화제도, 수사구조개선방안에 관한 연구 등

<저서> 범죄수사론

문 성 도

경찰대학교 졸업, 서울대학교 법과대학 석·박사(형사법 전공)

각종 고시 출제위원, 한국형사법학회 이사, 한국비교형사법학회 이사, 한국형사정책학회 이사, 한국피해자학회 이사 역임

현) 경찰대학교 교수, 사단법인 한국경찰법학회 이사장

<논문> 경찰직무행위의 정당화와 면책에 관한 연구(석사), 영장주의의 도입과 형성에 관한 연구 — 1954년 형사소송법의 성립을 중심으로(박사), 2007년 개정 형사소송법상 긴급체포제도의 개정과정과 법적 의미 : 사법개혁위원회 논의 과정을 중심으로, 집회시위 현장에 대한 경찰출입의 법적 문제와 합리적 개정방안, 인권옹호명령불준수죄의 위헌 여부 등

독일형사소송법

2009年 11月 15日 初版印刷
2009年 11月 25日 初版發行

著 者 Klaus Volk
譯 者 김환수, 문성도, 박노섭
發行人 安 鍾 萬
發行處 (株) 博 英 社
서울 特別市 鍾路區 平洞 13-31番地
電話 (733)6771 FAX (736)4818
登錄 1959. 3. 11. 제300-1959-1호(倫)

www.pakyoungsa.co.kr e-mail: pys@pakyoungsa.co.kr

定 價 40,000원 ISBN 978-89-7189-249-7